清华大学史料选编

第六卷

（第五分册）

清华大学校史研究室 编

清华大学出版社
北京

版权所有，侵权必究。举报：010-62782989，beiqinquan@tup.tsinghua.edu.cn。

图书在版编目(CIP)数据

清华大学史料选编. 第六卷. 第五分册/清华大学校史研究室编. —北京：清华大学出版社，2022.10
ISBN 978-7-302-60649-9

Ⅰ. ①清… Ⅱ. ①清… Ⅲ. ①清华大学－校史－史料 Ⅳ. ①G649.281

中国版本图书馆 CIP 数据核字(2022)第 066449 号

责任编辑：纪海虹
封面设计：常雪影
责任校对：王凤芝
责任印制：丛怀宇

出版发行：清华大学出版社
    网　　址：http://www.tup.com.cn, http://www.wqbook.com
    地　　址：北京清华大学学研大厦A座　　邮　编：100084
    社 总 机：010-83470000　　邮　购：010-62786544
    投稿与读者服务：010-62776969, c-service@tup.tsinghua.edu.cn
    质量反馈：010-62772015, zhiliang@tup.tsinghua.edu.cn
印 装 者：三河市东方印刷有限公司
经　　销：全国新华书店
开　　本：140mm×203mm　　印　张：26.375　　字　数：635千字
版　　次：2022年11月第1版　　印　次：2022年11月第1次印刷
定　　价：98.00元

产品编号：091003-01

建设多科性工业大学时期
（1952 年 10 月至 1966 年 6 月）

清华大学校史编辑委员会

主　　任　　邱　勇
副主任　　向波涛　　　方惠坚　　　贺美英(女)　　张再兴
　　　　　　庄丽君(女)　胡显章　　　叶宏开　　　孙道祥
　　　　　　胡东成　　　韩景阳(女)　史宗恺　　　范宝龙
　　　　　　覃　川
委　　员　　(按姓名笔划为序)：
　　　　　　马　赛　　　马栩泉　　　王　岩　　　王孙禺
　　　　　　王赞基　　　方惠坚　　　邓丽曼　　　邓景康
　　　　　　卢小兵(女)　叶宏开　　　叶富贵　　　田　芊
　　　　　　史宗恺　　　白本锋　　　白永毅(女)　丛振涛
　　　　　　朱育和　　　朱俊鹏　　　向波涛　　　庄丽君(女)
　　　　　　刘桂生　　　许庆红　　　孙海涛　　　孙道祥
　　　　　　杜鹏飞　　　李　越　　　杨殿阁　　　邱　勇
　　　　　　邱显清　　　余潇潇　　　张　佐(女)　张　婷(女)
　　　　　　张再兴　　　陈　刚　　　陈克金　　　范宝龙
　　　　　　欧阳军喜　　金兼斌　　　金富军　　　宗俊峰
　　　　　　赵　伟　　　赵　岑　　　赵　鑫　　　赵庆刚
　　　　　　胡东成　　　胡显章　　　贺美英(女)　袁　桅(女)
　　　　　　顾良飞　　　钱锡康　　　徐振明　　　唐　杰
　　　　　　曹海翔　　　韩景阳(女)　覃　川　　　裴兆宏

清华大学校史研究室

主　　任　　范宝龙
副主任　　金富军　　卢小兵

《清华大学史料选编》第六卷（第五分册）编审人员

执 行 主 编　　贺崇铃　冯 茵
执行副主编　　金富军　刘惠莉　王向田　李 珍
主　　　审　　方惠坚　张再兴

迎接新同学到校。照片拍于 1959 年（清华大学档案馆藏）

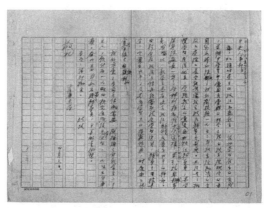

清华大学关于设立政治辅导员制度给高等教育部、人事部的报告（清华大学档案馆藏）

1954年8月,校务委员会授予土木系测专四二班"先进集体"称号(清华大学校史馆藏)

1955年清华大会三好积极分子代表大会(清华大学档案馆藏)

同学们在图书馆大阅览室自习(《清华大学一览 1959 年》)

1957 年清华学生访问高士其(清华大学档案馆藏)

1958年,同学们开展"红专大辩论"(清华大学档案馆藏)

1960年9月,《毛泽东选集》第四卷出版,学生们争先购买(清华大学档案馆藏)

1962年5月1日，数力系学生和华罗庚共游颐和园（清华大学档案馆藏）

1953年6月7日，学校举行1949年以后首届运动会（清华大学档案馆藏）

1958年，李延龄在全国高校举重通讯比赛中打破中量级抓举记录（清华大学档案馆藏）

在20世纪50年代末开始的国防体育项目中，摩托车运动是清华的拿手好戏。照片拍于1958年（清华大学档案馆提供）

1959年北京高校田径运动会上，清华大学获男子、女子、团体三个第一名（清华大学校史馆藏）

1959年10月15日，蒋南翔校长邀请清华参加全运会的运动员座谈，会后与马约翰、夏翔、王英杰等体育教师，团委、学生会负责干部及运动员合影（清华大学档案馆藏）

1959年，马约翰辅导体弱班锻炼（清华大学档案馆藏）

重视体育是清华大学的优良传统，这是同学们在操场锻炼的情景。照片拍于1959年（清华大学校史馆藏）

工程化学系学生张立华五次打破三项男子自行车全国纪录。图为1963年张立华（前行者）在比赛中（清华大学档案馆藏）

1957年清华大学管乐队合影（清华大学档案馆藏）

1958年4月27日,清华大学军乐队在第六届田径运动会上演奏
(清华大学档案馆藏)

1958年12月21日,清华大学文工团在政协礼堂向中央领导作汇报演出后与周恩来总理合影(《清华大学一览1959》)

1959年10月1日,清华大学军乐队庆祝国庆十周年留影(清华大学档案馆藏)

1959年,清华大学文工团在上海交通大学演出雕塑剧(清华大学档案馆藏)

1961年，京剧行家孙汝吉受邀指导学生京剧社重排《关羽搬家》（清华大学档案馆藏）

1961年，清华文艺社团越剧社演出《梁山伯与祝英台》（清华大学档案馆藏）

1958年,全校师生6500人赴十三陵水库工地劳动(清华大学校史馆藏)

1958年,西湖游泳池由全校万名师生义务劳动建成。游泳池面积为4000平方米,能同时容纳1000人游泳(清华大学档案馆藏)

1958年,水8班同学帮助农民秋收(清华大学档案馆藏)

1958年8月28日,蒋南翔校长在毕业典礼上讲话,号召做"共产主义播种者"(清华大学档案馆藏)

毕业生纷纷表决心志愿去边疆。照片拍于1958年（清华大学档案馆藏）

1961年蒋南翔校长给毕业班志愿去边疆的学生题词（清华大学档案馆藏）

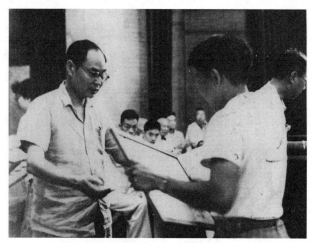

蒋南翔校长给1961年毕业生先进集体发奖（清华大学档案馆藏）

校领导和1962年优秀毕业生合影（清华大学档案馆藏）

前　言

　　1991年，为纪念清华大学建校八十周年，在清华大学校史编辑委员会组织指导下，校史研究室选辑并陆续出版了《清华大学史料选编》计四卷六册，即清华大学建校至中华人民共和国成立前各个历史时期的有关校史资料。这段时间的史料，按清华大学经历的四个时期各辑一卷，其中：清华学校时期（1911—1928）一卷一册，国立清华大学时期（1928—1937）一卷两册，抗日战争时期的清华大学（1937—1946）一卷两册，解放战争时期的清华大学（1946—1948）一卷一册。《清华大学史料选编》受到高校校史研究同行、广大校友和关心清华的各界人士的关注，被认为"为了解清华、研究清华，提供了切实可信的史料"。

　　在百余年历史进程中，清华大学与国家的命运紧密相连，由一所留美预备学校发展为如今举世闻名的中国高等学府。她的历史，反映了中国近代教育发展的进程，记录了我国高等教育走向独立、走向成熟的历程，为世人瞩目。

　　要了解、研究一个学校的历史，必须查阅、掌握切实的历史记载，言有所据，论有所依，方成信史。"没有史料，便无史学"。清华大学校史编辑委员会决定继续辑录出版《清华大学史料选编》，并议定了本书的选编方针原则。力求编选的相关档案和史料，能反映清华大学的历史面貌，能对研究清华大学校史和中国近现代教育史提供依据与参考。特别是，适逢清华大学为实现中华民族的伟大复兴而创建世界一流大学之际，《清华大学史料选编》的出版更具重要意义。

中华人民共和国成立后，清华大学又经历了如下几个历史阶段：解放接管与院系调整时期（1948年12月—1952年10月）；建设多科性工业大学时期（1952年10月—1966年6月）；"文化大革命"与拨乱反正时期（1966年6月—1978年6月）；建设世界一流大学时期（1978年6月至今）。清华大学九十周年校庆后，启动了中华人民共和国成立后各个历史时期《清华大学史料选编》的编辑工作。按计划，先选编出版前两个时期的史料，即《清华大学史料选编》第五卷解放接管与院系调整时期（1948年12月—1952年10月）和第六卷建设多科性工业大学时期（1952年10月—1966年6月）。其中，第五卷分上下两册，于2005年11月出版发行。

《清华大学史料选编》第六卷的编辑工作于2002年启动，前期工作由校史研究室主任叶宏开和副主任徐振明主持；2004年5月后，由校史研究室主任田芊和副主任徐振明继续主持，第六卷的一至三分册分别于2007年、2008年、2009年出版发行。此后因筹备清华大学百年校庆，史料选编工作暂停。2011年百年校庆后，在校史研究室主任顾良飞和副主任金富军主持下，本卷的编辑工作继续进行。2015年起，由校史研究室主任范宝龙和副主任金富军主持，第六卷第四分册于2018年出版发行。

《清华大学史料选编》第六卷第五分册的主要内容为学生工作。史料主要选自清华大学档案、《清华大学一览》《清华公报》《新清华》以及学校各部门汇编的资料文献等。

陈秉中、徐心坦、刘文渊、孙敦恒、田彩凤、薛建团、孟然、冯翠红、朱俊鹏、沙俊平、代红、薛四新、张利、贾磊、韦珊等也参与了本分册的相关编辑工作。校史研究室历任领导叶宏开、田芊、徐振明、顾良飞在主持本分册的前期编辑工作中花费了很多心血。

编者水平有限，疏漏和错误之处在所难免，请读者不吝赐教。

清华大学校史研究室

2021年6月

凡　例

一、本书以辩证唯物主义与历史唯物主义为指导，实事求是，尊重史实，力求客观、全面、真切，保持史料原貌，以达"存史、资政"之目的。

二、本书是《清华大学史料选编》的第六卷。所收文献，选自1952年10月至1966年6月的各类文件和档案。主要内容涵盖如下专题：综述，领导体制与行政管理，院系设置，办学思想与教育方针，共产党组织，民主党派与群众组织，教学工作，科学研究，研究生教育，实验室建设，生产工作，进修人员培养，对外交流与合作，学生工作，教职工，图书、档案、文物调拨，校园建设和总务行政，工农速成中学、附属学校。

由于第六卷所收文献的时间跨度较大，内容较多，因此将按专题编辑成分册，每个专题按时间先后为序编排，分册出版。

三、本书是历史文献资料汇编，由于当时的书写习惯，文献中一些词语、称谓、使用单位、文章格式等，与目前不尽相同，本书基本上保持原貌。其中，关于数字和时间的表示，依据1956年10月国务院颁布《关于国家机关的公文、电报和机关刊物横排横写以后采用阿拉伯数码的通知》的基本精神，凡1957年前的文献中涉及之处，均保持原貌；此后文献中涉及之处，尽可能按上述通知要求处理。

四、文献中出现的异体字、不规范字，依据国家颁布的简化字表，全部改为通行字；原文字迹模糊难以辨识的，用□号表示；正式公文中的错字、漏字、衍字，分别在〈　〉号、［　］号和

〔 〕号内校正。文献中其他的错别字,则直接改正,不再一一注明。

五、原文无标点的,由选编者重新加注标点。原文已有标点的,基本遵照原有标点,若有错误,则加以改正。为了清楚表达文意,文中的标点符号有的按现时用法做了改动和增加,如书名号、引号、顿号等。

六、本书收录的文献,原来部分系直排繁体、部分系横排简体,本书一律统一为横排简体。

七、原文中的层次序号与标题,一律未改,不作全书格式统一。

八、本书文章的标题,已在报刊公开发表的文章以及会议报告和演讲,多采纳原始标题。部分文献,或无标题,或标题的主题、指谓不明,选编者均依据文意重新拟订标题,标题上有※号者为编者修改或新加之标题。编者补充了文献形成(或发表)的时间,补充的时间在括号内用阿拉伯数字表示。

九、本书所收文献,依文献档案收录情况,尽可能涵盖学校各个时期的重要工作内容。

十、本书所收文献,部分因篇幅、主题或其他原因作了删节,删节处均以(编者略)或省略号标出。节选的文献,均在标题或脚注注明。

文中部分人名未实录,以×××、××表示。

十一、在各种代表大会"届"与"次"的使用上,原始文献存在混用现象,编者未做全书统一。

十二、部分表格中统计数字的分项之和与总和(或总计)不一致,编者在脚注中予以指出,未做数字订正。

十三、为便于读者阅读和理解,对部分文献加了编者注。如为文献中的原注,编者则在文章中加以说明。

十四、本书收录文献,主要选自清华大学档案(其中包括学校领导在学校工作会议上讲话的记录稿等)、《清华公报》《清华大学一览》《新清华》以及学校各部门汇编的资料文献等。在文末注明了文献出处,以便读者查阅。其中,本卷收录的部分会议决议、工作报告等文献,因档案中所存只有草稿或草案,故以草稿或草案形式收录。

编者
2021 年 6 月

目 录

学 生 工 作

（一）综述

关于当前的工作计划和政治辅导员工作
  （1953年3月2日） ………………………… 蒋南翔（1）
首先要保证入学学生的必要质量
  （1953年3月31日） ………………………… 蒋南翔（3）
在普及的基础上提高　在提高的指导下普及
  （1954年2月23日） ………………………… 蒋南翔（5）
高等教育部检查组关于清华大学学生工作的报告
  （1954年12月9日） ………………………………（6）
执行培养学生全面发展的方针
  （1956年2月8日） ………………………… 蒋南翔（9）
加强体育锻炼　争取毕业后为祖国工作50年（节选）
  ——1957年11月29日蒋校长在清华体育干部会上的
  讲话（1957年11月29日） …………………………（13）
调整关系　加强团结　发扬"五四"革命精神和科学精神
  （1961年5月4日） ………………………… 蒋南翔（15）
正确处理红专关系，克服"宁'左'勿右"思想
  （1961年6月14日） …………………………………（32）

清华大学党委关于学生思想政治工作的汇报提纲
（初稿）（节选）
（1964年6月18日） ………………………………（34）
清华大学对毕业生进行调查研究，总结培养全面发展的
人才的经验（节选）
（1964年7月22日） ………………………………（57）
做到思想过硬、业务过硬、身体过硬
（1965年6月20日） ………………………………（61）
清华大学党委关于配备半脱产政治辅导员工作的经验
总结报告（初稿）
（1965年8月） ……………………………………（65）
1952—1965学年度各项学生情况统计
（1957—1965年9月21日） ……………………（75）
　　1955至1957年录取新生分省（市）人数统计（1957年）……（75）
　　清华大学教学改革后学生中工农成分人数表（1957年） ………（79）
　　清华大学教学改革后历年休学学生情况人数表（草稿）
　　　（1958年1月9日） ………………………………（79）
　　清华大学教学改革后历年退学学生情况人数表（草稿）
　　　（1958年1月9日） ………………………………（80）
　　清华大学教学改革后历年各系学生人数表（1958年） ………（81）
　　清华大学教学改革后历年学生中华侨人数表（1960年） ………（82）
　　清华大学教学改革后历年学生中少数民族人数表（1960年）……（83）
　　清华大学归国华侨学生情况（1963年1月） ………………（84）
　　1953—1963年录取新生中工农成分人数统计（节选）
　　　（1964年5月） ……………………………………（84）
　　1964年新生享受助学金情况统计（1964年10月1日） ……（85）

清华大学参加第二期城乡四清情况统计
　　（1965年9月14日） ………………………………（86）
1952—1965年招生人数及在校学生人数
　　（1965年9月21日） ……………………… 教务处（88）

（二）招生

校务行政会议与招生委员会联席会议关于本年招生
　　工作的报告事项（1953年6月19日） …………（89）
一九五三年度录取新生工作总结材料
　　（1953年10月27日） ……………………………（90）
清华大学一九五四年度录取新生情况统计表（节选）
　　（1954年） ………………………………………（93）
一九五五年各考区录取新生人数及报到情况表
　　（1955年11月12日） ……………………………（94）
一九五六年暑期录取新生情况统计表
　　（1956年） ………………………………………（95）
清华大学1957年新生录取情况统计（节选）
　　（1957年9月7日） ………………………………（99）
1958年度招生工作汇报（节选）
　　（1958年） ………………………………………（100）
清华大学1959年新生情况
　　（1959年9月11日） ……………………… 教务处（103）
清华大学党委关于工物系新专业生源、师资问题呈
　　教育部党组的请示（1960年3月22日） …………（104）
清华大学1960—1961年度招生工作情况（节选）
　　（1960年9月13日） ……………………………（105）

清华大学 1961 年暑假招生情况（节选）
　　（1961 年 8 月） ················· (106)
1962—1963 年度清华大学招生情况简报（节选）
　　（1962 年 9 月 7 日） ············ 教务处 (109)
1963 年新生录取工作简报（节选）
　　（1963 年 9 月 16 日） ··············· (111)
清华大学 1964 年新生录取工作的简单报告（节选）
　　（1964 年 9 月） ··················· (115)
1965 年新生工作简报（节选）
　　（1965 年 9 月 28 日） ··············· (121)

（三）思想政治工作

本学期政治工作计划（节选）
　　（1953 年 3 月 21 日） ··············· (127)
一九五三年度上学期学生政治工作计划
　　（1953 年 9 月 12 日） ··············· (128)
关于加强学生政治理论教育的决议
　　——党委第 44 次常委会通过
　　（1957 年 4 月 24 日） ··············· (134)
党委会关于"社会主义教育"课程的计划
　　（1957 年 10 月 16 日） ·············· (137)
学生思想政治工作和管理教育工作暂行规定（草案）
　　（1961 年 9 月 14 日） ··············· (140)
关于学生工作中一些问题的界限（草案）
　　（1961 年 9 月） ··················· (150)
清华大学学生参加公益劳动管理办法
　　——1962—1963 年度第八次校务委员会通过
　　（1963 年 3 月 15 日） ··············· (159)

学生思想政治工作的任务和一些问题的界限（修改稿）
　　（1964年2月）……………共青团清华大学委员会（161）
四千多师生参加农村社会主义教育运动
　　（1965年9月12日）………………………………（174）

（四）政治辅导员制度

清华大学关于设立政治辅导员制度给中央高等教育部、
　　人事部的报告（1953年4月3日）………………（175）
高教部关于学生政治辅导员津贴事宜给清华大学的指示
　　（1953年8月）………………………………………（176）
　　　附：清华大学关于学生政治辅导员津贴事宜呈高教部的请示
　　　　（1953年7月7日）…………………………（177）
政治辅导员制度起了显著作用
　　（1954年3月16日）………………………………（178）
关于学生半脱产干部情况的报告
　　（1961年5月27日）…………党委组织部、团委会（179）
关于学生政治辅导员业务学习的几项规定
　　（1961年7月13日）………………………教务处（183）
关于团的半脱产干部情况汇报提纲
　　（1963年11月23日）……………………团委会（184）
关于政治辅导员若干问题的规定（草案，供讨论用）
　　（1964年）……………………………………………（191）
关于加强学生政治工作干部的意见（节选）
　　（1964年）……………党委组织部、团委会（198）
关于政治辅导员劳逸安排的一些规定（草案）
　　（1965年3月）……………………团委会办公室（207）

(五) 管理

1. 班、级主任工作

贯彻班主任制度，进一步加强学生工作
　　（1954年9月21日）············(208)
一九五四至五五年度第五次校务委员会关于班主任工作
　　的决议（1955年3月8日）············(210)
　　　　附：校务委员会表扬班主任名单（二十五人）·······(211)
一九五四至一九五五学年第一学期班主任工作总结
　　（1955年4月23日）············教学研究科(212)
清华大学班主任工作暂行条例
　　——一九五五至一九五六年度第六次
　　　（扩大）校务行政会议通过
　　（1956年3月9日）············(224)
班（级）主任工作暂行条例
　　（1961年9月13日）············(225)
1964—1965学年度大一、大二班、级主任情况简介
　　（1964年11月20日）············(228)

2. 劳逸结合工作

校务委员会会议关于减轻学生负担过重问题的议决事项
　　（1953年6月2日）············(230)
团委会、学生会关于目前学生学习过重情况的一些材料和
　　改进的意见（节选）
　　（1953年）············(231)
校务会议关于解决学生负担过重问题的议决事项
　　（1954年11月12日）············(234)
清华大学关于研究与解决学生学习负担过重问题的报告
　　（1955年4月15日）············(235)

关于学生负担情况和改进办法的报告（节选）
  （1958年4月24日）
  ················校长办公室、党委办公室、团委会（246）
    附：课外活动时间的规定 ·····················（248）
党委关于注意控制各种会议活动、妥善安排学生作息时间的通知
  （1959年4月7日）·························（249）
    附：党委办公室"关于教职工、学生活动时间安排的初步意见"
      向党委的报告（节选）
  （1959年3月27日）························（250）
清华大学关于学生劳逸安排的十项规定
  ——1960年11月30日第5次校务委员会通过
  （1960年11月30日）·······················（252）
关于学生课余时间安排的几项规定（草案）
  （1961年9月28日）························（255）
清华大学、西安交通大学贯彻劳逸结合、调整学习负担的一些
  做法（节选）（1961年11月20日）·············（257）
清华大学抓紧解决劳逸安排问题
  （1965年7月4日）·························（259）
    附一：清华大学党委、校委关于切实注意劳逸安排的通知
  （1965年6月11日）························（259）
    附二：清华大学关于劳逸安排的几项规定
  （1965年5月14日）························（260）
    附三：清华大学关于女同学保健工作的几项暂行规定
  （1965年6月9日）·························（264）
    附四：清华大学关于在生产实习、生产劳动和毕业设计
    工作中贯彻劳逸结合的规定
  （1965年5月14日）························（264）

3. 表彰奖励

校务委员会会议关于奖励优秀班级及优秀学生问题的议决事项
　　（1954年3月8日） ……………………………………（266）
清华大学优秀学生奖励办法
　　（1954年5月4日） ……………………………………（267）
清华大学优秀学生及班级奖励办法
　　——一九五五至一九五六年度第六次扩大校务会议
　　修正通过（1956年4月8日） …………………………（270）
关于毕业班与毕业生的表扬和奖励办法
　　——1961—1962年度第六次校务委员会通过
　　（1961年12月29日） …………………………………（272）
关于毕业班与毕业生的表扬和奖励办法
　　——1961—1962年度第六次校务委员会通过；
　　1962—1963年度第11次校长工作会议修正
　　（1962年12月5日） ……………………………………（273）
校务委员会会议关于表扬1962—1963年度"四好班"的决议
　　——1962—1963年度第十次会议通过追认
　　（1963年5月10日） ……………………………………（275）
校务委员会会议关于表扬1963—1964年度"四好班"和
　　"四好集体"的决议
　　——1963—1964年度第八次校务会议通过
　　（1964年3月17日） ……………………………………（276）
关于优良毕业生、优秀毕业生和优秀毕业设计小组的
　　表扬办法（修改草稿）
　　（1964年12月7日） ……………………………教务处（277）

校务委员会会议关于表扬1964—1965年度"四好班"和
"四好集体"的决议
　　——校务委员会1964—1965学年度第八次会议通过
　　（1965年4月24日） ……………………………………（280）
校务委员会会议关于表扬1965—1966年度"四好班"和
"四好集体"的决议
　　——校务委员会1965—1966学年度第七次会议通过
　　（1966年4月27日） ……………………………………（282）

4．助学金和经济资助

清华大学一般学生人民助学金暂行实施办法
　　——一九五四至一九五五年度第二十三次校务行政
　　会议通过（1955年7月4日） …………………………（284）
高等教育部关于颁发全国高等学校一般学生人民助学金
　　自费学生控制数的通知
　　（1955年8月29日） ……………………………………（286）
校长办公室关于修正一般学生人民助学金实施办法的通知
　　（1955年9月16日） ……………………………………（287）
关于学生参加劳动的补助和劳动保护暂行办法（草案）
　　（1959年5月） ………………………人事处、科学生产处（288）
清华大学工人、工农干部学生人民助学金实施办法（草案）
　　（1959年6月26日） ………………………人事处学生科（289）
清华大学关于一般学生人民助学金补助办法（草稿）
　　（1961年9月） …………………………………………（291）
关于学生保健食堂伙食差额补助试行办法
　　（1965年1月26日） ………………………………人事处（293）
关于适当解决经济困难学生教材费补助办法（草案）
　　（1965年2月18日） ………………………………人事处（294）

有关本科学生特殊困难补助的几项规定(草案)

  (1965年6月5日) ················· (295)

关于本校学生参加"四清"运动的经济困难补助办法(草案)

  (1965年8月21日) ············ 人事处 (296)

清华大学学生人民助学金暂行办法(草案)

  (1965年) ······················ (297)

5. 生活管理

学生膳团入退伙规则

  (1953年4月) ··················· (298)

学生膳团饭厅规则

  (1953年4月) ········· 膳食科学生膳团办公室 (301)

学生宿舍分配办法及管理规则

  ——一九五四至一九五五年度第十二次校务行政会议通过

  (1955年2月1日) ················· (302)

学生膳团全面推行食堂制

  (1959年11月16日) ················ (304)

关于女同学健康与劳动保护的七项规定

  ——1960—1961年度第六次校务会议通过

  (1960年12月16日) ················ (305)

清华大学电机系学生宿舍和食堂的一些情况

  (1961年5月24日) ················· (306)

关于学生婚姻问题的几项规定

  ——1962—1963年度第一次校务委员会通过

  (1962年9月7日) ················· (307)

有关学生伙食标准的几项规定

  ——经主管副校长批准执行

  (1963年11月19日) ········ 人事处、生活管理处 (308)

清华大学关于本科学生婚姻问题的几项规定
——1962—1963年度第一次校务委员会通过；
1963—1964年度第五次（扩大）校务委员会修改通过
（1963年12月27日）……………………………(309)
关于成立学生保健食堂的情况汇报
（1965年3月27日）………………………………(310)
关于女同学健康情况及建立东区食堂问题的报告
（1965年4月15日）……………………学生会（312）
清华大学关于女同学保健工作的几项暂行规定
——校务委员会1964—1965学年度第十一次会议通过
（1965年6月9日）…………………………………(315)
成立东区女生食堂
（1965年7月10日）…………………行政生活处（318）

（六）课外文艺体育活动

本学期健康工作计划（节选）
（1953年3月21日）………………………………(319)
校务行政会议关于保证学生运动及课外活动时间的议决事项
（1953年3月24日）………………………………(321)
学生课外政治、文艺、通讯社团相继成立
（1953年4月18日）………………………………(322)
校务委员会会议关于成立学生课外文娱活动委员会的议决事项
（1953年6月2日）…………………………………(323)
一九五三年度学生健康工作计划
（1953年9月12日）………………………………(324)

校务行政会议关于学生健康问题和运动代表队规章（草案）
　　的议决事项
　　　（1954年11月16日）……………………………(329)
　　　　附：清华大学运动代表队规章……………………(331)
本学期劳卫制测验计划
　　　（1955年2月26日）……………………………(331)
校务行政会议关于成立学生体育协会、学生群众文化
　　活动协会及相关规划的议决事项
　　　（1956年3月1日）………………………………(333)
我校民兵师文工团诞生
　　　（1958年10月21日）……………………………(334)
团委会关于加强体育工作向党委的报告
　　　（1958年11月24日）……………………………(336)
我校文工团向中央首长作汇报演出
　　　（1958年12月21日）……………………………(340)
学生会体育部公布夏秋季五项锻炼标准
　　　（1960年6月）……………………………………(340)
　　　　附：清华大学同学夏秋季五项锻炼标准…………(341)
清华大学体育代表队和文工团的情况
　　——清华大学调查材料之七
　　　（1961年5月24日）……………………………(342)
丰富多彩的文化生活
　　　（1962年）………………………………………(345)
清华大学五项体育锻炼标准
　　　（1963年3月15日）……………………………(347)
　　　　附：体操标准…………………………………(348)
团委会关于文工团名称问题给党委的请示
　　　（1963年6月22日）……………………………(348)

体育教研组、团委会关于体育代表队工作的报告
　　（1963 年 12 月 10 日）……………………………（350）
校长办公室关于保证学生体育锻炼时间的通知
　　（1964 年 2 月 22 日）……………………………（355）
关于学生课外活动的几项规定
　　（1964 年 3 月 5 日）………………… 团委会（356）
关于国防体育工作的几点建议
　　（1964 年 3 月 7 日）……… 武装部、体育教研组（357）
我校学生体质情况有所增强
　　（1965 年 1 月 28 日）………… 体育教研组、校医院（360）
共青团中央批转共青团清华大学委员会开展和安排学生
课外活动的经验
　　（1965 年 7 月 12 日）……………………………（362）
　　附：我们是怎样开展和安排学生课外活动的
　　（1965 年 7 月 8 日）……… 共青团清华大学委员会（363）

（七）毕业

1. 毕业生工作

团委会 1959 年毕业生思想工作要点（草案）
　　（1959 年 4 月）……………………………………（369）
提前抽调留校工作教师补发毕业证书的几点规定
　　——1962—1963 年度第三次校务委员会通过
　　（1962 年 11 月 9 日）……………………………（372）
教育部关于清华大学毕业生留校改行使用问题的检查报告
　　（1963 年 4 月 29 日）……………………………（374）
　　附件：清华大学党委关于抽调专业干部改做行政工作等致教育部
　　　　　党组的报告
　　（1963 年 4 月 6 日）………………………………（375）

关于确定毕业生分配名单工作的情况与体会
  （1964年3月19日） ················(378)
清华大学党委关于毕业生政治集训及发展工作计划
  给市委大学科学工作部的报告
  （1964年8月7日） ··················(383)

2. 历年情况

1953年度毕业学生人数基本情况
  （1953年10月） ····················(386)
1954年毕业生人数统计表
  （1954年7月3日） ··················(388)
校务委员会（扩大）会议关于对1952年被抽调充任助教
  学生给予毕业的议决事项
  （1954年12月14日） ················(389)
1954—1955学年末报表毕业生人数更正表（节选）
  （1955年10月5日） ················(390)
1955至1956学年度毕业生统计表
  （1956年） ························(391)
1956至1957学年度毕业生统计表
  ——1957年8月23日第廿次校务行政会通过
  （1957年8月23日） ················(393)
清华大学1957—1958学年度毕业生统计表（节选）
  ——1957—1958学年度第28次校务会议补行通过
  （1958年9月12日） ················(394)
清华大学关于土木系、建筑系部分应届毕业生延期毕业问题
  致教育部的报告
  （1959年4月15日） ················(395)
清华大学党委关于抽调学生任教事宜致教育部党组的请示
  （1959年5月12日） ················(396)

1959年暑假毕业生简况
　　（1959年10月21日） ································ （399）
1959年寒假预计毕业生人数报表
　　（1959年11月11日） ································ （400）
1960年毕业生人数统计（节选）
　　（时间不详） ······································· （401）
1961年毕业生简况
　　（1961年10月） ···································· （401）
关于1961—1962年度寒假毕业生毕业工作及优秀毕业生
　　选拔情况（节选）
　　（1962年1月20日） ································· （402）
1962年暑假毕业生基本情况（节选）
　　（1962年） ·· （404）
1962—1963年度寒假毕业生基本情况
　　（1963年3月） ····································· （405）
1962—1963年度暑假毕业生基本情况
　　（1963年7月27日） ································· （406）
1963—1964学年度寒假毕业生基本情况
　　（1964年2月25日） ································· （407）
1963—1964学年度暑假毕业生基本情况
　　（1964年9月7日） ·································· （407）
1964—1965学年度寒假毕业生基本情况
　　（1965年3月12日） ································· （408）
1964—1965学年度暑假毕业生基本情况
　　（1965年9月6日） ·································· （409）
1965—1966学年度寒假毕业生情况
　　（1966年4月11日） ································· （409）

（八）名单

1. 第一批政治辅导员名单

第一批政治辅导员名单
  （1953 年） ·· (410)

2. 历年本科录取新生名单

1953 年清华大学录取新生名单
  （1953 年） ·· (411)

1954 年清华大学录取新生名单
  （1954 年） ·· (425)

1955 年清华大学录取新生名单
  （1955 年） ·· (440)

1956 年清华大学录取新生名单
  （1956 年） ·· (456)

1957 年清华大学录取新生名单
  （1957 年） ·· (476)

1958 年清华大学录取新生名册
  （1958 年） ·· (496)

1959 年清华大学录取新生名册
  （1959 年） ·· (534)

1960 年清华大学录取新生名册
  （1960 年） ·· (565)

1961 年清华大学录取新生名单
  （1961 年 9 月 4 日） ····································· (592)

1962 年清华大学录取新生名单
  （1962 年 9 月） ··· (623)

1963年清华大学录取新生名单

（1963年） ······(653)

1964年清华大学录取新生名单

（1964年） ······(684)

1965年清华大学录取新生名单

（1965年） ······(715)

3. 优秀毕业班和优秀毕业生

1954年先进集体和优秀毕业生

（1954年8月20日） ······(746)

校务行政（扩大）会议关于优秀毕业生奖励的议决事项

（1955年3月1日） ······(748)

校务委员会会议关于房专建校班毕业生奖励的议决事项

（1955年6月11日） ······(749)

1954—1955年度毕业班先进集体和优秀毕业生

（1955年8月17日） ······(751)

1958年暑假毕业生奖励名单

——1957—1958年度第二十七次校务扩大会议通过

（1958年8月26日） ······(752)

1959年暑假毕业生奖励名单

——1958—1959年度第二十五次校务会议通过

（1959年8月22日） ······(755)

校务委员会表扬物九、化九优秀毕业生名单

——1959—1960年度第十九次校务会议通过

（1960年6月3日） ······(760)

校务委员会表扬铸9班优秀毕业生名单

——1959—1960年度第二十次校务会议补行通过

（1960年7月8日） ······(761)

校务委员会表扬焊9、制9优秀毕业生名单
　　——1960—1961年度第一次校务会议补行通过
　　（1960年9月24日） ·················· (761)
1960—1961年度寒假毕业生奖励名单
　　（1961年1月24日） ·················· (762)
1960—1961年度暑假毕业生奖励名单
　　（1961年7月21日） ·················· (765)
1961—1962年度寒假毕业生奖励名单
　　（1962年1月17日） ·················· (769)
1961—1962年度暑假毕业生奖励名单
　　（1962年10月7日） ·················· (773)
1962—1963年度寒假毕业生奖励名单
　　（1963年1月17日） ·················· (775)
1961—1962年度暑假毕业生（补）奖励名单
　　（1963年3月16日） ·················· (778)
1962—1963年度暑假毕业生奖励名单
　　（1963年7月27日） ·················· (779)
1962—1963年度寒假毕业生（补）奖励名单
　　（1963年9月11日） ·················· (781)
1963—1964年度寒假毕业生奖励名单
　　（1964年1月25日） ·················· (781)
1962—1963年度寒假（补）毕业生学习优良奖状获得者名单
　　（1964年2月25日） ·················· (782)
1962—1963年度暑假（补）毕业生学习优良奖状获得者名单
　　（1964年2月25日） ·················· (782)
1963—1964年度暑假毕业生奖励名单
　　（1964年8月15日） ·················· (783)

1964—1965年度毕业生奖励名单
　　（1965年8月12日） ……………………………（786）
1963—1964年度暑假毕业生（补）奖励名单
　　（1965年9月6日） ……………………………（792）

学 生 工 作

（一）综述

关于当前的工作计划和政治辅导员工作[※][①]

（1953年3月2日）

蒋南翔

原来想来清华就和大家谈一次话，但因为工作摸不上手，就拖下来了。

来到清华，没有新的感觉，倒有一个老的感觉，这就是：清华是有基础的。几年来主要是党、团在担负着清华的工作；党委会、团委会的工作，是有成绩的，而且成绩是主要的。这虽是老生常谈，但这是需要说明的。关于这点，我曾和市委彭真同志、刘仁同志谈过，他们也同意。在我来说，工作没摸上手，但在过去已有成绩的基础上是可以前进的。毛主席说，革命者没有这样的本领把中国的缺点在一个早晨改掉，但我们可以逐步地搞好。这个公式，也是适合于我们清华的。我们相信，清华三年五年是会搞好的。

来清华后，觉得有些工作要做，现在看法虽不成熟，但在党、团内部是可以谈一下的。

---

① 编者注：本文节选自《向清华大学全体教师党、团员的讲话》，全文参见《清华大学史料选编》第六卷第一分册第3页。

一、学校前进的基本点在哪里

……

二、当前工作

当前有三方面的工作：（一）订计划：订教学计划、政治教育计划、改进健康计划以至全校总的计划；（二）调整工作机构，适应工作需要；（三）统一思想，统一工作步骤。

（一）订计划。最近大家知道在订教学计划，修改教学大纲，这是学校的中心工作。有了计划，再有大纲，就更具体了，再有了日历又可掌握住进度。向苏联学习，应该学习苏联有计划地进行工作。星期四想请专家再讲讲订大纲的一些问题，寒假前准备把所有的计划都大体订好。

对于学生，要订健康计划。现在已成立了保健委员会，开始了工作，下学期开学同学的体育锻炼可更有计划些，保证同学一天有一二小时运动时间，改善伙食，使同学生活规律化，实行劳卫制，以后体育不及格的就不能毕业。搞好身体，这是一个政治任务。

另外，政治教育计划。政治教育防止过多，也防止过少。清华过去在政治教育上是有成绩的，过去是在运动中进步的，今后则要在经常的工作中进步，于是有些干部和同学觉得不过瘾。应该了解，今后大的政治运动在学校不应多搞。政治学习如六小时，那就不应超出这个时间范围。如超过了，就要妨碍教学计划之进行，虽然在政治上得到一些进步，但业务没有学好，身体搞垮了，我们就没有完成大的政治任务。学校的政治工作，就是要保证学生既有高度的政治觉悟，又完成了学习任务，有高度的业务水平和健康的身体。如做到这一点，即完成了我们最大的政治任务。

……

（二）调整工作机构。设立了校长办公室，加强了教务处和人事室的工作。政治辅导处即将成立，政治辅导处基本上是属于党委会并与党的工作相结合的。成立政治辅导处可使党委在行政上有一工作地位，便于更有效地进行政治工作。党员在学校现在还是少数的，有些场合以党委出面号召还不太好，有了政治辅导处可以给党委开拓出更大更方便的工作园地，它可面向全体同学进行工作，配合业务计划，统一学校的社会活动。

关于辅导员的来源，可在同学中抽调。原则上辅导员不脱产，政治工作若与业务脱离，一方面有困难，另一方面要有缺点。可考虑让他们脱产 1/4 或 1/5，他们可以晚一年毕业。他们上午上课，下午工作。辅导员要抽调成绩好的（四、五分）同学担任，作了一年，成绩如果下降，那就要取消他辅导员的资格。他们成绩好并继续学习，一方面使他们不被拉下，能学好业务；另一方面也能取得别人的信任与尊重。他们毕业的时候，学校可以负责向人事部门介绍，分配给他们最好的工作。

……

清华大学档案，目录号 党1，案卷号 53028

首先要保证入学学生的必要质量[※①]

（1953 年 3 月 31 日）

仲勋同志、秀峰同志、中宣部、北京市委并报中央：

我到清华大学已两个多月，现当本学期结束之际（清华大学

---

① 编者注：本文节选自蒋南翔向习仲勋、杨秀峰、中宣部、北京市委并报中央的报告，全文参见《清华大学史料选编》第六卷第一分册第15页。

于三月二十日始放寒假），特将我所初步了解的学校情况及尚待解决的一些问题，报告如下：

……

由于清华大学在院系调整以后，发生了很剧烈的变动，使学校面临着许多新的问题。现在清华大学必须解决的一个最根本性的问题，我认为就是要在五年左右的时间内，取得大批地培养具有高度技术水平和政治质量的新工程师的实际经验。

……

为了使清华大学能够更有效地担负起培养工程师及高等工业学校师资的任务，需要采取以下几项比较重要的措施。

一、首先要保证入学学生的必要质量

清华这两年来，由于招收学生不注意质量，程度很不整齐。特别是去年高等学校统一招生，打烂学校的范围，以系为单位招考新生，各学校不能过问自己的招生工作，不能根据各校自己所需要的标准来认真审核学生成绩，结果使清华大学接收了许多初中程度和小学程度的学生，使全校各系学生之间的程度极不平衡（其他很多学校也有类似情形），因而造成教育工作上的极大困难和极大浪费。去年那种统一招考的办法虽在招生时候可以简单省事一些，但却要造成各校教学工作中的长期的困难和损失。因此，希望今后能改进统一招考的办法，首先必须以学校为单位招考并录取学生（苏联各高等学校均是以学校为单位招考学生），并须让各有关学校主持至少是负责参加自己学校的招生工作，对投考学生的学业和身体条件均应作认真的审查，以便保证录取新生的必要质量，并便于新生入学以后进行正常的教学工作。

二、希望即把清华大学的学制改为五年制

……

以上所列各项是否可行,请指示。

蒋南翔

本件已另抄凯丰同志、钱俊瑞同志、李乐光同志、胡耀邦同志

清华大学档案,全宗号 2,目录号 党 1,案卷号 53028

在普及的基础上提高
在提高的指导下普及※①

(1954年2月23日)

蒋南翔

体育锻炼对于我们目前的学习和工作,以及对于以后参加祖国建设都有重要的意义。今后在学校开展体育运动的要求,一方面是要更普及:希望同学能百分之百地参加锻炼,要逐步争取做到除特殊原因以外,都通过清华锻炼标准才能毕业。另一方面是提高:主要是通过全校运动会、球类比赛及其他各种竞赛,培养出一批学习好、道德品质好的优秀运动员作为学校代表队,依靠他们来带动全校体育运动,提高体育水平。提高和普及是互相结合的,在普及的基础上提高,这样就不是"锦标主义";同时在提高的指导下,体育才能更广泛更深入地开展。学校不但提倡大家都参加体育活动,而且还准备规定对优秀运动员的奖励办法。

《新清华》第 34 期,1954 年 3 月 2 日

---

① 编者注:本文节选自《蒋校长和体育教研组及体育积极分子座谈开展学校体育运动问题》。

高等教育部检查组关于清华大学学生工作的报告[①]

（1954年12月9日）

我们于一九五四年十一月八日至三十日研究了清华大学提供的"清华大学工作检查汇报"，并就贯彻执行教学计划、科学研究、培养与提高师资、学生工作及学校行政领导等重点问题进行了调查。现将所了解的情况、问题及我们的意见报告如下：

……

学　生　工　作

清华大学行政领导和党委很重视学生工作，注意了贯彻"三好"和培养学生成为全面发展的具有较高科学水平及共产主义觉悟的工程师的方针。两年多来，学生的学习成绩不断提高，如上学期的考试比较严格，而全部在"四"分以上的学生仍占百分之六十二以上。学生的社会主义觉悟有显著提高，在学习态度、学习纪律以及培养学生集体主义精神方面均有较好的成就。在体育锻炼方面，最近参加全国劳卫制一级标准的有二千三百人，预备级标准的有二千二百人，合计共四千五百人，占全校学生的百分之八十八点二，体育锻炼已形成群众性的自觉的活动。学生的文化活动也比较活跃。但不能忽视部分学生健康不良的情况还是严重的。本学期肺结核发病率又在增加，十月份统计，隔离疗养者有一百零六人，学生中患神经衰弱、肠胃病、关节痛等慢性病者

---

① 编者注：本文节选自高等教育部检查组《检查清华大学工作的报告》，全文参见《清华大学史料选编》第六卷第一分册第95页。

相当多,十月份患头痛就诊者较九月份增加二倍以上,失眠就诊者增加一倍以上。产生这些情况的原因虽是多方面的,而学习负担过重是主要的。其次,伙食营养不够好(主要是蔬菜价格增高关系),部分学生原来体质就不佳。该校正在研究改进中。

该校的学生工作注意发挥了青年团组织的作用,有两个较重要的特点:

甲、密切结合教学及该校的实际情况,建立了一定的组织制度,半脱产的政治辅导员制度是从紧密结合教学进行工作和解决该校学生工作干部不足的具体困难提出来的,于一九五三年初经中央人事部和高等教育部同意试行,现有二十九人都是从高年级学生中挑选［的］品学兼优的党员团员。办法是:他们兼作团的工作,但不脱离学习,只是少选一、二门课程,学习期限延长一年或二年,并在毕业前一年全部恢复学习。由于他们对教学情况及群众思想情况了解较多,在群众中联系较密切,容易做工作,同时自己也得到了锻炼和提高,因而一年多来的试行效果是良好的。

"班三角"是学生班组织的领导核心(即指班长、青年团支书、宣委及班总干事的集体领导关系而言),它使班的工作步调一致,各组织的作用得到充分发挥。

还有"班主任"制度。这是本学期才在大一、大二各班设立的。班主任都是本班的辅导教师,他们的任务主要为组织有关教师安排学生的自学时间,帮助学生改进学习方法。班主任目前由教务处直接领导。另设级主任由系主任领导。目前在这方面的经验还不成熟,需要进一步研究。

乙、注意结合青年学生的特点,采用启发群众自觉性、积极性、主动性的方法进行工作。贯彻"三好"教育,使学生认识全面发展的重要意义,开展文化体育活动等力求多种多样,启发他们自觉的热情。着重总结典型经验，用种种个人和集体奖励与表扬的办法，鼓励大家积极向上。特别是表扬"先进集体"的方法在学生中起了较好的作用，它是学校奖励班级的一种办法，也是青年团加强学生班级工作的一种工作方法，凡符合：(1)全班学生成绩优良总平均成绩为全校各班中较好者，(2)劳卫制锻炼测验及格比例为全校各班中较好者，(3)各项群众性活动中积极参加表现良好者，(4)全班在团结友爱，开展批评自我批评，爱护公共财物，遵守纪律等方面能在全校起模范作用者，就由学校授予"先进集体"光荣称号，它的作用在于用先进集体班带动其他班，用奖励办法指出明确的努力目标，使群众在集体主义思想基础上，根据自己班级实际情况，不断改进班级工作，深入地贯彻"三好"方针。目前除发现个别落后同学感到有些压力，个别班有形式主义的毛病外，一般效果是好的。

清华大学在学生工作方面获得了显著的成绩，但在这一工作中，政治辅导处和教务处直接抓的多，而一般系行政尚未负起对学生全面教育的任务。为了进一步做好学生工作，今后应健全系的组织，发挥系及教师们在这方面对学生的指导作用。

……

我们建议我部今后根据"关于清华大学［工作］的决定"对该校进一步加强具体帮助，从各方面给以应有的支持，以充分发挥该校的作用。

高等教育部检查组
一九五四年十二月九日

清华大学档案，全宗号 2，目录号 校办 1，案卷号 55002

执行培养学生全面发展的方针※①

(1956年2月8日)

蒋南翔

为了适应我国社会主义工业建设的需要，根据中共中央和人民政府的指示，清华大学在1952年改为多科性的工业大学，担负起为国家培养工业建设干部的光荣任务。从英美资产阶级式的旧型大学改造为社会主义的新型的多科性工业大学，这不能不经过一系列的变革和复杂的斗争。清华大学教学改革的过程，也就是根本改造学校的工作以适应社会主义建设需要的过程。三年多来，我们的学校已经踏着坚定的步伐，沿着社会主义的道路走了一段路程。在全国进入社会主义高潮的今天，我们很有必要来总结一下我们学校三年多来的教学改革的经验，检查一下我们过去工作中的成绩和缺点，规划一下今后的工作和努力方向，以便我们在已有的工作基础上，巩固成绩，克服缺点，满怀信心地继续前进。

……

总结我们学校三年来的教学改革，有些什么经验呢？最主要的有以下几点：

……

---

① 编者注：本文节选自蒋南翔在清华大学第十次教学研究会上的报告《清华大学三年来教学改革的基本总结和今后的任务》，全文参见《清华大学史料选编》第六卷第一分册第117页。

（三）执行培养学生全面发展的方针

我国伟大的社会主义建设事业，要求我们高等学校要为祖国培养德才兼备、体魄健全的全面发展的人才。在我们教学改革后的新的教学计划中，除了自然科学的基础课程和有关专业的专门课程以外，还有马克思列宁主义的政治理论课程，还有体育课程，还有联系实际的生产实习，还有培养学生独立解决生产中的实际问题的课程设计和毕业设计，所有这一切，说明了现在我们学校所执行的教学计划，正是体现了对于学生全面发展的要求。

三年以来，我们学校不但重视学生业务上和政治上的训练，而且注意开展学生的体育锻炼、科学研究小组活动以及其他社会文化活动，借以发展学生更多方面的兴趣和才能，锻炼学生更广泛的独立工作能力。

大家都很知道，几年以来我们学校的同学除了积极完成学习任务以外，还积极参加了各种社会改革运动和时事政策学习，这对提高他们的思想觉悟起了很大作用；同学们在参加群众性的劳卫制体育锻炼、义务劳动、科学研究小组活动和各种社会文化活动方面，也都有较好的成绩。

培养学生全面发展的方针，我们学校是通过两个方面来进行的。一方面是学校的行政领导自上而下地提倡和指导。例如在每个学年之初，在全校范围之内，订出教学工作、政治工作、健康工作以及社会文娱活动等各种计划，并且自上而下地来领导劳卫制的锻炼和各种社会文娱活动，各教研组还把学生科学研究的计划列入工作计划中。对于体育锻炼、义务劳动、文娱活动等各项社会活动的开展，学校行政领导上都给以精神上和物质上的支持。此外，还设立了班主任和政治辅导员制度，给同学的学习和政治思想以经常的具体帮助。我们全体教师，也日益认识到自己不仅是一个知识的传授者，而且是青年一代的培养者，因此更自觉地担负起对学生进行全面教育和培养的责任，以自己的行动作为学生的表率。所有这一切，是由学校领导上所采取的措施。另一方面，是学生本身的工作。他们在学习和工作中，自觉执行毛主席"三好"的指示，努力培养自己成为全面发展的人才。青年团和学生会的组织，在领导同学进行经常的活动中，起了组织和动员的作用。

在我校学生工作中，奖励以班为单位的"先进集体"的工作，使青年团的工作能够更深入地同本班的实际情况相结合，更充分地发挥工作中的主动性，这对推动学生的自我教育和全面发展，起了很大作用。由于评选"先进集体"的标准，是以学生全面发展为条件，因此各班同学在争取成为"先进集体"的过程中，就要注意自己的全面发展。我校将近三年来的实际经验证明：正确地开展评奖"先进集体"的工作，能够激发青年们的学习热情和政治积极性，加强同学之间的团结互助，活跃和丰富同学们的精神生活，推动同学们的全面发展。在我校开展"先进集体"的工作过程中，也产生若干缺点，这些缺点应该而且是可以加以克服的。

应当说明，我校评奖"先进集体"，这同所谓"学习竞赛"，根本是不同性质的两回事。"学习竞赛"是班与班之间互相比赛考试成绩，这种类似锦标比赛的竞争办法，就会引起只知追求考试分数而不注意踏实地掌握知识，就会引起为了争取提高全班平均分数而妨碍同学的自由发展。这种做法当然是错误的。但是现在我校评奖"先进集体"，是学校对于在学习、工作、体育锻炼、文娱活动等各方面有较好表现的班次，也就是对于能够较好地实现毛主席"三好"指示的班次，给予表扬。我们评奖"先进集体"不是进行突击性的竞赛，不是简单比赛考试成绩，不是事事强求一律，束缚同学自由发展；而是强调经常的自觉的学习，强调同学的全面发展，强调培养同学的独立工作能力和充分发挥每人的特长。例如我校最早被表扬为"先进集体"的测量专修科四·二班，正在于该班同学具有顽强的钻研精神和踏实的学习态度，具有较好的独立工作能力，比较充分地体现了全面发展的优点。又如一九五五年度我校曾奖励机械制造系的八·一班（工农班）为"先进集体"，就是因为该班同学在政治上有显著的优点，各方面进步较快，并不是因为该班的考试成绩特别高。

因此，我校评奖"先进集体"，不是什么"学习竞赛"，而是学校对学生的一种奖励办法。我们认为学校可以对优秀的学生个人给以奖励，同样也可以对优秀的学生集体给以奖励。有人听说苏联高等学校没有评奖"先进集体"的做法（其说不一，有人说苏联也有学校实行类似的奖励办法），因而认为我国高等学校也不应实行这种奖励办法。但是不同的国家和不同的学校，各有不同的情况，我们觉得在这种具体的工作方式上，让各个学校根据各自不同的情况作出不同的选择，可能是比较合适的。因为我们所遵循的最高原则，是从实际出发，是以实践作为检验真理的最高标准。如果在实际生活中证明是有害的东西，那就应该抛弃；如果在实际生活中证明是有益的东西，那就有存在的理由。

……

清华大学档案，目录号 党1，案卷号 56011

加强体育锻炼　争取毕业后为祖国工作 50 年（节选）
——1957 年 11 月 29 日蒋校长在清华体育干部会上的讲话

（1957 年 11 月 29 日）

体育工作是学校工作中的一个重要部分。因为体育不但能够增强人的体质，而且能够锻炼人的意志和毅力，是共产主义教育的一个重要组成部分。体育锻炼的好处不必再多谈，大家只要看看在座的马约翰老先生就可以了。马老今年 76 岁了，现在还是脸色红红的，冬天只穿很少衣服，青年人都不如他，身体多么精神。在前几年学校庆祝马老在清华服务四十周年纪念时，他说他还要为祖国再工作 40 年，我看这很有可能。我希望每个同学在大学毕业后要争取至少为祖国工作 50 年。因为年纪越大，工作的年限越长，知识经验也就越丰富，对社会就会做出更宝贵的贡献。但是，有些人从学校出来，还没有工作到二三十年，就未老先衰。在四五十岁之际，本应当正是年富力强，大有可为的时候，如果你就已经不能工作了，这就不但对自己说来是很大的痛苦，而且对社会对国家更是一种损失。对于人的一生事业来说，老年应当是丰收的季节，而不该让疾病所折磨。但是要想在老年丰收，就必须在青年时代播种。要想在老年时身体好，精力足，就必须在青年时代锻炼身体，养成爱好运动的习惯。运动的习惯在年青的时候更容易培养起来。听说有些同学不愿意参加体育锻炼，认为"我不参加锻炼，在生产实习时也熬过来了"。这种看法是短视的,只看到现在,没有看到将来。今天年轻力壮,可以熬过来,但是将来毕业后,如果不能为祖国多工作几十年,把自己学到的知识充分发挥出来,更多更好地为人民服务,这也是重大的损失。种瓜得瓜,种豆得豆,今天不参加锻炼,虽然在目前年轻力壮的时候还可以对付过去,但是留下了一副衰弱的身体底子,将来就会得到"多病"和"早衰"的报应。

解放以来,我们学校形成了广泛的体育锻炼的风气。特别在1953年和1954年的时候最好,那时全校绝大多数同学都参加锻炼,一到锻炼时间就有几千位同学跑上操场,跑的跑,跳的跳,真是热火朝天,充满着生命的活力和青春的欢乐,很多到清华大学来参观的外宾都称羡不已。这是我们清华大学的好传统,值得加以保持和发扬。但是,近一两年来,……我校同学参加劳卫制锻炼的人数和百分比显著下降,很多锻炼小组涣散瓦解,学校中群众性的体育活动受到相当严重的影响,一时显得有点"倒退";我们应当重振旗鼓,扭转这种"倒退"形势,克服现在还存在的某些松懈的现象。学校行政上已经讨论过这个问题,准备采取措施改进体育锻炼工作。我校党团组织也要采取相应的措施,不要占用锻炼时间,保证同学每周至少有3~5次锻炼,把开展体育锻炼运动当作一件政治任务,加强宣传,形成群众舆论,推动大家积极锻炼。听说有些同学认为锻炼可有可无。"究竟是否需要体育锻炼",我建议也在同学中……展开一次大辩论,这样才能使大家有共同的思想认识,才能共同把我校的体育锻炼有力地开展起来。

毛主席所提出的"三好",实际上体现了社会主义教育的一个根本原则,因此同学们不仅在功课上业务上要好,在政治上要有严格的要求,而且在课外活动上,在体育锻炼、文娱活动等方面,也应积极参加,这是我们新中国大学生应有的文化修养,不能看作是简单的跳跳蹦蹦,唱唱闹闹而已。我们应该培养自己成为全面发展的人,有自己多方面的爱好和兴趣,生气勃勃,精神舒畅。同学们成天上课、做习题、做实验,都是偏于脑力劳动,很有必要再参加一些体力劳动和体育活动,这样有助于脑力劳动和体力劳动的结合,有助于同学们的全面发展。

另外,有计划地进行学校运动代表队的锻炼也很重要。

在国民党反动派统治的时代,我国在世界运动会上向来是吃鸭蛋。解放以后我国已打破了 3 项世界纪录。郑凤荣打破女子跳高的世界纪录后,国外人士也大为震惊,就连资本主义国家的通讯社,也不得不承认,这反映了新中国体育事业上的突飞猛进。我们体育运动开展得好,也在某种程度上反映了我们社会主义制度的优越性,增加我们的民族自尊心。同样的,学校运动代表队的运动技术和思想作风好,也在某种意义上反映我们学校的精神面貌,反映我校同学的组织性纪律性及顽强坚毅的道德品质等。因此,希望全校运动代表队员们,都能在努力完成自己学习任务的前提下,坚持有计划的锻炼,不断提高技术水平,培养集体主义精神,使自己在运动技术和思想作风方面都不愧为全校的优秀代表。

《新清华》第 252 期,1958 年 1 月 22 日

调整关系　加强团结　发扬"五四"革命精神和科学精神*[①]

(1961 年 5 月 4 日)

蒋南翔

今天是"五四"纪念日,借此机会向同学们谈一谈。首先说

---

① 编者注:本文节选自《蒋南翔校长在 1961 年"五四"晚会上的报告》。

明这不是报告,也没有什么想得很好的东西来做报告,我只是想到了在我们学校,特别是同学中的思想工作的一些意见来谈一谈。同学们最近讨论了团委会的工作方法"五十条"的文件,它在同学里引起很大兴趣。今天的讲话也算是我参加一下"五十条"讨论的性质。我看了一下,有些感想和意见,借这个机会做一次讨论发言。既不是正式报告,也不是结论,是讨论中的发言,有不合适的地方还可以修改。"五十条"也还是草稿,需要经过讨论、修改,将来可以定型一点。因此,我今天的讲话只是讨论中的发言。

……"五十条"看来有五十条,实际上,集中起来是反映了三四个问题。第一个是红专关系问题;第二个是师生关系问题;第三个是党、团与群众的关系问题;第四个是干部工作作风问题。这50条所以引起同学们的兴趣,实际上是涉及这几个主要问题。这些是学校生活里很根本的问题。过去碰到这些问题,现在碰到的也是这些问题,将来还会碰到这些问题。所以,每到一个时候,围绕这几个问题检查一下,总结一下经验,很有必要。我也就这几个问题谈一点看法。

第一个是红专关系问题。

大家知道,党中央提出:红与专是矛盾统一。我们要培养同学成为又红又专的干部,不是只红不专,也不是只专不红,红专统一是我们的要求。

在过去,特别是在反右派斗争以前,曾经流行一时的有先专后红的论调,或者红专分工的论调,说有些人是生就的大脑袋,就是应该研究学问,有一些人就应该搞体力劳动或者搞政治。这种意见,经过红专辩论,大家不赞成或者批判了它。只专不红或先专后红或轻视政治,这种思想是不对的。

但是,反过来说,只红不专,或者像现在有的先红后专的说法，这种论点也不对。只红不专，红也是括弧里的红，就是空头政治家。特别对清华大学要培养工程技术干部来说，这一条更加不行。所以，我们说，只专不红或先专后红不对；反过来，只红不专或先红后专（即先要解决红的问题，这里主观愿望或者是好的，先要红，不要念书），也不对。

就我们学校目前的生活来说，要着重反对后一种。因为过去经过反右派斗争、红专辩论、反右倾机会主义，都着重批判了只专不红。这种批判是正确的，必要的。但是对今天来说，这种趋势不是主要现象，不是主要危险。当然是不是还有少数人只重视业务，不重视政治呢？难保一个没有，或许还有。我们还是主张不能轻视政治。这一点并不放弃。但是，今天更多更重要的情况是忽视业务的情况，强调红而对认真念书注意得不够，重点在这方面。这情况需要引起我们注意。最近"五十条"的讨论引起同学们浓厚的兴趣，恐怕原因也在这里，因为开始时对红专的认识有些不全面。有人理解，红是质的问题，是正号负号问题，是政治方向，政治不可以补，业务可以补。这些话我们过去在红专辩论时曾经讲过。这些话对不对呢？还是可以同意，可以成立的。政治是方向，是实质的问题，业务以后可以补，这些话可以成立，并不是说已经不适用。但是把这些话绝对化，加以夸大了，过了头了，那就会出毛病、出偏差了。现在问题就在这里。说政治领导业务，变成了政治代替了业务，那就不对了。

现在有这种现象。有多少，没精确统计，但不是很个别的。大家感到认真读书不太合法，好好钻研课本就是对不起党，会不会是单干、是白专道路？在图书馆里看业务书，有点不好意思，在上面盖一本《中国青年》杂志或一本政治书或《毛泽东选集》。听说有的人看业务资料要团支书批准，否则就有走白专道路的嫌疑。也有人说，在政治运动中念书，就是走白专道路；在大搞教育革命时念书就是乘机捞一把,不应该。……到清华大学念书怎么叫捞一把呢?假如这叫捞一把,那就是要捞一把嘛,要不,你为什么到学校里来念书啊?一个中学毕业生到清华大学念建筑系、机械系,为什么呢?经过几年,学了知识,你说这叫捞一把,那就是要捞一把。把这叫捞一把,就是不恰当。有人说,思想不好的人在学术上发表了正确意见,认账不认账?……就算他思想落后,但在学术上发表了正确意见,这是好事,怎么是插白旗呢?他在学术上发表了正确意见,说明他在这个问题上花了劳动,用了功,发表正确意见,有好处。我们应该欢迎他这一点,这叫科学态度。我们批判思想落后、思想方法不对头,是因为这种思想方法妨碍他研究学问,妨碍他得到更好的成果;做工作,妨碍他在工作上得到更多成就。只是在这个意义上,我们说对思想落后、思想方法不对头,要批判。但是,思想方法是不是正确,这里正是有个标志:他研究学问有成就,做工作有成就,你说他思想落后,这帽子就套不上了。因此现在我们不要先有帽子。谁是思想落后,要看事情本身怎样。他的事情本身是正确的,符合客观规律,就要承认是正确的,这是科学态度。……听团委同志反映说:曾经有个运动员,大家说他思想落后,在比赛时他跑在前面,他当时就想:我是不是应该跑快?跑快了得了第一,是不是插了白旗?因此怀疑起来。其实,他能跑多快就跑多快,创新纪录更好,有什么插不插白旗的问题?世界乒乓球锦标赛我们得了冠军,战胜了日本队。我们能不能说,因为我们政治上红就应该得冠军?我们的乒乓球运动员经过勤学苦练的努力,在技术上把对手打败,方能取得胜利。

合起来说,在红专问题上我们赞成红专统一。只专不红、先专后红不对;只红不专、先红后专也不对。先红后专的说法有这么个思想,就是先解决世界观问题,后解决业务问题。用心是好的，但这样理解红专关系，这样理解世界观问题是不正确的。因为不能机械唯物主义地了解世界观，说哪一天起就解决了世界观问题了。这和你们搞一个设计、生产实习中制造一个零件不同。世界观不是到某年某月做了某件事就解决了，然后可以专门从事业务，不是这样。世界观是同日常生活结合在一起，我们终身依之，终身不断在实践中改造、提高，这个过程是终身不断的，不是某一天某一件事做完了，你的世界观问题就解决了，以后就不要再解决世界观问题了。设想集中一段时间解决世界观问题，或者说我参加过反右派斗争，或者有些调干的同学说我过去参加过几年工作了，我的红的问题、世界观问题已经解决了，然后再来解决业务问题，能不能这样理解呢？这样理解就是机械论了。不能这样。因此不能设想我先红后专，或者在学校里先搞政治，到工作里边再赶业务。在学校里还是要念书。这里可以举个例，它在相当程度上可以做个比喻，我们从清华到天安门，天安门是我们的目标，好比现在要成为又红又专的干部，培养建设共产主义的干部是我们的目标，我们是要解决方向问题，即政治问题。要到天安门只能朝东南方向走，不能往北走，往北走到清河去了；也不能往西走，往西走到西山去了，再也走不到天安门。还是方向问题，要解决。方向不对，就愈走愈远。所以政治要解决。但不能老在测控方向。用望远镜看了，还是不行，还要到气象台上去看，看来看去，这样不行。你不能光是测方向，你还得走路。我们要到达天安门这个目标，测控方向是必要的条件。但是你更多的时间要去走路，用两条腿走，或者像早期清华时期坐毛驴走，或者坐汽车走，总之你得行动，总之踏步不前就不行。有了方向，还要走路，然后你才能到达天安门，而且走路的时间比你辨别方向的时间多一些。这并不是说方向不重要，……动身前要辨别一下方向是不是背道而驰，在走路当中你经常要对准目标检查一下方向，有没有走到歧路上去，不注意就不行，但重要的就是你还得要走路，而且你走路的时间比检查方向的时间更多。我们现在的目标是培养红色工程师，或者说政治上业务上都有一定水平的工程技术干部。我们一定要解决政治方向。另一条呢，土木系同学要学土木系的课程，机械系同学要学机械系的课程，水利系同学要学水利系的课程。而且学这些课程的时间要比搞政治的时间多一些。我们政治课占总学时 1/10 左右，9/10 或大多数学时要用在业务上。这里是辩证的。政治重要，但并不是它的分量要很多。所以红专结合，不能先红后专这样机械地理解；也不能因为政治重要，而在清华大学大搞政治，谈政治的时间比搞业务的时间多，要是那样，你进人大读经济系或政治系好了，或者进党校去，而这和我们清华是工科大学就不符合了。

……现在一强调业务，会不会又回到以往的路上去而忽视政治？不会的。我们并不是否定过去的道路，而是在过去的基础上总结经验。而且只有我们在政治上和业务上也能正确结合好，能够提高，然后才能巩固过去我们重视政治教育的成果，克服一个指头的缺点。我们现在的缺点是两个指头还是一个指头呢？是一个指头的缺点。是不是我们清华现在大家都不上课了，不念书了，教学计划不管了，考试也不考，习题也不做，大家整天逛大街逛公园？不是的。基本上教师在努力教，同学在努力学，在做作业，做设计，还在念书。这是主要的。但是有这么一种萌芽或苗头，有多少不知道，但不是个别的，有相当数量的人感到学业务有压力，不敢念书。这个理解不正确。这种现象克服以后，才能使红专结合得更好，业务上能更有收获，政治上也能更得到提高。这是一点，是关于红专关系，着重说又红又专，目前强调一点业务学习，并不是否定过去的基础。

第二个是师生关系问题。

清华的师生关系……还不够圆满，不够好，还有可以改进，大有改进的必要，大有改进的余地。

在"五十条"里也有反映，这里边主要有两条。一条是对教师不够尊重，一条是乱指挥。我们希望同学尊重老师，老师爱护同学。现在问题是不够尊重。也不是所有学生对所有老师概不尊重，不能这样说。但总有某些学生对某些老师在某种情况下尊重不够，程度和范围各有不同，但有这种现象存在，我们应该引起注意。

过去中央文教会上引用过韩愈的《师说》。韩愈对老师的定义规定三条：一条是传道，第二是授业，第三是解惑。我们现在替他解释一下：传道是为人之道，政治方向的大道路；授业是业务知识，像指导课程设计、毕业设计之类；解惑就好比习题课，学生不懂就问老师。这三条还是比较基本的，老师对同学有传道、授业、解惑的作用。但是按现在眼光看来，这三条还略略消极一点，对学生的主观能动性发挥不够，学生是个被动之物。我们现在要增加一点，就是培养学生的独立工作能力。从1952年起，我们就强调学生要主动点，要有独立工作能力，要师生合作，教学相长，在韩愈《师说》的基础上更前进一步。

现在我们有没有这样的教师呢？我们有些教师是这样的，能起到传道作用。道有大道小道，大道是世界观，政治方向；小道是业务方向，也可以算是道，是基本理论。他们能起到传道、授业、解惑的作用。而且还有一条能够放下架子，与同学建立很好的亲密合作的同志关系，新型的师生关系。在这点上，我们可以说，比韩愈在《师说》中所描写的老师的作用还高一点，这是应该的。……我们是对韩愈的说法的补充，韩愈所说的三条还是成立的，不否定它。我们肯定他这三条，在这个基础上还要补充、提高一点，进一步发挥一点，这是我们正常的要求。刚才说过有这样的典型，值得我们来肯定，来总结，这是很好的事情。

但是，我们有相当的人对教师不够尊重。我们说教师传道、授业、解惑，当然不是说就像封建时代那样，天地君亲师，学生对教师就只能服从，老师说的话就不能改。早在二千多年前，古希腊哲学家亚里士多德就说过：吾爱吾师，吾尤爱真理。这话大家都很熟悉。我尊敬老师，但是更尊敬真理。假如老师在政治方向上不对，我们是不是完全可以有不同的看法？可以的。可是在教师授业的范围里，对教师应该尊敬。我们要求在政治上各方面人都是追求真理、服从真理的态度，在这一点上，教师和同学是平等的。但教师作为传道、授业、解惑来教学生，学生应该尊敬教师，应该有礼貌。……我们现在有没有不尊重教师的情形？有的。到底有多少，请同学们自己考虑一下，总结一下。

第二个情形比这更不尊重，比不尊重更进一步，这就是学生乱指挥，这更不好。

听说某系有个党员学生，因为他是党员，要帮助一位教师修改讲稿。你怎么有这个权利？你怎么知道讲稿好不好？你要去改，你比教师更高明，那该让你去当教师了。有些教师对此很有意见。这是个很极端的例子。我们说，这位同学也是好意，觉得我是党员，你教师不是党员，恐怕你讲稿里面有白专道路在内，观点不太正确吧？要修改。这样理解不对。这是有点乱指挥了。教师负教学的任务，同学怎能干涉？教师讲完了，你觉得哪些讲得不清楚，或者有不同的意见，可以善意地提出来，这是可以的。这是教学内容方面的问题。另外还有，上课时间，教师一到课堂，教室里空无一人，这时才知道是团支部的决定，同学去参观军事博物馆了。这也不对。这是组织上的安排，你不同教师讲，又没有请假。本来也不应该集体请假，集体请假就等于罢课。这也反映出对教学要求不够严肃，对教师不够尊重，以至于乱指挥，这种情况是不好的，不应该。另外还有一种，有的同志层层提高，什么事都提到原则高度加以推演。这是一种很简单、很幼稚、很不好的思想方法，什么事一提就提到两条道路、立场、世界观。有些问题没有那么大。对讲课或者认为新内容少或者认为对的不多，就认为教师不是力争上游；不力争上游就等于安居下游，安居下游就等于反对大跃进。还有的人说：你不准时上下班就等于消极抵抗，消极抵抗也是反对大跃进。有的时候对华侨同学也是这样推论，还说反对大跃进就是反对祖国。这种简单推理法不行。产生这种情况也许是好心，但这种想法不对。有人说：清华有年轻教师和老教师，老教师总是资产阶级知识分子吧。把老教师与资产阶级知识分子划等号。有人说：老教师没有什么。革命教师可以尊重，老教师还有什么可以尊重的？这不对。我们清华的教师，不论新的老的，他在教学岗位上进行教学工作，担任教师职务，我们就应该尊敬。

我们学校的年长教师，包括解放前的年长教师及教授一层，我们要认清，一方面，我们说所有老教师都要进行政治学习，提高思想觉悟，这是一件事。这是对的。不仅老教师要这样，年轻教师也要这样，同学也要这样。不仅一般人有此必要，共产党员也有，都要不断提高觉悟。

……我们怎样看待清华的教师、清华的传统？解放以后，特别是教学改革以后的新清华，与老清华有很大不同。……新清华比老清华，不论在哪一方面都优越。这不是哪一个人，而是整个社会制度，整个党的领导决定的。这要不要肯定？这是要肯定的。但是，老清华有没有好传统？……老清华也有一条是比较好的传统，实际上我们学校党委这些年来有意识地保存这一条，今天可以来宣传一下。老清华不管学的内容怎样，目的怎样，为什么人服务，这些都不去谈。有一条，过去老清华对功课严格要求，这一条是好的。入学考试时选择就比较严格，入学后功课也比较严格。抗战前有所谓"野鸡大学"，学生交学费以后就不上课，看电影、上馆子、逛公园、不念书，就像张恨水笔下所描写的大学生。老清华不是这样，对功课要求比较严格。这一点，我们一直保留到现在。革命了，党团员占多数了，但功课认真这一条是保持着的。包括1958年"大跃进"或很多情况下要停课，但我们学校对教学计划始终坚持，考试一定得有。现在在我们学校，要是有一个学生成天不上课，不做习题，不做设计，你看他在我们学校里能不能存在下去？一定是老师和同学都不同情他。就是我们学校的体育队，我们也不赞成体育队员完全不搞功课。我们主张体育提高，队员好好练习，成绩要有进步。但是我们始终强调一条，运动员还是要念书，希望体育代表队的队员的学习成绩不在一般水平之下。事实上也是这样。我们说这一些是我们学校历来的好传统，这个传统很重要的是体现在老教师身上，我们的老教师历来在业务上严格认真，严格要求，这是教师对待自己的职务很根本的做法，这是好的传统。刘校长过去对功课就是比较严格的，这也可以作为一个代表，一个典型。我与刘校长在同一年即1932年到清华，他来做教授，我来做学生。我念的文学系，没有上过他的课。据何东昌同志介绍，他上过刘校长的机械原理课，刘校长对课程严格要求，考试时戴着表，不许迟交卷子，迟交一秒钟就扣一分，迟交一分钟就扣60分了。……像刘校长这种精神在我们学校的教师中是有代表性的，比较普遍的。所以，教师对功课要求严格认真，这是我们清华很好的传统，我们应该很好保存和发扬这个传统。我们一方面要提倡革命作风，一方面这种注意功课、认真念书的精神要保持，与革命作风结合起来，红专结合好。

所以我们现在对师生关系，总结一句话：对教师要尊重，不能乱指挥，师生关系要比韩愈《师说》中所描写的更高一点。我们现在有这样的师生关系，还不是很普遍，我们要向这个关系看齐。

第三个是党团与群众的关系问题。

我们学校里边现在有共产党的组织，有青年团的组织，有不是党团员的同学和教师。现在党团员比重在同学中占80%以上，在教师中也在50%—60%以上，已经居于多数，这是好的现象。树立党的领导，贯彻党的政策，这是一个标志。但是，我们应该说，党团员与群众建立良好的合作关系是个很重要的问题。虽然我们学校师生中党团员占多数，但对一般群众要有个合作关系。我们学校里党团员与群众的关系，在过去一般是好的，有很好的合作关系。但是，是不是已经好得不得了，没有一点缺点，或者缺点很少很少了？不能这样说。"五十条"中反映同学中党团员与同学的关系还有些不够正常、需要改进的地方。

这里边也牵涉到一个认识问题：对党团员与群众的关系应该怎样理解？有人说：学校是知识分子成堆的地方，有没有像农村土改中那样争取90%的任务？我们说：完全有。不仅90%，是至少90%，能够达到95%、96%、97%、98%、99%、100%就更好。在清华来说，全体师生都是团结对象，在这个意义上，甚至是100%。个别的，有没有一个潜伏的反革命分子、坏分子？有没有犯法的？不是开除了一些偷东西的吗？那也有，是个别的。但作为我们的主观要求来讲，大学生是经过挑选来的，考试了，经过政治审查，体格检查，业务成绩评定，然后录取进来。我们希望学生百分之百成材。能不能达到是另一个问题，事实上总有些淘汰，有的为生病，有的因为犯了错误，严重的则因为偷东西等犯法行为而被开除，那是他的事情。我们则希望进入清华的学生中废品尽量的少。事实上我们了解有一个班入学时30人，全班一直到毕业是 30 人,都能毕业为国家服务,这个班不就是 100%吗?我们的教师也是这样。教师在清华大学为国家培养社会主义建设干部,他们都是我们的团结对象。至于在思想改造、政治学习中开展一些批评,这是从团结出发,帮助提高,达到团结。这是人民内部矛盾,这种情况在党内团内也有,有缺点也应该讨论、提高。这是个基本估计。作为一个高等学校,或者具体来说在清华大学,我们对教师、学生有团结 90%的任务。甚至我们主观愿望是希望 100%都团结得很好,大家共同奋斗。这是一个衡量标准。有这样的标准,才能建立很好的关系。

这里应该确定一条。党团员对群众进行工作,与群众的关系应该是平等的同志关系,不能够是别种关系。现在有一种不正确的理解,仿佛党团员就可以不同一点,因为他是党团员,他就是错了也是对的;群众即使对了,也不一定就是对的。正像前面提到的,有的人以为某人思想落后,在学术问题上即使他对了,也不能说他对。这是依靠称号去辨别是非,因为有了党员、团员、干部的称号,他做的事就一定对。这种思想本身不合马克思主义,违反唯物主义。我们唯物主义的观点是符合客观实际,符合客观真理。符合的观点就是正确的,不符合就不正确,不是依于什么身份。一个党员与一个非党员比赛乒乓球或田径赛或篮球,是不是共产党员组织的队伍就一定打胜仗?那不一定。你不一定因为选了共产党员,思想好,就一定插红旗。那不一定。只能起这种作用,因为你思想好,觉悟高,你认真锻炼,通过刻苦锻炼,因此取得较好成绩,因此共产党领导的中国,经过短短几年,能取得乒乓球比赛世界冠军,这是合逻辑的。你不能说因为我们是共产党员,因为中国是共产党领导,就一定得世界冠军。那为什么上届比赛就没有得冠军,不也是共产党领导吗?再上一届也没有得到。那样理解不行，不能简单化：是共产党领导，就能得冠军。共产党员的觉悟表现在能认识客观规律，花费了劳动。……党员有作用，这里意义在于认识客观规律，掌握客观规律，利用客观规律，这样来取得胜利。在这个意义上可以。简单化地说：因为是党员，说的话就一定对，那就有点迷信，是神秘主义。……

回想一下过去"一二·九"时代地下工作时期共产党员怎样工作，可以说明问题。当时共产党员在学联里工作，身份不能暴露，一暴露就要被捕。共产党员怎样实现自己的领导？经过辩论，得出两条经验：一条是，不能因为我是党员，党组织决定了今天要游行示威，学联就应该接受。不能采用这个办法，这样你马上就暴露了；第一天在工作，第二天就被抓走了。只能依靠共产党员的意见的正确来推动工作。会议讨论中有个共产党员，他不能明说自己是党员，他只能分析形势，分析情况，提出一种意见，这种意见比较正确，使得大家同意，然后通过。党的领导是这样实现的。假使你的意见，多数人讨论后不同意，怎么办？为了保证党的领导，党员无论如何要贯彻。假如群众不接受，要想尽办法说服，再不就要坚持，否则就不能贯彻党的领导。当时在工作中有争论。有的人说实在行不通怎么办？1936年少奇同志有一个指示：共产党员在工作中通过自己的意见的正确，通过自己的负责任，取得群众的信任。这就叫领导。这是一。第二条，假使你的意见为群众所否决了，说明你未得到群众拥护，共产党员就应该接受群众意见，不能够坚持。党决定的意见交到群众里边，在学校里也被否决了，否决了就执行学校的意见，多数的意见。只有这样，才能与群众在一起。假使说你的意见是正确的，群众都说它是错的，这种例子也有。群众碰了一次钉子，回想起来你的意见是对的，总结经验，以后再接受，这样就比较自然了。这是说过去我们在地下工作时代的工作方式，我看现在在我们党团干部与群众的关系上，这个指示还是适用的。两条原则：一条是，不能依靠这是党委的决定、党员的决定，因此你们要服从。光靠这一条不行。这是依靠组织行政手段。当然，并不是不可以说明一下这是党的决定，但是更重要的是依靠意见本身是正确的，能够取得更好的成就，来取得群众的信任。第二条，你党员要积极负责，……这样来取得群众的信任。你的意见为大家所接受，这是一种情况。第二种情况，假使党员的意见，甚至支部、党委的意见与多数群众的情况不符合，不为大家所接受，可不可以重新考虑修改？可以。重新考虑，检查一下。检查以后，不外两种情况：一种是党外同志不了解，可以经过说服或必要的等待，经过实践的证明，然后再取得一致。或者也可能党的决定在这个具体问题上是错的，群众多数的意见是正确的，根据群众多数的意见回来检查、改正。这是不是妨害党的领导？不是，这叫更好地贯彻了党的领导，使党的意见能到群众中去检验，得到群众意见的补充修改。党团与群众的关系应该建立平等的同志关系，应该不是依靠党团的命令、身份去领导，应该依靠本身的正确去领导。假使群众不同意时，可以而且应该重新检查一下。自己是正确的，还应该很好地说服群众或等待一下；自己不正确，还应该重新检查，修正自己的意见。通过这样，使党的方针能更加接近实际，接近真理。这里边完全要建立党团与群众的真正平等的关系。

第四个是干部工作作风问题。

上面三个问题实际上都是作风问题，不过这里着重强调地说一说，无论红专关系、师生关系、党团与群众的关系，实际上都牵涉到我们的民主作风问题。这次讨论中，有少数同志有这样的理解，说对群众只能压服，只能压任务给他，不能交任务给他。

这有点"民可使由之，不可使知之"的味道，这不对。这牵涉一个对群众的估计问题。我们相信全校教师、同学，不论党内党外、团内团外，都是拥护社会主义的，都有辨别、判断是非的要求与能力。这是我们考虑的出发点。现在对群众信任不够的问题主要有两种，一个是对群众只能压任务，一个是与其让群众来做，不如我自己来做。这里的作风问题实际是群众路线的工作作风问题。

我们说：第一条，不能是压服，只能是说服。有的同志说，只能是压服，要打击孤立；或者说群众只能起反面的作用。这个基本估计是不对的，不能以这种估计为基础。事实也有证明，"五十条"讨论中有的同学反映，过去认为用简单压服的办法可以多快好省，说服还麻烦，一来就用压力，大帽子一扣，大家不好再说，立竿见影，事情就好办了。是不是立竿见影、多快好省呢？并不是。现在大家敞开一谈，所谓压服，没有一个是服的，结果是一个不服。有人说得好：压服用到自己，就失去了信心；用到家庭，就破坏了关系；用到同学，就使周围觉得很可怕，动不动扣帽子。这样就为简单化所武装：人家对我简单化，我对人家也简单化，结果搞得心情不舒畅。这种情况也不是说在我们工作里是普遍的，都是这样的。但是有这种情况存在，有多大范围，各个地方、各个单位不一样，但是有，应该引起我们注意。

我们在工作中要有民主作风、群众路线作风。首先还是要信任群众，这是出发点。第二是既然信任群众，在工作中就只能用民主说服的态度，不能用压服的态度。这样使我们内部能够更好地团结一致，共同奋斗。

这次"五十条"对这些问题做了一些分析，在同学中引起比较强烈的反应、浓厚的兴趣，说明这些情况是存在的。通过这次讨论，要能把我们的工作改进一步。集中起来，就是要把红专关系正确地解决好；师生关系正确地解决好，党团与群众的关系正确地解决好。要有民主的工作作风，反对强迫命令。依靠党的命令去领导，要有很好的民主说服的作风。这是中心思想。

另外，对这"五十条"文件本身还要说一点。这"五十条"经过讨论，引起大家注意，这说明我们工作中的确存在这些缺点。这些缺点指出来以后，大家感到说中了自己的心坎，反应很强烈。这应该说明也反映出这一点：党团组织、党委会、学校领导上，首先是我自己，过去对我们工作中的情况还了解得不够，对缺点、问题分析得不够。通过这次讨论，党委会和所有干部应该引以为戒，我们在工作中应经常看到和克服这些缺点，……假如不及时注意和克服，滋长起来会造成工作上的损失……

第二点，还要说明一下，这"五十条"还只是个草稿，还是个讨论稿。过去工作有缺点，有这"五十条"是好事，总的讲来是使工作能推进一步，是好事。发现了缺点，注意改进，是使工作能推进一步，是好事。但对这事也不要估计太高，这"五十条"是根据我们学校的情况来克服缺点，可也不要以为我们这"五十条"是总结了经验，因而对它估计很高，也不要这样。为什么我说这话呢？因为一搞"五十条"，有很多同学感到"五十条"总结了经验，有很大成绩。而且《光明日报》也作为"内部参考"一登，有些同志就以为此中是否有推广的意思。我看我们不要有这样的想法，不要有推广"清华香肠"的想法。清华的"香肠"是不是好？不一定。什么意思呢？过去有些来参观的外宾老说中国革命的经验好啊，等等，党中央就提醒大家：要谦虚一点，不要夸耀我们的经验样样都好，让外国来学习，向外国推销"中国香肠"。中国的"香肠"是不是一定好？不一定。人家有人家的"香肠"，人家愿不愿意吃中国"香肠"？不要勉强去推销。我们在某种意义上借重这个比方。我们学校工作中有些缺点，正在克服，注意思想工作。我们努力这样做。大家不要觉得我们这样做就完全都很对了，我们在努力寻找道路，设法使工作改进一步，这是对的。我们有这个心：总结经验，改进工作。但是不是我们的改进办法完全对了呢？那还不一定。有些办法，比如这"五十条"只是在讨论，要修改……

合起来，我们通过这"五十条"的讨论，要达到以下的三条六句：

调整关系，加强团结——我们刚才说过，有红专关系、师生关系、党团与群众的关系，这些关系希望经过这次讨论得到调整，其结果就使党内、团内、全校群众更加团结。

巩固秩序，健全制度——我们的教学秩序一般是好的，我们上课，做习题，做设计。……是不是还有个别不好的地方？估计可能还是有的。制度要健全一下。现在学校比较大，一万多人，要有个秩序，有个健全的制度。

改进作风，改进工作——民主作风要加强，使工作效率提高。

所以我们的工作就归结为这样三条六句：调整关系，加强团结；巩固秩序，健全制度；改进作风，改进工作。这样，我们就能更好地提高全校师生的政治觉悟；更好地提高教学质量；更好地提高科学水平。三个提高，能不能达到这一点，我们还有个估计，全校师生员工的工作都是努力的，三年来贯彻党的教育方针是坚决的，应该说是有成绩的。但是不要讳言自己的缺点，应该正视自己的缺点来改进，这次"五十条"的讨论，我们希望能做到这一点……

清华大学档案，目录号 党1，案卷号 56011

正确处理红专关系，克服"宁'左'勿右"思想※[①]

（1961年6月14日）

6月14日，学校召开了今年应届毕业生大会，大会由张维副校长主持，蒋南翔校长在大会上做了报告。蒋校长勉励毕业同学要正确实现毛主席的"三好"指示，接受高班毕业生同学的经验教训，共同努力，争取丰收。

蒋校长说："毛主席指示我们要做到'身体好、学习好、工作好'。在身体好上，希望大家在毕业离校以前，要继续坚持劳逸结合，安排良好的生活秩序，注意锻炼身体，使每个人都能健康地、精力充沛地走上工作岗位。"

在谈到搞好学习的问题时，蒋校长说：要克服对业务学习的一些不正确的认识，正确处理好"红专"关系。有人把钻研业务和政治上的"白"等同起来，这是不正确的。"专"和"白"是两个不同的概念，不能混淆。"白"是政治上的概念，这个帽子不能乱用，用功念书是好事情，不能划到"白"上去。还有人把"红"神秘化，把又红又专看得高不可攀。"红"的问题，毛主席在《关于正确处理人民内部矛盾的问题》中，提出了六条政治标准，其中最重要的是拥护党的领导和社会主义两条。对于同学来说，就是拥护党的方针路线，毕业后能自觉愉快地服从国家分配，积极努力为社会主义工作。当然，这是个基本要求。由于各人的情况不同，工作的性质不同，在红和专的具体要求上也要有所区别。对党的工作者、工程师、科学家、艺术家……就有不同

[①] 编者注：本文为蒋南翔在应届毕业生大会上的讲话。

的要求，一定要大家做同样多的社会工作，读同样多的政治书籍，大家都像从一个模里铸出来的一样，是不妥当的。有些同志可以多从事些政治活动，有的在业务上可以多搞些，是完全允许的。

在工作中，要注意克服宁"左勿右"的心理状态。这种倾向在对待红专问题、师生关系问题上都有所反映。有人认为"左"比右好些，"左"和右都应当同正确的来比，为什么要拿"左"同右比呢，同样都是掉在泥塘里了，难道能说从左边掉下去比从右边掉下去要好吗？

蒋校长指出在工作中向后退开倒车，这种回头路我们是不走的，而且要坚决反对的。但是，我们分析了工作中的问题，检查出做得还不大正确的部分，回过头来，选择更正确的道路继续前进，有什么不好？这一种回头路在总的进程上不是后退，而是保证了以后更健康地前进，是应该走的。几年来，由于全体同志的共同努力，在各方面工作都有很大进步，成绩是基本的，但是还有缺点。马克思主义者对缺点的态度是，一要正视，二要做历史唯物主义的分析。任何一种新的事业总有一段摸索过程，科学技术上的发明创造也没有一次试验就成功的。我们是在从事前人没有做过的事情，走点弯路，碰钉子是不足奇怪的，这正是合乎规律的现象。总之，大家在身体、学习、工作上都有进步，但不是"差不多了"，要采取实事求是的态度，克服缺点，更正确地实现"三好"！

蒋校长希望大家接受高班毕业同学的经验教训，对大家更有参考价值。根据最近学校的调查，1958、1959年我校毕业同学在工作岗位上一般表现是好的，多数能服从组织分配，工作不讲价钱；政治上比较进步，业务上也比较扎实，生活作风也比较艰苦朴素，有的还坚持和工人同吃、同住、同劳动、同商量；学习也比较努力。但是，也有少数表现不够好，而且绝大多数是由于政治思想上的原因，这是值得引起大家的注意的，说明我们在任何时候政治思想上都不能放松要求。到了工作岗位上以后，还要继续不断地自觉进行思想改造。这里要特别注意的是，决不能骄傲自满，要永远保持谦虚谨慎的工作作风。

蒋校长号召全体毕业同学、指导教师、有关的工作同志，共同努力，争取丰收。一年一度的毕业同学走上工作岗位，对学校来说正是一个收获时期。农民们是很珍惜自己的劳动果实的，收割庄稼格外精心；教育工作者经过六年的辛勤劳动，为国家培养建设人才，对劳动成果更应关心，希望大家共同努力，抓紧最后一个阶段，争取更大的成绩。毕业同学做好毕业鉴定工作，认真总结几年来政治思想上的进步，检查存在的缺点，为今后的进步找出方向。同时，思想上要做好迎接困难的充分准备。对工作要树立雄心壮志，但也要看到困难的一面。他说："在学校好比在苗圃中。环境毕竟是比较平静的，但到了工作岗位上走向了生活，就要有经受风雨的精神。在任何情况下，永远坚持社会主义方向，坚定胜利的信念，不断前进！"

《新清华》第 601 期，1961 年 6 月 23 日

清华大学党委关于学生思想政治工作的汇报提纲※（初稿）（节选）

(1964 年 6 月 18 日)

现将我校学生思想政治工作中的几个问题汇报如下：
（一）高举毛泽东思想的红旗，坚持兴无灭资的方针
在中央教育部和中共北京市委的正确领导下，这几年来，我

们坚持了兴无灭资的方针。学生中的思想政治工作,从总的方面来看,是在不断地加强。在伟大的整风运动和反右派斗争以后,学校党组织高举三面红旗,贯彻执行党的教育方针,进行了红专大辩论、劳动化大辩论等一系列社会主义思想教育运动。在国民经济暂时困难时期,我们除了进行国内外形势和三面红旗的教育以外,还在学生中进行了"继承革命传统发扬革命作风"的教育,引导学生自觉地抵制资产阶级思想的侵蚀。

这几年的工作使我们体会到:无论是形势发展比较顺利,还是遇到暂时困难;无论是在阶级斗争比较隐蔽的时候,还是在阶级斗争比较明显、尖锐的时候,永远要高举毛泽东思想的红旗,坚持兴无灭资的方针,加强思想政治工作。

党的八届十中全会以后,我们学习了主席关于阶级和阶级斗争的理论,进一步明确了对学生的思想教育要以阶级教育为中心,以阶级斗争为纲,以反修防修为纲。

在最近一年多来的工作中,我们体会到:对于青年学生,既要进行阶级斗争历史和革命传统的教育,使青年学生懂得阶级剥削和压迫,懂得革命;又要着重进行社会主义时期阶级和阶级斗争的教育,使学生学会运用阶级观点来观察问题,在当前国内外曲折复杂的阶级斗争中识别风向,站稳立场;还要进行知识分子中两条道路斗争、两种世界观斗争的教育,帮助青年学生划清资产阶级知识分子和工人阶级知识分子两条道路的界限,自觉地沿着又红又专的工人阶级知识分子的道路前进。

一年多来,我们对学生进行的阶级和阶级斗争的教育,概括说来,基本内容就是上述这三个方面。

首先,针对青年学生对旧社会的压迫、剥削缺乏切身感受、缺乏感性认识的特点,结合下乡劳动和参加四清,组织学生访贫问苦,编写家史、村史。我们还利用学生到工厂参加生产劳动和生产实习的机会,大规模地组织学生参加工厂和工地的忆苦思甜等阶级教育的活动,把生产实习和"政治实习"结合起来,加强阶级教育和劳动教育。我们认为,这是工科学校进行阶级教育的一个有利条件,应该充分利用。此外,近年来学生中劳动人民和革命干部家庭出身的子弟有很大增长(占全校学生一半左右),我们对新生进行学习目的性的教育中,组织他们了解自己的家史,进行回忆对比,提高阶级觉悟,也收到了很好的效果。

进行阶级教育,要从感性认识入手,还要上升到理性认识。在这方面,几门政治理论课都起了很好的作用。政治经济学的资本主义部分,帮助学生从理论上揭穿剥削的"秘密",从思想上划清劳动和剥削的界限,作用尤其明显……

在进行社会主义时期的阶级和阶级斗争教育方面,我们主要是结合五反运动、"四清"运动和"反修"学习,充分利用国际、国内和校内的大量反面教材,有的放矢地解决学生中存在的思想问题,帮助学生树立阶级观点。

……

经过这一系列的教育,学生们一步比一步深入地认识到阶级斗争和自己的联系:"阶级斗争不仅国际上有,国内也有;不仅校外有,校内也有,自己头脑里就有阶级斗争的反映。"

我们一方面揭露、分析、批判资产阶级思想对于青年的影响和腐蚀,另一方面通过总结进步、表扬先进、树立榜样来明确工人阶级知识分子的方向。

经过这一年来的工作,我们进一步体会到:知识分子中的两条道路斗争,特别是在思想意识领域内的斗争是长期的、曲折的,只要社会上还存在着阶级斗争,它就必然会在学校内知识分子中反映出来,而最大量、最普遍、最经常、也是最深刻的反映就是思想意识领域中的斗争。对青年学生进行阶级教育必须深入到思想意识领域进行兴无灭资的斗争。

根据过去的经验，对于青年学生进行兴无灭资的教育可以具体化为解决以下六个方面的问题：

1. 进行无产阶级立场和阶级观点的教育，教育学生坚决拥护党的领导和社会主义道路，在国内外的阶级斗争中能够分清无产阶级和资产阶级、马列主义和修正主义的大是大非。这是"红"的最基本的要求，也是对青年学生进行思想教育的首要任务。

这些年来，我们在这方面进行的工作是大量的，成效是显著的。但是，我们还必须看到国内外的阶级斗争今后也必然要反映到学生的头脑中来（这种反映往往是很迅速很灵敏的）。学生的流动性很大，学校中总是有大量的没有经过严重阶级斗争（例如……）锻炼的青年学生，他们往往缺乏明确的阶级观点，容易接受资产阶级虚伪的超阶级的人性论的影响，因此总有一个不小数量的学生在国内外严重的阶级斗争中容易发生动摇。学校中还有少数政治上落后的学生和个别的反动学生。因此，这方面的教育今后也仍然是首要的、艰巨的和长期的。

2. 进行全心全意为人民服务的革命人生观教育，反对追求个人名利的资产阶级人生观，正确处理红与专的关系。

解决政治立场问题是首要的、基本的要求，还必须进一步解决人生观问题，其中最根本的是为谁学习为谁服务的问题。为个人名利服务还是为社会主义服务，这是资产阶级知识分子和工人阶级知识分子的分水岭，不进行思想意识的改造，不抛弃个人名利思想，就不可能真正无条件地为社会主义服务。

正是在这个问题上，从我们学校几种不同的家庭出身的学生看来，资产阶级以至封建地主阶级思想和旧社会的习惯势力的影响是很深的。从入学一直到毕业分配，在一系列的重要时机，都存在着这两种人生观的斗争。这是学生中最经常最大量而又是最本质的问题,是我们进行政治思想工作的核心问题。

3. 进行劳动观点的教育,树立热爱劳动、热爱劳动人民的观点和思想感情,坚持知识分子劳动化的方向,反对鄙视体力劳动和劳动人民的观点。

这也是两条道路斗争两种世界观斗争的重要问题,实际上,追求个人名利和企图摆脱体力劳动往往是紧密联系在一起的。

4. 进行辩证唯物主义的世界观和方法论的教育,培养理论联系实际的学风,反对唯心主义和形而上学的世界观和方法论。

青年学生长期学习文化科学知识,脱离社会生产实践和阶级斗争,又加以资产阶级教育理论和实践脱离的旧传统的影响,往往片面夸大理论的作用,轻视实践(包括科学实验),思想方法主观片面。这种唯心论和形而上学的思想方法的影响深刻地反映在业务领域之中,并且不利于培养既掌握基本知识,技术上又过硬,又红又专、能文能武的科学技术干部。因此今后应该使思想工作进一步渗透到业务领域中去,加强这方面的教育。

5. 进行共产主义道德品质的教育,反对资产阶级生活方式的侵蚀。

最近几年来,资产阶级对于青年的腐蚀,在这方面表现得比过去更为突出。加强这方面的教育,是思想战线上的重要任务。

6. 进行组织性纪律性的教育,反对自由主义。这是针对知识分子容易片面强调个人自由、个人心情舒畅等极端民主化和自由主义倾向所必须解决的问题。也是在学校生活中正确处理人民内部矛盾所必须解决的问题。进行这方面的工作必须从思想工作入手,同时还要加强必要的行政管理。这是我校学生政治工作中一个比较薄弱的环节。

以上这几个方面的问题不可能在短时期内通过一次报告或几

次运动得到解决。我们的想法是：通过政治思想运动和经常的思想工作，帮助绝大多数学生在大学学习的六年中间基本上解决这些问题，逐步达到"红"的要求。

这几个方面的教育虽然是相互联系的，但每一时期的思想政治工作还必须针对学生的主要的（大量的本质的）思想问题，有中心有重点地加以解决。也就是说：必须一方面根据每一时期的阶级斗争形势、党中央的路线方针政策、上级的指示；另一方面又根据学校的具体情况、学生的思想问题，把这两个方面结合起来，来确定每一时期思想教育工作的中心，然后集中兵力，在思想战线上打歼灭战。

在这里，关键就是要把学习主席思想、上级指示和对学生思想情况的调查研究结合起来。

我们体会到：在贯彻执行上级指示，开展政治思想运动时，必须调查研究学生的具体思想问题，针对学生中存在的主要问题，才能使广大学生（也包括政治工作干部）真正领会党的路线、方针的精神实质，并且提高自己的政治觉悟，促进世界观的改造。

例如去年三月学习《再论陶里亚蒂》一文时，开始我们感觉时间少，文件多，矛盾很大。后来，经过调查研究，群众中问题虽然很多，但有些是知识性的问题，有些问题理论性比较强，可以在政治课里解决。最普遍最反映学生思想本质的就是"两个害怕"（怕核武器和怕孤立）和"一个认识不清"（对修正主义根源），我们就以这三个问题作为重点，确定用两个月的时间解决这"两个害怕"（一个月一个），并且确定结合五反运动解决修正主义根源问题。就这些问题进行深入的辩论，摆事实讲道理，这样对文件体会也更加深刻，而且确实触动了思想。

又如最近学习和贯彻毛主席对教育工作的指示中，广大学生表示热烈拥护，但同时又提出了一些问题。诸如贯彻少而精是不是降低质量的问题，怎样才算活学活用的问题，有的低班学生提出"多专少红"论、"专实红虚"论、认为"全面发展做不到，只要业务上过得硬，政治上过得去：一不反、二不修、三不偷、四不溜就可以了"等等。经过分析研究，我们认为贯彻主席教育思想，我校学生中要解决的中心问题是培养目标的问题，具体表现是红专问题、业务标准（什么算业务好，理论和实际的关系怎样处理等）的问题等。我们一方面组织学生学习主席最近对教育工作所作的指示的精神和毛主席著作中关于教育方针与学习方法的改造等方面的论述，另一方面组织学生敞开思想开展讨论，并着重运用我校毕业生在工作岗位上的好坏典型事例来说明"社会主义革命和建设需要什么样的干部"，"我们应该培养自己成为什么样的人"。这个学习现在正在深入进行中。

另一方面，我们也体会到不仅要在贯彻上级指示时注意结合实际情况开展思想工作，还要经常地主动地调查学生在日常学习生活中反映出来的思想问题，根据主席的思想和中央指示的精神加以分析研究，提出思想教育的具体任务。

（二）正确处理人民内部矛盾，团结最大多数学生

这几年来，我们在坚持兴无灭资的同时，坚持了正确处理人民内部矛盾，在思想教育中采取正确的方法，团结最大多数学生。

1. 我们从这几年来的工作中深深体会到，学生中敌我矛盾是极个别的，最大量的是人民内部矛盾。我们既要看到社会上的阶级和阶级斗争不断对学生有所影响，必须加强对学生的阶级和阶级斗争的教育；同时也要看到，绝大多数学生是愿意而且能够接受党的教育的，是可以团结的，我们应当努力争取每一个可以争取的学生，把他们培养成为革命的接班人。

从青年学生的情况看来,他们比较年轻,人生观、世界观还处在形成的阶段,可塑性比较大;他们在新社会生长,一方面使他们对阶级压迫和剥削缺乏具体的感受,另一方面他们从小就受到新社会的教育,也带来了有利于他们改造和进步的条件;各种不同家庭出身的学生固然受到来自家庭的资产阶级思想和旧的习惯势力的影响,但也还要看到学生中劳动人民家庭和革命干部家庭出身的逐年增长,这是思想教育的有利条件;学生中的错误思想和政治上的动摇,除了因为立场和思想意识的原因外,也与他们脱离实际、缺乏阶级斗争锻炼、政治上比较幼稚有关。所以从总的方面说来,青年学生既容易接受坏的影响,也容易接受好的影响,只要我们坚持兴无灭资的方针,严格区分两类矛盾,正确处理人民内部矛盾,绝大多数学生是能够接受党的教育的,包括政治上落后的和具有某些反动思想的学生在内,也是可以团结、改造的。

……

2. 为了正确处理人民内部矛盾,我们从这几年来正面和反面的经验中体会到思想教育必须坚持采取启发自觉、自由讨论、循循善诱、说服教育的方法,决不能采取粗暴压服的方法。

我们的做法是,不论在政治课学习、时事形势讨论还是其他政治思想教育中,都提倡让各种不同的意见得到充分发表,允许学生提出疑问,摆事实,讲道理,让大家敢于讲话,敞开思想,畅所欲言,自由讨论。我们还教育共青团干部不能以教育者自居,见了问题也不要紧张,通过平等的讨论去求得解决。1962年初,水利系一个学生向团支部提出了"人民公社是否可以晚办?""国民经济比例是否失调?""学校大炼钢铁对不对?""教育革命成绩是不是主要的?""四十年的社会主义国家为什么会出现修正主义?"等五大问题。我们没有把他的问题简单地打回去,而是提出来让大家讨论。对于个别学生中的反动思想，也采用这样的方法处理。1961年秋天，我们发现土建系一个学生在了解到家乡（湖南）工作中的一些缺点后，对国内形势作出了错误的结论，说中央干部"对人民犯了大罪，陶醉于过去的丰功伟绩，把劳动人民当作奴隶"。我们认为他的问题反映了当时少数学生在形势比较困难的时期对党和三面红旗发生动摇，问题无疑是严重的，但是我们还是鼓励他向组织暴露思想，并且和他进行耐心的讨论，而没有采取批判斗争和简单压服的方法，因为这样做是不能真正解决当时部分学生中的思想问题的。通过畅所欲言的自由讨论，终于达到了明辨是非的目的，这个学生也逐步认识了自己的错误，现在已有了很大的转变。

我们体会到，在思想教育中采取以上的方法有下面一些好处。首先，由于大家敢于讲话，敢于暴露思想，领导上就能够了解学生中的真实思想情况，不为表面的现象所迷惑，而能抓住问题的本质，有的放矢地进行教育。其次，广大学生能够从正反两面和不同意见的辩论、对比中得到锻炼，培养他们独立地、正确地判断是非的能力。同时，这样的做法能够大大提高学生政治上的积极性和主动性，有利于形成一个生动活泼的政治局面，有利于真正加强人民内部的团结。

3. 为了团结好广大群众，还必须深入细致地做好各部分学生的工作

学校里有各种不同类型的学生，如思想上有进步的、中间的、落后的；有革命干部子女、工农子弟和剥削家庭出身的学生；有业务学习成绩优秀的、业务学习成绩较差的；有男学生、女学生；有华侨学生、少数民族学生；还有课余体育、文娱活动中的积极分子，等等。各部分学生除了有他们共同点以外，还各具有一些不同的特点。过去我们比较注意一般学生的共同性方

面，而对各部分人的特点注意不够。1961年邓小平同志在团中央工作会议上作了思想工作要深入细致、精雕细刻的指示以后，我们开始注意了这个问题，除了进行全校统一的政治教育以外，还针对各部分学生的特点，区别对待，深入细致地做好工作。几年来，这一工作已经取得初步的效果。

我们是这样进行各部分学生的工作的：

首先，是统一干部认识，明确做好各部分学生的工作的意义。

开始时，有些干部对做好各部分人工作的意义认识不足，只注意对多数学生的工作，而认为做少数落后学生、业务学习成绩优秀学生、女学生的工作是"没必要，没时间，没办法"。我们组织了全体干部学习了邓小平同志的指示。通过学习讨论，许多干部懂得了思想工作决不能停留于一般化，我们工作的对象是一个一个具体的人，思想工作必须做到每一个人的身上，按人头落实，做深做细，而不能只求"大效果""粗线条"。否则，被我们所忽略的部分，就往往成为工作中的薄弱环节，会产生这样或那样的问题。例如，有的政治上落后的或具有某些反动思想的学生可能会向敌我矛盾方向转化；有的女学生可能在婚姻恋爱问题上因幼稚而受欺骗；有的华侨学生可能不习惯国内政治生活和物质生活而产生不满情绪，甚至要到国外去；有的业务学习成绩优秀的学生可能会走资产阶级知识分子的道路，等等。

通过学习党的政策和几年来的实践，我们体会到：加强对各个部分学生的工作，就有可能消灭思想工作的空白点，把兴无灭资深入到各个角落，克服工作的一般化；调动一切可能调动的积极因素，争取为国家培养更多又红又专的人才；而且，在研究各部分人的思想特点和思想规律以及帮助他们进步的过程中发现和掌握的各种典型材料，可以作为向一般群众教育的活教材；同时,做好各个部分学生工作的过程,也是对于干部的阶级观点、政策水平、工作作风和工作方法的锻炼、提高的良好机会。

第二,领导直接动手与发动群众相结合,建立做各个部分人工作的工作系统,分别归口,专人负责。

由于各部分人的工作政策性较强,他们的问题又往往比一般学生复杂一些,因此,我们除了加强班级对他们的团结教育工作以外,校、系政治工作干部还直接动手做他们的工作。

为了保证各部分人工作的落实,我们还在组织上建立了抓各部分人工作的系统。每部分人的工作,从校到系都有专人负责,分别归口。例如对政治上反动的学生、具有某些反动思想和政治上落后的学生,团委设了一个专门小组,各系也有专人负责,我们每学期都逐个地了解和积累这部分学生的情况,并研究、确定对他们的工作。这部分学生每个人都有专职(或半脱产)干部负责联系。这样,当这些学生一有什么动态,领导上很快就掌握了,并且能及时加以解决。

第三,深入摸清各部分学生的情况,研究他们的思想特点和思想规律。

为了深入地、对症下药地做好各部分人的工作,我们还逐步摸清各部分人的情况,研究他们的思想规律。例如,我们每年都对政治上落后的和有某些反动思想的学生进行一次摸底排队,并且逐个分析他们问题的性质和原因。通过几年的积累和研究,我们发现这部分学生中以出身于反动家庭、资产阶级和资产阶级知识分子家庭以及农民家庭的为最多。为了对症下药地做好工作,我们分析了出身于以上三种家庭的这部分学生的思想特点。

此外,对女学生、华侨学生、少数民族学生、革命干部子女、业务学习成绩优秀学生和体育、文娱活动中的有突出表现的学生,我们都按人摸清了他们的情况,并研究分析了他们的思想特点和规律。

第四，区别对待，对症下药，细水长流，抓住不放。

在摸清情况，研究了规律以后，我们针对他们不同的问题和特点，有的放矢、深入细致地进行工作。

例如，对于不同家庭出身的落后学生，我们还针对不同特点，采取了不同的方法。对于反动和剥削家庭出身的，引导他们认识家庭的反动和剥削本质，批判家庭对自己的毒害。对于农村来的落后学生，除了帮助他们认识当前国内大好形势、学习党的有关方针政策外，我们还创造了一定的条件，让他们参加一些新旧社会对比的会，使他们接触当前农村中的阶级斗争，启发他们的阶级觉悟。对于知识分子家庭出身的，则着重对他们进行当前国内外阶级斗争和知识分子中两条道路斗争的教育。

我们在学校各项工作中，除了研究对一般学生的教育外，还专门研究对各部分学生的特殊教育。针对各部分学生的特点，分别落实，创造各种条件，使他们确实受到教育。如：学校组织毕业生到工厂、农村参观时，也组织一些对三面红旗有怀疑的学生去看一看农村的新面貌；在经济生活比较困难的时候，特别加强了对灾区学生和华侨学生的工作；当现代修正主义对新疆地区进行大规模的颠覆活动时，党委专门和新疆学生座谈，并逐个地帮助他们提高认识；去年全市举行"一二·九"纪念大会，我们有意识地让一部分业务学习成绩优秀的学生去参加，接受教育，明确又红又专的方向；今年寒假，我们专门组织部分革命干部子女和业务学习成绩优秀学生下乡进行访贫问苦活动，培养劳动人民感情，促进他们思想改造；在演出《年青的一代》时，首先组织干部子女和存在比较严重的资产阶级人生观的学生观看，并组织他们讨论；在婚姻恋爱问题上，着重加强了对女学生的工作，通过各种典型事例，教育她们用阶级观点观察问题，警惕家庭和社会的资产阶级思想影响，敢于向坏分子与流氓行为作斗争，不要过早地谈恋爱，等等。

对各部分人的工作，是一件长期、深入的工作，我们坚持了"细水长流，抓住不放"。例如对××的改造工作，整整抓了三年多，才使得他立场有了基本的转变。在这期间，他曾有过反复和停顿。当他进步时，及时给予肯定与鼓励，也不断地向他提出要求和希望；在他暂时停顿和反复时，也不丧失信心，而是深入研究其原因，加强工作，启发觉悟，耐心等待。

几年来，加强了对各部分学生的工作之后，已经取得了初步的效果。除了政治上落后的和具有某些反动思想的学生转变已在前述以外，在国内经济困难时期，华侨学生情绪基本上是稳定的，没有一个人出国；现代修正主义对我国新疆地区进行大规模的颠覆活动后，当年暑假回家的新疆学生，坚持正确的立场，全部按时返校，许多人还向家庭展开说服教育工作；在婚姻恋爱问题上正确的舆论和风气树立起来了。

这项工作，目前还只是开始，还有大量的细致工作要继续做，我们准备长期地抓下去。

（三）深入学习、劳动和课余生活中进行思想政治工作，促进学生在德、智、体几个方面都得到发展

思想政治工作不仅要管红，还要管专，也要促进学生身体的健康成长。这就需要我们深入学习、劳动和学生课余文化、体育活动的各个领域进行思想工作，引导学生在德、智、体几个方面都得到发展。

在结合业务学习、对学生进行学习目的性教育中，要引导学生把自己的学习和祖国社会主义事业和世界革命联系起来。在业务学习中，还要培养学生理论联系实际的良好学风，帮助学生进行世界观的改造。

学生在德、智、体各方面的发展，从根本上说来是相辅相成、相互促进的，但是在具体工作中，也存在着一定的矛盾。这就需要合理地安排学生政治活动、业务学习和课余生活。首先需要学校党政各级干部、教师和工作人员能够把学校的各项工作同培养学生在思想、学习、身体等方面的全面成长联系起来。必须有全面观点和长远观点，任何时候都不能片面，不能单打一，抓当前要看长远。既要抓紧政治思想工作，又要注意提高质量，讲求实效，合理安排，会议活动不能过多。在学生学习、劳动愈紧张，学生积极性愈高的时候，各级干部愈要注意学生的劳逸结合和身体健康。为此学校规定了学生劳逸结合的具体措施。在引导学生积极开展课外文体活动时，应当考虑到有利于学习和思想的提高。这样，各项工作最后都落实到德、智、体几个方面的发展上。

为了促进学生的全面成长，在学生中形成良好的舆论和风气，我们着重注意了以下几方面的工作：

1. 帮助学生党员和团干部学好业务

党员和团干部不仅在政治上是先进的，在业务上也应当逐步提高，以至达到先进的水平。这对引导广大学生做到又红又专会有很大的示范作用。1961年以来，我们首先帮助党员和团干部明确又红又专的方向，对他们业务学习上也提出了严格要求。其次对于他们的工作要求要恰如其分。要求他们在班级思想政治工作中，主要通过自己的模范行动和密切联系群众，影响和带动同学做到又红又专。通过加强行政工作的管理，减轻班级干部在评议助学金、粮食定量等方面的工作。并从1961年开始适当调整了党团干部队伍，减免了部分学习比较困难、体弱有病的干部的社会工作，选拔那些思想进步、学习成绩较好、身体健康、作风正派的党团员担任党团干部。同时，校、系各级政治工作干部深入基层，深入群众，减少层层汇报，减轻干部负担，并帮助干部改进工作方法。此外，还制订了合理的会议制度和作息制度，保证干部有必要的学习时间，专人负责调查党团干部学习情况，全面安排学生中的各项工作，调整干部负担，布置工作时留有余地。这样，既便于班级干部结合本班实际情况开展工作，也有利于干部全面成长。现在班级干部中负担最重的团支部书记，每周社会活动一般不超过6～8小时。通过采取这一系列措施，三年来，我校学生干部的学习水平逐年有所提高。现在团干部中总的学习水平，已略高于一般同学，学生党员的学习情况也有好转。上学期全校参加考试的1 329名团支委中，考试成绩是优良的科目占82.5％，不及格的科目占1.5％；其中241人考试成绩全部优秀，占18.1％。

2. 帮助业务学习成绩优秀的学生提高觉悟

业务学习成绩优秀的学生，在班级中对于其他学生在政治上、业务上都会有较大的影响。做好这部分学生的工作，对于带动广大学生努力做到又红又专，形成良好的学习风气有着重要作用，这是一种无形的力量。据初步调查，我校业务学习成绩优秀的500多名学生中，党团员占74.2％，团支委以上干部占27％。政治上进步、中间、落后的比例和一般学生的情况大体相同，政治上特别落后的比例还要小一些。这部分学生比较容易产生忽视政治、轻视实际、脱离工农群众的思想。帮助这部分学生提高觉悟，主要是帮助他们正确处理政治和业务、理论和实际、个人和集体的关系和树立谦虚谨慎的作风。这样不仅能够为攀登科学高峰的登山队准备一支又红又专的后备力量，而且也能够在学生中树立起政治上业务上严格要求的好榜样。

为了做好这部分学生的工作，校、系党政干部经常与这部分学生座谈或个别谈话，启发他们的政治觉悟，鼓励他们在政治上严格要求自己；适当组织他们参加一些报告会和下厂下乡的参观访问活动；注意表扬业务学习成绩优秀学生中努力做到又红又专的榜样；加强这部分学生中的发展党团员的工作。同时还发动教师通过经常的教学活动帮助他们提高觉悟，树立良好的学习风气。在这些活动中也不使他们负担过重，影响学习和健康。一年来，这部分学生中不少人政治上有了比较显著的进步。

3. 帮助文化、体育活动积极分子做到"思想好、学习好、劳动好、课外活动好"

课外文化、体育活动是共产主义教育的重要组成部分，我们积极地开展了有益于身心健康的课外活动。在群众性的文化体育活动中，参加学校文艺社团的800多名和参加校体育代表队的600多名文化体育活动积极分子有着重要作用。

对于这部分学生，我们坚持提出了在政治思想、业务学习、生产劳动和文化体育活动各方面的全面要求。有人认为要在思想、学习上严格要求就不能成为文化、体育活动中的积极分子；或者要积极参加文化体育活动，就不能在思想、学习方面高标准要求，只能是"头脑简单，四肢发达"。能不能在学校中培养又红又专又健康的学生呢？我校几年来的工作证明，只要我们统一思想、加强领导、严格选拔条件、合理安排活动，是完全可以使学生全面成长的。我校的1 400多名文化、体育活动积极分子中有不少人是党团工作中的骨干力量，同时又是业务学习成绩优秀的学生。

做好文化、体育活动积极分子的全面培养工作，首先需要在全校干部、教师和学生中统一思想认识，克服各种片面观点。在吸收学生参加文艺社团和体育代表队时，要注意他们的学习成绩，思想作风和身体条件。在文化、体育活动中要加强思想工作，特别是在文艺领域中要进行文艺战线上的两条道路斗争的教育。对于成绩优秀的运动员和文娱积极分子要有专人负责加强政治上的培养和学习上的帮助。党委和行政各部门负责干部和这些学生建立了经常的联系，了解他们的情况和要求，及时帮助他们解决思想问题和实际问题，合理安排他们的社会工作和文艺演出、体育比赛活动，不影响他们学习和劳动的时间。

做好这支队伍的工作，也推动了群众性的体育活动，大大丰富了学生的课外文化生活。

4. 在学生中树立又红又专又健康的榜样，引导学生在各方面严格要求

在经常工作中，我们通过每年表扬优秀毕业生和表扬优秀团员在学生中树立努力做到又红又专又健康的榜样，特别注意运用已经毕业的学生在工作岗位上的表现，对学生进行"社会主义建设需要什么样的知识分子"的教育。几年来，我们多次派干部到一些厂矿、学校、研究所调研我校毕业生的工作情况，并和一部分毕业生保持经常联系。据我们了解到的情况，大多数毕业生在工作中能努力做到又红又专，与工人结合，成为该单位政治上、技术上的骨干。其中有些由于在学校中能够在德、智、体各方面都得到培养和训练，在工作中能够作出较为突出的成绩。例如，分配在北京市第一机床厂铸工车间的我校1961年铸工专业毕业生×××，在校时作过团支部书记，参加过一年的集中劳动，在工作中"拿起图纸能设计，抄起工具能干活"，在车间里和工人一起劳动中能想工人所想，急工人所急，多次解决车间中一些技术关键，写出了生产总结，在全国铸造年会上提出了报告。他先后四次获得先进生产者的称号和一次五好团员的称号。×××的事例说明，新型的知识分子必须要与工人结合，业务好的标准也必须既有书本知识又能解决实际问题。又如我校动力系毕业生何浩，在校时曾获第一届全运会摩托比赛冠军，以后分配在北京摩

托车厂工作,经常担负摩托车试车任务,一次行程几万公里,要求驾驶员有高度技巧,精通摩托车构造,还要有强壮的体格和坚强的意志。工人反映说"何浩伸手能干活,推车能驾驶,拿笔能设计"。他到厂不到一年就成为厂内技术上的骨干力量。再如我校分配在长春第一汽车厂工作的毕业生武思宁,在校时参加民乐队担任指挥,通过文艺活动中两条道路斗争的教育逐步提高了觉悟,参加了创作民乐合奏《人民公社万万岁》的活动,在工作岗位上,不仅在实验室劳动中认真工作,而且在工厂的业余演出活动中成为积极分子,团结周围同志,改变了民乐队的面貌,他在工作的第一年就被评选为汽车厂青年社会主义建设积极分子。

(四)加强学生的基层工作,加强党委对学生工作的领导。

班级是学生学习、生活的基层单位,学生中的各项工作都要通过班级工作来实现,班级工作是学生工作的基础。为了加强班级工作,加强党委对学生工作的领导,我们主要进行了三方面的工作:

1. 挑选和培养一支又红又专、密切联系群众的政治工作干部队伍

负责全校学生思想政治工作的干部主要是由下面几部分人组成的:党、团半脱产干部;班、级主任和政治教师。这几部分人在党委和各系总支的统一领导下,共同负责学生的思想政治工作。他们都要深入班级,做好班级工作,但具体任务上又分别有所侧重及分工。从1953年起,我们建立了政治辅导员制度,政治辅导员同时兼团的半脱产干部(大体上按150名学生配一名半脱产干部)。各系团的半脱产干部在党总支和团委的领导下比较全面地负责本系的学生思想政治工作及团的队伍的建设工作,并把做好班级基层工作放在首要地位。为了加强学生党支部工作,各系按年级建立了党支部,并抽调一些党员教师担任学生党支部

书记，加强了党内教育和发展党员的工作。1961年起，为了加强对低班工作的领导，在全校一、二年级每班设一班主任，每年级设一级主任，派选政治上比较优秀、有一定教学工作经验的党、团员教师担任。他们除了担负一部分教学、行政管理工作（如评议助学金、学时平衡）外，主要是负责学生在日常业务学习、劳动及生活中的思想工作，帮助一、二年级适应大学的学习和生活，培养班级学生干部，进行深入细致的个别工作，逐步形成好的班风。在政治课教师中也明确要深入班级进行思想工作。他们除了在政治理论课和形势教育中对学生进行教育外，还在学生每一个时期中心的思想教育和其他需要理论和社会知识较多的思想工作（如文艺阅读的指导）方面发挥作用。在经常情况下，班级工作各阶段的中心任务主要是通过分团委、团支部布置下去的。政治课教师和班、级主任则根据每个阶段思想政治工作主要任务，结合班级的情况，帮助指导开展工作。在政治运动和重大政治形势讨论时，则由党委统一组织这几支队伍约200多人深入400多个班，做到每个班有专人负责联系，参加讨论，解答问题并帮助干部研究工作。

对学生政治工作干部的选择我们坚持德才兼备的原则，这对做好班级工作，引导学生又红又专是十分重要的。在他们担负半脱产干部的同时，还要求他们挑好政治、业务"两副担子"，学好业务或兼任一部分教学工作。对于教师半脱产干部要求他们每周有1/2左右的时间担负教学工作；对于学生半脱产干部，则要求他们每周有1/2到2/3左右的时间来进行学习。

要求干部挑政治和业务两个担子，而不是挑一个担子，这首先对加强学生思想政治工作本身有很大的好处。由于学生大部分时间都在进行学习，政治活动和业余活动时间都集中在下午一段时间，因此半脱产干部比之专职干部可以在同样编制情况下，有更多的人来担负思想政治工作。很自然地实现了政治工作干部和学生五同（吃、住、学习、劳动、锻炼和娱乐），工作可以做得更深入一些。政治工作干部兼任一部分讲课、辅导实验、设计、带领实习等工作，就可以在业务领域中大大加强与群众的联系，有利于政治统帅业务，深入业务发现问题，解决问题，贯彻党的方针政策，同时可以更好地从政治思想、学习、身体等各方面去全面关心和安排学生的各种活动。要求干部又红又专，更加重要的是有利于在群众中树立榜样，造成良好的影响。

从我校建立政治辅导员制度10年来的实践证明，这是源源不断地培养又红又专的政治工作干部和教学骨干的有效办法。当然，从加强学生思想政治工作的实际需要看，目前我们政治工作干部的数量还远远不能满足要求，他们一般还比较年青，经验不足。政治工作制度还很不完备，都需要今后大力解决。

2. 班级工作要抓两头带中间，并加强对班级干部的培养和训练

全校有400多个班，年级不同，专业不同，工作水平不同，我们主要是通过抓先进班和落后班，特别是抓好先进班的工作来带动其他班级。

从1954年以来我们一直比较注意总结先进班级的工作经验，在班级工作中树立方向和榜样，经常推动班级工作不断前进。这些先进班级的经验，要求能够针对当时班级工作存在的问题，代表当时党委对学生工作提出的方向，经验要力求重点突出，生动具体，特别需要总结干部先进思想。如1958年结合贯彻党的教育方针，我们总结了水利系毕业班在毕业设计中政治挂帅，理论联系实际，注意与劳动人民相结合，得到政治业务全面成长的经验。1959年上半年针对红专辩论后部分学生学习动力不足和部分干部不注意读书的思想，总结了冶金系金相专业二年级注意把

学生的政治热情引导到学习中去，形成干部带头刻苦学习的好风气的经验。1960年底，又针对部分班级思想工作简单化，只抓思想不抓学习，只抓劳动不关心群众生活的情况，全面总结和交流了土建系建筑学专业六年级团支部的工作经验。

　　好的班风形成一种正确的舆论和力量，对促进学生健康成长起着潜移默化的作用，这种影响是非常深远的，一直到学生毕业出去仍长期起作用。例如，我们最近调查的汽车拖拉机专业1963年寒假毕业生的情况正好说明这个问题。这个班是团委书记重点联系的一个班，是个先进毕业班。全班37人，在到达工作岗位后一年左右的时间内，就有13人受到工厂一级的表扬，有的还成为全市的标兵。分配在长春第一汽车厂设计处的7人中就有4人被评为该厂1963年度的青年社会主义建设积极分子，他们全处共评选了16人，这个班的毕业生占1/4。还有不少人担任了团总支和团支部的工作，成为本单位的骨干力量。当他们谈到自己在工作岗位一年来的进步时，总是念念不忘大学六年生活中好的班风对他们的影响，正如有的人所说："好的班风，看来是无形的，可是碰到困难，最顶用的就是它"。

　　从我们的工作中体会到，只抓先进班还不够全面，还必须同时抓另一头——落后班。落后班的情况必须逐个掌握起来，落后班的工作必须逐个解决。1962年曾调查全校四百多个班中有16个比较落后。这些班的特点一般是：落后群众比较多，其中有个别政治思想很落后甚至是反动的；班干部比较弱，有的觉悟低，有的水平差；学习风气不好；组织纪律松懈。这些班的工作主要是由校、系政治工作干部中专人直接负责，深入群众了解情况，具体细致地帮助解决。经过一年多来的工作，除一部分已毕业和分专业拆散外，现在在校的10班，都有不同程度的进步，其中4个班有较大的进步。

除了抓好先进班和落后班的工作以外，为了提高班级干部的思想觉悟和工作水平，我们每学期开学前都进行集中的干部训练，每次干部训练，既讲形势、任务又讲政策、办法。每次训练内容重点突出，同时又提出全面要求，既有工作布置又有经验交流。通过集中的干部训练达到统一思想，明确要求。每学期一次的干部训练的准备和进行过程，就是总结工作的过程，也是调查研究的过程。

3. 为了加强班级工作的领导，还必须党委领导干部和各级政治工作干部深入思想工作的第一线，抓好第一手的材料

我们在工作中体会到，必须把工作做到基层，必须深入思想工作的第一线调查研究，掌握第一手材料，和学生直接见面。我们采取的办法主要有以下几种：

① 深入班级参加群众的政治活动。每次重大政治运动，党委领导干部和校、系各级政治干部都直接参加几个班的讨论，在此基础上发展到抓重点班，作为了解全校学生思想动态的"晴雨表"。有的党委领导同志联系的重点班从二年级起一直抓到毕业。全校党、团半脱产干部，班、级主任和政治课教师也都有自己固定联系的重点班。在重点班的工作中，一般做到不仅和干部交谈，而且注意联系各种学生；不仅关心学生的一个方面还从各个方面全面关心学生，这样经过一段工作以后，就可以做到不仅对班上学生的姓名、个人历史、家庭情况、思想状况、学习、健康、爱好特长一般情况比较熟悉，而且能够比较快地抓住各个时期这个班的思想动态及其来龙去脉。

我们还经常举行各类学生的座谈，例如在新生入学后和新生座谈；毕业生表扬后和优秀毕业生座谈。通过座谈可以了解他们的思想与要求，也可以发现我们工作中的问题（包括教学、生活安排、体育、作息制度等等），通过座谈还可以熟悉学生。

② 担负一定的教学工作，参加学生的生产劳动、生产实习、公益劳动。通过这些方式有时能了解到一些在会议上所不能了解到的更丰富、更真实的情况。除了前面已经提到的党、团半脱产干部一般都担负教学任务或学习任务外，我校党委领导干部也在可能的条件下尽量参加一些教学工作。各级政治干部除担负教学工作外，一般努力做到跟着学生参加生产劳动、生产实习和公益劳动。

③ 有意识地加强和个别人联系，交朋友、谈心。例如通过接待群众采访、处理群众来信，从他们的思想实际出发，和他们推心置腹交谈思想，平等讨论问题。特别是领导干部亲自找学生谈心，使学生很受感动，常常会碰到有的学生把一些最不愿意和别人说的问题也和我们谈，有时政治运动来，他们还主动找上门来把自己迫切需要解决的问题和自己周围同学的问题都带来和我们开展讨论。

通过以上这些办法，帮助我们密切了与学生群众的联系，有利于加强党委对学生工作的具体领导。

我们在学生思想政治工作中虽然做了一些工作，取得了一些成效，但离开毛主席的教育思想还差得很远。思想政治工作如何促进学生在德、智、体诸方面生动活泼地、主动地得到发展还存在很多问题。

政治工作干部的队伍从数量到质量还不能满足要求，政治工作制度还很不完备，迫切需要解决。

我们的一些做法还需要在实践中进一步检验、修正。

解放军的思想工作是我们学习的榜样。我们要向解放军学习，向各兄弟院校学习，在中央教育部和市委的领导下进一步做好我们的工作。

中共清华大学委员会

清华大学档案，全宗号 2，目录号 党 11，案卷号 094

清华大学对毕业生进行调查研究，总结培养全面发展的人才的经验（节选）

（1964年7月22日）

清华大学最近组织全校教师、学生学习毛主席有关教育工作的著作和主席最近对教育工作的指示。他们根据主席指示的精神，首先围绕培养目标问题进行了讨论。从教师的思想情况来看，大家对培养目标要又红又专、德智体全面发展，口头上都是承认的，但实际上却有各种不同的标准，与主席思想和社会主义建设的实际要求还有不小的距离。为此，在学习主席著作的同时，又广泛开展了调查研究。主要调查毕业生在工作岗位上的情况。

各系都分别组织了力量到有关工厂、设计院、科学研究单位，进行了毕业生情况的调查，不少系主任、党总支书记都亲自参加了调查。在调查中，先后与各单位的领导干部、技术人员、工人和毕业生进行了座谈，了解毕业生的思想、工作情况，听取他们对学校教育工作的意见。

毕业生调查的情况，在教师中反应很强烈，震动很大。从调查的材料反映出以下几个问题：

（一）政治上能不能过得硬，对毕业后发挥作用作出成绩，影响极大。

调查情况普遍反映，不少在工作岗位上各方面表现优秀的毕业生，往往是一些在学校时政治思想比较进步，独立工作能力较强、能解决实际问题的学生，其中有不少是党、团干部和积极分子。他们的学习成绩从考试分数来看，并不是最高的，有的是中等水平。但是由于这些学生红专结合得比较好，他们在工作岗位上能根据工作需要，刻苦钻研，踏实肯干。他们善于和工人结合，团结同志，动手能力强，任务完成得比较出色，成长很快。从动力、农业机械系历届37位政治辅导员毕业生情况来看，由于他们在校期间得到较多的政治工作的锻炼，因而出校后在政治和业务上表现都很好。据他们的亲身体验：在学校时锻炼了阶级立场，政治嗅觉比较敏感，初步学会了联系群众进行调查研究的工作方法，同时也提高了组织工作能力。因而比较迅速地适应了分配的工作。如无线电系电真空专业1961年毕业生×××（党员），在学校担任团支部组织委员，学业成绩中上，毕业后分配到国防科委某研究所工作。几年来，在工作中，刻苦钻研，勇于克服困难，和工人同劳动，并且善于做群众的思想工作，团结周围同志，集中群众智慧攻克关键，业务上的基本功较好，有良好的学风，所以完成任务比较出色。1962年，他被提升为科研组长，现在又担任了党支委的工作，今年被评为三等功。该单位的负责同志希望学校能培养出更多的这样的干部。

在学校时只是业务学习好、考试分数高，有些教师认为"有才气"而颇为欣赏的学生，由于政治上不强，出去工作往往并不是最能起作用的。他们虽然能从事一定的技术工作，但是由于政治锻炼较少，组织工作能力和实际动手能力较差，有的人思想问题较多，常常闹个人主义，工作不安心，生活上怕吃苦，恋爱问题处理不当等等。如分配到东北军委系统的一个毕业生，一心希望"南调"，因此有三怕，即："一怕入党，二怕参军，三怕工作上取得成绩"。

也有少数毕业生，他们追求一个舒适的小家庭，贪图安逸的生活。他们既怕艰苦，又怕严格要求，庸庸碌碌，无所用心。有个别的发展更严重一些的，不服从国家分配，在革命队伍中开了小差……

据动力、农业机械系的统计，1958—1963年毕业生在校期间淘汰人数占毕业生总数的10%，分析淘汰原因，由于政治原因而被淘汰的占其中的30%，如果政治思想教育抓得更紧些，可以降低淘汰率。

（二）要使学生在业务上过得硬，必须加强基础课与专业基础课，在教学上做到"少而精"。

据哈尔滨汽轮机厂的领导同志反映，分配在该厂的清华历届毕业生，总的情况还是好的，理论基础学得扎实，独立工作能力比较强，遇到技术关能钻进去，解决实际问题。但他们感到毕业生专业知识比较窄，实验技术方面还存在着一些缺陷，尤其是结构设计能力比较弱，甚至比别的学校还差些。该厂的工程师反映，他们厂的现状是，"结构设计落后于理论，计算方面许多问题解决了，但就是设计不出来"。

关于如何加强设计能力，工厂和同学都提出了一些意见：从基础知识上说来，力学是很重要的，要善于灵活地运用力学知识作计算，要有工程计算的能力。同学反映：在工作中常常要独立地进行一些强度计算，譬如说汽缸盖是用法兰盘和缸体拧在一起的，拧上螺钉后缸体还要受热，产生应力。遇到这类问题往往不知从何下手。学校应当教会同学如何确定受力状态，并合理地进行工程计算。

要进行结构计算，燃气轮机结构的实际知识是很重要的。工程师建议："最好让同学多看实际的燃气轮机，要让同学自己去测绘燃气轮机的零件，并将测绘的图和实际图纸作比较。"毕业生反映："在做设计的时候就感到自己实际结构知识太少了，脑子很空，不能很快地画出设计草图。"

工厂还提出：应当加强专业课的实验。毕业生反映，虽然学过"燃气轮机调节"这门课，但是实验做得少，在学校连调节系统也没见过，所以工作中碰到调节系统觉得很生疏。另外厂方还提出加强学生电的知识和电子仪表的训练，在工作中用到电的地方是很多的。还需要叫同学掌握一定的钳工和车工的技术。

（三）能不能吃苦耐劳，有没有劳动观点、群众观点，对毕业生能否做出成绩关系很大。

据北京第一机床厂反映，1961年暑假分配在该厂工作的×××同学，到该厂工作不到三年就作出了较出色的成绩。×××在冲天炉大干一年多，使铁水温度从一千三百度提高到一千四百度；写成了"强化冲天炉熔炼过程的生产总结"；先后在1962年北京市机械工程学会和1963年全国铸造学会年会提出了报告。解决了冲天炉中加废钢屑代替废钢的问题，并在机床行业中推广。完成了铝铁青铜代替锡青铜作轴承合金的试验研究。两年多来他先后被评为"先进工作者"和"五好团员"。×××能取得上述成绩，就是由于他能吃苦耐劳，劳动观点强，处处从生产出发，虚心听取群众意见。如搞铝铁青铜合金的时候，正是在1962年夏天，他和一个工人在工棚中进行试验，头顶烈日，身旁是一千度以上的坩埚炉，×××既操作，又观察，又记录，坚持到底，取得成功。他很善于听取工人意见，他坚持参加工人对改进工艺、操作的意见会，仔细记笔记。研究提高冲天炉铁水温度的时候，他把工人的意见集中为25条，逐项试验改进。

（四）能不能出色地完成分配的工作，关键还在于身体过不过硬。

据调查反映：身体好是适应工作要求的一个重要条件。身体好，能劳动，能吃苦，就容易和工人打成一片，能够在各种艰苦的环境里顶得住，很好地完成工作任务。如水利系学生毕业后参加水利建设工作，在身体上除了要具备一般的健康条件外，还要求能够适应野外的艰苦生活,会登山,还要会游泳。现在的毕业生在这方面锻炼较差,有时不能很好适应工作需要,往往感到"心有余而力不足"。据国防科委反映,1961年分配到该院的一批毕业生身体状况不够好,有严重慢性病的占10%,其余虽没有什么病,可是文弱的比较多。今后分配到国防部门的学生都要有一年的时间下连队当兵,一年下工厂当工人,生活军事化,按目前毕业生的状况是不适应的。

调查材料反映,也有的毕业生在学校时很注意锻炼,身体比较健康,毕业后在比较艰苦的环境里能够较好地完成任务。如水0班毕业生李善征同学,毕业后分配在新疆工作。刚去时组织派他参加天山雪线以上的冰雪调查工作。终日奔走在四千米以上的高山上,天气寒冷,空气稀薄,他们化冰雪解渴,自己背粮做饭,夜晚找个避风处搭起帐篷过夜。由于李善征同学在校时是运动员,又经过生产劳动工地生活的锻炼,因此,他在身体上精神上经受住了考验,顺利完成了任务。由于能吃苦耐劳,工作做得好,受到了领导的表扬。

高等教育部高教简讯编辑室编《高教简讯》第2号,1964年7月22日

清华大学档案,全宗号2,目录号 党11,案卷号130

做到思想过硬、业务过硬、身体过硬※[①]

(1965年6月20日)

六月二十日,我校举行了应届毕业生大会,蒋南翔校长向两千多名毕业生作了重要讲话。

---

① 编者注:本文节选自蒋南翔在应届毕业生大会上的讲话《在三大革命斗争中锻炼成为三大革命运动战士》。

蒋校长在讲话中,首先讲了国际国内的大好形势。接着,具体地谈到党和国家对毕业生们的要求和希望。他说:前年毛主席提出了阶级斗争、生产斗争、科学实验是建设社会主义强大国家的三项伟大革命运动。毛主席的这个指示,提高了我们对学校培养目标的认识。我们去年就向同学们提出了"做三大革命运动战士"的口号,通过两年来的实践证明,这个口号是更高、更全面地概括了国家对大学毕业生的要求。

……

要做三大革命运动战士,就要求我们做到思想过硬、业务过硬、身体过硬。

什么是思想过硬呢?毛主席1957年在《中国共产党全国宣传工作会议上的讲话》中,曾对知识分子的思想状况作了分析。根据这个分析,我们可以把思想过硬概括为三个境界或比喻成"上三层楼"来要求:第一层楼是爱国主义,即爱我们伟大的中华人民共和国;第二层楼是社会主义,即愿意为社会主义服务,拥护社会主义制度;第三层楼是树立共产主义世界观。就目前同学的状况来看,第一层楼可以说是都登上了;第二层楼虽然要比第一层楼要求高些,也可以说绝大多数同学都登上了;但是,登上第三层楼的,恐怕就是少数了。因为建立共产主义世界观的问题,不单是一个愿望问题,这需要我们努力学习马列主义理论,积极参加实际斗争,在斗争中逐步进行世界观的改造。作为一个无产阶级革命战士,应该努力登上第三层楼,达到这个要求尽管困难一些,但是只要不断努力是可以达到的。

那么,应该怎样努力呢?要确立共产主义世界观,首先就要有必要的马克思主义理论修养,这就要努力学习毛主席著作,还要学习其他的马克思主义的重要理论著作;其次,要有革命化、劳动化的实际锻炼;第三,要有不断革命的自觉精神。总之,要在认识客观世界、改造客观世界的斗争过程中，不断地改造主观世界。显然，这些要求要同学们在毕业以前都做到是不可能的。我们把它作为一个方向提出来，希望同学们毕业以后，朝着这个方向不断努力。

其次，关于业务过硬。清华是一所工科大学，除了要突出政治……还有一个业务问题。过去，有人认为业务就是指的技术。这种理解是不全面的。因为，任何一项技术工作，要完成它，除了技术以外，还组织工作、经济工作等方面的问题。因此，对"业务"的含义，应该理解得广一些、全面一些。

怎样才算是业务过硬呢？过去一个传统的评定标准是考试分数。考试是重要的，它相对地能够考核同学的学习成绩。但是，这个标准只有相对的正确性。而最正确的、最严格的评定标准，则是工作上的成绩。因此，要做到业务过硬，第一，是要把学校的功课学好。对功课的理解应该广一些，不仅是指基础理论课程、专业课程，还包括语文工具、制图、实验操作技术等方面。一句话，就是基本的业务训练要扎实。其次是要有较强的独立学习能力和适应能力，不怕改行，不怕跨行。这点需要特别强调一下。因为有些同学很怕改行，很怕将来的工作对不上自己专业的口径。这样来理解专业未免太窄了一些。实践证明，改行并不是什么坏事。我们有不少校友，出去后都是改了行的，有的改得还相当大。但他们在工作中却作出了很大的成绩，成了专家。为什么？就是因为他们的学习能力强，适应能力强。由此看来，将来的工作要是能对上专业的口径当然很好，就是不对口径也不是坏事，相反，这还可以逼着自己扩大知识的领域，促进自己的提高。除此以外，业务过硬还要有一定的组织工作、群众工作的经验，以及在工作中、在业务领域中活学活用毛泽东思想和辩证法的能力。这些都是搞好工作所必须具备的。当然，上面所说的这些方面，在学校里能够达到的主要还是第一方面。其他方面只能说是有了一些苗头，有的人得到的锻炼较多，有的人锻炼相对地少一些。在毕业以后，都还要继续学习，自觉地加强这方面的锻炼。

第三，身体过硬问题。我们学校一向重视体育运动，群众体育活动也开展得很好。但是，用"一分为二"的观点来看，同学的身体健康情况还不够理想。在大学的几年中，我们可以说在政治上、业务上大家都有所提高，而身体却不能这样一般地说。正确的回答应该是：有的人提高了，有的人差不多，有的人下降了。身体过硬这问题说来比较容易，做起来却是最不容易。这几年来，学校一直十分重视同学的身体健康，并且采取了许多措施，也收到了一定的效果。这学期又对女同学的健康问题作了规定。为什么要这样做？有人说这样做"是培养女同学的娇气，会使女同学特殊化""男同学能做到的女同学也应该做到"。其实这是形式主义地看问题。从政治上讲，男女应该一样，但从生理上讲，男女有别，这是客观事实。不承认有别，就不能给女同学以应有的合理的照顾，在思想方法上违反了"实事求是、从实际出发"的原则，在工作上将招致不良的后果。照顾女同学不是要使女同学特殊起来，而是为了保证女同学的健康，提高她们的劳动能力、战斗能力，使她们能够精力充沛，保有更持久更旺盛的工作能力。

总之，要做三大革命的运动的战士，就必须思想过硬、业务过硬、身体过硬。当然这不是在学校的几年就能彻底做到的，还需要同学们毕业以后不断努力。预祝同学们在三大革命运动中锻炼成长。

《新清华》第 747 期，1965 年 8 月 13 日

清华大学党委关于配备半脱产政治辅导员工作的经验总结报告（初稿）

（1965年8月）

中共清华大学委员会

一、概况

从1953年以来，我们为了加强学生的政治思想工作，建立了半脱产的政治辅导员制度。政治辅导员大部分由高年级学生中政治上、业务上都比较优秀的党员担任，也有一部分由青年教师中的党员担任。学生政治辅导员在两年的半脱产期间，政治工作按每周16～20小时安排，业务学习为24～28小时。两年修完一年的课程，延长一年毕业，由国家统一分配。这样，由于每年都有学生政治辅导员回班学习，逐年递补，所以除第一年外，每年的毕业生人数并未减少，不影响国家的分配计划。教师政治辅导员除做好政治工作外，也担负一定的教学或科研任务。

这些年来我校学生的思想政治工作，主要是通过政治辅导员、班主任和政治课教师几方面干部在党委统一领导下进行的。在经常的思想政治工作中，政治辅导员担负主要责任，他们比较全面地负责班级的思想政治工作和党团组织建设工作。1964年9月以后，根据"中央批转高等教育部党组关于加强高等学校政治工作和建立政治工作机构试点问题的报告"，增加了政治辅导员的数量（大体上按50名学生配备1名半脱产政治辅导员），并在总结经验的基础上，加强了对政治辅导员工作的领导。现在全校共有政治辅导员212人，其中教师60人，学生152人。政治辅导员一般均兼任系分团委的工作，负责联系2～3个班级，其中一部分人还兼任学生党支部书记。每个年级由教师和学生政治辅导员搭配成立辅导小组，实行对年级工作的集体领导。

从我校12年来的实践情况表明，半脱产的政治辅导员制度有以下三个好处：

1. 便于联系学生，了解情况，有利于思想政治工作的深入开展

由于政治辅导员多数是在学生中抽调的，他们既是政治工作干部，又是学生，和同学同吃，同住，同学习，同劳动，同娱乐，同活动，打成一片。彼此没有拘束，同学有问题愿意找他们谈，同学中有什么情况，可以通过直接接触，及时了解上来，不一定非开会不可；如学生负担一重，政治辅导员本人便有感受，能及时反映上来，便于有关部门加以解决。由于他们掌握第一手材料，能比较好地结合实际进行思想工作。对学生中处于萌芽状态的问题，也可及时发现，使工作做在前面。教师政治辅导员，经验多，水平较高，时间安排机动。这两部分人结合在一起，取长补短，实行集体领导，工作更加全面、有效。

另外，由于采取半脱产制度，在同样编制情况下，可以有较多的干部，每个人联系的班级相对较少，也有利于深入班级做好工作。

2. 适合学校特点，有利于引导学生努力做到又红又专

学校的主要任务是教学，学生的大部分时间和主要精力用于学习，因而学校里思想政治工作必须从这个特点出发。学生政治辅导员和学生共同学习，教师政治辅导员参加教学或科学研究工作。这样一方面了解学校在教学和科研工作中的方针政策和具体要求，一方面通过在课堂、实验室、实习场所和学生的接触，也可以了解学生在学习中的思想和情况，便于结合学生业务实践进行思想工作，关心学生德、智、体的全面成长。

学生政治辅导员在学生中不仅是政治上的先进分子，也多是业务学习的优秀分子。例如，无线电系最近三年毕业的25名政治辅导员中，有14名获得优秀毕业生的称号。他们用自己的行动体现了党所指出的又红又专方向，为班级干部和同学树立了榜样。这样能够在学生中形成政治上严格要求自己，学习上刻苦努力，红专统一的良好风气，成为思想政治工作中一种无形的力量，推动同学努力做到又红又专。

3. 可以为国家培养和输送一批更高质量的又红又专的干部

学生政治辅导员，一般都在二十一二岁时就担负政治工作，他们在两年的半脱产工作期间，在贯彻执行党的方针政策，坚持调查研究的工作方法，培养联系群众的工作作风，正确处理政治与业务的关系等方面，都可以受到较多的锻炼，在战斗中得到成长，比一般学生进步更快，发展更全面。这样，不仅保证了思想政治工作的完成，而且也为国家培养了人才；他们毕业之后，可以较快地适应党的需要，既可搞政治工作，也可搞业务工作，做到又红又专，成为工作中的骨干。

1953年以来，我校学生和青年教师中曾经担任政治辅导员的已有653人，其中已经毕业的有466人，被分配在国家机关、厂矿企业、科研单位和高等院校等部门工作。据初步了解，他们中绝大多数表现是好的。例如动力农机系已毕业的政治辅导员44人，现在都是所在基层单位的骨干，有的成为该单位的重点培养对象，是该单位大学毕业生中"工龄最短，成长最快的干部"；有的工作不到半年就被评为"先进工作者"、"五好干部"。

由于我校的发展和需要，十多年来留了一批毕业的政治辅导员，他们中许多人已成为学校各部门、各系和教研组的骨干力量。在学校党委各部的16名副部长中，有8名曾担任过政治辅导员；在各系总支副书记中，担任过政治辅导员的占40%。我校1955年才建立的无线电电子学系，几年来，科研成果显著，大批又红又专青年教师迅速成长。而这个系的总支委员和各教研组党支部书记中曾担任过政治辅导员的占60%以上，其中有些同志在教学和科研中做出出色的成绩。

总之，从我校的实践，我们体会到半脱产政治辅导员制度是加强学生思想政治工作的有力措施，也是培养和锻炼干部的一所"学校"。

二、政治辅导员的任务和工作方法

政治辅导员是学校党委（政治部）派到班级的政治工作干部。政治辅导员的任务是：高举毛泽东思想红旗，坚持兴无灭资的方针，作好学生的思想政治工作、党团组织建设工作，促进同学在德育、智育、体育诸方面生动活泼地主动地得到发展，为国家培养三大革命运动的战士。

我们要求政治辅导员要做好下面几项工作：①做好学生的思想政治工作。在党委（政治部）的领导下，配合政治理论课开展马列主义、毛主席著作的学习；协助党委（政治部）对学生进行形势任务和革命人生观的教育；组织学生参加重大的政治活动；了解和研究学生的思想动态，及时向上级党团组织反映。②带好团的队伍，加强对班级团支部的辅导，帮助团支部过好组织生活，教育团员，在青年中起模范作用，组织团支部干部学习党的方针政策；协助团的组织发展工作。③做好深入细致的思想工作。针对各部分学生（如思想落后学生，犯过错误学生，学习优秀或学习困难的学生，华侨、少数民族学生等）的特点进行思想教育，团结最大多数的学生；了解和反映他们的情况和要求，解决他们的实际问题。④在学习、劳动和课余生活中进行思想政治工作，促进学生在德、智、体诸方面生动活泼地主动得到发展。

了解和反映学生在学习、实习劳动、生活健康和劳逸结合等方面的情况和问题,协助党和行政做好思想教育工作;协助并指导班会适当地、积极地开展课外活动,保证劳逸结合。⑤做好学生建党工作。担负学生党支书的政治辅导员还要作好党员的教育和管理工作。

政治辅导员首先要抓好班级工作。班级是学校最基本的单位,班级工作做好了,就能培养一股革命的、科学的、民主团结的和艰苦奋斗的好作风,有一股强大的无形力量促使学生健康地成长。例如,土建系建五班,由于政治辅导员加强了对支部工作的领导,帮助干部总结经验,不断提高班干部的思想政策水平,这个班成长了一大批密切联系群众,做群众知心朋友,努力学习党的方针政策,会做思想工作而又全面发展的好干部,带动全班形成了生动活泼、团结向上、努力学习、全面发展的好班风。最近在农村参加社会主义教育运动和毕业设计中表现都很好。他们班刚入学时86名学生中一名党员也没有,现在已经发展了25名团员入党,21名学生入团,全班先后三次受到学校表扬。

政治辅导员既要抓好"面"上的工作,又要深入细致地做好个别问题较多的学生工作。这部分学生的个别工作,是政策性比较强、困难比较大、见效比较慢的工作。几年来,我们要求政治辅导员每人都联系一两个问题较多的学生,和他们交朋友,长期地帮助他们成长。这样既消灭了思想工作中的空白点,又可以从中摸索思想工作的动向和规律;既可以深入具体地帮助团支部开展工作,又可以锻炼政治辅导员。例如,动力系热五班政治辅导员米盈野,在她做这个班的团支部书记时,就注意和班内思想问题比较多的学生谈思想交朋友,她不断帮助他们,及时肯定进步,耐心说服教育。她所联系的一个思想问题较多的学生几年来进步很大。在总结进步时，这个学生说："我的每一点滴的进步，同志们都在我脚印下打下一根桩子！"他把米盈野几年来每一次对他的帮助和教育都记在日记上，印象很深刻。米盈野也深深体会到："对后进学生要一分为二，抓本质，看主流，人是可以变化的，我们要针对他的特点和规律做好工作。"

政治辅导员还要关心和协助学校有关部门解决学生中的业务学习、劳动、生活健康、课外文化体育活动和劳逸结合等方面的问题。因此，政治辅导员要善于发现同学这些方面的活的思想和实际问题，及时反映情况，做好这一方面的思想教育工作。但是，他们又不能包办代替行政、教务部门的业务。我们明确规定了政治辅导员不担负教学行政工作（如组织教学、评分）、人事部门工作（如审批助学金、分专业、分班）、生活管理工作（如管理食堂、宿舍）等。对于群众的课外文化、体育活动，也注意发挥学生群众组织（如学生会、体育代表队和文艺社团）的作用。这样就使政治辅导员能集中精力做好思想政治工作，避免忙乱，负担重。

三、政治辅导员的选拔、培养和提高

我们对政治辅导员的挑选坚持德才兼备、身体健康和自愿的原则。学生政治辅导员由四、五年级学生党员中挑选。要求他们政治上表现好，思想觉悟较高，有一定的政策水平和工作能力；一般在大学里做过一两年团支部书记或党支部的工作，业务学习要在班级平均水平以上；身体健康。为了使各系政治辅导员中有一批政治上比较强，有一定工作经验的干部组成核心，便于积累经验，培养新干部，我们还选拔一部分青年党员教师担任半脱产政治辅导员。政治辅导员由系党总支（政治处）提名审查，党委（政治部）批准。

为了不断提高政治辅导员的政治思想水平，党委（政治部）

一直重视对政治辅导员进行政策学习和思想教育，注意在工作中发挥他们的作用，使他们得到锻炼和提高。

党委（政治部）对政治辅导员的培养、教育着重抓了以下几个环节。

1. 定期集训。每学期开始用3～6天的时间，由党委（政治部）召集进行一次集中的训练。内容是：学习形势、学习党的重大的方针政策；讨论党委有关学生政治思想教育工作的部署；交流政治辅导员的工作经验。例如，1964年8月的集训，集中进行了阶级斗争形势和加强学校社会主义教育的学习。并对新调的一批政治辅导员进行了任务、工作方法和作风的学习和讨论。1965年2月的集训，集中进行了政策教育，传达和讨论了中央《农村社会主义教育运动中目前提出的一些问题》，讨论了当前学校工作中的重大政策性问题和本学期工作，明确了对知识分子的估计，学习党对干部和知识分子重在表现的政策，明确了必须将革命积极性落实到学校各项工作中来等。这两次训练都组织了政治辅导员交流经验体会，引导政治辅导员回顾工作，分析群众思想状况，敞开思想，畅所欲言。并根据集训内容组织大家阅读有关主席著作和中央文件。政治辅导员普遍反映这种训练"有虚有实"、"既总结了工作，又明确了任务，还提高了思想"。

2. 重视发挥政治辅导员的作用，在实践中培养与锻炼政治辅导员。党委注意在中心工作中发挥政治辅导员的作用，及时组织他们参加党的有关会议，向他们传达中央文件和市委指示，讲解学校工作精神，使他们能够了解领导意图，紧紧围绕学校中心进行工作。在重大政治运动和学习中，党委（政治部）统一组织他们及政治课教师、班主任等干部，深入基层工作。例如，在反修学习、"五反"学习和《九评》学习等运动中，政治辅导员都担负了指导班级学习的任务。此外，教师和学生政治辅导员均按照教学计划和政治工作的安排和学生一起参加生产实习和劳动，去公社"四清"、去部队当兵野营。通过这些实践环节，提高政治觉悟，锻炼实际工作能力。

3. 加强对政治辅导员的经常管理和教育。对政治辅导员，要在政治思想上提出更高更严的要求。系总支专门干部做政治辅导员的管理工作。首先是管好他们的思想，并且了解他们的工作情况，关心他们的全面发展，并帮助他们解决困难，政治辅导员定期过组织生活；开展批评和自我批评，并且注意听取学生的反映和意见，把自上而下和自下而上的监督结合起来。政治辅导员工作期满必须做鉴定。

4. 帮助政治辅导员总结经验，有利于提高他们的政治思想水平，提高他们的自觉性。几年来我们不断帮助政治辅导员总结抓好先进支部和落后支部、抓好深入细致的个别工作、抓好作风教育和全面发展等经验，在全校的政治辅导员中进行交流。系分团委每学期都有一两次工作经验交流会和学习毛主席著作交流会。我们提倡政治辅导员学好政治理论课，结合工作学习毛主席著作，运用理论来总结经验指导工作。如无线电系学生政治辅导员陈光仁学了哲学后，结合自己的工作实践总结政治思想工作中七条辩证关系：(1)斗争与团结；(2)突出政治与全面发展；(3)领导指示与实际情况；(4)先进与落后；(5)积极因素与消极因素；(6)内因与外因；(7)眼前工作与长远培养目标。政治辅导员普遍反映：总结工作经验是活学活用毛主席著作的一条好办法。通过总结，站得更高，看得更远更全面了，工作也更自觉了，脑袋里唯物辩证法更多了。

由于党委（政治部）加强了对政治辅导员的领导，重视发挥他们的作用，注意在工作中提高他们的思想觉悟和工作水平，政治辅导员普遍反映工作越做越自觉，越做越有信心，越做也越热爱这个岗位了。土建系学生政治辅导员左川，在去年9月份刚调出时有几怕：(1)怕出错，怕出问题；(2)怕独当一面；(3)怕脱离群众；(4)怕讲话；(5)怕影响自己全面发展，信心不大，准备"大乱一场"。但是，一年来她通过抓两个班的工作和女同学工作，政策水平、思想觉悟、工作能力很快提高了，也能全面安排自己的学习和生活。她说："通过社会主义教育，看到学校里的两条道路的斗争，使自己觉得责任很大，这个岗位很重要，我对工作也确实有了感情。"她还体会到："从前怕矛盾，现在感到要是没有矛盾，就不要我们做工作了。"政治辅导员热爱工作，钻研工作，严格要求自己已经形成了风气。

四、政治辅导员的业务学习和健康

我们要求政治辅导员挑好政治、业务两副担子，在他们担负半脱产政治工作的同时，还要搞好业务学习或兼任一部分教学、科学研究工作，努力做到德、智、体全面发展。特别是对学生政治辅导员，他们既是干部，又是学生，所以既要求做好工作，又要求学好业务，增强体质，全面成长。因此，对政治辅导员不能有单纯使用观点，要帮助他们全面成长。挑好政治、业务两副担子的要求是比较高的，但只要思想明确，安排合理是可以做到的。现在学生政治辅导员的学习成绩，一般都在平均水平之上。如上学期参加考试的政治辅导员88人中有75人成绩为优秀和良好。88人总平均成绩为87分。政治辅导员胡锦涛，是水利系水工五一学生，他政治责任感强，努力钻研党的方针政策，群众反映和他能谈心里话。他还善于抓紧时间刻苦钻研，学习成绩全部优秀，除完成一般学习任务外，还选修了土力学试验，教师反映他独立工作能力强，有创造性的见解。

要保证政治辅导员挑好政治、业务两副担子，做到德、智、体全面发展,首先,要使政治辅导员思想明确,克服片面性。党委经常向政治辅导员讲明:党和国家要求我们做三大革命运动的战士,既要学会阶级斗争,又要学会生产斗争和科学实验;既要求政治上高标准,又要求业务上身体上高标准,努力做到又红又专又健康。并且用事例教育他们,只要正确处理工作、学习和健康的关系,合理进行安排,是完全能做到的。

党委还要加强对学生政治思想工作和课外活动的统一领导。在一个时期中工作要有中心,不能布置工作太多,造成政治辅导员工作忙乱。同时经常提醒他们工作讲求实效,避免形式主义和追求活动次数。在党委(政治部)的统一领导下,学生政治思想工作的几支队伍(政治辅导员、政治课教师和班主任)有分工、有配合地共同工作。政治课教师担负政治理论教学任务,并且指导和帮助学生学习形势和党的方针政策、活学活用毛主席著作;班主任做好学生的专业思想教育,安排好学生的学习任务,低年级的班主任还帮助团支部和班会开展工作。而经常性的政治思想教育和党团工作则由政治辅导员来担任。这样,既发挥了这几支队伍的特长,有利政治思想工作的加强,又使学生政治思想工作有条不紊,政治辅导员的德智体全面发展也能得到保证。

另外,还要合理安排他们的教学和学习任务。学生半脱产政治辅导员抽调时,由系总支(政治处)会同有关教研组单独制定教学计划,由教务部门备案。教研组经常关心他们的学习情况。在一般情况下,学生政治辅导员的政治工作和业务学习发生矛盾工作服从学习。因此,在考试阶段暂停他们的工作,在业务学习外出实习或毕业设计紧张的时候,减少他们的工作,由同年级辅导小组的教师政治辅导员多管一些,机动灵活地调剂。学生政治辅导员中业务学习特别优秀的同志,也给他们开选修课,例如第二外语和其他专业课程。为了保证教师政治辅导员作好思想政治工作，他们的教学工作量适当减少，并在教研组内不再兼任其他行政职务或社会工作，一般不参加工会组织生活和教师的政治学习。

为了保证政治辅导员的业务学习和身体健康，还要执行必要的工作、休息制度。根据学校劳逸结合的规定，星期六晚和星期日一般不召集辅导员开会；校、系各项工作和会议不能占用上午；中午和晚上熄灯后停止会议和工作；教师和学生政治辅导员都保证一定假期；定期进行体格检查；有时工作任务一段时间比较集中，过后便进行必要的调整和休息，等等。几年来的实践证明，政治辅导员做到又红又专又健康是可能的。

我校政治辅导员工作中，尚有不少缺点和问题，需要今后努力改进。如：政治辅导员的政治思想水平需要继续不断提高，每年都有一批新调的学生政治辅导员担任工作，他们经验不足，水平有限，有的同志对工作适应较慢。有时负担还是较重，有少数政治辅导员健康状况有所下降。今后，要进一步严格按照德才兼备、身体健康和自愿的原则进行挑选，注意早选苗，早培养，在工作中加强教育和帮助。同时，一方面要继续合理安排政治辅导员的工作和学习；另一方面，还要帮助他们进一步改进工作方法，提高工作效率，切实保证他们德、智、体诸方面生动活泼地主动地得到发展。

清华大学档案，全宗号2，目录号 党1，案卷号 65035

1952—1965学年度各项学生情况统计※

（1957—1965年9月21日）

1955至1957年录取新生分省（市）人数统计

（1957年）

1955 年

系别\地区	机制	动力	电机	无线电	土木	水利	建筑	工程物理	合计
北京	66	37	74	36	34	40	28	13	328
河北	23	8	38	8	18	8	3	9	115
山西	2	2	3	1	2	7		2	19
河南	3	4	6	3	3			1	20
内蒙古	3				2	1			6
上海	147	66	82	49	61	26	26	47	504
江苏	82	42	40	30	25	17	10	14	260
浙江	47	19	12	5	17	6	4		110
安徽	20	5	2		8	3			38
福建	20	6	7		11	6	1		51
山东	26	13	13		10	16	6		84
辽宁	29	10	21	21	11	14	4		110
吉林	1	2	5	1	4	2	1		16
黑龙江	2	3	5	3	3	1	2		19
湖北	6	1	3	9	3		2	1	25
湖南	8	5	12	6	7	8		3	49
江西	7	5	12	5	5	6	3		43
广东	7	6	9		5	4			34
广西	1	2	5	2	1	1			12
陕西	3				3				6
甘肃			3		1				4
新疆									
青海						1			1
四川	9	7	24	15	7	11	1	5	79
云南			1		1				2
贵州	3		3						6
总计	515	243	380	197	242	178	91	95	1 941

1956年

地区＼系别	机制	动力	电机	无线电	土木	水利	建筑	工程物理	合计
北京	57	42	63	55	40	19	10	96	382
河北	19	14	37	33	15	11	7	16	152
山西	1	1	3	1	5		2		13
河南	4	5	6	2	5	6	2	1	31
内蒙古	3	1	2	1	2				9
上海	71	54	62	19	26	10	15	88	345
江苏	72	67	76	27	27	24	9	102	404
浙江	30	14	22	5	12	19	8	38	148
安徽	14	22	24	6	5	7	2	3	83
福建	30	8	22	2	33	9	2	2	108
山东	15	16	19	11	8	16	7	38	130
辽宁	3	10	44	33	7	3	4	22	126
吉林		1	11	11		2		6	31
黑龙江		2	6	4	4	2	1	2	21
湖北	10	4	9	1	5	1			30
湖南	11	5	14	7	6	8	5	7	63
江西	10	4	6	1	1	3		1	26
广东	19	10	16	5	5	4		5	64
广西	2		5			2			9
陕西	2			1					3
甘肃	2	1	3			1			7
新疆		2	1	1					4
青海									
四川	6	9	14	19	4	6		34	92
云南									
贵州									
总计	381	292	465	245	210	153	74	461	2 281

1957年

系别地区	机制	动力	电机	无线电	土木	水利	建筑	工程物理	合计
北京	47	18	42	44	44	19	7	39	260
河北	10	5	28	19	16	8	8	12	106
山西	5	1		2	3	2		2	15
河南	6	1	4	5	10	2			28
内蒙古									
上海	24	7	40	41	12	9	7	34	174
江苏	34	10	51	27	18	15	4	27	186
浙江	16	7	15	12	7	4		12	73
安徽	5		6	5	4	2	1	4	27
福建	30	8	24	16	27	14	3	7	129
山东	6	4	2	6	8		1	8	35
辽宁	14	5	19	17	17	6	1	13	92
吉林	4		4	4	2	2	4	1	21
黑龙江	4		8	5	1	2	1	4	25
湖北	8	9	8	8	13	7	1	13	67
湖南	4	2	8	5	7	3	5	6	40
江西	6	6	10	1	6	3	3	3	38
广东	8	9	9	7	15	3	1	7	59
广西	1	1	2		1	2	1		8
陕西		1	2		1		1	1	6
甘肃	1			2	1				4
新疆								1	1
青海									
四川	8	5	9	9	6	7	2	10	56
云南			1		1			1	3
贵州	3					1		1	5
总计	244	99	292	235	219	112	51	206	1 458

清华大学档案,全宗号 2,目录号 校3,案卷号 019

清华大学教学改革后学生中工农成分人数表

（1957年）

项目 \ 年度	1952—1953学年度	1953—1954学年度	1954—1955学年度	1955—1956学年度	1956—1957学年度
学生总数	3 842	4 216	5 214	6 414	8 647
其中 工人成分	171	311	524	591	1 049
农民成分	268	387	487	572	755
工农成分人数占总数%	14①	17	19	18	21

清华大学档案，全宗号2，目录号 校3，案卷号 042

清华大学教学改革后历年休学学生情况人数表（草稿）

（1958年1月9日）

时期 \ 原因	神经官能症	肺结核	肋膜炎	肾炎	胃病	心脏病	眼病	精神病	其他疾病	妊娠	家庭经济困难	参加工作	其他事故	总计	占学生总人数的百分比%
1952—1953学年	15	60	8	1	2		1		11	3	14	4	1	120	3.8
1953—1954学年	42	65	6	2	3	3	2	3	13	3	10	4	2	158	3.7

① 编者注：数据对不上，原文如此。

续表

原因 时期	神经官能症	肺结核	肋膜炎	肾炎	胃病	心脏病	眼病	精神病	其他疾病	妊娠	家庭经济困难	参加工作	其他事故	总计	占学生总人数的百分比%
1954—1955学年	50	23	9	5	4	3	3	2	11	8	7	1	3	129	2.5
1955—1956学年	48	10	4	4	5		2	4	9	5	2	3	1	97	1.1
1956—1957学年	55	14	10	1	7		1	5	16	2	2	2	4	119	1.37

1958年1月9日

清华大学档案，全宗号 2，目录号 校 3，案卷号 042

清华大学教学改革后历年退学学生情况人数表（草稿）

（1958年1月9日）

原因 时期	业务差或考试成绩不合格	转学他校	专业志趣不合	神经官能症	肺结核	其他疾病	家庭经济困难	参加工作	旷课或犯过失令退学	开除	死亡	总计	占学生总人数的百分比%
1952—1953学年	37	6	4	2	6	3	4	7			2	71	2.2
1953—1954学年	52	2	3	1	1	5	1	1	7	3	2	78	1.8

续表

原因 时期	业务差或考试成绩不合格	转学他校	专业志趣不合	神经官能症	肺结核	其他疾病	家庭经济困难	参加工作	旷课或犯过失令退学	开除	死亡	总计	占学生总人数的百分比%
1954—1955学年	26	2	1	5			1		3	8	1	48①	0.9
1955—1956学年	5			4	1	1				3	4	18	0.2
1956—1957学年	4	2	1	5	1	2		2	1		3	21	0.24

1958年1月9日

清华大学档案，全宗号2，目录号 校3，案卷号 042

清华大学教学改革后历年各系学生人数表

（1958年）

年度＼系别	机械制造	动力机械	电机	无线电	土木	水利	建筑	工程物理	总计
1952—1953学年	463	370	527	130	662	725	283		3 160
1953—1954学年	820	433	652	196	1 103	649	363		4 216
1954—1955学年	1 243	659	883	302	1 115	699	313		5 214
1955—1956学年	1 868	781	1 151	496	1 047	663	408		6 414

---

① 编者注：数据对不上，原文如此。

续表

年度＼系别	机械制造	动力机械	电机	无线电	土木	水利	建筑	工程物理	总计
1956—1957学年	1 987	1 017	1 473	890	1 260	813	421	786	8 647
1957—1958学年	2 098	1 084	1 865	1 172	1 340	872	471	829	9 731
1958—1959学年									

清华大学档案，全宗号 2，目录号 校 3，案卷号 042

清华大学教学改革后历年学生中华侨人数表

（1960 年）

项目＼年度	学生总人数	其中	
		华侨	占学生总人数％
1952—1953学年度	3 842	71	2.2①
1953—1954学年度	4 216	119	2.8
1954—1955学年度	5 174	112	2.1
1955—1956学年度	6 414	112	1.7
1956—1957学年度	8 647	131	1.5
1957—1958学年度	9 731	113	[1.2]
1958—1959学年度	10 420	102	[1.0]
1959—1960学年度	11 366	99	[0.8]

清华大学档案，全宗号 2，目录号 校 3，案卷号 043

---

① 编者注：数据对不上，原文如此。

清华大学教学改革后历年学生中少数民族人数表

（1960年）

时期	学生总人数	民族													共计	占学生总数%
		回族	满族	蒙古族	彝族	壮族	朝鲜族	土家族	藏族	维吾尔族	苗族	傜族	侗族	傣族		
1952—1953学年	3 842	17	9	3	2										31	1.0①
1953—1954学年	4 216	37	20	5	1	3	4	1							71	1.7
1954—1955学年	5 174	45	24	9	1	2	4								85	1.6
1955—1956学年	6 414	53	35	10	1		3								102	1.6
1956—1957学年	8 647	69	48	14	1		3								135	1.6
1957—1958学年	9 731	76	58	15			5								154	[1.6]
1958—1959学年	10 420															
1959—1960学年	11 366	92	72	30		3	16	1	1	1	2	1	2	1	222	[2.0]

清华大学档案，全宗号 2，目录号 校3，案卷号 043

---

① 编者注：数据对不上，原文如此。

清华大学归国华侨学生情况

（1963年1月）

一、归国华侨学生总人数

共99人；

二、归国前侨居国别

印度尼西亚62人，马来西亚11人，泰国11人，越南7人，缅甸3人，沙捞越2人，柬埔寨1人，甘马□1人，日本1人；

三、归国华侨学生政治情况

共青团员71人，群众28人。

清华大学档案，全宗号2，目录号 校3，案卷号 043

1953—1963年录取新生中工农成分人数统计（节选）※

（1964年5月）

年度	新生总人数	其中工农成分人数	占新生总人数%[①]	总平均成绩
1953	1 673	308	18.5	
1954	1 828	493	29.0	
1955	1 933	401	21.0	
1956	2 278	596	26.3	
1957	1 835	588	31.9	

---

① 编者注：此列数据大多对不上，原文如此。

续表

年度	新生总人数	其中工农成分人数	占新生总人数%[①]	总平均成绩
1958	2 826	1 683	59.5	72.00
1959	2 079	847	40.5	70.00
1960	2 425	1 361	56.0	81.66
1961	1 473	590	40.0	84.58
1962	1 427	462	32.4	84.84
1963	1 631	601	36.8	81.4

清华大学档案，全宗号 2，目录号 校 3，案卷号 012

1964年新生享受助学金情况统计

（1964年10月1日）

系别	全系新生人数	享受助学金		总金额	
		人数	%	金额（元）	每人平均（元）
机械	141	84	59.6	1 363.50	16.23
冶金	128	82	64.1	1 330.50	16.23
动力	169	104	61.5	1 617.00	15.55
电机	174	118	67.8	1 845.50	15.64

---

① 编者注：此列数据大多对不上，原文如此。

续表

系别	全系新生人数	享受助学金		总金额	
		人数	%	金额（元）	每人平均（元）
自控	149	97	65.1	1 474.00	15.40①
无线电	190	91	47.9	1 343.50	14.76
工物	150	84	56.0	1 409.00	16.77
工化	152	91	59.9	1 320.50	14.51
工力	136	87	64.0	1 384.50	15.91
土建	167	107	64.1	1 654.50	15.46
水利	92	62	67.4	854.00	13.77
总计	1 648	1 007	61.1	15 596.50	15.49

学生科
1964 年 10 月 10 日

清华大学档案，全宗号 2，目录号 校 5，案卷号 65014

清华大学参加第二期城乡四清情况统计

（1965 年 9 月 14 日）

一、人数统计

总人数：4 535 人

其中：学生（包括研究生）：3 860 人

---

① 编者注：数据对不上，原文如此。

青年教师：453 人

老年教师（45 岁以上）：无

党政干部（包括作党政工作的教师）：151 人

教辅人员：71 人

二、参加四清运动的时间、地点、领队人

时间：一九六五年九月初开始

分四个地区：

（1）北京延庆县共 1 806 人

　　领队：刘冰同志（党委第一副书记）

　　　　　何东昌同志（党委副书记）

（2）北京怀柔县共 1 408 人

　　领队：李恩元同志（党委常委）

　　　　　凌瑞骥同志（党委委员、自动控制系党总支书记）

（3）北京平谷县共 894 人

　　领队：张思敬同志（党委委员、水利系党总支书记）

（4）北京海淀区 427 人

　　领队：邵斌同志（党委办公室副主任）

　　　　　王和祥同志（工程力学数学系党总支代理书记）

此表上的数字于一九六五年九月十四日报大学部

一九六五年十月八日报高教部政治部

清华大学档案，全宗号 2，目录号 党 1，案卷号 四清 18/2

1952—1965年招生人数及在校学生人数

（1965年9月21日）

学年度	招生人数		在校学生总人数	备 注
	招生计划人数	实际录取人数		
1952		2 715*	5 078	*系一年级入学人数。包括钢院、航院，都住在清华。其中清华人数1 046（本）＋936（专）＝1 982
1953	1 700	1 702	4 418	
1954	1 830	1 828	5 174	
1955	1 950	1 961	6 414	
1956	2 280	2 312	8 647	
1957	1 815	1 859	9 731	
1958	2 880	2 828	10 420	1956年以前包括研究生
1959	2 000	2 079	11 366	
1960	2 300	2 454	13 418	研112
1961	1 400	1 473	12 838	
1962	1 400	1 427	12 153	
1963	1 560	1 631	11 596	
1964	1 570	1 633	10 771	
1965	1 570	1 608	10 349	研352

1952年招生人数未查到。

教务处

1965年9月21日

清华大学档案，全宗号2，目录号 校3，案卷号 019

(二) 招生

校务行政会议与招生委员会联席会议关于本年招生工作的报告事项※①

（1953年6月19日）

时间：六月十九日下午二时半

地点：工字厅会议室

出席：蒋南翔　刘仙洲　钱伟长　陈士骅　陈舜瑶　何　礼
　　　何东昌　史国衡　俞时模　解沛基　周寿昌　李　欧
　　　张　维　张　任　孟昭英　庄前鼎　章名涛　吴良镛
　　　邹致圻　张子高　赵访熊　徐亦庄

主席：蒋南翔　记录：周寿昌

甲、报告事项

一、主席报告：中央文委及高教部已批准清华大学本科先改为五年制，并自今年起不招专修科学生，以便集中精力搞好五年制本科，培育出质量较高的工程师。今年招生，中央高教部已原则上同意统一招考以学校为单位录取，以便使新生程度较为整齐。

乙、讨论事项

一、讨论一九五三年度招生计划

议决：增设电子管制造、拖拉机、暖气通风三个专业，测量

---

① 编者注：本文节选自《清华大学第十六次校务行政会议与招生委员会第一次会议联席会议记录》。

专业停办,共招新生一千五百人。

二、讨论暑期工作计划草案(编者略)

丙、散会

清华大学档案,全宗号 2,目录号 校1,案卷号 53003

一九五三年度录取新生工作总结材料

(1953 年 10 月 27 日)

一、基本情况

(一)本校此次招生名额 1710 名,分配类别如下:

普通机械制造类	540
动力类	360
土木建筑与房屋建筑类	540
无线电工学及电气通讯类	60
测量与绘图类	60
电器仪器制造类	60
电器机器制造类	90

(二)实际录取 1702 人,分区如下:

	华北	华东	中南	西南	西北	内蒙古	东北
普机类 537 名	125	260	103	49	0	0	0
动力类 357 名	78	191	54	30	1	1	2
土建类 539 名	182	207	106	41		1	2
无电类 60 名	18	28	6	4			4
测绘类 60 名	10	26	14	4		1	5
电仪类 60 名	22	21	6	1			10
电机类 89 名	27	47	10	3			2
共计 1702 名	462	780	299	132	1	3	25

最高为华东区，占45.8%，其次为华北27.14%，中南第三17.56%，西南第四7.75%，以后为东北、内蒙古、西北。

（三）来校报到人数（截至10月24日止）共1 689人，报到额占99.23%。

未报到者13人，

以类别分计：普机2人，动力1人，土建8人，无线电1人，电机1人。

以地区分：华北8人，华东2人，中南3人。

以来源分：本年毕业生9人，社会失学青年2人，干部2人。

未报到的13人中1人因家庭经济困难已申请休学。2人请假但已过期（其中一人请求□□尚待考虑）。其他均未请假。

（四）新生中的业务情况：

1. 新生入学就数理化三门成绩统计（以分班人数1 647人统计）

40分以上不及50分者　　1人
50分以上不及60分者　　84人　　约占全人数的5%
60分以上不及70分者　　311人　　约占全人数的19%
70分以上不及80分者　　595人　　约占全人数的36%
80分以上不及90分者　　492人　　约占全人数的29%
90分以上　　　　　　　164人　　约占全人数的10%

2. 各系平均成绩：以电机、无线电最高，次为动力、水利及建筑，土木、机制再次。

机　制 60　　无线电 78　　建　筑 67
动　力 74　　水　利 69
电　机 80　　土　木 65

40分以上不及50分者仅1人，70分不及80分者最多，占36%，70分到90分以上人数占全人数75%，总平均入学成绩72.06分。可见录取的标准相当的高。

3. 工农中学学生的业务情况：

录取本校工农中学学生38人（预备班及师大工农中学学生未计入），占总人数的2.2%，成绩如下：

50分以上不及60分的13人

60分以上不及70分的15人

70分以上不及80分的8人

80分以上不及90分的2人

90分以上无

以60分以上不及70分的15人占多数，总平均59.6分，比一般中学学生低12.46分。

二、对具体工作的意见

今年新生报到及注册工作，领导上重视，并做了充分的准备，贯彻一切为新生服务着想。事前党内先研究，并由行政上召开了包括校长办公室、教务处、总务处、政治辅导处负责同志的会议来研究，如决定报到日期，安排工作日程，拟定新生来校报到注意事项，迎新信件，并对工作人员进行做好新生工作的思想动员，顺利地完成了新生工作的任务。

具体工作，事先做了准备，如学号先按类排好，随入学通知书告诉新生，新生来校报到，就凭他的学号办理一切手续。程序上采取先报到，复查体格，动员分专业，最后注册上课的方式，方法上采取集中办公办理各项手续，工作效率高。如新生每人不到半小时，就把报到、住宿、膳食、户口登记、体格复查、交验证件、入合作社、转团关系手续办好。新生一般反映良好。

缺点是新生未能依期来校报到，报到时间拖得太长，这些与发榜晚，统一接收学生有关。

在分专业工作中，工作制度不健全，缺乏人统一掌握材料，工作不仔细，致有重分、分错、丢失材料情形。致在检查、核对、整理、分报专业名单花费去不少时间。

在组织机构分工方面,成立接待、教务、组织、联络四个组是必要的,但缺少一个总的办公室来具体领导,致各组联系少,迟来报到的新生,分专业就发生找不着人的困难。

工作中证明了迎新工作,是一个细致的组织工作与思想工作的科学结合,要有统一的领导,明确的分工与充分的具体事务准备,并要求建立有条不紊的工作制度。

清华大学档案,全宗号 2,目录号 校 3,案卷号 007

清华大学一九五四年度录取新生情况统计表(节选)

(1954 年)

项目	类别 人数	机械制造和工具制造	动力	建筑和市政工程	电机制造和电气器材制造	总计
性别	男	605	311	325	172	1 413
	女	115	78	184	38	415
类别	工农中学毕业	63	23	16	4	106
	在职干部	62	26	54	14	156
组织关系	党员	46	11	22	9	88
	团员	397	232	295	99	1 023
出身	本人工农成分	33	16	9	4	62
	工农家庭出身	143	60	60	23	286

清华大学档案,全宗号 2,目录号 校 3,案卷号 007

一九五五年各考区录取新生人数及报到情况表

（1955 年 11 月 12 日）

类别	项目 \ 人数 考区	华北	东北	华东	中南	西南	西北	内蒙古	总计	附 注
机械类	录取人数	158	37	497	43	20	3	3	761	（一）录取人数 1961 人，报到人数共计 1958 人，占录取总人数的 99.9%。
	报到人数	154	37	493	43	19	3	3	752	
	报到后不能入学人数	4		2		1			7	
	未报到人数			2					2	
动力类	录取人数	107	38	203	25	15	2		390	（二）报到后不能入学的 25 名，其情况如下：
	报到人数	102	37	200	25	15	2		381	1. 妊娠保留学籍一年的 1 名。
	报到后不能入学人数	5	1	3					9	2. 转学他校的 3 名。
	未报到人数									3. 因肃反问题取消报取资格的 1 名。
电机类	录取人数	101	35	132	52	40	1		361	4. 体格复查不准入学的 18 名。
	报到人数	98	35	130	52	40		1	356	5. 与中央音乐学院重复录取准入学的 2 名。
	报到后不能入学人数	3		2					5	（三）未报到 3 人，计
	未报到人数									华北土建 1 人。
土建类	录取人数	124	35	228	40	15	4	3	449	华东机械 2 人。
	报到人数	121	35	226	40	15	4	3	444	（原因不明）
	报到后不能入学人数	2		2					4	
	未报到人数	1								
总计	录取人数	490	145	1060	160	90	10	6	1961	
	报到人数	475	144	1049	160	89	10	6	1933	
	报到后不能入学人数	14	1	9		1			25	
	未报到人数	1		2					3	

清华大学档案，全宗号 2，目录号 校 3，案卷号 007

一九五六年暑期录取新生情况统计表

(1956年) _____区 一九五六年 月 日

项别 人数 专业(或专业类)	招生计划	实际录取人数		录取学生类别													政治情况			合于下列优先条件			录取志愿情况						招生委员会计划分配	各专业录取学生的总平均分数
		合计	其中女生人数	学生				在业人员							共产党员	青年团员	其他民主党派	群众	工人、农民	工农干部	少数民族	其他		第一志愿	第二志愿	第三志愿	第四志愿	第五志愿	重新选填志愿		
				本年高中毕业生	本年工农中学毕业生	本年中等师范学校毕业生	其他本年中等学校毕业生	归国华侨学生	香港澳门学生	小学教师	复员建设转业军人	公私合营企业职工	机关团体干部	工商界知识青年	停学待业知识青年								此外参加工作三年以上的 其中小学教师								
	1	2	3	5	6	7	8	9	10	11	12	13	14	15	16	17	18	19	20	21	22	23	24	25	26	27	28	29	30	31	32	33
(甲) 电机	110	120	28	113			1	1					4		1	7	88		25			1			120	5						363.7
机械	224	241	61	218				4			1	1	14	4	4	14	174		53			4			236	13	3					367.2
华北 动力	117	116	40	100				2				2	7	7	7	6	76		34			1	1		100	9	1					352.8
土建	124	122	36	100			1	2				3	9	9	9	2	75		45			6	1		112	27	4					340.1
合计	575	599	165	531			1	9			1	3	34	21	29	413			157						568							358.23

续表

招生计划人数	实际录取人数 合计	其中女生人数	合计	本年中商中学毕业生	本年工农中学毕业生	本年中等师范学校毕业生	其他本年中等学校毕业生	归国华侨学生	香港澳门学生	小学教师	复员建设转业军人	公私合营企业职工	机关团体干部	工商界知识青年	停学待业知识青年	共产党员	青年团员	其他民主党派	群众	工人农民	工农干部	少数民族	此外参加工作三年以上的人数	其中小学教师	第一志愿	第二志愿	第三志愿	第四志愿	第五志愿	重新选填志愿	招生委员会计划分配	各专业录取学生的总平均分数	项别 人数 专业（或专业类）
1	2	3	4	5	6	7	8	9	10	11	12	13	14	15	16	17	18	19	20	21	22	23	24	25	26	27	28	29	30	31	32	33	(甲)
180	152	23	144	1											3	2	102		48	1	1		3		149	2						382.3	电机
570	334	48	310		1		1				2	1	13		5	7	137		93	1	2		8	1	304	22	8					356.8	机械 华东
250	237	35	218	1	1	1					1	2	9		8	4	129		75	2	1	1	7		227	7	3					344.2	动力
210	208	36	172		2		1	1		1	1		24	8	8	15	223		63	3	1		18	1	197	10	1					322.4	土建
(300)	300	53	299																						291	9						359.1	特种
1210	1231	195	1143	1	6	1	2	1		1	6	4	50	22	33	813		385	11	4	1	40	1	1168	50	13					352.3	合计
80	70	4	27				2				1						20		11						31	16						368	电机
80	31	16	15										1		2		16		2	2			1		21							352	机械 华北
30	16	1	30								1						14		7	1			1		31							363	动力
20	21	3	18										3		3		14		12				1		21							351	土建
(150)	80	14	80				2				2					6	62		43		1	2	2		80							365	特种
200	179	27	170				2									6	130		43	1		2	2		179							358.6	合计

续表

项目	招生计划人数	实际录取人数		录取学生类别													政治情况				合于下列优先条件				录取志愿情况						各专业录取学生的总平均分数
		合计	其中女生人数	合计	学生						小学教师	在业人员				停学待业知识青年	共产党员	青年团员	其他民主党派	群众	工人农民	工农干部	少数民族	其他		第一志愿	第二志愿	第三志愿	第四志愿	第五志愿	重新选填志愿	招生委员会计划分配	
					本年工商中学毕业生	本年工农中学毕业生	本年中等师范学校毕业生	其他本年中等学校毕业生	归国华侨学生	香港澳门学生		复员建设转业军人	公私合营企业职工	机关团体干部	工商界知识青年									此外参加工作三年以上的人数	其中小学教师								
(甲)	1	2	3	4	5	6	7	8	9	10	11	12	13	14	15	16	17	18	19	20	21	22	23	24	25	26	27	28	29	30	31	32	33
中南 电机	35	38	3		33									3				27		11						38							367
中南 机械	70	70	5		64									4				38		30						70							344
中南 动力	35	37	2		34									3				26		11				4		37							350.5
中南 土建	30	30	5		28									2				12		18						30							325
中南 特种	30	21	2		21													14		7						21							343
中南 合计	190①	196	15		180									12			2	117		77				4		196							346.67
西南 电机	30	30	4		30									1			2	20		8						30							367.6
西南 机械	40	40	2		39									2			3	31		6				2		39		1					351.2
西南 动力	15	15	1		13													11		4				1		14		1					363.9
西南 土建	5	5	1		5													3		2						5							
西南 合计	90	90	10		87									3			5	65		20				3		88		2					364.7

① 编者注：数据对不上，原文如此。

续表

项目 人数 (或) 专业类	招生计划人数 (1)	实际录取人数 (2)	其中女生人数 (3)	录取学生类别													政治情况				合于下列优先条件					录取志愿情况							各专业录取学生的总平均分数 (33)
				学生								在业人员				停学待业知识青年 (16)	共产党员 (17)	青年团员 (18)	其他民主党派 (19)	群众 (20)	工人、农民 (21)	工农干部 (22)	少数民族 (23)	此外参加工作三年以上的 (24)	其中小学教师 (25)	第一志愿 (26)	第二志愿 (27)	第三志愿 (28)	第四志愿 (29)	第五志愿 (30)	重新选填志愿 (31)	招生委员会计划分配 (32)	
				合计 (4)	本年高中毕业生 (5)	本年工农中学毕业生 (6)	本年中等师范学校毕业生 (7)	其他本年中等学校毕业生 (8)	归国华侨学生 (9)	香港澳门学生 (10)	小学教师 (11)	复员建设转业军人 (12)	公私合营企业职工 (13)	机关团体干部 (14)	工商界知识青年 (15)																	
(甲)																																
电机	5	5	2		5																											365.9
机械	6	6	0		6																											341.5
动力	3	3	1		2	1							1	1			1	4		2						6						354.8
土建	1	1	1		1										1			1		1						3						321
合计	15	15	4	14	14	1		3					1	1	1		1	9	1	5						15						350.8
总计	2280	2310	416	2125	2125			3	13			11	4	103		50	76	1547		687						2214	77	19					354.3
机械电机类				平均			362.8																										
动力类				平均			339.1																										
土建类				平均			336																										

清华大学档案，全宗号2，目录号校3，案卷号007

清华大学1957年新生录取情况统计（节选）

（1957年9月7日）

全校录取1458人。女生190人，占13%。

分系录取人数如下：　　　　分区录取人数如下：

机械系	244	华东区	624
动力系	99	华北区	409
电机系	291	中南区	212
无线电系	235	东北区	138
土木系	219	四川区	56
水利系	113	西北区	11
建筑系	51	贵州区	5
工程物理系	206	云南区	3

录取总平均分：389.6　最高：449，最低：299.5

各系平均成绩如下：　　　　分区平均成绩如下：

机械系	385.7	华东区	393.6
动力系	394.8	华北区	388.5
电机系	398.2	中南区	383.71
无线电系	395.7	东北区	389.3
土木系	363.3	四川区	379.3
水利系	385.3	西北区	387.5
建筑系	381.0	贵州区	373.1
工程物理系	404.7	云南区	359.5

政治情况：

　　共产党员66，共青团员1026，占录取人数75%。

家庭及个人成分：

　　个人为工人　　　　　4

个人为农民	0	
个人为工人干部	3	
工人家庭成分	92	占 27%
农民家庭成分	306	

……

录取学生类别：
工农中学毕业	10
复员军人	4
在职人员	9
社会停学待业青年	5

华侨及少数民族：
华侨	5
少数民族	9

一年级学生除录取1 458人外，尚有俄语学院、西北工学院、西安动力学院、南京航空学院、北京工业学院等校转来学生、本校工农中学直升学生、复学生及其他学生约438人，分入各系。一年级学生总数约1 896人，其中女生242人。

清华大学档案，全宗号2，目录号 校3，案卷号008

1958年度招生工作汇报（节选）

（1958年）

今年我校共录取一年级新生2 826人，其中属于全国任务的2 330人（包括超额录取的40人），北京、内蒙古、湖南、广东、广西等五个省市委托代培477人，中共中央工业交通部委托代培厂、处级干部19人。

男同学 2 342 人，占 82.9%；女同学 484 人，占 17.1%。

今年新生政治质量比过去有显著提高。吸收了工农中学免试保送生 350 人。工农成分共 1 683 人，占新生总人数 59.5%，比去年（31.9%）增长了 17.6%[①]。党员 364 人，占 13%，比去年（8%）增长 5%；团员 1 867 人，占 67%（去年 72%）。报到入学后大多数新生都热情拥护党的教育方针，愿意参加生产劳动，服从专业分配。

今年新生业务质量一般说是比较好的，但比去年差。各地联合招生录取的新生的平均成绩为 362 分（五门课），去年为 389.6 分。保送生大部分是各校最优秀的毕业生。与其他学校相比，普遍次于科技大学，个别地区（如福建）我校录取新生成绩最高，总平均 398.6 分，也有个别地区（如上海），比交大、北航还差一点。

新生业务质量中有一个较大的问题是国防机要与尖端科学的专业，没有得到很好保证，业务成绩相对比较差（原因下面谈）。我校各系新生平均成绩如下：

电机工程系	378
工程化学系	368
动力机械系	365.7
工程物理系*	365.6
机械制造系	363
建筑系	362
自动控制系*	359
水利工程系	358
工程数学力学系	357

[①] 编者注：数据对不上，原文如此。

无线电电子学系*　　　356

土木工程系　　　　　347

（有*者为国防尖端专业）

上海区竟有五个考医科（不考数学）的也录取在工程物理系。

今年新生健康情况不太好，来校报到新生2813人，经过我校校医室复查后不能上课学习者58人，占2%，连同可以学习但需要照顾者共一百余人。其中以肺结核为最多。情况严重，根本不符合健康录取标准者6人，需要保留学籍休息一年者47人。

今年我校开始实行半工半读制度……一小部分学生到学校后听说半工半读，要学六年，就不愿干了，已有4人以水土不服、神经衰弱、经济困难等理由申请退学（往年几乎没有这种情况），410专业有一女同学母亲特地从上海赶来，非叫女儿回去，取消学籍也在所不计，扬言"将来念不念书都可以"。此外，到校医室声称体弱、神经痛、关节痛要求劳动时加以照顾的比往年多得多。这种现象说明学校必须继续加强政治教育与劳动教育。

今年新生中对于专业的认识也还存在不少问题，主要是对国防尖端有片面了解，提出要求转出国防尖端专业的不下二三十人，一般经过说服，可以服从分配，个别因而放弃学籍。今后，各系必须加强专业教育。

清华大学档案，全宗号2，目录号 校3，案卷号008

清华大学 1959 年新生情况※

（1959 年 9 月 11 日）

1. 今年共招 2 079 名新生，其中女生 326 名，占 15.7%。党员 54 名，占 2.6%；团员 1 334 名，占 64.2%。

2. 这批学生来自 27 个省、市、自治区的 770 多个中学。

3. 今年新生业务质量是好的，全校总评分 350 分，各系情况如下：

  机械 310 人，平均 352 分，党员 8 人
  动力 172 人，平均 349 分，党员 2 人
  电机 231 人，平均 359 分，党员 8 人
  土木 204 人，平均 331 分，党员 1 人
  水利 140 人，平均 341 分，党员 2 人
  建筑   88 人，平均 356 分，党员 0 人
  工物 289 人，平均 352 分，党员 15 人
  工化   62 人，平均 362 分，党员 4 人
  工力 112 人，平均 355 分，党员 2 人
  无线电 290 人，平均 354 分，党员 8 人
  自控 181 人，平均 349 分，党员 5 人

全校 2 079 名新生中有 400 分以上的 166 名（其中福建有 62 名，成绩比一般省、市高一些）。这种情况，在全国统一招生的学校中是最好的一个。科技大学与我们差不多，有些省、市不如我们，有些省、市比我们好，北大则较差。

4. 今年新生中有：

  华侨   8 人
  少数民族 17 人

工农速中 13 人

教务处
1959 年 9 月 11 日

清华大学档案，全宗号 2，目录号 校 3，案卷号 008

清华大学党委关于工物系新专业生源、师资问题呈教育部党组的请示※

(1960 年 3 月 22 日)

教育部党组：

我校工程物理系根据国家尖端科学技术发展的需要和二机部的要求，考虑在实验原子核物理专业中正式设立电物理和核物理电子学二个专门化，其中电子学专门化原来已有四、五年级学生，电物理专门化则是将原有加速器专门化适当加以扩大（已有四、六年级学生）。此外拟设理论物理专业和爆炸物理专门化。其中理论物理专业以受控热核反应的理论计算为主，毕业生也可以从事粒子与物质的交互作用和基本理论研究。粒子与物质交互作用是从事加速器、反应堆和射线屏蔽的理论计算基础。爆炸物理专门化则是为核武器的设计服务，是一个急需的专门化。

为了设立上述专业和专门化，目前存在下列困难拟请教育部设法解决：

（一）学生来源问题

上述专业专门化全部设立以后，工程物理系共将有五个专业和五个专门化，每年学生需要有 270 人才好分配。使需要较多的专业每年有 40 个学生，需要较少的专业或专门化每年有 20~30 个学生。

但是目前有各年级学生人数与此数相差较远，情况如下：

五年级	150 人
四年级	210 人
三年级（1957 年入学）	130 人
二年级	240 人
一年级	190 人

因此，只好在三年级将电物理和核物理电子学二个专门化中断一年，理论物理专业则从二年级开始设立，由于爆炸物理专门化是国家的急需，应从速设立。所以三年级和一年级仍需要从其他来源调入一部分学生，清华全校这二个年级的学生都较少，因此请教育部从兄弟学校调入一部分学生，即三年级 30 人，一年级 30 人。

（二）师资问题

爆炸物理专门化是一门新学科，公开资料极少，办起来有其特殊的困难，根据现有情况了解，它需要核物理与流体力学两方面的师资，我们拟请准予从工程物理系和工程数学力学系抽调十个五年级学生改学此专业，将来留作师资，此外拟请将现在莫斯科大学学爆震原理的研究生×××调给清华作为这个专门化的骨干。

以上要求，是否可行，请批示。

中共清华大学委员会
1960 年 3 月 22 日

清华大学档案，全宗号 2，目录号 党 1，案卷号 60027

清华大学 1960—1961 年度招生工作情况（节选）※

（1960 年 9 月 13 日）

一、基本情况

我校已全部完成教育部规定的招生任务 2 200 名，连同后来增加的新设农业机械学院招生 225 名，今年共录取了 2 425 名新生（应届高中毕业生 2 329 名，占 96%），其中男 1 955 名，女 470 名，女生占 19.4%。

……

二、工作中的经验与问题

今年我校招生质量好的原因，主要的是中央"保证重点"的方针明确，以及各省、市、自治区党委的领导和支持。

招生质量的好坏和省、市、自治区在宣传工作、报考工作以及录取办法等方面所采取的措施有很大关系。

福建省省委对高考工作十分重视，5 月份就开始抓，坚决贯彻了中央"保证重点"的方针。宣传工作方面，在各级会议上强调了保证全国重点学校。报考工作上做到使政治、业务好的学生报考几个全国重点学校，并且做到报考学生有相当比例。在录取工作上，福建省贯彻了教育部 7 月 31 日招生工作会议上的精神。在录取以前，把考生报考情况和考试成绩情况告知学校，使学校在录取时心中有底。录取时，第一志愿考生材料全部交给学校挑选，这样有助于学校全面了解情况，可以充分择优录取，又便于照顾学生志愿。录取工作本身也易于做到又快又好。……

1960 年 9 月 13 日

附件：1960—1961 年度清华大学各省、市、自治区招生情况统计表（编者略）。

清华大学档案，全宗号 2，目录号 校 3，案卷号 009

清华大学 1961 年暑假招生情况（节选）

（1961 年 8 月）

1. 今年我校经统一招生共录取新生 1 472 人（此外还有俄专

分配来预备留苏的学生42人)。根据1 467人的材料(新疆、宁夏5人材料尚未到),党员51人占3.5%,团员874人占60%,……女生329人占22.4%。学业成绩五门课总分平均422分(即平均每门84.4分)。据了解北京、福建情况,这个成绩是全国高等学校中最高的。今年1 467人中五门课总分在450分(平均每门90分)以上的有185人,占12.6%,470分(平均每门94分)以上的13人(7个在北京,6个在福建),480分(平均每门96分)以上的3人(全部在北京),成绩最高是动力机械系××,成绩488分,其中数学、物理各100分,化学95分。470分以上的学生入学后拟予适当奖励。健康情况,根据材料都是合格的,尚待复查。

今年录取新生中除注意了成绩突出的学生外,也录取了运动员20余人……这些运动员学业成绩绝大多数是好的,是按我校一般录取标准录取的……

今年考虑到华侨政策,录取了华侨8名,成绩一般在400分以上。

2. 今年主要省(市)录取新生中以福建、北京情况最好。

福建省录取93人,他们五门课总分全部在400分以上,平均成绩为452分,其中个人五门课在450分以上的有56人,470以上的6人。

北京市录取了385人,400分以上的346人,占90%。北京市全市今年11 000名考生中,450分以上的183人,我校录取了70人,其中470分以上7人。

上海市今年情况较差,原订录取290人,临时减少为263人,其中400分以上的只有149人,占56.7%。全市450分以上的只有17人,我校录取了4人。

录取 50 人以上省（市）成绩情况如下：

省（市）	录取人数	五门课总分平均	450 分以上人数	470 分以上人数
北京市	385	430	70	7
上海市	263	406	4	0
江苏省	200	424	4	0
河北省	146	434	20	0
福建省	93	452	56	6
四川省	54	434	10	0
广东省	55	427	3	0

3. 今年 12 个系录取新生情况如下：

系　　别	计划录取人数	实际录取人数	五门课总分平均
精密仪器	100	109	421
冶　　金	100	92	416
动　　力	80	84	432
农　　机	60	66	428
电　　机	110	121	430
土　　建	150	155	425
水　　利	80	84	413
无　线　电	160	167	422
自动控制	150	157	412
工　　物	140	157	427
工　　化	140	139	416
工　　力	130	141	419
总　　计	1 400	1 472	422

今年报考冶金、工化、工力情况最差，北京、上海这两个招生最多的市，这三个系按第一志愿都与规定名额相差很远，如北京市工力、工化各招 40 名，但第一志愿工力只能录取 22 名，工化只能录取 29 名，其余不得不从其他系转志愿录取。上海市冶

金系应招 22 名，第一志愿只能录取上 9 名，经调整减少任务为 15 名后，仍有 6 名由精密仪器等系转志愿录取，其他许多省（市）这三个系也报考得少，因此全校今年仍有 98 名（占 6.5%）没有按本人报考清华的志愿，而转系录取。98 人中工力系占 31 人，工化系占 35 人，冶金系占 13 人，其余为其他系。这批学生待报到后，再根据尊重本人志愿的原则，愿转则转，不愿转则再按志愿调整。

4. 今年新生北京市的 9 月 7 日报到，外省（市）的 9 月 11 日起报到，全部一年级新生订于 9 月 18 日正式上课。

1961 年 8 月

清华大学档案，全宗号 2，目录号 校 3，案卷号 010

1962—1963 年度清华大学招生情况简报（节选）

（1962 年 9 月 7 日）

（供校委会用）

本年度我校仍按教育部招生办法，在全国 27 个省（市）统一招生，共录取新生 1 427 人，其中男生 1 174 人，女生 253 人（占 17.7%）。党员 11 人，团员 735 人，（党团员共占 52.2%）……主要省（市）完成任务情况如下：

地区	计划数	实际完成数	调整数	平均成绩（六门）
北京	370	373	超额 3 人	84.2
上海	270	255	减少 15 人	84.4
江苏	230	244	超额 14 人	84.5

续表

地区	计划数	实际完成数	调整数	平均成绩（六门）
河北	113	115	超额2人	86.7
福建	80	100	超额20人	88.8
其他省市	337	340	四川、安徽、江西各超额1人	
总计	1 400	1 427	超额27人	

各系完成招生任务情况如下：

系别	计划数	实际完成数	差额	平均成绩（六门）	［平均成绩排名］
精仪	110	112	＋2	84.0	10
冶金	110	101	－9	82.1	12
动力	90	90	0	85.6	4
农机	50	50	0	84.6	8
电机	140	142	＋2	85.9	2
土建	110	112	＋2	84.6	7
水利	80	83	＋3	82.8	11
无线电	160	166	＋6	85.8	3
自控	140	145	＋5	84.8	6
工物	145	153	＋8	86.5	1
工化	135	137	＋2	84.3	9
工力	130	136	＋6	85.0	5
总计	1 400	1 427	＋27	84.8	

今年录取新生时严格按教育部规定，按志愿、按成绩分段择优录取。学业成绩，除个别系外，总的是好的。1 427人中平均成绩在80分以上的1 369人（占96％），在90分以上的99人（占7％），在91.7分（总分550分）以上的15人，成绩最高为河北省孙毓星，总分567分（数学95，物理99，化学98.5，外文99），在无线电系。从主要省（市）情况看，平均在80分以

上及在90分以上报考清华的考生都是最多的。今年报考工物、无线电、电机的情况最好，报考冶金系情况最差，平均成绩在80分以下的58人，冶金系占28人。其他80分以下者主要是浙江及云南、陕西、贵州、甘肃、内蒙古、青海等省的成绩较低。

今年录取新生注意了健康条件，有病的录取时较谨慎，但近视眼、体重稍低的情况较多，如江苏、福建新生体重在40～50公斤的较多。

今年新生绝大多数是高中应届毕业生，1 427人中为1 400人（占98.1%），非应届毕业生中主要是因各种原因，去年未参加统考，或去年参加统考后未被录取，今年成绩较好的上届高中毕业生。今年新生年龄较小，上海255人中15岁4人，16岁48人，17岁104人，18岁74人，19岁19人，20岁3人，21、22岁各1人。北京373人中16岁9人，17岁109人，18岁165人，19岁69人，20岁17人，21岁3人，23岁1人。

今年新生中有华侨13人，均按成绩标准合格录取。

教务处
1962年9月7日

清华大学档案，全宗号2，目录号 校1，案卷号 63002

1963年新生录取工作简报（节选）

（1963年9月16日）

本年度新生录取工作已全部结束，共录取1 631人，比原计划1 560人超额4.5%。

一、根据1 631人的材料统计，基本情况如表1

表1

		人数	占比%	与去年比较/%
性别	男	1 368	84	82.3
	女	263	16	17.7
政治面貌	党员	1	55.6	52.3
	团员	906		
	非党团员	724	44.4	47.7
家庭出身	工农	601	37	34.6

全国各省、市统考成绩均低于去年,但考生的分数间距比往年均匀。

我校新生入学的总平均成绩为81.4分,较去年低3.4分。但据北京情况,今年的75分相当于去年80分的水平,即实际学业水平比去年略高。

从全国招生的重点省、市(招生在30人以上)的成绩来看,学校录取的平均成绩在80分和80分以上的有北京、江苏、福建、河北、四川、广东、辽宁、浙江、湖北、湖南、上海等十一个省、市。其中福建最高,平均88.1分;河北、湖南为83分,北京80.3分;上海平均成绩略低于80,为79.8分。

各系新生平均成绩如表2:

表2

系 别	招生计划人数	实际录取人数	总平均
土 建	135	155	80.4
水 利	90	97	81.1
动 力	105	111	81.3
农 机	60	65	80.8
精 制	130	134	80.7
冶 金	125	130	79.5
电 机	160	166	81.8

续表

系　别	招生计划人数	实际录取人数	总平均
无线电	190	194	81.6
自　控	150	152	81.2
工　物	145	150	83.2
工　化	140	144	80.6
工　力	130	133	81.3
合　计	1 560	1 631	81.4

二、对今年新生质量的初步估计

(一)政治质量

从表1中的政治面貌、家庭出身、密别条件等统计情况来看,与去年大体相当,团员比例还有所增加。去年中学里普遍进行了阶级教育、形势教育和学习雷锋的教育,思想觉悟有所提高。

各系对今年录取新生逐个进行政治复查时,绝大部分是符合标准的,只有几个机要专业如工物、自控等系有个别新生需要转入一般专业学习。

今年也注意了录取中学的学生干部,据不完全统计,共有团委委员28人、团支部书记73人、学生会主席17人、班主席108人。以上共计226人,占招生总人数的15%。其中有一半以上的考试成绩在80分以上。

(二)健康状况

由于报考高等院校的体格检查较去年严格,录取时也更注意了身体健康条件,从体格复查的结果来看,新生健康状况比去年好,平均体重有所增加。目前校医院认为4人有肺结核病,6人有风湿性心脏病等慢性病,另色盲色弱的比例还偏高,占4.6%,近视眼的比例也较过去略高。

（三）学业水平

除军事学校提前录取了一批优秀学生外，我校在各省、市录取的新生，普遍是本省市报考理工院校中成绩较高的一批（表3）。

表3

地区	平均90分以上（理工类）		平均80～89分（理工类）		
	全省市人数	报我校人数	全省市人数	报我校人数	％
北京	2	0	490	206	42.0
上海	4	2	800	110	13.7
河北	0	0	460	165	36.0
福建	50	22	1 200	200	16.6
广东	1	1	116	42	36.0

此外，我校录取新生的数学、物理、化学三门课程的平均成绩比六门的总平均成绩略高。如北京全市数学100分28人，我校占25％；物理90分以上的217人，我校占30％；湖北省37名新生中，有80％数学成绩在90分以上，50％物理在85分以上。

由于今年统考试题较难，虽考试分数略低于去年，但实际学业水平可能还有所提高。

三、各系报考人数不平衡

报考人数较多的仍是工物、无线电、电机等系，报考较少的是冶金系，其次是水利、农机、工化等三系。

许多省市报冶金系的没有一个是80分以上的，75分以上的也是少数。据统计，冶金系录取的130人中，第二、第三志愿的占84％。水利系有79％、工化系有41.6％、农机系有33.3％是按第二、第三志愿录取的。

由于今年报考志愿是以学校为主，以系为辅的办法，学校选择、调整的余地比往年大,所以各系考试平均成绩的差距比去年小。

《校务工作简报》第 48 期,1963 年 9 月 16 日
清华大学档案,全宗号 2,目录号 校 3,案卷号 011

清华大学 1964 年新生录取工作的简单报告(节选)

(1964 年 9 月)

根据中央有关招生工作的政策、高教部 1964 年招生工作会议的精神和我校几年来招生工作的经验,学校党委在 6 月底专门讨论了今年的招生工作,7 月派定并训练了干部。

……为了保证录取新生的质量,在招生的重点省(市)选派了党总支书记或学校有关单位的负责干部负责各省(市)的招生工作,并配备了党支委以上的教师干部共 70 人参加招生工作。在录取开始后,党委的负责同志分别在北京、上海、江苏、河北等地具体掌握新生的录取工作。

今年我校的招生工作,在各省(市)招生委员会的指导和帮助下,进一步贯彻了德智体全面要求、政治与业务兼顾的原则和招生工作中阶级路线的精神,完成了招生任务。

一、录取新生的基本情况

今年共录取了新生 1 629 人(不包括高教部保送的藏族学生 1 人及原选拔出国学生 4 人),比原计划 1 570 人超额 3.8%。其中男生 1 364 人,占 83.7%;女生 265 人,占 16.3%。

(一) 政治质量

项目		1964年人数	1964年%	1963年%	1962年%	备 注
政治面目	党、团员	986	60.5	55.6	52.3	1964、1963年党员各1人，1962年党员11人。
	非党团员	643	39.5	44.4	47.7	
家庭出身	工农及革命干部	845	51.8	48.5	45.5	
	职员及国家工作人员	459	28.3	31.6	31.9	

从上表可以看出：党、团员比例和工农及革命干部子弟的比例，比1963年和1962年都有增加……

根据政治复查的初步结果，各系普遍认为新生的政治质量比去年好，特别是机要系更好些。但由于某些省（市）在录取定案前缺乏严格的复查，也录取了个别政治条件较差的学生。

另外，根据政治与业务兼顾的原则，优先录取了306名被推荐的学生，同时也注意录取了中学的学生干部（其中不少是被推荐的学生）。据不完全统计，今年共录取了中学团委或团总支委员65人、团支书94人、学生会主席35人、班主席117人，以上共计311人，占录取学生总数的19％。

(二) 录取成绩

今年我校新生录取平均成绩为76.86分，比去年81.4分低4.54分。从几个主要省市来看，录取平均成绩在77分以上的，有河北、福建、辽宁、浙江、广东、吉林、湖北、四川、黑龙江等省；其中福建、吉林、黑龙江三省在82分以上。北京、上海二市录取平均成绩低于学校总平均成绩，分别为 75.2 和

75.6分。

各系新生录取人数及平均成绩如下表：

系　别	招生计划人数	实际录取人数	增加	平均成绩	附注
土木建筑系	160	166	6	76.4	各系平均成绩小数第二位按四舍五入计算。
水利工程系	90	92	2	76.4	
动力机械系	105	105	0	76.9	
农业机械系	60	64	4	77.2	
精密仪器及机械制造系	130	138	8	75.9	
冶金系	120	124	4	76.8	
电机工程系	165	173	8	77.5	
无线电电子学系	190	190	0	77.5	
自动控制系	140	148	8	76.4	
工程物理系	140	147	7	78.6	
工程化学系	140	148	8	75.2	
工程力学数学系	130	134	4	76.6	
合计	1 570	1 629	59	76.86	

注：高教部保送的西藏学生1人，分配在机械系；原拟选拔出国的学生4人，其中3人分配在工物系，1人在工化系，这5人未统计在上表内。

从上表可以看出：凡第一志愿报考人数最多的系，如工程物理、无线电、电机等系，录取平均成绩则高于学校总平均成绩；由于今年仍采取了"以学校志愿为主、以系志愿为辅"的办法，录取时又注意了全校一盘棋的原则，第一志愿报考人数少的系，录取平均成绩也接近或略低于学校总平均成绩。

（三）健康状况

近两三年，新生由于健康原因而保留入学资格的学生或中途休学的学生，多是患有肺结核、肝炎、肾炎和神经官能症、风湿性关节炎等慢性病未痊愈者。今年录取时，对患有上述病症的学生一般都经过慎重的研究。此外，对高血压、严重的色盲色弱等，也进行了比较认真的审查。根据体格复查的结果：曾患肺结核病的人数较往年减少，而且大部分已达到全部硬结，其中只有6人待进一步检查。由于多数中学没有对既往病史提供详细的材料，不少高考体检表也未对检查结果做出肯定的结论，今年新生中有175人肝脾大，其中肝功能在 200μ 以上者11人。另有哮喘病史者5人，其中2人较严重。胸膜炎恢复期的3人，其中1人现已住医院。以上学生的问题，尚待研究安排。

新生的体质、体能情况，需做进一步调查。

二、主要省（市）高中毕业生报考我校的情况

近三年第一志愿报考比例情况表

省(市)	1964年第一志愿报考总人数	招生任务	1964年报考比例	1963年报考比例	1962年报考比例
北京	1 677	360	1：4.6	1：6.6	1：7.5
上海	666	270	1：2.5	1：3.3	1：4.4
江苏	1 085	260	1：4.1	1：5.3	1：8.7
河北	1 008	120	1：8.4	1：9.4	1：10.6
福建	353	90	1：3.9	1：6.2	1：8.5

注：第一志愿报考人数中，包括政治审查、体检不符合部定录取标准者。

1964年70分以上各分数段报考情况表

省(市)	90分以上人数	89～85分	84～80分	79～75分	74～70分	70分以上累计人数	70分以上报考比例
北京		5	46	175	290	516	1：1.4
上海		7	39	123	155	324	1：1.2
江苏			32	145	268	445	1：1.7
河北		3	59	158	207	427	1：3.5
福建	1	17	90	125	58	291	1：3.2

从上面两个统计表中可以看出：近三年，表中所列的五个主要省（市）报考我校的人数（包括其他主要省份）都有逐年减少的趋势；其中以上海市报考的绝对人数和报考比例下降的最低，其原因不明。而河北和福建二省虽报考的总人数有所减少，但今年70分以上高分数段学生的报考比例均大于1：3，同时河北、福建二省中、小城市的学生占的比例较大，因而政治条件和密别条件较好。所以，录取时有足够的挑选余地。

相反，今年上海市报考比例1：2.5，而70分以上的报考比例只有1：1.2；北京市虽报考的总比例不低，而70分以上的报考比例只有1：1.4。根据近几年招生的经验，学校录取成绩低限（去年为75分，今年是70分左右），以上各分数段累计的报考比例，不宜低于1：1.5，即平均3人中挑选2人，否则就很少有选择的余地。另外，像上海、北京等大城市学生的政治条件，一般比中小城市为差。而今年上海、北京的招生计划未做相应的调整，所以这两大城市，特别是上海，完成招生任务有一定的困难。

根据今年报考的情况，我校在几个主要省（市）的招生任务做了如下的调整。

省（市）	北京	上海	四川	河北	浙江	江苏	福建
任务增减	－17	－27	－7	＋37	＋13	＋13	＋8

此外，由于中学招生宣传和指导考生报考志愿的工作仍是一个薄弱环节，今年我校各系第一志愿报考的学生还是很不平衡。其中报考工程物理、无线电、电机三系的人数最多，报考冶金、水利、农机、工程化学四系的较少，尤以冶金系为甚。以北京、上海 70 分以上报考的学生为例，情况如下表：

系　别	北　京		上　海	
	第一志愿报考人数	报考比例	第一志愿报考人数	报考比例
工程物理系	96	1∶2.3	74	1∶2.5
无 线 电 系	89	1∶1.9	57	1∶1.4
电　机　系	66	1∶1.8	43	1∶1.7
工程化学系	47	1∶1.3	21	1∶0.7
农　机　系	8	1∶0.6	6	1∶0.8
水　利　系	3	1∶0.2	12	1∶0.8
冶　金　系	1	1∶0.06	1	1∶0.06

由于今年继续采取了"以学校志愿为主、以系志愿为辅"的办法，录取时注意了从学校全局出发，对第二、第三志愿做了适当的调整，所以各系最后录取的新生，无论是政治质量，还是高考平均成绩，基本上都得到了保证。

三、对今后招生工作的几点建议

（一）根据近三年各主要省（市）的报考情况，有必要把我校在上海、北京的招生任务适当减少,相应地在河北、浙江、湖北、辽宁、吉林、广东等省适当增加。以保证招生任务的完成和新生质量。

(二)建议由教务处、人事处、团委协同各系,对全国各主要省(市)考取我校新生入学后的政治思想表现、学业程度等方面,进行比较系统的调查研究,每年向高等教育部报告。必要时,也可向有关的省(市)委或教育厅(局)反映情况,以利于改进我校的招生工作。

(三)进一步研究招生的宣传工作,并建议高教部拟订关于指导报考重点高等学校的具体规定和相应的办法。

(四)为了更有利于加强招生的工作和学校对新生进行入学前集中的思想教育工作以及其他各项准备工作,建议把报考高等学校、高考、录取工作适当提前。

清华大学
1964 年 9 月

清华大学档案,全宗号 2,目录号 校 3,案卷号 012

1965 年新生工作简报(节选)

(1965 年 9 月 28 日)

一、录取新生情况

今年我校共录取新生 1 608 人。其中:本科录取了 1 581 人,加上高教部保送入我校本科的藏族学生 1 人(入我校精密仪器及机械制造系学习),共计 1 582 人,比原计划 1 570 人超额 0.76%。这 1 582 人中,有男生 1 304 人,占 82.5%;女生 278 人,占 17.5%。

为了适应本校外国语教学工作的需要，今年设了英语师资班，录取了新生26人，其中男生16人，女生10人。

今年新生中包括有汉、满、回、朝鲜、藏、白等民族，其中满族9人，回族7人，朝鲜族、藏族、白族各1人。另外还包括10名华侨学生。

（一）政治质量

项　　目		本科新生				英语师资班
		人数	占今年新生人数%	1964年的%	1963年的%	人数
政治面目	党员	4	0.2	69.5	55	0
	团员	1 096	69.3			11
	非党、团员	482	30.5	30.5	44.4	15
家庭出身	工农及革命干部	794	49.5	51.8	48.5	10
	职员及国家干部	598	37.8	28.3	31.6	9

从上表可以看出，今年新生党、团员比例……比往年有较多的增加。

（二）录取成绩

今年新生录取平均成绩为83.7分，比去年高6.84分。从招生的各省、市看，在学校录取平均成绩以上的有上海、福建、四川、广东、吉林、黑龙江、河南、山东、安徽、江西、山西等省、市。几个主要招生省、市的平均成绩以福建为最高，为88分；上海次之，为85.5分；河北83分；江苏82分；北京81分。

各系新生录取人数及平均成绩如下表：

系　　别	招生计划人数	实际录取人数	增减	平均成绩
土木建筑系	155	159	+4	83.4
水利工程系	87	88	+1	81.7
动力机械系	105	109	+4	83.5
农业机械系	55	56	+1	82.6
精密仪器及机械制造系	160	157	-3	82.2
冶金系	117	120	+3	82
电机工程系	156	158	+2	83.9
无线电电子学系	185	187	+2	83.2
自动控制系	140	141	+1	83.2
工程物理系	140	140	0	85.6
工程化学系	140	139	-1	83.5
工程力学数学系	130	128	-2	83.3
合计	1 570	1 582	+12	83.7
英语师资班	30	26	-4	77

注：英语师资班新生有19人是按文科报考录取的。

（三）健康情况

今年录取新生时，更加注意了新生的身体健康，对患有慢性病的考生掌握得较严。校医院对全部新生进行了体格复查，几种主要疾病的检查情况与1964年新生对比，参数如下：

	1964年	1965年
肝大待查	175人	117人
肝功能不正常	37人	7人
透视复查	38人	15人

照爱克司光片	24 人	17 人
心电图复查	14 人	6 人
色盲	84 人	80 人
高血压	9 人	12 人
尿蛋白待查	1 人	8 人

总的看来，今年新生的身体条件比往年好。患肝炎及肺结核的比去年减少了。患风湿性心脏病的还有个别人，目前仍在复查中。总计今年因健康条件不合格应回家休养保留学籍一年的有 11 人（肝炎 5 人，肺结核 4 人，肾炎 1 人，双目视力不合标准 1 人）。

二、迎新工作

学校在八月初旬成立了在党委副书记何东昌同志领导下，由校长办公室、教务处、人事处、行政生活处、校医院、团委会等有关同志参加的迎新工作领导小组，分头负责迎新工作的各个环节，使组织落实，任务落实，积极做到热情、细致、认真、负责，把今年的迎新工作较往年做得更好。

为了使参加迎新工作的同志明确迎新工作的重要意义和要求，在新生报到前，何东昌同志给全体参加迎新工作的同志做了动员报告，指出迎新工作是对新生思想教育的第一课。要通过迎新工作，对新同学进行培养目标、学习目的、革命传统和优良作风的教育；要照顾好新同学的衣食住行，使他们在生活上迅速安定下来；要帮助他们尽快地健全组织，使他们很快地适应大学的学习和生活，完成中学到大学的过渡。团委还召开了政治辅导员和大一班级主任干事会，介绍新生工作的特点，大一思想工作的主要内容、目的以及一些基本方法和政策界线，并对将要与新生座谈的高班同学进行训练。

由于参加迎新工作的同志思想上有了明确的认识，工作就比较积极主动，在生活接待及迎新活动安排上做得都比较好。

（一）生活接待工作

行政生活处、教务处、团委会和各系负责了迎新工作中的接待和报到组织工作，为新同学安排衣食住行。新同学一下火车，无分昼夜都立刻受到热情接待，诸凡领取行李、交通运输、报到、入伙、洗澡、休息等一应安排妥帖，使新同学到校后不致有"离乡背井、人地生疏"之感，生活能很快安定下来。

（二）迎新活动

新生到校后，除了安排他们充分休息外，并适当地组织了"以新迎新"、义务劳动、参观校园、与高班同学座谈、展出校史图片、举办校史讲座等。文艺社团还为新同学举行了专场演出。通过这些活动，不仅帮助新同学很快熟悉学校情况，也使他们受到了很大教育。

在开学典礼上蒋校长又对全体新生做了重要报告，使新同学一入学就明确了自己的努力方向和一些政策界线，深深感到党的关怀和革命集体的温暖，受到学校革命传统和革命作风的熏陶感染。

（三）新同学的反应

今年入学新生对学校反映很好，他们的政治热情很高。

新同学反映，我们学校"一大，二热情，三政治空气浓厚，四全面发展"。听了蒋校长的报告，有的同学说："党对我们关怀得无微不至，在我们身上寄予极大希望。校长要我们建设新中国，解放全人类，极大地开阔了我们的眼界，我们一定要按照党的要求做三大革命运动的战士。"有的同学参加了迎新活动后讲："清华是个有着光荣革命传统的学校，不仅教学质量高，而且政治思想工作也作得好。"有的说："党委的政策掌握得非常稳，中央精神贯彻得非常快；不简单化，不'左'不右。来到学校感到劳逸结合好,同学学习抓得紧,生活在这样的学校心情舒畅。"有的说:"老同学给我们介绍大学生活,介绍他们如何自觉革命,形成生动活泼的政治局面,如何刻苦学习、锻炼身体,给我们树立了很好的榜样,使我们知道应该怎样上大学。"新同学对老同学积极自觉的锻炼风气印象非常深刻,有的说:"我原来不喜欢锻炼,可是见到这种情景,也就想锻炼了。"看了文工团的专场演出,新同学反映也很强烈,有的同学很激动地说:"从这些节目中我们看到了清华同学革命化、劳动化的面貌,看到了同学丰富多彩、生动活泼的课外活动。"演出过程中有的激动得要求上台演出,还有许多新同学纷纷打听文艺社团和代表队情况,准备报名参加。

迎新工作做得比较细致,参加迎新工作的教职工同学非常积极热情,诚如一位从内蒙古来的同学所说:"到了清华,就好像到了家一样,我刚换下的衣服老同学就给拿去洗了。过去在中学我总想家,现在一点都不想,因为在这个温暖的大家庭中到处都是迎新的气氛,到处都伸出了热情的手。"

在校园布置上,把"做三大革命运动的战士"的培养目标、党的教育方针、"发扬革命的、科学的、民主团结的、艰苦朴素和谦虚谨慎的作风"等标语口号都放在醒目的位置,给新同学留下了深刻的印象。他们说:"学校的口号明确,旗帜鲜明,我们一看就知道了学校要培养什么样的人,也明确了自己的努力方向。"

通过一系列的教育活动,特别是听了蒋校长的报告,许多同学纷纷表示要努力争取入团、入党,要求参与社会工作,树立攀登世界科学顶峰的壮志。

《校务工作简报》第119期,1965年9月28日
清华大学档案,全宗号2,目录号 校1,案卷号 65004

(三) 思想政治工作

本学期政治工作计划（节选）[①]

（1953年3月21日）

为了加强师生中的政治工作，并防止社会活动过多，特拟定下学期工作计划如下：

（一）教师的政治理论学习计划

（编者略）

（二）学生的社会经济课程的计划

甲、协助教务处积极筹备在一九五三年度下半年开设"政治经济学"及"马列主义基础"课程，办法是：增聘教员与培养现有政治教员。

乙、对"新民主主义论"的教学内容继续加强思想领导。

丙、学生除坚持每人每天读报（一般约每天半小时）的制度外，每周有一次二小时半的时事政策学习时间，下学期拟组织时事政策学习九次，其中包括婚姻法、选举法、经济建设及国际形势问题等。其余时间结合校内中心任务进行宣传教育。

（三）学生课外活动计划

甲、学生的社会工作时间，按政务院规定，每周不超过六小时（包括党团及社团活动在内），以保证学生的正课学习与健康。

---

① 编者注：1953年3月21日校委会议决。

乙、组织若干研究小组，进行政治、文艺等方面的学习，规定须正课成绩平均在四分以上者，始可自愿参加；并配合教务处，重点建立科学研究小组，以培养学生的科学兴趣及钻研精神。

丙、发动学生经常参加义务劳动及爱国卫生运动，每人每两周参加一次，结合进行爱国主义新品质的教育。

（四）建立政治辅导员制度

甲、为了加强学生中的思想政治工作，并减少学生干部的社会工作负担，从本学期起建立政治辅导员制度。

乙、政治辅导员在政治辅导处领导下，配合重要行政任务，在学生中进行思想政治工作，指导学生课外活动及帮助学生进行政治学习。

丙、每日上午仍为辅导员正课学习时间，严格予以保证。辅导员的学习成绩应该是较优良的，平均成绩应在四分以上，以期培养辅导员成为觉悟高，成绩好，有较强工作能力的专门人才。

丁、本学期选拔学习成绩较好，政治觉悟较高的二、三年级学生24人，任政治辅导员，延长其学习年限一年。

注：职工政治工作计划另订。

《新清华》第1期，1953年4月2日

一九五三年度上学期学生政治工作计划[①]

（1953年9月12日）

上学期政治工作大体上完成了预定的计划，取得了不少成

---

① 编者注：1953年9月12日校委会议决。

绩，进一步改进了政治课的教学质量，进行了学习自觉性与纪律性的教育，及时处理了学籍问题，改进了师生关系；又结合健康工作、生产实习、义务劳动及节约等工作的开展，进行了思想教育；因此学生爱国主义与集体主义的觉悟、新的道德品质均有一定提高，推动了学习任务的完成。政治辅导员制度对克服学生的社会工作过多的现象、保证政治工作的深入均起了良好的作用。此外政治工作并保证了毕业生与留苏预备生的分配与挑选。但是上学期政治工作尚存在一些问题和缺点，需要在今后逐步加以解决和克服，主要问题为二、三年级尚缺乏政治课，学生对学习任务的态度上存在片面认识与急躁情绪，各种工作尚不够深入，少数学生学习自觉性、纪律性尚很差。学校改为五年制以后，应培养较高质量的干部，因此政治工作还需要进一步的加强与深入。

本学期学生政治工作，应进一步贯彻培养全面发展的人才的教育方针，实现毛主席在青年团第二次全国代表大会上对青年的指示，即要青年"身体好，学习好，工作好"，因此一方面应加强学生中系统的马列主义理论学习；在上学年工作基础上，进一步深入开展围绕学习的思想工作，保证教学计划的完成；另一方面应动员学生努力锻炼身体，改进健康，并进一步开展文化娱乐活动，使学生的政治思想水平、科学技术水平与健康水平能相应地提高，并通过这些活动培养新的道德品质，使他们成为"热爱祖国、忠于人民、有知识、守纪律、勇敢劳动、朝气勃勃、不怕任何困难"的技术干部。

一、政治理论学习方面

（一）按教学计划增设马克思列宁主义基础与政治经济学二课，加强系统的马列主义理论教育，以期使学生能循序渐进地掌握马列主义的基础知识，树立辩证唯物主义的宇宙观与人生观。教学中应努力达到理论与实践相一致的原则，要求有系统地、有重点地、正确地讲解理论,又能联系革命斗争与建设的实践及学生的政治思想情况。政治教员应在可能条件下有计划地进修理论,学习党的政策,并参加一定的社会工作,以不断提高政治理论水平与实际工作经验;今后并在学校的帮助下逐渐熟悉工业建设的实际情况,使教学能与培养工业干部的任务更加密切结合起来。在组织上分别成立三个教研组,由教务处、政治辅导处双重领导,此外并附设图书资料室一个,以供教学之用。

学生中政治工作应保证各门政治课教学大纲的实现,可配合政治课进行下列工作:

1. 协助政治课各教研组,向学生进行学习目的性的教育,使学生具备循序渐进、深入钻研的正确的学习态度。协助教研组掌握学习的情况和问题。每个政治学习小组设立政治干事,为同学政治课学习的学生代表,受政治教员和政治辅导员的双重领导。

2. 协助政治课各教研组,共同研究学生在政治课学习中的学习方法问题。例如学习中如何联系实际,怎样阅读参考书籍,怎样准备课堂讨论等,以帮助教师改进教学。可以深入一些重点班,取得经验,进行推广。

3. 协助政治课各教研组,在二、三年级重点试行组织政治理论研究小组,培养学生独立研究马列主义理论的兴趣和能力,具体方式为结合政治课内容,挑选某些专题进行较深入的钻研。这种理论研究小组必须在教师指导下,吸收对理论研究较具兴趣和能力的学生参加,有领导、有计划地进行。内容包括阅读马克思列宁主义的专门著作,组织讨论会等。

4. 围绕政治课的理论内容,介绍学生阅读和观看有关的文艺作品和电影,使获得较丰富的感性知识,更好地理解理论。

(二)时事政策宣传方面:目前全校学生绝大多数是能做到经

常的读报，这是时事政策学习的主要方式，应继续加以提倡，使人人能坚持经常关心时事、学习政策的习惯。时事政策学习的指导以大报告、印发文件资料索引以及学生的时事简评广播、展览会等方式进行。但大报告以每月至两月一次为度。本学期拟加强对经济建设的宣传，计划做全校报告一次，并建议各系请与本系有关的工业部门负责同志做一次报告，以增进学生对国家经济建设任务与政策的关心与了解。同时配合北京市普选进行宣传。具体计划如下：

1. 为人人读报创设条件，增加订报份数，读报时间不固定。

2. 除经常读报外，时事政策学习一般每两周一次。本学期预计举行三次大报告（国内经济建设，国际形势，选举），一次系级请有关工业部门的报告（结合国内经济建设学习），其他为指定文件与资料自学。

3. 协助学生会学艺部组织时事学习组，吸收部分对时事政策有兴趣和一定研究能力的同学参加，经常进行较深入的学习讨论，并在政治辅导处的指导下利用广播，定期向同学作时事简评或利用时事问题的专题小型展览等方式，指导同学的时事学习。

4. 系级政治工作干部在组织同学时事学习时，主要依靠同学的自觉性与主动性，不宜采取单纯的组织手段，如硬性规定集体读报等方式；但也不是放任自流，应指定重要政策文件进行学习，组织重大时事问题的讨论，定期的时事测验则应继续进行。

二、进一步深入地开展围绕学习的思想工作

上学年的思想工作基本上是与学习密切相结合地进行的，并取得了初步经验，本学期应在这个基础上进一步深入开展工作，以求更有力地保证教学计划的完成，亲密师生关系，要求提高班一级干部的工作水平。深入地做好每一班的工作，克服少数学生中学习自觉性与纪律性很差的现象；更加密切与各系配合联系，

结合各种教学上的重要措施进行宣传解释，在保证完成教学计划的同时，要注意消除目前不少学生对学习的片面认识与急躁情绪。

（一）在二、三年级学生中，进行下列工作

1. 继续提高学习自觉性与纪律性，广泛地发动群众，根据全面发展的方针及各人的具体特点，订立个人计划，并经常地围绕计划执行的情形，发动群众进行自我教育。做好学籍及其他妨害学习的个别问题的处理，逐步建立切实可行的制度。

2. 总结生产实习的思想收获，巩固与交流学生对专业目的性、苏联先进的技术设计思想、工人阶级在国家建设中的巨大作用与优秀品质等方面的认识，表扬与批评实习中学习态度、遵守纪律、热爱劳动等方面的优缺点。

3. 保证教学工作计划中，特别是各种新的措施在学生中很好地贯彻，如科学研究小组、课程设计、口试、家庭作业指示图表等，继续配合教师在宣传苏联的先进教育经验的基本原则[①]，改进学习方法。

4. 配合教务处与各系做好重点班的工作，加强对班长的帮助，培养班长的工作能力，以做好反映学习情况等工作。

5. 继续改进师生关系，耐心说服同学对教师的某些过高的要求。

（二）做好新生的工作，这对改进大一的教学效果具有十分重要的意义，要做好下列各项工作

1. 在分班前配合各系做好专业目的性的教育，结合学生政治、生理、业务的情况及其本人的志愿，细致地做好分班工作，要求争取绝大多数能自觉服从分配，安心学习，迅速地建立班会

---

① 编者注：语句不通，原文如此。

组织与生活秩序。

在分班以后要做好巩固工作，加深对所学专业与课程目的性的认识，耐心地处理可能发生的个别学生的学习问题。

2. 配合教务处，宣传学习方法的基本原则，帮助大一同学较快地适应大学的要求。

3. 进行学习纪律性的教育，并在学习初步走上轨道以后，动员群众订立个人计划。

4. 结合各种活动进行尊敬师长及全校工作人员的宣传。

三、加强对体育及群众文化娱乐活动的思想领导，做好宣传动员工作，以保证这些活动的进一步发展

毛主席说"要充分兼顾青年的工作、学习和娱乐、体育、休息两个方面"，因此继续开展体育活动和健康的文化娱乐活动，对健全青年的身心、培养新的道德品质和更好地保证学习任务的完成，具有重大的意义。

本学期拟根据健康工作计划进行下列工作：

1. 宣传这些活动的意义和作用，并挑选适当的积极分子作为这些活动的骨干，以改变目前部分学生轻视这些活动的态度。

2. 在保健工作方面，要注意提高学生体育安全保护的重视，并配合各种竞赛提倡正确的运动纪律，逐步提高对体育运动的兴趣。

研究和改进体弱学生的工作，帮助学生树立养病的革命的乐观主义精神，说服学生尊重医师的指导及改进病人与医师的关系。

3. 文化娱乐活动方面，要巩固与适当扩大现有各社团，重点地加强对这些社团的指导，使社团逐渐成为全校文化娱乐活动的活跃力量，为进一步展开活动培养大批的骨干。

其次是开展系级活动，如组织俱乐部、郊游、小说阅读等，以更广泛地吸引群众参加活动，在这些活动中要重视其中的政治思想性。

四、上学期义务劳动对培养同学对劳动的正确态度起了一定作用，这次生产实习又证明不少学生对体力劳动仍十分不习惯，所以义务劳动仍应继续进行，具体计划由基本建设委员会决定

上学期节约工作，在节约人力、水电及减少公共财物的损耗方面，均有不少成绩，但仪器、图书、家具等的损失率仍相当高，新生入学后，估计还会增加，所以今后仍须继续注意进行宣传教育，以期取得更大成绩。此外并应培养同学自觉遵守学校一切规章制度的纪律精神。

《新清华》第10期，1953年9月14日

关于加强学生政治理论教育的决议
——党委第44次常委会通过

（1957年4月24日）

在最近几年社会主义革命高潮的形势中，在党的教育下，我校学生有了很大的进步，社会主义思想阵地日益扩大，思想主流是健康的。但是由于我校学生多数还是出身于非工人阶级家庭，并且仍然受到非工人阶级思想影响，而且缺乏生产斗争与阶级斗争的锻炼，思想方法上容易发生主观性和片面性的毛病，在目前社会大变动的时期，如何帮助青年正确地分清敌我，明辨是非，划清资本主义与社会主义的思想界限，正确认识和处理政治与业务、个人与集体、理论与实际的关系，是一个十分重要的问题。因此，必须从各方面大大加强党在学生中的政治思想工作，而改进政治理论教育工作就是一个十分重要的方面。

政治理论教育是从根本上树立学生的共产主义世界观与人生

观的重要方法之一,在党培养红色专家的事业中,具有重要的作用。几年来,我校政治理论课教研组在党委和行政的领导下,积极贯彻理论联系实际的方针,工作是有成绩的。在培养学生马克思列宁主义世界观与革命人生观方面,起了显著的作用。但是,工作中也存在一些缺点,教学中的教条主义习气还有待进一步大力克服,对政治理论教员的思想觉悟与水平的提高还需要加强指导和帮助,理论联系实际的方针还必须更坚定地认真深入地贯彻,在现有基础上把政治理论教育提高一步,以适应党在学生中加强政治思想工作的更高要求。

一、必须进一步切实深入地贯彻"学习理论,联系实际,提高认识,改造思想"的教学方针,必须明确政治理论课的根本目的在于树立学生马列主义世界观与革命人生观,改造学生思想,要求能够:①划清资产阶级与无产阶级的思想界限;②懂得什么是唯物主义,什么是唯心主义;③懂得唯物辩证方法和形而上学方法的区别;④具有共产主义道德和为人民服务的品质;⑤具有联系实际、联系群众、热爱劳动等优良作风。为了达到上述目的与要求,在教员讲授理论时要着重强调联系学生思想实际,采取有的放矢,重点讲授的办法,正面教育与思想批判相结合,加强讲课的思想性、战斗性,克服教条主义和片面性。在学生学习理论中要提倡独立思考,民主讨论,自由争辩,以理服人的精神,联系实际,开展批评与自我批评,以达到辨明真理,改造思想的目的。为此,还必须采取下面几项具体措施:

(一)提高讲课和课堂讨论的质量。教研组应着重研究针对学生思想情况,在各门政治理论课程基本理论系统的基础上,确定讲授重点和课堂讨论的重点,做到有的放矢,并启发学生的独立思考,联系实际,提高理论认识,解决思想问题。

(二)加强政治理论课教研组的学生工作,除做好与本门课程有关的学生工作外，应组织全体政治理论教员担任一定的学生政治思想工作（如指导学生的时事学习，参加学生青年团、班会的重要学习活动等），深入学生生活，加强与学生的联系，了解与熟悉学生的思想情况，以便据此改进教学，并在实际工作中提高政治理论教员的思想工作水平。

（三）改进政治理论课的考试方法。除认真进行理论测验外，在可能条件下，可考虑重点试行结合思想进行学习小结的方式，以便把政治理论学习中的思想收获巩固起来，达到改造思想提高觉悟的目的。

二、加强对政治理论教员的思想工作，提高政治理论教员的政治思想水平和理论水平。马克思列宁主义的根本特点是它的阶级性和实践性，因此，讲授马克思列宁主义的教师也必须具有高度的工人阶级觉悟和实际斗争的锻炼。最近毛主席关于"教育者必须受教育"的指示，对政治理论教员具有特别重要的意义，必须努力加强政治理论教员的自我改造。政治理论教员一方面应该努力钻研马克思列宁主义的基本理论，有条件的教员还应结合教学工作，有计划地积极开展科学研究工作，以提高马克思列宁主义理论水平。另一方面，也是更重要的方面，还应该特别注意积极参加对社会生活的观察与实践，在参加实际工作中锻炼与提高自己的政治思想水平。由于我校政治理论教员多数缺乏实际斗争锻炼这一特点，强调在可能范围内担任一定的社会工作，参加实际斗争与社会实践，对提高政治教员思想水平有很重要的作用。

以上两方面，除依靠政治理论教员自觉努力外，同时有关方面还应积极设法开创条件，协助解决开展科学研究与参加实际工作中所碰到的困难问题。

三、加强党对政治理论教育工作的领导。必须明确政治理论课是党在学校中对学生进行政治思想教育的重要组成部分。加强政治理论教育是全党的事，必须动员全党关心，全校各部门都来重视与配合。为此，必须加强党委对政治理论教育的领导与监督。党委会每学期应检查与讨论一次政治理论课教研组的工作，在经常工作中应加强指导。政治理论教研组党支部应切实加强对教员特别是党员的思想工作。各系党总支应在每学期中检查一次学生政治理论课学习情况，并向党委反映，在每年学习终了应配合政治理论课教研组做好学生学习总结的工作。各党支部应检查与督促党员认真学好政治理论课。团委会应配合加强学生在学习政治理论课中的思想工作，动员学生认真学好政治课，并加强和政治理论课教研组的联系和配合，以改进教学工作。

《新清华》第179期，1957年4月24日

党委会关于"社会主义教育"课程的计划※

（1957年10月16日）

学习的总目标是"灭资产阶级思想，兴无产阶级思想"，结合边整边改进行社会主义大辩论，并加强劳动教育，树立勤俭办校的风气。

党委副书记艾知生同志代表党委会报告了本学年开设"社会主义教育"课程的计划。他说，根据上级党委的指示和本校党委讨论，为了在反右派的政治斗争获得初步胜利的基础上，继续追击资产阶级右派分子，并对广大群众进行广泛深入的社会主义思想教育，以巩固反右派斗争的胜利，实现政治战线上和思想战线上社会主义革命，党委决定在全校师生员工中开展社会主义大辩论，原来全校师生员工的政治理论学习都改为"社会主义教育"课程，时间暂定一年。本学年北京各高等学校都将进行社会主义

教育，开展大辩论。

这次，学习的总目标是"灭资产阶级思想 兴无产阶级思想"，具体要求是掌握毛主席所提六项政治标准，分清社会主义和资本主义的大是大非，明确社会主义方向，站稳工人阶级立场；要着重联系学校工作的实际，明确社会主义方向，批判资产阶级方向，在辨明学校工作大是大非的基础上团结全校为办好社会主义的工业大学、培养工人阶级知识分子而努力；坚定知识分子思想改造、与工农结合的决心，批判资产阶级个人主义、自由主义、平均主义，努力改变资产阶级世界观，树立无产阶级世界观、人生观。

学习内容以毛主席《关于正确处理人民内部矛盾的问题》这个报告为中心教材，并以这个报告为提纲规定若干中央负责同志的报告、人民日报的重要社论为主要学习材料，并结合学习，批判右派分子反共反人民反社会主义的言行。要区别校内各单位的不同情况，确定不同的要求、重点和进度，教师要用较多的时间着重辩论学校工作的两条路线问题，职工应着重批判个人主义、平均主义、树立社会主义劳动态度，巩固劳动纪律，认清生产与生活的关系，个人利益与国家利益的关系。

这次学习的方法，将打破以往政治学习的常规，参照学习《再论无产阶级专政的历史经验》的经验，认真阅读文件，提出问题，自学准备，展开辩论，最后小结。必须摆出不同的思想观点，放手展开争鸣，贯彻"独立思考，畅所欲言，自由争辩，以理服人"的精神，以大辩论和自学必读文件为主要方法，有必要时作专题报告。此外，根据知识分子必须与工农相结合，在实践中改造思想的原则，配合学习将适当组织下乡下厂参观或参加辩论，义务劳动。学习时间是每周8小时，包括星期五晚上和星期六，此外，还可以占用党、团、工会、班会的活动时间。

学习共分四个阶段进行：

① 思想动员，政治上两条路线的斗争，明确政治立场，特别是社会主义方向和党的领导。先由校长做动员报告，自学毛主席报告的第一、五、八段，和《人民日报》的社论"各民主党派的严重任务""这是政治战线上思想战线上的社会主义革命""为什么资产阶级右派是反动派"等，总结反右派斗争的收获与经验，认清当前政治形势和反右派斗争的性质和意义，了解知识分子站稳立场改造思想的必要性。本单元辩论的重点是：阶级斗争和阶级立场问题，党的领导问题，民主的阶级性，民主和集中的关系。本单元学生和职工用8～10周，教师用5～6周（全校科学报告会以前基本结束）。

② 高等教育和科学工作上的两条路线的斗争和党的领导问题。本单元应结合11月学校科学报告会，深入展开关于学校教学、科研工作方针的讨论，进一步明确全校对于学校教学、科研工作方针的认识。本单元的辩论重点是：高等教育与科研工作上的两条路线的斗争，党对文教工作的思想领导、政治领导和组织领导，思想政治工作中的两条路线斗争，干部政策，挑选培养提拔干部的政治标准问题，政治审查的必要性。本单元教师用8～10周左右，职工和学生用5～6周左右。

③ 思想战线两条路线的斗争——两种世界观人生观的斗争，批判资产阶级个人主义和本位主义、自由主义和无政府主义、绝对平均主义思想。本单元将在下学期开始，用6～8周的时间。

④ 思想总结，进行自我检查，总结学习收获，继续进行反右派斗争。本单元用时间6～8周，党员干部和教师最好集中一部分时间全力进行总结。

报告最后着重指出，这个计划是一个概略的规定。由于学校教职员工和学生情况的差别，结合各个时期的中心工作，从实际情况出发，辩论的重点和各单元的时间的安排，随时可能有变化，进度也难免参差不齐。总的精神就是要结合边整边改进行社会主义思想教育和劳动教育，开展大辩论。

全校的学习由党委统一领导，各系由党总支负责，工会与共青团配合组织学习，政治理论教员分别参加各总支的学习组织，在总支领导下进行工作。

《新清华》第 224 期，1957 年 10 月 16 日

学生思想政治工作和管理教育工作暂行规定（草案）

（1961 年 9 月 14 日）

第一章 总则

一、学生中思想政治工作的任务是：在党的领导下，兴无产阶级思想、灭资产阶级思想，不断提高学生的思想政治觉悟，充分调动全体学生的积极性，贯彻执行党的教育方针，培养学生成为德、智、体全面发展的社会主义建设人才。

二、在学生中进行思想政治工作的要求是：高举毛泽东思想红旗，教育学生具有爱国主义和国际主义精神，拥护党的领导，拥护社会主义，努力做到"三好"，服从国家分配，愿为社会主义事业服务。积极地对学生进行无产阶级的共产主义的世界观的教育，帮助他们逐步树立和增强工人阶级的阶级观点、群众观点、劳动观点、辩证唯物主义观点，培养共产主义道德品质。

在工作中要引导学生努力做到：

（1）提高觉悟：学习马克思列宁主义和毛泽东著作，经常关心国内外政治形势，不断提高社会主义、共产主义觉悟。

（2）**努力学习**：按照教学计划和教师指导，刻苦钻研，努力完成学习任务。

（3）**热爱劳动**：积极参加学校规定的生产劳动，在劳动中自觉地培养劳动习惯和劳动人民的思想感情，学习生产技能。

（4）**增进健康**：适当地参加文化体育活动，注意劳逸结合，养成卫生习惯，不断增强体质。

（5）**尊敬师长**：尊重教师和学校工作人员，注意礼貌。

（6）**团结互助**：在同学之间发扬团结友爱精神，互相帮助，共同进步。

（7）**遵守纪律**：自觉地遵守国家法令和校规，遵守公共秩序。

（8）**爱护公物**：珍惜学校的仪器、图书及一切教学、生活用具，注意公共卫生。

三、对学生的思想政治工作必须严格地区别敌我矛盾和人民内部矛盾，学生中大量的问题是属于人民内部矛盾的性质，必须坚持"从团结的愿望出发，经过批评或斗争、分清是非、在新的基础上达到新的团结"的原则。采取说服教育的方法加以解决，不能强制压服，更不能采取对敌斗争的方法。

四、对学生进行思想政治工作应从学生的实际情况出发，按照学生思想进步的规律，采取正确的方法。

现在我校学生正在沿着又红又专的工人阶级知识分子的道路前进。但是，不少学生与资产阶级、小资产阶级思想有着联系，他们还存在着程度不同的资产阶级思想及其影响。

学生的进步是曲折的、反复的，需要通过他们本身经验的增长、知识的积累和思想的自觉才能逐步达到。

在工作中要注意循循善诱，启发自觉；熏陶感染，潜移默化；讲清道理，具体分析；深入细致，有的放矢；各按步伐，共同前进；必须贯彻群众自觉自愿自我改造的原则，避免简单粗暴和形式主义的做法。

五、在学生政治生活中,要在民主集中制的原则下,充分发扬民主。在集体生活中要贯彻"大集体,小自由"的精神。形成"又有集中又有民主,又有纪律又有自由,又有统一意志又有个人心情舒畅,生动活泼的局面",充分调动广大学生的政治积极性和学习积极性。

六、学生中的思想政治工作应当经常进行,当必须开展政治运动时,应该对"运动"和教学工作(包括系统的马克思列宁主义理论课)进行妥善统一安排。不得影响教学计划的完成。

七、学生的思想政治工作必须针对不同年级学生的特点进行,特别要加强大一和毕业班的工作。

对毕业班同学要进行服从分配的教育,帮助他们做好参加工作的思想准备,并且做好毕业鉴定的工作。

对大一同学要进行全面发展的教育,帮助他们适应大学的学习生活。

八、在全校学生中不断树立革命的、科学的、民主团结、艰苦朴素的校风。也就是坚定乐观、勇敢奋发的革命精神,调查研究、实事求是的科学态度,民主团结、严肃活泼的同志关系,艰苦朴素、谦虚谨慎的工作作风。

九、为了做好学生工作,必须加强校、系行政对学生的管理教育工作。学生工作要在党委统一领导下由行政、教师和学生中党、团组织分工合作共同进行。

十、必须不断地教育和提高学生党、团干部政治思想水平,关心他们的全面成长。他们和同学应当是平等的同志的关系,要密切联系群众,以自己的模范行动,采用说服教育的方法带动和团结同学做好工作。

第二章 班（级）主任

一、为了加强对学生的全面培养工作，并使一年级新生较快适应学校的学习生活，在各系一、二年级设立班（级）主任

班（级）主任是学校行政委派到各班（级）工作的行政干部，主要负责指导学生的学习，进行经常的政治思想教育和行政管理工作，并指导班委会开展工作。

二、班（级）主任的任务及职责

(1) 根据党的教育方针和有关各项政策、学校党委和行政的各项决议，指导学生德、智、体全面发展。

(2) 协助系全面指导和管理学生学习：

① 帮助学生熟悉学习和生活环境，进行专业教育和遵守学校的规章制度和纪律的教育，建立良好的学习秩序。

② 协助系加强各课程（包括专业劳动、教学实习）之间的配合，平衡课程作业，不使学生学习负担过重。并向有关教研组反映情况，提供建议，以提高教育质量。

③ 经常了解学生学习情况，帮助改进学习方法，培养学生刻苦钻研，认真读书的优良学风。督促学生完成学习任务。

④ 注意发现和培养学习上有突出成绩和特长的学生。向系和教研组提出因材施教的建议。关心工农学生、调干学生、华侨学生、少数民族学生和学习上有特殊困难学生的学习。

⑤ 向系行政提出对学生的奖励、处分和免考、缓考、升降班和休退学等意见。

(3) 在团支部的协助下经常了解本班学生的思想情况。教育和培养学生努力学习、提高觉悟、热爱劳动、锻炼身体、尊敬师长、团结互助、遵守纪律、爱护公物等优良品质和作风。

(4) 关心学生生活和健康，指导学生安排生活和课余活动。关心学生体质的增强和不同兴趣爱好的发展。指导班委会评议助

学金和生活补助等有关事项。

（5）协助系行政建立大一班委会。指导班委会工作，注意培养学生班干部，帮助团支部开展工作。

（6）一、二年级级主任，除上述各项任务外，应协助系行政了解、反映本系各班主任工作情况和各班学生学习中的一些共同性问题，总结和交流班主任工作经验。但级主任不是一级领导。

三、班（级）主任的设置、选派条件与任命

（1）各系一年级每班均设班主任一名；二年级有条件的尽可能设班主任，一、二年级各设级主任一名（由班主任一人中兼任）。

（2）班（级）主任由系务委员会提名，经校务委员会讨论通过后任命。

（3）班（级）主任应具备的条件如下：

① 1959年以前毕业的优秀教师；

② 觉悟较高，作风正派，表现较好；

③ 业务基础较好，能刻苦钻研，有一定教学经验；

④ 身体健康。

四、班（级）主任工作的组织领导

（1）班（级）主任接受系和教务处的双重领导。系由一位负责学生工作的副主任或指定的系务委员直接领导班（级）主任工作。教务处负责制订全校共同性的工作计划，总结交流班（级）主任工作的经验，并解决各班反映的应由学校统一处理的教学工作和教学行政工作中的问题。

（2）班（级）主任均不脱离教学工作，同时不担任其他社会工作。

每周用于班（级）主任工作时间暂定：班主任6～8小时，级主任8～10小时，任期二年。

第三章 团的半脱产干部

一、为了做好学生中团的工作和群众的思想政治工作,并通过实际工作锻炼,提高学生工作干部的思想政治水平,设立团的半脱产干部。

二、团的半脱产干部的任务是:加强共青团的思想工作和组织工作,推动全体同学努力做到德、智、体全面发展。

具体做好以下工作:

(1) 做好学生的政治思想工作:

① 在党委领导下,配合政治理论课教研组,开展马克思列宁主义理论和"形势与任务"教育。

② 对团员和同学进行共产主义道德品质和革命作风教育。

③ 了解和研究学生的思想动态和要求,及时向上级党、团组织反映。

④ 组织学生参加重大的政治活动。

(2) 加强对班级团支部的领导:团的半脱产干部应当把加强对团支部的领导工作作为自己的首要职责。

① 深入重点具体地帮助团支部开展工作。

② 组织团支部干部学习党的方针政策,提高思想水平,改进工作方法和工作作风。

③ 联系群众,发挥模范作用。帮助团支部干部做到"三好"。

(3) 做好团的组织建设工作:

① 做好团内教育工作,帮助团支部过好组织生活。

② 做好团的发展工作及其他组织工作。

(4) 了解和反映学生学习、生产劳动和科学研究中的情况和意见,协助党和行政做好这方面的思想工作。

(5) 了解和反映学生的生活、健康和劳逸结合的情况。协助系会和班会开展课外文化体育活动。

（6）针对各部分学生（华侨、少数民族、革命干部子弟、调干学生、犯过错误的学生）的特点进行思想教育工作，并向有关部门反映他们的情况和要求。

为了使团的半脱产干部集中精力做好以上工作，他们一般不负责人事工作、保卫工作、教学和生活的行政工作（如政治审查招生、分配专业、学生休退学、评议助学金、农副业生产和食堂等工作）。

三、为了做好学生思想政治工作，并使半脱产干部做到德、智、体全面发展，作下列规定

（1）工作及业务学习时间的规定：

① 团委副书记和分团委书记工作时间每周不超过 24 小时。

② 教师半脱产干部的教学任务应当减轻，每周政治工作时间不超过 15 小时。

③ 学生半脱产干部要保证每周业务学习 32 个学时，工作时间不超过 12 小时（不包括党、团组织生活）。

（2）学生担任半脱产干部工作期限一般为两年。在工作的两年内学完一年课程，延期一年毕业。每人按教学计划完成理论学习、课程设计、生产劳动和生产实习等学习任务。毕业设计期间一律不得脱产。半脱产干部的学习计划需经系批准、学校审查，不得轻易变动。

（3）团的半脱产干部的选拔：

① 团的半脱产干部从青年教师或四、五年级学生中挑选政治、业务较好、身体健康的党员担任。

② 团的半脱产干部应该：a. 本人自愿；b. 经过团组织民主选举；c. 系党总支审查、党委批准。

（4）加强对团的半脱产干部进行党的方针政策、工作作风和

方法的教育，经党委批准可以参加必要的党的干部会议和传达党的一些文件，以不断提高他们的政治思想水平。

要经常关心半脱产干部的劳逸结合，不要使他们的工作和学习负担过重，影响身体健康，工作期间发给生活补助费。

第四章　学生党支部

一、学生和教师分别建立党支部，学生中按年级或专业分别建立党支部，每个支部人数不宜过多。

二、学生党支部的任务：

（1）加强对党员的思想教育，组织党员学习党的方针政策，过好党的组织生活。

（2）教育和帮助党员努力做到"三好"，在学生中起模范带头作用。

（3）了解群众的意见和要求，向上级党组织反映。

（4）做好党的组织发展工作。

三、学生的政治思想工作和班级团支部工作是在系党总支和团委的领导下，通过分团委进行。学生党支部不担负领导班级团支部和班委会的任务，学生党小组和党员有责任支持班级团支部和班委会做好工作，但也不应担负领导团支部和班委会的任务。

第五章　班级团支部

一、班级团支部的主要任务是：教育团员发挥模范作用，团结全班同学努力做到"身体好、学习好、工作好"。

具体做好以下工作：

（1）协助党和行政教育团员和同学努力学习政治理论和党的方针政策，关心和帮助同学不断提高思想觉悟。

（2）引导同学认真读书，学好功课，遵守学习纪律，形成优良的学习风气。

（3）引导同学以积极的态度参加劳动，培养热爱劳动、热爱劳动人民的思想品质，学习生产技能。

（4）了解团员和同学的思想情况，及时反映同学的意见和要求。

（5）发扬团内民主，过好团的组织生活。做好发展新团员工作。

（6）关心同学的生活和健康，认真贯彻劳逸结合的规定。配合班委会开展课外文化体育活动。

二、班级团支部的建立及组织形式

（1）学生按班为单位建立团支部，四年级以上也可根据需要几个班建立一个团支部，但人数不宜过多，一般不设立团小组。

（2）团支部委员会的成员及产生办法：

一般设团支部书记、组织委员、宣传委员各一人，必要时可增设副书记一人。

团支委会每隔半年或一年改选一次。由团员提名用无记名投票选举，选举结果呈报上级团组织批准。

三、团支部要在党的领导下，密切配合有关部门进行工作

团支部在工作中要认真执行党的政策，遵守组织纪律。团支部无权决定在全班同学中开展政治运动、提口号、进行思想鉴定、开展群众性的批判、作出学术问题的结论。无权给同学戴上政治性的"帽子"或作出政治性的结论。也无权限制同学参加群众性的社会活动，并且不要建立"思想汇报"制度，硬性规定团员和同学定期汇报思想。

团支部要协助行政进行工作，但是不要代替行政职权。团支部无权更改行政规定的学习生活制度或订立新的制度。无权决定对同学进行行政处分。无权评定学习成绩、批准同学请假。无权决定教学、科学研究、实习、劳动任务的分配和工作调动。无权决定学生的粮食定量、助学金和生活补助费的标准以及对计划供

应的日用品的分配。

团支部应当密切配合班委会开展工作，教育团员模范执行班委会的决定，团支部要教育班委会中团员做好工作，但不要包办或代替班委会的工作。团支部和班委会组织上没有领导和被领导的关系。团支部不能任免班委会的干部。

第六章　班委会

一、班委会的任务

（1）向有关教师和教研组反映本班学生的学习情况和意见。

（2）协助系、教研组、有关教师组织本班学生的生产劳动、生产实习和科学研究等工作。

（3）协助系行政进行本班的学习考勤工作和教育同学遵守学习纪律。

（4）组织同学参加学校统一领导的政治活动。

（5）组织同学参加社会活动和课外文体活动。

（6）做好本班学生的生活福利、保健工作，向行政和学生会反映学生在生活方面的意见和要求。

二、班委会的建立及组织形式

（1）班是学生学习、生活和进行课外活动的基层单位。一般按班为单位建立班委会，四年级以上也可以根据需要几个班建立一个班委会。

一般在班级内不再划分固定的小组。

（2）班委会的成员及产生办法：

设班主席、学习委员、生活委员、文体委员各一人，组成班委会。

班委会可设体育（或文娱）、保健、伙食、劳动干事及各科课代表协助班委进行工作。

（3）班委会按其活动内容分别受行政和学生会领导。

三、班委会的产生

班委会每隔半年或一年改选一次，由全班同学提名用无记名投票选举。班主席选举后还需要经学校行政批准委任。

清华大学档案，全宗号 2，目录号 党 11，案卷号 097

关于学生工作中一些问题的界限（草案）

（1961 年 9 月）

一、思想政治工作要求严格区分敌我矛盾和人民内部矛盾。

（1）不能把思想落后或有某些反动观点的人当作反动分子。不能把对党的某些政策认识不清或不满，说成是反党反社会主义。不能把贪小便宜、乱用别人东西的人和偶尔有偷窃行为的人，当作坏分子。

（2）对人民内部的问题必须区别各种不同性质的问题，必须坚持团结—批评—团结的原则，采取民主的方法、和风细雨的方法、自我教育的方法，不能采取简单粗暴的强制压服的方法。

（3）对于有严重偷窃行为的人，除了进行批评教育外，必要时应给予一定的组织处分。

（4）对待极个别的反党反社会主义分子和坏分子，必须在党委领导下，有组织地进行严肃的斗争，督促他们改造。

二、加强法制观念的教育，党、团干部和学生应当模范地遵守法纪，维护宪法规定的公民权利。不得对学生进行搜查、跟踪、私拆信件、私查日记、打人和限制人身自由等违反法纪的行为。

同时，要教育团员和学生提高革命警惕性，对敌对分子的反动言行坚决揭露、严肃对待。

三、在学生中要广开言路，使有各种意见的人都能畅所欲言，经过民主讨论、自由争辩，达到明辨是非、提高认识、增强团结的目的。

（1）对各种问题的讨论允许保留不同意见。不仅要尊重多数人的意见，也要注意倾听少数人的意见。要允许被批评者陈述自己的意见，要允许反批评。

（2）要教育学生敢于讲真心话，向党反映真实情况，鼓励自下而上的批评和建议。不能把学生向上反映情况、越级上诉看作是无组织无纪律的行为，而加以阻挠、打击和报复。

（3）要把肯定九个指头批评一个指头和抓住一个指头否定九个指头区别开来。不能把对某些具体工作的意见和批评说成是"对党不满""攻击党"。

（4）不能把学生对党的某些方针政策一时认识不清、有模糊观点、有疑问看作是反对党的方针政策，应该允许学生提出疑问和意见。

（5）不能把对党团干部和党员个人的批评看作是"反对党""反对领导"。

四、一切工作必须从团结最大多数群众出发，要特别注意帮助进步较慢的学生。

（1）对他们要亲近、团结、帮助；不要疏远、孤立、歧视。

（2）要具体分析他们进步较慢的原因，不要用固定的眼光对待他们，要相信人的思想是可以转变的，要耐心地进行说服教育，热情地帮助他们。

（3）要承认思想觉悟上的差别性，要从他们的思想实际水平出发，逐步提高他们的觉悟，体现"各按步伐、共同前进"的精神。

（4）要注意调动他们的积极性，对他们的进步表现要加以鼓励。

（5）对于他们学习或生活上的困难要热诚关心和帮助。

五、对待少数犯错误的学生，一定要按照"惩前毖后，治病救人""既要弄清思想、又要团结同志"的原则，根据具体情况区别对待。

（1）不能把生活作风上的错误当作政治上的错误；不能把偶犯错误当作一贯的错误；不能把过去的错误当作现在的错误。

（2）对他们的错误要进行批评教育和耐心帮助，同时对他们的积极因素和进步表现要给予肯定和鼓励。不论他们的错误有多大，只要本人愿意改正，都要采取热情欢迎的态度。在政治思想上要严格要求他们，学习和生活上要关心照顾，工作上要发挥其作用。

（3）要给他们以改正错误的时间，不要轻下"坚持错误""屡教不改""不可挽救"的断语。

（4）对其中极少数错误严重的学生需要给以必要的组织处分，但应严格按照组织手续慎重处理。

（5）因领导上处理问题不当，有所不满；因有实际困难而一时情绪不高，对某些问题有模糊认识；或向组织汇报自己头脑中的错误想法等，都不能当作犯错误来对待。

六、对剥削阶级家庭出身的学生，要帮助他们与家庭划清政治思想界限，提高思想觉悟，但是不要歧视他们。不能把他们本人同他们家庭中的剥削阶级分子和反动分子等同起来；不要把他们一般性质的缺点和错误，简单地一律归于家庭影响；不要把他们在经济上和家庭还有某些必要的联系，就当作与家庭划不清思想界限。

七、加强团结归国华侨、少数民族和信仰宗教的学生的工作。关心他们政治上的进步，对他们进行思想教育，要从他们的实际情况出发，发扬爱国主义精神，逐步提高社会主义觉悟。要帮助他们克服学习上的困难，学好功课。对华侨和亲友的通信、经济来往、享受侨汇优待等不得干涉。对少数民族和信仰宗教的学生，要照顾他们的特点，尊重他们的风俗习惯和宗教信仰。

八、加强对调干学生的教育和帮助。教育他们努力学习，关心政治，谦虚谨慎，严格要求自己，在同学中起积极作用。

对他们之中学习困难的要采取措施，帮助他们学好，可以适当减轻他们的社会工作。对他们在生活上的特点，要给予必要的照顾和关心。

九、要提倡同学之间团结友爱的优良风气，在政治上、学习上、生活上互相关心和帮助。不要把几个同学比较接近和正常的友谊看作是"脱离集体"和"小圈子"。

十、要教育学生以积极的态度参加生产劳动。培养劳动习惯和劳动人民的思想感情，并且更好地贯彻理论联系实际的原则，增加生产知识，学习生产技能。

（1）对学生要加强劳动观点教育，但不能过多地增加劳动时间和劳动强度。不能把学生在生产劳动中的合理意见及要求（如合理的轮换工种等）和轻视实际、不安心平凡劳动混同起来。

（2）要教育学生虚心向劳动人民学习，但不能把对个别工人、农民的意见和工作中与他们有不同的看法简单地当作"轻视劳动人民""不虚心向劳动人民学习"。

（3）要鼓励学生在生产劳动中努力学习、钻研技术，不能认为这是"轻视劳动""个人主义"。

（4）在生产劳动期间，学生利用业余时间学习业务及进行其他活动，不能当作"不关心生产""不积极劳动"。

（5）对在生产劳动中、科学研究中没有完成任务、发生事故、损坏工具等问题要具体分析,不能简单地当作政治问题和思想问题。

十一、学生的主要任务是学习,学生应当把主要精力和大部分时间用在学习上。

努力学习是党和国家的需要,决不仅是个人的事情,思想政治工作不但要提高大家的政治觉悟,而且应当促进大家学好业务。学生党员和团员要努力学习,带动广大学生形成刻苦钻研、理论与实际相结合、革命性与科学性相结合的良好学风。

十二、教育学生正确处理红与专的关系,红与专应该是统一的、相辅相成的;政治统帅业务,但不能代替业务。只红不专,只专不红,都是不对的。

红首先是指政治立场,对于学生红的初步要求是拥护共产党的领导,拥护社会主义,努力做到三好,服从国家分配,愿意为社会主义事业服务。在这个基础上还应该积极地对他们进行无产阶级的共产主义的世界观教育,但是世界观的改造是一个长期的逐步实现的自我改造的过程,应该耐心地做工作,不能操之过急,对于不同的人不能一律要求。

"白"是指坚持反对共产党的领导,坚持反对社会主义。对那些用功读书但是思想上有缺点的学生,要帮助他们提高觉悟,但不要反对他们读书。今后不要再用"白专"这个名词批评学生,给学生扣"白专"帽子。

十三、教育学生树立攀登科学高峰的雄心壮志,培养学生成为工人阶级的科学家、工程师。

为个人名利而学习是错误的。在服从祖国需要的前提下,学生有个人的理想抱负,想要在自己所学专业的领域中作出出色的成就,成为专家,这是好事,应当鼓励。不能看作是个人名利思想。

掌握科学知识需要长期积累、循序渐进，不能急躁。要实现远大理想和抱负，必须踏踏实实地打好基础，学好基础理论、专业知识和实际技能。

十四、学生的学习必须依靠个人钻研。在个人钻研基础上自愿原则下应该提倡适当的互相帮助和互相探讨，但不要成立"学习互助组""合作社"，不要搞学习指标、竞赛，不要集体做作业。

在集体进行科学研究和毕业设计时，也要以个人钻研为基础。

把个人钻研当作个人主义，把集体学习当作集体主义都是错误的。

十五、应当承认学生在学习上的差别，贯彻因材施教的原则。

对于学习成绩优异、有突出才能的学生，应当支持和帮助他们学得更好。

学生应当按照教学计划完成学习任务，也鼓励他们在完成学习任务以外，根据自己的爱好与特长，在课余钻研学习科学技术知识。

对功课差的学生要给予关心和帮助，在他们原来学习的基础上实事求是地要求，不能强求一律。

十六、教育学生在学习中正确贯彻理论联系实际的原则。

在学习中注意理论与实际相结合，既要克服只重理论轻视实践的错误观点，也要克服不重视理论的片面观点。要引导学生按教学计划搞好实验、生产实习、劳动、科学研究和毕业设计。

不能把认真读书、查阅资料与轻视实践、迷信书本混为一谈。不能把科学研究和毕业设计中某些暂时与实际联系较少的理论探讨看作脱离实际。

十七、要教育学生正确地对待前人的文化科学遗产。

鼓励大家虚心向教师、向书本、向生产实践学习国内外一切有用的科学技术知识，也要克服迷信书本、迷信国外、盲目崇拜专家的错误观点。不能把学习外国的科学成就当作是迷信洋人。也不能把业务上向资产阶级专家学习一切有用的知识和政治上走资产阶级专家道路混为一谈。

十八、在学术讨论中要贯彻"百花齐放、百家争鸣"的方针。要在毛主席提出的六项政治标准的前提下提倡自由思想、各抒己见、展开争辩。

（1）要引导学生用辩证唯物主义的观点方法进行学术讨论，但必须正确划分政治问题、世界观问题和学术问题的界限，不能套用马列主义的术语来代替自然科学的规律。

（2）不要把政治上落后的人在学术上发表的意见都认为是错误的，也不要把学术上发表错误意见的人都看作是政治上落后的人。政治思想进步的人在学术上的意见也不一定都是正确的。

（3）要鼓励学生在讨论学术问题时发表不同意见，鼓励个人深入钻研，允许保留不同意见。不能采取少数服从多数的组织处理的办法来解决争论的问题。党团干部也只能以个人身份参加学术讨论，党团组织不得在学术问题上作结论。

（4）学术问题的讨论必须建立在认真学习和科学分析的基础上，取其精华去其糟粕，不能简单否定。

十九、学生必须尊重教师，遵守学习纪律。

（1）学生要虚心向教师学习，在教学、科学研究、生产中要尊重教师的主导作用。学生不能代替教师的工作。

（2）学生对教师要有礼貌。对学术问题有意见可以和教师平等地进行讨论。对教学工作有意见可以通过组织系统向学校行政反映，或在课后向教师提出，不应随意公开指责。

（3）学生必须遵守学习纪律，认真按照教学计划完成作业。

二十、要坚决贯彻执行党中央关于劳逸结合的指示，既要鼓舞和保护学生的热情和干劲，又要关心他们的身体健康。

学生中各项活动都要在党委和校行政的统一部署下妥善安排，不要侵占学生的休息和睡眠时间。要特别关心学生干部、女同学和体弱有病学生的健康。

要教育学生注意劳逸安排，培养良好的卫生习惯，参加体育锻炼，重视劳动保护，不断地提高自己的健康水平。

二十一、关心学生生活是一项重要的政治任务。一方面要加强对学生艰苦奋斗的教育，发扬革命乐观主义精神。另一方面要经常了解学生生活上的实际困难和合理要求，并及时加以解决。

（1）不要把学生生活中的实际问题看作是思想问题，不要把生活上的合理要求看作是贪图享受。

（2）由于经济条件不同，学生的物质生活水平有差别是自然的，不能平均主义，不能把穿得好一些、吃得好一些看作是"资产阶级生活方式"。

（3）要教育学生遵守国家的经济政策，但对学生按照国家政策规定购买需要的东西不得加以干涉。

（4）学生粮票、助学金的使用完全由学生自主，不得检查个人的经济状况（如：购货证、余粮、存款的使用情况）。

二十二、学生课余活动要贯彻"大集体，小自由"的原则。

（1）学生要积极参加学校统一规定必须参加的活动，其他的课余时间一律由学生自己支配，不能把学生自由支配时间看作是自由散漫。

（2）提倡学生积极参加有益于身心健康的课外文化体育活动，发展同学的正当爱好特长。要贯彻自愿参加的原则，可以自由结合,不能强求一律。

(3)要搞好学生中的文娱社团和体育代表队,它们都属于业余社团的性质,要贯彻自愿参加的原则,活动负担不应过重。文娱社团和代表队组织及班级组织对他们应该关心爱护,并帮助他们做到思想好、学习好、身体好、文娱或体育特长好。

二十三、在日常生活中,要教育学生勤劳俭朴、关心集体、爱护公物、讲究卫生、注意礼貌。培养学生有良好的道德品质和生活习惯,但个人的习惯和爱好,只要不妨碍集体利益,也不要限制和干涉。

(1)学生在生活问题上如有缺点和错误应该耐心说服教育,不能随便说成是"道德败坏,品质恶劣",更不能当作政治问题来对待。

(2)对贪小便宜乱拿别人东西的学生对他们应当个别地进行耐心地教育和帮助,启发他们自觉改正,不要当作严重的一贯的偷窃行为来看待。

(3)对具有严重的或一贯的偷窃行为的人要由行政及治安保卫部门处理,学生党团组织及班会组织都无权处理。在班上发现丢失财物时,要及时报告有关部门处理,不能在学生中进行追查检举。

(4)对学生的恋爱婚姻问题不要干涉。对在恋爱婚姻问题上犯有错误的学生应当个别教育,不要在群众中公开他们的错误。

清华大学档案,全宗号 2,目录号 党 11,案卷号 097

清华大学学生参加公益劳动管理办法
——1962—1963年度第八次校务委员会通过
（1963年3月15日）

为了贯彻党的教育为无产阶级政治服务，教育与生产劳动相结合的方针，按照教育部规定和我校教学计划的安排，学生必须参加适当的社会公益劳动，以培养学生热爱劳动、加强劳动观点。为加强劳动中学生的思想教育，并做好管理工作，确保安全，特制定本办法。

一、安排学生参加公益劳动主要是使学生接触工农群众，得到劳动锻炼。一切工作必须首先服从这个目的。

二、校一级成立公益劳动领导小组，由校长办公室负责，教务处、行政处、生活管理处、第一科、团委会、校医院派人参加。校长办公室指定负责人员任组长。领导小组任务如下：

1. 根据教学计划及有关规定确定劳动内容，安排劳动计划。

2. 确定各方面带队干部名单，检查各有关单位任务的执行情况。

3. 总结经验。

三、公益劳动时间按教学计划统一安排，学校各部门不得在教学计划规定的时间外另行组织，如有特殊需要须经主管校长批准。

四、公益劳动内容包括校外与校内劳动，校外劳动主要参加市人民委员会分配的支援国营农场和人民公社的农副业生产；校内劳动包括建设校园、校内农副业生产等。系及接收学生参加劳动的单位要负责做好学生的思想教育、劳动组织及安全工作。

五、校内的服务性劳动（包括食堂服务、清洁卫生等项）不计入公益劳动，但必须加强组织工作、注意安全、珍惜学生的时间，平均每人每周参加服务性劳动的时间不要超过一小时，由学校生活处和团委加以安排，超过每周一小时时要经过校长办公室批准。

六、公益劳动时有关单位的职责任务如下：

1. 校长办公室负责根据学生劳动的计划，会同有关部门统一安排学生劳动，审查劳动内容，检查各接收学生参加劳动的单位具体组织劳动的情况，并解决学生公益劳动期内的重要问题。

2. 教务处负责协调计划，妥善安排劳动期内的课程。

3. 生活管理处负责安排劳动期内食宿、交通、管好学生的生活。

4. 团委会负责学生劳动中政治思想工作。

5. 第一科负责现场安全保卫工作，检查劳动环境、劳动条件，审查操作规程，贯彻安全规定。

6. 校医院负责医疗保健工作，劳动前重点检查学生健康情况。

7. 学生参加公益劳动期内，有关系必须临时抽调带队干部，提出参加劳动的学生名单（有病、体弱学生和女同学在月经期间应减免劳动），对参加劳动的女同学应在劳动工种及劳动强度上予以适当照顾，并协同有关单位解决劳动中各种问题。

七、学生参加校外公益劳动时应在带队干部中指定人员组成领导小组（包括正副队长三至五人）。其任务如下：

1. 会同当地组织确定劳动任务、劳动时间分配。

2. 做好学生的政治思想工作，教育学生热爱劳动、培养劳动观点、学习工农群众的优秀品质、遵守劳动纪律、搞好同群众的关系、发扬艰苦朴素的精神。劳动结束时对学生进行劳动考核。

3. 管好学生的生活、注意劳逸结合、注意安全、保证学生身体健康。

4. 向校领导小组汇报劳动中的情况与问题。

八、校内公益劳动的几点规定：

1. 校内公益劳动应由接受学生参加劳动的单位、系及共青团组织等单位，组成领导小组。做好学生的劳动组织、思想教育及安全工作。

2. 接受学生参加劳动的单位须填写劳动申请表，在完成各项准备工作（如工作计划、安全措施、劳动工具等），并经批准以后，开始进行劳动。在申请学生参加劳动时，必须精打细算，必须加强现场的组织工作。

3. 具体组织劳动的单位须配备人员进行现场的具体指导，并在有关单位配合下注意对学生进行劳动教育。

4. 第一科负责学生劳动中的安全工作，凡不适合学生劳动的危险性作业（如高空作业、地下管道等），一律不组织学生参加。

5. 劳动时间在一周以上者，应由学生进行劳动总结，并由该项劳动的领导小组对参加劳动的学生进行考核。

《清华公报》第110期，1963年3月25日

学生思想政治工作的任务和一些问题的界限（修改稿）

（1964年2月）

说　明

1961年初，在党委领导下，我们草拟了《班级团支部工作

中一些问题的界限》[①]（五十条）在团干部和同学中讨论和执行。1962年初又贯彻执行了共青团中央所拟定的《共青团在学校中的思想政治工作纲要》（试行草案），进一步加强了学生中的思想政治工作，学生干部的工作水平政策水平也有很大提高。两年来，随着工作的开展，学生思想政治工作中出现了新的经验，也产生了一些新的问题，而且每年都有许多新的学生干部参加工作。为了明确任务，总结经验，提高学生干部的工作水平，最近在党委领导下，根据《共青团在学校中的思想政治工作纲要》（试行草案），结合学校的实际情况，我们把1961年草拟的《班级团支部工作中一些问题的界限》（五十条）做了修改和补充，成为这个材料。

现在把共青团中央所拟定的《共青团在学校中的思想政治工作纲要》（试行草案）和我校《学生思想政治工作的任务和一些问题的界限》（修改稿草案）一并发给各团支部，在团员中学习讨论，并在工作中试行。

共青团清华大学委员会
1964年2月

一、学生思想政治工作的任务

学生中的思想政治工作任务，是高举毛泽东思想红旗，坚持兴无灭资的方针，以共产主义精神教育同学，培养同学成为又红又专的革命接班人。

（一）要用马克思列宁主义、毛泽东思想武装同学。教育同学拥护党拥护社会主义，拥护党的"总路线、大跃进、人民公社"三面红旗，拥护党的教育方针。教育同学把自己的学习、工

[①] 编者注：该文参见《清华大学史料选编》第六卷第二分册第628页。

作同祖国社会主义革命、社会主义建设联系起来；同反对帝国主义、反对现代修正主义的斗争联系起来；同世界革命、人类的彻底解放联系起来。

（二）要培养革命的、科学的、民主团结的、艰苦朴素的四个作风，这就是：坚定勇敢、力争上游的革命精神；实事求是、调查研究的科学态度；民主团结、严肃活泼的同志关系；艰苦朴素、谦虚谨慎的工作作风。

（三）做好班级工作是培养同学全面地健康地成长的重要环节，在全校同学中要积极开展创造"思想好、学习好、劳动好、身体好"的"四好班"和"四好集体"活动。通过这一工作促使同学德、智、体全面发展，争取涌现出更多的"思想好、学习好、劳动好、身体好"的学生。

二、学生思想政治工作中一些问题的界限

（一）在思想政治工作中要严格区分敌我矛盾和人民内部矛盾。

（1）政治上的反动观点和思想意识上的落后表现要加以区别。政治上具有反动观点的人，在思想意识上必然会是落后的。思想意识落后的人，在政治观点上不一定都是反动的。

（2）要把政治上具有某些反动观点的人和反动分子加以区别。团支部不得给任何人随意扣上反动分子、右派分子和坏分子的帽子。

（3）对政治上具有某些反动观点但并未构成反动分子的人，不能当成反动分子看待。对于这些人既要批判其反动观点，也要团结教育本人。在批判这些人的反动观点时，对他们不能采用对敌斗争的术语（如孤立、打击、坦白从宽、抗拒从严、低头认罪、重新做人、老实交代等）。

（二）在思想政治工作中要正确处理人民内部矛盾。

（1）同学中最大量的问题是属于人民内部矛盾的问题，应当按照"团结—批评—团结"的公式处理。对同学思想上的问题，只能以同志式的态度进行热情的耐心的帮助，启发自觉，不能简单粗暴，更不能采取斗争会的方法去解决。

（2）在对同学进行思想教育工作中，应该有表扬和批评，两种工作方法应以表扬为主，批评为辅。

（三）对少数坚持反党反社会主义的分子和其他坏分子必须进行严肃的斗争，但必须是实事求是的充分的说理斗争。开任何批判斗争会必须请示报告学校党委，团支部不能擅自行动。

（四）党团干部和同学应当模范地遵守法纪，对任何人进行工作时，不能违法乱纪（如打人、骂人、拆信、私查日记、搜查等）。

（五）在思想工作中要使有各种意见的人都能畅所欲言，经过民主讨论、自由争辩，达到明辨是非、提高认识、增强团结的目的。

（1）思想讨论中提倡自己提出问题，自己分析问题，自己解决问题，贯彻平等讨论、以理服人、不扣帽子、允许保留的精神，形成人人做思想工作，群众性自我教育的风气。

（2）对各种问题的讨论允许保留不同意见。不仅要尊重多数人的意见，也要注意倾听少数人的意见。要允许被批评者陈述自己的意见，也要允许反批评。

（六）要把同学肯定工作中"九个指头"的成绩，批评"一个指头"的缺点错误，和抓住"一个指头"的缺点错误，否定"九个指头"的成绩区别开来。

（七）要教育同学，向党的组织反映真实情况，要鼓励自下而上的批评和建议。不能把同学向上反映情况、越级上诉看作是无组织无纪律的行为,而加以阻挠、打击和报复。

(八)不能对某些具体工作的意见和批评说成是"对党不满""攻击党"。不能把对党团干部和党员个人的批评看作是"反对党""反对领导"。

(九)教育同学认真学习党的方针政策,但不能把同学对党的某些方针一时认识不清、有模糊观点、有疑问看作是反对党的方针政策,应该允许同学提出疑问和意见。

(十)团支部必须切实保障团章所规定的团员的民主权利。团支委会必须由支部团员大会民主选举产生,对支部团员大会负责。团支委会和任何个人都无权撤换团支委的职务。

(十一)在思想工作中要特别注意帮助进步较慢的同学。

(1)对进步较慢的同学要亲近、团结、帮助、平等相处;不要疏远、孤立、歧视。

(2)要具体分析他们进步较慢的原因,不要用固定的眼光对待他们,要相信经过党的教育他们的思想是可以转变的,要耐心地进行说服教育,热情地帮助他们。

(3)要承认同学思想觉悟上的差别性,要从他们的思想实际水平出发,逐步提高他们的觉悟,体现"各按步伐,共同前进"的精神。他们在进步的过程中会有反复,对他们应耐心等待,不要操之过急。

(4)要尽一切可能调动他们的积极性,对他们的优点要加以发扬,对他们的特长要发挥其作用,对他们的点滴进步都要加以肯定和鼓励。

(5)要像关心其他同学一样关心他们的学习和生活,帮助他们努力做到"思想好、学习好、劳动好、身体好"。

(十二)对少数犯错误的同学,一定要按照"惩前毖后,治病救人""既要弄清思想、又要团结同志"的原则,根据具体情况区别对待。

（1）不能把生活作风上的错误当作政治上的错误，不能把偶犯错误当作一贯的错误；对已经改正的错误的同学不要算"旧账"。

（2）对犯错误的同学要进行批评教育和耐心帮助。不论他们的错误有多大，只要本人愿意改正，都要采取热情欢迎的态度。当他们改正了错误和有进步表现时，要给以肯定和鼓励。

（3）在政治思想上要严格要求他们，学习和生活上要关心照顾，工作上要发挥其作用。

（4）要给犯错误的同学以改正错误的时间，不要轻下"坚持错误、屡教不改""无可挽救"的断语。

（5）对其中较少数错误严重的同学需要给以必要的组织处分时，应严格按照组织手续正确处理。对同学中个别错误严重、有普遍教育意义确有必要在班级范围内进行群众性批判的，应请示报告党委决定，并在党委统一领导下进行。

（十三）对于向组织汇报自己错误思想的人，应该欢迎其态度，指出其错误，帮助他们提高觉悟。

（十四）对占小便宜和贪污、盗窃行为要加以区别。

（1）在班上发现丢失财务时，不得随意在同学中进行追查、检举，不能胡乱猜疑，应该报告行政及有关部门处理。

（2）对占小便宜的同学，要耐心地进行教育，帮助他们提高觉悟，不要开会批判斗争，不准扣帽子。

（3）对有贪污、盗窃行为的同学要进行严肃的批评教育，必要时由行政给以处分。对犯这类错误的团员，必要时要给以团纪处分。

（十五）要把阶级分析和唯成分论区别开来。

（1）不要把本人的家庭出身就当作本人的政治态度。

(2) 不要把同学与剥削阶级家庭有某些必要的联系，就当作政治思想上与剥削阶级划不清界限来看待。

(3) 对剥削阶级家庭出身的同学要帮助他们站稳工人阶级立场，帮助他们与家庭划清政治思想界限，警惕家庭对自己的思想影响，但是不能把他们同他们家庭当中的剥削阶级分子等同起来。

（十六）要教育革命干部子女、工农家庭出身的同学严格要求自己，继承革命传统、做革命的接班人，不要因为出身好而背上进步的包袱，放松对资产阶级思想影响的警惕，放松对自己的思想改造。

（十七）加强对华侨同学的工作。

(1) 关心他们政治上的进步，从实际情况出发进行思想教育，逐步提高他们的社会主义觉悟，把爱国主义和社会主义教育结合起来。

(2) 帮助他们克服学习上的困难，学好功课。

(3) 对华侨和亲友的通信、经济往来、享受侨汇优待等不得干涉。

（十八）加强对少数民族同学的工作，关心他们政治上的进步，帮助他们学好功课，关心他们的生活，尊重他们的风俗习惯。

（十九）要做好女同学工作。

(1) 关心女同学的思想进步、身体健康及婚姻恋爱问题。

(2) 在劳动、实习中不要使女同学参加过重的体力劳动，注意她们的经期休息。

(3) 不要把对女同学生活上必需的特殊照顾和娇气、消极落后混同起来。

（二十）对待学生中的右派分子要"一看二帮"。政治思想上要孤立、分化、改造，生活上不要歧视，学习上要帮助他们学好功课。

（二十一）要加强政治思想工作，但要讲求实效，社会活动不能过多；安排政治活动时间时，不能影响教学计划及劳逸结合。

（二十二）教育同学正确处理红与专的关系，努力做到红专结合又红又专。政治是灵魂，是统帅。只专不红，会在政治上迷失方向；只红不专，会变成空头政治家。

红首先是指政治立场。拥护党，拥护社会主义，愿意为社会主义事业服务是红的初步要求。在这个基础上还应该积极地进行世界观的改造，树立无产阶级世界观，做革命事业的接班人，但是世界观的改造是一个长期的自我改造过程，应该耐心地做工作，启发自觉，不要操之过急。

"白"是指坚持反党反社会主义。对那些用功读书但是政治上进步较慢的同学，不能认为是走"白专道路"。要帮助他们提高政治觉悟，也要鼓励他们努力学习。

（二十三）教育同学树立为祖国社会主义事业而攀登科学高峰的雄心壮志。

教育同学为了祖国社会主义事业的需要要有远大的理想抱负，要在自己所学专业的领域中作出出色的成就，成为专家，成为内行。要反对为个人名利而学习的错误思想，但是不要把个人的革命理想抱负看作是个人名利思想。

（二十四）同学的主要任务是学习，同学应当把主要精力和大部分时间用在学习上。

努力学习是党和国家的需要，决不仅是个人的事情，思想政治工作不但要提高大家的政治觉悟，而且应该促进大家学好业务。学生党员和团员要努力学习，带动广大同学形成刻苦钻研、理论与实际相结合、革命性和科学性相结合的良好学风。

（二十五）教育同学在学习中正确贯彻理论联系实际的原则。

在学习中应注意理论与实际相结合，使同学认识到理论来自实践，实践是检验理论的唯一标准。既要克服只重理论轻视实践的错误观点，也要克服不重视理论的片面观点。要引导同学按教学计划搞好实验、生产实习、劳动和毕业设计。

不能把认真读书、查阅资料与轻视实践、迷信书本混为一谈。不能把科学研究和毕业设计中某些暂时与实际联系较少的理论探讨看作脱离实际。

（二十六）同学的学习要在教师的指导下依靠个人钻研。同学之间在个人钻研基础上根据自愿原则可以适当地相互探讨和帮助。不要成立学习"互助组""合作社"，不要搞学习成绩的评比竞赛。

在集体进行科学研究和毕业设计时，要把个人钻研和集体研究结合起来。不要把学习上的个人钻研当作思想上的个人主义。

（二十七）应当承认同学在学习上的差别，贯彻因材施教的原则。

（1）对于学习成绩优异的同学应当支持和帮助他们学习得更好，帮助他们做到又红又专全面发展。帮助他们正确处理政治与业务、个人和集体、理论和实践的关系。教育他们作风上谦虚谨慎、尊敬教师，使他们思想上不断进步。

（2）同学应当按照教学计划完成学习任务，在完成学习任务以外，应当鼓励他们根据自己的爱好与特长，在课余时间钻研学习科学技术知识。

（3）要关心学习困难的同学，争取教师给以必要的帮助。

（二十八）要教育同学正确地对待前人的文化科学遗产。

要鼓励大家虚心向教师、向书本、向生产实践学习国内外一切有用的科学技术知识，但不要迷信书本、迷信外国、盲目崇拜专家。应该批判地继承前人文化遗产。在业务上要向资产阶级专家学习有用的知识，但在政治思想上一定要和资产阶级专家划清界限。不能把业务上向资产阶级专家学习一切有用的知识和政治上走资产阶级专家道路混为一谈。

（二十九）在学术讨论中要贯彻"百花齐放、百家争鸣"的方针。

（1）要在毛主席提出的六项政治标准的前提下提倡自由思想、各抒己见、展开争辩。

（2）要引导同学学习运用辩证唯物主义的观点和方法参加学术讨论，但是必须正确划分政治问题、世界观问题和学术问题的界限，不能套用马列主义的术语来代替自然科学的规律。

（3）不要把政治上落后的人在学术上发表的意见都认为是错误的，也不要把学术上发表错误意见的人都看作是政治上落后的人。政治思想进步的人在学术上的意见也不一定都是正确的。

（4）要鼓励同学在讨论学术问题时发表不同意见，鼓励个人深入钻研，允许保留不同意见。不能采取少数服从多数的组织处理的办法来解决争论的问题。党团干部也只能以个人身份参加学术讨论，党团组织不得在学术问题上作结论。

（5）学术问题的批判必须建立在认真学习和科学分析的基础上，取其精华，去其糟粕，不能简单否定。

（三十）学生必须尊重教师，遵守学习纪律。

（1）学生要虚心向教师学习，在教学、科学研究、生产劳动中要尊重教师的主导作用。学生不能代替教师的工作。

（2）学生对教师要有礼貌。对学术问题有意见可以和教师平等地进行讨论。对教学工作有意见可以通过组织系统向学校行政反映，不应随意公开指责。

（3）学生必须遵守学习纪律，认真按照教学计划完成作业。

（三十一）加强在劳动和实习中的思想工作，教育同学积极参加生产劳动、生产实习。

（1）在劳动中要进行阶级教育、劳动教育和热爱专业的教育，培养同学的劳动习惯和热爱劳动人民的思想感情；并且贯彻理论联系实际的原则，增加生产知识，学习生产技能。

（2）对同学要加强劳动观点教育，但劳动中要注意劳逸结合，重视劳动保护，关心群众生活。

（3）要教育同学服从工作需要，安心平凡劳动，但不能把同学在生产劳动中的合理意见及要求（如在专业劳动中合理的轮换工种等）和轻视实际、不安心平凡劳动混同起来。

（三十二）在生产劳动、科学研究中，要教育同学爱护仪器设备、节约材料，对在生产劳动、科学研究中没有完成任务、发生事故、损坏工具等问题要具体分析，不能简单处理。

（三十三）要把革命精神和科学精神结合起来，在工作和学习中既要提倡敢想敢干破除迷信的革命风格，又要提倡实事求是调查研究的科学态度。

（三十四）必须教育同学个人利益服从集体利益，树立大公无私、先公后私的集体主义思想，但对于不妨碍集体利益的正当的个人利益不要看作个人主义。

（三十五）必须对同学进行艰苦奋斗的思想教育，发扬革命乐观主义精神。既要进行艰苦奋斗的思想教育，也要关心群众生活。要经常了解同学生活上的实际困难和合理要求，向有关方面反映。

（三十六）既要在思想上教育同学与劳动人民同甘共苦，又要承认目前同学相互之间在生活水平上的差别。不要把吃得好一点，穿得好一点看作是贪图享受或"资产阶级生活方式"。

(三十七)实际问题和思想问题要区别对待(如身体有病和思想有毛病、个人实际困难和个人主义等都要分开)既要解决思想问题,又要解决实际问题。不要因为思想问题未解决而不去帮助解决实际问题;也不要只帮助解决实际问题而不去进行思想教育。

(三十八)要教育同学遵守国家的经济政策,但对同学按照国家政策规定购买需要的东西不要加以干涉。

(三十九)粮票、助学金的使用完全由同学自主。不得检查个人的经济情况(如购货证、余粮的使用情况,储蓄、汇款等)。

(四十)在日常生活中,要教育同学爱护公共财物,遵守公共秩序,讲求公共卫生。培养同学有良好的道德品质和生活习惯,但个人的习惯和爱好,只要不妨碍集体利益和群众纪律的,不要歧视、限制和干涉。

(四十一)对同学要进行团结互助发扬阶级友爱的思想教育,但对同学间的相互帮助,必须坚持自愿原则,不要强迫命令。

(四十二)坚决贯彻执行党中央关于劳逸结合的指示。

(1)既要鼓舞和保护同学学习、劳动的革命热情和干劲,又要关心他们的身体健康。

(2)同学中各项活动都要在党委和校行政的统一部署下妥善安排,不要侵占学生的休息和睡眠时间。要特别关心学生干部、女同学和体弱有病同学的健康。

(3)要教育同学注意劳逸安排,培养良好的卫生习惯,参加体育锻炼,不断地提高自己的健康水平。

(4)教育同学在集体生活中要遵守群众纪律,不要妨碍别人的学习、工作和休息。

(四十三)要引导同学积极参加有益于身心健康的课外文化体育活动和民兵活动,做到全面发展。但在课外活动中要贯彻大集体与小自由结合的原则。课余时间由同学自由支配。

（四十四）要教育同学积极参加体育锻炼，不断提高体质水平，争取至少健康地为祖国工作五十年。课余体育活动要提倡有计划有组织的锻炼，但各人可以根据自己的身体条件自愿参加。

（四十五）要关心同学的课外文化活动，通过文艺领域对同学进行共产主义思想教育。

（1）积极提倡同学阅读革命文艺作品，唱革命歌曲。以此作为对同学进行阶级教育的一个重要方面。

（2）对看古典小说的同学，要引导他们以批判的态度去阅读，警惕封建主义、资本主义思想影响，使他们能取其精华，去其糟粕。

（3）对看黄色小说、反动书刊，听黄色音乐、反动广播的同学，要指出其错误和危害性，加以批评和阻止。

（四十六）团支部、班会应鼓励在文化体育活动中有特长的同学积极参加学校体育代表队和文艺社团，但要贯彻自愿参加原则。体育代表队、文艺社团和班级组织应当共同帮助已参加代表队和社团的同学，做到思想好、学习好、劳动好、课外活动好。不应当把他们必要时少参加班级活动、不担任班级社会工作认为是不关心集体、脱离群众。

（四十七）要教育同学正确对待婚姻恋爱问题。

（1）教育同学严格遵守学校有关学生婚姻问题的规定。

（2）提倡在学习期间不要过早地恋爱，提倡低班同学不谈恋爱。对已经恋爱的同学，也不要歧视。

（3）对于在婚姻恋爱问题上有错误的思想观点及采取轻率态度的同学，应该个别教育，除特殊情况外，一般不要把他们的错误在群众中公布。

（4）对于在婚姻恋爱问题上道德败坏的同学应该报告上级严

肃处理。不要把在婚姻恋爱问题上采取轻率态度与道德败坏、品质恶劣、流氓行为混同起来。

（四十八）团支部要协助班会搞好工作，团支部不要包办代替班会的工作。班委会的干部必须由全班同学民主选举产生，团支部无权撤换和任免。团支部必须教育团员模范地执行班会的决定。

（四十九）团支部要保证学校行政的规章制度贯彻执行。团支部不得随意提口号、定规章。

（五十）要帮助班级干部不断提高工作水平和政策水平，但由于学生干部工作经验不足，工作中不可避免地会有缺点和错误，对于学生干部工作中的缺点和错误，同样要耐心帮助，不能简单化。

《新清华》（内部刊物），1965 年 2 月 18 日

四千多师生参加农村社会主义教育运动※

（1965 年 9 月 12 日）

我校四五六级同学和一部分教师职工共四千四百多人，于九月十二日前后分别到延庆、怀柔、平谷等县和海淀区参加农村社会主义教育运动。此外，水利、土建、动力、电机等系约二百多师生组成的水利工作队，也已于九月一、二日分别到延庆、怀柔等县区，帮助农村在搞好社会主义教育运动的同时，进行水利建设。

八月三十日，蒋南翔校长对去农村参加社会主义教育运动的师生和留校的全体师生员工及干部作了新学年开始的动员报告。他要求全校师生职工在新的学年里，在校内校外的战场上，都要

打个漂亮仗。

在蒋校长报告以后，九月一日参加农村社会主义教育运动的师生开始了集中学习。学习中央的有关政策，听了党委第一副书记刘冰同志的报告，讨论了知识分子与工农结合的问题。在学习期间，延庆县、怀柔县、平谷县及海淀区的负责同志都来校分别向参加该县（区）农村社会主义教育运动的师生作了报告。通过学习讨论，大家初步明确了农村社会主义教育运动的基本指导思想和基本政策，明确了到农村去首要的任务是要把工作搞好，在改造客观世界的过程中改造主观世界，把自己锻炼成为三大革命运动战士。

因病留校的同学在九月四日听了艾知生同志的动员报告，明确了德、智、体全面发展是党对学生的要求，都纷纷表示要在这半年内努力提高健康水平，争取在健康的战线上打个漂亮仗。

《新清华》第749期，1965年9月18日

（四）政治辅导员制度

清华大学关于设立政治辅导员制度给中央高等教育部、人事部的报告

（1953年4月3日）

中央高等教育部
中央人事部：

为了加强对学生的政治思想教育，保证学习任务的完成，并

减少学生中党团员骨干的社会工作至政务院规定的每周六小时的限度,我们拟根据一九五二年政务院批准的全国工学院院长会议决议设立政治辅导员制度。办法是:挑选学习成绩优良,觉悟较高的党团员担任辅导员,其学习年限延长一年,学科则相应减少,每周进行24小时工作,这样,并可培养辅导员成为比一般学生具有更高政治质量及业务水平的干部。由于今后政治工作必须密切结合学习进行,辅导员由于具有一定业务水平,及其在学习上的模范作用,对展开工作会是有很大便利的。

我们考虑了当前工作的需要,拟抽调三年级学生25人,预计在一九五四(年)秋完全恢复正常学习,一九五五年毕业。一九五四年如尚需辅导员,可再酌量挑选。

当否,请即批示。

　　此致
敬礼

　　　　　　　　　　　　　　　　　　清华大学
　　　　　　　　　　　　　　　　　　五三年四月三日

清华大学档案,全宗号2,目录号 党11,案卷号046

高教部关于学生政治辅导员津贴事宜给清华大学的指示※

(1953年8月)

清华大学:

七月八日清工(53)发字第一二八一号函悉。

关于你校由各系同学中选拔的政治辅导员23人,拟于人民助学金外,每人每月发给津贴人民币拾捌万元,我部同意暂按你校的意见试行（不定为制度）。此项津贴，可暂在你校工资目经费内开支报销。并将此项人员，列入你校编制（学生兼任政治辅导工作的二十三人，可暂按两人作一个编制计算），在今年下半年分配你校之教学辅助人员名额内解决。

中央人民政府高等教育部
一九五三年八月廿日

清华大学档案，全宗号 2，目录号 校 5，案卷号 53006

附：清华大学关于学生政治辅导员津贴事宜呈高教部的请示※

（1953年7月7日）

送达机关　中央高等教育部
事由　函为拟我校政治辅导［处］辅导员待遇请鉴核批准由

案查我校政治辅导处的组织机构干部配备和名单及工作计划等前经拟订，并于本年三月廿四日以清工发字第〇八三〇号呈文报请鉴核准予备案。所设政治辅导员廿三人，系由我校各系学生中选拔担任，并已展开工作，其待遇问题，经考虑结果，除每人每月应领之人民助学金外，拟每人每月各发给津贴人民币十八万元，拟请鉴核批准，此项津贴应由何款项下支拨，并请指示，俾便遵行。
此上
中央人民政府高等教育部

校戳启　七月七日

清华大学档案，全宗号 2，目录号 校 5，案卷号 53006

政治辅导员制度起了显著作用

(1954 年 3 月 16 日)

本校自一九五三年春在学生中建立政治辅导员制度以来,在对学生进行经常的深入的政治思想教育,组织并推动同学的学习、体育、文化方面等活动,保证完成学校的行政与教学任务方面,起了一定作用。目前在学生中共有政治辅导员二十七人。他们都是共产党员,在工作中密切联系群众,热情地帮助同学进步,受到同学们的欢迎与支持。如土木系一位同学过去对专业的看法不正确,经过辅导员和他谈话,解决了思想问题,提高了觉悟。他因自己的进步而感谢辅导员方惠坚同志,有什么问题就找辅导员谈。很多团的干部感到在辅导员帮助下一点点地逐步学会了如何做好工作。

特别重要的是,辅导员在协助行政与教师完成行政与教学任务方面,成为有力的助手。例如土木系主任张维让辅导员在教研组主任会议上报告同学学习情况和问题,研究如何面向同学,保证学时,总结专业教育的经验,并通过辅导员协助组织班长课代表的培养与训练科学小组的活动。学校教学行政工作由于有了各系辅导员的协助,使工作更加深入细致。从新生入学、专业教育到生产实习、毕业生等的组织工作与思想教育,直到对个别同学的帮助教育,都是依靠辅导员在群众中进行经常的深入细致的工作,有力地保证了行政任务的顺利完成。

所有辅导员同时还担任着党团组织的思想工作与组织工作。

政治辅导员自己在工作的锻炼中,工作能力和政治思想水平也得到很大提高。他们在学习上也都是优秀的,一般成绩都是四分和五分。如水利系的六个辅导员中上学期除一人有一门四分外,其他人门门功课都是五分。他们热爱工作,思想开朗,朝气蓬勃，在同学中成为全面发展的先进的人。

为了加强辅导员的工作，政治辅导处在寒假期中曾总结了辅导员的工作经验。蒋校长并召集全体辅导员座谈，肯定了政治辅导员工作的成绩，并且指出了今后提高思想水平改进工作要注意的问题。

《新清华》第 36 期，1954 年 3 月 16 日

关于学生半脱产干部情况的报告

（1961 年 5 月 27 日）

党委：

从 1953 年建立半脱产干部制度以来，在党委领导下，他们在全校学生政治思想、学习、劳动、生活和课外活动等各项工作中积极进行了思想工作和组织工作。他们自己在政治、业务和工作能力上也都得到锻炼和培养，几年来为学校各部门和各系输送了一定数量的干部。随着学校的发展，学生半脱产干部队伍逐渐扩大，工作要求不断提高，在学生半脱产干部的工作负担、业务成长和选拔管理制度等方面，出现了不少新的问题。现把我们共同调查研究的情况、问题和解决的初步意见汇报如下：

一、存在问题

1. 学生半脱产干部的工作负担太重，影响了政治、业务和身体的全面成长

从去年暑假以后，70％以上的学生半脱产干部兼任了政治课辅导工作，这样他们在党团工作、业务学习、政治课辅导三方面常不能兼顾，同时目前学生半脱产干部还担负了一定的行政工作，如食堂、保健站、助学金、学生请假、休学退学的处理等工

作，也由于工作方法上存在一些缺点，因而每周工作时间经常的都在30小时左右，有突击任务时达到40小时以上，再加上业务学习和政治学习，每周就要达到60小时以上，这样就不能保证必要的休息和体育锻炼。据上学期统计学生半脱产干部中病弱的将近40％。

2. 业务学习质量还需要提高

学生半脱产干部在抽调时大部分都是班上学习比较优秀的学生，但从目前情况来看学习质量有些下降，如：机械系的21名学生半脱产干部，学习水平在一般同学水平之上的6人，占30％；接近于一般同学水平的8人，占38％；低于一般同学水平的7人，占32％。他们一般在对课程的深入钻研、在科研生产中动手能力和外文水平方面比同班同学水平要低些。主要原因：①学习计划安排不当，有人缺课较多；或先学专业课后补基础课；有些人选课过重，实际不能完成教学计划要求。②有些课虽然已经上了，但很少复习或没有考试而不巩固；有些需要经常复习的缺少时间，如看参考资料、外文和建筑专业的美术练习。③科研、生产和实习参加少，在本班同学生产或实习时，有时就因工作需要而不能参加，或上午去、下午不能去，因此操作能力较差。

3. 选拔和管理上还不够严格

一部分学生半脱产干部在全面成长上存在的一些问题，是和选拔管理上一些缺点分不开的。如：①有些人（被）抽调时年级太低，现有的159个学生半脱产干部，在三年级以前抽调的有110人占70％（其中三年级68人，二年级40人，一年级2人）这样不仅由于工作经验少，在政治思想工作上较难胜任，同时也造成学习上的困难。②对培养学生半脱产干部后备力量计划不够。近两年抽调半脱产干部的年级愈来愈低，主要是由于最近几年来抽调了不少未毕业的半脱产干部支援新专业和政治课教研组，如机械系两年中就抽调了12人，而现在的四、五年级中党员人数少，半脱产干部大部分需要从来校后发展的党员中选拔（一般在中学时已入党的学生是很少的），如：机械系四年级300个学生中，四年中只发展了13个党员，其中8人抽做了半脱产干部，无线电系四年级（无三）280个学生中，四年中只发展了11个党员，其中5人抽做了半脱产干部，其他都因学习、身体等条件不合适，就不得不从低年级抽调。③抽调时，对学习和身体条件考察不严格，现有半脱产干部中，有调干党员20人（占13％），其中不少人学习上原来就有一定困难，抽做半脱产干部以后增加了学习上的困难。

二、改进办法

这些问题如不及时加以解决，对于加强学生政治思想工作，培养一支又红又专的干部队伍，以及在学生中形成优良的学习风气都有直接的影响。这些问题虽然和部分半脱产干部的思想认识有一定关系，但他们的实际困难是主要的。为了解决这个问题，我们提出如下初步意见。

1. 减轻工作负担

①免除政治课辅导工作；②加强系行政机构的工作，减少或免除学生半脱产干部一些行政性工作（如：食堂、助学金及教学行政等工作），低班建立班主任制度。③学生半脱产干部主要任务是做好党团政治思想工作。每周工作时间不超过20小时。

2. 坚持按教学计划学习

①每个学生半脱产干部必须完成所学专业的教学计划，由各系党总支指定专人帮助他们订出教学计划，每学期所选课程要贯彻"少而精"的原则，教学计划规定考试的课程必须按期考试。②在半脱产工作期间要保证有2/3的时间按教学计划进行学习、科研和劳动（包括政治理论学习），尽可能和同班同学一起完成

科研、劳动和实习任务；但方式和时间可以灵活掌握。③毕业前最后一年全时学习，完成毕业设计。

3. 健全选拔的管理制度

① 学生半脱产干部必须从四、五年级中选德、智、体三方面表现优秀的学生党员担任，不得从三年级以下抽调。尽可能不抽调年龄较大的学生调干党员担任半脱产干部。对于个别因为延长毕业年限而影响家庭生活困难的，除发给半脱产干部津贴外，适当给以生活补助。分团委书记最好能由半脱产教师担任。

② 学生半脱产干部延期一年毕业，一般的在工作的两年内学完一年的课程，为使分团委领导核心能保持一定稳定，以少数人经过党委批准可以按工作三年（在此期内，学完两年课程）安排。

③ 建立学生半脱产干部的选拔、审批和管理制度。建议全校由党委组织部、教务处、团委会指定专人共同负责了解和检查学生半脱产干部的选拔、培养和管理工作。各系由党总支指定专人负责。每学期开学前结合半脱产干部的配备调整工作，对他们的工作、学习、健康情况做一次全面检查，每学期学生半脱产干部的人选由各系党总支审查，报请党委批准。

4. 调整现有学生半脱产干部队伍

在今年暑假前后，对学生半脱产干部进行一次排队，对缺课多、班级低、身体差或在政治上不适合担任半脱产干部工作的进行适当调整，同时为了紧缩编制，准备在适当减少学生半脱产干部行政工作及免除政治课兼职辅导的基础上，把现有的159人减少为132人（暑假后学生约13 200人，按100∶1配备）。

以上报告是否妥当，请党委批示。

党委组织部
团委会
1961年5月27日

清华大学档案，全宗号2，目录号党11，案卷号054

关于学生政治辅导员业务学习的几项规定

(1961年7月13日)

一、学生政治辅导员教学计划按延长一年安排,允许一定的灵活性,但教学要求必须严格按照培养目标和批准的专业教学计划执行。

二、政治辅导员的专门教学计划由各系教务科协同人事科拟订,经主管教学的副系主任签字,送教务处批准后执行。

三、已抽调的现任辅导员的教学计划根据今年修改后相应班级的教学计划原则和要求制定。

四、准备下学年抽调的辅导员应从四年级以上班级学生中选择确定。毕业设计期间不做辅导员的工作,以保证毕业设计正常进行。

五、政治辅导员教学计划执行情况,由系教务科专人负责,每学期检查二次。每学期末对实际完成情况进行教学计划的核实统计,与辅导员学习成绩表一并送教务处。

六、辅导员教学计划的改变和调整,必须由系教务科申请,系主任同意后,送教务处审核批准。辅导员应严格完成教学计划的各项要求。

七、有关单位应切实保证辅导员每周有三分之二的时间用于业务学习。

教务处
1961年7月13日

清华大学档案,全宗号2,目录号校3,案卷号190

关于团的半脱产干部情况汇报提纲

(1963年11月23日)

我校从1953年以来为做好学生中的政治思想工作,设立了半脱产干部的制度,1957年前称为政治辅导员,1961年以后改称团的半脱产干部。十年来先后已有460多人担任过这一工作。通过半脱产干部制度加强了政治思想工作,同时也为国家和学校输送了一批干部。现将我校团的半脱产干部的情况汇报如下:

一、配备

我校共有学生11 596名,其中团员8 069名,占70%。现配备团的全脱产干部8名(团委正、副书记6名,参加1/4~1/3教学工作;办公室秘书2名);团的半脱产干部97名,其中教师半脱产干部30名,学生半脱产干部67名,分配在团委和学生会工作的12名,担任团委各部正、副部长和学生会正、副主席;分配在各系分团委工作的79名,另有6名病休或尚未安排工作。全校共10个分团委,每个分团委根据学生人数多少,配备6~10名半脱产干部,其中有教师2~3名,如工程力学数学系,有学生980人,配备7名(教师3名,学生4名),土建系有学生1 243人,配备9名(教师2名,学生7名),这些同志一般担任分团委正副书记和组织、宣传、学习劳动、大一工作委员会和系会主席,同时分别联系5~6个班的工作。

教师半脱产干部一般每周政治工作30~35小时;参加教学和科研时间20~25小时;学生半脱产干部一般每周政治工作20~25小时,业务学习时间30~35小时。

二、任务

1961年以前,有一段时间半脱产干部除负责团的工作外,还协助行政处理有关学生的人事、保卫、教学和生活方面的行政工作(如政治审查、招生、分配专业、毕业分配、学生休退学、评议助学金、粮食定量和食堂工作等),这样由于任务过多,精力分散,影响做好学生中的思想政治工作和团的建设工作。根据党委决定,半脱产干部改称团的半脱产干部,任务主要是负责学生中团的工作和群众的思想政治工作。上述行政工作由各系有关科室及班级主任分别负责,团的干部协助行政做好这些工作中的思想工作。学生的思想政治和管理教育工作在党委统一领导下组织各方面力量共同进行,团的半脱产干部是其中的一个方面。

具体任务有以下几方面:

(一)做好学生的思想政治工作

(1)在党委领导下,配合政治理论课教研组开展马克思、列宁主义理论和"形势与任务"教育;

(2)协助党委对团员和同学进行党的教育方针、革命人生观和共产主义道德品质的教育;

(3)了解和研究学生的思想动态和要求,及时向上级党、团组织反映;

(4)组织学生参加重大的政治活动。

(二)带好团的队伍,加强对班级团支部的领导

团的半脱产干部应当把带好团的队伍,加强对团支部的领导作为自己的重要职责。

(1)对团员进行"共产主义和共产党"的教育,教育团员遵守团的纪律,执行团的决议,发挥模范作用,帮助团支部学好团课,过好组织生活;

（2）深入重点，具体地帮助团支部开展工作；

（3）组织团支部干部学习党的方针政策，提高思想水平，密切联系群众，改进工作方法和工作作风，帮助团支部努力做到"三好"，在团员和同学中发挥模范作用；

（4）做好团的发展工作及其他组织工作。

（三）做好深入细致的思想工作。针对各部分学生（如思想落后的学生、学习优秀的学生、华侨、少数民族、干部子弟、犯过错误的学生、学习困难的学生等）的特点进行思想教育工作，直接和这些学生接触，了解他们的情况和要求，帮助他们提高思想觉悟，并向有关部门反映他们的情况和要求，尽可能帮助他们解决实际问题。

（四）了解和反映学生学习、生产劳动、生产实习和科学研究中的情况和意见，协助党和行政做好这方面的思想工作。

（五）了解和反映学生的生活、健康和劳逸结合的情况，协助系会和班会开展课外文化体育活动和其他群众性活动。

三、选拔、培养和管理

学生半脱产干部由四、五年级学生党员中挑选，选择的条件是：

（1）政治上表现好，要求思想觉悟较高，作风正派，并有一定工作能力，一般是担任过一段团支部书记工作的。

（2）业务学习成绩较好，一般要求学习水平在本班同学平均水平以上（如本学期抽调的 15 名学生半脱产干部，入学以来考试成绩 5 分和 4 分共占 91％。）

（3）身体健康，经校医院检查合格，能胜任较繁重的工作和学习。

（4）本人自愿半脱产担负政治工作，并延长一年毕业。在挑选时还应考虑到年龄不要过大，本人家庭不十分困难等。挑选时由分团委提名，系党总支、团委审查，最后由党委批准，列入党委管理干部名单乙表管理。

学生半脱产干部一般工作两年，两年期间学完原来一年的课程，工作期满继续全时学习，较原班延长一年毕业。各系为每个半脱产干部单独安排教学计划，要保证他们完成本专业全部课程及生产劳动、生产实习，并参加考试。由于毕业设计期间需要集中精力进行学习，一般不半脱产。

教师半脱产干部由青年教师中挑选政治、业务较好，身体健康的党员担任，目前工作的教师半脱产干部大多数都是毕业前曾担任半脱产干部的。

为了不断提高团的半脱产干部的政治思想水平，几年来我们着重进行了以下几方面的教育：

（1）形势教育：在参加学生"形势与任务"学习中，首先需要自己学好，并组织他们结合学生提出的问题进行讨论，一定阶段参加党委组织的干部会，学习国内外形势。

（2）阶级和劳动教育：除参加各阶段政治运动外，并经常结合分析学生中存在的思想问题，进行兴无灭资教育，教师和学生均按教学计划和同学一起参加校内外公益劳动，教师还结合指导学生生产实习下厂劳动。

（3）政治理论和政策教育：学生半脱产干部要按教学计划修完三门政治理论课，此外，还结合工作，选读部分经典著作及毛泽东著作。

1961年春，结合学生团的工作中存在的问题，我们在党委领导下，发动全体团的半脱产干部共同总结学生中存在的政策界限问题，着重进行了政策教育；以后结合"高校60条"和团中央"学校工作38条"，进行了政策学习，逐步提高了干部的政策水平。

(4) 又红又专的教育：进行两个肩膀的教育，并注意合理安排他们的政治工作和业务学习负担。

(5) 思想意识和作风教育：团的半脱产干部以系为单位，每学期进行1~2次组织生活，开展批评与自我批评，对于工作期满的学生半脱产干部进行一次思想和工作鉴定。

教育的方式可以是吸收半脱产干部参加必要的党的干部会议，传达和学习党的一些文件，各系党总支负责同志经常参加团的干部会议，团委每学期前组织干部学习，并适当交流工作经验。

学生半脱产干部在工作期间，除原来享受的助学金外，每月发给18元生活补助费。

四、几点体会

实行团的半脱产干部制度有几点好处：

(1) 有利于加强学生的政治思想工作

① 实行半脱产可以使参加政治思想工作的人数多一些，每人少联系一些支部，便于深入班级同时又照顾到一个分团委组织、宣传、学习劳动等多方面的工作。

② 教师参加了教学工作，可以通过课堂、实验室、实习等教学环节全面了解学生的思想表现，也可以加强和群众的联系，既有政治活动中的联系，也有教学活动中的联系；对于学生半脱产干部来说，他们既是干部，又是学生，和学生同吃同住同学习同劳动，和群众保持自然的联系。

③ 团的干部参加教学工作，便于深入业务领域进行思想工作，对于在学习中的思想活动可以了解得更深入更具体，如毕业设计中的理论联系实际、低班的专业教育、学习优秀学生的思想情况等。

④ 团的半脱产干部生活在群众之中，坚持又红又专的方向，

为学生树立好的榜样。

(2) 对团的干部严格要求，有利于干部的全面成长

半脱产干部制度，要求团的干部既要做好政治工作，又要搞好教学（或学习），担子是比较重的，但只要干部思想上要求明确，领导上合理安排工作任务，是可以结合得好的。由于担子重，要求高，可以促使他们提高工作水平，提高学习效率，在克服困难中锻炼得更坚强。几年以来，绝大多数半脱产干部在政治、业务两方面都能得到成长，如孙宝传、吴福祥、颜华峰等人，都是通过半脱产得到了锻炼。1958年以来有　名学生半脱产干部毕业，毕业时受到校委会表扬的有　人（其中　人获得优秀毕业生金质奖章）①。

(3) 是培养红专结合干部的有利形式，几年来为党输送了一批干部

学校中干部的来源主要依靠校内的培养。在学生中抽调半脱产干部，是解决干部来源的一种办法。从1953年以来，我校先后在学生中抽调了460多名半脱产干部，现在已经毕业参加工作的有340多人，调到校外党政机关有10人。从在学校工作的情况来看，其中不少人成为校、系党政工作中的骨干，如担任各系党总支委员的有46人，占各系党总支委员119人的38%，其中党总支副书记11人，占副书记24人的46%，在校级党委、行政和工会各部门工作的干部有22人，担任政治理论教员的有　人②，在各系中还有不少人担任党支部书记、支部委员等工作，也有些人毕业后在教研组和实验室中成为业务上的骨干。

---

① 编者注：原文空缺。
② 编者注：原文空缺。

几年来工作的经验教训：

在 1960 年以后有一段时期，在团的半脱产干部中曾经出现任务过重、思想工作不够深入、部分干部学习成绩下降、半脱产干部健康情况下降等情况。这些情况的产生虽然和当时学校整个工作情况有关，由半脱产干部制度方面来看是由于：

（1）半脱产干部的任务过重，担负的行政工作过多，不能集中精力做好团的工作和群众的政治思想工作，同时也影响了他们自己的学习和健康。

（2）部分干部学习成绩下降，是由于他们的教学计划安排得不当，如有些人先学技术基础课，后学基础课，学习上不能循序渐进，或因带低班同学出外参加劳动、实习而缺课等。

（3）选拔和管理制度还不够严格。

由于 1958 年以后学校的工作大发展，从学生中抽调了一部分半脱产干部支援各部门和各系教学、科研的需要，因而就由二、三年级抽调学生补充半脱产干部，形成工作经验少而且学习计划难于安排。另外在抽调时，对有些干部学习和身体考察不严格，其中不少人学习上原来就有一定困难，抽调以后增加了一些困难。

针对以上情况，党委在 1961 年 9 月整顿了半脱产干部的工作，减轻工作负担，坚持按教学计划学习，健全了选拔管理制度，并适当调整了干部队伍，在调整中抽调了部分青年教师担任半脱产干部，在团委和分团委形成比较稳定的工作上有一定经验的领导核心。

经过整顿以后，两年来，团的半脱产干部队伍情况是好的，在党委领导下，在全校学生政治思想、学习、劳动和课外活动中积极进行了思想工作和组织工作，发挥了一定的作用，绝大多数半脱产干部热爱自己的工作，能够正确处理工作和学习的关系，和群众保持密切联系，他们自己在政治、业务和工作能力上也都得到了锻炼和成长，目前由于不断抽调新的半脱产干部，他们的思想水平和政策水平还有待继续提高，需要继续加强培养和教育工作。

团委会
1963 年 11 月 23 日

清华大学档案，全宗号 2，目录号 党 11，案卷号 054

关于政治辅导员若干问题的规定
（草案，供讨论用）
（1964 年）

为了加强学生中的思想政治工作，加强学生党的工作和共青团的工作，并通过政治工作的锻炼，培养又红又专的干部，建立政治辅导员制度。

政治辅导员是学校政治部派到班级的政治工作人员，在校政治部的统一领导下、系政治处的直接领导下进行工作。政治辅导员的任务主要是：高举毛泽东思想红旗，坚持兴无灭资的方针，做好学生思想政治工作；做好学生中党和团的建设工作；加强班级工作，开展创造"四好班"的活动；培养革命作风；促进学生在德、智、体诸方面生动活泼地、主动地得到发展，培养学生成为阶级斗争、生产斗争、科学实验三大革命运动的战士。

一、政治辅导员的工作

（一）引导学生努力学习马克思列宁主义、毛泽东思想，不断进行思想改造，促进学生思想革命化。

1. 大力宣传毛泽东思想的伟大意义，积极引导学生认真学习毛主席著作，学习党中央和毛主席关于当前革命斗争的指示和党的方针、政策。在学习中应当联系当前国内外形势，联系学校工作，联系学生的思想实际，贯彻理论联系实际、活学活用的原则。

2. 对学生的思想教育要以阶级教育为中心，以阶级斗争为纲，以反修防修为纲。教育学生积极参加社会主义教育运动，既要使学生懂得旧社会的阶级压迫和革命斗争传统，更要着重进行社会主义时期阶级和阶级斗争的教育。教育学生在当前的社会主义和资本主义两条道路斗争中，接受锻炼，提高觉悟，学会阶级分析的方法，站稳阶级立场，正确执行党的政策。

3. 引导学生深入进行世界观的革命，不断进行思想改造，树立全心全意为人民服务的革命人生观。坚决反对资产阶级个人主义。教育学生正确处理个人与集体、政治与业务、知识与劳动的关系，走知识分子革命化、劳动化的道路。

4. 教育学生认真学好马列主义理论课。帮助学生明确学习目的，自觉地联系实际学习理论，并且以理论学习的收获推动思想改造。政治辅导员和团支部要向政治课教研组反映学生思想情况，使政治课成为学生思想改造的有力武器。学生中的干部应当带头学好政治课。

5. 结合学生日常学习、生活，大力培养革命的、科学的、民主团结的、艰苦朴素的作风。

（二）做好学生中的思想工作，帮助学生做到又红又专。

1. 引导学生树立正确的学习目的，把自己的学习和祖国社会主义事业和世界革命联系起来。把阶级教育落实到促进学生做到又红又专。

2. 培养刻苦钻研、活学活用、理论联系实际的优良学风。

3. 关心学生干部的业务学习和帮助业务学习优秀的学生提

高觉悟，帮助他们努力做到又红又专。

4. 教育学生贯彻执行有关教学方面的措施和规定，了解和反映学生在学习中的情况和意见。

（三）做好劳动、实习和民兵军事活动中的政治工作，引导学生和工农兵相结合。促进知识分子劳动化。

1. 做好劳动的思想动员和组织工作，教育学生虚心向工农学习，和工农打成一片。根据农村、工厂的阶级斗争形势，结合学生的思想，组织访贫问苦等活动，对学生进行阶级教育和劳动教育，总结好思想收获。在劳动中注意劳逸安排、安全和劳动保护。

2. 做好生产实习中的思想政治工作。动员学生努力完成教学要求，同时利用参加生产实践的良好机会，自觉进行思想改造，积极参加一定的劳动与工人相结合，培养劳动人民的思想感情。在实习中，还要结合工厂实际情况和同学活思想进行形势教育、阶级教育和培养目标的教育，并结合参加生产实践，培养学生理论和实际相结合、活学活用的好学风。

3. 做好民兵工作，做好军事野营、下连当兵和经常的民兵训练活动，在民兵活动中进行战备观念、革命人生观和三八作风的教育，学习解放军的优良作风和工作经验。

（四）关心同学的身体健康和课外文体活动。

1. 引导同学积极参加体育锻炼，不断提高体质水平，及时了解和反映同学的生活、健康和劳逸结合的情况和要求。

2. 关心和了解同学的课外文化生活，积极引导学生阅读革命小说、唱革命歌曲、看革命电影，接受革命思想教育，抵制资产阶级思想的影响。

3. 关心文娱、体育积极分子的全面成长，鼓励和支持他们积极参加学校体育代表队及文艺社团，帮助他们在"两个集体"

中努力做到"身体好、思想好、学习好、劳动好"。

（五）做好班级工作，创造"身体好、思想好、学习好、劳动好"的"四好班"是政治辅导员的主要职责。

1. 在学生中积极开展创造"四好班"的活动，政治辅导员要深入班级，不断研究和总结创造"四好班"工作的问题和经验。

2. 根据党委关于学生思想政治工作的精神，帮助班级干部结合班级具体情况做好工作，认真贯彻执行"学生政治思想工作的任务和一些问题的界限"等有关规定，培养优良的班风。

3. 注意挑选、培养和管理好班级干部，形成健全的班级工作核心。

（六）深入细致地做好各部分学生的工作；针对思想落后学生、学习优秀学生、干部子弟、华侨、少数民族、文体积极分子等各部分学生的特点，加强思想工作，了解他们的情况和要求，研究他们的思想规律，并向有关部门反映。帮助班级干部明确和贯彻有关政策，并直接做他们的工作，帮助他们做到全面成长。女辅导员特别要做好女同学的工作。

（七）政治辅导员要做好党的建设工作和共青团的建设工作。

做好学生党的工作，发挥党支部的战斗堡垒作用：

1. 加强党内教育，建全党的组织生活，开展批评与自我批评，教育党员以本身的模范行动影响和带动同学做到身体好、思想好、学习好、劳动好。

2. 积极、慎重地做好学生发展党员的工作，从低年级开始就要加强对积极分子的考察、培养和教育工作，同时要严格按照党章规定的条件和手续，及时把已经够条件的同学吸收入党。对预备党员要继续加强教育和考察。

3. 要关心党员的业务学习，对于学习困难的党员要配合教师帮助他们树立信心，改进学习方法，控制社会活动负担，逐步提高学习成绩。

加强共青团的建设工作，发挥团支部的战斗作用：

1. 加强团内教育，充实和活跃团的组织生活，正确开展批评和自我批评，表扬先进、树立榜样，教育团员在完成党的各项任务中，在日常学习、劳动和生活中，发挥模范作用，密切联系群众，发挥团支部的战斗作用。

2. 积极、慎重做好发展团员的工作，特别加强低年级团的发展工作，注意在实际斗争中，发现、培养、考察积极分子，及时把符合团章规定的青年接收到团内来。

3. 注意选拔思想进步、学习成绩较好、身体健康、作风正派的党团员担任共青团干部。帮助他们提高政治觉悟，熟悉团的工作，培养独立工作能力，完成工作任务。

二、政治辅导员的工作方法

政治辅导员基本的工作方法是说服教育和模范作用，要坚持用说服教育的方法进行艰苦细致的群众工作，成为学生的知心朋友。工作中要注意：

（一）政治辅导员每人联系 2～3 个班（担任党支书的联系一个班），为了便于积累情况，联系的班级一般应稳定在 2 年左右，政治辅导员要经常深入班级，深入群众，了解情况，用大部分的工作时间参加班级活动和帮助班级干部开展工作，在联系班级时，除联系干部外，应以更多的时间和同学直接接触，直接了解情况，成为学生的知心朋友。要熟悉所联系班级学生的姓名、家庭情况、本人历史、思想品质、学习情况和特长爱好，以及各时期的思想动态。

（二）政治辅导员在思想工作中，必须走群众路线。坚持说服教育，以理服人。要善于把思想运动和深入细致、精雕细刻的方法结合起来。在工作中要发动群众进行自我教育，发动班级干部和学生共同来做思想工作，不要包办代替。

（三）政治辅导员要认真学习党的方针政策，在工作中必须注意从实际情况出发，要善于把上级布置的工作和班级的实际情况结合起来，在工作中要讲求实效。

（四）政治辅导员经常和学生共同学习和生活，尽可能和学生一起参加生产实习、劳动、民兵等活动，要用自己的模范行动帮助学生努力做到德、智、体全面发展。辅导员还要注意用正确的工作方法、工作作风影响班级干部，帮助他们树立良好的工作作风，注意控制班级干部的工作负担，不要班级干部写总结报告等。

三、政治辅导员的选拔、培养和管理

政治辅导员是学校做学生思想政治工作的半脱产干部，由学校政治部统一管理，学校政治部和系政治处要加强政治辅导员的管理和培养，促进他们政治、业务、身体各方面全面成长。

（一）关于政治辅导员的选拔。

政治辅导员由青年教师和四、五年级学生中的党员采用半脱产的方式担任。条件是政治觉悟高，作风好，有一定工作能力，业务学习（教学工作）好，身体健康，群众拥护，本人自愿。

为使各系政治辅导员中有一批政治上较成熟，有一定学生工作经验的干部组成核心，便于积累经验，培养新干部，及组织学生参加农村劳动、到部队当兵和生产实习等活动，各系应选派占辅导员总数三分之一左右的青年教师担任政治辅导员。

政治辅导员由系政治处提名，征求本人和群众意见后，报校政治部审查批准。为保证政治辅导员源源不断地得到补充，各系应有计划的加以培养。

政治辅导员担任党或共青团的工作，应分别按党章、团章的规定，经过党、团组织民主选举。

（二）关于政治辅导员的工作和学习（教学）安排。

1. 学生政治辅导员工作期限一般为两年，在工作两年内完成一年课程，延期一年毕业，每周政治工作时间为15～20小时，学习计划按每周20～24学时安排，毕业设计期间不安排半脱产，教学计划由系政治处会同有关教研组安排，经政治部及教务处同意后执行，教学计划确定后，不得任意变更。

2. 教师政治辅导员工作应稳定在两年以上，半脱产工作期间教学工作量为每周20小时，担任团委副书记、团委部长、各系分团委书记的辅导员教学工作量为每周16小时，教师政治辅导员的教学安排在前学期末由教研组提出后征求本人意见，提交系政治处和系行政审查批准，并经政治部同意。

3. 政治辅导员的党的关系一律编入联系班级所在的党支部，教师政治辅导员一律不在教研组内兼任其他行政及党、团职务，除参加有关教学活动外，一般不参加工会组织生活等活动。因工作外出（如实习、招生等）应由系政治处同意，经校政治部批准。

（三）不断提高政治辅导员的政治水平和工作水平。

1. 经常总结交流辅导员工作经验，每学期进行一次集中的干部训练。

2. 加强政治理论和形势学习，经过党委批准，参加一定的党的会议和传达党的一些文件。

3. 政治辅导员要定期过组织生活，开展批评与自我批评，听取群众和党支部的意见，接受群众监督，工作期满时要作鉴定。

4. 和同学一起参加一定的劳动、生产实习及到部队当兵等实践活动。

（四）关心政治辅导员的身体健康，贯彻有关劳逸结合作息制度的规定，保证锻炼和休假时间。

（五）学生半脱产辅导员每人发给一定生活补助费，原来享受助学金的在工作期间除发给生活补助费外仍保留原助学金不变。

四、组织领导

（一）政治辅导员在校政治部、系党总支和政治处领导下进行工作，在共青团内担任职务的政治辅导员还应接受上级团组织的领导。

（二）政治辅导员在工作中和班级主任、政治课教师要加强配合，共同做好学生的政治思想工作。

有关人事、保卫、教学、生活等方面的行政工作，仍由行政上有关部门和班级主任分别负责，辅导员要协助行政上做好这些工作中的思想工作。

清华大学档案，全宗号 2，目录号 党 11，案卷号 052

关于加强学生政治工作干部的意见（节选）[①]
（1964 年）

从 1953 年以来，为做好学生的政治思想工作，设立了半脱产的政治辅导员制度。十一年来，先后已有 486 人担任过这一工作，通过半脱产干部制度，加强了学生的政治思想工作，同时也为国家和学校输送了一批干部。

现将半脱产干部的情况、问题和今后加强学生政治工作干部

---

① 编者注：本文为 1964 年 6 月 21 日至 7 月 9 日党委工作会议参考材料之三。

的意见汇报如下：

(一) 半脱产干部的情况

1953年开始设立半脱产干部制度时称为政治辅导员，主要担负学生的党团思想政治工作，也参加一部分有关的行政工作（如专业分配、政治审查等），这时全部是由学生党员中抽调的。1961年以后改称团的半脱产干部，逐渐有部分教师党员担任这一工作。

半脱产干部制度有利于加强学生政治思想工作：半脱产干部比之专职干部可以在同样编制情况下，有更多的人担负思想政治工作。教师干部兼任一部分讲课、辅导实验、设计、实习等工作，就可以在业务领域中加强与学生的联系，有利于政治统帅业务，深入业务领域进行思想工作，同时可以更好地从政治思想、学习、身体等各方面全面关心和安排学生的各种活动。半脱产干部生活在群众之中，坚持又红又专的方向，为学生树立了良好的榜样。

半脱产干部制度有利于干部的全面成长：半脱产干部直接面对学生进行政治思想工作，需要干部正确地贯彻执行党的方针政策，敏锐地发现群众中的新鲜事物和工作中的问题，要善于团结干部做好工作，还要有密切联系群众的工作作风。这些对于提高干部的政治觉悟和工作能力，都是重要的"基本训练"。动力农机系历年毕业的半脱产干部37人中除一人外，普遍表现良好。半脱产制度要求干部既要做好政治工作，又要搞好教学（或学习），两个肩膀挑担子，担子是比较重的，但只要干部思想上要求明确，领导上合理安排工作任务，是可以结合得好的。几年来绝大多数半脱产干部在政治、业务两方面都能得到成长，有些学生通过半脱产有了十分显著的进步。如土建系单德启、无线电系孙宝传、工化系吴福祥入学时都是团员,在二、三年级入党,抽调为半脱产干部,以后经过二三年工作锻炼,担任分团委正、副书记的工作,成为系内政治工作的骨干。这批干部不仅在政治上有了较大的进步,在业务学习成绩上也很好。如单德启曾参加国庆工程的设计工作,几年来先后辅导过电影院、图书馆、别墅、小学校等几种类型的建筑设计,并写出小学校建筑设计的讲义,业务水平是同届毕业生中较好的。

  半脱产干部制度是为党和学校培养红专结合干部的一条重要渠道。据初步统计,十年来,全校共抽调半脱产干部486名,已经毕业参加工作的有371人,其中留校工作的210人,从在校工作的情况来看,在校党委、行政和工会各部门工作的干部有22人,担任党总支副书记的13人,占各系总支副书记26人的50%,担任党总支委员的46人,占各系总支委员119人的38%,担任教职工和学生党支部书记的有63人,担任政治理论教员的有30人,还有不少是系的科室、教研组和实验室的骨干。如无线电系查良镇等都曾担任过半脱产干部。数力系分团委副书记赵会全动手能力强,也是640实验室中的骨干力量。

  几年来,对半脱产干部的管理教育工作,逐步积累了一些经验,有些已经形成一定的制度。如在选拔学生半脱产干部时,坚持从四、五年级党员中挑选思想觉悟高、业务学习好、身体健康、作风正派、本人自愿担任政治工作的干部。选拔时,有一定的审批制度,全面安排干部的教学和学习计划。每学期都组织干部训练,半脱产干部定期过组织生活,开展批评与自我批评。半脱产干部工作结束时进行一次思想鉴定等。事实证明,这些措施对于提高半脱产干部的质量是有效的。

（二）存在的问题

半脱产干部的工作中，在1959—1960年的一段时期中，曾经一度出现过一些缺点，主要是任务过重，思想工作不够深入，部分干部学习成绩下降、健康情况不好等方面。这些缺点经过1961年暑假调整干部负担、调整干部队伍等措施以后，有所改进。

目前全校半脱产干部中，除极个别的以外，绝大多数干部政治热情饱满，热爱政治思想工作，深入班级密切联系群众，能够正确处理工作和学习的关系，做到红专结合。

但是，现在学生政治工作干部队伍的数量、质量还不能满足当前思想政治工作和党的建设工作的需要。主要存在以下几方面的问题：

1. 负担重、干部健康情况不好

现在团的半脱产干部全面负责学生的思想政治工作，每个干部除了联系6～7个班以外，在分团委中还要分工负责系内落后学生、因材施教学生、干部子女、女同学等各部分学生的工作，以及团的宣传、组织、文体活动等方面的工作。有些教师半脱产干部还兼任党支书和班级主任的工作。这样政治工作担子就比较重，一般教师干部每周政治工作时间要在30～35小时。其中相当多的教师干部教学任务也比较重，如……

由于半脱产期间健康情况不好，对干部今后工作都有长远影响，如……

2. 数量少，和学生党团政治思想工作的任务不相适应

半脱产干部数量较少，每人联系的班级较多，如电机系有40个班，分团委中包括书记和系会主席只有7人，平均每人直接联系的班级有7～8个班，再加以思想工作要求逐步深入，需

要深入细致地做好各部分人的工作。

同时,过去半脱产干部只负责群众政治思想工作及团的工作,学生党的工作没有专门的政治工作干部担负,但是目前学生党支部的任务也比过去大大加重了,特别是发展党员的任务很重。在1961年前,每年入学新生中都有一定数量的党员,在校学生党员的组成中,约有三分之二是入学前入党的,当时在校学生党员比例一直占学生总数的10%左右;1962年以后,入学新生中基本上已没有党员,党员比例已从1962年前的10%下降到目前的6.9%(现有党员791人)。现在我们已面临学生党员要全部依靠大学期间来发展的新形势,在这种情况下,要保持在校学生党员比例达到10%左右,就要每年发展400名左右党员,假使要使在校学生党员比例达到20%,就要求每年发展700～800名左右党员。同时,每年还要进行相同数量的预备党员转正工作,这样大的工作量是过去所没有碰到过的。而现有的党支部书记大部都是由不脱产的学生担任的,这与我们所面临的发展工作任务很不适应。

自从1961、1962年党委工作会议以后,党委曾再三指示,要改变学生党员学习落后现象,并且采取了一些措施减免了一部分学生党员的社会工作,减轻了支部的负担。经过二三年的努力,多数学生党员的业务学习情况已经有了好转,但是总的说来,学生党员学习情况还不是很好,有一部分党员(约占学生党员的1/4～1/5)学习还很困难。因此,学生党员发展工作的繁重任务假使没有一批专门的干部来担负,势必会影响广大党员的业务学习和全面发展。

3. 有些系的分团委核心还不够健全

由于学生半脱产干部轮换多,工作锻炼少,预备党员较多,各系分团委需要有一个政治上较成熟、工作经验较多、比较稳定的核心。现在有些分团委中只有1~2个教师干部,如水利系分团委书记病休一年,长期以来只有一名副书记负责全系学生各方面工作,工作照顾不过来。有个别教师干部不安心团的工作,也影响分团委核心的工作。为加强分团委在学生思想政治工作中的作用,需要抽调一批对学生工作有一定经验,年轻有培养前途的教师干部充实分团委的核心。

目前各系分团委核心不够健全是和这几年来分配毕业生中学生半脱产干部的工作有关的。据初步统计1961—1963年,我校共毕业曾经担任半脱产干部的学生147人,其中分配留校的60人(助教53人,研究生7人)。在此期间,各系共留助教326人。在分配到校外各部门工作的学生半脱产干部中有很多都是政治、业务各方面有突出表现的。如……这些干部对学生工作都比较熟悉,如留校工作能够成为学生政治工作的骨干。据了解,有的系人事工作干部说"宁可要一个老老实实的,也不愿要一个半脱产干部"。还有人担心留下半脱产干部后被学校抽走,而只愿留个团员。这样就影响了各系分团委核心力量的补充。

4. 团委干部需要适当充实

几年来,党委不断由各系抽调一批干部加强团委,同时,团委几年来也先后输送了21名干部给校外、校内各部门和各系。另外毕业后分配到校外工作的还有17人。现在团委正、副书记中大部分还是1958年以前到团委工作的,平均年龄已达30岁,团委干部中体弱多病的人数也较多,迫切需要补充一批德才兼备、身体健康、年轻有培养前途的干部。随着政治部的建立,团委也需要相应加强各部门的工作。为此,团委建议由分团委干部中抽调10名干部补充团委(名单另附)。

（三）加强学生政治工作干部和党支部工作的意见

根据主席对教育工作的指示，要把学生培养成为又红又专又健康的革命接班人，学校中需要进一步加强学生的思想政治工作和学生中党的建设工作。目前学生中政治工作干部队伍从数量到质量都不能满足要求，政治工作制度还不完备，特别是对班级工作的领导还很薄弱。要学习解放军思想政治工作的经验，在学校中建立政治部最主要的是加强对学生中基层组织——班级工作的领导。充实直接联系班级的政治辅导员队伍，同时健全学生中党的组织，在每个年级建立起党支部，使党支部成为本年级思想政治工作的战斗堡垒。按照 50 名学生设立一名半脱产政治辅导员计算，并考虑建党工作的需要，全校大约需要配备 255 名政治辅导员（不包括团委）。

几点意见：

1. 为加强学生思想政治工作，设立政治辅导员，每两个班设一名。政治辅导员主要任务是：高举毛泽东思想红旗，坚持兴无灭资方针，做好学生的政治思想工作、党团组织建设工作，具体地帮助班级干部做好班级工作，开展创造"四好班"和"四好集体"的活动，结合学习、劳动和日常生活对学生进行思想教育，促进学生做到又红又专，进行组织性纪律性和共产主义道德品质的教育，在学生中培养革命的作风。关心学生的劳逸结合，促进学生身体健康。

有关人事、保卫、教学、生活等方面的行政工作，仍由行政上有关科室和班级主任分别负责。辅导员协助行政做好这些工作中的思想工作。

2. 学生中党支部的组织形式原则上应按每系每一年级成立一个党支部，一、二年级亦要分别单独成立党支部，高年级有条件可以一个年级设几个支部，亦可以一个班成立一个支部。党支部书记应由教师或学生半脱产干部担任，这样大约需要80～100名半脱产的党支部书记。党支部书记应该选择同一年级政治辅导员中政治上最强的同志担任。

3. 为了更好地加强低年级的学生工作，为了从低年级开始就进行党的建设工作，就能够发现、考察、培养和教育积极分子，需要在低年级成立党支部。但一、二年级学生中基本上没有正式党员，因此需要配备一定数量（至少3名正式党员）的党员干部编入低年级党支部。为此，我们建议所有党员班级主任，各系与该年级工作有关的党团干部，都把组织关系编入学生支部中去。学校有关部门如政治课、团委会等单位亦选派一部分有关同志把组织关系编到学生支部中去。

4. 学生党支部应该在本年级起战斗堡垒作用，党支部首先要加强党内教育；做好学生建党工作；教育和帮助党员做到又红又专。同时应该积极关心本年级的群众工作，并在政治思想上起团结群众的核心作用，但在组织上学生党支部仍不领导同年级的团支部及群众工作。半脱产的党支部书记的主要任务是做好学生党的工作、加强党的建设，同时要团结好在同一年级工作的政治辅导员、党员班级主任等学生工作干部成为本年级学生党团工作的核心力量，共同做好本年级学生的思想政治工作。党支部书记应联系一个班。

5. 为使各系政治辅导员中有一批政治上较成熟，有一定学生工作经验的干部组成核心，便于积累经验，培养新干部。各系应选派一批青年教师担任政治辅导员，占辅导员总数1/3左右。教师政治辅导员由青年教师中挑选政治、业务较好，身体健康，本人自愿参加学生工作的党员担任。

学生政治辅导员，由四、五年级学生党员中挑选。要求是：政治觉悟较高、作风正派，并有一定工作能力，业务学习较好，身体健康，本人自愿，年纪较轻的学生。

政治辅导员抽调前应征求群众的意见，由系政治处提名，报校政治部审查批备。

6. 政治辅导员是学校政治部派到班级的政治工作干部，由校政治部及系政治处负责管理。学校政治部和系政治处要全面关心政治辅导员政治、业务、身体各方面的成长。

① 订出政治辅导员的政治学习和形势学习的制度。每学期进行一次集中的干部训练，不断帮助他们提高政治思想水平和工作水平，经常总结并交流工作经验。在辅导员之间开展批评自我批评交流思想。学生辅导员工作结束后应作鉴定。

② 要帮助教师半脱产干部合理安排政治工作与教学工作，使教师干部坚持又红又专的方向。教师半脱产干部的教学工作量安排为每周 24 小时。团委副书记、团委部长、各系分团委书记教学工作量安排为每周 16 小时。教师半脱产干部的教学工作计划，每学期末由教研组提出后，征求教师本人意见，提交系行政和政治处审查批准，并报校政治部备案。

③ 为保证教师半脱产干部集中主要力量做好学生的思想政治工作，教师半脱产干部在教研组内不再兼任其他行政职务。除参加教研组的有关教学活动外，一般不参加工会组织生活等活动。他们因工作外出（如实习、招生等）应由系政治处批准，报校政治部备案。

④ 学生政治辅导员在半脱产期间，两年学完一年功课，学习计划按每周 24~28 学时安排，政治工作控制在每周 20~25 小时。学习计划在抽调之后即由系政治处会同有关教研组安排，报

教务处及政治部备案。

党委组织部
团委会

附：配备政治辅导员名额计划及名单（编者略）

清华大学档案，全宗号 2，目录号 党1，案卷号 64006

关于政治辅导员劳逸安排的一些规定（草案）

（1965 年 3 月）

为了进一步贯彻执行《中央关于保证学生、教师身体健康和劳逸结合问题的指示》，切实保证政治辅导员又红又专、身体健康，根据当前实际情况，作如下规定：

1. 上午不开会。
2. 星期六晚上、星期天不开会。
3. 政治辅导员每周最多能用三个晚上开会。
4. 中午、锻炼时间、熄灯后不开会及进行工作。
5. 每天保证有九小时的睡眠时间。
6. 一般每周进行四次锻炼。
7. 学生政治辅导员一般每周工作时间为 20 小时，教师政治辅导员一般每周工作时间为 24 小时。
8. 团委会、学生会各部门可以在星期四下午 4：00～5：30 召开部门干部及有关的班级干部会议。

团委会办公室
1965 年 3 月

清华大学档案，全宗号 2，目录号 党11，案卷号 052

（五）管理

1. 班、级主任工作

贯彻班主任制度，进一步加强学生工作

（1954 年 9 月 21 日）

今年暑期基础课经过教学总结，提出了一项重要的任务，就是教师必须加强对学生自学工作的领导，和负起对学生全面教育的责任。为了更好地做到这点，教务处决定在大一、大二各班普遍建立班主任制度。这个制度在一年以前已经提出了，但过去不够重视。这次工会代表大会上，不少会员也提出了这个建议，同时由于客观需要，现在已正式全面实行了。一百多位基础课教师，由教务处宣布名单后，光荣地接受了这个新的任务。

班主任的工作是一项新的工作，范围很广，从组织有关教师帮助合理安排自学时间，到全面关心新入大学的同学的成长。当然这许多工作，企图一下子都做好是不可能的。因此应该抓住最迫切、最基本的问题来解决。今天同学中的主要问题是学习负担不均衡，有时还要超学时，这一方面是由于教与学的方法上有问题，一方面也是由于同一班的各门功课的课外作业没有合理安排。现在教务处已初步分配了各科的课外自学的时间，班主任的重要任务之一就是要和本班的其他教员加强联系，认真贯彻学时登记和学时控制制度，对学生中发生的学习不均衡的现象找寻原因，设法解决。

控制学时只是为学生的全面发展创造了条件,班主任进一步的任务是加强对学生学习上的指导,帮助新同学完成从中学生到大学生的转变,这里有许多工作可做。譬如对学生进行学习目的、热爱专业、学习态度、学习纪律等教育,介绍和推广好的学习方法。在这方面,班主任是学生最好的指导者和朋友,可以及时地发现学生的问题,鼓励他们克服困难。在有条件的时候,他还可以参加班上青年团和班会的活动,或者从学生的社团活动和日常生活中去接近同学,通过一些"小事"来进行具有巨大意义的教育工作。班主任要关心学生的全面发展,帮助他自己所带的班成为先进集体。班主任在工作方式上要尽量通过学生的集体,指导班长进行工作,取得青年团和班长的帮助,避免手工业方式,不要因搞班主任工作而妨碍自己教学质量的提高。在工作方法上要启发学生自觉培养独立工作能力和自己克服困难的精神。而最重要的应该是严格要求自己,要使自己成为教师中认真钻研教学、全面关心同学的模范,同时是学生敬爱的导师和学习的榜样。

贯彻实行班主任制度是教学与教育相结合的开端。负起对学生全面的教育责任,本来是每个教师的责任,绝不限于班主任,而大家对负有特别责任的班主任,则更应给予充分的支持与协助。因为班主任要做好工作,必须建筑在全体教师做好学生工作的基础上,而做好班主任工作又能更好地发挥全体教师的作用。在同学方面,团支部和班长应该主动争取班主任的指导和帮助,及时向班主任反映情况,配合班主任的工作;但要避免依赖班主任,而要发挥集体的力量去解决班上的问题。一件新的工作需要有虚心学习的精神创造性地开展。一百多位班主任中,大部分是青年党员和青年团员,我们相信在全体教师的帮助和支持下,在青年团组织的配合支持下,一定能够取得很好的成绩,在大一、大二各班中培养出更多的"先进集体"。

《新清华》第 58 期,1954 年 9 月 21 日

一九五四至五五年度第五次校务委员会关于班主任工作的决议

(1955 年 3 月 8 日)

本校为了加强对学生学习的领导,于一九五四至一九五五年度第一学期起在一、二年级各班普遍设立班主任。一学期以来,班主任的工作是有成绩的。班主任在教务处领导下指导学生制订学习计划,改进学习方法,联系有关教师组织均衡作业,协助贯彻行政关于克服学生学习负担过重及考试考查工作的决议,指导班长进行工作,并通过教学过程、班会活动的日常生活对学生进行学习态度、学习纪律等方面的教育,起了很好的作用。班主任成为教务处及系进行学生工作的有力助手,同时班主任在工作中贯彻着教学与教育相结合的方针。因此班主任这一制度应加以肯定,好的工作经验应加以推广。

在上一学期中出现了不少优良的班主任(名单另附),他们不但完成了以上任务,而且以自己的表率作用与全面关怀学生的精神培养学生热爱学习、钻研创造、集体主义等优秀道德品质,受到学生的欢迎,对他们的工作成绩应予以表扬,以资鼓励。

本学期班主任的中心任务是协助行政贯彻"提高质量,保证学时"的方针,协助教务处及系组织与检查各班课程作业计划,指导学生进一步改进学习方法,经常检查学生学习负担及学习质量,及时向有关方面反映教学及学习的情况,以便改进工作。班主任并应和青年团班会等配合,结合教学过程及日常生活对学生

进行保证"三好"全面发展的思想教育工作。

为了扩大班主任制度的作用，本学期起在有条件的系应在三年级设立班主任，各系应加强对班主任的领导，各教研组应关怀班主任的工作和支持班主任的正确建议，政治辅导员在进行学生思想工作方面应与班主任加强合作与配合，教务处要加强对班主任工作的研究与领导，交流经验，使班主任工作在本学期中取得更大成绩。

附：校务委员会表扬班主任名单（二十五人）

俄文教研组
  石广长 朱乾元 朱南康
数学教研组
  张万琪 马 良 施学瑜 盛祥耀 李庆扬 邵明锋
  郑乐宁
化学教研组
  孙以实 张翠宝
中国革命史教研组
  杨德溥
理论力学教研组
  查传元 周则恭 江丕权 贾书惠 刘毅朴
材料力学教研组
  蓝直方 黄炎文 健 卢文达 吴明德
工程画及画法几何教研组
  沈力虎
物理教研组
  虞 昊

《清华公报》第9期 1955年3月23日

一九五四至一九五五学年第一学期班主任工作总结

(1955年4月23日)

教学研究科

一、基本情况

班主任制度是两年来教学改革逐步深入的产物，在一九五三至一九五四年度有少数青年教师进行了学生工作，取得了良好的成绩，一九五四年九月基础课教学研究会总结了这些青年教师的工作经验，指出了加强教师对学生学习的领导与全面教育的重要性。

教务处根据这个情况决定在一、二年级学生中普遍设立班主任制度，挑选了各班担任辅导课的教员一百二十人聘任为班主任，并规定了四项任务：（一）组织有关教师合理安排学生自学时间；（二）与教本班的教师合作，改进学生学习方法；（三）协助有关方面指导班长进行工作；（四）与教师及青年团、班会等配合，通过教学过程和日常生活对学生进行有关学习态度、学习纪律、集体主义等思想教育工作。对大一学生还订了半年学生工作计划。

班主任制度的建立受到了师生普遍的拥护，有些青年教师自动要求担任班主任，认为这是一件"光荣的任务"，学生（特别是一年级学生）则对有了班主任普遍欢迎。

一学期来绝大部分班主任完成了任务，对贯彻学校有关学习的决定、领导学生学习、对学生进行思想教育都起了良好的作用。

(1)在领导学生学习上：

大部分班主任，感到"为人师表""责任重大"，要求自己更为严格，对教学工作认真负责，注意不断改进教学工作。汽九二班主任张翠宝发现学生化学实验超学时就加强指导与改进实验；发九一班主任石广长经常根据学生学习情况要求自己，充分准备课，使同学感到效果良好，做得比较好的班主任经常注意使自己教学工作的"质量与学时"都能保证。

三分之二左右的班主任注意反映本班各课程教学上与学生学习上的问题，如哪门课讲课效果好，哪门课超学时，哪些课学生有困难等等，使教务处及时掌握情况，加以处理，他们还直接与有关教研组教师联系，解决班上问题。许多班主任组织学生作业计划，使各课程作业缴收日期不重叠，答疑时间不冲突，每周学习有计划，让同学尽量做到均衡工作。如一年级许多班及二年级金八三、水八五等班三分之二以上同学订了学习计划，得到了比较好的学习条件。在上学期学生普遍负担过重的情况下，起了一定的安定学习的作用。

一、二年级绝大部分的班都开过一次到两次班会讨论解决学习上的问题，大部分班主任指导与协助组织了这些班会，对学生树立正确学习态度、改进学习方法、发挥学习积极性都有很大帮助。金八三班在班主任卢文达与政治辅导员的指导下开好了二次班会，一次以克服困难、树立信心、开展计划学习为中心，另一次总结优良学习方法加以推广，都有很好效果，该班上学期被评为"先进集体"。企八一、企八四班在周则恭的指导下开班会推广了管八二班经验，开展了学习上钻研创造的风气。

学校上学期关于考试考查工作的决议在教师中得到了很好的贯彻，班主任热烈地支持并协助进行了这一工作，他们一方面很好地执行这一决议，另一方面组织了学生考试考查准备工作，把差的学生的考查日期加以合理安排，订立了温课计划，为上学期考试取得较好成绩创设了有利条件，水八五等班在考试前一周（还在正常上课）就已经开始复习功课，这是过去很少有的现象。同时许多班如企九一、房八五等的班主任在考试过程中随时了解情况，加强温课指导，都收到良好效果。

班主任还经常注意帮助学习上困难的同学，使不少同学克服了困难，跟上了班，企九四班主任张万琪对教学上困难的六个同学进行长期耐心的帮助，结果五个同学都学得不坏。

应当肯定由于班主任的工作，学生学习的指导已大大加强。

（2）在对学生进行思想教育上：

班主任一般都负起了教育学生的崇高责任，特别在期中总结，开了一次经验交流会以后，他们注意到在教学工作过程中培养学生作为一个工程师所必须具备的热爱劳动、沉着顽强的品质，如文健、卢文达通过材料力学大家庭作业教育学生应有计划、有步骤、耐心细致、不怕困难地进行工作。许多班主任以自己认真、严格地对待教学工作的态度来教育学生，企九一学生反映班主任查传元"课堂上要求严格""课下很可亲近"，树立了一种优良教师的榜样。

班主任经常通过班会活动进行思想教育。班会的内容很丰富，可根据各班情况而不同，一般是关于学习目的性、劳动态度、培养坚强意志、发挥学习积极性、创造性、注意政治、集体主义、全面发展等内容。如在一年级学生因刚进大学不能适应大学的学习与生活，感到紧张没有信心的时候，绝大部分班主任结合教务处对大一学生的报告协助班干部开好班会明确学习目的，稳定情绪，鼓舞信心；二年级大部分班在学期中由班主任与政治辅导员共同推广管八二学习经验，改进学习，取得了成效。通过新年班会总结进步，学生进行了全面发展的自我教育，班主任在会上的发言，经常给学生以深刻的印象。部分深入学生的班主任还主动发现班上学习问题，开班会加以解决。焊九一班朱乾元体会到："班会是班主任用来教育影响学生的最广泛的有价值的一种方式"，因此经常出席同学的班会，并且主动帮助班长组织了一次班会，讨论了如何关心政治与开展文娱活动。

许多班主任都和班上干部与同学进行过个别谈话，对培养干部、提高同学思想认识起了一定作用。在同学中常常可以听到某同学得到了班主任的鼓励与帮助加入了青年团，某同学在学习上经过班主任个别谈话以后有了很大进步，如……

值得指出的是一般班主任在学生中，一言一行处处影响学生，班主任经常关心学生的举动给学生很大鼓舞。有一同学写信给爸爸也问问班主任写什么好，我们可以看到，在班主任与同学之间已经出现了一种新的师生关系，在一般的师生关系之上还增加了同志的关系。贾书惠病的时候房八五同学都去看他，企八四同学在他们编的歌中歌颂了他们的班主任。

以上的情况说明了一学期来的班主任工作是有成绩的，第五次校务委员会为此作出决议，肯定了它的作用，并推广其中好的经验。

二、班主任的作用

首先谈谈班主任制度是如何产生的。

我们的学校对同学负责培养热爱祖国、全心全意为人民服务、能独立解决现代科学与生产技术问题的干部。我们的教学行政与教师应当像斯大林同志所说那样："照顾地培养人才，像园丁培植自己的果树一样。"因此在一个新型高等学校里学生工作经常是学校行政重要的一方面，萨多维奇专家曾说："系主任应当一手抓教学，一手抓学生工作。"而全体教师又应当把教学与教育结合起来，负起教育学生的责任。

但是我们过去还缺乏通过行政领导，结合教学进行学生工作的经验，这就需要我们不断学习苏联先进经验，在我们自己的实践中摸索出一套做法。

上一阶段学校忙于许多创建工作，从无到有地学习培养工程师的一套教学计划与教学方式（讲课、习题课、实验课、课程设计、生产实习、毕业设计等），系的工作繁重、人力不足，还不能很好照顾到学生工作，教师们也集中注意于教学内容与教学方法的研究，还不能立即负起全面教育任务。这种情况下在学校里设立一种组织来负责全面学生工作是很必要的，通过它更有组织地摸索出经验，逐步过渡到由系及全体教师全面负责学生工作。过去政治辅导处已起了它的作用，而且在今后一个时期内还要继续起它的作用，但是由于政治辅导处主要是依靠学生干部来进行工作，在某些场合工作上有它的困难，建立一个由教师组成的组织将使工作更为有利，班主任制度就是在这样的条件下产生出来的，半年来的工作证明它是一种很好的办法。

因此，班主任的作用就不能与这个教学改革过程中提出来的任务与产生的条件分割开来。

分三方面来说：

（一）班主任成为教务处与系在学生工作中贯彻学校方针的良好助手。

当我们学校教学改革逐步深入的时候，我们就越来越觉得学生工作的不可缺少与学生工作内容的丰富。我们常常因为学生缺乏对专业的认识与热爱，没有正确的学习态度与学习方法，缺乏有计划地运用时间的习惯等等，而不得不影响到我们的教学效果，以至损及所培养工程师的质量。这就需要在系的领导下不断进行专业教育，在教研组领导下全体教师很好地组织学生自学工作，学校也经常采取措施保证学生正常学习（如克服负担过重、做好考试考查工作等），通过"先进集体"等方法鼓励学生积极学习、全面发展。在这些工作中班主任经常是教务处与系了解学生情况的重要来源，是推动教师改进教学及时解决学生学习问题的助手，学校的一些措施与决议在班主任配合下，经常可以贯彻得更深入而有效。学校评定的上学期四十一个学生"先进集体"中，不少班如金八三、企八四、企九一等都得到了班主任的帮助。今后全校在"提高质量，保证学时"的方针下进一步深入教学改革必然要更好地加强学生工作，而班主任将在一个相当长时期内继续成为很好的助手。

（二）班主任制度使我们在向教学与教育相结合的社会主义教育方针前进中积累更丰富的经验。

教育学生是高等学校全体教师的事业。高等学校的教师一方面以规定的、有系统的知识范围把学生武装起来，同时又培养学生的共产主义道德品质。教师通过自己的教学及学生的接触在不断地影响着学生，我们的教师们过去曾经在自己的讲课中引导学生从实际出发、培养学生正确的世界观、在实验课中教育学生爱护国家财物等，对培养一个工程师都起了良好的作用，今后还应该继续加强教师的教育作用。而班主任制度的建立使这方面工作进行得更自觉，更有领导。班主任这一工作本身加强了青年教师的教育责任感，他们要求不使学生"从自己身上学到祖国所不需要或者对学生的品质有害的东西"，半年来他们在实际工作中与政治辅导处、学生青年团一起进行了比过去更广泛、更深入的思想教育工作，如上所述地取得了显著的成绩，具体而生动地丰富了思想教育内容，为更好地开展学生的思想教育工作积累了更多的经验。在这个意义上说班主任制度使我们在教育学生的工作方面又前进了一步。

（三）班主任在培养青年教师成为全面关心学生的新型教师的过程中加强了自我教育作用。

要培养全面发展的工程师，没有在政治、科学、文化各方面有修养的教师是不可能的。因此，我们在改革学校成为新型大学的过程中，不仅要学习苏联一套教学制度与教学经验，同时要培养符合于新制度要求能成为学生范例和榜样的教师。这种教师的培养要通过自己教学工作、政治理论学习及各方面的政治思想教育来进行，而班主任制度对青年教师自己来说起了很大的教育作用，"教育学生也教育了自己"是班主任经过半年工作以后共同的强烈的反应。理论力学教员团支部在新年总结时大部分谈到了班主任工作对自己各方面提高所起的作用。

班主任工作使教师直接看到自己一点一滴劳动所起的影响，产生一种强烈的督促自己进步的动力，同学们朝气勃勃、淳朴友爱、飞跃进步的事实教育了教师，使他们"更热爱同学"，"更热爱更尊重自己的教师职业"。周则恭在企八一"新年班会上，看到同学们的进步（一个多学期中学生入党者三人、入团者九人，全班已只一人未入团），对自己是一个很大的鼓舞和愉快"。因此他们感到在教学上、政治思想上"必须不断提高"，要求"把自己培养成一个像倪克勤、巴巴诺夫专家那样的教师、教育家和社会活动家"。

班主任工作除了给予青年教师以思想上的提高外，还锻炼着他们的工作能力。班主任必须善于接近同学、了解同学，解决同学学习上、思想上的问题，这就要求班主任不是简单地等待教务处布置任务（事实上教务处也很难经常地布置具体任务），而促使自己从实际情况出发，决定办法，解决问题，促使自己不断改进工作方法。刘毅朴说："过去团里分配我一个社会工作都比较简单，班主任工作则要求自己独立进行，对自己是很好的锻炼。"

因此，我们应当正确地估计班主任的作用，认为"班主任虽然有点作用，但不如拿这些时间念念书来得好"是不很正确的。班主任之所以起作用就在于这一制度使在我们学校目前情况下找到了一条逐步加强学校行政与全体教师对学生全面负责进行工作的道路，在于这一制度组织了大批青年教师引导他们面向学生、面向实际情况，把教学工作更深入了一步，并动员了这批教师更热爱学生、热爱工作，把政治与业务、教学与教育更好地结合起来，教育了学生又培养了自己，这就使我们在整个教学改革过程中又前进一步。

三、几点初步经验

（1）建立班主任制度的几个问题

从班主任的作用与已取得的成绩看，这个制度是可以肯定的，至少在一、二年级中是如此。回顾建立时的情况，有下列几点可以提供参考：

① 班主任的普遍设立：班主任最好在一个年级中普遍设立，每班一人，使班主任成为群众性的工作。这样可以使这一工作蓬蓬勃勃地展开，取得各方面的重视与支持，又容易摸索与总结经验，及时交流，提高工作，并获得较大效果。

② 班主任的人选：班主任工作影响大，学生的要求高，选择班主任时要适当。上学期的班主任是在各班中挑选政治上对教学工作认真负责，全面关心学生，在业务上有初步教学经验，并且每周上课时间较多，可与学生经常接触的教师来担任，实践证明是正确的。认真负责不是指"博学多闻"、教学效果最好（当然这是很需要的）而言，学生所爱戴的是教学态度好、能从学生情况出发、不断改进教学、关心他们、帮助他们的班主任。个别的班主任就由于教学上责任感不够，而得不到学生的信任。每周上课时间过少对开展工作有一定影响。

同时，确定班主任时还应尽量取得本人自愿，因为班主任工作必须出于教师自觉的积极性，勉强担负是做不好的。

③ 班主任的工作时间：在目前情况下把班主任工作的工作量计入工作日是必要的。一方面可以提高班主任对工作的责任感，消除一些顾虑，同时使工作在时间上更有保证。根据一学期实际情况，虽然每周所用时间极不均衡，一般则在平均每周三小时左右，这一工作量对一般教师来说是还可以负担的。

（2）班主任工作的领导与各方面的关系

班主任是一件完全新的工作，从班主任的任务、工作内容、工作方法以及与各有关方面的配合都是一个新的问题，需要不断在实践中明确、丰富与改进。上学期由于系还没有可能直接领导这一工作，所以暂由教务处领导，并由各系选派级主任二～四人协助，在这种情况下，班主任人数很多，不可能有太多的具体领导。因此教务处只抓了：

① 明确任务，阶段性布置工作。上学期主要开了三次班主任全体大会，开学时布置总任务；期中在一年级班主任中明确工作转入经常化，加强学习领导，二年级推广管八二经验；新年前布置学生新年总结及考试考查工作，使每一阶段有一中心内容，班主任容易进行工作。

② 对班主任进行思想教育，宣传班主任工作的意义，期中提出班主任的作用与培养自己成为新型教师的要求，对班主任鼓舞甚大。

③ 组织经验交流会，改进工作。期中一年级班主任中交流经验一次，有些系（如动力机械系）教研组（如理论力学）配合组织了经验座谈，有一定作用。

④ 组织有关方面支持与配合班主任工作，主要是与政治辅导处、学生青年团的配合。做得好的班主任经常是与取得这些方

面的合作分不开的。

但总的说,上学期的领导还不及时、不具体,级主任的作用与政治辅导员的配合还未很好解决,各有关教研组与教师青年团的关怀与支持还很差,这些缺点都要进一步克服。

(3) 做好班主任工作的基本环节

班主任是一种群众工作,从上学期经验看,有两个基本环节:

① 班主任必须以学习为中心主动地从学生中所发生的实际问题出发来进行工作。学生的中心任务是学习,解决学生学习中的问题就是班主任工作的目的,思想工作、组织工作、方法指导都应围绕这个目的。以学习为中心就是要善于抓住学生学习中主要问题,用各种方式,提高学生学习的积极性,改善学生条件,指导学习方法,提高学习质量。多数班的班主任抓紧学校每一阶段中心任务与班上发现的问题进行工作是正确的,如金八三班就是很好的例子。但是有的班主任把许多时间花在为一个学生免考、休学或其他次要事情上;或者很热情地参加同学的活动,和同学成了朋友,却很少注意指导学生学习,这样班主任工作就会变得目的性不明确,对学生的帮助不大。

明确了以学习为中心,那么班主任工作实际上从准备课、走进课堂时就已开始了。无论在课堂上或课外都会发现问题,譬如某班不重视数学计算,另一班不会念俄文,某班又有些松懈自满等等,这就提供班主任非常丰富的工作内容,因此也就不会"等待任务"了。只有经常注意学生,从学生实际情况出发,班主任工作才会非常活跃而有效果。

② 班主任必须全面关心学生,深入到学生中去。首先学生中的问题各个年级有各个年级的特点,各班有各班的特点,要善于发现问题就必须深入学生,只与班长联系联系,或者坐在办公

室里等学生来汇报，是不可能真正抓住问题的。同时班主任又是学生的教育者，他必然要通过一切机会来进行教育，即使是班主任参加一次学生文娱活动，也是对学生开展文娱生活的一种鼓励。如房八一班主任文健，他就是通过习题课、大家庭作业的指导，通过墙报、学生团支部日记，参加学生活动与个别学生接触等种种方式来了解学生，对学生进行工作。一个成功的班主任总是一个善于利用自己的时间，和学生经常保持接触，处处关心学生、帮助学生、教育学生的社会活动者。

此外，由于班主任工作范围很广，经验不足，工作要提倡"稳""准"，一个学期内能积极贯彻行政意图，并抓对了问题，开好一二次班会，作用就很大。工作方法要注意通过学生的集体，依靠青年团与班长的合作来进行。

四、本学期工作的意见

根据以上的经验，本学期班主任工作应该进一步开展起来，继续加强对学生学习的领导与思想教育工作。本学期的特点是班主任工作要围绕贯彻学校"提高质量、保证学时"这一中心任务来进行。

"提高质量、保证学时"的直接目的就是克服学生学习负担过重，创造学生全面发展的条件，使我们真正能培养出在业务上、思想品德上和健康上都适应国家社会主义建设需要的干部。这就要求我们更深入学习苏联与中国实际相结合，要求把我们的教学工作提到更高水平。班主任的任务首先应该使自己成为积极响应行政号召的模范，一、二年级一百二十位班主任及本学期新设一部分三年级班主任的模范行动将在贯彻方针中起很大作用。

应该估计到贯彻"提高质量、保证学时"这一方针是有许多困难的。在教师方面第一次按照课程作业计划进行教学，会发生许多问题，超学时还不可能完全避免，班主任要及时地反映情况，促使有关教师改进教学、保证学时；同时也一定会出现许多提高质量、保证学时的好经验，班主任可及时提供有关方面研究，加以推广。在学生方面对保证学时主要是为了创设全面发展的条件，要加以正面教育，消除怕"保证学时就会学得少，学不好"的顾虑。组织学生学习计划、进一步改进学生学习方法仍是使学生有效地利用时间不断提高学习质量的重要方法。如果课程作业计划执行得好，学生学习开始主动，班主任就要教导学生更好地巩固自己的学习成果，熟练地掌握知识技能，对学生在规定时间内完成作业以后深入钻研，多方面提高自己的积极性应加以引导与鼓励，而不是加以限制。

根据这些精神，建议在加强学生学习领导方面进行下列工作：

（1）经常从班上了解课程作业计划执行情况，分析研究，及时反映。

（2）协助行政进行教学与学习的检查工作，检查"提高质量、保证学时"贯彻的情况。

（3）协助班上组织自学计划。

（4）与有关教师合作进一步指导学生改进学习方法。

（5）协助做好考试考查工作。

（6）动员与督促学生做好自学时间统计工作。

（7）组织帮助学习上困难的同学、外籍生、工农学生。

为了贯彻方针、改进学习，各班可争取开好一次至二次班会。

思想教育应以保证"三好"、全面发展为中心内容。班主任要经常教育学生培养自己成为在科学上、政治上、文化上都有发展，富有创造性的工程师。我们要认识到：思想教育是随时随地都在进行的，是多方面的，作为班主任要更自觉地从自己的教学工作开始，通过教学过程、班会活动与日常生活不断贯彻学校方针，进行"三好"、全面发展的教育，并注意引导学生参加科学、政治、文化与体育活动。

最后，本学期班主任工作要取得进一步开展，在组织领导上要逐步加强系的领导，除个别系一年级班主任仍由教务处领导外，其他的由系设专责干部一至二人直接领导。这样每个系所领导的班主任可以少一些，领导可更具体些，系可以依靠班主任逐步加强学生工作，这就向逐步过渡到系领导学生工作前进一步。同时，教务处就可以加强对班主任的思想教育，组织经验交流改进工作方法，加强对班主任工作的研究。此外要继续加强有关教研组、政治辅导处、青年团等对班主任工作的关心与支持。

《新清华月报》1955年第2/3期，1955年4月23日

清华大学班主任工作暂行条例
——一九五五至一九五六年度第六次（扩大）校务行政会议通过
（1956年3月9日）

一、为了加强对学生学习的领导与政治思想教育、贯彻全面发展的方针，特设班主任制度。

二、班主任在一、二年级中每班设一人，三年级以上原则上不设立。

三、班主任由专业教研组教师与任课教师中选任，但各专业每年级至少有专业教研组教师一人担任班主任。

四、班主任应具有较高政治觉悟，对教学工作认真负责，全

面关心学生,有一定政治思想工作经验。

五、班主任的任务是:

1. 围绕学习进行思想工作,不断提高学生自觉性与积极性,树立优良学习风气,发展学生独立工作能力。

2. 协助进行必要的教学组织工作,为学生创造良好的学习条件。

3. 注意进行共产主义道德品质与全面发展的思想教育。

4. 与有关方面配合有步骤地培养班干部。

六、班主任工作由系主任负责领导。系主任得指定系秘书协助进行工作。每一专业各年级(或每一年级)由专业教研组班主任兼班主任组长,负责联系同专业本年级其他各班班主任。班主任组长由系直接领导。

七、班主任工作每周工作时间平均以四小时计算,可计入工作日内,但如班主任并未担任任何其他社会工作时,班主任工作时间可以社会工作计算,不计入工作日内。

八、班主任的任期为一年,最好能随班连任。

九、本条例自一九五五——一九五六年度第二学期开始试行。

《清华公报》第 23 期,1956 年 3 月 16 日

班(级)主任工作暂行条例[①]

(1961 年 9 月 13 日)

第一条 为了加强对学生的全面培养工作,并使一年级新

---

① 原文注:每系二年级以上也有设班(或级)主任的,此条例主要针对大一、二班(级)主任职责而订。

生更快适应学校的学习生活，在各系一、二年级设立班（级）主任。

班（级）主任是学校行政委派到各班（级）工作的行政干部。主要负责指导学生的学习，进行经常的政治思想教育和行政管理工作，并指导班委会开展工作。

第二条 班（级）主任的任务和职责：

（一）根据党的教育方针和有关各项政策、学校党委和行政的各项决议，指导学生德、智、体全面发展。

（二）协助系全面指导和管理学生学习：

1. 帮助学生熟悉学习和生活环境，进行专业教育和遵守学校的规章制度和纪律的教育，建立良好的学习秩序。

2. 协助系加强各课程（包括专业劳动、教学实习）之间的配合，平衡课程作业，不使学生学习负担过重。并向有关教研组反映情况，提供建议，以提高教育质量。

3. 经常了解学生学习情况，帮助改进学习方法，培养学生刻苦钻研、认真读书的优良学风。督促学生完成学习任务。

4. 注意发现和培养学习上有突出成绩和特长的学生。向系和教研组提供因材施教的建议。关心工农学生、调干学生、华侨学生、少数民族学生和学习上有特殊困难学生的学习。

5. 向系行政提出对学生的奖励、处分的建议和免考、缓考、升降班、休退学等意见。

（三）在团支部的协助下，经常了解本班学生的思想情况。教育和培养学生努力学习、提高觉悟、热爱劳动、锻炼身体、尊敬师长、团结互助、遵守纪律、爱护公物等优良品质和作风。

（四）关心学生生活和健康，指导学生安排生活和课余活动。关心学生体质的增强和不同兴趣爱好的发展。指导班委会评议助学金和生活补助等有关事项。

（五）协助系行政建立大一班委会。指导班委会工作，注意培养学生班干部帮助团支部开展工作。

（六）一、二年级级主任，除上述各项任务外，应协助系行政了解和反映本系各班主任工作情况、各班学生学习中的一些共同性问题，总结和交流班主任工作经验。但级主任不是一级领导。

第三条　班（级）主任的设置、选派条件与任命：

（一）各系一年级每班均设班主任一名，二年级有条件的尽可能设班主任。一、二年级各设级主任一名（由班主任中一人兼）。

（二）班（级）主任由系务委员会提名，经校务委员会讨论通过后任命。

（三）班（级）主任应具备的条件如下：

1. 1959年以前毕业的优秀教师；

2. 觉悟较高，作风正派，表现较好；

3. 业务基础较好，能刻苦钻研，有一定教学经验；

4. 身体健康。

第四条　班（级）主任工作的组织领导：

（一）班（级）主任接受系和教务处的双重领导，系由一位负责学生工作的副系主任或指定的系务委员直接领导，负责组织班（级）主任工作。教务处负责制订全校共同性的工作计划，总结交流班（级）主任工作的经验，并解决各班反映的、应由学校统一处理的教学工作和教学行政工作中的问题。

（二）班（级）主任均不脱离教学工作，同时不担任其他社会工作。每周用于班（级）主任工作时间暂定为，一年级班主任12小时,二年级班主任8小时,级主任酌情增加。任期二年。

《新生手册 1964》 清华大学教务处 1964年8月

1964—1965学年度大一、大二班、级主任情况简介[①]

(1964年11月20日)

一、大一:12个系共55个班,应设班主任55人,级主任11人(动力系和农机系合设一人),实际上有级主任7人兼班主任,故实设班、级主任共59人(男45人,女14人),其中过去曾担任过班主任工作者33人。

大二:12个系共55个班,应设班主任55人,级主任11人,实际上有级主任9人兼班主任,故实设班、级主任共57人(男35人,女22人),其中连任原班班主任工作者32人。

二、班、级主任基本情况:

1. 各系设班、级主任人数及政治面目

表1

系别	一、二年级班数	大一班、级主任			大二班、级主任		
		实设人数	党员	团员	实设人数	党员	团员
土建系	6	6	4	2	6	4	2
水利系	3	3	2	1	3	3	0

---

① 编者注:本文为1964年11月20日的1964~1965学年度第三次校务会议记录的附件六。

续表

系别	一、二年级班数	大一班、级主任			大二班、级主任		
		实设人数	党员	团员	实设人数	党员	团员
动、农系	6	6	3	3	6	1	5
机械系	4	5	4	1	4	1	3
冶金系	4	5	1	4	5	3	2
电机系	6	6	3	3	6	2	4
无线电系	6	6	3	3	6	1	5
自控系	5	6	3	3	5	2	3
工物系	5	5	3	2	5	3	2
工化系	5	6	6	0	6	5	1
力数系	5	5	5	0	5	3	2
合计	55	59	37	22	57	28	29

2. 资历情况

表2

年级	班、级主任总数	教师职称		毕业年限				
		讲师	助教	1953～1955	1956～1958	1959～1962	1963	1964
大一	59	0	59	0	6	45	4	4
大二	57	4	53	5	8	38	4	2
合计	116	4	112	5	14	83	8	6

清华大学档案，全宗号2，目录号 校1，案卷号 65002

2. 劳逸结合工作

校务委员会会议关于减轻学生负担过重问题的议决事项[①]

（1953年6月2日）

时间：六月二日下午二时
地点：工字厅会议室
出席：蒋南翔　刘仙洲　钱伟长　陈舜瑶　何　礼　何东昌
　　　史国衡　张　傲　解沛基　周寿昌　俞时模　李辑祥
　　　张　维　武　迟　孟昭英　张　任　梁思成（吴良镛
　　　代）　庄前鼎　邹致圻　章名涛　施嘉炀　张子高
　　　李　欧　储钟瑞　金　涛　滕　藤
列席：萨多维奇　吴明武　王震寰
主席：蒋南翔　　　记录：周寿昌
甲、报告事项（编者略）
乙、讨论事项
一、关于减轻学生及教师负担过重问题
议决：学生学习时间应以大多数同学每周不超过五十四小时为原则，除教务处、系主任、教研组应层层负责使学时适当控制外，更要注意以下几点：（一）改进讲课方法，使学生能当堂解决问题。（二）家庭作业要适当控制。（三）课程设计的计算画图方面放低要求。（四）不要举行期中定期测验。（五）指导学生改

[①] 编者注：本文节选自《清华大学校务委员会第五次会议记录》。

进学习方法。教师方面……

二、改变作息时间问题

议决：为了适合夏季时间，并使师生增加休息时间，决定每天午睡延长半小时，学生体育锻炼时间两批合成一批，改订后作息时间由校长办公室公布。

三、关于表扬积极工作的职工问题（编者略）

四、成立学生课外文娱活动委员会问题（编者略）

五、关于从大一学生中选择留苏学生问题（编者略）

六、关于房屋分配计划问题（编者略）

丙、散会

清华大学档案，全宗号 2，目录号 校 1，案卷号 53004

团委会、学生会关于目前学生学习过重情况的一些材料和改进的意见（节选）
（1953 年）

最近我们调研了卅六个团支部同学学习情况（全校共五十八个团支部，每支部一般包括三、四班），发现目前学生由于学习负担过重，影响身体健康，学习效果不好，现综合如下，谨供学校行政参考并加以研究解决。

甲、学时过重的现象。目前一年级同学每周学时一般在五十七到六十学时之间，即除每周三十六学时正课与十八小时晚自修外，还要加上星期日上、下午各有三小时学习。二、三年级同学每周学习则一般在五十四到五十七小时之间，功课差的则往往超过六十小时。少数班如土三同学一般学时均在六十到六十五小时之间，土专二同学平均每周学时竟达七十小时以上。像这些班同学们差不多是整天念书,星期日不能休息。土专二有同学除开学初二周曾休息外,到现在没有一天休息过。不少同学反映生活紧张、枯燥,竟日在赶习题赶进度中度过。

乙、由于学习负担过重,影响了学生的身体健康及必要的文娱及社会活动的开展,学习效果也不能达到深入巩固。

(一)同学健康情况一般是在恶化,睡眠失常,患神经衰弱人数激增。如动三经常失眠人数约占30%,间或失眠人数约占10%,患感冒的约占25%,有过大小病的同学约占90%,全班没有病过的人只有八人。无三三十六人中失眠的十一人,头痛占24%,胃病占11%,其他小病不断。一般同学反映精神疲倦,下午上课瞌睡。很多人晚自习支持不到三小时,夜间则作噩梦,说数学及俄文等等功课的梦话。个别发展到严重的,如……

(二)由于功课过重,同学感到学习不巩固,普遍感到都是"赶习题赶进度"。如土三只有六个晚上复习时间,要念九门功课,其中五门是结构,有的反映"现在是功课的奴隶",觉得不如开学时深入。有的大一同学觉得做习题时至多能想一刻钟,想多了,就浪费时间,不能很好思考学习的要点,因此学习不巩固,"学了这个忘了那个"。个别严重的感到信心丧失,石油系一学生怕学不好,曾想自杀。

(三)由于学习过重影响必要的课外活动的开展,不少同学对政治社会活动不关心。无二许多同学反映"整天钻到学习里面去,95%以上都在想学习,对一切事物的兴趣都减弱,连星期六电影也不想看"。有时下课延长到下午四点半,使同学体育锻炼受到影响。

丙、造成学时过多、学习负担过重的原因是多方面的。如有些同学思想上只注意学习,忽视健康及政治学习;有的则因原来程度差,不加紧努力,便跟不上班;但教学分量太重,是主要的原因。教学分量重，又因部分课代表不善于反映全面情况而长期不能引起教师注意。在下列情况下，教学分量就更加过重。

（一）有的教学计划本身就过重，如机制三学俄文的同学按行政规定的课程计划即已达六十小时，程度稍差的学生，即超过六十学时。

（二）有些老师所规定之温习时间及课外作业，超过规定时间，各课之间，又未很好配合。每周每课超过一二小时，全部学时就很重，如……

（三）上月各课作教学总结，有的教师只注意自己的教学计划，就在课外自行补课，甚至利用星期日的休息时间。

丁、以上情况说明，问题存在是十分严重的。最近数周来学生会、团委会已号召开展文化活动，组织休息，在少数班级，失眠患病现象已开始减少。但我们认为进一步的解决办法，是考虑适当地减轻教学内容。目前大考在即，照例将更显紧张。为了巩固教学效果及争取健康有所好转，我们提出以下几点意见，希望行政上考虑采纳：

（一）学期结束前，请教师不要只追求教学计划的完成，因而赶进度或加班补课，这样对学习效果与健康两方面都十分不利。个别功课太重的班，如土三、土专二等目前即需设法减轻功课或放慢教学进度。

（二）下学期学校行政能把教学计划修改得更合适一些，学时要严格控制在政务院规定五十四学时以下，排课程表时，注意不要排到下午四时半，以保证同学经常锻炼、文娱与休息。

一九五三年

清华大学档案，全宗号 2，目录号 党 11，案卷号 109

校务会议关于解决学生负担过重问题的议决事项※①

(1954年11月12日)

时间：十一月十二日下午二时半

地点：工字厅会议室

出席：蒋南翔　刘仙洲　钱伟长　陈士骅　陈舜瑶　史国衡
　　　张　微　解沛基　周寿昌　李西山　庄前鼎　张　维
　　　张　任　章名涛　孟昭英　吴良镛　张子高　余兴坤
　　　储钟瑞　李　欧　李恩元　滕　藤

列席：萨多维奇（专家）　苏　庄（高教部）　刘一凡（高教部）
　　　赵访熊　徐亦庄　杜庆华　万家鑅　夏　翔　李相崇
　　　朱声绂　吕应中　庞家驹

主席：蒋南翔　　记录：周撷清

讨论事项：

一、全校一、二、三、四年级学生超学时现象普遍严重，致学生负担过重，影响健康，并影响社团活动正常开展，应如何及时予以纠正案。

议决：

1. 下星期起在全部基础课及无毕业设计教研组进行一次期中检查。通过这次检查提出具体办法，以克服超学时及学习不巩固现象。

2. 与工会密切配合，在下次组织生活小组会上讨论一下如何认识教学质量与学时的统一问题，要求做到一方面保证学时，

---

① 编者注：本文节选自《一九五四——一九五五学年第二次校务会议记录》。

一方面保证质量，建立对学生全面负责的观点，避免教师只顾完成教学任务，而同学不能完成学习任务的偏差。

3. 成立基础课及基础技术课教学法委员会，负责领导和推进教学方法工作，委员会名单由教务处考虑后由校长批准。

4. 请高等教育部考虑批准酌量增加同学伙食费，以便改进学生伙食，维持必要营养。

5. 由教务处通报全校各系、组密切注意同学超学时现象及其影响，建立制度，认真贯彻。

二、批准各系工作计划案。（编者略）

三、教务处提出《清华大学课程考试与考查规程（草案）》《清华大学评分标准（草案）》及《关于一九五五年本科毕业班毕业标准的规定（草案）》请予审查通过案。（编者略）

四、讨论职工的几项制度及成立一九五四年职工优良工作者、先进工作者及优良工作单位评选委员会案。（编者略）

五、本校明年基本建设案。（编者略）

散会。

《清华公报》第 4 期，1954 年 12 月 11 日

清华大学关于研究与解决学生学习负担过重问题的报告

（1955 年 4 月 15 日）

一、经过及原因

清华大学自一九五二年开始教学改革以后，不久即发现学生学习负担过重的现象，自一九五二年第二学期起，学校在苏联专家指导之下，初步修订了四年制的教学计划和教学大纲，并在全

体教师和学生中贯彻了培养学生要做到全面发展的方针。两年多以来，无论在教学质量方面、学生的政治觉悟和身体健康方面，都有一定的提高。

但是到去年下学期，在新的情况之下，即：四年制的班级有些新的教学方式如课程设计等系第一次实行；五年制的班级，各种课程的内容增加和采用新的教学方式等，学生学习负担过重的现象，又重新发生。

我们详细研究分析这一现象的原因，认为可以分成两方面：甲、客观方面的原因，或说是：具体条件上的困难。乙、主观方面的原因，或说是：我们工作上的缺点。

（一）客观方面的原因，或具体条件上的困难，主要的有以下几点：

（1）我们的教师水平差：在我们的全体教师中，教授和副教授只占七分之一，青年助教占百分之七十三。其中有百分之四十五都是三年制毕业、二年专修科毕业和由二年级抽出来再加以训练即充任教师的，他们掌握教材不够成熟，遇到较难的章节，就不容易给学生讲懂。选择教材，不会分别主要次要。他们绝大多数都是"热心有余，经验不足"。热心有余、教材好贪多，经验不足、讲课又讲不好，两方面都足以使学生学习负担过重。

（2）我们的学生水平差：学生搞懂一定分量的课程所用时间的长短和他本身业务的基础是有很大关系的，基础好的用时间少，基础差的用时间多。同一质量同一份量的教材，在苏联大学的学生学习它，可能用的时间少，我们的学生可能用的时间多。所以由我们现在学生的水平学苏联同样学校的教材，自然容易感到负担重。

（3）我们的教学设备不充足：如绘图板不够一个人一块，绘图桌不够一个人一张，教室不够一班一个，且有时前后两堂课所用的教室相距甚远，使学生多费若干时间。

（4）本国文字的教科书参考书不够完善：过去两年以来，由于高教部的大力提倡，由俄文翻译的教科书为数已不少，但是一般地看来，文字上是学生读起来相当吃力的，结果也增加了学生学习的负担。

（5）我们的学生一般的体格都比较差：目前各校的膳食营养不够，住的宿舍又失之拥挤，互相干扰，室内空气不够卫生，直接对学生的健康有关，间接也使学生不能胜任较重的负担。

以上五项对于使学生感觉负担过重都有直接或间接的关系，唯都不是一时容易克服或不是一时能够完全克服的。

（二）主观方面的原因，或工作上的缺点和克服它们的办法，在由科恁夫尼柯夫专家执笔，由清华大学十多位苏联专家讨论提出的《学生负担过重的一些原因及其克服办法》一项文件（见《高教通讯》，一九五五年二号）和高教部三月四日《关于研究和解决高等工业学校学生学习负担过重问题的指示》上边，分析的已经差不多了。科恁夫尼柯夫专家曾说过："假设我们能够把可能造成超学时的五十多条原因，每一条，每周能减少学生自学时间几分钟，那么学生负担过重的问题，就可迎刃而解了。"

所有已经分析出来的原因都不必再多费时间加以重复，现将那两项文件上没有强调提出或是没有提出的几点再说一下：

（1）在我们学习苏联的过程中，有些地方失之偏高，与我国实际情况不合。教学计划上所规定的总时数比苏联同样专业的总时数还多，教学大纲、教科书都喜欢向苏联最好的高等工业学校学习，总好抄袭或采用内容最多的，而没有考虑教师的水平和学生的程度。如机械零件课程设计根据包乌曼工业大学要二百五十小时，但我们教学计划中连课内课外只能有一百四十小时，如果不精简内容和画图张数，学生自然就感觉重了。

（2）同一专业的各门课程的教学大纲，常常是来自苏联不同的高等工业学校。对人家任何一个学校说，和其他课程的教学大纲，可能是配合得很合适，我们没有加以深入研究消化，就发生了教材重复或脱节现象。

（3）在课程设计，或一般的计算问题里边，往往要求的数目字太精细。如计算土方有时算到小数点以下两三位，毫无实用价值；做实验，求特性曲线的数据点，一条有五六个点就可以画出来，非求十几个不可。在不同的情况下求三四条就够了，非求十多条不可，结果一种实验，要求一百多个数据点，学生的负担自然就重了。

（4）部分教师思想上存在着一些问题，在改正的初期，有部分的教师把教学的质和量分不清楚。认为教师多教，学生多学，质就提高了，反之质就降低了。当学校提出"提高质量，保证学时"以后，他们根据质和量不分的看法，认为要保证学时，只有降低质量，要提高质量，就不能保证学时。当高教部的指示公布以后，个别教师仍有错误的看法，认为要学好一点，就必须学多；要学少一点，就不能学好。部分学生也有类似的错误看法，认为矫正超学时的措施，是不是会使他们学的程度差一些。所以也有认为"宁可超些，但学多些"，结果，在起初有一小段时间，有一部分教师和学生，对于矫正超学时是信心不足的。后来在几次的校务会议、校务行政会议、教学研究会和教学法研究会上多次地贯彻了"提高质量，保证学时"的方针，并介绍了水利系教研组和基本电工教研组等积极改进教学方法，做到既保证质量，又不超学时的经验，才改正部分教师的错误想法。

总之，由于这些主观的原因或由于我们工作上的缺点，所造成的学生学习负担过重的现象，是我们应该在教学改革的过程中加以克服的。

二、措施及效果

根据苏联专家的建议及高教部的指示，我校从上学期末即采取了一系列的措施来解决这一问题，主要有下列几个方面：

（一）局部修订教学计划。教学计划是控制学生负担的基本文件，我校的教学计划还没有经过全部的实践检验，根据一种典型的教学计划（工业与民用建筑）结合课内课外时间计算的结果，我们发现教学计划一般要求仍是订得偏高。但由于全面修订教学计划牵涉到培养目标、专业课与基础课的比重、教学计划内各种教学方式时间比例等根本性问题，因此在寒假中只作了局部修订，一共修订了六个专业的教学计划，使每学期课程门数不超过十门，适当减少每学期考试数目，并控制课内课外总学时在平均每周五十七至五十八时以内。本学期内将再在各系全面地进行一次局部修订教学计划的工作，但最后的修订打算在毕业设计做完总结整套教学改革经验以后，并参考苏联新修订的教学计划再行进行。

（二）局部修订教学大纲及明确大纲要求。各门课程的教学大纲之间有重复及脱节的地方，经过基础课及基础技术课教学法委员会和各教研组之间的互相研究，局部修改了一些大纲来解决这一问题，例如物理和力学及电工基础删去了互相重复的部分，关于渗透问题，过去在水力学、水工结构、水能利用三门课中都讲到，以后就改正了。由于要保证学时而又不损害教学大纲，教师们便重新仔细研究了大纲，正确掌握要求，例如外系电工课过去总是当作本系电工的缩影来讲，理论计算较多，学生不易掌握，对外系也不适用。本学期电工学教研组仔细研究了苏联教学大纲，采用了与本系电工学完全不同的系统进行讲授，结果所学主要内容并未减少，学习效果大大提高，而且克服了一贯的超学时的现象。对教学大纲哪一部分通过讲课解决，哪一部分通过实习课或实验课解决，哪一部分应该仔细讲解，哪一部分只作概念性的叙述，一般教研组也都开始注意了。

（三）分配课外自学时数，制订课外作业指示图表。这一工作在本学期克服负担过重问题中起着很大的组织作用。教务处和系及教研组商量后，具体规定了每一班每门课程每种教学方式每周几小时，然后将一周内各门课的总学时加以平衡，这样就使教师每周布置作业都有了具体依据，使学习负担均匀，并便于及时检查发现问题。

（四）精选教学内容和课内外作业。各教研组根据分配的时间对教材及作业进行了研究与精选。在讲课材料方面，不少教研组注意了分清主次，如材料力学教研组注意了在堂上讲主要的，有些次要部分让同学在读参考书时解决，提高了同学自学效率。在布置习题作业，教师注意了教学目的，同时将习题作业中不必要的繁复部分加以简化，例如结构力学在求影响线的作业中，把以前要求九点数据改为五点。实验方面，在不影响教学效果的情况下，去掉了几个没有把握的、繁复的实验，并把预习报告与试验结果报告合而为一，可以节省时间，期中测验加以减少，改在一学期测验总数不超过三次。

（五）改进各种教学方法，要求结合中国实际更深入地学习苏联经验。例如在讲课中注意了分清主次，化学、物理、理论力学等教研组都注意并加强了课堂表演，收到好的效果。习题课上再度明确了专家提出的习题课应成为使学生从不会独立工作到会独立做家庭作业的中间过渡这一原则，加强了领导和启发，使学生感到习题课上收获较大，课后做题更有信心了。实验课主要贯彻了循序渐进、逐步培养独立工作能力的原则，并使学生在课内及时做完报告，减少课外耗费的时间。在作设计中对只重视计算和要求不必要的精确度而忽视原则问题加以纠正，计算制图作业也发了指示书，陈列了典型示范作品，使学生更易于掌握进行的方法。部分教研组准备在本学期重点编写一部分教学法指示书，来总结与巩固教学法工作的经验。

（六）加强组织领导，进行定期的检查工作和经常的学时登记。在上学期内学校加强了系的组织机构，行政上增设了副系主任，配备了行政秘书，党内设立了脱产党支部书记，这样就创造了条件，使以前集中在教务处及政治辅导处领导的学生工作逐步过渡到由系具体领导。在贯彻"提高质量，保证学时"的方针时，学校提出了要教务处、系、教研组、教师层层负责，教研组会议、系务会议都讨论了这一方针，具体研究某一门课或某一教学方式超学时的原因，想出办法加以解决，教务处则定期听取全面汇报和重点深入检查。在一、二年级普遍设立的班主任在反映教学情况、指导学生自学等方面也起了积极作用。

关于经常性的学时统计目前有两种：一种由教务处、系作的各年级不同专业典型班的每周各门功课学时总数平均统计；另一种由教研组指定各类型课程中以一个典型班进行该课程各项课外作业所用学时统计，这些资料的掌握对教务处、系、教研组随时发现问题加以研究解决帮助很大。但是目前统计方法还不够科学，由于没有向学生交代清楚，学生将超过教师要求自己主动深入钻研和看参考书的时间或者复习过去功课的时间也填入学时统计表了，这样教师布置的作业虽然没有造成负担过重，但功课好的学生却仍然"超学时"，这是不合情理的。经过和专家谈话，我们明确了所谓保证学时主要应该是对教师而言，教师所布置的学习任务（作业分量）应该保证大多数中等程度的学生能够在规定的学时内完成，否则就是负担过重。对于少数优秀学生在完成教师指定任务后还有余力去多看参考书、钻研问题、复习旧功课，或参加科学研究小组等的时间是不应统计在学时内的，而对少数因基础差学习差等原因而超学时的学生则应该个别加以帮助和个别处理，不能根据他们的水准而来降低一般的要求。

（七）加强学生工作。解决学生负担过重问题必须在教和学两方面来进行。在教师减轻了学生负担以后在学生中没有进行思想教育以前出现了下面一些情况：有些学生信心不足，觉得减轻负担会不会降低质量，存在着"宁愿超些，要学多些"的想法，有的学生仍旧沿用旧的学习方法，把多出来的时间浪费在画图画三遍、拉了计算尺再用笔算核对这些无谓的枝节上，很多学生则感到多余的时间不知如何利用。针对这些情况学校向全体学生作了报告，在校委会上也提出教师应该负起指导学生改进学习方法以及如何深入钻研的责任，同时青年团、学生会也配合开展多方面的文化娱乐活动来吸引同学参加，以达到在全面发展的基础上充分发展每个学生的个性的目标。这方面的工作还初步开始，有待继续开展。

进行了以上这些措施以后，就本学期开学以来七个星期的情况看来，收到了一定的效果。一般课程都保证了质量，同时减轻了学生的负担，多数班的学习转入主动，有时间去消化与钻研功课，功课差的学生要求答疑的人数增多，功课好的学生要求参加科学研究小组的人数增加，参加体育、文娱、政治活动的同学比以前更普遍了，图书馆出借文艺小说的数量有显著增加。大多数教师从事实中看到质量和学时不是矛盾的，唯有保证了学时，才能使学生学习转入主动，才能使教师深入发现教学的经验和问题，也才能真正提高教学质量。

但是目前在贯彻"提高质量，保证学时"这一方针的过程中并不是一切问题都已经解决了，还存在着一系列的问题需要继续不断逐步深入地去解决。少数教师在思想上还存在着"学时"和"质量"对立的看法，个别教师用不顾质量的办法来"减轻学生负担"，另一方面个别课程造成学生负担过重的情况还存在着，如电力机械过去一向是超学时的"重头课"，这次检查虽有改进还未彻底解决，由于这门课未解决，电机系三年级的负担还是较重的。另一方面，各班的测验等还在后面，因此即使现在不超学时的课程也不能放松大意。某些课程设计拉了进度，这就隐伏了以后发生负担过重的危机，至于本学期开始在五百七十多个同学中初次进行的毕业设计由于毫无经验只能在摸索过程中前进。此外对学生学习方法和独立工作的指导还须加强，好的教学方法有待继续推广。本学期排课方法也有缺点，除作了个别调整外，下学期排课方法要重新考虑。最后，教学计划、教学大纲等基本文件还须进一步修订，这些问题均准备逐步去研究解决。学生负担过重是一个极复杂的长期的问题，现在由于党和政府的特别关怀，高教部的直接领导，我们在这一工作上前进了一步，但是由于具体条件上的困难，原因虽然找出了，具体掌握和贯彻还有一个过程，并且今后还会遇到更新更难的课程和工作，因此仍应时时抓紧，提高警惕，最好事先预防，其次是发生以后即随时纠正，这样使我们的教学工作逐步更趋合理，质量逐步提高。

三、几点体会

在这一段工作过程中我们有下面几点体会：

（一）解决学生学习负担过重问题必须和提高教学质量相结合，我们要求做到"提高质量，保证学时"，忽略任何一方面都是不对的；而所谓质量又是指培养出"德才兼备，体魄健全"的全面发展的干部而言。因为学生在四年或五年中学习的时间是有限的,所以脱离了学时来谈质量,那是抽象的质量,假如只顾一门功课的"质量"而造成负担过重,搞坏了学生的身体,使学生不问政治,或者挤掉了别门功课,那样也就谈不上全面的真正的质量。反过来,脱离了质量来谈学时,也是空洞的学时,因为用简单的办法减少学习的内容,虽然形式上"保证"了学时,但不能达到教学的目的和效果。因此也就没有完成培养国家所需要的干部的任务。因此正确的做法应该把质量和学时的矛盾统一起来,应该最充分最经济地利用有限的时间,使学生学到最必要的、最有用的知识,以期使毕业出来的学生达到尽可能高的质量。我们这一工作是在克服忽视质量和忽视负担过重这两种偏向中进行的。

(二)应该充分从思想上动员,启发教师的积极性和主动性,用推广和交流经验的办法来逐步深入贯彻。教师是教学工作的直接担任者,而教师所掌握的科学又不是行政上或其他每个同志所掌握的,因此克服学生负担过重不能依靠简单地下一个行政命令来解决,而要充分从思想上动员教师去领会"提高质量,保证学时"的积极意义,要求教师主动克服困难,想办法根据分配的学时最恰当地去布置作业,做到既保证学时,又提高质量。我们首先肯定教师们过去的成绩,同时用介绍经验、典型示范等办法来说明在教学组织工作中还有"潜力"可挖,可以做到减少学生的学习的时间而不降低质量或甚至提高质量。一般来说,我们教师工作积极性是很高的,但思想方法上还带有主观性、片面性,业务上掌握得还不熟练,因此从思想上解决了问题,又从典型经验介绍了方法,这样就收到较好的效果。在这过程中,许多教师反映"这也是思想改造的过程"。

（三）要在组织上加强领导，层层负责，加强检查，随时发现问题，随时具体分析研究，加以纠正。过去教务处也作学时统计，但由于系的领导薄弱，教务处发现问题以后就不能贯彻下去。这须加强系和教研组的领导以后就能做到层层负责，随时纠正，教务处则掌握总的情况及了解重点问题。由于教学工作是全面地经常地在进行，各个教研组各个教师各个班所发生的问题也是极不一致的，所以只有由系、教研组负责起来具体分析研究，才能解决具体问题较透彻。

（四）"提高质量，保证学时"是一件长期性的工作，不能把它当作瞬眼即过的"一阵风"。前面已经说过，在这教学改革的过渡时期中，我们的具体条件，如教师、学生的水平不高，设备、教学、图书等条件均不足，对新的工作掌握还不熟练，因此学生负担过重的情况在一定程度上是难免还是要发生的，而且即使不发生也不能说明我们的教学工作已经做得很好，所以要根据教学改革的客观进程的要求，不断去解决新发生的问题，不断克服可能发生的负担过重，不断提高教学质量，我们体会到要不断提高教学质量，又不能造成负担过重，这就是要使学习苏联先进经验和结合中国实际情况二者很好地结合，就是要使国家的需要和学校的主观客观条件的可能性正确结合的问题，同时即使在教学改革完成以后，也不是毫无问题，因为科学是日益发展的，中学毕业生的水平也不断提高，因此就向教师提出了新的要求。学校整个教育的发展过程就是在克服质量与学时这一矛盾的基础上继续不断前进。

清华大学档案，全宗号 2，目录号 党 1，案卷号 55012

关于学生负担情况和改进办法的报告（节选）

(1958年4月24日)

　　一年来的整风运动当中学生都积极地参加了各个阶段的斗争，大大地提高了社会主义觉悟。但是寒假以来，特别双反运动以来群众的活动是紧张的，这反映了群众在全国大跃进的形势下政治热情和政治积极性的空前高涨。但另一方面也反映出由于组织工作的落后，没有很好地保护群众的积极性，致使群众的时间负担过重，目前已经严重地影响了学习，甚至影响了群众的休息和睡眠，长期下去不但影响学习的质量、同学的健康，从而将会使我们脱离群众，目前已经有人流露出"什么都跃进，就是学习不跃进"的不满意情绪。

　　根据我们对无线电、机械、水利、建筑等系九个班自4月6日到19日两周活动情况的调查，班上集体活动最少的是铸93班，每周只是各种会议即为13小时，义务劳动或勤工俭学3.5小时，即每一个同学最少要参加16.5小时活动。课外活动时间在20小时以上有水96、水01、无04三个班，这仅是一般同学。一般团员的会议、义务劳动时间，另外加上房间会、谈心会、准备会议发言、抄写大字报的时间，课外活动时间则要超过上述的数字很多。至于基层党、团干部、文体干部情况就更加严重，一般的都在25～35小时。无04团支委的每周课外时间为34小时，少数严重的如……这些情况是严重的，我们必须采取有力措施，积极地把群众的政治热情引导到经常的政治工作和学习当中去，否则就会损伤群众的积极性。因此我们根据市委指示的精神，建议：

一、首先要使各级干部当中明确认识整风，特别是双反运动以来群众在各方面的跃进，是群众政治觉悟提高的生动表现，是我们培养又红又专的干部的重要条件，对这种政治热情必须加以鼓励。但我们也必须正确地引导群众在不断提高政治觉悟的同时提高学习质量和健康情况，使他们成为又红又专的干部。因此在各种活动中不要浪费群众的精力，伤害群众的积极性。

二、为了妥当地掌握群众的课外活动负担，在组织上我们拟定了一个时间框子（见附件）。为了保证执行，我们建议把两道关：校一级由校长办公室、团委、党委办公室把守，凡校一级部门，外面布置的具体工作必须经过这几个部门的审核；系一级由党总支把守，控制系内的活动，对校一级布置的工作可提出意见。

三、必须大力地精简合并会议，必要的会要开得有准备、有内容而且力求简短。

四、义务劳动除利用寒、暑假集中一段时间参加校外工农业劳动以外，上课期间原则上以校内为主，每周不得超过两小时，某些参加勤工俭学的班每周不得超过4小时，有些工作不应当完全依靠学生的义务劳动解决。

五、有些群众性的活动，不要动员过多同学去装饰或布置气氛，这个负担特别是对建筑系同学很重。例如，最近全校开运动会要求去40位同学布置运动场气氛，给运动员做衣徽；庆祝团代会胜利闭幕的舞会也要求他们去布置会场；同时他们还担负着"五一"游行队伍的美化工作，负担是相当重，最近汪坦副主任已经正式提出意见。这些工作有些是可以简化，有些是应当由行政负责做的。

六、对那些学习比较吃力的工农学生及负担很重的干部,应该允许他们不参加或少参加某些会议及活动。

校长办公室
党委办公室
团委会
1958 年 4 月 24 日

附:课外活动时间的规定

(一)必须切实保证每个同学(包括不脱产干部)每周 54 学时的学习时间。

(二)一般同学的课外活动,包括社会工作及班上会议、团的会议、政治学习等,每周应控制在 6~8 小时以内,统一规定在星期五晚上和星期六的一个单位以内。

(三)干部另外应该允许有 6 小时以内的工作时间,统一规定在星期三晚上及另外由系里安排 3 小时的社会工作时间,社团可以自行安排三小时的活动时间。

(四)义务劳动及勤工俭学每周不得超过 2~4 小时。

(五)上述时间不包括体育锻炼时间。

(六)每周必须保证同学有一个单位的文娱活动时间。

(七)应严格禁止学生干部晚上开夜车开会,对开夜车复习功课的现象也应劝阻。

清华大学档案,全宗号 2,目录号 党 1,案卷号 58049

党委关于注意控制各种会议活动、妥善安排学生作息时间的通知※

（1959年4月7日）

党委批示：

党委原则上同意党委办公室《关于教职工、学生活动时间安排的初步意见》给党委的报告，希各单位贯彻执行。

二月下旬以来，部分教师学生，特别是教师党员干部和某些学生干部反映各种会议活动负担过重，在不同程度上影响了教学质量和健康情况；有些干部因活动繁忙，很少时间进行学习或备课。这对干部的培养、成长及对我校教学质量进一步提高是极为不利的。

最近两周以来，各单位都注意了这个问题，采取了一些措施，情况有所好转；但是，仍然有些问题必须加以解决，特别是今年我校的任务繁重，必须本着全校一盘棋的方针，既要务虚，也要抓紧务实的精神，进一步落实计划，妥善安排时间，关心群众生活，保护群众积极性，以保证中心任务的完成。因此，各单位要讲究工作方法，提高工作效率，可开可不开的会议一律不开，必要的会议应该有目的、有准备地进行，提高"务虚"质量，避免盲目性。除责成党委办公室、校长办公室按周平衡控制全校会议活动以外，希各单位应按照全校规定，对本单位活动作具体安排，切实贯彻执行，并加强督促检查。

在强调控制会议活动、抓紧务实的同时，要充分肯定工作成绩，注意激发干部热情，并防止脱离政治倾向的滋长。

党委
1959年4月7日

附：党委办公室"关于教职工、学生活动
时间安排的初步意见"向党委的报告（节选）
(1959年3月27日)

党委：

自3月以来，全校在总结1958年成绩和经验的基础上，健全机构、充实干部，陆续制定了1959年工作规划；从本年度工作规划看，质、量指标上都有很大跃进；群众热情很高，劲头很大；各单位工作都已更有组织、有计划、有步骤地全面开展。为了使群众热情更加持久、饱满，保证更大、更好、更全面的跃进，就必须对群众的时间加以珍惜。最近反映部分学生有各种活动负担过重，学时不足现象，特别是某些学生干部及调干、工农学生，一般落下功课较多，学习质量有待进一步提高。教师特别是党员教师反映社会活动多，影响教学工作，很多同志备课时间不足，而且对健康也产生一定的影响。在奋战期中一定的紧张是不可避免，但必须保持新的平衡，本着全校一盘棋的方针，要抓紧务实的精神，妥善地安排群众活动时间，保证中心任务完成。为此，除加强对各项具体工作的研究、安排以外，与部分党总支及团委会研究后，拟对师生员工活动时间作适当安排，特提出初步意见如后，是否恰当，请示。

一、学生时间安排

（一）以学习为主的班级，保证全部上午（6学时）、3个下午（2小时）、5个晚上（3小时）为业务及政治学习时间，共计57学时。以生产劳动为主的班级生产时间、业务学习时间由各系决定，并报党委办公室。

（二）政治学习共 6 小时（暂定，按市委要求 8 小时，政治理论课 6 小时，"形势任务"课 2 小时）内，政治理论课 4.5 小时，"形势任务"课 1.5 小时，政治理论课除上课 1.5 小时外，由各系规定一个晚上自习。"形势任务"课时间集中使用（每月 6 小时）。

（三）星期四为无会议日，不召开干部会议或群众会议。

（四）各种活动，社会工作时间为一个晚上（星期三），三个下午，共 9 小时。占用学习时间召开会议或进行课外活动，须经总支办公室同意。

1. 星期三下午和晚上为各部门、各级干部会议、活动时间（包括外调干部）。

2. 党团组织生活、公益劳动最多每两周各一次（每次不得超过 3 小时，重体力劳动的生产班级一般不再分配公益劳动）。

（五）休息及锻炼：

每天必须保证 8 小时睡眠，中午休息一小时，晚十时半以后除个别特殊情况由党支部同意外，不得开夜车（包括干部）；星期六晚、星期日上下午为同学自由支配时间。锻炼时间为一小时。

（六）学生干部社会工作：

1. 不脱产干部每周社会工作时间规定 6~8 小时（半脱产干部时间各系决定后报党委办公室）。

2. 星期三晚上为各部门、各级干部活动时间。

3. 每晚 6 时半~7 时半可机动利用。

附(一)：学生活动时间安排表

时间 日期	上午	下午	晚上
星期一			政治学习或自习时间
星期二			自习时间
星期三		全校各级干部会议及社会活动时间或其他	全校各级干部会议及社会活动时间或自习时间
星期四		无会议时间	自习时间
星期五	哲学课 (7：00～9：05)		概论课 政治学习或自习时间
星期六			文娱活动时间
星期日	同学自由支配时间	同学自由支配时间	自习时间

二、教职工时间安排

（编者略）

清华大学档案，全宗号2，目录号 党1，案卷号59047

清华大学关于学生劳逸安排的十项规定
——1960年11月30日第5次校务委员会通过
（1960年11月30日）

为了进一步彻底执行"中央关于保证学生、教师身体健康和劳逸结合问题的指示"，切实保证学生身体健康和学校教学、科学研究、生产工作的正常进行，根据我校具体情况，决定学生每天作息时间按 9 小时睡眠、8 小时学习、7 小时社会活动、吃饭、娱乐和处理个人事务的原则安排，并作十项规定如下：

（一）学生学习和参加科学研究、生产时间从原定每周 54 学时改为每周 48 学时，其中政治学习时间由每周 9 学时改为 7 学时，体育课由每周 2 学时改为 1 学时。列入教学计划、全日进行体力劳动的每天按 4 小时安排。学生参加科学研究、生产不值夜班。

（二）每天睡眠时间 9 小时，规定冬季作息时间晚上 9：00 结束一切活动，9：30 熄灯（统一由学校按时关电门）。早晨 6：30 起床，7：45 上课，并将原来上午集中上课时间改为上午和下午分散进行。

（三）星期六晚上、星期日为学生（包括半脱产学生干部）自由支配时间。

（四）每周会议不得超过一次（不包括党、团组织生活），每次不超过 2 小时。

（五）党、团、班会活动：党员组织生活每月不超过两次，团员组织生活每月一次，班会活动每月一次。每次活动均不超过 2 小时。

（六）体育锻炼时间每天半小时（主要开展运动量较小的活动如广播操、太极拳等）。参加体力劳动和其他活动时，体育活动停止。今冬明春期间不开展长跑等激烈活动，不组织体育比赛，不开运动会。校体育代表队每周活动时间不超过 4 小时，系体育代表队取消。

（七）参加农副业生产等劳动，每周平均不超过 1 小时，体弱学生、女学生例假期间不参加。

（八）民兵活动由原来每周一小时改为本学年全部停止。

（九）业余文工团活动每周一次，每次不超过 2 小时。今冬明春不组织文娱评比竞赛，不进行大型剧目的创作或排演。

（十）不脱产学生干部除参加党、团、班会活动外，每周社会工作时间不得超过 3 小时。半脱产学生干部每周社会工作时间不得超过 15 小时。半脱产学生干部的业务学习应该订出教学计划，并切实执行。

以上规定适用于本学年（至 1961 年 7 月底止）。明年春夏季节作息时间另行调整安排。

本规定应在群众中宣读，各单位必须无保留地坚决保证执行，并定期进行督促检查，务使中央指示得到切实认真的贯彻。

根据劳逸结合的 10 项规定兹将改订后的 1960 年冬季学生作息时间表公布如下，自 12 月 5 日（星期一）起遵照执行。

此致

各教学、行政单位
学生会

校长办公室
1960 年 12 月 3 日

上课时间

节次	第一节	第二节	第三小节
时间	7：45—8：30 8：35—9：20	9：40—10：25 10：30—11：15	11：25—12：10
节次	第四节	第五小节	
时间	1：30—2：15 2：20—3：05	3：15—4：00	

课外时间
起床时间：6：30

用饭时间：
  早饭：6：30—7：45
  午饭：11：00—1：15
  晚饭：5：00—7：00
锻炼时间：4：30
自习时间：7：00—9：00
熄 灯：9：30

清华大学档案，全宗号 2，目录号 党 1，案卷号 60055

关于学生课余时间安排的几项规定（草案）

（1961 年 9 月 28 日）

一、学生的课余时间除学校统一规定必须参加的集体活动以外，一律由学生自己支配。

（1）星期六晚上及星期日一般不安排学生必须参加的集体活动。

（2）学生的会议和社会工作时间每周不超过 6 小时。

（3）学生参加的会议活动（包括全校、全系大会、班会及团的组织生活，不包括"形势与任务"学习）每周最多一次。学生党员、团员的组织生活每月一次。

（4）班会及党、团组织生活每次均不超过 1.5 小时。

（5）学生参加农副业生产、食堂服务、卫生扫除等劳动时间平均每周不超过 1.5 小时，集中使用时每次不超过 2 小时。全校集中进行的卫生扫除每两月进行一次。

（6）不脱产学生干部除参加党、团、班会活动外，每周社会工作时间不超过 3 小时。半脱产学生干部工作时间每周不超过 12 小时。

（7）校体育代表队每周集体活动时间不超过 4 小时，业余文工团集体活动每周一次,不超过两小时。

(8) 不必要求每个学生都担任社会工作,文工团及体育代表队中的主要成员不在系和班级中担任社会工作。

二、会议活动时间的安排:

(1) 学生班级的会议不得占用上午、晚上(包括晚饭后)及体育锻炼时间,上午和晚上一般不要找学生干部接洽工作。

(2) 星期六下午为全校性报告、班会会议及团的组织生活时间。

(3) 星期四下午3:45—5:15为校、系召集学生干部会议的时间。

(4) 星期三晚上7:00—9:00为校文工团集体活动时间。

三、学校各部门需要在学生中布置的工作和安排的活动必须事先提出计划,由党委、校委统一安排,批准后执行。各部门召集全校各班级学生干部会时必须经校长办公室同意。

一九六一年九月二十八日

附:全校学生会议活动表

星期	上午	下午	晚上
一			
二			
三			文工团活动7:00—9:00
四		校系召集学生干部会议时间3:45—5:15	
五			
六		全校性报告、团组织生活、班会活动	
日			

清华大学档案,全宗号2,目录号 党1,案卷号 61028

清华大学、西安交通大学贯彻劳逸结合、调整学习负担的一些做法（节选）

(1961年11月20日)

最近在部分高等学校中发现患浮肿、闭经、肝炎等病的人数又有些增多，较多的人反映体质不够好。多数学校很重视这种情况，在教育部《关于全国重点高等学校安排新学年工作必须注意劳逸结合的通知》下达后，及时作了传达，并采取了或正在研究采取适当措施。为了及时交流情况，帮助各校结合具体情况妥善解决存在的问题，现将清华大学、西安交通大学的有关情况及所采取的主要措施，摘要介绍如下，供参考。

（一）

清华大学本学期开学后，发现学生中的浮肿病有回升迹象。妇女病虽较过去有好转，但患者仍有几百人，肺结核病的发病率有所增加，同时发现学生的学习负担也有些过重，据调查，九月份内，一般学生的学习时间每周达56到60小时，少数学生还超过60小时。

该校对这种情况很重视，即时在各级领导干部中强调必须保证师生健康，要一手抓思想，一手抓生活，及时解决存在的问题。他们的主要措施如下：

1. 加强思想教育工作。九月底召开了全体教师会议，十月上旬和中旬先后召开全校教研组主任会议和一年级的班主任会议，十月下旬又分别召开基础课委员会和各班学习委员会议，反复说明：贯彻劳逸结合的重要性，健康第一，从实际出发逐步提高教学质量,在教学上注意贯彻少而精的原则等。

2. 抓紧教学组织工作,要求各系认真审查和研究各专业主要课程的教学大纲,在此基础上将本学期课程的教学内容,在要求和进度上作适当的安排;要求教师注意按教学计划上规定的课内外学时比例,适当控制作业;各教研组抓紧帮助教师提高讲课、实验课和习题课的质量;对于有病或体弱的学生在学习上给予特殊照顾,平时布置的作业可以适当降低要求,必要时可减免一些次要课程的学习;严格控制作息时间,定时熄灯,保证晚上有 8 小时的睡眠时间。

3. 对毕业班的学习情况进行重点研究,采取必要的措施,适当调整补课和毕业设计的要求,按每周 48 小时来安排学习任务,对于某些体质弱的学生可适当降低要求。

4. 帮助一年级学生逐步适应大学的学习生活,注意改进学习方法,除布置教师和班主任注意指导外,由张维副校长对一年级学生作了专门报告,教育学生:要从实际出发,不要急于求成;妥善安排时间;贯彻三好。

5. 抓紧解决物质条件方面的问题。除管理好伙食外,注意改善学习条件,如按系有计划地安排,解决到图书馆"抢位置"的现象,调整可开放的教室,解决学生自修的地方等。

6. 学校和系分别抓典型进行调查研究,及时总结和交流经验。

(二)

(编者略)

清华大学档案,全宗号 2,目录号 校 1,案卷号 61009

清华大学抓紧解决劳逸安排问题

(1965年7月4日)

编者按:

清华大学从今春以来,就注意解决学校的劳逸安排问题。他们在检查工作、总结经验的基础上,党委会、校委会专门进行了讨论,并向全体师生进行了深入的思想工作,从工作上、生活上到组织上,采取了一系列的措施,比较细致、比较具体地及时抓紧解决这方面的问题,我们认为这是很必要的。现将清华大学党委、校委的通知和有关劳逸安排的三个规定刊载如下。望各高等学校根据自己的具体情况,对学生的课外活动严加控制,时间要大大减少,以便使学生在德智体诸方面生动活泼地主动地得到发展;并请将这方面的情况、问题及采取的措施及时向高教部及有关领导部门反映。

附一:清华大学党委、校委关于切实注意劳逸安排的通知

(1965年6月11日)

目前,全校广大干部、群众,在全国大好形势的鼓舞下,通过社会主义思想教育,政治思想觉悟大大提高了一步,革命干劲和积极性很高。同时,今年全校进一步贯彻毛主席教育思想,进行教学改革,更好地开展科学研究工作,参加农村四清运动,继续进行社会主义思想教育,加强思想政治工作,任务十分繁重。在这种情况下,一个重要的问题是,必须按照中央一再指示我们的,根据有张有弛、劳逸结合的原则,根据既有大集体、又有小自由的原则,对干部、群众的工作、学习和生活进行统一安排。

只有这样，才能保证广大干部、群众身体健康，精力充沛，心情舒畅，革命热情更加高涨，工作、学习效率更加提高。这是一个关系到广大群众生活和利益的重要问题，也是一个关系到落实安排和胜利完成各项工作任务的重要问题，必须引起各单位党政领导同志的认真注意。党委、校委要求全校各部门、各系党政负责同志充分认识劳逸结合的积极意义，高度珍惜和保护干部、群众的革命热情，改进工作方法，提高领导水平，切实根据政治挂帅、教学为主、劳逸结合的三项原则，统筹安排各项工作任务，既要抓劳，又要抓逸，既要抓工作、学习，又要抓生活、健康，努力保证全校干部、师生员工能够又红、又专、又健康地得到全面发展。各级党政组织一定要把劳逸结合问题列入议事日程。党委办公室、校长办公室最近修订的《清华大学关于劳逸安排的几项规定》，已经党委常委扩大会、校务委员会讨论通过，望你们立即遵照执行，并且结合进行一次检查，采取有效措施。今后也要经常注意和定期检查执行情况，一年抓几次，不能时断时续，放任自流，以保证中央关于劳逸结合的方针能够更好地得到贯彻执行，保证学校工作持久地、健康地向前发展。

附二：清华大学关于劳逸安排的几项规定[①]

（1965年5月14日）

一、面向基层，从实际出发，全面安排工作任务。

各级领导，特别是校级各部门，必须面向基层，改进工作方法，按照党委统一部署，围绕学校当前中心任务，从实际出发安排工作，不要要求过高过急。召集规模较大的会议或布置涉及面大、工作量很重、时间要求急迫的工作任务时，应分别通过党委

---

① 编者注：1965年5月14日校委会讨论通过。

办公室、校长办公室统一安排，报主管校长、党委主管书记批准。

各系、党总支应该结合本单位实际情况，全面安排全系工作，统一归口布置本系各单位任务。

二、精减会议活动。

开会要"少而精"，可开可不开的不要开，准备不足的不要开，可以开小会的不要开大会，可以开短会的不要开长会，可以合并开的不要分散开。必须召开的会议，要充分准备，提高质量，讲求实效。

（1）星期六晚上及星期日全天不得开会。

（2）校级各部门召开各系干部会议，安排在每周星期一、三下午。

（3）教师及各系担任党政工作的教师干部，上午十一时以前及中午不得开会；晚上会议活动（包括政治学习），教师每周一般安排一次，最多不得超过两次，各系、教研组党政主要干部不得超过三次，十时前结束散会。

（4）学生在上课学习期间，每周会议活动一般安排一次，在特殊情况下，最多不得超过两次。中午、体育锻炼时间、晚自习、熄灯以后不得开会及进行社会工作。学生干部社会工作时间每周三至五小时。学生政治辅导员每周工作时间不得超过二十小时。

（5）研究生每周会议活动一般安排一次，最多不得超过两次。中午、体育锻炼时间不得开会及进行社会工作。研究生干部及政治辅导员的工作时间，与大学学生干部及政治辅导员同。

（6）职工每周晚上会议活动（包括政治学习）一般安排一次，最多不得超过两次，九时半前结束散会。生产工人晚上会议活动九时前结束散会。

（7）遇有特殊情况需要在以上规定时间之外召开会议时，校级各部门召集各系干部会议须经主管校长、党委主管书记批准；校级各部门所属单位由部、处长，工会主席，团委书记批准；各系所属单位由系主任、党总支书记批准。

三、保证睡眠休息及自由活动时间，严格控制加班突击现象，恰当组织业余活动。

必须严格按照作息制度规定，切实保证学生每天九小时的睡眠时间，研究生、教师、职工、干部每天八小时的睡眠时间；保证中午休息及其他自由活动时间。加班加点突击任务要严加控制，确有必要时，校级各部门所属单位须经部、处长，工会主席，团委书记批准；各系所属单位须经系主任、党总支书记批准；连续加班突击三天以上的，须经党委办公室、校长办公室报主管校长、党委主管书记批准，事后都要根据情况，适当安排有关人员补行休息、休假。

在业余时间内，应该适当组织革命的、有益的各种活动，但是有关部门必须注意安排掌握，不要次数过多，时间过长，负担过重，同时必须真正实行群众自愿参加的原则，不得有任何形式的强迫命令。

学生文艺社团及体育代表队，必须有计划地妥善安排排练、训练活动及演出、比赛任务，保证社团及代表队的学生能够又红、又专、又健康地得到全面发展。

四、积极开展体育锻炼活动。

各单位必须认真组织领导学生、研究生、教师、职工、干部的体育活动，切实保证体育锻炼时间。教师、职工、干部下午的各种会议活动，必须在规定的下班时间以前结束。提倡师生员工、干部积极参加工间操和课间操。

体育锻炼必须讲求实效，活动内容、分量要根据体质强弱、年龄、男女等不同情况，适当掌握，不要强求一律，同时注意安全保护。

五、注意保护妇女健康。

在女学生、女教师、女职工、女干部中，要加强妇女生理卫生常识的宣传教育。对她们的工作、劳动、民兵等各种活动及日常生活，都必须从实际情况出发，根据男女有别的原则，合理安排。月经、怀孕期间要注意适当休息。患有妇女病的要及时进行治疗。全校各部门以及干部、师生员工，都要注意关心保护妇女健康。

六、预防疾病，落实安排病弱人员休养治疗。

各单位必须注意进行必要的卫生常识的宣传教育，养成卫生习惯，预防疾病的发生和传染。

对于确属体弱有病的干部、教师、学生、职工，必须根据不同情况，采取有效措施，调整、减免他们的工作、学习负担和劳动、民兵等任务活动，保证充分休息，及时治疗，使他们能够迅速恢复健康，增强体质，稳定、巩固和提高健康水平。

七、加强对校内劳动及去校外进行毕业设计、生产实习、生产劳动的管理。

校内组织公益劳动，由校长办公室会同有关部门统一安排掌握，各部门所属单位一律不得自行向学生班级、教研组、工厂直接摊派公益劳动任务。

去校外进行毕业设计、生产实习及生产劳动，必须在保证学生、研究生、教师、职工、干部全面发展、劳逸结合的前提下，从实际情况出发，妥善安排任务计划，并且注意留有余地，不要任务过重，强度过大，时间过长。

校内组织生产劳动、公益劳动及去校外进行毕业设计、生产实习、生产劳动，都要严格控制加班突击现象，注意安全保护。未经学校批准，不搞献礼、竞赛。必须按照本规定的要求，精减会议活动，切实保证睡眠休息及自由活动时间，注意保护妇女健康。体弱人员一般不参加劳动。

八、附中、附小必须从有利于少年儿童的身心健康、全面发展出发，按照本规定的原则精神，结合中、小学生的特点，拟订劳逸安排的具体办法，报学校主管部门核准执行。

九、校级各部门办公室及机关党总支办公室（直属党支部），各系办公室及党总支办公室，应该在各级党政组织负责同志的指导下，经常地而不是时断时续地，具体安排并督促检查本单位所属干部、群众的劳逸结合情况，具体落实到人，并且定期向党政领导反映情况，认真保证本规定的贯彻执行。

附三：清华大学关于女同学保健工作的几项暂行规定
（1965年6月9日）

（此处略，规定参见本书第315页）

附四：清华大学关于在生产实习、生产劳动和毕业设计工作中贯彻劳逸结合的规定
（1965年5月14日）

为了保证学生的全面发展，以很好地完成生产实习、生产劳动和毕业设计工作，现对生产实习、生产劳动、毕业设计期间进一步贯彻劳逸结合，提出以下的规定：

一、在确定实习、劳动、毕业设计任务和进度时，应留有余地，以保证劳逸结合，促进学生的健康。不要用加班加点等加大劳动强度等办法，来赶进度。

二、在生产实习、生产劳动和毕业设计工作中，不搞突击献礼等活动。在校外必须参加工厂的献礼活动时，一般也不得加班加点。半年以内的体力劳动，因学生体质不能完全适应，操作不熟练，所以，不参加劳动竞赛。

三、确保学生每天睡眠时间不少于9小时。每天工作时间不超过8小时。

四、学生的政治活动、社会工作必须妥善安排。各项工作都

要讲究实效，不搞形式主义。学生会议活动时间一般每周不超过二次，其中一次可用实习时间。此外，学生不脱产干部每周社会工作不要超过4小时。

每星期必须安排一天时间由学生自由支配。

五、学生在现场一方面应该根据可能，积极参加劳动，以促进劳动化；另一方面必须根据学生体质和粮食定量，控制劳动量，以利促进健康。

学生参加体力劳动，应与其粮食定量水平相适应，否则应压缩其劳动时间。无相应定量补助时（特殊劳动条件下还应有营养补助），在现场参加实习或轻体力劳动，每日不超过6小时。参加重体力劳动或在高温、高空和有害气体等工作条件下劳动，要进一步缩短工作时间，在现场不超过4小时。

有足够的粮食和其他补助时，在开始第一个月或更长一些时间内，也应根据劳动轻重，对每日劳动8小时减少一至三小时，然后再逐步按体力适应状况有所增加。

如生产岗位必须坚持每日8小时劳动时，应该采取学生在8小时内倒班办法，或每星期多休息一至二天的办法，加以安排。

六、在安排任务时要仔细注意女学生的特点。不安排重体力劳动等不适宜于妇女的劳动，一般也不安排夜班、高温、高空、下水等工作。如必须安排时，必须经过系行政同意，时间要短，并切实做好保护措施。

有关女学生的具体注意事项，根据"女同学参加生产实习、生产劳动和民兵训练等活动的注意事项"的规定严格执行（另订）。

七、实习劳动前应对学生进行体格检查，不适于劳动（或实习）的体弱学生应另行妥善安排，不参加劳动（实习）。对可以适当参加部分劳动或实习的体弱学生，应进一步减轻工作量。

八、实习队、劳动队的领队教师和毕业设计的指导教师，要负责关心学生健康,要定期了解与研究学生劳逸结合情况,必要时,应减免学生的实习(劳动)或毕业设计任务。

九、有关学生健康和劳逸结合情况的检查和汇报制度应列入生产实习、生产劳动和毕业设计工作的日程,各系应抓紧检查工作,及时发现问题,并采取有力措施。

十、在特殊情况下,不能按照上述规定执行时,必须经过学校批准。

高等教育部高教简讯编辑室编《高教简讯》第 42 号,1965 年 7 月 4 日

清华大学档案,全宗号 2,目录号 校 1,案卷号 65004

3. 表彰奖励

校务委员会会议关于奖励优秀班级及优秀学生问题的议决事项※①

(1954 年 3 月 8 日)

时间:三月八日下午二时半
地点:工字厅会议室
出席:刘仙洲　钱伟长　陈士骅　史国衡　张　傲　何东昌
　　　周寿昌　李　欧　孟昭英　庄前鼎(董树屏代)
　　　章名涛　吴良镛　张　任　张子高　邹致圻　储钟瑞
　　　李恩元　滕　藤
列席:萨多维奇　郭道晖　蒋企英　丁桐华　于维治

---

① 编者注:本文节选自《清华大学一九五三年度校务委员会第五次会议记录》。

主席：刘仙洲　记录：周寿昌

甲、讨论事项：

一、系计划审查批准问题。（编者略）

二、校庆筹备工作问题。（编者略）

三、奖励优秀班及优秀学生问题：

议决：为鼓励学生积极学习和锻炼，发扬集体主义精神，凡学习及锻炼优秀的班级及个人给予精神和物质的奖励，奖励办法请政治辅导处拟订公布。土木系测专四·二班学习成绩为全校最好班之一，除一人因病外均参加体育锻炼，百分之八十通过劳卫制锻炼标准，全班二十七人中二十四人是党团员，其他三人正申请入党，全班团结友爱，社会政治工作做得较好，尊敬教师，热爱专业，遵守纪律，特给予"先进集体"的称号，以捷克青年代表团所赠伏契克像赠予该班，以资鼓励。

四、校刊总结问题。（编者略）

五、成立新教研组问题。（编者略）

六、一九五三年度寒假毕业生名单。（编者略）

七、一九五四年本校预算草案。（编者略）

乙、散会。

清华大学档案，全宗号 2，目录号 校 1，案卷号 53004

清华大学优秀学生奖励办法

（1954 年 5 月 4 日）

一、总则

为了进一步贯彻培养全面发展的社会主义工业建设人才的方针，鼓励学生以爱国主义和集体主义精神努力提高学习和体育运动水平，决定对在全面发展的基础上学习或体育运动获得优良成绩的学生和班级，给以精神上的荣誉和物质上的奖励，特制定清华大学优秀学生奖励办法。

二、奖励标准

甲、凡符合下列条件者给予学习优良奖状：

1. 一学年中考查全部及格，考试成绩除两门或两门以下为四分外（但不得包括生产实习、课程设计及毕业设计在内），均为五分；

2. 劳卫制锻炼清华大学一级及格；

3. 思想上要求进步，能遵守纪律、积极参加社会工作。

乙、凡符合下列条件者给予优秀学生奖学金；

1. 一学年中考查全部及格，考试成绩均为五分；

2. 劳卫制清华大学二级及格；

3. 思想品质优良，作风正派，热心社会工作，能主动帮助同学。

丙、凡符合下列条件者给予优秀毕业生奖章：

1. 毕业前最后二年连续获得学习优良奖或优秀学生奖学金；

2. 劳卫制清华大学二级及格。

丁、凡符合下列条件之班级授予先进集体的光荣称号：

1. 全班学生学习成绩优良，总平均成绩为全校各班中较好者；

2. 劳卫制锻炼测验及格比例为全校各班中较高者；

3. 各项群众性活动中，积极参加，表现良好者；

4. 全班在团结友爱、开展批评自我批评、爱护公共财物、遵守纪律等方面能在全校起模范作用者。

戊、凡学习全部及格，能自觉遵守学校纪律，并符合下列条件之一者分别给予以下奖励；

1. 劳卫制清华大学二级及格者发给体育锻炼"良好"奖章；

2. 全国劳卫制及格者发给体育锻炼"优秀"奖章；

3. 全校劳卫制总积分之前二十名，除发给奖章外并给予物质奖励；

4. 当选为学校各种代表队队员的学生一律发给纪念章。

三、经费及基金奖学金每人暂定为每年八十万元，连同奖状、奖章、奖旗及其他物质奖励之经费，由学校设立一定基金或从预算中拨付之。

四、奖励手续

甲、设立清华大学优秀学生评奖委员会统一掌握评奖事宜。委员会由正副校长、教务长、政治辅导处主任、总务长、人事室主任、各系主任、体育教研组主任及课外运动委员会、青年团学生会的代表等组成之。委员会得指定有关部门人员成立审查小组，协助评奖工作之进行。

乙、凡符合第二条甲、乙、丙、丁等项规定的学生名单或班级，由各系主任召集该系有关之体育教师、政治辅导员、系青年团及学生会组织之代表等成立提名小组负责向评奖委员会提出。

丙、凡符合第二条戊项规定之学生名单由课外运动委员会负责向评奖委员会提出。

丁、每学年评奖工作毕业生应于其离校前进行完毕，其他一般应于十月一日前进行完毕。

五、附则

学生有特殊良好表现，或有其他特殊情况须变通处理者（如因体弱不能参加锻炼，但在思想品质及学习成绩等方面表现优异，及学习基础虽差但能努力学习获得显著进展，虽第一学期成绩尚差，而第二学期全部功课均为五分等情形），得经评奖委员会审核决定，予以上述各项奖励。

《新清华》第42期，1954年5月4日

清华大学优秀学生及班级奖励办法
——一九五五至一九五六年度
第六次扩大校务会议修正通过

（1956年4月8日）

一、总则

为了进一步贯彻培养全面发展的社会主义工业建设人才的方针，鼓励学生提高共产主义觉悟，提高学习质量和健康水平，决定对思想品质优良，学习和体育运动获得优良成绩的同学生和班级，给予精神上或物质上的奖励，特制订《清华大学优秀学生奖励办法》。

二、奖励标准

甲、凡符合下列条件者，给予"优等生"称号，发给"学习优良奖状"：

1. 一学年中考查全部及格，考试成绩均为五分；

2. 通过劳卫制一级标准；

3. 思想品质优良，作风正派，热心社会工作，能够帮助同学。

乙、凡符合下列条件者，发给优秀学生奖学金：

1. 连续二年获得"学习优良奖状"；

2. 在正课学习、生产实习、课程设计、毕业设计或科学研究小组中成绩优秀，能理论联系实际，独立工作能力较强者；

3. 关心政治，思想觉悟较高，能在同学中起模范作用者。

丙、凡符合乙项标准的毕业学生，给予"优秀毕业生"称号，发给优秀毕业生奖章。

丁、凡符合下列条件的班级，授予"一级先进集体"称号。

1. 全班学生努力学习，形成良好的学习风气，成绩较好；
2. 通过劳卫制锻炼标准比例较高，并注意提高运动水平；
3. 全班关心政治、团结友爱、遵守纪律、能开展批评与自我批评；
4. 积极参加重要社会活动，且能帮助同学做到全面发展和培养个性特长。

戊、三年级以上的"先进集体"符合下列条件者，再授予"二级先进集体"称号：

1. 连续两年获得"一级先进集体"奖励；
2. 全班形成热爱科学、顽强钻研、理论联系实际等优良学习风气，大多数同学在正课学习、生产实习、课程设计、毕业设计、科学小组中独立工作能力较强，成绩优秀；
3. 全班学生努力提高理论和政策水平，思想觉悟较高，具有共产主义道德作风和较高文化修养。

己、凡符合"二级先进集体"奖励标准的毕业班，授予"优秀毕业班"称号。

三、奖金

奖学金每人暂定为 80 元。

四、奖励手续

由各系提出名单，经教务处、团委会同意，校务委员会批准。每年评奖工作应于十月一日前进行完毕。毕业生评奖手续提前于离校前进行完毕。

五、附则

有特殊情况须变通处理者（如因体弱不能参加锻炼，或非主要课程设计有个别四分但学习总成绩却属优秀者），可经校务委员会审核决定，予以上述各项奖励。

《清华公报》第 25 期，1956 年 4 月 30 日

关于毕业班与毕业生的表扬和奖励办法
——1961—1962年度第六次校务委员会通过
(1961年12月29日)

为了促进学生全面发展、树立优良学风，并对毕业班的优秀集体和个人给予鼓励，现规定"毕业班与毕业生的表扬和奖励办法"如下：

一、关于毕业班集体的表扬标准，符合下列两种情况之一的，授予"清华大学19××班先进集体"的称号：

1. 全班大多数学生能做到：认真学习、刻苦钻研，平均学业成绩优良；注意劳逸结合，积极提高健康水平。全班形成团结进步、热爱劳动、尊敬师长、遵守纪律、爱护国家财产和整洁卫生的良好风气。

2. 基本达到第一条的要求，并在其中某一方面有突出成绩或表现的班级或小组。

二、关于毕业生的表扬标准，凡符合下列1、2、4各条或1、3、4各条的毕业生，发给"毕业生优良奖状"：

1. 拥护党的领导，热爱社会主义，服从国家分配，愿全心全意为人民服务。

2. 学习一贯努力、认真踏实；教学计划所规定的理论课程、课程设计、生产实习的成绩全部及格并有3/5以上为优秀；毕业设计成绩优秀。

3. 学成绩比第2条规定稍差，但符合下列情况之一者：

① 毕业设计完成突出，有创造性成绩；

② 近两年来学习成绩进步很大，已达到优秀水平，毕业设计成绩优秀。

4. 参加劳动、尊敬师长、团结同学、遵守纪律、爱护公共财产。

凡符合下列条件的毕业生,发给"优秀毕业生奖章":优秀毕业生奖章获得者应当首先具备上述获得"毕业生优良奖状"的条件,同时应在思想、品质、作风和学业成绩各方面都有突出优秀的表现。

三、选拔和确定"清华大学19××班先进集体""毕业生优良奖状"获得者和"优秀毕业生奖章"获得者的办法:

1. 各系先由专业教研组主任征求有关方面意见提出初步名单,再由系主任集中审查后提交系务委员会讨论。

2. 各系将名单送教务处,由教务处会同人事处审查后提请校委会讨论。

3. 名单经校委会讨论通过后,在毕业典礼上宣布并发奖,同时在《清华公报》上公布。

《清华公报》第86期,1962年1月16日

关于毕业班与毕业生的表扬和奖励办法
——1961—1962年度第六次校务委员会通过;
1962—1963年度第11次校长工作会议修正

(1962年12月5日)

为了促进学生全面发展、树立优良学风,并对毕业班的优秀集体和个人给予鼓励,现规定《毕业班与毕业生的表扬和奖励办法》如下:

一、关于毕业班集体的表扬标准,符合下列两种情况之一的,授予"清华大学19××班先进集体"的称号:

1. 全班大多数学生能做到：认真学习、刻苦钻研，平均学业成绩优良；注意劳逸结合，积极提高健康水平。全班形成团结进步、热爱劳动、尊敬师长、遵守纪律、爱护国家财产和整洁卫生的良好风气。

2. 基本达到第一条的要求，并在其中某一方面有突出成绩或表现的班级或小组。

二、关于毕业生的表扬标准，凡符合下列1、2、4各条或1、3、4各条的毕业生，发给"毕业生优良奖状"：

1. 拥护党的领导，热爱社会主义，服从国家分配，愿全心全意为人民服务。

2. 学习一贯努力、认真踏实；教学计划所规定的理论课程、课程设计、生产实习的成绩全部及格并有3/5以上为5分；专业主干课学习得好，外语学习成绩好，毕业设计成绩优秀。

3. 学习成绩比第2条规定稍差，但符合下列情况之一者：

① 毕业设计完成突出，有创造性成绩；

② 近两年来学习成绩进步很大，已达到优秀水平，毕业设计成绩优秀。

4. 参加劳动、尊敬师长、团结同学、遵守纪律、爱护公共财产。

凡符合下列条件的毕业生，发给"优秀毕业生奖章"：优秀毕业生奖章获得者应当首先具备上述获得"毕业生优良奖状"的条件，同时应在思想、品质、作风和学业成绩各方面都有突出优秀的表现。

三、选拔和确定"清华大学19××班先进集体""毕业生优良奖状"获得者和"优秀毕业生奖章"获得者的办法：

1. 各系先由专业教研组主任征求有关方面意见提出初步名单，再由系主任集中审查后提交系务委员会讨论。

2. 各系将名单送教务处，由教务处会同人事处审查后提请校委会讨论。

3. 名单经校委会讨论通过后，在毕业典礼上宣布并发奖，同时在《清华公报》上公布。

《清华公报》第103期，1962年12月18日

校务委员会会议关于表扬1962—1963年度"四好班"的决议※

——1962—1963年度第十次会议通过追认

（1963年5月10日）

近两年来，学校加强了学生班级的工作，涌现了一批思想好、学习好、劳动好、身体好的"四好"班级。在这些班级中，同学们关心政治，思想进步较快；学习上能热爱专业，刻苦钻研，注意理论联系实际；积极参加生产劳动，在劳动中有好的表现；坚持体育锻炼，注意身体健康。为促进全校同学进一步做到"四好"，根据团委会的建议，校务委员会决定表扬金三等八个班级为"思想好，学习好，劳动好，身体好"的"四好"班。希望这些班级的同学谦虚谨慎，永远保持"四好班"的荣誉，在红专道路上努力前进；希望全校同学向他们学习，为争取在我校创造出更多更好的"四好班"而努力。

附："四好班"名单

  土木建筑系 建5班

  冶　金　系 金3班 焊5班

  电机工程系 电704班

无线电电子学系　　无 308 班
自 动 控 制 系　　自 406 班
工 程 化 学 系　　化 301、302 班
工程力学数学系　　力 304 班

《清华公报》第 112 期，1963 年 5 月 21 日

校务委员会会议关于表扬 1963—1964 年度"四好班"和"四好集体"的决议※
——1963—1964 年度第八次校务会议通过
（1964 年 3 月 17 日）

自从去年学校向全体学生提出思想好、身体好、学习好、劳动好的方向以来，全校同学在"四好"方面有了很大进步，学生班级工作也更加活跃，涌现了一批新的"四好班级"和"四好集体"。这些班级和集体中的同学在培养革命的、科学的、民主团结的、艰苦朴素的四个作风做得较好，在"四好"方面进步比较显著。

为促进全校同学进一步做到"四好"，根据团委会和学生会的建议，校务委员会决定表扬建五等 18 个班级为"四好班"和体育代表队的跳组、文艺社团的民乐队为"四好集体"。希望这些班级和集体的同学谦虚谨慎，永远保持"四好班"和"四好集体"的荣誉，继续努力前进。希望全校同学向他们学习，为争取在我校创造更多更好的"四好班"而努力。

附："四好班"和"四好集体"名单

"四好班"共 18 个

土木建筑系	建5 暖6 材6
水利工程系	水工52
动力机械系	热51 量61
精密仪器及机械制造系	制82
冶金系	焊5
电机工程系	电51 电81
无线电电子学系	无509
自动控制系	自504
工程物理系	物601 物705
工程化学系	化607
工程力学数学系	力604 力901

"四好集体"共2个

体育代表队的跳组　　　文艺社团的民乐队

《清华公报》第126期，1964年3月26日

关于优良毕业生、优秀毕业生和优秀毕业设计小组的表扬办法（修改草稿）

(1964年12月7日)

为了鼓励学生在德、智、体诸方面生动活泼地主动地发展，努力成为阶级斗争、生产斗争和科学实验三大革命运动的坚强战士，现规定优良毕业生、优秀毕业生和毕业设计小组的表扬办法如下：

一、关于优良毕业生的表扬标准：

（一）首先，要有坚定正确的政治方向，努力改造思想，向着知识分子革命化、劳动化的方向前进，在同学中起带头作用。

能自觉地联系实际地学习毛主席著作和党的方针政策。

个人利益服从集体利益,愿意全心全意为人民服务。

有明确的无产阶级的阶级观点:政治上能划清大是大非;在实际行动中能努力坚持无产阶级利益,开展斗争。

树立劳动观点:积极参加体力劳动;热爱劳动人民;通过劳动自觉改造思想;生活作风艰苦朴素,努力做到知识分子劳动化。

树立集体主义观点:愉快地服从分配;积极参加社会工作,愿意为集体服务;表现有良好的组织性和纪律性。

坚持真理修正错误,勇于开展自我批评;谦虚谨慎,不骄不躁,主动地团结同志。

(二)在业务学习方面:

首先,要有正确的学习目的和踏实刻苦的学习态度。

业务好的标准应当根据生产斗争和科学实验的实战要求来决定。主要是能扎实地掌握基本的理论知识与技能,去分析和解决实际问题。为此,要注意考查学生在毕业设计和其他实践环节中的独立工作能力,此外,也要全面了解在整个学习过程中,是不是比较好地达到了各个教学环节的基本功的要求。

业务基本功的具体方面和标准,应当根据各专业和各年届的具体情况而定,一般说来,它应当包括:基本理论知识;实验技术能力;必要的劳动和操作技能;基本工程训练和外文工具知识以及一定的集体工作的组织能力等。

(三)身体较好,有坚持体育锻炼的习惯;毕业以后确能健康地、精力充沛地胜任工作。

(四)要经得住阶级斗争、生产斗争和科学实验三大革命运动的实战考验。

学生在参加社会主义教育运动、生产劳动和当兵中的表现应当作为考察和评选的重要依据。

毕业设计对于毕业生是政治和业务的一次检验。优良毕业生在毕业设计中应当表现出对完成任务的高度责任和负责精神，以及体力劳动和脑力劳动相结合，革命精神和科学精神相结合，理论与实践相结合，个人和集体相结合的优良作风。要善于活学活用所掌握的基本功，对生产实际或科学研究中的问题进行调查研究和具体分析，并解决生产或科研的课题。毕业设计成绩优秀。

（五）凡符合上述（一）条，并属于以下几种情况的应当优先或破格予以表扬：

第一、在毕业设计或其他实际工作中有创造性成绩。

第二、本人成分是工人、农民或革命军人，或少数民族，经过刻苦努力，进步很大，取得较好成绩的。

第三、本届毕业生的优秀体育代表队员。

二、关于优秀毕业生的表扬标准：

凡符合优良毕业生的表扬标准，并在（一）（四）两条方面表现突出的。

三、关于优秀毕业设计小组的表扬标准：

（一）政治挂帅，高质量地完成生产或科研任务。

（二）在完成任务的过程中树立起革命化的作风。具体说来就是：

① 努力做到知识分子劳动化，既动脑，又动手，善于向工人和能者学习，走群众路线。

② 敢于创造的革命精神扣实事求是的科学态度结合得好。

③ 工作中能努力体现党的方针政策，有经济观点。

④ 小组内部团结好，和组外同志团结好。

⑤ 遵守组织纪律，保密保安工作好。

（三）通过毕业设计，同学们的思想觉悟、解决实际问题的能力有切实的提高。

四、表扬办法：

（一）表扬工作应当贯彻领导和群众相结合的原则，充分作好调查研究工作。

（二）各系表扬工作由系政治处负责。先由分团委、专业教研组提出初步名单，再由系政治处审查后由系务委员会初步通过。

（三）各系将名单送政治部，由政治部组织教务处、人事处、团委共同讨论通过后，提交校委会通过。

（四）名单经校委会讨论通过后，在毕业典礼上宣布并发奖，同时在校刊上公布。

清华大学教务处
1964 年 12 月 7 日

清华大学档案，全宗号 2，目录号 校 3，案卷号 178

校务委员会会议关于表扬 1964—1965 年度"四好班"和"四好集体"的决议※

——校务委员会 1964—1965 学年度第八次会议通过

（1965 年 4 月 24 日）

自从去年 3 月第 8 次校务委员会通过表扬 20 个"四好班"和"四好集体"后，一年来，全校同学在党的领导下，学习和贯彻了毛主席的教育思想，进一步提高了思想觉悟，提高了学习质量和健康水平。一年来班级工作也有了很大的进步，创造"四好班"的活动更加普遍,更加深入地开展起来。

　　为了总结进步,交流经验,表扬先进,进一步促进全校同学做到"身体好、思想好、学习好、劳动好",培养同学成为三大革命运动战士,根据团委会和学生会的建议,校务委员会决定表扬热5等48个班级为"四好班";表扬体育代表队的跳组、文艺社团的民乐队等8个集体为"四好集体"。希望这些班级和集体的同学谦虚谨慎,继续努力,不断前进。希望全校同学向"四好班"学习,特别是热5班、建5班、物507班、无607班、化901班等四好方面有突出成绩的班级。校委会号召全校同学,高举毛泽东思想红旗,自觉改造思想,努力学习,锻炼身体,创造更多、更好的"四好班",为德智体诸方面生动活泼地,主动地得到发展而努力!

　　附:"四好班"和"四好集体"名单

土木建筑系:	建5、材6、暖6、建7、房8、房91
水利工程系:	水工63、水工72、水工92
动力机械系:	热5、量5、量6、燃62、量9
农业机械系:	汽64
精密仪器及机械制造系:	制63、光6、制82
冶金系:	焊5、铸61、金7
电机工程系:	发71、电81、电82
无线电电子学系:	无508/9、无607、无609、无703、无906
自动控制系:	自503、自504、自604、自901
工程物理系:	物507、物601、物605、物701
工程化学系:	化605、化607、化703、化901、化902、化03

工程力学数学系：	力604、力702、力807、力901、力01
体育代表队：	田径队跳组、男子篮球队、举重队、体操队
文艺社团：	民乐队、舞蹈队、"东方红"合唱队
民兵：	地雷排

《清华公报》第137期，1965年5月6日

校务委员会会议关于表扬1965—1966年度"四好班"和"四好集体"的决议※
——校务委员会1965—1966学年度第七次会议通过

（1966年4月27日）

自从去年"五四"校务委员会1964—1965学年度第八次会议通过表扬48个"四好班"和8个"四好集体"后，一年来，在校同学在党委的领导下，突出政治，高举毛泽东思想伟大红旗，开展了兴无灭资的斗争，进行了形势学习，更加广泛、更加自觉、更加深入地开展了学习主席著作的高潮，进一步学习和贯彻了毛主席对教育工作的指示，在德智体诸方面生动活泼地、主动地得到发展，创造"四好班"的活动也更加普遍、更加深入地开展，一年来班级工作有了很大进步。

为了总结进步，交流经验，进一步促进全校同学活学活用毛主席著作，进一步促进全校同学做到思想好、身体好、学习好、

劳动好，进一步促进班级工作，根据团委会、学生会的建议，校务委员会决定表扬在校一、二、三年级中的力901班等27个班为"四好班"，表扬体育代表队篮球队、文艺社团民乐队等7个集体为"四好集体"（四、五、六年级因参加社会主义教育运动，此次不表扬）。希望这些班级和集体的同学谦虚谨慎，戒骄戒躁，不断前进。希望全校同学学习力901等"四好班"和"四好集体"的先进经验。校务委员会号召全体同学高举毛泽东思想的伟大红旗……在思想改造、业务学习、生产劳动和体育锻炼等一切方面都以毛泽东思想做指导，进一步做到以红带专，又红又专，为创造更多更好的"四好班"和"四好集体"而努力！

附："四好班"和"四好集体"名单

土木建筑系：	房九、给〇
水利工程系：	水工九二、水〇一
动力机械系：	量九、热〇一
农业机械系：	农八（农用机电专业）
精密仪器及机械制造系：	制〇一、精〇、制〇〇二
冶金系：	焊〇、压〇〇
电机工程系：	电九二、企〇一
无线电电子学系：	无九三、无九六、无〇二
自动控制系：	自九〇一、自〇三
工程物理系：	物〇三、物〇〇三
工程化学系：	化九〇一、化九〇二、化〇三
工程力学数学系：	力九〇一、力〇一、力〇〇四
文艺社团：	民乐队、舞蹈队、舞台美术组
体育代表队：	篮球队、跳组、体操队、射击民兵排

《清华公报》第155期，1966年5月7日

4. 助学金和经济资助

清华大学一般学生人民助学金暂行实施办法
—— 一九五四至一九五五年度
第二十三次校务行政会议通过

(1955年7月4日)

一、根据高等教育部一九五五年颁发之全国高等学校一般学生人民助学金实施办法草案规定，为适当地解决我校一般学生（不包括调干、产业工人学生、研究生及外国留学生）特别是工农家庭出身的学生的学习和生活上的物质困难，使其能够完成学习的任务，特制定本办法。

二、一般学生（包括烈士子女及一般少数民族学生）若因经济困难需要获得人民助学金补助者，均可根据个人实际情况，申请不同种类的伙食补助费；家庭经济特殊困难或无经济来源的学生，则同时可申请日常学习、生活费及临时补助费。

三、一般学生人民助学金补助范围及标准：

（一）定期补助费（包括伙食补助费及日常学习、生活补助费）：

1. 伙食补助费共分下列四种：

① 补助全部伙食费（每月十二元五角）：完全没有经济来源或是经济来源极少、确实无力自己负担伙食费者；

② 补助三分之二伙食费（每月八元四角）：有部分经济来源，自己仅能解决三分之一伙食费者；

③ 补助二分之一伙食费（每月六元三角）：有部分经济来源，

自己仅能负担二分之一伙食费者；

④ 革命烈士子女、复员建设军人（不符合调干条件者）及少数民族学生原则上一律发给全部伙食费，如有自愿要求放弃者，亦可不发。

2. 日常学习、生活补助费：包括学习用品、生活日用品及其他生活零用（包括内容另详）补助标准分为下列三等：

一等：每月六元——长期物质生活困难，没有经济来源者；
二等：每月四元——长期物质生活困难，基本上无经济来源者；
三等：每月二元——物质生活较好，有部分经济来源者。

（二）临时补助费：包括服装、学习及其他补助费。

1. 学习补助费：包括书籍、讲义及小仪器等，凡经济情况确实困难，无力自行解决者均可申请：

① 书籍、讲义费：书籍限于高年级专业课程所需之教科书或代替教科书之主要参考书，补助标准一般分全部或部分补助两种（讲义费不限年级）。

② 小仪器补助费——包括丁字尺、三角板、计算尺、圆规等，标准另行统一规定。

2. 服装补助费：包括被褥、棉衣、单衣、衬衣等。经济情况特殊困难，确实无力自行解决的个别学生可以申请。

3. 其他补助费：包括营养补助、伙食差额补助、眼镜补助、病休及女生生育回家路费补助及就诊车费等（假期回家路费一概不发）。

① 营养补助费：患结核病学生经校医证明、如家庭经济情况确实困难者，可根据病情申请半磅——一磅牛奶的营养补助费。

② 伙食差额补助费——因结核病、胃溃疡或住院所需之伙食差额经证明后如经济情况确实困难者可申请补助。

③ 眼镜补助费：经校医证明确实需要配眼镜，而家庭经济确

实困难，无力自行解决者可以申请。

④ 因病休学或女生生育回家路费补助：有此种情况而家庭经济确实困难者可以申请。

⑤ 进城就诊车费：须经校医证明而家庭又确实困难者可以申请。

四、申请办法：定期补助，规定于每学期开始前办理一次，临时补助，随时申请。申请手续：经本人申请，班会提初步意见，然后将申请书送交人事室助学金审查组，经征求系行政同意后批准发给（必要时须由申请人提供证明）。

五、附则：

（一）寒暑假期间或在校学习期间因病、女生生育或较长期请假（包括因病休学）离校回家时，学校根据情况照发、少发或停发助学金，但其日常学习、生活的定期补助及临时补助一律停发。

（二）家庭经济确实困难、要求补助的学生，应以实事求是的精神与对国家财产负责的态度，提出申请，如有虚报情况、假造证件等行为领取助学金者，除停发助学金外，得视情节轻重，给予必要的批评、教育与处分。

六、本办法经校务行政会议通过，校长批准后于一九五五年九月一日起施行。

《清华公报》第 14 期，1955 年 7 月 15 日

高等教育部关于颁发全国高等学校一般学生人民助学金自费学生控制数的通知

（1955 年 8 月 29 日）

清华大学：

我部根据全国各高等学校所报来的一般学生现在的家庭经济

情况，经研究后，核定你校一般学生人民助学金的自费学生控制数，为你校一般学生总人数的百分之三十。希遵照执行。

中华人民共和国高等教育部（章）
一九五五年八月廿九日

清华大学档案，全宗号 2，目录号 校 5，案卷号 55004

校长办公室关于修正一般学生人民助学金实施办法的通知※

（1955 年 9 月 16 日）

《全国高等学校（不包括高等师范学校）一般学生人民助学金实施办法》业经高等教育部以（55）计杨字第二七一号通知颁发，原文刊登如下（编者略）。据此，我校前根据高等教育部一九五五年颁发之全国高等学校一般学生人民助学金实施办法草案规定并经七月四日一九五四至一九五五年度第二十三次校务行政会议通过的《清华大学一般学生人民助学金暂行实施办法》应作如下修正：

1. 定期补助费第四项"革命烈士子女、复员建设军人（不符合调干条件者）及少数民族学生原则上一律拨给全部伙食费，如有自愿要求放弃者，亦可不发"一条取消。

2. 日常学习、生活补助费补助标准改订如下：
   一等：每月四元
   二等：每月三元
   三等：每月二元

3. 申请办法：定期补助部分改为每年新生入学后办理申请一次，以后学年度开始时复查调整一次。个别学生家庭经济情况发生重大变化时，学期中途亦可申请。临时补助部分可随时提出申请。

4. 女生生育回家不发旅费。

《清华公报》第15期，1955年9月16日

关于学生参加劳动的补助和劳动保护暂行办法（草案）

（1959年5月）

为了照顾学生参加生产以后衣食需要的增加，为了保证学生身体的健康，并统一校内补助标准，特制定本办法：

一、凡已毕业学生因工作需要短期留校工作者，在工作期间每月补助46元（助学金停发）。

二、凡未毕业学生因工作需要调离学习岗位半年至一年参加工作者，在工作期间，每月补助26元（调干学生仍按原助学金标准补助，原标准不足26元补足26元），助学金停发。但拨给该学生所在生产单位，作为生产来源之一部分，学生劳动补助的其余部分，由各生产单位从生产经费中开支。

三、凡参加教学计划内的体力劳动（不包括无收入的公益劳动和生产实习），依照下列标准给予补助（学生参加劳动后并不引起生活消耗显著增加者，不发劳动补助，具体界限由系生产工作组根据学生参加教学、科研、生产劳动的情况拟定办法送系行政会批准后执行）。

1. 连续劳动一月以上半年以下，每月补助6元。

2. 连续劳动半月以上一个月以下者，或一个月之内累计劳动半月以上者，每月补助3元。

3. 连续劳动不满两周的一般不予补助。

领取这种劳动补助的学生，其原有助学金照发。

四、所有生产单位应逐步储备一部分福利基金，作为对学生的奖励和对特殊情况的照顾之用，其批准手续由各系自行掌握。

五、所有生产单位需按实际需要预备劳动保护用品，在学生劳动时给学生使用（如工作服、围裙、手套、安全帽、鞋等，具体内容由系根据保安保健要求自定）。

六、在发放劳动补助时一定要向学生讲清不是工资，劳动补助是学校党和行政关心到学生参加生产后衣食需要增加，为保证学生身体健康而采取的物质措施，要教育学生合理使用劳动补助。

人事处
科学生产处
1959年5月

清华大学档案，全宗号 2，目录号 校 5，案卷号 65013

清华大学工人、工农干部学生人民助学金实施办法（草案）

（1959 年 6 月 26 日）

一、根据教育部一九五八年十二月颁发的《关于调整北京地区高等学校各类学生人民助学金标准的意见》并结合我校情况，制定本办法。

二、工人、工农干部学生人民助学金标准：

（一）工人、工农干部经所在单位批准介绍报考入学，并持有证明文件的，可根据不同条件和家庭经济情况，在下列范围内

申请助学金:

1. 工人、工农干部,凡是工龄三年以上不满五年的,每人每月 18 元。

2. 工人、工农干部,凡是工龄五年以上不满八年的,每人每月最高不超过入学前原工资的 65%。

3. 工人、工农干部,凡是工龄八年以上的,每人每月最高不超过入学前原工资的 75%。

4. 一九四五年九月以前参加革命工作的干部或直接从事生产的工人,每人每月最高不超过入学前原工资的 90%。

5. 省市一级劳动模范、先进工作者或军区一级战斗英雄,可不受工龄限制,在入学前原工资 90% 以内申请助学金。

6. 从事生产三年以上的农业社(人民公社)社员,每人每月发给 18 元。

7. 凡是符合第 4、5 条规定的,并有特殊困难情况需要照顾的,根据教育部规定,经县或相当县一级以上机关批准,可以由原在单位照发原工资。

(二)工人、工农干部学生个人或家属(限于直系亲属)生活有特殊困难的,可另申请定期或临时困难补助(具体办法另定)。

(三)一九五八年以前入学的调干、产业工人学生,他们原领助学金一般不变。但是如果完全符合新规定条件,原领助学金偏低而生活又确有困难的,可按新标准调整;如原领助学金高于新规定,而自愿降低的,可予降低。

(四)工农中学毕业生进入本校的,他们的助学金发给办法,可按第(三)条规定办理。

(五)申请助学金时,必须在规定范围内,根据家庭实际经济情况和个人在日常学习、生活中的需要,以实事求是的精神,提出申请，使实际困难得到适当解决，同时并应注意财政开支，避免浪费，以利国家建设资金的积累。

（六）申请手续：由本人填写申请表，提交班助学金评议组，签注意见，送交学生科审批。

（七）本办法自公布之日起实行。

清华大学人事处学生科制定
1959 年 6 月 26 日

清华大学档案，全宗号 2，目录号 校 5，案卷号 65013

清华大学关于一般学生人民助学金补助办法（草稿）

（1961 年 9 月）

为了进一步贯彻勤俭办学的方针，培养学生艰苦朴素的优良品质，使人民助学金为培养工农子弟服务，在下列规定范围内，适当解决经济困难学生在学习和生活的困难，特制定本办法：

一、本校学生一般每人每月平均全部费用约需十八元至二十元（包括日常学习生活零用费、书籍费、被服费和伙食费等），凡确因经济困难、来源不足的学生（具体计算标准请参考地区生活费标准表）可根据具体情况（家庭经济情况、政治状况和本人实际需要）适当申请下列不同种类的补助。

对于烈属子女、工农成份的学生、华侨学生和少数民族学生中申请助学金时，在同等的条件下，应予优先照顾。

二、补助费种类：

1. 伙食补助费：等级分为：三元、四元、六元、八元、十元、十二元五角等六种。

2. 日常生活、学习零用费：等级分为：二元、三元、四元三种。

3. 教材补助费：按实际购买定价，分减免二分之一、三分之二、全部三种；凡经济困难不能全部负担的学生其不够部分，可以申请减免。

4. 绘图仪器一律自备，学校不予补助。但学校会购置一部分圆规，可借给一、二年级经济困难的学生，每班六至七副（以三十人一班计），具体借用办法向供应科联系。

5. 被服补助费：一般不予补助，确实困难者可酌情考虑，具体补助办法另行制定。

6. 眼镜费：一般不予补助，但因工作需要或由于正当原因而损坏，且度数较深，家庭经济情况又确实困难者，可以适当补助，补助标准一般不超过五至六元。

7. 住院伙食费差额：应自行解决。但家庭经济有困难，而本人在校表现良好者，或因公致疾住院者应适当补助。

8. 就医车费补助：个别经济特殊困难的学生，因患病经校医院介绍到校外医院就诊，车费确实无力负担者，经证明后可申请所需费用的一部分或全部。

三、因病休学回家路费补助：原则上自行解决。如确因家庭经济十分困难，经学校批准后，可酌情补助回家路费一部或全部。

四、假期回家学生在离校期间，原领助学金一般停发。如有特殊原因，各系可酌情发原领助学金的一部或全部。

五、休学生在校原有助学金及公费医疗，一律停止享受。如家庭经济情况特殊困难，本人表现较好者，学校酌情给予部分伙食及公费医疗补助，期限不超过本年，其他费用一律不补助。

六、一般学生助学金教材补助评定后，有效期限最长为一年，每半年复查一次，并随时根据经济情况调整其助学金。

七、评定方式：本人提出申请，经班会签注意见，送系行政批准，定期（每月月底）报人事处备案。

附注：

一、对政治上或品质上不好的学生（包括留校察看及免予处分的……）仍保留其学籍者，为了争取教育改造他们，如家庭经济确实困难，亦可参照一般学生助学金办法给予补助，但经过一段时期教育帮助后，其中仍有在思想上和行动上没有悔改表现的，应即撤销其全部助学金补助。

二、如发现虚报情况骗取人民助学金的学生，除立即停止人民助学金外，并应根据情节轻重，给予教育或纪律处分。

清华大学档案，全宗号 2，目录号 校 5，案卷号 65013

关于学生保健食堂伙食差额补助试行办法

（1965 年 1 月 26 日）

1. 为了使患肝炎学生更快更好地恢复健康，学校决定成立学生保健食堂，伙食标准为 17 元整。

2. 凡患肝炎（不包括住院学生）的在校学生，经校医院证明，膳食科批准，均可入学生保健食堂。

3. 凡经批准入学生保健食堂享受助学金的，每人每月补助伙食差额 1.5 元，由系人事科直接将享受助学金学生名单通知财务科。

4. 凡经批准入学生保健食堂的自费学生，伙食差额应由本人自己解决，如经济上确有困难时，可提出申请，经班会签注意见，由系人事科审定。

5. 凡经校医院检查证明身体已恢复正常者，应转回原食堂用膳，不得继续在学生保健食堂入伙。

本办法自 1965 年 1 月 26 日开始执行。

人事处
1965 年 1 月 26 日

清华大学档案，全宗号 2，目录号 校 5，案卷号 65041

关于适当解决经济困难学生
教材费补助办法（草案）

（1965 年 2 月 18 日）

为了适当解决经济困难学生的教材费问题，学校决定讲义费及主要教科书（重要基础课及主要专业课书）籍费采取补助，一般教科书仍采取借用。具体办法如下：

一、享受助学金的在校学生，如经济上确实困难，无力缴付讲义费和无力购买必须教科书时，可以向学校提出申请免交部分或全部讲义费和申请补助主要教科书籍费，此外还可向学校申请借用学校指定的一般教科书。

二、在校学习的自费学生，教材费用应由本人自己解决，如经济上确有困难时，亦可申请免交讲义费（部分或全部）或申请主要教科书籍费。

三、对于经济上确有困难的工人、贫下中农子弟及其他经济上有特殊困难的学生，可免缴全部讲义费和补助全部主要教科书籍费及借用一般教科书。

四、申请减免讲义费和主要教科书籍费及借用一般教科书手续，均由学生本人提出，经班委会签署意见，系人事科审定。

五、关于一般教科书的管理和借用办法由系另定。

人事处
1965年2月18日

注：主要教科书和一般教科书由各系教务科确定。

清华大学档案，全宗号2，目录号校5，案卷号65013

有关本科学生特殊困难补助的几项规定（草案）

（1965年6月5日）

一、为了照顾经济上有困难同学体育锻炼的需要，学校确定享受全部助学金的同学，每人每年补助胶鞋一双。享受部分助学金的同学，如有困难，亦可申请补助。

二、对于学校规定的劳动补助粮，如经济确有困难，无力购买的，可申请补助所需费用的一部分或全部。另外，平时吃的确实比较多的同学，如有他人支持的粮票，本人无钱购买的，可以申请临时困难补助。

三、在校学生，眼睛近视或远视，度数较深，影响学习的，经医生证明需配眼镜而家庭经济确有困难，无力购买者，可申请补助眼镜费的一部或全部（最多不超过8元）。

四、在校学生，因患病经校医院介绍到校外医院就诊，车费确实无力解决者，经证明后可申请补助所需费用的一部或全部。

五、为了照顾女同学的身体健康和特殊需要，学校确定享受全部助学金的女同学，每人每月补助卫生费0.5元。享受部分助学金的女同学，如有困难亦可给予补助。

1965年6月5日

清华大学档案，全宗号2，目录号 校5，案卷号65041

关于本校学生参加"四清"运动的经济困难补助办法（草案）

（1965 年 8 月 21 日）

根据高等教育部（64）高计财蒋字第 611 号文《关于高等学校参加社会主义教育运动经费开支及报销手续具体规定》，结合我校具体情况，对参加"四清"运动的学生经济困难补助，特作如下规定：

一、凡参加"四清"运动的学生，缺少御寒物品（如棉褥、棉被单薄，棉鞋、棉帽、棉手套和围巾及其他物品）和某些必需用品（如鞋、行李绳及其他用品）及衣物补修所需棉布、棉花，本人经济确实困难，无力解决的可以向学校提出申请补助。

二、在校享受全部助学金伙食补助费以上的学生，缺少上述御寒必需物品时可以给予补助，但每人补助最高额一般不超过 16 元，在校享受部分助学金的学生经济确有困难亦可给予一定补助。

三、自费学生的御寒物品及某些必须用品应由本人自理，若经济上确有困难时亦可给予适当补助。

四、对于御寒衣物不足经济又有困难的女学生及在山区参加"四清"运动的男学生，审批标准应适当放宽，给予必要的照顾。

五、学生参加"四清"运动期间在上述方面确有实际困难，本人确实无力解决时亦可考虑补助。

六、申请手续

由学生本人提出书面申请（至系人事科领取助学金申请单）交班委会签注意见，经"四清"工作分团负责人审查签署意见后，送各系人事科审批并由系人事科将批准名单和金额通知财务科办理。

人事处
1965 年 8 月 21 日

清华大学档案，全宗号 2，目录号 校 5，案卷号 65013

清华大学学生人民助学金暂行办法（草案）
（1965 年）

根据勤俭办学校的方针和高等教育部有关学生助学金的规定特制订本办法。

一、凡我校学生因家庭经济困难，难以负担本人在校的生活费用，而能努力学习、表现较好者，可申请助学金。

二、助学金标准

1. 定期补助：

伙食费：3 元、5 元、8 元、10 元、12.5 元、15.5 元 6 种。

生活零用费：1 元、2 元、3 元、4 元 4 种。

2. 临时补助：

① 教材费：关于经济困难享受助学金的学生借阅和补助教材问题，另有规定办法。

② 在校学生眼睛近视或远视影响学习的，经医生证明确需配眼镜而家庭经济确有困难，无力购买者，可申请补助眼镜费的一部或全部（最多不超过 9 元）。

③ 服装费：一般应自己解决，如家庭经济确实困难可酌情给予适当补助。

④ 患病住院伙食费差额无力负担者，可根据医院证明补助一部或全部。

⑤ 假期回家学生在离校期间原领助学金停发，如有特殊困

难，经本人申请可酌发原领助学金的一部或全部。

⑥ 学生在休学期间停发原领助学金及公费医疗。如家庭经济确实困难，可酌情发给部分伙食费及批准公费医疗，期限不得超过一年。

休学学生回家路费自行解决。如确有困难，经学校批准，可补助一部或全部。

三、补助方法

1. 本人提出申请，经班会讨论提出意见，由系领导审核批准，报人事处备案（每月月底）；

2. 申请时间：每年新生入学后办理一次，以后每学期复查调整一次，如家庭或个人经济情况发生变化时，应由本人随时提出调整。

四、革命烈士子女、工农子弟、归国华侨和少数民族学生，在和一般学生同等经济条件下，优先予以补助。

五、如有谎报情况伪造证件骗取助学金者，除停发助学金，酌情追回多领补助款外，并视其情节轻重，给予适当的批评或处分。

六、过去规定如与本办法抵触者，以本办法为准。

清华大学档案，全宗号 2，目录号 校 5，案卷号 65013

5. 生活管理

学生膳团入退伙规则

（1953 年 4 月）

（一）总则

1. 凡享有助学金待遇之本校同学，一律应加入学生膳团

(有特殊情形并经助学金审委会同意者例外)。

2. 非同学加入学生膳团,应遵守学生膳团一切制度(详细规定见注意事项),名额最多不得超过一定数额(此项数额由本科视人力及设备而定,目前暂定为四百人)。

3. 非同学而又不属学校编制的工作人员加入学生膳团者,除遵守上项制度外,每月并需增收厨工工资及杂费一万元,如中途退伙该款概不退还。

4. 伙种标准及条件:

(1)伙种标准:

① 普通伙:十万零五千元(包括回民伙及素食伙)。

② 胃病伙:十一万五千元。

③ 营养伙:十四万元。

④ 溃疡伙:十四万元。

(2)条件:

一般同学均加入普通伙。凡患胃病者加入胃病伙,患肺结核病者加入营养伙,消化性溃疡加入溃疡伙,均须持有校医院证明。回民伙限于回民参加,素菜伙限于不吃任何肉类者参加。

(二)入伙办法

1. 每月二十五日由膳团发给各班生活干事(或入伙负责人)下月份入伙登记表,该表限二十七日前交回膳团,月末前一日发入伙证(证上印有饭厅及桌次号)。

2. 超过登记日期时,应按中途入伙办理。

3. 中途入伙或转伙,须要受伙种(素菜)及饭厅地点的限制。

4. 中途入伙每月一日起开始办理,并需当时交清膳费,或助学金支付证。

5. 中途入伙须经生活干事统一办理。

6. 非同学中途入伙须持有校医院透视证及工作单位介绍信。

(三) 膳费

1. 同学

(1) 凡享有助学金者由助学金审委会办公室拨交。

(2) 凡入胃病、营养、溃疡伙膳费不足之差额，仍由学生干事负责收齐汇交，最迟日期不得超过每月十日。

2. 非同学

集体登记入伙者，膳费由入伙负责人负责收齐汇交，最迟日期不得超过每月十八日。

(四) 退伙

1. 中途退伙必须因公或因病并持有证明者，否则中途不得退伙。

2. 中途退伙以一天为单位，不足一天者不退。

3. 中途退伙几天者，复伙时凭退伙证明单领取入伙证。

4. 退伙几天者复伙时桌位重新调整，不能保留原桌。

5. 退伙领款时必须携带图章。

6. 中途退伙、转伙及入伙，一律在前一天办理手续。

7. 集体退伙超过十人以上者，必须在前一天或前两天办理。

8. 星期日膳团不办公，如有星期一入退伙者，一定在星期六预先办理。

(五) 其他

每月最末两天，为了准备下月入伙工作，一律停止办理当月入退伙工作。

清华大学档案，全宗号 2，目录号 校 6，案卷号 035

学生膳团饭厅规则

(1953年4月)

(一)关于饭厅秩序:

1. 未打铃以前一律不准进入饭厅,有特殊情况者由本单位出证明后,到膳团管理组开提前吃饭证,但提前或延后只限于临时性者,不能经常提前或延后。

2. 有校外活动的单位,需预先与管理组联系留饭,但最晚不能留过开饭后一小时以上。

3. 每桌分八份菜,每人只能享受一份,不能替吃或多吃。如发现有替吃或多吃者,每一顿应按两倍客饭赔偿,如因某种原因吃错而自动声明者,可按一倍或免于赔偿。

4. 除因特殊原因并经膳团管理组同意者,一律不得将馒头饭菜带出饭厅。

5. 各桌没有通知少分菜者,不得少分,不得吃掉,但本桌同学确实知道有不来而又并未退伙者,有责任通知炊事员少开。

(二)关于爱护公共财物:

6. 如因不慎损坏家具者,应按规定价格自动赔偿。

7. 各桌馒头吃多少拿多少,不应积存,如中途其桌缺少时有权向积存馒头桌上取拿(包括汤在内)。

8. 爱惜劳动果实,避免浪费,不得吃半碗剩半碗或剩半个馒头。

(三)关于卫生:

9. 为了大家的卫生,取馒头时一定用夹子,不得用手乱挑。

10. 盛饭盛汤时,要按先后次序,不要拥挤,以免撒在地上。

11. 吃不了的剩菜皮等物一定放在桌上,不得随地乱抛。

12. 盛饭盛汤后将勺子放好,不要乱扔。

(四)其他:

13. 入伙证应随身携带,膳团工作人员随时有权检查。
14. 用饭时应完全服从膳团工作人员指挥。
15. 饭后必须将碗筷送到洗碗台。
16. 同学有责任互相监督,互相批评,协助膳团做好饭厅秩序。

注:本规则已征得校行政及学生会同意,自一九五三年六月起实行。

膳食科学生膳团办公室

清华大学档案,全宗号 2,目录号 校 6,案卷号 035

学生宿舍分配办法及管理规则
—— 一九五四至一九五五年度
第十二次校务行政会议通过

(1955 年 2 月 1 日)

一、分配办法:

1. 学生宿舍根据学生性别、系、级、人数、宿舍容量、房间人数(由行政规定)等具体情况及可能条件尽量集中住宿。
2. 每学年开始由住宿科会同有关单位根据具体情况提出初步调整方案(先确定各系住宿范围,再由各系系会总健康干事会同各班健康干事按确实人数进行房间的分配),经总务长批准后实行。
3. 宿舍调整后,不得自行调换房间或占用房内空位,如必须调换时,应由本班班长或健康干事向住宿科提出书面申请,同意后方得调换。

4. 学生一经休、退学应按学生休学或退学的规定于接到批准休、退学的通知后，必须于三日内到教学行政科办理休、退学手续，办理手续后应于三日内离校，迁出宿舍。如暂不能离校，须向总务长室申述理由，由总务长室依据具体情况处理。开除学籍者应即办理离校手续，迁出宿舍。

5. 有慢性疾病（如体弱、失眠、关节炎、血压高及神经衰弱）尚能学习的，因限于条件并为避免不良影响，一般不予照顾单身房间或小房间。其他特殊原因经校医院检查认为情况确属严重不能坚持学习者，应休学回家休养。

6. 学生宿舍不准带眷居住，一般不得留居客人。

二、管理规则：

1. 同学应严格遵守学校作息时间，每日在自习与休息时间内不得高声喧哗、歌唱、玩弄乐器以及其他妨碍公共秩序的动作。

2. 同学应爱护宿舍内一切公共财物，桌椅门窗玻璃灯罩等务须注意保管，如有损坏须按规定赔偿。

3. 宿舍内家具由住宿科统一分配，务须爱护使用，不得自行移动，如需修理时到住宿科登记，损坏时按规定赔偿。

4. 同学应注意节约水电，室内电灯（规定四人间每盏廿五瓦，八人间每盏四十瓦）应按时开关，不得安装电热器及收音机，室内无人应即熄灯，灯泡因使用过久失效，可到工友室换领，但灯泡破碎应自行赔偿。

5. 同学经常保持室内外、厕所及盥洗室的清洁，不得随意吐痰、洒水或抛弃有碍清洁之物，每日必须在上课前或下自习后自行打扫房间，配合服务员搞好斋内清洁卫生工作。

6. 同学应提高警惕，注意防火防盗，离开宿舍应关窗锁门，睡眠时应叩门。

7. 各室应推选室长一人，负责室内及家具、装修的保管、本室住宿情况的掌握、清洁卫生的督促及室内秩序的维持。每斋内 学生会健康部选定斋务小组长一人至二人协助行政维持宿舍秩序、保护公共财物及搞好斋内整洁与保卫工作。

8. 以上各项规定，同学应自觉地严格遵守。

9. 本办法经校务行政会议通过实行。

《清华公报》第9期，1955年3月23日

学生膳团全面推行食堂制[①]

（1959年11月16日）

经过半个多月在第八饭厅的试点，证明食堂制是一个改善伙食质量，节约粮食的好办法。从本月16日开始，已在全校各学生膳团全面推行。

在这以前，学生会还召开了各班班长和生活干事会作了动员，各班同学普遍进行了讨论。参加试点的无413班同学认为，实行食堂制以后，能够做到吃得饱吃得好。

早在推行食堂制前一个多月，膳食科就已经着手进行准备。炊事员们想了很多办法，力争花样多，价钱低，质量好。现在各膳团普遍采用小锅炒菜以提高口味。

《新清华》第487期，1959年11月16日

[①] 编者注：此前为包伙制。

关于女同学健康与劳动保护的七项规定
——1960—1961年度第六次校务会议通过

（1960年12月16日）

为了进一步彻底贯彻我校《关于学生劳逸安排的十项规定》，保证女同学身体健康，根据我校女同学具体情况与过去经验，特作七项补充规定如下：

一、女同学在正常情况下，可以与男同学一起参加体力劳动，但必须照顾到男女体质的差别，予以适当安排。劳动分工时应给女同学分配劳动强度较轻、适合女同学当前体质的工作，其中如长时间的下水劳动等不要分配给女同学。经过一次集中性的体力劳动以后，要注意检查例假是否正常，以便及早注意避免发展成例假病。

二、女同学在例假期间不参加重体力劳动，参加轻体力劳动时应根据实际工作条件调轻活干等，对于体质较弱的女同学在例假期间并可适当缩短劳动时间。

三、女同学的体育活动应注意运动量适当，略少于男同学。例假期间要有照顾，特别注意不得游泳、溜冰、长跑与进行各种激烈运动。

四、已经患有例假病的女同学按第二条规定予以照顾，并应注意休息与积极治疗，严重的停止参加体力劳动。

五、女同学在例假期间应注意妇女保健卫生。

六、对女同学中半脱产干部要特别关心，保证她们有正常的生活规律、充分的休息，例假期间可根据她们身体需要允许她们请假1~2天。

七、以上条例发至各班，并须向全体同学（包括男同学）宣读,各班应有专人负责检查督促,切实执行,以保证女同学的健康。

以上规定适用于本学年至1961年7月底,以后总结经验再作修改。

清华大学档案,全宗号2,目录号 校1,案卷号 61001

清华大学电机系学生宿舍和食堂的一些情况①

(1961年5月24日)

解放以来,清华大学新建房屋面积有了很大的增加,但学生人数增长更快(注一),故每间房子住的学生逐渐增多。如电机系学生宿舍,一九五四年以前是四个人住一间房子,每间12平方米,平均每人3平方米。到一九五九年时,男生8个人住一间房子,每间17.81平方米,平均每人2.2平方米强;女生5个人住一间房子,每间12平方米,平均每人2.4平方米。一九六〇年以来,没有修建学生宿舍,学生住房比以前更为拥挤。现男生由每间房子住8人增至10人,平均每人不到1.8平方米;女生由每间房子住5人增至6人,平均每人2平方米,都是双层铺。室内一般有两张桌子,可供5~6人自习用,其余的学生到教室或图书馆自习。学生的书籍因只有一个书架子放不下,有的放在床上,有的放在床的下边。

该系的学生食堂,原来是按1 200人设计的,建筑面积总共

---

① 编者注:1961年5月24日国务院文教办公室调查组的清华大学调查材料之五。

1 289平方米，其中饭厅的使用面积为569平方米。现学生比以前增加了，又加上新设的自动控制系的学生，两个系共有2 300多人，都在这一个食堂吃饭。食堂内只有桌子，没有坐凳。因为人多，桌子少，采取分批吃饭的办法。开饭时，由专门组织的食堂服务队（注二），轮流派人卖饭，时间拖得较长，一顿中午饭，从上午11点开始，到下午1点，卖饭时间需两小时左右。

今后，在安排高等学校的基本建设时，仍需注意宿舍和食堂的建筑和桌、凳、书架等设备，设法填平补齐，逐步改善学生住宿和用膳的条件。

注一：该校房屋建筑面积解放前总共才104 939平方米，截至一九六〇年为止，已新增建筑面积246 396平方米，解放后两年新增建筑面积为解放前38年的2.4倍。在校学生人数，目前已发展到13 000多人，为解放前最高年度2 502人的4倍多。

注二：食堂服务队是按年级来组织的，每年级10人左右，利用课余时间，每人每周在食堂服务3小时。参加食堂服务队的学生，即不参加校内的其他农副业劳动。

清华大学档案，全宗号2，目录号 党1，案卷号61032

关于学生婚姻问题的几项规定
——1962—1963年度第一次校务委员会通过
（1962年9月7日）

为了保证学生在校学习期间能集中精力完成学习任务，获得全面发展，对于学生学习期间婚姻问题作如下规定：

1. 学生不许在校内结婚；
2. 学生与其爱人不准在学校内同居；

3. 女学生一经怀孕后应即休学一年；

4. 学生所生子女不得在校内抚养。

《清华公报》第98期，1962年9月13日

有关学生伙食标准的几项规定
——经主管副校长批准执行
（1963年11月19日）

根据国家经济形势的好转，在副食品供应比较充足的条件下，学生的伙食质量应该相应的适当提高，为使学生的体质能够不断地增强，以便更好地保证完成学习任务，现根据教育部的有关规定，对学生的伙食标准特作如下规定：

一、学生伙食标准恢复到12.5元。

二、为改善学生伙食，提高伙食质量，各学生膳团必须：

1. 保证做够12.5元的标准，实行副食包伙、主食不包伙的办法（平日加菜及节日加餐不另收钱）。

2. 加强伙食安排，定期研究和不断改进伙食质量，要求做到：饭菜经济实惠、质量高，并要清洁。

3. 每月结账一次，并即时向学生公布当月伙食收支及节余情况（同时抄送人事处一份）。

三、为保证学生能够吃足12.5元的伙食，规定：

1. 助学金伙食补助费，一律由财务科直接转拨各学生膳团（过去一直是这样做的），然后由各膳团换成菜饭票再发给学生本人，避免移作他用。

2. 严格退伙制度，规定一般不准退伙，星期六晚饭、星期

日或因公出差、因病,有证明方能退伙。

3. 主食(吃不完的)可换成粮钱票使用(各膳团应备有各种有味小菜或荤素菜,价格一般不超过壹角伍分)。

4. 每月的菜票用到月底,余者一律作废。

为保证上述建议顺利地实施:

(一)必须做好学生的思想工作,要给学生讲清:

1. 由于国家经济情况的好转,具备了恢复伙食标准的条件。

2. 恢复伙食标准的意义,与身体健康及保证更好地完成学习任务的关系。

(二)加强伙食管理工作,健全各种具体制度。

(三)对极个别经济确有困难的学生,可适当给予少量补助。

本办法从本年12月份开始施行。

人事处
生活管理处
1963年11月19日

清华大学档案,全宗号2,目录号 校5,案卷号 65013

清华大学关于本科学生婚姻问题的几项规定
——1962—1963年度第一次校务委员会通过;1963—1964年度第五次(扩大)校务委员会修改通过

(1963年12月27日)

为保证学生在校期间能集中精力完成学习任务,获得全面发展,对于学生婚姻问题,作如下规定:

（一）本校自 1964 年起不招收已婚青年入学。

（二）本规定公布以后，学生在校学习期间不许结婚，结婚者一律退学；未婚怀孕，男女任何一方为本校学生者均应退学。

（三）已婚女生一经怀孕，应即休学一年。

（四）已婚学生不得与爱人在学生宿舍内同居，或抚养子女。

《清华公报》第 123 期，1964 年 1 月 14 日

关于成立学生保健食堂的情况汇报

（1965 年 3 月 27 日）

目前全校患肝炎的同学共有 220 人，其中 40 余人根据病情住院治疗或在医院吃饭，余下 180 多人的病情正在好转。为使他们尽早恢复健康，根据党委指示精神，从今年一月底起为他们成立了保健食堂，入伙人数将近 150 人。现开伙已将两月，情况简要汇报如下：

一、思想动员工作：食堂成立之初，患者及炊事员思想上顾虑很多。患者之间怕相互感染，加重病情；炊事员怕接触病人，感染自己。针对这些活的思想，团委会及学生会通过系会分别向患者进行了说服动员，反复阐明成立保健食堂的意义；校医院保健科用海报方式宣传如何防治肝炎，战胜疾病，恢复健康，使患者提高了思想认识，自愿申请入伙。炊事员方面曾由保健科召开两次座谈会，传授对肝炎病的一般常识和消毒隔离措施，解除了他们的恐惧心理，安定了工作情绪。食堂领导还经常和他们谈办好保健食堂的重大意义，启发了他们为患病膳友服务的工作热情。

二、伙食方面：为了适应肝炎患者的需要，食堂注意了副食

品种的选择，多给他们吃些瘦肉、鸡蛋、鱼虾等高蛋白食品。做出的菜，比较清淡，并注意多吃点糖，少吃点盐，很受同学欢迎。主食方面，花样亦较多。现膳友食量普遍有所增加。食堂还注意了对个别患者的特殊照顾，为他们单独做饭，使同学们很受感动。

三、隔离消毒措施：肝炎病由接触传染。炊事员坚持为同学打菜打饭，不让同学自己动手，以减少接触。碗筷等餐具由同学自己经管洗涮；饭桶、盆、勺、簸箩等炊具每日消毒。

四、成立管委会，由膳友五人组成，加强食堂的民主管理。这个食堂的同学来自全校各系，组织工作比较复杂。管委会在这方面做了不少工作。他们除及时向食堂反映同学要求外，还注意了同学病情的变化，为他们解答有关肝炎保健方面的一般常识；出黑板报，宣传如何正确对待疾病，并针对膳友活的思想，解除他们思想上的负担。管委会已成为食堂联系群众的纽带，不仅食堂依靠他们，膳友们也拥护他们。

五、同学们的反映：肝炎患者原分散在各系食堂用膳，大多数健康同学对此有顾虑，害怕感染，患病同学亦感到有压力。保健食堂解决了这个问题，一般反映是好的。尤其是保健食堂的膳友，反映更为强烈。在一次膳友座谈会上，大家对党委的关怀和师傅们的热忱照顾，深为感动，并通过今昔对比，体会到今天生活的幸福，纷纷表示今后要按照党的要求办事，以革命的精神去战胜疾病，尽快恢复健康，投入到紧张的学习中去。

目前已有几位同学病愈，恢复了正常学习。

六、存在问题：

1. 消毒隔离做得不够：同学们的碗筷放在一个桌子里，还有接触机会。准备每人设一碗袋，定期轮流清毒。

2. 现在该食堂同学不能定期进行复查。建议保健科为他们定期复查,以利于治疗和隔离。

3. 思想教育工作有待进一步加强,以解除个别同学的顾虑和紧张情绪。

《校务工作简报》第105期,1965年3月27日

清华大学档案,全宗号2,目录号 校1,案卷号65004

关于女同学健康情况及建立东区食堂问题的报告

(1965年4月15日)

党委:

这几年来全校同学身体状况逐年有所提高,但比较起来,女同学提高得较慢。目前女同学健康水平仍然较差,体弱及有病的还是不少,特别是高班的女同学。如:冶金系120个女同学中有各种慢性病和妇女病的有55人,占47.8%,其中较严重的有16人,占13.3%。又如无六全年级66个女同学中患有妇女病、胆道感染、肺病、肝炎、关节炎等病的有24人。电机系全系女同学中有妇女病的占27.4%。引起女同学身体状况不好的原因较复杂,需要从各方面采取措施加以解决,我们认为建立东区女同学食堂是提高女同学健康水平的有效措施之一。

这学期来,各学生食堂的伙食质量普遍有了提高,同学一般反映较好,但对女同学来讲还有不少问题:目前有相当多女同学饭量较少,如冶金系女同学每天平均用粮6～7两以下的同学占40%左右,而其中5两以下的占9%;自控系女同学每天平均用粮5～6两的占24%。另外,女同学对副食的要求是"少而精"

些，而实际情况是肥肉多、菜量多（这对男同学还是需要的），有的女同学说"一进饭厅就饱了"，因此剩菜现象较多。冶金系有30％的女同学晚菜票经常废掉（因吃中午剩的菜）。如金七班7个女同学除了星期六、日把菜票退掉外，月末还剩下35张菜票。女同学吃粮的钱少，本来每月吃不到15.5元，这样一来真吃进去的就更少了。这种情况是和目前女同学较紧张的学习、劳动、锻炼的活动量不相适应的。

为了解决上面的矛盾，上月曾向行政反映了同学的意见。最近东区食堂也作了些改进。如尽量把菜花样多做些，但因食堂大、吃饭人多，很难照顾到男女同学的差别。

西区早在去年四月份成立了女同学食堂，经过一年多的时间，西区女同学日益体会到办女同学食堂的好处。食堂能根据女同学的特点来做菜，并在主食方面做了许多花样。早上有点心、麻花、糖包……中午有炒饭、炒饼、馄饨……这样增加了女同学的食欲，一般女同学能吃到8两以上。女同学反映："我们食堂做得真好，我愈吃愈多了。"过去一些不大支持女同学食堂的女干部和女同学也觉得有必要成立这样的食堂了。根据西区女同学食堂的经验，建议在东区再办一个女同学食堂。

关于办东区女同学食堂具体办法建议如下：地点设在东区十饭厅（工物系饭厅），因为东区女同学总共有1 042人，与十饭厅用膳人数相同，而其他食堂均2 000人左右，因此放在十饭厅较合适。

其他各系同学用膳安排（草案）：

七饭厅：机械系、冶金系、工化系共有2 045人，与原食堂人数相近。

八饭厅：无线电系、工物系（760人）共有1740人，与原食堂人数相近。

九饭厅：自控系、电机系、工物系（250人）共有1911人，与原食堂人数相近。

我们反复比较了几种方案，尽量考虑照顾各系尽可能集中及少变动，但最后还认为这个方案比较合适。这样，工物系要有较大变动，男同学要分在两个地方用膳，需要工物系领导同意，并给同学做工作。由于学校大、人多，很难使各系都集中，过去这种情况亦是有的。工化系至今还分在3个地方用膳，新方案工化系男同学可集中在一个食堂。

行政上也要有些变动、调整，添些家具等，这又需要行政大力支持。

此外，在部分同学和干部中，对成立女同学食堂还有各种看法，我们事先要做好思想工作。

学生会
1965年4月15日

附：艾知生对女同学健康情况及建立东区食堂问题的报告的批注

南翔同志很早就提出建立女生食堂，现在西区女生食堂效果很好[1]，我的意见是争取东区女生也成立单独的食堂，能否解

---

[1] 编者注：《新清华》1965年7月16日第743期报道，西区女生食堂成立于1964年4月。

决,如何解决,请行政处李思问同志考虑。

艾知生
1965 年 4 月 21 日

清华大学档案,全宗号 2,目录号 党 1,案卷号 65044

清华大学关于女同学保健工作的几项暂行规定
——校务委员会 1964—1965 学年度第十一次会议通过

(1965 年 6 月 9 日)

为了更好地贯彻执行党的教育方针,培养德智体诸方面都得到发展的三大革命运动的战士,应加强对全体同学的保健工作,尤其要加强对女同学的保健工作。在日常学习和工作中,特别是组织生产实习、下乡下厂劳动、民兵训练、体育锻炼等活动中,要注意女同学的生理特点及体质情况,做到男女有别、妥善安排,使女同学的体质通过以上活动切实能有所增强,真正受到锻炼。为此,根据我校具体情况,首先对女同学保健工作,作如下几项规定:

一、女同学应该按照自己的生理特点、体质,积极地、科学地、循序渐进地参加实习、劳动、民兵训练、体育锻炼等活动。通过这些活动,自觉地锻炼自己成为体魄健壮、意志坚强、精力充沛的又红又专的三大革命运动的女战士。对全体女同学,首先是新入学的女同学,要加强关于妇女生理卫生知识的教育,使每个女同学都能掌握循序渐进的锻炼方法与科学的劳动保护知识,争取在校几年，体质逐年有所增强。

二、在生产劳动中，不分配女同学做以下工种的劳动：

高空作业：如架线工等；

高温作业：如冶炼工业中的炉前工，铸工中的浇注工等；

潮湿环境下工作：如下水田，潮湿的隧洞及管道内工作等；

特重的体力劳动：如抡大锤、拿风镐、抬过重的物品等。

三、组织女同学参加实习、劳动、民兵训练及体育锻炼等活动中，要注意以下几点：

（一）出外参加实习、劳动时，对女同学的工作、生活条件要给予较多的关心，并加强领导。安排女同学的工作、住宿时，应尽可能集中，至少要把两个以上的女同学分配在一个单位工作、住宿。在工地和农村晚上一切活动均须两个人以上同行。

（二）女同学到校外活动，一定带足够的衣服、被褥，不要分配在潮湿的地方住宿，不要躺在潮湿寒冷的地方休息。女同学所在地一定要设有女厕所。

（三）在民兵活动中，女同学一般应单独编组，分别进行训练，不要和男同学一样要求，如一起做长距离行军、夜行军、刺杀等活动。

（四）女同学要按体质情况分班上体育课和参加锻炼，运动量要贯彻循序渐进的原则。

四、女同学在月经期间，应尽可能分配轻体力劳动，每日劳动不超过四小时，不值夜班。参加中等强度体力劳动者（如车工、焊工等），应另给假二至三天。重体力劳动（如肩挑、搬运、挖土、砌砖等），一律不得参加。并不得进行以下活动：

较长时间的弯腰、蹲着的劳动；

用冷水洗大量的衣服和菜等；

长途步行、长距离游行等；

体育比赛和激烈的体育活动；

活动量较大的民兵训练，如行军、队列操练等；

月经期间及月经前后一两天内不游泳。

五、女同学在月经期间，要注意劳逸结合和经期卫生。不用冷水洗脚、洗澡；不洗盆浴；月经纸、月经带要干净；不吃有刺激性的东西。

六、体弱及有慢性病的女同学，在经常情况下也要执行第四项规定。在月经期间还应注意：

（一）不参加体力劳动；

（二）对不能坚持正常学习的应给予照顾，不能坚持听课者应请假，不能按期完成作业者，可以向教师说明缓交作业；若有考查、考试，可申请缓考；

（三）在连续三小时以上的实验、画图、现场教学、参观等活动中要有较多的休息。

七、对女同学干部（包括半脱产干部）要给予关心，保证她们按正常的规律生活，有充分的休息。月经期间饭后保证半小时以上的休息，半脱产干部晚上参加会议超过九点时应该早退。

八、本规定由校务委员会通过后执行，并发至各单位、各系各教研组及各班，并向全体教师、干部及同学（包括男同学）宣读。各单位、各系各有关教研组及各班均应有专人负责，切实执行，学校由女生工作委员会负责督促、检查本规定的执行。

《清华公报》第139期，1965年6月15日

成立东区女生食堂

(1965 年 7 月 10 日)

根据党委指示精神，结合女同学健康情况及用膳特点，从 5 月 26 日起，我处在第一生活管理区原工物系食堂开办了东区女生食堂。现将开伙以来的情况作简要汇报：

一、开伙以来食堂工作情况：

1. 伙食情况：结合女同学用膳特点，食堂尽量给同学们多做一些主食花样以及适合她们口味的清淡的食物，每餐最少有 4 个菜，有时多达 7 个，让同学们任意选择。这些主副食花样很受同学们欢迎。炊事员同志还经常深入饭厅征求同学意见，有不少同学天热晚饭食欲不佳，就设法供应水饭，很受同学们欢迎，晚饭量普遍有所提高。炊事员同志还发现有的同学根本不吃早饭，这样天长日久，对身体不利，于是食堂又加强每天早点的花样。同学们反映很好，有的同学说："一天三餐，餐餐有花样，大家越吃越爱吃。"

2. 饭厅备凳，使体弱的同学能坐下吃饭。我处利用干部劳动和部分炊事员在供应科积极支持配合下，自己动手利用废料制作出一批小方凳，已供给东西区女生食堂、保健食堂、回民食堂共 500 余个。

二、同学们的反映：

为了更全面地听取意见，逐步满足女同学的不同要求，上周末曾召开部分膳友座谈会，各系同学反映，从开伙到现在，大家吃得很可口，同学们饭量普遍增加。

为办好东区女生食堂，一区党支部向食堂炊管人员传达了党委的指示精神，教育全体炊管人员，积极贯彻党委的指示，进一步端正服务态度，更好地为女同学服务。从开伙以来，同学们和食堂炊事员的关系很融洽，对炊事员的服务态度较满意，并对师傅们的劳动表示关心。机械系同学反映，大家吃得好，是与食堂师傅们的辛勤劳动和服务态度好分不开的。有一天晚上，一个同学来晚了（约7：30），她说当时思想有些紧张，怕师傅给提意见，可是师傅对她很热情，使她很受感动。

三、目前存在的问题：

1. 有少数同学反映参加劳动时有时感到菜量少不够吃；晚来的同学反映菜饭的选择机会少等。拟进一步研究解决。

2. 饭厅面积不够，急需在户外搭盖天棚。目前十饭厅用膳人数有900多人，仅有五栋小房子，共计350平方米，放桌子110张，面积比较紧张。因此我们准备在各小饭厅中间搭个棚子，既解决了下雨运输问题，同学又可在外面吃饭。棚子所用材料已在进行准备，只缺劳动力。

3. 东区6号楼通往食堂的路有一段雨天非常泥泞，同学行走不便，若劳动力有可能我们准备用灰渣修路。

行政生活处供稿

《校务工作简报》第115期，1965年7月10日
清华大学档案，全宗号 2，目录号 校1，案卷号 65004

（六）课外文艺体育活动

本学期健康工作计划（节选）[①]

（1953年3月21日）

本校体育卫生保健工作之基本目的在于为国家培养体魄健强

[①] 编者注：该计划于1953年3月21日校委会议决通过。

的干部，并使全校工作人员有健康的身体以从事工作和劳动。目前全校的健康情况，不够良好，为了逐步提高健康水平须开展体育锻炼以增进健康，开展爱国卫生运动以建立良好的生活环境和卫生习惯，并进行疾病的预防和治疗。现将计划列下：

（一）体育锻炼

（甲）学生体育锻炼计划：学生过去的体育锻炼是有成绩的，但发展不平衡，锻炼目标不够明确，今后在原有基础上提高一步，要求全校学生能普遍地有计划地进行体育锻炼。健康情况正常的学生参加北京市高等学校一九五三年度体育锻炼标准测验，争取参加的同学有80％及格，其中40％达到良好标准，10％达到优秀标准，并在普及的基础上发现并培养优秀的运动员成立学校各种运动代表队。体弱学生根据健康情况，争取在医生及体育教研组指导下，经常地参加轻微的运动。

1. 进行宣传动员，使学生明确为保卫和建设祖国而锻炼的精神，了解锻炼的内容与方法，及能达到的效果，因而提高参加锻炼的兴趣。推动体育锻炼的方式有：

（1）开学两周内响应行政号召，由青年团及学生会进行动员。

（2）结合劳卫制测验进行宣传，并对及格者颁发奖章。

（3）举办体育表演。

（4）五月三十一日举行全校运动会。

2. 规定制度，保证学生每人每日下午有一小时时间参加体育锻炼，在目前场地设备不够的情况下，暂分为两批进行。

3. 学生体育锻炼日程大致安排如下：

四月二日至四月十二日　　在学生中进行动员，并开始组织。

五月四日至五月三十一日　　劳卫制测验，锻炼继续进行。

五月三十一日　全校运动会，发奖。

六月二十二日至二十八日　补行劳卫制测验。

4．学生体育锻炼工作由课外体育活动委员会领导，学生会军事体育部配合推动，各系、班成立锻炼小组，结合个人要求，订立锻炼计划。

5．学生体育锻炼要有科学指导，开讲座，设立辅导员。

（乙）教职员工的体育锻炼计划。（编者略）

（二）爱国卫生运动工作。（编者略）

《新清华》第 1 期，1953 年 4 月 2 日

校务行政会议关于保证学生运动及课外活动时间的议决事项※①

（1953 年 3 月 24 日）

时间：三月廿四日下午三时

地点：工字厅

出席：蒋南翔　刘仙洲　陈士骅　陈舜瑶　史国衡　何东昌　解沛基　周寿昌　俞时模

列席：吴明武

主席：蒋南翔

甲、讨论事项

一、讨论建立会议制度案。（编者略）

二、讨论自下学期起更改作息时间案：

说明：为了提高工作及学习效率，并保证运动及课外活动的

---

① 编者注：本文节选自《清华大学第七次校务行政会议记录》。

时间，拟自下学期起更改作息时间，集中上午上课，职工除学习外，每天工作八小时，上午五小时，下午三小时。

议决：通过，作息时间表草案，自本月三十日开始试行。

三、讨论四月份工作日历。（编者略）

四、讨论确定政治辅导处下设三科，科长及副科长人选案。（编者略）

乙、散会。

清华大学档案，全宗号 2，目录号 校 1，案卷号 53003

学生课外政治、文艺、通讯社团相继成立

（1953 年 4 月 18 日）

本学期实行新的作息制度以后，同学们有了开展各种社团活动的可能。在学生会学艺部指导下，现在已经成立了时事学习组和宣传通讯组。时事学习组一共有十五人，分国内、国际两小组，目前已经订出一学期活动计划，并学习和讨论过朝鲜形势，还向全校同学介绍了自己的学习心得。为了满足对时事学习有兴趣的同学的要求，最近正预备扩大成立时事学习社，活动内容有：请人作报告，和记者举行座谈，专题讨论等。宣传通讯组一共三十多人，在四月一日开了成立大会，并请人报告了关于通讯写作的几个问题，最近进行了一次讨论，现在正准备学习毛主席《在延安文艺座谈会上的讲话》和加里宁《论通讯员的写作和修养》，学习写通讯、报导，供给本校《新清华》校刊和学生会广播稿件。

另外，最近即将成立文学艺术社，下分小说、诗歌、美术、摄影四个小组，准备有计划地研读作品，举行座谈，并请作家来

报告如何在文学作品中吸取教育。摄影组将学习摄影艺术,并拍摄校景和全校师生员工活动情况。

《新清华》第2期,1953年4月18日

校务委员会会议关于成立学生课外文娱活动委员会的议决事项※①

(1953年6月2日)

时间:六月二日下午二时
地点:工字厅会议室
出席:蒋南翔　刘仙洲　钱伟长　陈舜瑶　何　礼　何东昌
　　　史国衡　张　儆　解沛基　周寿昌　俞时模　李辑祥
　　　张　维　武迟　孟昭英　张　任　梁思成(吴良镛代)　庄前鼎　邹致圻　章名涛　施嘉炀　张子高
　　　李　欧　储钟瑞　金　涛　滕　藤
列席:萨多维奇　吴明武　王震寰
主席:蒋南翔　　记录:周寿昌
甲、报告事项(编者略)
乙、讨论事项:
一、关于减轻学生及教师负担过重问题。(编者略)
二、改变作息时间问题。(编者略)
三、关于表扬积极工作的职工问题。(编者略)
四、成立学生课外文娱活动委员会问题:
议决:为了统一领导学生课外文娱活动,成立该委员会,以

---

① 编者注:本文节选自《清华大学校务委员会第五次会议记录》。

滕藤（主任）、方耀堂（秘书）、陆以循、吴明武、凌欣为委员。

五、关于从大一学生中选择留苏学生问题。（编者略）

六、关于房屋分配计划问题。（编者略）

丙、散会。

清华大学档案，全宗号 2，目录号 校 1，案卷号 53004

一九五三年度学生健康工作计划①

（1953 年 9 月 12 日）

上学期健康工作是有成绩的。为了更好地完成毛主席的指示，使青年们"身体好，学习好，工作好"，使学生有强健的身体，完成学习任务，并准备参加祖国的经济建设，现将一九五三年度健康工作计划列下：

一、学生体育锻炼计划

上学期学生体育锻炼工作订了计划，有了明确的为保卫与建设祖国而锻炼的目标，规定了锻炼制度。由于体育教研组热心辅导推动，青年团、学生会积极协助，同学们积极参加，锻炼成绩有了显著的提高，全校做到了普遍地有计划地进行锻炼。全校参加北京市高等学校一九五三年体育锻炼标准测验的同学有 3 460 人，及格的有 2 750 人，占参加测验的同学 79.5％（原计划争取 80％），及格的同学中有 28.3％达到良好标准（原计划争取 40％），9.4％达到优秀标准（原计划争取 10％）。全校体育运动大会集中地表现了同学们的锻炼成绩，起了巩固与提高的作用，

---

① 编者注：该计划于 1953 年 9 月 12 日校委会议决通过。

增加了同学锻炼的兴趣。上学期在普遍锻炼的基础上并培养与发现了一批优秀的运动员。体弱同学的健康情况也有了显著的改进，肺病同学85％已经好转，经大夫检查其中30％已可恢复正常的学习与工作。

由于上学期同学经常参加锻炼的结果，体质及锻炼的水平与要求发展得不一样了，同时考虑到新同学中锻炼基础的不平衡状况，今后要在已有的基础上再提高一步。新同学以及二、三年级同学未曾达到北京市高等学校一九五三年体育锻炼标准及格水平的，一般有计划地参加该项劳卫制锻炼，并争取80％及格，其中30％达到良好标准，10％达到优秀标准。测验已及格的或达到良好标准的同学则继续争取良好及优秀的水平，测验优秀的同学可争取参加运动队，并进一步发展自己的体育锻炼特长。今后逐步提高，做到同学的锻炼水平一年比一年高，体质一年比一年进步，二三年后使本校毕业同学在毕业前除特殊原因外，都达到学校规定的一定的健康要求及劳卫锻炼水平。

在上学期已有的锻炼基础上，本学年准备成立并巩固各种运动队及代表队，有计划地培养优秀的运动员，使他们在体育锻炼中起带头示范的作用。本学年开展较多样性的体育运动，广泛地提高同学锻炼的兴趣。

为了完成上述任务，必须做好下列几项工作：

（一）把体育课更好地与课外锻炼密切结合起来。全校学生基本上都参加体育课，体弱同学另组织特别班。体育正课对学生课外锻炼进行科学指导，向同学进行基本健康知识的教育并进行测验。

（二）进一步做好宣传教育工作，不仅使学生要明确为保卫与建设祖国而锻炼的精神，并且培养同学具有勇敢、活泼、顽强坚持、克服困难的精神和良好的体育道德作风，要使同学们了解如何科学地进行锻炼，逐步地提高自己的健康水平。宣传方式可采用：

1. 举办各种专门性的锻炼讲座。

2. 培养优秀的或有显著成绩的锻炼小组或个人典型，总结好的锻炼方法，加以推广。

3. 竞赛是宣传教育的最好方式之一，本学年继续举行运动会及球类比赛，通过比赛进行宣传。

（三）要加强课外体育锻炼的组织领导。学生课外体育运动委员会统一指导学生课外锻炼，并注重研究推动。学生会及团委会体育部要密切配合。各系班的锻炼小组要更好地照顾并结合不同的锻炼水平与个人要求来组织。做好订立个人锻炼计划的工作。

（四）重视体育锻炼的安全保护工作，进行安全保护教育，取得校医室的协助进行体格检查，注意运动中同学健康的变化，特别注意体弱及有病同学的锻炼。培养锻炼小组中具有安全保护能力的组员。

（五）规定制度，保证学生每人每天下午有一小时的锻炼时间。更好地组织同学合理使用场地及设备，以满足各种锻炼项目的要求。

（六）成立全校的篮球、足球、排球以及田径等运动队或代表队。运动成绩优秀的，愿参加运动队或代表队积极锻炼的同学应具有下列条件，经选拔后得为运动队及代表队员：

1. 一九五三年北京市高等学校劳动卫国锻炼标准主要项目及格；

2. 学业成绩全部及格；

3. 思想要求进步，体育作风正派；运动队及代表队员不参加同学锻炼小组，单独进行有计划的科学的锻炼。

（七）本学年学生体育锻炼日程大致安排如下：

九月十四日至廿六日在二、三年级学生中进行锻炼动员，订个人锻炼计划，组织并开始锻炼。

九月廿八日至十月十日成立各种运动队，并订出各种运动队的锻炼计划。

十月十二日至廿五日在一年级同学中进行锻炼动员及组织工作。一年级同学开始锻炼。

十月至十二月举行篮球系级比赛，开展冰上运动，进行冰上劳卫测验。十一月二十日下午越野赛跑运动会。

十二月足球系级比赛。

一九五四年一月一日冰上运动会。

一九五四年一、二月继续进行锻炼，检查锻炼效果。三、四月举办排球系级比赛。

三月廿二日至四月十八日，劳卫锻炼必测项目的测验。

五月九日全校运动大会。发奖。

五月十日至廿三日补行劳卫测验，发劳卫制奖。

二、学生文娱活动计划

上学期文娱工作的开展是有成绩的。学校里成立了军乐队、合唱队、民间乐、曲艺、舞蹈等社团，全校每周周末亦有电影及演出晚会，各班适当组织了郊游活动。学校并成立了学生文娱活动指导委员会，统一指导，推动全校学生的文娱活动，但学生文娱活动还远远跟不上学生日常生活的需要。为此，本学年要进一步开展文娱工作，并注意结合文娱活动进行思想政治教育。具体做好下列三方面工作：

（一）文艺社团工作，采取巩固与发展原有社团的方针，加强对社团的指导和帮助：

1. 争取做好社团的技术业务指导工作，逐步提高社团的文艺水平。

2. 规定制度，保证社团有活动时间以便开展工作。

3. 举办社团活动晚会以加强社团与同学的联系，并使社团活动成为全校活动的骨干，以扩大社团的影响，达到培养同学文娱兴趣的目的。

（二）系级文娱活动采取做好周末文娱活动的方针：

1. 发挥系级文娱工作的积极性，系级中多开展郊游、联欢等周末活动。

2. 做好每周末的文艺晚会活动，举办电影晚会，争取每月及重要节日时有文艺演出晚会。

3. 配合庆祝节日，普遍在同学中开展歌唱及舞蹈活动。

4. 举办音乐欣赏或其他文艺性的小型晚会。

5. 培养系级的文娱工作干部、开设短期训练班，培养系级中初步具有文娱工作能力的同学，为今后系级文娱活动打基础。

（三）要加强对文娱的宣传工作，以克服目前在部分同学以及干部中存在的轻视文娱活动的看法。使同学们都做到了解文娱活动开展的意义和作用，并喜爱文娱活动；注意结合文娱活动进行思想政治教育。

三、医疗卫生保健工作计划

医疗卫生保健工作应继续贯彻"预防为主"的方针，有计划地开展全校保健工作，逐步掌握全校学生的健康情况以便更有效的改进防治工作，并做好卫生宣传教育，以提高全校的卫生知识水平，与全校爱国卫生运动委员会紧密配合，使环境卫生进一步得到改善。

（一）进行体格检查工作：

1. 普遍检查入学新生体格。总结检查结果，并按照不同疾病，分别轻重缓急有计划地进行治疗。

2. 完成尚未检查身体的学生的体格检查工作。

（二）加强卫生教育，进行预防疾病的工作：

1. 每学期进行二次到四次卫生教育，如注意个人卫生、环境卫生及饮食卫生，防止肠胃病、流行性脑炎，进行伤风、咳嗽、流行性感冒、冻疮、煤气中毒等的预防工作。

2. 在同学各班中，设立保健干事以协助以上工作的进行。

（三）改善治疗工作，开展慢性疾病的集体治疗（例如结核病、砂眼等）；重点试办肺结核患者的医疗体育。

（四）配合课外运动委员会做好体育锻炼的安全保护工作。

（五）经常提出有关膳食、环境卫生等的具体建议。

（六）规定每周有清洁卫生活动，时间半小时以上，从事环境整洁及卫生工作，并定期进行检查，使同学养成爱好整洁的良好习惯。

《新清华》第10期，1953年9月14日

校务行政会议关于学生健康问题和运动代表队规章（草案）的议决事项※①

（1954年11月16日）

时间：十一月十六日下午二时

地点：工字厅会议室

---

① 编者注：本文节选自《一九五四——一九五五年度第五次校务行政会议记录》。

出席：蒋南翔　刘仙洲　钱伟长　陈士骅　袁永熙　何东昌
　　　史国衡　张　傲　周寿昌　金　涛　李　欧
主席：蒋南翔　　记录：周撷清
讨论事项：
1. 讲义收费办法案。（编者略）
2. 学生健康问题案：

说明：这学期以来学生一般健康水平无显著进步，原因是：①功课重，超学时现象普遍，影响生活制度及休息。②由于教室实验室不够，上课及活动时间安排得不好，影响文娱活动的开展，体育锻炼亦不能保证。③伙食不好。

议决：

① 控制学时（第二次校务会议已作出决议）。

② 以后排课及开会尽可能不占用第五节，以保证体育锻炼。

③ 适当改进伙食。

④ 运动员代表队运动量大，热量需要更多，伙食可按体弱同学标准办理。

⑤ 大力组织文体活动，丰富生活。

⑥ 坚持每年一次透视。

3. 体育教研组提出《代表队规章（草案）》，请予通过案：

议决：通过（代表队规章附后）。

4. 为了加强计划，保证开会时间，特拟订《节省开会时间的几点规定（草案）》，请予通过案。（编者略）

5. 学生用教科书原则上自行购置，但经济困难的得申请补助。根据学生会秘书处建议，拟请改为借用，定期归还，以节省国家资金案。（编者略）

……

散会。

附：清华大学运动代表队规章

一、代表队的任务是：响应毛主席的"三好"号召，开展同学体育锻炼，做到在普及的基础上提高，在提高的指导下普及。

二、代表队是由优秀选手组成，代表学校对外比赛。代表队员有保持与增进学校集体荣誉的义务，并享有代表队员的一切权利。

三、凡通过北京市劳卫制预备级，学习成绩全部及格，并具有某项运动特长者皆可报名参加，经选拔批准，成为正式队员。

四、代表队员应认真钻研并努力提高技术水平，在锻炼中起推动和模范作用。

五、代表队员应自觉遵守纪律，服从组织，尊敬领导。

六、代表队员应树立新的体育道德作风，培养集体主义精神，做到互助友爱，不骄傲，彼此虚心学习，搞好内部与校际团结。

七、代表队员应积极参加练习，不迟到，不早退。因故不参加练习者，必须向队长请假。

八、每个队员要努力做到全面发展，各代表队要争取成为先进集体。

九、爱护公共财物。

《清华公报》第 4 期，1954 年 12 月 11 日

本学期劳卫制测验计划

（1955 年 2 月 26 日）

一、测验办法：长跑、体操、田赛举行统一测验；其他项目，

一、二年级在体育课内测验,三、四年级由各班自测。参加统一测验者,须于前一周交报名单。

二、测验规程:

(一)已经参加某项选测项目的测验后,不得更改,不能复测。

(二)必测项目仅可以请求复测一次。

(三)全部测完后,仅有一项未达到预期等级者,可以复测一次。

(四)因故不能参加测验者,经有关方面证明可补测。

三、测验项目:

见附表:

周次	集中测验				分散测验
	一、二、三年级		四年级		三、四年级
	男生	女生	男生	女生	
4	器械体操	器械体操			
5	1500公尺	400公尺			
6	3000公尺	800公尺			劳卫操
8	短跑(大三)	短跑(大三)跳绳跑	1500公尺	400公尺	双臂推起
9			300公尺[①]体操	800公尺体操	引体向上俯卧推伸
12	掷部项目	跳部项目	短跑	短跑跳绳跑	爬绳
13	跳部项目	掷部项目	跳部项目	跳部项目	
14			掷部项目	掷部项目	
17	游泳	游泳	游泳	游泳	

《新清华》第 80 期,1955 年 2 月 26 日

[①] 编者注:原文如此。

校务行政会议关于成立学生体育协会、学生群众文化活动协会及相关规划的议决事项※①

（1956年3月1日）

时间：三月一日下午二时半

地点：工字厅会议室

出席：蒋南翔　刘仙洲　陈士骅　袁永熙　何东昌　史国衡
　　　张　儆　解沛基　周寿昌　李　欧

列席：马约翰　夏　翔　陆以循　谢祖培　阮　铭　潘霄鹏
　　　王兆钰　俞国宁

主席：刘仙洲　记录：周撷清

讨论事项：

一、讨论体育运动规划及成立体育协会问题案：

议决：

1. 通过本校学生体育运动规划；

2. 同意成立学生体育协会；

3. 原学生课外体育活动委员会于体育协会正式成立之日起撤销。

二、讨论群众文化活动规划及成立群众文化协会问题案：

议决：

1. 通过学生群众文化活动规划；

2. 同意成立学生群众文化活动协会；

---

① 编者注：本文节选自《一九五五年——九五六年度第五次校务行政会议记录》。

3. 原学生课外文化娱乐活动委员会于学生群众文化活动协会正式成立之日起撤销。

三、土木工程系成立实验基地问题案。（编者略）

四、总务处所属机构调整及有关科级干部调配问题案。（编者略）

五、人事室档案科增设副科长案。（编者略）

六、处分问题案。（编者略）

散会

《清华公报》第23期，1956年3月16日

我校民兵师文工团诞生

（1958年10月21日）

21日晚在大礼堂成立了清华大学民兵师文工团。这支红色的文艺大军的建立，是我校历史上的一件大事，它标志着全校文艺活动将进入一个新的阶段，一个歌满园诗满楼的共产主义文艺创作高潮已经来到。

……

刘冰同志在会上讲了话，他在谈了全国大跃进的形势之后说，清华大学的每一个人都应该成为具有共产主义思想，全面发展的、有文化修养的人。每个同学都要使自己不仅仅是学生，还要是工人、是农民、是战士，是一个有共产主义觉悟、身体健康的、能歌能舞的、全面发展的、有文化的、共产主义的新人。文工团的成立，就担负着这里面一部分的任务。

接着，刘冰同志强调指出，文工团必须面向群众，面向清华大学全体师生员工，文娱活动必须以群众运动作为它的工作方

法。最后,他勉励每个团员都应当要求自己做一个优秀的文工团员。他说,大家不要忘记我们是为社会主义建设和向共产主义过渡,是为培养出共产主义的劳动者服务的。为此,他要求同学们在思想上必须成为共产主义者,要有共产主义的理想,要热爱劳动,做一个普通劳动者,特别是做一个体力劳动者。要求大家学好功课,学好艺术,通过文艺形式(小说、戏剧、诗歌等)来宣传共产主义。

在"普及与提高""敢想敢干,打破旧艺术框框""反映现实,发挥战斗性"等方面,刘冰同志也都做了指示。

高沂同志应团员的要求,还简单地向大家讲了话。他说,文艺必须为政治服务,在今天就必须为共产主义服务,一切工作不能离开这个总的方向。文工团的同志们就要自觉地担负起这个光荣的任务,成为党的思想工作的有力助手,成为宣传共产主义、进行革命斗争的一支有战斗力的军队。为此,全体团员应该积极工作,加强政治学习和思想锻炼,加强组织性纪律性。高沂同志最后希望文工团的队伍能不断壮大,不断地提高业务水平,希望在不久的将来,能放出我校的文艺"卫星"。

接着,文工团团长总结了上一阶段的工作,说明在暑假中,由于参加了劳动,群众文艺创作获得了空前未有的大丰收。她接着说明了今后我们应当注意的几个问题:必须政治挂帅;必须破除迷信;必须走群众路线,发挥九百多个人的力量;正确理解提高与普及的关系,反对骄气。

最后,机械系代表、建2代表和战士纷纷讲了话。在讲话中对文工团的诞生都表示热烈的祝贺。管弦乐队并向大会献出了自己创作的曲子——交响乐《劳动之歌》。

使人特别感到兴奋的是,每个社、队都用表演的形式、用节目来作为自己的发言,讲出了自己的愉快的心情,提出了跃进指标,做了保证……

整个大会充满着青春的活力,人人干劲冲天,个个斗志昂扬,纷纷表示要在文艺创作上来个大跃进。"上全国,上世界青年联欢节去,夺金质奖章,为祖国争誉!"几乎成了每个社、队的雄心!

全团每个战士都下了最大的决心,不放出"卫星"誓不罢休。轰轰烈烈宣传共产主义,做党的最最优秀的宣传员。听吧,剧艺社的同志们在短剧中唱出了我们的心里话:

我们挺起胸膛,

高声喊叫唱歌,

把共产主义的种子

播种在每个人心上。

《新清华》第365期,1958年10月24日

团委会关于加强体育工作向党委的报告※

(1958年11月24日)

党委批示:同意团委关于加强体育工作的报告,望各级党组织研究执行。

1958年12月4日

基 本 情 况

几年来,在党委直接领导下,我校群众锻炼和代表队的工作都取得了很大的进步。特别今年9、10两月来,在各级党组织具体领导下,掀起了我校前所未有的体育锻炼的群众运动。截至目前为止,群众锻炼方面,全校同学已经基本上达到了"四红":

通过劳卫制一级、二级、三级运动员和普通射手标准。在代表队提高方面，我校 24 个男女代表队（共 500 多人）在全市高校竞赛中获得前三名的有 18 个队，举重队已取得全国高校通讯比赛冠军。在 10 月举行的西郊高校运动会上，我校获得甲组男女双第二（仅次于体院），乙组男女双冠军。我校运动员曾破六项全国纪录，出现了二个运动健将，15 名一级运动员。由于几年来党委一直十分重视，并大力地领导了体育工作，才使我校群众锻炼和提高方面都处在全市各高等学校中比较领先的地位。

由于全国掀起了"以全运会为纲"的全面体育大跃进，各高校近来对体育工作抓得很紧，进步很大。有些学校的代表队水平已逐渐赶上来了，我们若不抓紧，有落后的危险。

群众体育方面的工作

1. 9、10 月以来，在党委的号召和各级党组织的具体领导下，广泛而深入地发动了群众，展开了群众运动，增强了体质，保证了繁重的劳动任务的完成，并迅速提高了指标。同时，在运动中没有发生比较严重的安全事故。我们认为这个运动基本上是健康的。有少数班级和部分基础差的同学，为了要求完成指标，偶有锻炼时间过长，或夜间锻炼的，我们已及时纠正。

2. 最近即将在南京市召开全国高等学校体育锻炼评比大会，北京市已决定推派矿院和清华两个学校为代表参加。为了在全国评比中力争上游，争取插上红旗，我们准备最近继续抓紧体育锻炼工作，大力提高我校运动水平。我们认为：在党的领导下，大搞群众运动，提出一定指标、任务，用评比来推动群众，还是必要的，今后还要继续抓紧。同时，应该注意在群众发动以后，注意在以教学、生产、科研为中心的计划下，进行合理的安排，使体育锻炼能够促进而不致妨碍学校的中心工作，并注意加强安全保护与技术指导。

3. 今后在劳卫制已基本通过后，群众体育锻炼的内容以重点提高为主。各系广泛组织单项体协，每人挑选1~2单项运动，有重点地进行单项练习。这样群众性的大搞提高，必然会涌现出优秀成绩和人才。我们建议：明年春季准备举行清华大学全运会（包括田径、球类、体操、游泳等）。在这个运动月的几个星期内，先后共组织几千人参加，并以准备明年全校运动会为纲，在今冬明春全面开展我校的群众体育锻炼。

4. 体育设备尚嫌不足。路东有4 000人住，但没有运动场，建议行政尽早考虑利用同学义务劳动来修建运动场。

代表队工作

根据全国体育跃进形势和蒋校长多次对我们提出的指示，为了迎接明年全运会，……明春高校运动会上力争上游；各种球类争取战胜体院；春季环城赛跑中准备争夺全市第一。争取在一定时期后整个体育水平方面赶上并超过体院。

由于目前全校实行二部制，各班上课、劳动、大辩论、社会活动分量重，时间又不一致，代表队员没有共同锻炼和务虚时间，对代表队员也缺乏专门的集中管理，班级和队都没有全面把他们管起来。因此，代表队的训练水平和政治水平的提高都受到一定影响，建议采取以下措施加强代表队的工作：

1. 抽调优秀运动员100人左右（田径、举重、体操为主）进行集训，适当调整他们的学习、劳动时间，保证每天下午有足够的时间集体进行锻炼，争取创造一批优秀纪录，出现一批健将。从我校抽调参加全运会集训的第一线运动员（全脱产的）30人在清华成立训练点，由学校成立集训办公室专门负责管理这部分运动员提高的工作。

2. 把集训的百余人和几个重点球队队员的党、团组织关系转到代表队，单独成立党、团支部，由党委、团委直接领导。在队内进行思想工作，展开社会主义和共产主义大辩论；全面负责把队员思想、工作、体育、学习统一抓起来。他们一般不再参加原班社会活动。他们的社会活动由学校统一掌握。各系、班不再分配给他们任务，如需调动他们工作，或外出的，希事先与团委协商决定。

其余队员仍留在原支部过组织生活。各大班支部将外调干部和运动员单独编成小组，派干部专门领导他们的思想并安排他们活动，照顾他们的具体情况。要求各支部关心和帮助队员明确锻炼意义，鼓励他们努力练习，为集体争荣誉。代表队中的团组织亦要对他们加强思想工作，每周至少有一个单位为队内务虚或开展批评的时间。

3. 全部代表队员的其他社会工作基本上免除，或调到代表队工作，让他们有较多精力从事体育活动。

4. 建议行政考虑将二部制改为一部制，以便全校同学和代表队员有共同活动时间。如教室、实验室排不开时，是否可考虑将上课排上午、实验课有些可以排在下午，而将代表队员的实验另定时间补作，下午仍保证锻炼。

5. 建议总务处办好运动员伙食（目前办得很差，和一般同学的伙食差不多，运动量大的已感到营养不足），并把伙食标准提高到16.5元。其他如运动员集中住宿的房间，比赛期间车辆、费用、服装等问题希行政要妥善解决。

团委会
1958年11月24日
清华大学档案，全宗号 2，目录号 党 1，案卷号 58047

我校文工团向中央首长作汇报演出

(1958 年 12 月 21 日)

12 月 21 日晚我校文工团在政协礼堂向中央领导同志作了汇报演出。周恩来总理、康生同志、杨秀峰部长以及政协副主席陈叔通、政协委员和在京举行的统战工作会议代表共 1 300 多人观看了演出。这次演出获得了很大的成功，如雕塑剧《劳动赞》、京剧《关羽搬家》、大合唱《半工半读就是好》等许多节目，受到中央首长的赞扬。周总理很有兴趣地观看了演出，关切地询问了文工团的工作，并提出应争取专业文工团的帮助等指示。演出后，政协副主席陈叔通代表全国政协委员，把一面绣着"以共产主义风格在艺术战线上大跃进"的锦旗，送给我校文工团。

《新清华》第 392 期，1958 年 12 月 26 日

学生会体育部公布夏秋季五项锻炼标准

(1960 年 6 月)

为了进一步贯彻全面发展的方针，适应夏秋季的特点，大力开展群众性的体育锻炼，在全校掀起一个经常性的短跑运动和全面训练的群众锻炼高潮。学生会体育部公布了以推广劳卫制项目及军训要求为基础的五项锻炼标准。

具体办法：要求各系各年级以班为单位（体弱除外）组织锻炼小组，五项标准包括有速度、体力、耐力、弹力等。全面的素质训练，必须要求各锻炼小组结合五项标准进行有计划的锻炼，同时可以适当地结合一些球类及其他辅助性质的项目进行锻炼。各个班级要能够做到：每天坚持做早操或工间操，每周锻炼不少

于四次，每次不少于一小时。每个项目必须经过一月以上有计划锻炼以后再进行测验，由各系各年级的体育干事具体掌握，并组织三级裁判员担任评判工作。

为了使这项活动得到深入广泛地开展，学生会体育部将组织各系各年级进行评比竞赛。评比的条件是：比政治挂帅和动员好，比出勤率出勤人数多。颁发系际流动红旗和班级流动红旗。

通过五项标准的同学，可以转入单项田径或其他项目的提高。同时要发扬集体主义精神，帮助小组和班级的其他未通过者，使我校一万多同学都能通过五项标准，使身体素质得到全面地提高。

附：清华大学同学夏秋季五项锻炼标准

男子组：

一、100 米 13″6，或 200 米 28″。

二、跳高 1.35 米，或跳远 4.80 米。

三、铅球 8.1 米（7.257 公斤重），或手榴弹 38 米（700 公分重[①]）。

四、引体向上 10 次，或双臂屈伸 15 次（双杠）。

五、游泳 50 米（不计时间和姿势）。

女子组：

一、100 米 16″。

二、跳高 1.1 米，或跳远 3.60 米。

三、铅球 6.80 米（4 公斤重），或手榴弹 24 米（500 公分重）。

[①] 编者注：原文如此。

四、俯卧撑起8次。

五、游泳30米（不计时间和姿势）。

《新清华》第549期，1960年6月18日

清华大学体育代表队和文工团的情况[①]
——清华大学调查材料之七
（1961年5月24日）

一、体育代表队。

体育代表队原为650人，其中集中食宿的450人。经过调整之后，目前共有360人，全部集中住宿，单独成立食堂，单独建立党团组织，但学习照常在原班不变。体育代表队共由下列12个队组成：

1. 篮球队；
2. 排球队；
3. 足球、乒乓球队；
4. 短跑队；
5. 中长跑队；
6. 跳和全能队；
7. 投掷、竞走队；
8. 游泳队；
9. 体操、举重队；
10. 冰上运动队；
11. 国防体育队；
12. 手球、棒球、垒球队。

队员中有党员33人，成立一个党支部。有团员270人，成立一个团总支，并按运动队组成12个团支部。

训练时间，从去年开始，已经有所压缩。现在每周训练四次，每次一小时，由下午4点半到5点半（其他同学也在这个时

[①] 编者注：本文为1961年5月24日国务院文教办公室调查组的《清华大学调查材料之七》。

间锻炼，但时间较少，一共半个小时）。另外，每周还有一次体育理论讲解，约占一小时。

1958年和1959年比赛比较多，1960年已经有所控制，自从去年10月到现在，基本上没有进行比赛。过去参加比赛比较多的是篮球、足球和田径队。篮球队去年1～3月参加过三项比赛，即高校篮球冠军赛、北京三单位对抗赛和北京市篮球赛。三个月内，每个星期日都要比赛一次。此外，3月份还到天津访问了5天；4月份到济南参加全国乙级联赛20天；7月份到张家口访问了4天；8月份利用假期到大连访问两周，女子队去太原参加全国乙级联赛15天；10月份又参加高等学校冠军赛（比赛中途停止）。其他运动队比赛不多，而且绝大部分都是利用寒暑假或星期天的时间进行的。

清华的体育运动成绩，在北京市高等学校中是比较突出的。1959年北京市高等学校运动会，一共有44个竞赛项目，清华得了33个冠军。现在全校共有7个运动健将和250多名二级以上的运动员。

二、文工团。

现在文工团共有1 100人，其中集中食宿的骨干团员为391人。共分为军乐、民乐、管弦乐、钢琴、手风琴、口琴、合唱、歌剧、京剧、舞蹈、曲艺、话剧、舞台美术等13个队和一个文艺社。在391名骨干团员中，有34名党员，317名团员。有一个党支部，一个团总支和9个团支部。

文工团每星期二晚上活动一次，从6点半到8点半，一共两个小时。另外，饭前饭后也进行一些练习，遇有演出，临时占用一些下午的体育锻炼时间。

过去演出比较多。1958年7月曾有14个人参加北京市青年慰问团，赴长山列岛作慰问演出一个月。12月，为了宣传教育方针，该团曾在天桥剧场、北京市工人俱乐部和全国政协礼堂等处作招待演出。1959年曾利用春假到上海访问，包括篮球队在内，共去200多人，往返花了一周时间。1960年曾参加北京市高等学校会演。目前，除个别联欢性质的任务外，一般不到校外去演。在校内，除大的节日之外，平时也不作大的演出。

三、文工团、体育代表队在1958年以前，并没有集中住宿，那时，感到有些矛盾不好解决。主要是文体活动时间与政治活动以及班上的其他活动时间有矛盾。各方面都占用课外时间，没有统一安排，相互矛盾。又要演出、比赛，又要开班会，参加文工团或代表队的学生们不知向哪边请假才好，顾这边顾不了那边，总要耽误一头。其次是班上有时对运动员和文工团员照顾不够。有人前一天演出很晚，第二天班上还照常安排农副业劳动；有的当天通过了42 000米长跑健将测验，当晚还安排值夜班（技术革命期间）。为了解决这些矛盾，并带好这支队伍，体育代表队和文工团分别从1958年和1959年开始，采取了集中食宿和单独建立党团组织的办法。他们把这种办法叫作"两个集体"。一个是班的集体，就是说，教学、生产劳动和科学研究等照常随班活动不变，另一个是文工团或体育代表队的集体，统管课外政治学习、自习、文体训练等一切课外时间。一般反映，都认为这种办法很好。主要是可以统一安排时间，既可以保证政治学习和自学时间，又可以保证文体训练时间，解决了时间上的矛盾，并加强了对文工团和体育代表队的领导。其次是对于这些学生在生活条件上有了照顾。如体育队的粮食定量比一般学生高一些（每人平均38斤，从机动粮中调剂），每人每月还有4块钱的伙食补助。

关于学习，有不少人反映，他们的学习成绩并不差。体育代表队的团总支，1959年8月为此曾进行过总结。当时共有7个团支部，其中有6个团支部的学生学习成绩，比调出来以前有所提高，按五分制计算，平均每人提高了 0.2 分。男子排球队 15 人，1959 年上半年的考试成绩，除有 3 人各有一门得 3 分，有一人一门不及格之外，其余全部是 4 分或 5 分。去年体育代表队共有 17 个毕业生，其中有 8 个人得了优秀毕业生奖状。

目前经验还不多或者没有解决得很好的问题是：

（1）少数人因比赛影响学习的问题。过去比赛多，有全国或北京市的运动会，又有全国或北京市的高等学校运动会。平时或一般运动员，都关系不大。但是运动成绩突出的运动员，每当比赛一来，层层选拔，预先集中训练，就要影响学习。如无线电系四年级女生温以德，因参加全运会，误了一门课——材料力学。自动控制系的赵希人是冰上运动健将，去年去东北比赛，耽误了一个半月的学习。电机系的胡方纲是三级跳健将，水利系的关仁卿是足球运动健将，两个人都因为参加全运会（代表北京市）集中训练一年，而降了一班。最近半年多以来，各种比赛都已停止，但是，这类问题如何解决，还是经验不多。

（2）有时两个集体还配合得不够好。班上不了解这些学生课外的思想表现，而文工团和体育代表队又对他们在学习中的表现了解不够。

清华大学档案，全宗号 2，目录号 党 1，案卷号 61032

丰富多彩的文化生活

（1962 年）

在紧张的学习之余，清华园里又是那样的活跃。学生业余文工团是文化活动最活跃的集体。它包括有合唱团、军乐队、话剧队、民乐队、舞蹈队、京剧队、管弦乐队、曲艺队、手风琴队、钢琴队、地方曲艺队、口琴队、舞台美术组和文艺社等 14 个社队，700 多名队员。今年还吸收了 150 多名新队员。他们利用每周二小时的社团活动时间开展丰富多彩的活动，排练了不少新节目，受到同学们的欢迎。其中有纪念"一二·九"二十七周年演出的话剧《最后一幕》和合唱《不朽的黄继光》《弓舞》《灯舞》等，一年来在校内外演出了 30 余场。军乐队、合唱队还参加了北京市纪念"一二·九"的演出。在进城声援古巴的斗争中，话剧队赶拍活报剧《肯尼迪现形记》，参加了游行示威！

全校群众文化活动也有了开展。同学们在校内可以看到《李双双》《槐树庄》《东进序曲》等优秀影片。团委会、学生会在"一二·九"前后选编出版了《革命歌曲集》。文工团组织了《大家唱》，学生广播台每天饭后播送各种音乐唱片。现在在清华园里到处可以听到《七二六颂歌》《十送红军》《人民军队忠于党》等革命歌曲……土建、水利等系还举行了全系歌咏比赛。"一二·九"的前夕还举行了全校革命诗歌朗诵比赛，团委会和学生会举办的《星期讲座》，内容有时事新闻、文艺、科学知识等，受到大家欢迎，如吴子见讲的"小说《红岩》中的斗争情况"，著名电影导演凌子风讲的"《红旗谱》的创作等情况"，北大中文系侯仁之教授讲的"历史上的北京城"，王力教授的"诗词格律"等都是受到同学的十分欢迎的题目。广大同学争阅《红岩》《苦斗》等小说，有些班级还组织了座谈，从其中吸取动力，学习和发扬革命传统。

周末，清华园里更是活跃，有的同学去听中央乐团的音乐会，有的同学去俱乐部对弈、看画报、听音乐，有的同学在欣赏电视里的优秀节目，也有的班级在欢聚弹唱。星期日有的去参观雄伟的建筑人民大会堂和革命博物馆、摄影展览等，也有同学到颐和园去度过假日，在金色的秋天里，不少同学都喜欢到西山赏红叶,带回几片红叶作为他最好的书签。

同学们就是在党的亲切关怀下、在良好的环境中幸福地成长着,年轻人的生活是这样有朝气、丰富多彩。一万多名青年学生正按着党的指引沿着红专大道朝全面发展的方向飞奔前进!

《清华大学一览》1962年

清华大学五项体育锻炼标准

(1963年3月15日)

项目	男子	女子
①100公尺	14″	17″
或60公尺	8″6	10″4
②跳高	1.30公尺	1.00公尺
或跳远	4.40公尺	3.20公尺
或立定跳远	2.20公尺	1.75公尺
③铅球	8.5公尺(5公斤)	6.00公尺(4公斤)
或手榴弹	32公尺(700公分)	18公尺(500公分)
或体操	见体操标准	
④引体向上	10次	
双臂曲	16次	
俯卧推起	8次	
⑤游泳	50公尺	30公尺
	(不限时间和姿势)	(不限时间和姿势)
或滑冰	一圈	半圈
或1 500公尺	6′20″	
或800公尺		4′

附：体操标准

男子体操　任选一项　　女子体操　任选一项

Ⅰ 双杠动作　　　　　　Ⅰ 低双杠

1. 挂臂屈伸上　　　　　跳上至支撑
2. 挂臂后摆上　　　　　——分腿坐
3. 挂臂前摆上　　　　　——腿由后方进杠前摆成外侧坐
（以上任选一个）　　　——转体 180°成分腿坐
　　　　　　　　　　　——前摆背腾越内转 90°下

Ⅱ 单杠动作　　　　　　Ⅱ 垫上运动

1. 屈伸上（悬垂摆动开始）　前滚翻交叉腿转体 180°
　　　　　　　　　　　　　后倒成肩颈倒立
2. 挂腿上（由悬垂摆动开始）　经单肩后滚翻成
　　　　　　　　　　　　　单腿跪撑平衡。
（以上任选一个）　　　　——跪跳起

《新清华》第 660 期，1963 年 3 月 15 日

团委会关于文工团名称问题给党委的请示※

（1963 年 6 月 22 日）

根据南翔同志的指示，我们最近研究了学生文工团的名称问题。

我校学生业余文工团是 1958 年 10 月在十三陵文工队和原社团的基础上成立的（当时称"清华大学民兵师文工团"）。文工团的成立，对于团结和教育我校文艺积极分子，加强组织上和思

想上的领导，推动我校学生文艺活动起了积极的作用。

目前文工团有军乐、民乐、弦乐、合唱、舞蹈、京剧、话剧、曲艺……16个队，队员约800多人。这几年，对于文工团员的"四好"抓得比较紧，去年又对队伍进行了一次调整，目前绝大多数的文工团员的思想作风是好的，业务学习平均水平在中上以上，文艺水平也有提高，在校内外一般反应是好的。

我们根据南翔同志的指示，研究了文工团的名称问题，感到原来文工团的名字不够确切，可能会引起误解，需要改名。同时，根据这几年的工作来看，我们感到全校各文艺社团有一个统一的名字和组织机构比较好，这对加强全校文艺队伍的统一领导和对外联系工作是有好处的（如到总政文工团，我们用"民兵师文工团"去联系，他们就很重视、热情，作为他们一项任务来帮助）。

我们了解了目前各地的业余文艺组织常用的名字，一般有以下三种名称：

1. 业余文工团：目前，绝大多数学校都称"文工团"。据了解，北京各高校都叫"学生业余文工团"，上海原称"学生业余艺术团"，现也改成"上海市学生业余文工团"和"复旦大学学生业余文工团"……。

2. 业余艺术团：如北京市工人业余艺术团，原"交通大学学生业余艺术团"等。

3. 业余文艺队（小组）：如北京市少年宫业余文艺小组等。

我们征求了一部分文工团员和干部的意见，大家认为用"清华大学学生业余文艺队"的名称比较合适，既可以保留原有的机构和工作中的有利条件，又可以避免"文工团"的名称。

我们已将党委的决定向文工团的主要干部进行了传达，今后不再使用"文工团"的名称；并准备在下学期初在全体文工团员（或干部）会上宣布、说明（自5月份同学陆续进入考期，文工团已停止活动,无法开会)。

以上意见是否妥当,请党委指示。

团委会
1963 年 6 月 22 日

清华大学档案,全宗号 2,目录号 党 11,案卷号 140

体育教研组、团委会关于
体育代表队工作的报告※

(1963 年 12 月 10 日)

党委:

一、我校体育代表队,本学期根据艾知生同志的提议,对过去工作进行了检查和总结。近一二年来,由于学校贯彻了"高校 60 条",进一步提高教学质量,对学生学习提出了更严格的要求,而我们对如何帮助代表队员达到"四好"全面发展,还缺乏具体经验。有些代表队的训练及比赛有时过多、过重,因此虽然代表队员学习总平均成绩和一般同学差不多,但有部分队员,特别是低年级队员,学习成绩还不够好,有些同学参加代表队不够安心。本学期我们着重抓了代表队"四好"全面发展的教育,校运动员对四好要求展开了讨论,加强了政治思想工作,增加了政治工作干部,适当控制了训练时间和比赛次数,并根据自愿原则,进行了组织调整,将一些学习比较吃力的同学转回班级。队员经过讨论,进一步明确了要按着四好方向严格要求自己,政治积极性都很高,学习风气也有很大的改善,本学期期中考试情况较好,体育锻炼情况也较好。

在这基础上,我们又抓紧了选拔新生力量和冬季训练工作。

本学期我们开了新生运动会及高速度运动会，推动了全校体育锻炼，发现了一些新生力量，如新生运动会男女 100 米最好成绩为 11″6 及 14″2，高速度运动会有 46 个男同学跑在 12″6 以内。现在代表队正转入冬季训练，全面打好身体素质与技术基础，迎接明年的比赛。

二、当前代表队除了继续加强政治工作、搞好冬季训练外，急需扩大队伍、增加队员，以逐步恢复到过去水平。我们这个考虑是从以下几方面情况出发的：

1. 1960 年时我校共有代表队 28 个，队员 650 人。1960 年冬由于暂时困难，代表队进行比较大的临时压缩，将队员减为 400 人。由于总名额减少而代表队队数又多，我们取消了一部分代表队，有一部分队仅保留部分骨干，重点队的人数也不得不缩减一部分。南翔同志多次指示，重点队篮球、足球应成立二队，但现在实际人数不足一队。如足球队每次比赛报名人为 22 人，现在全队仅 18 人。男、女篮现分别有 12、13 人，而报名需要 14、15 人。女子投掷组要参加 4 个项目比赛，每项要 3 人，现在一共仅 5 个队员。许多队比赛时都要临时找非本队的代表队员凑数，影响正常比赛（各队现有人数及准备增加人数附后）。

2. 最近根据高校体育运动委员会的意见：以项目水平较高的学校为单位建立各该项的高校代表队的基础队。据此我校有男女篮、女排、足球、田径、乒乓、体操等 7 个队 100 多人确定为高校代表队基础队，担负着代表北京高校对外比赛任务，因而校内更需有二线作为补充。

3. 各高校从今年开始全面加强了体育工作，并均以我校为他们的超过目标，有个别项目已经超过我们。如石油学院也有足球、男排、女篮、田径、乒乓等五个高校代表队基础队，本学期武术、击剑比赛均获冠军，田径为高校第二，与我校相差不多，本学期又来了不少好手，下决心明年要超过我们。北大也急起直追，成立了以陆平校长为首、包括教务长在内的体育运动委员会，召开了新生运动会、工会运动会，集中了代表队，本学期比赛中男女航海多项队从过去的第六、第七名一跃而超过我们，获得高校冠军，进步很快，他们提出要全面和清华比高低。因此为了保持我校在重要项目上的领先地位，势必要充实队伍加强工作。

4. 由于这几年中学开展体育活动较差，刚入学的运动员水平很低，距离我校代表队水平较远。如这次新生运动会女子100米除有一个14″2外，其余都超过16″；铅球冠军才推7米多；女排、男体操、全能等几乎找不到人。因此每队均需有一些队员长期培养，几年后才能陆续达到现在校队水平，所以人数亦需适当增加。

5. 最近体育活动开展项目比以前多，过去一些暂停比赛的项目现在已恢复比赛，因而需要新成立个别队及加强一些队，如准备成立军事工程代表队（以橡皮舟、折叠舟为主），加强航海、越野跑、武术、冰上、射击等队。

6. 目前我校学生体质不够好，体育活动要进一步恢复到原来水平，亦需培养更多体育积极分子，以推动班级体育活动。

根据以上情况，我们希望本学期代表队员在现有400人的基础上增加150名，队员总数增为550人。由于人数增加，每月需要学校多增加伙食补助600元，新增加代表队员的粮食定量亦需相应提高。

三、建议成立体育运动委员会。为了进一步开展学校体育活动，促进师生健康，更有力地推动群众体育锻炼，并不断提高学校的运动水平，我们认为需要加强各有关方面的密切配合与协作，因此建议请学校党委和行政领导同志挂帅，吸收学校有关部门（教务处、人事处、生活处、武装部、宣传部、体育教研组、团委）及体育积极分子，建立体育运动委员会，以加强对体育工作的经常领导（市教育局在成立高校体委时，也有此建议）。

四、组织寒假田径队集训。为了重点抓好田径队的冬季训练，更好地准备明年高校运动会，我们计划利用寒假在同学自愿及做好全面安排的基础上，进行集训。集训期间需增加副食补助700元及粮食700斤（以140人每人每天补助0.5元、半斤粮，共10天计），亦请学校行政考虑解决。

以上意见是否适当，请予指示。

体育教研组
团委会
1963年12月10日

附件：各代表队现有队员人数及增加名额表（1963年12月）

队 名	现有人数		增加人数		总 数
	男	女	男	女	
男子篮球	13		7		20
女子篮球		13		7	20
男子排球	12		3		15
女子排球		12		3	15
足球	18		9		27
男子乒乓球	9		3		12
女子乒乓球		6		4	10
男子手球	9		3		12
女子手球		8		2	10
男子棒球	8		4		12
女子垒球		8		4	12
男子羽毛球	3		2		5

续表

队 名	现有人数		增加人数		总 数
	男	女	男	女	
女子羽毛球		3		1	4
男子短跑	13		4		17
女子短跑		7		4	11
男子跨栏	8		4		12
女子跨栏		3		2	5
男子中长跑	18		6		24
女子中长跑		6		6	12
男子全能	7		5		12
女子全能		8		2	10
男子投掷	12		6		18
女子投掷		5		8	13
男子跳组	16		3		19
女子跳组		10		3	13
举重	10		5		15
男子体操	9		7		16
女子体操		8		5	13
游泳	6	8	6	5	25
花样	6	2			8
速滑	5	2	1	1	9
冰球	7		2		9
男子航海	9		4		13
女子航海		6		5	11
报务	4	2	1	3	10
摩托	4	1	2	1	8
自行车	3		1	2	6
武术	1	2	4	1	8
击剑	1	1	2	2	6
军事工程			20		20

续表

队名	现有人数		增加人数		总数
	男	女	男	女	
射击	7	4	2	3	16
共计	218	125	116	74	533

清华大学档案,全宗号2,目录号党11,案卷号140

校长办公室关于保证学生体育锻炼时间的通知

（1964年2月22日）

为了更好地使同学进行经常的体育锻炼，特规定在每日下午体育锻炼时间内①不要开会，②不要安排学生看电影，③不要安排其他活动（校文艺社团活动占用锻炼时间按有关规定每周至多不超过一次）。此外实验课程应努力做到不拖堂。群众团体的其他活动占用锻炼时间应经团委会同意；行政方面占用上述时间应经校长办公室同意。以上各点希有关方面协助，予以保证。

此　致
各教学行政单位
各　实　验　室
学　生　各　班

校长办公室（印）
1964年2月22日
《清华公报》第125期，1964年3月20日

关于学生课外活动的几项规定

（1964年3月5日）

① 中午12：25～1：35及晚上熄灯后，宿舍严格保持安静，不得工作、开会、找人。上午第四节课后不留同学开会。

② 全校性政治活动，包括班级活动、组织生活每周不得超过一次。

③ 班级活动、组织生活安排在下午，不得占用晚上及体育锻炼时间。

④ 每周四次体育锻炼，每次锻炼不超过45分钟，每天体育锻炼时间不得开会。

⑤ 晚饭后（包括晚自习）不得开会，星期六晚、星期日不得开会。

⑥ 学生干部社会工作时间每周3～5小时。

⑦ 星期四下午3：45以后为校系外调干部会议时间。

⑧ 每周星期六下午4：00～6：00为文艺社团活动时间；每天下午4：15以后为体育代表队员锻炼时间，如有班级活动，文艺社团、代表队员可以早退。

以上各项规定，全校学生干部应严格遵守，班级如不能按照上述规定安排活动，必须经分团委批准；各系分团委如不能按照上述规定安排活动，必须经团委批准。

毕业班根据需要，每周可有两次政治活动（包括全校性政治活动、班级活动、组织生活）；可以安排在晚上开会。毕业班对其他规定仍应照常遵守。

团委会
1964年3月5日

清华大学档案，全宗号2，目录号 党11，案卷号140

关于国防体育工作的几点建议

(1964年3月7日)

一、1963年活动简况:

随着经济形势的全面好转和我校民兵训练体育活动的广泛开展,1963年我校群众性的国防体育活动有了进一步的恢复和发展。① 如射击运动,由于和民兵训练共同科目相结合活动基础最广泛,1963年通过军用步枪第一练习的即达1 650人,以无线电系为重点的无线电报务和无线电机务活动比较活跃,参加的人较多,1963年在原有射击、航海多项、无线电报务、无线电机务、摩托、模型等运动的基础上又新开展了军事工程、无线电多项、无线电测向等新的活动项目,有了一定的群众基础,取得了一定的开展运动的经验。

在普及群众活动的基础上,校系代表队运动员训练工作逐步加强。目前全校各系有射击运动员245人,有无线电报务队员165人,坚持了经常的训练,1963年举行了两次系际射击比赛,两次无线电报务比赛,运动成绩有了较大的提高,这就为开展普及活动准备了干部,为校代表队积蓄了后备力量。校国防体育代表队坚持了有计划的经常的训练,运动水平有了提高。在1963年的国防体育比赛中我校军事工程代表队在北京市军事工程比赛中,取得了总分冠军;射击队在春节高校夺杯赛中取得了冠军,

---

① 编者注:1958年12月18日《新清华》第389期报道,"清华大学国防体育协会"已于最近成立。党委副书记艾知生同志兼任体协主任,何介人同志兼任副主任。目前设有射击、摩托、水上运动、无线电报务、航空运动等代表队;1959年4月19日《新清华》第430期报道,4月11日,首届国防体育运动大会举行;1960年5月27日《新清华》第543期报道,5月15日,我校射击、摩托、无线电通讯、航空和航海五个国防体育俱乐部举行成立大会。

航海多项代表队代表北京市参加了全国十城市专业队比赛，在比赛中射击、荡桨、驶帆三个项目分别取得了五、七、六名，在1964年北京市春节摩托车场地障碍赛中我校代表桨队取得了总分第一、第三，女子个人第一、二名，男子个人第一、三、四、七名；北京市五单位测向对抗赛中取得了团体总分冠军，说明了我校国防体育各项目具有较高的运动水平。在加强了代表队的思想工作以后，进一步明确了四好方向，贯彻了"以我为主"的比赛原则，为实现代表队员的全面发展创造了有利条件。

作为民兵技术兵训练的重要方面，开展国防体育运动为技术兵训练培养了干部队伍，以更加生动活泼的形式开展了民兵技术兵的训练。

在开展国防体育活动中也存在着一些问题，如代表队的水平还没有恢复到1959年的水平，运动成绩还不够稳定（航海多项男队在1963年10月高校比赛中只得总分第七），代表队的后备力量不足，影响代表队水平的提高；对运动的具体指导不够等等，需要在今后的工作中解决。

二、针对这些问题，我们提出下列建议：

（一）成立国防体育工作小组，加强对国防体育工作的领导，配备教练，组成教练组，加强对代表队的具体指导。

建议由王英杰、张益、刘华轩、路学铭、李文俊、田端智、杨登龙、周维臻、韩洪樵等同志组成国防体育工作组，在体育运动委员会的领导下，统一规划并具体指导我校的国防体育活动。

为了系统地积累和总结训练、比赛经验，减轻队员的负担，各队应配备教练或指导教师，目前教练可由体育教师及有经验的老队员担任，组成教练组，由体育教师任组长，建议教练组人员为：

航海：刘华轩、俞善元；摩托：李文俊、孔宪清、甘小杰、杨登龙；射击：路学铭、郭九洲、林亘（后二名为动力系学生射击队员）；模型：徐秉椿（待联系，无线电助教，模型队老队员）；无线电多项、无线电报务：周维臻；无线电测向[①]。

（二）根据运动开展情况有重点地、适当地调整代表队员人数及二线队员人数（见附表一）。

（三）结合专业开展国防体育促进教育：

几年中摩托队员中动力系毕业生（如：何浩、王兴华、张允恭等）、无线电机务组中无线电系毕业生（如：张希源、杜秉初等），由于结合专业参加了国防体育活动，有丰富的实际经验，实际操作能力强，能迅速地适应工作，工作单位反映较好，目前无线电系已有计划地在系内开展机务普及及提高活动，1964年寒假，在无7进行了无线电机务的普及，并准备逐渐地面向全校，这样的计划和做法是很好的。建议无线电系对无线电运动，自控系、无线电系对无线电遥控，动力系对摩托运动等配备力量，加强领导，加强技术指导，便利仪器使用，以促进活动的开展，丰富学生实际知识，促进教学工作。

（四）为了培养国防体育运动的骨干力量，为校队培养预备队员，更广泛地开展我校的国防体育运动，建议在体育课中逐步开展国防体育提高课。

（五）贯彻"以我为主"的比赛原则，促进运动的开展，保证实现"四好"全面发展，代表队员的假期集训以及参加比赛次数必须控制。

（六）加强国防体育运动的物质建设，改进管理工作，为开展活动创造条件：

---

① 原件无线电测向队无教练名单。

较大的项目：1. 整修靶场；2. 在荷花池或水木清华修建划船器。

武装部

体育教研组

1964 年 3 月 7 日

附表一：代表队人员

项目		代表队总人数	二线队员人数		外围队员人数
			调整后	现有	
航海	男	11	9	5	
	女	12	9	5	
射击		16	12	4	9
摩托		9	6	3	6
无线电报务		5			5
无线电测向		5	6～10	5	5
无线电多项		5			5
军事工程	男	10	2	0	10
	女	10	2	0	10

附表二：1964 年度比赛计划（编者略）

清华大学档案，全宗号 2，目录号 党 11，案卷号 140

我校学生体质情况有所增强

（1965 年 1 月 28 日）

几年来，学校贯彻了党的教育方针，注意培养学生的全面发展。贯彻"少而精"方针，减轻了学习负担；积极贯彻中央的指示,提高了伙食营养;积极开展群众性体育锻炼;加强了卫生保健,且随着国家经济形势的迅速好转,学生在体质上普遍得到了增长。

从在校各年级学生(男生毕业班除外)初入学时平均身高、体重与体能(以肺活量及引体向上两项为例)的记录和 1964 年 11 月同项记录相比较,体质情况是有很大的增强。详见下表:

各年级学生入学至今身体发育及体能发展情况比较

项目	平均数 年级 时间	五 6字班	四 7字班	三 8字班	二 9字班	一 0字班
身高 [厘米]	初入学时(9月)	167.28	167.30	166.05	166.20	166.28
	1964年11月	169.03	168.44	168.50	168.15	167.02
	增加	+1.75	+1.14	+2.45	+1.95	+0.74
体重 [公斤]	初入学时(9月)	52.08	49.43	51.02	51.40	52.8
	1964年11月	58.62	58.13	57.41	57.08	56.51
	增加	+6.54	+8.70	+6.39	+5.68	+3.71
肺活量 [毫升]	初入学时(9月)	3345	3290	3141	3377	3343
	1964年11月	3616	3628	3451	3563	3405
	增加	+271	+338	+310	+186	+58<62>
引体向上 [次]	初入学时(9月)	4.63	4.51	5.35	6.50	7.46
	1964年11月	9.93	10.25	10.42	10.50	8.13
	增加	+5.30	+5.74	+5.07	+4.00	+0.67

再从三年来发病情况统计(见下表)来看,也说明学生的健康情况有了很大的提高,很多种病的发病率降低了,尤其是神经衰弱和失眠病显著下降。

三年来全校学生常见病发病情况

年份＼病名	感冒	咽炎	扁桃腺炎	气管炎	肺炎	蛔虫	胃肠炎	腹泻	消化不良	荨麻疹	失眠	神经衰弱
1962年全年	9 655	624	522	304	22	1 265	161	1 073	586	362	765	817
1963年全年	10 061	1 199	838	306	35	871	105	986	1 158	349	723	849
1964年1月至12月14日	8 226	929	379	550	27	294	31	641	815	173	187	343

摘自：体育教研组 有关汇报
　　　校　医　院

《校务工作简报》第102期，1965年1月28日

清华大学档案，全宗号2，目录号校1，案卷号65004

共青团中央批转共青团清华大学委员会开展和安排学生课外活动的经验

（1965年7月12日）

共青团各省、市、自治区委员会：

　　共青团清华大学委员会开展和安排学生课外活动的经验很好，印发给你们参阅，并请你们积极协助党委总结和改进这方面的工作。

　　最近一个时期以来，在部分学校中，出现了学生课外活动过多，事事强求一律，要求不切实际等现象，使学生负担太重，过

分疲劳，影响了他们的身体健康和学习。这个问题，如果不及时加以解决，势必会损伤群众的政治积极性。

加强对课余生活的指导，倡导和开展有益于学生身心健康的活动，是完全必要的。但是，领导上还必须保持冷静的头脑，全面安排和严格控制各种课外活动，使课外活动的开展，有利于学生德智体诸方面生动活泼地主动地得到发展，充分兼顾学生的学习、工作和娱乐、体育、休息，保证学生有足够的学习时间、足够的睡眠时间、必要的休息和自由支配时间。

各项活动都要注意提高质量，讲求实效，不要搞形式主义，不要搞烦琐哲学。文化娱乐和体育活动应该坚持自愿参加的原则，不要强求一律。民兵训练和军事体育活动应该区别男女学生、体质、体能等不同情况来进行，要求务必切合实际，做好安全保护工作。要帮助学生干部改进工作方法，精简会议，全面安排他们的学习、工作和休息。

今年暑假活动，应该本着上述精神，实行劳逸结合的原则，除了开展必要的活动外，要切实保证学生的休息，使学生有大部分时间自由支配。

（此件可印发至大、中学校团委）

共青团中央
1965 年 7 月 12 日

附：我们是怎样开展和安排学生课外活动的[1]

（1965 年 7 月 8 日）

在学校中，开展健康的、有益的课外活动，是共青团向学生

---

[1] 编者注：附文刊于 1965 年 7 月 13 日的《中国青年报》。

进行思想政治教育、抵制资产阶级思想影响、促进学生在德智体诸方面生动活泼地主动地得到发展的重要阵地。几年来，我们遵循毛主席关于教育工作的指示，在我校党委和上级团委的领导下，在引导学生以大部分时间和主要精力为革命而勤奋学习的同时，适当地开展了各种课外活动，取得了一定的效果。现在广大学生革命化、劳动化的热情很高涨，学习劲头很足，课余生活也过得生动活泼、健康愉快。

我们是怎样开展和安排学生的课外活动的呢？

一、从有利于德智体几方面发展的方针出发，统筹兼顾、全面安排

在学校里，同学们一周之内除了上课、自习、睡眠等时间以外，剩下的课余时间就不多了。而学生的课外活动要积极地适当地开展，课外活动包括的方面又很多。在这种情况下，我们怎么样全面安排的呢？

从几年来的实践中，我们体会到安排学生的课外活动必须坚持贯彻德智体几方面都得到发展的方针，兼顾他们的学习、工作和娱乐、休息两个方面。在安排中经常注意不要影响正常的教学秩序，不要占用学生的上课和自习时间，保证学生有足够的学习时间，有足够的睡眠、休息时间，以及必要的自由支配时间。学校规定：经常情况下，一般学生必须参加的课外政治活动每周不超过一次，每次两个小时左右。如果活动较多，安排不下时，在一个月内可以增加一次活动时间，即每月最多不超过五次。劳动和民兵训练大部分都纳入教学计划，集中进行。每个学生一年级时当兵四至六周；二年级时在实习工厂劳动六至八周；高年级时结合专业到工厂劳动和实习十几周；以及参加一定的校外的公益劳动（主要是支援农业）。平时课余在校内的公益劳动（包括打扫卫生、饭厅劳动等）每人每月至多一次左右。经常的民兵训练主要是学习些最基本的军事知识和技能，平日不搞突击活动。休育锻炼每周保证有四次，每次三刻钟。文娱活动不作统一规定，由学生自由选择参加。学生文艺社团一般每周活动一次，每次两小时，安排在星期六下午自由活动时间内。

　　学校还规定：每天上午、中午、锻炼时间、晚饭后、晚自习后、星期六晚上和星期天全天都不得找学生开会，学生积极分子开会一律只能在下午空堂时间。

　　在遇到某些必要的临时性的突击任务，或在考试、毕业设计、生产实习时，经学校领导批准，可以适当变更活动的安排。在每学期考试期间和考试前一两周，就把学生的一切集体课外活动（除体育锻炼外）全部停止，让学生集中精力复习功课。

　　学校的部门很多，不能这个布置几项，那个布置几项，上面千条线，下面一根针。因此，我们经常注意课外活动的全面安排，反映情况，提出建议，遇到重大问题，请示党委统一决定，系、班级也都注意了对课外活动的统一安排。遇有各项任务发生矛盾时，区别轻重缓急，保证中心，妥善安排，使各种活动有计划、有节奏地进行。比如今年五一前几周，学生要积极参加支援越南的活动，要迎接"五一""五四"，还要准备开全校运动会，许多系要开系运动会选拔选手，一时出现活动过多的现象。针对这个情况，我们提出精简活动，要求系运动会一律不开，运动员的选拔以平时成绩为依据。必要的政治活动也要避免集中于少数班级。又如今年初有些班民兵活动过多，根据党委的意见，我们和武装部研究确定：这些班暂停民兵活动一个月。这样不断检查、不断调整，就及时解决了活动过多的矛盾，保证了各项必要任务的完成，保证了正常的学习生活秩序。

　　我们经常还碰到这样一个问题，有些干部热情很高，总想多搞些活动，认为活动搞得越多，越能表现工作活跃。实践证明这样做，不仅活动的效果不好，而且挤了学习，影响了健康。我们强调了要注意提高活动质量，讲求实效，而不要片面追求开了多少会，搞了多少活动。譬如在引导学生学习毛主席著作方面，强调要启发自觉，活学活用，真正落实到促进思想改造、推动学习上面。而不追求看了多少篇文章，开了多少会，写了多少学习心得、笔记；强调政治课是学生学习毛泽东思想的重要阵地，学生首先要学好政治课，课外则结合各项中心工作、政治运动、生产劳动等来引导学生学习毛主席著作。学生自学毛主席著作，由各人根据自己的情况，自找内容，自选时间，不作统一规定。

二、因人制宜 自愿参加

在课外活动中，我们实行了"大集体、小自由"的原则，把活动分为三类：第一类是规定必须参加的活动，如政治运动、形势学习、党员团员组织生活、教学计划内的生产劳动和民兵训练等，同学因故不参加要请假；第二类是积极提倡同学参加的活动，如体育锻炼、听有教育意义的讲座等；第三类是完全由同学自由参加的，如文化娱乐活动。

有的同志担心，第二、第三类活动如果不搞硬性规定，很难开展起来。实际情况并不是这样，关键在于活动是不是符合群众需要，如果我们组织的活动，确实符合群众需要，因人制宜，同学是会乐意参加的。比如去年以来开展唱革命歌曲活动，我们的做法是，本校学生广播台在固定时间经常播送革命歌曲，文艺社团每周末下班演出，编革命歌曲选印发给同学等，这样虽然没有规定同学必须参加，但是，《红旗》杂志刊登的十三首革命歌曲，许多人都会唱了。体育活动也是这样，学校领导向同学提出了"争取至少健康地为祖国工作五十年"的口号，现在这个口号已深入人心，广大同学都自觉地坚持了经常性的体育锻炼。每到下午锻炼时间，同学们纷纷来到操场，根据自己的体质、体能条件参加不同的项目。从实际出发，不搞大运动量。我们还把全校体弱的同学组织起来，在体育教研组教师的指导下，开展了气功、太极拳、武术等体疗活动,效果很好,一年多来已经陆续有一百多个体弱同学摘掉了"身体不好"的帽子。电机系有个女同学,原来身体很弱,经过参加体疗活动,不仅身体健康状况好转了,不久前还获得了北京市高等学校武术比赛冠军。

在开展活动中,我们照顾了同学的不同兴趣爱好,鼓励他们在努力做到又红又专的基础上发展特长。如有的学生在课外愿意钻研科学技术,有的对政治理论有浓厚兴趣,有的是运动员或文娱积极分子等。为了满足这些同学的不同要求,经常举办一些时事报告会,科学、文艺等讨论,音乐欣赏,周末演出等活动,各系还设有俱乐部,供同学自由选择参加。另外,在文娱活动方面,还组织有合唱、舞蹈、话剧、管弦乐等十六个文艺社团,吸收了八百多学生参加;在体育方面,组织有田径、球类、游泳、滑冰、举重等二十多个代表队,有六百多人参加。有些系还根据自己专业特点,组织了一些科学技术小组。这些活动不仅满足了各方面的积极分子的要求,而且丰富了广大同学的课外生活。

在开展活动中,我们注意了从实际出发,恰当要求。如民兵活动,女同学一般是单独编组进行训练,不搞长距离行军、刺杀等活动。高年级分专业后,结合各个专业不同情况,分别提出不同的活动项目。

在各项活动中,我们还注意了劳逸结合,配合学校加强生活管理,规定必要的保护措施等,保证了同学的安全与健康。

三、提高干部思想认识　帮助改进工作方法

课外活动能否搞好,关键在于干部是否有正确的指导思想和工作方法。在党委和上级团委的领导下,我们经常注意教育共青团和学生会干部以毛泽东思想挂帅,做好工作。

几年来,我们不断地在干部和群众中宣传毛主席的"三好"指示,去年我们和全校同学又一起学习了毛主席关于要使学生在德智体诸方面生动活泼地主动地得到发展的指示，进一步明确了如何培养无产阶级革命事业接班人的问题。按照这个精神，我们在干部和同学中反复讲清了以下一些问题：（一）搞一切活动，都要从总的培养目标出发，要抓当前，看长远；抓局部，看全面，不能只是一时一事地算细账，要全面长远地算大账。检验我们工作的好坏，要看是否促进了同学的德智体几方面发展。有利于这个目标的就去做，不利的就坚决不做。（二）搞活动要讲求实效，避免形式主义，不要追求搞过多的活动，满足于表面上的轰轰烈烈，而要把主要精力放在了解群众需要，提高活动质量，做细致的思想教育工作上。（三）要学习唯物辩证法，反对形而上学，克服主观片面性。学生干部热情很高，想积极搞好工作，但由于缺乏正确的思想方法和经验不足，往往容易强调这一面，忽视那一面。因此，我们经常联系工作中的问题，帮助学生干部学习唯物辩证法，使他们明确：既要突出政治，加强思想工作，又要注意学生的业务学习和身体锻炼；既要积极地适当地开展课外活动，又要保证学生的课内学习；既要有"大集体"，又要有"小自由"，注意发挥学生个人的特长；既要有劳，又要有逸，等等。

我们还注意帮助干部不断地总结经验，学习运用群众路线的工作方法。在工作中启发他们相信群众，依靠群众，发挥群众的主动性、创造性，遇事和群众商量，带动大家一齐去做。对学生干部的社会活动时间，也进行了严格控制。要求团委、分团委干部，了解情况主要不是找学生干部上来汇报，而是亲自去蹲点，参加活动中直接了解，并规定不要向班级干部要书面计划、总结和材料。做到一般学生干部每周社会工作时间在三至五小时内，保证他们有足够的学习、体育锻炼、娱乐和休息时间。学生干部中有实际困难的，如学习较差的、体弱的，主动向他们讲清道理，动员他们暂时不担任社会工作，专心学习，搞好身体。

几年来，我们遵循毛主席关于教育工作的指示，在开展学生课外活动方面做了一些工作，对于促进学生在德智体诸方面生动活泼地主动地得到发展起了一定作用。但是，在实际工作中还有许多不足之处，部分团干部在思想认识上还有一些片面性，有待我们进一步提高认识，加强教育，改进工作。

共青团清华大学委员会
一九六五年七月八日

清华大学档案，全宗号 2，目录号 党 11，案卷号 094

（七）毕业

1. 毕业生工作

团委会 1959 年毕业生思想工作要点（草案）
（1959 年 4 月）

一、毕业生的质量是全校政治思想、教学生产等各方面工作的总结，也是对学校贯彻党的教育方针成绩的总结。在毕业生中要深入贯彻党委提出的"学水八，赶水八，超水八"的号召，使政治和业务，教学和生产、科研结合，争取本届毕业生的政治、业务质量，超过一九五八年毕业生的水平。在毕业生中加强共产主义人生观的教育，使"做共产主义播种者"的口号深入人心，自觉愉快，服从分配，为国家输送高质量干部。在水八工作的经验基础上，进一步总结出团在三结合中政治思想工作的经验，树立一批比去年质量更高的班级、小组和个人的红旗，推动全校学生的政治思想工作。

二、加强毕业设计中的政治思想工作：

1. 真刀真枪的毕业设计，是对同学进行全面、综合地、真实地训练，既是教学过程也是思想教育、提高觉悟的过程，要在设计中抓住各阶段进行教育。

2. 设计中加强党的方针政策的教育，在继续开展两条道路斗争的同时，特别注意解决两种方法的矛盾，学习水八经验，做到政治统帅业务，依靠群众，联系实际学习辩证法，结合专业特点创造新经验。

3. 今年的毕业设计全部是实际生产任务、科研任务、困难较多，要继续发扬敢想敢干的风格，同时提倡科学求实的精神，刻苦顽强，深入钻研，通过设计工作，培养对待科学工作的科学态度。

4. 树立又红又专的小组和个人的典型。

三、加强共产主义人生观的教育，人人立志做共产主义播种者：

1. 配合党委和行政加强哲学课的辅导工作，注意联系思想实际，进行辩证唯物主义世界观的教育，联系工作实际，学习辩证法，尊重唯物论，改进工作，提高思想水平。

2. 结合"形势与任务"课及"五四""七一"等各项政治活动，进行共产主义远大理想、革命传统的教育。

3. 细致掌握毕业生在毕业前的思想动态，积极进行兴无灭资、树立共产主义人生观的教育，争取做到全部毕业生自觉愉快地服从分配。

四、做好深入细致的思想工作和组织工作：

1. 配合教研组在毕业设计中针对各种同学的不同特点安排

他们的工作，使之能够得到较多的锻炼和改造。

2. 要细致地研究少数落后同学和曾受团内处分团员的思想情况，帮助他们放下包袱，树立革命朝气和全体毕业同学一道前进。

3. 做好毕业生中右派分子的后改造工作。把严肃的斗争和细致的改造教育工作结合起来，对于他们当中一部分人的进步要给予适当肯定和欢迎。

4. 细致了解毕业生的实际情况，协助行政做好毕业生分配的思想工作和组织工作，做好毕业前的鉴定工作。

五、组织领导和工作方法：

1. 团委会成立毕业生工作委员会，协助党委和行政进行毕业生的政治思想工作，建议各系建立毕业生政治思想工作的核心，全面关心毕业生的政治思想工作。

2. 加强各系毕业班的政治工作干部，各团总支、团支部必须配备一定数量专门负责政治思想工作的干部，经常研究和开展思想工作。

3. 根据毕业生的生产科研任务较分散的特点，全校在统一思想、交流经验、搞好几个大活动的基础上，提倡各团支部各小组开展结合本单位特点的政治活动。

4. 团委各部门应积极配合做好毕业生工作，组织部做好团内处分的处理和右派管理的工作，宣传部做好有关毕业生的宣传工作，并通过毕业生的红专典型推动全校宣传工作，学生会在举办各项活动要照顾毕业生的特点，积极创设条件。

5. 贯彻党委关于控制学生会议和活动负担的意见，关心毕业生的身体健康和全面发展。

六、工作步骤：

目前集中力量做好毕业设计中的政治思想工作，总结先进经验,在"五·四"前后树立一批红专结合的红旗,五月份开始进行有关毕业分配的教育,七月份集中力量进行分配教育,表扬优秀毕业生等工作。

清华大学档案,全宗号 2,目录号 党 11,案卷号 129

提前抽调留校工作教师补发毕业证书的几点规定

——1962—1963 年度第三次校务委员会通过

(1962 年 11 月 9 日)

一、符合下列条件的,可在今年寒假前补发原届毕业证书:

1. 抽调前只缺毕业设计和少数次要专业课程,补发原届原专业毕业证书;

2. 抽调前未修个别主要专业课程、少数次要专业课程和毕业设计,抽调后在专业教研组结合教学工作已基本修完原专业或所在教研组专业的主要课程,补发原届原专业或原届现在专业的毕业证书;

3. 抽调前所缺课程和教学环节同本项第二条,抽调后在基础课教研组结合教学工作进修,并能胜任当前教学工作的,可补发原届相应学科培训班毕业证书;

4. 抽调前所缺课程和教学环节同本项第二条,抽调后在外文教研组、政治课教研组任教学工作,或在学校担任党、团、行政工作,原则上补发原届原专业毕业证书,但须在学习成绩单上注明因提前抽调所缺课程及教学环节的名称。

二、具有下列情况的,可在今年寒假前补发原届毕业证书:

1. 抽调前缺部分技术基础课程、大部分专业课、课程设计和毕业设计，抽调后在专业教研组结合教学工作已进修大部分课程和有关教学环节，可补发原届所学专业的毕业证书；

2. 抽调前所缺课程及教学环节同本项第一条，抽调后在外文教研组、政治课教研组任教学工作，或在学校担任党、团、行政工作，目前能胜任工作的原则上补发毕业证书。此种毕业证书的格式另订。

三、抽调前未修课程及教学环节与第二项第一条相同，或更多时，抽调后未能进行补修，如本人提出要求回班学习，可考虑回班学习，毕业后补发原届毕业证书。但规定如下条件：

1. 1958年以后，从本校或兄弟高等院校本科抽调的学生（1958年以前抽调，或已分配到其他单位工作或已参军的学生不能复学），本人志愿又能坚持学习的，须经过健康检查和编级测验，编入原专业相当班级。

2. 提前抽调参加工作，经批准复学的学生，除了抽调前原调干学生，仍按调干助学金待遇外，其他学生不论工作年限长短，一律按一般学生助学金待遇。

四、如本人未提出回班学习的要求，应由所在教研组负责拟定补修计划，待补修完时再补发原届所学专业毕业证书。

五、各系、基础课委员会、政治课教研组可根据此规定的原则，负责填写表格（另发），由有关教研组主任在各项已补修课程和教学环节后面签注意见。最后请系主任签注处理意见，送教务处会同人事处审查，提请校务委员会通过。

《清华公报》第101期，1962年11月23日

教育部关于清华大学毕业生留校
改行使用问题的检查报告※

(1963年4月29日)

中共中央办公厅：

　　去年12月清华大学一共青团员给邓小平同志写信，反映清华大学毕业生留校改行使用的问题，内务部人事局于今年2月5日将此信转给我们了解处理。现将我部了解的情况汇报如下：

　　清华大学1958年以来，抽调学生的情况有两次，一次是1958年抽调了130名高年级学生担任教学工作。事情的经过是这样的：1958年高等学校大发展，招生人数骤增，师资力量不足，许多学校从本校抽调了一些高年级学生担任教学工作。1959年上半年，我部根据中央的指示，对各校抽调学生的情况进行了检查，并向中央作了报告。此后各校即根据中央的指示，对抽调的学生作了处理。清华大学1958年抽调的130名学生，已于1959年暑假按照国家计划分配了工作。另一次是1959年从该校1956年多招的210名学生中，抽调109人经过训练培养为基础课师资。清华大学1956年为本校培养师资而在国家招生计划以外多招的210名学生，是经过我部和国家计委同意了的。其中有109人在学完基础课以后，抽出来经过两年半的专门训练培养为基础课师资。这从当时教学工作的需要来看，也是必要的。除此以外，我们没有发现清华大学私自抽调学生的情况。

　　关于工科毕业生留原校担任行政工作的问题，我们认为，根据高等学校的特点及工作要求，需要有一部分经过专业训练、熟悉本校情况的行政工作干部，特别是教学行政工作更是如此，本校毕业生参加学校行政工作，对于加强学校的行政领导工作，从而保证教学、提高教育质量是有好处的。至于清华大学对这些干部的使用，是否有浪费人才的现象，我部已责成清华大学进一步进行检查，如有使用不当的，应当进行调整。

有关具体情况，清华大学党委写了一个书面报告，现将这个报告一并送上，请予审核。

附件：如文

中华人民共和国教育部
1963 年 4 月 29 日

抄报：林枫同志、张际春同志并中宣部、国务院文教办公室

抄送：内务部人事局，清华大学党委

附件：清华大学党委关于抽调专业干部改做行政工作等致教育部党组的报告※

（1963 年 4 月 6 日）

教育部党组：

教育部人事司转来的署名"一个共青团员"给邓小平同志的匿名信收到了。现将信中所称清华大学抽调专业干部改行做行政工作并有"地下干部"等问题的实际情况报告如下：

一、关于清华大学"抽调学生是否经过教育部批准"的问题：

我校在 1958 年末由于工作需要，经请示教育部口头同意后抽调过学生担任教学工作，没有私自抽调的情况。其详细过程如下：

1958 年秋随着全国大跃进形势的发展，我校培养干部的任务急剧增长。原计划招生 1 800 人，实招 2 880 人，在校学生人数净增 1 857 人。同时根据国家需要，教育部批准在我校新建了

三个系和增设了一些新专业。此外还承担了大量科学研究和生产任务，原报的 1958 年师资补充计划已不能满足需要，因此我校在 1958 年 7 月 8 日（清人干教字 1303 号），9 月 5 日（清人干教字 1349 号）先后两次书面报告请示教育都，要求在原师资补充计划数字之外准予从有关专业提前抽调高年级学生担负教学工作。教育部口头答称：部已报计委审批，学校确因工作急需，可先抽调使用。随即抽调了 130 名（原计划数为 197 名），按半脱产使用并发给半工资待遇。在 1959 年 2 月中央关于处理提前抽调学生的指示下达后，已按中央规定进行处理。1959 年毕业生分配方案分给我校有关专业的毕业生 105 名，超出的 25 名已按计委下达的调配计划另行分配。所以抽调学生担任工作的实际情况是经过事先请示的，并没有私自抽调，也没有"地下干部"。

二、关于"工科大学生、毕业生改行搞化学、物理、数学教学工作"的问题：

1956 年知识分子会议之后，教育部经计委批准决定我校在国家规定的招生任务之外多招收学生 210 名，培养为本校师资。根据我校数学、物理、化学及力学等基础课程师资力量薄弱，影响整个教学质量提高的情况，校党委决定，根据本人自愿的原则，从多招名额中选拔了 109 名三年级学生，组成基础课师资培训班，按特定教学计划继续学习两年半。现这批同学已于 1962 年 2 月按期毕业分别投入了数、理、化、力学等基础课程的教学工作。这对加强基础课教学起了很大作用。由于他们是在刚刚学完基础课，就转到基础课师资培训班的，所以不存在转专业问题。现在大家对担任基础课教师是满意的。

另外在过去几年中由于基础课师资力量严重不足，校外补充又十分困难的情况下，曾先后由各系调了 20 名与基础课相近的专业课教师参加基础课教学工作。根据目前招生任务比较稳定，基础课培训班同学也已毕业参加工作，因此，对于他们当中提出希望回原专业工作的八名教师，学校同意了他们的要求并已调整了三人，其余正在安排中。

三、关于"工科毕业生留校改行担任行政工作"的问题：

我校有一部分教师担任教学行政工作和思想政治工作，如行政系统包括副校长、各系系主任以及教务处、科学处和其他一些部门的主要干部大部分是由教师担任的。另外，党委、团委以及党总支主要干部也大都分是由教师担任的。由于高等学校党政部门和有关业务部门和教学、科学研究等工作有着密切的联系，所以这些工作应该由教师担任。但学校为了照顾担任行政、政治工作教师的业务成长，我们一般都采取兼任的办法（教师专职担任行政、政治工作的是个别的），把他们仍固定在一个教研组，并根据各个人的情况安排一定的教学或科研任务。这样既适应了学校党政工作的需要，也使教师业务有所成长。但也有个别教师忽视党团政治工作，忽视教学行政工作，而只愿搞学术本身，这应当加强教育。

至于信中提到我校调教师搞食堂工作的问题，是在1963年冬生活困难的时候，当时浮肿病发生，为了搞好生活，有个别党员教师干部参加一部分食堂工作，半年后已逐渐调整回系，现在已不存在这种情况。

特此报告

中国共产党清华大学委员会
1963年4月6日

清华大学档案，全宗号2，目录号 党1，案卷号63020

关于确定毕业生分配名单工作的情况与体会

(1964年3月19日)

贯彻执行中央毕业生分配方针和有关规定，做好毕业生分配工作，除了首先要做好毕业生的思想政治工作和服从国家分配的教育外，确定毕业生分配名单是一个重要的环节，现将我校这方面的工作情况汇报于后：

一、做好毕业生分配的准备工作。

除了抓早、抓好毕业生的思想政治工作和服从国家分配的教育外，做好分配的准备工作是做好分配工作的前提。这个工作，我们是分为两个阶段进行的：

第一阶段：毕业生分配方案下达之前。一般在毕业生毕业前一年，我们即着手进行以下两方面的工作：

（一）了解、掌握毕业生的全面情况。即了解、掌握毕业生的政治情况、思想表现，进行政治审查，划分政治类别；了解毕业生的业务情况；掌握毕业生的健康情况；了解少数毕业生的特殊情况和困难情况，比如优秀学生，有专长的学生，半脱产的学生干部，负责干部及民主人士的子女，少数民族，华侨学生，有困难的学生等，分别列出名单，进行了解。

（二）了解已分配毕业生的使用情况及有关工作单位需要人的情况。学校、各系、教研组经常注意了解各届毕业生反映的有关情况，通过教师外出带实习、出差和有关单位的协作关系，了解毕业生的使用情况、工作情况和需要情况。

第二阶段：毕业生分配方案下达之后。

（一）研究、分析方案的特点。对下达的方案，组织系人事科和教研组的同志，按照中央分配方针及原则，认真研究方案中的国家重点配备单位和需要保证的单位，分析方案与专业对口的情况。

（二）向毕业生公布方案。毕业生填写工作志愿后，结合所填志愿和毕业生所反映的各种要求等情况，进一步了解他们的政治情况、思想表现、学业、健康、特殊困难情况等。

（三）进一步了解用人单位的使用意图。除平常积累的情况外，根据研究、分析方案的结果，组织有关同志到北京地区的中央各部和单位直接进行了解，外地和各省市的单位则发信了解。

总之要对方案及具体单位的情况进行分析、了解，力求做到情况明、心中有数。

对方案的要求和学生的实际情况，进行分析、了解后，着重研究以下三个问题：第一，方案的要求与毕业生的实际质量有无矛盾。例如：国防、机要部门要求的毕业生人数与毕业生政治条件符合要求的人数有无矛盾等。第二，方案要求的工作单位性质与该专业口径是否符合。第三，需要考虑照顾的少数毕业生，他们的工作性质和地区要求，方案内能否解决。若方案在专业对口或对毕业生需要照顾方面有问题时，我们即向教育部或有关部门汇报、反映，建议对方案作适当的调整。

除此以外，在方案下达后，我们还及时组织参加分配工作的干部学习中央有关分配的方针、原则及调配、派遣办法，传达了教育部、内务部、国家计委调配会议的精神及市教育局对具体分配工作的有关指示，进行讨论。

二、进行搭配名单的工作。

在充分做好准备工作的基础上，搭配工作中根据中央分配方针、原则，根据国家需要和学生具体情况力争做到妥善安排，正确使用，人尽其才，才尽其用。在学用一致、工作需要第一的前提下，尽可能照顾工作志愿，酌情照顾少数人的特殊困难。在具体搭配时，对工作中发现的问题，及时向上级请示、汇报，防止分配不当，同时注意以下几个问题：

（一）对分给国防、机要部门的毕业生，在政治质量上，给以必要的保证。同时对一般部门，也要作适当的照顾。

（二）对科研、教学、设计等单位，注意调配学业优良、思想进步、适合担任这方面工作的毕业生。

（三）对于各专业有关的业务部门和对口的重点科研、生产单位注意配备一些政治、业务条件较好的学生。

（四）对优秀、优良毕业生的分配注意贯彻"优质优用，合理分配"的原则。对于特优学生按中央规定进行按名分配，对于优良毕业生及其中的党员、党团干部，在分配中合理地配备到国防、机要单位、重点高等学校、重点科研设计单位、重点生产基地及企业单位。

（五）分配到边远地区及中国人民解放军的毕业生注意身体健康条件；对只分去一名毕业生的单位，注意配备条件较好的毕业生；对于政治思想表现、学业、身体较差的学生，尽可能分散安排，不集中在少数部门。

（六）对有具体困难的毕业生，如：体弱有病，父母年老、无人照顾，已婚有子女等，我们首先对他们进行政治思想工作，但在搭配具体名单时，在方案范围内，在不影响国家需要的前提下给予适当的照顾。对少数民族、华侨学生的一些要求在方案范围内符合国家需要的条件下，尽可能给予适当照顾。

确定分配名单的具体步骤如下：

（一）提出初步搭配名单。具体的搭配工作是由系分配工作组（由系主任、总支书记，人事科长，教务科长，教研组主任，分团委书记等组成）或教研组毕业生工作小组（包括教研组主任或副主任，党支部书记或副书记，党员班主任）具体负责进行。这些具体负责进行搭配工作的教师，与毕业生联系较多，对学生情况比较了解；也比较熟悉本专业有关单位的使用及需要情况。他们在学校统一领导下按照中央分配原则和分配方案以及学生的实际情况进行搭配，提出初步名单。

（二）征求有关方面的意见：

1. 向党员系主任及党总支负责同志汇报初步搭配名单的情况，请他们进行审核提出修改意见。

2. 征求非党的系主任、教研组主任、年长教师的意见。他们很关心学习较好的毕业生的分配，以及专业对口单位的学生配备问题，他们一般多就这方面提出意见。

3. 征求教研组有关教师（如毕业设计的指导教师等）的意见。他们对学生的业务情况、业务能力、特长比较熟悉，对专业对口的业务部门也比较了解，他们能够较好地提供各个学生适合做哪类工作的意见。

除征求以上各方面意见外，还要注意了解少数毕业生的意见，特别是有实际困难的毕业生，必须注意做好服从分配的教育，并由领导找他们个别谈话，了解他们的具体思想情况和要求，作为最后确定分配名单时参考。

（三）系务委员会确定初步名单。综合上述几方面的意见，分别修改原搭配名单，经系分配工作组、系委会讨论通过后，提交校毕业生分配委员会办公室。

（四）毕业生分配委员会办公室审查、平衡各系提出的分配名单。对各系提出的名单，综合平衡后，对分到机要部门的毕业生，逐个进行审查，同时对需要照顾的学生分配情况进行审查，如有不当之处，加以调整，初步确定分配名单。

（五）征求国防、机要部门的意见。在学校确定初步名单后，请机要部门（经市教育局同意）审查拟分给他们的毕业生的材料，如他们对个别毕业生要求调整时，在可能条件下，尽量给以满足，对实在难以调整的，则进行说明。

（六）学校确定毕业生分配名单。经分配办公室审查、平衡初步搭配名单后，向校务委员会及毕业生分配委员会提出分配名单草案，经审查通过后，报请北京市教育局批准。批准后，向毕业生公布分配名单。

在正式公布分配名单之前，对部分不能给予照顾的学生，由系有关同志逐个进行谈话，做好服从分配的思想工作。

三、几点体会：

（一）必须认真贯彻执行中央的方针、政策，认真组织参加分配工作的干部学习，领会中央的分配方针及具体精神和要求，是做好方案搭配工作的关键。

（二）分配工作必须有一定的组织形式及固定的专人负责这项工作。学校要成立毕业生分配委员会，各系要成立毕业生工作组，各个教研组还要组成毕业生工作小组，并要确定专人负责联系毕业班（一人联系一个班，最多不超过两个班），这样才能将毕业生情况了解得比较深入、细致、全面，这是做好分配工作的基础。

（三）还要对用人部门的使用意图了解清楚。这样，毕业生及用人部门的情况明确，搭配的名单才能恰当、合理，才能使"学生、学校、用人部门"比较满意。

（四）方案搭配工作必须充分发扬民主，走群众路线。我们体会到，在满足国家需要的前提下，做到优质优用，保证重点，全面照顾，必须主动地充分征求各方面的意见，才能使每一个毕业生得到妥善安排，合理使用。

（五）要认真做好少数有困难有问题的毕业生的思想工作。对有实际困难、提出要求照顾的学生，除了对他们进行思想工作，做好服从分配的思想准备外，还要耐心分析他们的意见和要求，搭配名单时在方案范围内、在可能的情况下给予适当照顾。对未能照顾的学生，方案公布前，必须逐个找他们谈话，说明情况，并对他们提出服从分配的要求。

几年来，我们在教育部、市教育局和学校党委的领导下，对毕业生的分配工作，总体说来进行得比较及时、顺利，毕业生的工作分配亦较合理。但在我们工作中还有不少缺点，比如：工作的计划性还不够严密，对省市的使用意图了解得还不够清楚；对毕业生的情况了解得还不很细致等，这些方面需要在今后工作中不断改进。

1964年3月19日

清华大学档案，全宗号 2，目录号 校 5 案卷号 63008

清华大学党委关于毕业生政治集训及发展工作计划给市委大学科学工作部的报告※

（1964年8月7日）

市委大学科学工作部：

根据市委指示，学校党委计划和部署了毕业生的思想教育工作和发展党的工作，特作如下汇报：

一、关于本届毕业生的思想教育工作，我们从本学期开始就作了专门安排，要求对毕业生用较多时间进行形势及分配等教育，在7月初全校停课一周作了毕业鉴定，在毕业鉴定中初步检查了这几年来对国际、国内形势，对国内外严重的阶级斗争及对党的路线、方针、政策，对"三面红旗"的态度及认识，开展了批评自我批评，上述鉴定工作已于7月中结束。在7月25日全校毕业设计答辩结束后，我们又组织了全体毕业生学习并讨论了"九评"，同时传达了共青团第九次代表大会的精神。

在总理和彭真同志对毕业生报告以后，根据市委指示，我们讨论了毕业生政治集训（清理思想）的具体计划。按照彭真同志报告的精神，这次准备着重清理社会主义和资本主义两条道路斗争和知识分子两条道路两方面的问题。首先围绕国际国内阶级斗争形势启发自觉，检查自己在阶级斗争（对待"三面红旗""四清""五反"和"反修"斗争等方面）中的态度和认识，分清大是大非，明确政治方向，然后联系知识分子中两条道路斗争，检查资产阶级思想和旧社会习惯势力的影响，明确知识分子革命化的方向。

做法：

1. 八月四日由党委副书记何东昌、艾知生同志根据天翔同志报告的精神，向全体毕业生作了动员报告，进一步动员毕业生学好周总理和彭真同志的报告，并结合学校实际情况，学校中阶级斗争的反映和毕业生思想情况，提出清理思想的要求。

2. 动员报告以后，首先讨论这次集训的意义，明确知识分子革命化的道路，联系实际，联系思想讨论以上两方面的问题，然后根据自觉检查为主，相互帮助为辅的原则，每个人进行思想清理。

3. 结合讨论总理、彭真同志报告和清理思想，我们规定的主要学习文件是"九评"、毛主席的《为人民服务》《纪念白求恩》以及有关社会发展史的材料（并建议毕业生适当参考哲学教科书中的历史唯物主义部分）。

4.为了推动广大学生深入清理思想，除了动员学生中党员积极分子带头自觉清理思想以外，在过去学校帮助落后学生思想转变工作的基础上，各系各班都培养一些典型，对自己的思想进行比较系统的清查整理，在同学中交流体会，启发带动广大学生。

上述工作计划到8月15日左右结束。

二、在今年年初以来，我们比较抓紧发展学生党员工作，对积极分子作了比较仔细的排队及考察教育。从1964年1月到7月为止，在毕业生中发展了100名党员。我校1958年入学应在今年毕业的学生共有2 594人，其中262人已经在去年暑假及今年寒假提前毕业，在这262名学生中共有党员145人。今年暑假毕业的毕业生有2 332人，其中党员351人（占15%）。连同提前毕业的合计有党员496人，占2 594名学生的19.1%。

根据彭真同志及市委的指示和毕业生的情况，在毕业生中再发展一些党员是可能的。我们准备在思想教育阶段就把一些已经够条件并准备好材料的积极分子吸收入党，同时在思想上及组织上做一些准备工作，在毕业生集训后把党员及部分积极分子留下再发展一批党员。8月4日晚上党委召开了全体毕业生党员大会，会上何东昌同志及李恩元同志传达了市委关于在毕业生中再发展一批党员的指示。根据初步排队在毕业生中还可发展70名左右党员，这样今年暑假毕业生党员比例可达18%，连同提前毕业合计党员比例可达22%。

三、为加强毕业生思想教育工作和发展党员工作的领导，由党委负责同志和有关部门干部，何东昌、艾知生、李恩元、方惠坚、张孝文等五同志组成领导小组并组织政治辅导员、班级主任、政治教员、各系党员教师及党委有关干部70人在党委及各系党总支统一领导下参加毕业生集训及发展党员工作。要求参加工作的每一个干部（包括领导小组、总支书记）都到一个班蹲点，具体帮助班级开展工作。

以上报告当否，请指示。

中共清华大学委员会
1964年8月7日

清华大学档案，全宗号2，目录号 党11，案卷号130

2. 历年情况

1953年度毕业学生人数基本情况※①

（1953年10月）

……

1954年夏季，我校毕业研究生7名，计力学2名、金属切削机床1名、机械零件1名、电真空1名、水工结构1名、水能利用1名。除机械零件外，其他六名均完成了毕业论文或毕业设计。其中4名学习两年，是提前毕业的。另有4名进修研究生提前结束返回原校。

专修科在1953年寒假毕业了建筑专修科12人，暑假毕业了十二种专修科606人，共计前后618人。这些毕业生中，在寒假毕业的有1人因为课程缺修，不以毕业资格分配工作，暑假中也

---

① 本文节选自《一九五三年度任务完成情况及一九五四年度的任务计划》。

有一名因为课程不及格，以修业期满资格分配工作，俟工作一定时期后申请补考再作为正式毕业生论。还有3名患病缺考，暂作修业期满，短期内病愈后补考再考虑分配工作。还有5人因有三门以上不及格、缺修或无成绩者，一律以修业期满资格分配工作，不再补考，也不再追给正式毕业的处理。

在这618人以外另有4人不能毕业，作为退学处理。

在这618人的专修科毕业生中，有为北京市建设局培养的2名，为青海人民政府财经委员会培养的2名，为军委卫生处培养的2名。

我校本科在1953年寒假毕业了建筑系三年半制一班48名（中有1名以不毕业分配工作），暑期有3名以三年制、另3名以三年半制的资格毕业（其中有1名以不毕业分配工作）。

外校进修教师106人中，在暑期中有46人结束返校。

以上前后有本科生54人，专修科生618人，研究生7人，进修研究生四人和进修教师46人（共计729人），在1953—1954年度结业离校。

我们在这里指出，在1953年暑期时，我校毕业班预计可以毕业本科生53人，专修科生672人，研究生3人，如进修教师就以结业的实际数字46人计算，则预计应毕业774名。我校在毕业生方面完成原定计划任务的94.3%。但是，假如把高教部批准的36名房专缓毕业的除去后，则计划任务应毕业738名。我校在毕业生方面实际完成了计划任务的98.8%。

……

清华大学档案，全宗号2，目录号 校3，案卷号007

1954年毕业生人数统计表※

(1954年7月3日)

人数＼项别＼专修科	现有人数	党员	团员	群众	(调干)	方案数字	四月报部人数	党员	团员	群众
专修科	637	32	424	181	169	637	637	22	416	199①
金专	46	2	33	11	12	46	46	2	33	11
铸专	44	3	31	10	28	44	44	2	32	10
热专	23	11	12	10	23	23		11	12	
电专	51	1	29	21	12	51	51	1	29	21
输专	45	4	37	4	20	45	45	1	32	11
房专	49	2	23	24	12	49	49	2	23	24
给专	42	1	32	9	11	42	42	1	29	12
测专	54	3	42	9	11	54	54	2	41	11
暖专	26	2	20	4	3	26	26	1	20	5
水专	126	5	89	32	26	126	126	5	86	35
文专	19	1	12	6	2	19	19	12	7	
建专	76	7	48	21	22	76	76	4	51	21
房专（建校）	36	1	17	18		36	36	1	17	18
本科生	5	2	2	1		5	5	2	1	2
研究生	7	2	5			5	5	1	4	
合计	649	36	431	182	169	647	647	25	421	201
党团员比例	72%					70%				

清华大学档案，全宗号2，目录号 校5，案卷号54001

① 编者注：数据对不上，原文如此。

校务委员会（扩大）会议关于对 1952 年被抽调充任助教学生给予毕业的议决事项※[①]

（1954 年 12 月 14 日）

日期：十二月十四日下午二时
地点：图书馆第三阅览室
出席：蒋南翔　刘仙洲　钱伟长　陈士骅　袁永熙　史国衡
　　　张　㣿　周寿昌　俞时模　余兴坤　金　涛　李酉山
　　　邹致圻　何东昌　庄前鼎　张　维　张　任　吴良镛
　　　章名涛　孟昭英　施嘉炀　张子高　马约翰　艾知生
　　　李　欧　储钟瑞　李恩元　张犖群　李相崇　夏　翔
　　　赵访熊　徐亦庄　万嘉鑛　杜庆华　褚士荃　金希武
　　　王遵明　郑林庆　王祖唐　郭世康　董树屏　宋镜瀛
　　　王补宣　黄　眉　艾维超　王先冲　宗孔德　钟士模
　　　常　迵　马世雄　杨曾艺　江作昭　陶葆楷　王兆霖
　　　吴柳生　杨式德　张光斗　夏震寰　陈樑生　张守仪
　　　胡允敬　程应铨　宋　泊　张昌龄　吕应中　陆大䋮
　　　南德恒　常世民　常嗣乃
列席：萨多维奇　　　米哈辽夫　　　林　泰（陈世猷代）
主席：蒋南翔　　　　记录：周撷清
讨论事项：

……

六、一九五二年抽调三年级学生五十一名充任基础课程助教职务，在任职期间，在职进修，现进修计划业已完成，并已能充

[①] 编者注：本文节选自《一九五四——一九五五年度校务委员会第四次（扩大）会议记录》。

任全时助教工作，少数并已开始讲课，应依照三年制学生的要求，给予毕业案：

议决：通过，其名单如下。(编者略)

以上总计应追认为：机械工程系毕业生者三十名，土木工程系毕业生者十八名，水利工程系毕业生者一名，共四十九名。

……

散会。

《清华公报》第 7 期，1955 年 2 月 1 日

1954—1955 学年末报表
毕业生数更正表（节选）

(1955 年 10 月 5 日)

专业计专科名称	学年初报表数	报表送出后增加数	实际毕业生人数
甲	1	2	3
机械制造工程	51		48
铸造工程及其机械	26		25
热力发电设备	32		31
汽车	67		61
电机与电器	27		19
电力系统继电器保护及自动化	49		46
无线电工程	31		31
工业与民用房屋建筑	107		104
给水及下水工程	26		24
水工结构	102	2	99
水能利用	56		53
合计	574	2	541

续表

专业计专科名称	学年初报表数	报表送出后增加数	实际毕业生人数
工业与民用房屋建筑专修科	161	1	149
水利工程专修科	63		62
合计	224	1	209①
总计	798	3	750②

附注：①机械制造工程第3栏其中包括寒假毕业生1名；

工业与民用房屋建筑专修科第3栏其中包括寒假毕业生87名；

水利工程专修科第3栏均系寒假毕业生。

②第2栏水工结构2人系政治辅导员。

③第2栏工民建专修科1人复学。

一九五五年十月五日

清华大学档案，全宗号2，目录号 校1，案卷号 55003

1955 至 1956 学年度毕业生统计表

（1956年）

系别 \ 专业别 \ 人数 \ 项目	寒假		暑假	
	总数	其中	总数	其中
		男 / 女		男 / 女
机械制造系 铸造工程及机械专业	1	1	2	1 / 1
无线电工程系 电子管制造专业	1	1		

---

① 编者注：数据对不上，原文如此。

② 编者注：数据对不上，原文如此。

续表

系别	专业别	寒假 总数	其中 男	其中 女	暑假 总数	其中 男	其中 女
动力机械系	热力发电设备专业	1	1				
水利工程系	水能利用专业	2	2				
电机工程系	发电厂及电网专业，电力系统继电器保护及自动化专门化	1	1				
电机工程系	发电厂及电网专业，火力发电专门化	1	1				
土木工程系	工业及民用建筑专业	1	1				
建筑系	建筑学专业工业建筑设计专门化	29	22	7	1		1
建筑系	建筑学专业民用建筑设计专门化	18	11	7			
建筑系	建筑学专业城市规划专门化	24	16	8			
机械制造系	机械制造工程专业				1	1	
动力系	汽车专业				1	1	
电机系	电机与电器专业电机专门化				1	1	
电机系	电机与电器专业电器专门化				4	4	
电机系	工业企业电气化专业				3	3	
电机系	发电厂及电力网专业				5	5	
水利工程系	河川结构及水电站的水工建筑专业				1		1
总计		79	56	23	19	15	4

清华大学档案，全宗号 2，目录号 校 3，案卷号 042

1956至1957学年度毕业生统计表
——1957年8月23日 第廿次校务行政会通过

（1957年8月23日）

系别	专业别	寒假 总数	寒假 其中 男	寒假 其中 女	暑假 总数	暑假 提前抽调	暑假 其中 男	暑假 其中 女	补行毕业生数	后补行毕业者数须补足课程成绩
机械制造系	铸造工艺及机器				51		47	4		
机械制造系	金属压力加工及机器				25		24	1		1
机械制造系	机械制造工艺金属切削机床				82		77	5		
动力机械系	热能动力装置				24	3	21	3		
动力机械系	汽车拖拉机				54		53	1		
电机工程系	发电厂电力网及电力系统				48		42	6		2
电机工程系	电机及电器				58		56	2	1	2
电机工程系	工业企业电气化				22	3	20	2		
电机工程系	数学计算仪器与装置				29		23	6		
电机工程系	输配电专修科								1	
无线电系	无线电技术				29	4	28	1		
土木工程系	工业与民用建筑				48		40	8	1	1
土木工程系	工业与民用建筑结构				53		39	14		2
土木工程系	工业与民用建筑专修科								3	
水利工程系	给水排水				25		20	5		1
水利工程系	河川结构及水电站的水工建筑				78		67	11		7
建筑系	建筑学	3	2	1						
化学系									1	
物理系									1	
总计		3	2	1	626	10	557	69	8	17[①]
共654										

清华大学档案，全宗号2，目录号 校3，案卷号 042

① 编者注：数据对不上，原文如此。

清华大学 1957—1958 学年度毕业生统计表（节选）

——1957—1958 学年度第 28 次校务会议补行通过

（1958 年 9 月 12 日）

系	专 业	应届毕业生 准予毕业 准予毕业	应届毕业生 准予毕业 本年报部提前抽调的	应届毕业生 准予毕业 小计	提前抽调应作为本年度毕业	一九五七年应届毕业生今年补行毕业
机械制造	机械制造工艺及其设备	135		135		5
机械制造	铸造工艺及其设备	89		89		
机械制造	金属压力加工工艺及其设备	72		72		1
机械制造	焊接工艺及其设备	46		46		
机械制造	金相热处理及其设备	5	4	9		
动力机械	热力发电厂	65		65		
动力机械	汽车拖拉机	92		92		
电机工程	发电厂电力网及电力系统	59		59		1
电机工程	工业企业电气化	63	7	70		
电机工程	电机与电器	80		80		1
电机工程	501	7	3	10		
无线电工程	无线电技术	33	3	36	12	
无线电工程	电真空技术	22	8	30	11	
土木工程	工业与民用建筑	133		133		
土木工程	工业与民用建筑结构	66		66		
土木工程	给水排水	69		69		1
土木工程	暖气通风	41		41		
水利工程	河川结构及水电站的水工建筑	157		157		

续表

系	专 业	准予毕业	本年报部提前抽调的	小计	提前抽调应作为本年度毕业	一九五七年应届毕业生今年补行毕业
建筑	建筑学	38		38		
工程物理	工程物理	19	19	38		
	总计	1 291	44	1 335	23	9

注：水利系毕业生中有一名朝鲜留学生

清华大学档案，全宗号 2，目录号 校 3，案卷号 042

清华大学关于土木系、建筑系部分应届毕业生延期毕业问题致教育部的报告

（1959 年 4 月 15 日）

教育部：

我校土木系工业与民用建筑、城市及工业给水排水、供热供燃气及通风三个专业及建筑学专业的全体应届毕业生，由于国家任务的需要，于 1958 年 10 月开始参加了国庆工程中的人民大会堂、国家大剧院、中央科学技术馆和校内的原子反应堆工程的设计工作，这些设计，规模巨大，技术复杂，大部分设计在应届毕业期限以后尚需继续进行，而其中人民大会堂和国家大剧院的舞台特殊钢结构（包括升降台、转台、防火幕、假台口、升降音乐池等共 24 项工程）、观众厅眺台、中央科学技术馆工业大厅的圆

筒壳以及原子反应堆等工程均系组织了固定人员结合科学研究进行设计的，这些项目也还需要进一步试验、设计，并且需要参加将来的施工指导工作，此等工程在国内目前尚缺乏专门人员进行设计，如原设计学生全部应届毕业，分配工作，则上述工程将无法继续进行。

此外同学在理论知识上尚有将近半年的主要专业课未学，在毕业前必须补足，才能满足培养要求。

为了保证国庆工程设计任务的完成和满足对学生的培养要求，经过反复研究和安排，部分1959年应届毕业生需要延期一年毕业，继续参加设计工作，不与本届毕业生一起分配，其中包括：

工业与民用建筑专业　15人

城市及工业给水排水专业　5人

供热供暖气及通风专业　5人

建筑学专业　10人（民用建筑5人、工业建筑2人、城市规划3人）

特此呈报，请予批准。

清华大学
1959年4月15日

抄致：国家计划委员会

清华大学档案，全宗号2，目录号校5，案卷号59019

清华大学党委关于抽调学生任教事宜致教育部党组的请示※

（1959年5月12日）

杨部长转教育部党组：

在1958年9月我校根据当时教学、科研、生产任务的迫切需要，报请教育部批准抽调学生254人担负教学工作，现将其需要理由和抽调的情况报告如下：

在1958年3月学校按当时预定的任务和根据中央精简机构、紧缩编制的精神以及教育部的有关指示，提出了补充教师的计划；但是在以后的几个月里，随着全国大跃进形势的发展，学校里发生了很大的变化，所担负的任务增加很多。

（一）招生任务增加了很多：原来部里批准我校本年的招生任务是1 800人，但是后来根据国家建设日益发展的需要，招生人数扩大到2 880人，比原来的计划增加了1 000多人，这样使基础课和技术基础课的一年级教学任务就猛增了1/2以上，专业课的教学任务也开始有相当的增加。

（二）我校高年级的学生人数也是有了很大的增加：1958年9月经中央批准由各兄弟学校有关专业抽调了287人来我校自动控制系四、五年级学习，这比该系原有四、五年级的学生数110人增加了两倍半，又由二机部和兄弟学校抽调了230人来我校工程物理系四、五年级学习，海军部也选送了20人来我校自动控制和无线电系学习，使教学任务骤增了很多。

（三）在1958年暑假，经教育部批准，我校建立了自动控制、工程化学、工程力学数学三个系以及精密机械、汽轮机、建筑材料等新专业和多路通风、雷达等新的专门化，并且大部分的系科都已有了高年级的学生。因此，在进行筹建的同时就要担负起一系列的教学工作，但是，学校原来并没有这方面的干部，校内能够调整的为数也是有限。

（四）在1958年的暑假，我校根据中央的指示，试行半工半读的教育制度，新建了许多的工厂、车间，为了很好地贯彻党的教育方针，也必须配备一定的技术力量来管理生产和指导同学在生产劳动中进行学习。

（五）我校所担负的科学研究任务也是很重的，其中属于重大项目的就有很多，例如：长江三峡水力枢纽及电力系统、新型发电设备、程序控制机床、首都重点工程、人民公社建筑规划及设计、八里胡同的水库工程以及原子能、无线电电子学、自动控制等方面的许多研究项目。这些对于国家经济建设、国防建设和科学水平的提高都是有着较大意义的，为了完成这些任务，也是需要投入一定的人力。

以上这些情况说明在1958年3月以后学校所担负的各项任务均是增加了很多，按原计划补充师资显然是与现实需要相差很远，随着任务的增加相应地补充师资确是十分必要的，但当时全国毕业生的分配计划已经确定，而学校的需要又迫不及待，所以报请批准提前抽调学生来担负工作。

按照当时的最低需要，我们报请教育部批准提前抽调学生254人担负教学工作，后经教育部转报计委审批，其中自动控制系需要的34人已于去年9月经中央批准抽调，其余的220人在计委审批期间，因学校工作迫切需要，在向教育部请示后，抽出了今年毕业班学生197人担任工作，抽调的专业和人数如下：

专业名称	人数
机械制造工艺及设备	28
铸造工艺及设备	14
金属压力加工	11
金属学热处理及其设备	6
焊接工艺及设备	7
热力发电站	16
汽车拖拉机	10
燃气轮机及蒸汽机	6

发电厂及电力网及联合输电系统	8
工业企业电气化	8
电机制造	4
电器制造	4
无线电工程	26
电子器件	18
工业与民用房屋建筑	10
暖气通风	2
给水排水	2
水工结构	10
水电站	7

这些学生抽出担负工作已将近一年，对其处理，我们意见：不再参加今年毕业生的统一分配，而名额由今年暑假分配给我校的助教人数中扣除。

中共清华大学委员会
1959 年 5 月 12 日

清华大学档案，全宗号 2，目录号 党 1，案卷号 59033

1959 年暑假毕业生简况※①

（1959 年 10 月 21 日）

一、1959 年暑假，我校有 23 个专业毕业生共 1 450 人，比原国家调配计划 1 471 人减少 21 人，其中抽调工程力学研究班 10

---

① 编者注：本文节选自《清华大学五九年暑假毕业生工作总结（意见）》。

人延期一年毕业……截至目前,除94人因学习任务未完成或因病暂不能走上工作岗位外,都已全部离校走上工作岗位。

二、毕业生的质量比过去任何往年都有了更大的提高,在1450人中,党员177人,占毕业生12.2%,共青团员974人占67.2%,群众仅299人占总人数的20.6%(在毕业生离校前发展的团员未计入团员中)……

清华大学档案,全宗号2,目录号校5,案卷号59006

1959年寒假预计毕业生人数报表※

(1959年11月11日)

高等学校预计毕业生人数报表(第一表)①

清华大学　　　　　　　　　　　　　　　　　　　1959年寒假

人数＼种类	合计	中央教育部领导的学校		备注
		计	清华大学	
毕业生人数	138		138	
工科	138		138	

清华大学档案,全宗号2,目录号259,案卷号59004

---

① 编者注:第二表编者略。第二表显示这138人均为机械类工程物理专业本科毕业生。

1960年毕业生人数统计(节选)

(时间不详)

	总数	男	女	团员	党员	支委以上干部
寒假毕业	1 249	943	306	948	92	249
暑假毕业	571	490	81	462	69	144
合计	1 820	1 433	387	1 410	161	393

清华大学档案,全宗号2,目录号129,案卷号031

1961年毕业生简况※①

(1961年10月)

……1961年暑假毕业生1 046名,质量情况比过去好,党员占10.3%,团员占82.6%,学业成绩上等占80.3%,中等占19.3%,政治上符合机要条件的占81.3%,但分配工作时仍感紧张,有些专业(如压力加工、仪器制造等)还比较突出。今年寒假毕业生1 126人,学习一般专业,据初步统计,党员占4.4%,团员占62%,学业成绩上等预计占69.4%,中等占22.1%,政治上符合机要条件的占48.3%。……

清华大学档案,全宗号2,目录号 校5,案卷号61008

---

① 编者注:本文节选自《关于毕业生分配工作的几个问题》(初稿)。

关于1961—1962年度寒假毕业生毕业工作及优秀毕业生选拔情况（节选）

(1962年1月20日)

（一）本届毕业生简况

正式毕业生共计1 287人（其中女生233人，留学生4人），肄业13人。主要是机制、冶金、动力、农机、电机、土木、水利等七个系和基础课培训班（93人）、工化系培训班（33人），也包括无线电、自动控制、工程力学数学、工程化学系的个别调干、辅导员学生。

本届毕业生是1956年9月入学的……

在业务学习方面，他们是达到了培养目标的基本要求，他们在1956年入学后的前两年中按教学计划学完了基础理论课和部分基础技术课，学得比较扎实，1958年暑假后和1960年上半年由于参加了大炼钢铁、技术革命、教育革命，同时由于这二年生产劳动安排多了一点，使部分技术基础课和专业课学习受到一定影响，1961年初根据教育部指示，进行了"填平补齐"工作。各专业都进行了调查研究，首先保证主要课程实习、设计的基本要求（但是考试、实验等环节还有不少缺点）。另外，毕业设计也有一定要求，现在大多数专业5年半中进行了150周以上的理论学习，完成了3 700以上学时。以金属切削机床和刀具专业为例，5年半共在学习241周，其中理论学习157周，生产实习8周，生产劳动67周，毕业设计9周，共计3 819学时，课程设计共作了四个，这个专业是具有典型性的。

本届毕业生现已完成了毕业设计，毕业设计题目大多是结合生产或科学研究任务进行的，其中如水利系的平谷县水利规划，土建系所作德州市给排水工程设计，电机系的江南电力系统分析等都作出了一定成果。

大多数同学通过毕业设计工作，在设计、实验、绘图、阅读文献等方面受到了工程师的基本训练，培养了一定的独立工作能力。特别是在讲求科学分析方面比前两届有进步。但是亦有少部分学生毕业设计时间较短，有的题目指导力量不够强，所以受的训练不够全面，成绩不够好。

现在毕业设计已经评定了成绩，根据水利、电机等系的不完全统计，答辩成绩5分的占30%~40%。总的来说，这届正式毕业生都符合以下标准：

1. 政治上达到了红的基本要求；
2. 业务上主要课程、设计、实习不缺，达到了基本要求，毕业设计成绩及格；
3. 身体上基本上都健康。

……

（二）关于优秀毕业生情况

根据校委会关于表扬优秀毕业生的决定，先进集体一共10个，给2、企2、制2、基础课培训班，这四个班一贯表现好，给2做德州水厂设计成绩很好，企2班政治上觉悟高，学习风气好。另外6个是毕业设计小组，主要表扬毕业设计工作好，另外也做到全面发展。各系已选拔一批优秀毕业生。奖章获得者共计26人，占2%；学习优良奖状获得者195人（其中包括越南留学生2人），占14%。这批学生政治思想上都经过审查，是积极进步的，在班上起模范作用，其中党员占15%，党团员共占90%，团干部占35%……

这批学生业务上都是优良的，除极个别以外，毕业设计成绩都是五分，平时成绩大部分学生都是60%以上五分，其他不足

60%五分的都是考虑到毕业设计成绩十分突出……还有少部分业务不足60%五分，但进步很大，政治思想上一贯表现很好，受群众爱戴的团干部也表扬了。

……

今后我们要在每一个人达到培养目标基本要求的基础上，培养出在科学上、政治上、劳动技能上、身体上、文化生活上有突出才能的人才。

以上解释是否合适，标准是否恰当，请校委会审议。

清华大学档案，全宗号2，目录号 校3，案卷号 178

1962年暑假毕业生基本情况（节选）

（1962年）

本届毕业生是1956年入学的，主要是属于五个机要系和土木建筑工程系建筑学专业，精密仪器及机械制造系精密仪器、光学仪器专业、冶金系金属学热处理、特种材料及冶金专业。

毕业生共计931人……

这批学生通过六年学习已达到培养目标的基本教学要求，完成了教学计划所规定的各个教学环节，毕业设计成绩及格，大多数同学能够熟练地掌握一门外文。

这届毕业生中共有85人获得学习优良奖状，占全体毕业生9%，优秀毕业生奖章获得者14人，占1.5%。获得奖状的同学中党员占25%，团员占71%，团支委以上干部占44%。

这届获得奖状的毕业生都达到了以下的条件：毕业设计都是5分；大多数同学60%理论课学习成绩为5分；大多数同学外文学习达到研究生入学考试水平。

清华大学档案，全宗号2，目录号 校1，案卷号 62014

1962—1963年度寒假毕业生基本情况

(1963年3月)

本届毕业生是1957年入学的,在校学习五年半,本届正式毕业生共864人,计:

土木建筑系	209名	无线电电子学系	9名
水利工程系	122名	自动控制系	2名
动力机械系	126名	工程物理系	7名
精密仪器及机器制造系	60名	工程化学系	2名
冶金系	103名	工程力学数学系	1名
电机工程系	221名	基础课培训班	2名

其中男同学726人,女同学138人,党员85人(占9.8%),团员594人(占56.8%)。另外,本年度寒假尚有印度尼西亚留学生一人,代培生6人。

这批同学通过五年半的学习已达到培养目标的要求,完成了教学计划所规定的各个教学环节,进行了毕业设计(一般在20周左右),并通过答辩,大多数同学能够熟练地掌握一门外文进行专业阅读。

根据《关于毕业班与毕业生的表扬和奖励办法》,坚持红专结合的标准,经过评选,这届毕业生中共有96人获得学习优良奖状(占11%),其中又有18人获得优秀毕业生奖章(占2.1%)。

在96名被表扬的学生中,党员占20%,团员占78%。团支委以上干部占24%。其中还有体育代表队员5名,文工团员5名。

清华大学档案,全宗号2,目录号 校1,案卷号63007

1962—1963年度暑假毕业生基本情况

(1963年7月27日)

本届应有正式毕业生共1 202名,已经校委会通过1 079名[①],其中本校毕业生1 040名,代培、借读生39名。本校毕业生中六年制897名,五年半制21名,五年制122名,其中男同学914名,占88%,女同学126名,占12%,党员224名,占21.5%,团员731名,占70%。这些毕业同学都已达到培养目标的要求,完成了教学计划所规定的各个教学环节,其余123名应届毕业生在7月25日以前尚未完全结束课程或做完毕业设计,暂未列入名单。

另外还有因课程不及格或毕业设计不及格的结业生8名。

根据校委会关于《毕业班与毕业生表扬和奖励办法》,坚持红专结合的标准,通过评选,这届毕业生中共有先进集体五个:

冶金系金3班　　　　　　无线电电子学系无308班
自动控制系自403班　　　工程化学系化301、302班
工程力学数学系力304班

这批毕业生中共有119位同学荣获学习优良奖状,约占毕业生总数的10%,其中尚有4位同学获得优秀毕业生奖章。

在这119名获得学习优良奖状的同学中有党员28名,占23.5%,团员85名,占71.5%。得奖的团员中团支委以上干部57人,占总数47.59%。其中还包括体育代表队员和文工团员10名。在这批得奖的同学中有4名为五年制毕业生。

1963年7月27日
《清华公报》增刊第11期,1963年9月11日

[①] 编者注:1963年9月的《清华大学1963年暑假毕业生分配工作总结》(见清华大学档案全宗号2目录号校5案卷号63008第2页)中记载,本年暑假毕业生1 167人。

1963—1964 学年度寒假毕业生基本情况

(1964 年 2 月 25 日)

本届应有毕业生共 136 名,其中本校 106 名,代培生 28 名,外国留学生 2 名。截至目前课程全部结束并通过毕业设计答辩,业经 1963—1964 年度第七次校务会议通过准予毕业的 78 名,其中本校毕业生 76 名,代培毕业生 2 名。这 78 人中,男同学 65 名,占 83%;女同学 13 名,占 17%。党员 46 名,占 59%;团员 23 名,占 29.5%。这 78 名毕业同学都已达到培养目标的要求,完成教学计划所规定的各个教学环节。其余 58 名应届毕业生在 1 月 23 日以前尚未完全结束课程或做完毕业设计,暂未列入名单。

根据校委会《关于毕业班与毕业生表扬和奖励办法》,坚持红专结合的标准,通过评选,这批毕业生中共有四位同学荣获学习优良奖状,其中二位同学获得优秀毕业生奖章。

《清华公报》增刊第 12 期,1964 年 2 月 25 日

1963—1964 学年度暑假毕业生基本情况

(1964 年 9 月 7 日)

本届应有正式毕业生共 2 279 名,经校委会通过的 2 210 名,其中本校毕业生 2 189 名,代培、借读生 21 名。本校毕业生中六年制 2 151 名,五年半制 1 名,五年制 37 名。其中男同学 1 799 名,占 82.2%;女同学 390 名,占 17.8%。党员 351 名,占 16%;团员 1 732 名,占 79%。这些毕业生都已达到培养目标的要求,完成了教学计划所规定的各个教学环节。其余 69 名应届

毕业生在8月4日以前尚未进行毕业设计答辩，所以暂不列入名单。

另外还有结业生8名。

经过校委会审查批准，这届毕业生共表扬5个四好班，5个先进毕业设计小组。

这次通过的2 210名毕业生中，共有222位同学荣获学习优良奖状，约占毕业生总数的10%，其中尚有24位同学获得优秀毕业生奖章。

在这222名获得学习优良奖状的同学中，有党员64名，占28.6%；团员155名，占70%；团支委以上干部136名，占61%。其中还包括体育代表队和文工团员24名，占11.2%。

《清华公报》增刊第13期，1964年9月7日

1964—1965学年度寒假毕业生基本情况

（1965年3月12日）

本届共有毕业生40名，其中本校毕业生39名，代培生1名。

这40名毕业生中，男生31名，占77.5%；女生9名，占22.5%；党员29名，占72.5%；团员10名，占25%。

本届毕业的40名学生均已完成教学计划规定的各个教学环节，完成毕业设计并通过答辩。

《清华公报》增刊第15期，1965年3月12日

1964—1965学年度暑假毕业生基本情况

(1965年9月6日)

1964—1965学年度暑假毕业生基本情况

1964—1965学年度暑假毕业生共2 008名。其中本校毕业生1 992名，代培、借读生15名，外国留学生1名。

在2 008名毕业生中，六年制1 980名，五年半制1名，五年制27名。男同学1 669名，占83％；女同学339名，占17％。党员440多名，占22％；团员1 460多名，占73％。

这些毕业生都已达到培养目标的要求，完成了教学计划所规定的各个教学环节和"真刀真枪"的毕业设计。

另外，本届尚有结业生8名。

为了奖励先进，树立典范，校委会决定在本届毕业生中，表扬16个四好毕业班；6个优秀毕业设计小组；33名优秀毕业生（占毕业生总人数1.6％）和257名学习优良奖状获得者（占13％）。另外各系系委会还表扬了33个优良毕业设计小组。

《清华公报》增刊第18期，1965年9月6日

1965—1966学年度寒假毕业生情况

(1966年4月11日)

本届毕业学生25名，其中男生23名，女生2名；共产党员16名，共青团员9名。

这25名毕业生都是原来5字班应在1965年7月毕业的学生。其中因担任半脱产干部而延长学习年限半年的15人，因病延长学习年限的10人。

另毕业外国留学生（越南）20人。

以上学生均已完成教学计划所规定的各个教学环节，并通过毕业设计答辩。

《清华公报》增刊第 20 期，1966 年 4 月 11 日

（八）名单

1. 第一批政治辅导员名单

第一批政治辅导员名单※

（1953 年）

1. 电机系　均电三　刘迺泉　吕　林　杨吟梅　唐泽圣　张芳榴
2. 动力系　均动三　容文盛　杜建寰
3. 机械系　均机三　吴则松　吴肇基　刘尔抗
4. 水利系　均水三　汪兴华　宋德蕃　蚁锦中
5. 土木系　均土三　黄志冲　方惠坚　李锦坤
6. 建筑系　均建三　谢文蕙　赵炳时
7. 石油系　均石三　黄圣伦　吴麟祥　刘长生　林世雄

学生会主席：张慕萍（电三）

方耀堂（水三）

董曾南（水三）

以上共 25 人

清华大学档案，全宗号 2，目录号 党 11，案卷号 047

2. 历年本科录取新生名单[1]

1953 年清华大学录取新生名单

（1953 年）

530001 韩西箴	530002 单玉相	530003 张玉莹	530004 李兰坡
530005 贾同民	530006 陈全安	530007 李清源	530008 陈远宗
530009 刘　宽	530010 唐與谌	530011 薛君昌	530012 徐忠熙
530013 陈绍康	530014 胡　均	530015 赵雅生	530016 李　淳
530017 蔡震升	530018 何健平	530019 郭秉耀	530020 蔡天益
530021 王材中	530022 黄焯霖	530023 张立珂	530024 林崇明
530025 王　坨	530026 麻春福	530027 刘彰业	530028 刘文蓉
530029 田　燕	530030 高宝山	530031 陈绮伦	530032 陶乃绵
530033 田寿恬	530034 吴嘉燕	530035 唐朝碧	530036 倪宜升
530037 王庸禄	530038 都　森	530039 王丽竹	530040 孙春华
530041 周开英	530042 王文鑫	530043 于缦云	530044 权甲善
530045 王平生	530046 李肇瑞	530047 谢寿椿	530048 李爱丽
530049 曲廉生	530050 陈金琦	530051 田嘉禾	530052 万传敬
530053 刘培基	530054 李春海	530055 张海搏	530056 富克信
530057 孙树智	530058 左家戬	530059 孙达庚	530060 尹岐纲
530061 冯赓瑾	530062 朱恩荣	530063 吴世昌	530064 王文波
530065 张永仁	530066 刘恩承	530067 戴　超	530068 周大武

---

[1] 编者注：各年名单档案均为手写件，除 1960 年名单以外，各年学号人名已根据学籍卡进行核对。

530069	万义麟	530070	黄伯森	530071	张营楷	530072	安大中
530073	刘维馨	530074	刘毓珊	530075	张令佳	530076	陈祖锐
530077	王国钧	530078	高志敏	530079	赵俊霞	530080	孙 钺
530081	王大中	530082	刘泽清	530083	郭子宁	530084	杜志毅
530085	王琛基	530086	杨锡宫	530087	崔鸿昌	530088	李宝锴
530089	孟繁煊	530090	孟志勇	530091	阎国玮	530092	王树清
530093	华茸年	530094	王新增	530095	赵瑞森	530096	夏记辰
530097	宗国樑	530098	毛振海	530099	刘雨亭	530100	康振寰
530101	李 蔼	530102	李汝庆	530103	张定昌	530104	徐先骐
530105	刘荣远	530106	李树青	530107	曾希临	530108	石蕴璞
530109	王英芳	530110	王端祜	530111	刘文圃	530112	任海臣
530113	于宗汉	530114	张建兴	530115	董廷宗	530116	梁文峰
530118	田锦文	530119	夏光裕	530121	王振纲	530122	樊熙绩
530123	郭 秀	530124	熊家骏	530125	李魁盛	530126	李绪含
530127	唐继明	530128	徐锦芬	530129	袁冠森	530130	袁本鑫
530131	杜肖根	530132	陈雄月	530133	胡员峤	530134	黄永宽
530135	叶长钧	530136	陈国良	530137	钱 祥	530138	汪复兴
530139	宣炳南	530140	姜忠茂	530141	经乾良	530142	戚应轩
530143	章宏勋	530144	张伯骥	530145	王宗藩	530146	朱道海
530147	赵婉贞	530148	吴燕生	530149	胡 伟	530150	吕孝勤
530151	沈慧良	530152	史美珥	530153	王之康	530154	何 钿
530155	陈琪儿	530156	吴必忠	530157	朱志虹	530158	潘惟儒
530159	张显忠	530160	李友琴	530161	邱礼安	530162	周伟雯
530163	吴继常	530164	陈振群	530165	应世傑	530166	何祚蒨
530167	钟嘉斌	530168	徐红宝	530169	张奇鹏	530170	褚季燊
530171	邬敏贤	530172	杨大康	530173	李家明	530174	周厚志
530175	黄邦辉	530176	邵醒凌	530177	包志拯	530178	李毓隽
530179	陈国栋	530180	陈迎棠	530181	罗经宇	530182	黄自由
530183	马家骏	530184	王慕一	530185	陈炳坤	530186	詹志远
530187	林 骧	530188	吴肇泰	530189	钮静华	530190	宓麒廷
530191	刘涌鑫	530192	金龙乾	530193	何伯恭	530194	陈君明
530195	步宝钧	530196	孙一夔	530197	林 逸	530198	陈文熊

530199	胡瑞安	530200	李兴邦	530201	张令尹	530202	梁先第
530204	胡肄钊	530205	丁昌信	530206	武天佑	530207	武天保
530208	郗崇勋	530209	尤德予	530210	吴荫六	530211	严宗美
530212	钱焕廉	530213	张先畴	530214	倪崇燮	530215	张 杰
530216	吴融华	530217	孙永徐	530218	汪德宇	530219	史斌星
530220	王公辅	530221	陆克一	530222	詹 娴	530223	王 平
530224	赵彭生	530225	蒋同远	530226	杨希林	530227	汤亚美
530228	李鸿谋	530229	朱盛宝	530230	李德昌	530231	朱克钟
530232	吕允文	530233	袁 起	530234	汪德容	530235	姚志功
530236	丁文镜	530237	陈九锡	530238	孙 都	530239	盖寰一
530240	钱 立	530241	高世荣	530242	张炳荣	530243	张纪盛
530244	谢启泰	530245	周满森	530246	曹正明	530247	沈世英
530248	陆胜良	530249	袁克昌	530250	葛祖恬	530251	朱人杰
530252	季莲华	530253	陶祖潜	530254	吴尧生	530255	秦文汀
530256	叶勉琛	530257	陆蟠引	530258	胡仰之	530259	蔡靖宇
530260	朱兆安	530261	毕福春	530262	姚干保	530263	潘露舟
530264	蒋顺法	530265	朱云章	530266	张应传	530267	许崇智
530268	徐恺堂	530269	闻方銮	530270	江祖康	530271	宋孟伟
530272	倪季宽	530273	高文照	530274	蔡澹一	530275	华觉明
530276	杨祖桢	530277	李嘉樑	530278	程敏生	530279	周雄徽
530280	戚鸣皋	530281	柳作民	530282	宋兆荣	530283	王树文
530284	吴品正	530285	李树维	530286	高冠山	530287	查幼良
530288	尹希圣	530289	张延兴	530290	康泰济	530291	顾本广
530292	章兆鹏	530293	景士都	530294	虞万钧	530295	唐家骐
530296	丁志恩	530297	黄 智	530298	张国森	530299	杨明德
530300	王乐安	530301	唐为元	530302	王文藻	530303	吕明辉
530304	郑仲玉	530305	程少微	530306	赵御禔	530307	夏克东
530308	傅引胜	530309	边云峰	530310	徐满鉴	530311	刘渭祈
530312	陈贤高	530313	何 曙	530314	赵玉正	530315	董 恒
530316	周恒誉	530317	陈公权	530318	吴振声	530319	章洪涛
530320	臧国璋	530321	舒增鳌	530322	裘伟江	530323	洪积深
530324	陈孝芳	530325	王振基	530326	解萼清	530327	张 禽

530328	傅德贵	530329	李永麟	530330	陈开国	530331	郑保矗
530332	王述纯	530333	朱维和	530334	钱振东	530335	尚 礼
530336	章开琏	530337	金恒昀	530338	王良华	530339	王燕祖
530340	蔡树煌	530341	戴必祯	530342	孔小岑	530343	虞廷球
530344	杜秀余	530345	徐世江	530346	黄观尧	530347	徐正宥
530348	李德和	530349	张志民	530350	朱耆祥	530351	杨红旗
530352	牟伟善	530353	齐大中	530354	马崇山	530355	王兴奎
530356	童钧芳	530357	李慎诚	530358	韩笑我	530359	王至尧
530360	张业昌	530361	吕孝培	530362	张 渌	530363	戴继祖
530364	王树庭	530365	张珪霖	530366	王瑞卿	530367	贾树荣
530368	王金堂	530369	徐延伟	530370	李裕文	530371	徐德贤
530372	王自修	530373	张麟悟	530374	李尊荣	530375	刘德清
530376	章海源	530377	张德和	530378	赵 伸	530379	陈云惠
530380	叶一新	530381	吴志强	530382	王耀明	530383	郑文应
530384	栾兆桂	530385	黄火盛	530386	陈森灿	530387	王其昌
530388	王黎蓓	530389	李树安	530390	梁猷能	530391	萧南平
530392	王幼武	530393	徐龙啸	530394	黄 畯	530395	王规新
530396	涂益韶	530397	曲仁俊	530398	方海洲	530399	崔岚英
530400	张雨时	530401	史可来	530402	杜兴义	530403	段 磊
530404	吕新瑞	530405	李素蕊	530406	潘克俭	530407	郭正国
530408	董 瑛	530409	郝允沛	530410	李昌淮	530411	张银生
530412	杨淑镇	530413	黄克巍	530414	尹国中	530415	潘昌年
530416	陈迪珊	530417	李赞普	530418	周孝焘	530419	陈新宪
530420	何方殿	530421	刘小泉	530422	郭燕然	530423	李 重
530424	黄人达	530425	胡文彬	530426	卓乐斌	530427	欧阳常
530428	张明礼	530429	凌趾祥	530430	罗曜增	530431	江惠悟
530432	薛蕃蓁	530433	薛淡之	530434	王天回	530435	邵恩海
530436	王纪平	530437	游性忱	530438	黎国雄	530439	穆中辰
530440	李国强	530441	周泽榕	530442	刘育敬	530443	杨友桢
530444	古展昌	530445	胡汎舟	530446	侯祥知	530447	杨南祥
530448	夏家驹	530449	杨哲明	530450	杨越宁	530451	陈嘉友
530452	陈胜华	530453	刘昭信	530454	刘炳耀	530455	李国权

530456 吕君琰	530457 雷碧瑚	530458 张怡谦	530459 马和协
530460 张耀滔	530461 梁耀明	530462 李子超	530463 李纯儒
530464 邓秉中	530465 陈 震	530466 蒋蕴璞	530467 黄燮仁
530468 朱孟雄	530469 何德誉	530470 梁志霖	530471 林日平
530472 罗征培	530473 龙宝饴	530474 明柱文	530475 黄大文
530476 陈振华	530477 刘焕曦	530478 何长鑫	530479 翟善乐
530480 黄运春	530481 陈国伟	530482 任孝年	530483 谢永泉
530484 麦斯康	530485 袁举雄	530486 曾艺成	530487 曾 斌
530488 雷震埙	530489 周玉湘	530490 林 丞	530491 谢 懿
530492 杨敦福	530493 唐永龄	530494 邹正修	530495 王传森
530496 陈锡潭	530497 黄廷枢	530498 艾雍宜	530499 胡文瀚
530500 蒋承溪	530501 李达源	530502 彭伟君	530503 甘懋源
530504 陈尚齐	530505 杨菊根	530506 郁慕真	530507 王学芳
530508 王南蓉	530509 陆玛玲	530510 郭晓鸥	530511 罗泽圣
530512 陈学富	530513 程之路	530514 刘丽华	530515 易维坤
530516 李以玖	530517 何崃生	530518 程司潜	530519 汤朝模
530520 王式全	530521 王家齐	530522 邱忠泽	530523 李祥玉
530524 李万福	530525 邹积铎	530526 徐德基	530527 刘星荣
530528 胡治宇	530529 陈国志	530530 陈毓斌	530531 陈万雄
530532 童良铨	530533 韩效孔	530534 周宏书	530535 黄学恒
530536 黎昌谦	530537 萧开淮	530538 葛荣隆	530541 范天民
530542 胡宗藻	530543 王 伦	530544 王家珠	530545 赵怀玉
530546 魏洪波	530547 任 健	530548 杨绪丰	530549 塔 拉
530550 谭益谦	530551 吴大征	530552 秦澍麟	530553 陈树楷
530554 费廷和	530555 彭树梅	530556 李振涛	530557 周玉初
530558 蔡震中	530559 陈远琛	530560 王树人	530561 戴声焕
530562 马 力	530563 汪建美	530564 张丽文	530565 韩燕生
530566 谢玉华	530567 曹德彰	530568 吴晓声	530569 黄炜纲
530570 张英斌	530571 王梦阳	530572 尹翼开	530573 张 瞰
530574 伍步仉	530575 魏平田	530576 姚林锺	530577 卢 珩
530578 钮平南	530579 汤丙午	530580 杨维益	530581 路绍华
530582 余明德	530583 徐培忠	530584 杨凤仪	530585 郭积厚

530586 黎洁芳	530587 刘美芹	530588 高建武	530589 顾静志
530590 谢光涌	530591 黄锡志	530592 王继禹	530593 蔡起光
530594 阎志一	530595 王文津	530596 刘思义	530597 张晓东
530598 姚家祎	530599 徐铁龄	530600 殷志强	530601 徐忠净
530602 顾德敬	530603 沈世钢	530604 孙宝琮	530605 沈慧君
530606 赵秉彦	530607 訾世铭	530608 劳　安	530609 陈业敏
530610 张宝常	530611 燕忠恕	530612 黄英伟	530613 李新明
530614 迟君仁	530615 丁庆云	530616 边俊杰	530617 蒋鸿儒
530618 萧鸿学	530619 蔡体敏	530620 马婉才	530621 王传佑
530622 郭家仪	530623 戚庆成	530624 王炎康	530625 叶骥良
530626 单邦樑	530627 葛人飞	530628 唐汉文	530629 王祖范
530630 侯子良	530631 张静华	530632 王正中	530633 吴国钦
530634 何业宏	530635 鲍克昌	530636 朱匡一	530637 罗　昶
530638 江文琴	530639 沈家荦	530640 时锺霁	530641 董友钧
530642 王　琦	530643 林蔼明	530644 钱庆熊	530645 王文华
530646 罗有益	530647 陈彭施	530648 王惠生	530649 夏绍瑢
530650 杨志伟	530651 陈同驹	530652 张玉美	530653 戚贵容
530654 郭秉英	530655 朱锡纯	530656 徐果馨	530657 孟斌华
530658 赵关旗	530659 徐荣瑜	530660 陈志怡	530661 孙杨镰
530662 王如恩	530663 刘公衡	530664 黄竹均	530665 徐　路
530666 潘士巽	530667 林文添	530668 夏新顺	530669 许　京
530670 程天杰	530671 李容娟	530672 伍尚功	530673 郑企仁
530674 毛新福	530675 邹启明	530676 周其坤	530677 冯勋伟
530678 冯之铗	530679 张慰钧	530680 朱　强	530681 邬学义
530682 杨尔宁	530683 应纯同	530684 陈兆玲	530685 顾国彪
530686 张务健	530687 章曾焘	530688 汪寿基	530689 沃杏珠
530690 陈炳宏	530691 赵佐樑	530692 舒景樟	530693 乐正华
530694 沈　熊	530695 陈大轮	530696 关　仲	530697 钱金庆
530698 胡怀年	530699 张荣华	530700 张慰黎	530701 朱自庄
530702 盛菊芳	530703 俞国宁	530704 谭浩强	530705 柴怀琛
530706 杨自任	530707 陈彤椿	530708 洪衍华	530709 刘庭华
530710 程毓瑛	530711 乐秀大	530712 祁心仪	530713 谢行健

530714	李仲平	530715	吴乐嘉	530716	陈黎明	530717	姚慧华
530718	曾昭华	530719	荆文宪	530720	程宇伟	530721	俞宽鉴
530722	朱聘冠	530723	杨光正	530724	庞千青	530725	杨祖民
530726	高世熙	530727	杨容衡	530728	孙德周	530729	莫佛根
530730	刘才铨	530731	徐家鑫	530732	宋来宣	530733	沈正谊
530734	季超俦	530735	陈世齐	530736	胡宗渭	530737	陶永如
530738	过增元	530739	萧承德	530740	王儒评	530741	路祖铭
530742	姜之骏	530743	邵国桢	530744	张国华	530745	梅协英
530746	是成之	530747	王　素	530748	陈松林	530749	叶庆丰
530750	褚冠臣	530751	秦运霞	530752	顾元瑞	530753	常爱文
530754	樊文燕	530755	蒋惠生	530756	华　旦	530757	黄慰萱
530758	周　适	530759	王祖键	530760	张爱民	530761	江执中
530762	王其俊	530763	王嘉裕	530764	张涵信	530765	徐德恕
530766	韩广武	530767	张绪祎	530768	冯昌远	530769	平　雷
530770	金茂卢	530771	葛长华	530772	汪克仁	530773	乌传经
530774	金其莹	530775	胡修谱	530776	陈　实	530777	陈玲燕
530778	王春和	530779	李素芯	530780	章华浦	530781	游鄂毓
530782	陈春平	530783	张旭俊	530784	袁道生	530785	赵本英
530786	焦毓炳	530787	孟繁钰	530788	耿树德	530789	杨淑芳
530790	田葆玮	530791	徐宜志	530792	刘守中	530793	曹登册
530794	郑福裕	530795	王恒雷	530796	温登进	530797	王常仁
530798	张珍霖	530799	王基奎	530800	庞立福	530801	奚绍黄
530802	程庆长	530803	金继升	530804	吴　峨	530805	施能民
530806	陈以雄	530807	林鸿斌	530808	李维特	530809	刘文华
530810	李崇智	530811	杨德新	530812	翁立臣	530813	金清寿
530814	齐祥元	530815	刘少强	530816	吕志文	530817	姜恩涓
530818	韩曾萃	530819	闵珍晖	530820	席承安	530821	徐风度
530822	郑昌允	530823	王才顺	530824	乔　怡	530825	周在钧
530826	牛继鸿	530827	李允申	530828	徐用懋	530829	黄淑湘
530830	寇世琪	530831	邸荣威	530832	武良轩	530833	苗得霖
530834	赵田夫	530835	陆耀魁	530836	李丁九	530837	刘铁柱
530838	卞伯绘	530839	周希章	530841	余家琪	530842	邓慧明

530843 涂序群	530844 黄祖恩	530845 唐宝琴	530846 林健荣
530847 张纬锬	530848 关黄枝	530849 杨诗秀	530850 赖敏儿
530851 黄杰民	530852 陈锺涣	530853 梁子雄	530854 张焯坤
530855 邝锐宏	530856 丘仲凡	530857 陈荣秋	530858 罗 桑
530859 余安祖	530860 源永亨	530861 李颂哲	530862 黄增卫
530863 关瑞恒	530864 陈清亚	530865 陈承雄	530866 何适生
530867 邵忠谟	530868 杨行嘉	530869 贡 华	530870 王亚光
530871 张世武	530872 贾耀国	530873 牟绪程	530874 王行刚
530875 李昌仙	530876 段朝全	530877 钱尚廉	530878 王德蜀
530879 郭道宏	530880 王继华	530881 左绍炎	530882 吴树煌
530883 刘国镛	530884 史升浏	530885 阙宗远	530886 王焰秋
530887 邓治耀	530888 王维忠	530889 毛健雄	530890 李清泉
530891 邓亚飞	530892 虞勋铭	530893 瞿学仁	530894 谢福炯
530895 卓韵裳	530896 叶树荣	530897 文 生	530901 余宗明
530902 侯 位	530903 王炎生	530904 张金奎	530905 张光恺
530906 张荣宝	530907 张翰胜	530908 赵金宝	530909 陈昭龙
530910 李晋奎	530911 赵运昌	530912 杨金绪	530913 詹殿章
530914 何思勇	530915 刘德婉	530916 王丽君	530917 孙 孚
530918 沈 英	530919 张祖荫	530920 康炳温	530921 何可人
530922 姚汝祥	530923 高深谋	530924 郭继汾	530925 康滋荣
530926 杨鸿臣	530927 刘孔禄	530929 孔繁达	530930 李士元
530931 郑启华	530932 董俊恺	530933 赵金城	530934 李范阳
530935 王学文	530936 阎 震	530937 潘国强	530938 张明远
530939 戚务恕	530940 邵 琦	530941 程恩健	530942 陈玄淳
530943 张敬文	530944 谈耀恺	530945 张晓云	530946 李令仪
530947 马德源	530948 陈文贵	530949 丁良士	530950 綦骏声
530951 刘维城	530952 关允珍	530953 李元哲	530954 张兰生
530955 张力田	530956 凤存荣	530957 沈素芳	530958 汪庆萱
530959 徐宝丽	530960 张 岳	530961 林屿琦	530962 沈芝珍
530963 韩若兰	530964 张五禄	530965 孙新元	530966 邵 强
530967 王式秀	530968 德 铮	530969 李正行	530970 王树杰
530971 韩 葳	530972 李世全	530973 孔令琴	530974 孙一坚

530975 王钵绪	530976 林　锋	530977 张寿峰	530978 李亚真
530979 刘秀云	530980 梁仪筠	530981 杨龄玉	530982 白兰璧
530983 邹　燕	530984 谷葆初	530985 杨若琼	530986 刘郁芳
530987 张雪石	530988 高熙敏	530989 刘光汉	530990 陈浩凯
530991 王玉莹	530992 李京璋	530993 李浦修	530994 马玮献
530995 周志华	530996 许宏庄	530997 李万青	530998 郭晓航
530999 田学哲	531000 马　和	531001 刘志存	531002 曹林祥
531003 张天眷	531004 赵瑞升	531005 程华昭	531006 李苏兰
531007 翟宗斡	531008 郑薛诚	531009 王康麒	531010 田文泉
531011 王渊瀛	531012 张广权	531013 赵恩荣	531014 范迪璞
531015 郭慧琴	531016 谢若松	531017 田瑞玲	531018 李国琛
531019 庄宗穆	531020 黄维琼	531021 孙蕴山	531022 陆思明
531023 陈育俊	531024 李步群	531025 陈有霖	531026 侯锡琰
531027 王令博	531028 李福垣	531029 刘哲君	531031 张秀荣
531032 荆硕甫	531033 高祥生	531034 徐亚英	531035 赵夔生
531036 王维珍	531037 张宝和	531038 王禹平	531039 王增裕
531040 苏更生	531041 董利康	531042 卢德谊	531043 张海泉
531045 马绍川	531046 张树全	531047 王承熙	531048 李玉明
531049 胡婀姿	531050 夏宗琴	531051 周玉华	531052 丁妙珍
531053 刘作仁	531054 梁守仁	531055 刘荣勋	531056 张得米
531057 李世兴	531058 景明新	531059 刘慧永	531060 戴惠谅
531061 赵发光	531063 李新政	531064 李建国	531065 魏震华
531066 侯佩瑾	531067 张桂森	531068 苏　毅	531070 杨松林
531071 张家璋	531072 高仁保	531073 郝锐坤	531074 常正德
531075 苗日新	531076 丁瑞甫	531077 张　海	531078 马文相
531079 康德基	531080 刘承业	531081 王者香	531082 王开明
531083 谢文瑞	531084 沈观林	531085 吴锡瑾	531086 曹卓峰
531087 李梅丽	531088 萧衍芳	531089 陈萌青	531090 柳慧芳
531091 蒋恩德	531092 孙惠镐	531093 刘申南	531094 杨洪侠
531095 李克仁	531096 俞国音	531097 施健中	531098 朱绣良
531099 吴隆恩	531100 马凤田	531101 程　豪	531102 范荣屏
531103 刘延柱	531104 陈星文	531105 钱锡康	531106 高本立

531107 宋德柱	531108 茅　谷	531109 邵学正	531110 屠基安
531111 史玉南	531112 沃祖全	531113 李维惠	531114 钱雪英
531115 吴凤藻	531116 郭予其	531117 金维菁	531118 沈玉芝
531119 卢佩洁	531120 边敏儿	531121 柴崇荷	531122 朱　锷
531123 吴宗铎	531124 徐国安	531125 杜伊力	531126 俞志强
531127 王佩珣	531128 唐乙龙	531129 冯元玫	531130 冯正弘
531131 郑爱奋	531132 程佩文	531133 崔文君	531134 许少俊
531135 顾芙初	531136 陈尔彭	531137 费　麟	531138 徐民苏
531139 毛德亮	531140 程懋薇	531141 芮经纬	531142 徐智慧
531143 梁支厦	531144 俞有炜	531145 施岚青	531146 韩庆华
531147 朱文杰	531148 车文影	531149 姚德霖	531150 柯成椿
531151 何本善	531152 陈福芳	531153 季之潭	531154 汪柏年
531155 陈统生	531156 谢曼丽	531157 姚金龙	531158 吴立信
531159 孙重轩	531160 胡寅元	531161 戴石玉	531162 李吉人
531163 李高岚	531164 张　斌	531165 戈世枘	531166 高玉瑾
531167 李克宽	531168 诸葛茜	531169 光相崇	531170 张居猷
531171 居馀马	531172 谢彦文	531173 尤寿钰	531174 鄢瑜南
531175 顾锡林	531176 张耀曾	531177 袁燕昌	531178 钱士英
531179 邰锺霞	531180 陶振锡	531181 周之骥	531182 陆文英
531183 许如珑	531184 屈永清	531185 倪寿南	531186 顾大可
531187 徐士禄	531188 胡蝶醒	531189 李铭臻	531190 张迪之
531191 府仁寿	531192 胡天玲	531193 戈大德	531194 姚伏生
531195 屠庆炜	531196 金增洪	531197 施文华	531198 周延栋
531199 丁庆铭	531200 郭其武	531201 虞万钟	531202 王百轸
531203 方鄂华	531204 夏　冰	531205 蒋聪侨	531206 余万程
531207 章文韶	531208 余志敏	531209 程立生	531210 徐玉棠
531211 朱执竑	531212 胡绍学	531213 余知生	531214 史倬匡
531215 张玉祥	531216 朱佛佛	531217 许先玉	531218 韩祖尧
531219 罗兴昌	531220 潘佐华	531221 陈晓晖	531222 徐功铮
531223 王福琳	531224 倪元增	531225 包承纲	531226 张定谋
531227 秦萃德	531228 叶寄尘	531229 向惟湘	531230 王明华
531231 苏尚超	531232 赵沛标	531233 谢君伦	531234 王德骅

531235	楼望俊	531236	林京祥	531237	石奇忠	531238	王申如
531239	赵晓茵	531240	詹庆旋	531241	杨景棻	531242	叶兴福
531243	许季方	531244	蔡 季	531245	李性厚	531246	张芳亭
531247	金修霜	531248	王顺达	531249	刘聿曾	531250	孙正环
531251	朱淑英	531252	于淑真	531253	汪心洌	531254	王德民
531255	杨德明	531256	戚以东	531257	洪次坤	531258	王丽成
531259	吕淑芝	531260	王可钦	531261	李润长	531262	迟云厚
531263	李桂君	531264	牟灵泉	531265	姜安善	531266	褚遂遂
531267	郑梦霞	531268	李宗兴	531269	赵若鹏	531270	赵敦明
531271	杜伦章	531272	赵克强	531273	骆祖景	531274	刘恩雄
531275	吴伟中	531276	林立岩	531277	陈家驷	531278	王时烽
531279	陈昌晴	531280	林 曜	531281	戴祖庚	531282	郑华康
531283	蔡祖康	531284	黄文赋	531285	翁聿琇	531286	郑振昆
531287	李龙土	531288	马志毅	531289	陆雍森	531290	饶鑫焱
531291	李秀夫	531292	良 彦	531293	李世训	531294	段传极
531295	刘仲铭	531296	汪少武	531297	范锡南	531298	傅伯英
531299	童树基	531300	谢宗均	531201	冯思健	531202	彭 眉
531303	王桂侯	531304	陈定德	531053	胥怀尧	531306	陈渭忠
531307	邱应燕	531308	吕孝琪	531309	童阳春	531310	罗辉荣
531311	刘孝义	531312	戴念中	531313	刘应才	531314	蔡雪如
531315	何成师	531316	周汝泰	531317	崔世君	531318	余成麟
531319	郑光中	531320	舒子亨	531321	顾晴霞	531322	姚永陵
531323	龙于图	531324	王典辉	531325	丁元川	531326	熊天霖
531327	陈先觉	531328	刘永纯	531329	龚柔坚	531330	袁天生
531331	戴仁宗	531332	汤 仁	531333	刘安民	531334	李邦嬊
531335	应翠清	531336	郑隆烈	531337	薛 复	531338	鲁剑霞
531339	何信芳	531340	邵则玉	531341	帅修德	531342	谢智明
531343	王清友	531344	赵继祖	531345	张复东	531346	萧大雄
531347	徐华东	531348	陈保生	531349	邹宝箴	531350	徐万铮
531351	谢克明	531352	陈掀天	531354	侯学晋	531355	黄振国
531356	裴文珑	531357	李祖涵	531358	王仰先	531359	苗玉堂
531360	渠箴亮	531361	吴润耕	531362	党 鑫	531363	靳克义

531364 田正芳	531365 张世均	531366 海中春	531367 陈季筠
531368 单君莉	531369 郭月玲	531370 孙英琳	531371 马文慈
531372 张垚山	531373 陈汝娟	531374 张松喜	531375 李如佶
531376 谷甲修	531377 易去非	531378 宋友海	531379 黎彬臣
531380 刘琬珍	531381 胡正平	531382 何振成	531383 梁文若
531384 缪礼智	531385 傅祥源	531386 邓荣昌	531387 周俊德
531388 周迪文	531389 邹藻孙	531390 邹时萌	531391 郭月睿
531392 徐莹光	531393 王用纯	531394 陈月娥	531395 王景阳
531396 周畹香	531397 万世昌	531398 胡华樟	531399 王麟征
531400 贺文煌	531401 张迪光	531402 吴利泉	531403 林焕枢
531404 吴炎堃	531405 雷预枢	531406 冯乃谦	531407 吴彭年
531408 林维南	531409 杨赞琳	531410 叶冠勋	531411 袁锦春
531412 刘熙澄	531413 郑瞳灼	531414 郭永良	531415 张木源
531416 蔡秀媚	531417 李　明	531418 张悦锺	531419 李思唐
531420 陈树义	531421 姜为章	531422 司徒国彬	531423 罗华灼
531424 傅伟瑛	531425 郭光中	531426 刘大求	531427 曾汉泉
531428 邓淑玲	531429 易坤成	531430 李莹庆	531431 孙耀华
531432 保俊文	531433 刘锡基	531434 陈景浚	531435 桂治轮
531436 张端伟	531437 周天培	531438 萧乃枢	531439 吉　仲
531441 吴相钜	531442 王锡城	531443 周　键	531444 刘润生
531445 么新民	531446 颜慧真	531447 周志敬	531448 马汝馨
531449 熊秀锺	531451 研　廷	531452 王传久	531453 常崇宇
531454 王志清	531455 屈建石	531456 刘汉祯	531457 宁克新
531458 谢宏毅	531459 邱永华	531460 秦　士	531461 李良骏
531462 冯畹芝	531463 李效恕	531464 诸庆麟	531465 毛企道
531466 徐伯和	531467 王承志	531468 宛　平	531469 杨奇禄
531470 冯天涛	531471 奚毅馨	531472 张其飞	531473 胥兆基
531474 薛永寿	531475 潘颂熊	531476 焦治平	531477 童　骊
531478 朱雪龙	531479 吴国威	531480 陈奕升	531481 潘健维
531482 王晓涛	531483 陈秀芸	531484 翟春蕙	531485 吴蜜蜜
531486 孙勋先	531487 沈传泽	531488 孟维政	531489 欧阳金生
531490 张雪霞	531491 黄启灿	531492 张海良	531493 杨恩煦

531494	王承江	531495	董鸿勋	531496	杨自觉	531497	程佩青
531498	冯　燕	531499	李　珊	531500	张泽衡	531501	白金鼎
531502	沈慧斌	531503	齐树棻	531504	何高诚	531505	李永禄
531506	杨学森	531507	李同庆	531508	邓爱莲	531509	白贵祥
531510	孙同义	531511	杜彬兰	531512	潘学仁	531513	苗寄春
531514	陈秀英	531515	马玉新	531516	商　桂	531517	廉慧珍
531518	沈关福	531519	陈慧安	531520	杨家玲	531521	杨肇键
531522	沈恒滋	531523	朱蔚清	531524	华　瑛	531525	郑霁孙
531526	陆朝正	531527	吴莹清	531528	杨师麟	531529	张崇骞
531530	袁文度	531531	来晋炎	531532	陈宝康	531533	吕锦霞
531534	傅元新	531535	许为范	531536	王继孔	531537	丁　照
531538	王虎山	531539	姚绪荣	531540	陈玉良	531541	郑持光
531542	锺季清	531543	蒋振华	531544	李树猷	531545	汤少新
531546	梁道宏	531547	梁铁汉	531548	吴乃襄	531549	陈明善
531550	潘清漪	531551	崔少雷	531552	成铮君	531553	曾运霖
531554	马倩如	531555	万晓爱	531556	刘焕祥	531557	苗赫濯
531558	陈安仪	531559	何其祥	531560	陈彦新	531561	丘清琪
531562	王大成	531563	张建人	531564	侯露莹	531565	王汝勤
531566	宋国瑞	531567	贺坚莹	531568	高以智	531569	吴彦雷
531570	高蕴珍	531571	冯　军	531572	范崇澄	531573	范崇治
531574	杨天立	531575	帅应熙	531576	王志良	531577	王凤鸣
531578	吴开训	531579	崔君达	531580	周　方	531581	卢竹生
531582	王振明	531583	姜学文	531584	高启安	531585	周炳琨
531586	阎　立	531587	刘永福	531588	许承仁	531589	齐桂云
531590	曹培栋	531591	于万源	531592	李佳仪	531593	郭奕理
531594	张仁和	531595	舒文虎	531596	赵龙根	531597	汪震夏
531598	陈德芳	531599	徐瑞芝	531600	任其荣	531601	林德云
531602	杨宗耀	531603	庄同曾	531604	朱毓坤	531605	金保生
531606	江剑平	531607	王庆礽	531608	张培容	531609	黄培中
531610	应根裕	531611	俞鲁棣	531612	潘慈常	531613	陈丕瑾
531614	宗汉强	531615	姚惠贞	531616	丁海曙	531617	李伍昌
531618	刘逢强	531619	应联华	531620	韩家瑞	531621	王德亮

531622 徐　冰	531623 古启宣	531624 方世琦	531625 王家祯
531626 韩知琦	531627 谢其健	531628 杨钦迁	531629 宋恩沛
531630 梁炯兴	531631 张光云	531632 董若环	531633 王怀安
531634 韦佩长	531635 李　牧	531636 徐庆波	531637 吴持信
531638 唐广金	531639 逄桂芸	531641 贺佩文	531642 孙志诚
531643 吴端贯	531644 刘忠人	531645 朱伟哲	531646 傅振文
531647 张清俊	531648 郭文彩	531649 李美兰	531650 张纯根
531651 张关富	531652 郑大中	531653 俞鑫昌	531654 徐炳元
531655 徐家栋	531656 宋文榜	531657 周宝全	531658 朱正中
531659 陈道文	531660 沈祖相	531661 王绿漪	531662 何积范
531663 陆俭国	531664 缪道期	531665 陆首群	531666 沈亚城
531667 沈汝森	531668 张行陶	531669 陈　尧	531670 薛志尚
531671 顾治国	531672 费　荣	531673 沈以鸿	531674 丁惟炎
531675 李征帆	531676 徐宝全	531677 马福祥	531678 陈子痛
531679 胡启凡	531680 蒋君章	531681 潘士龙	531682 孔马良
531683 叶启华	531684 吴仁杉	531685 毛锡芝	531686 王守道
531687 郑思垣	531688 李淑清	531689 袁文川	531690 高永泉
531691 薛钦琳	531692 张孟期	531693 林　兼	531694 王伯瀚
531695 张　铍	531696 周鉴根	531697 王大昌	531698 李培婉
531699 王兆梓	531700 熊石仑	531701 余锦淮	531702 殷志鹤
531703 邓熙民	531704 凌西源	531705 陈名珠	531706 黎家玲
531707 张肇梧	531708 严周南	531709 黄轶凡	531710 展涤华
531711 赵修民	531712 费立信	531713 茹鹏路	531714 陈喜良
531715 严陆光	531716 吴树森	531717 梁少明	531718 冯应钧
531719 余琴荫	531720 张　磊	531721 马纪龙	531722 王之伦
531723 叶赐麒	531724 忻鸣晓	531725 张增荣	531726 魏承谟
531727 朱吉桥	531728 曹　资	531729 章光华	531730 任世英

清华大学档案，全宗号 2，目录号 校 3，案卷号 020

1954年清华大学录取新生名单

(1954年)

540001 刘　立	540002 周春田	540003 于仪芳	540004 王振常
540005 袁宝岐	540006 杨兆铭	540007 邸生财	540008 张　静
540009 翁文成	540010 常国隆	540011 王秉武	540012 杨俊功
540013 葛在基	540014 巢克念	540015 项海筹	540016 刘基博
540017 王希贤	540018 舒士甄	540019 陆浩清	540020 王玉宝
540021 顾鸿贞	540022 吴惕华	540023 王玉珊	540024 张昌利
540025 任继舜	540026 李　谋	540027 耿宗祯	540028 宋玉芬
540029 萧志野	540030 宋心诒	540031 范时中	540032 魏玉冰
540033 何纪龙	540034 杨晋生	540035 赵六奇	540036 王连辉
540037 樊重道	540038 贺士荃	540039 李莉君	540040 陆　毅
540041 任尔宝	540042 赵治安	540043 罗承志	540044 朱维翰
540045 王秀银	540046 张曜绪	540047 吴宋岳	540048 魏肇兰
540049 刘起荣	540050 祖廷铠	540051 毕作田	540052 张晓中
540053 石圭聿	540054 郭志麟	540055 常梦弼	540056 王树范
540057 范迎菊	540058 郭金星	540059 刘克重	540060 张叔鹏
540061 申福寿	540062 李思问	540063 郝祥素	540064 秦美如
540065 臧式先	540066 郎继兴	540067 张　绒	540068 杨文坛
540069 王乃芸	540070 安继刚	540071 李效琦	540072 诸昌清
540073 曲长芝	540074 陶　琨	540075 胡洪昌	540076 张继先
540077 李功喆	540078 何君平	540079 于书元	540080 张　玫
540081 刘毅豪	540082 赵士达	540083 关存和	540084 田行武
540085 王彦昌	540086 王凤楼	540087 郝蕴仓	540088 郭荣道
540089 聂玉光	540090 杨行峻	540091 刘元箴	540092 徐景芝
540093 朱健郎	540094 关冀华	540095 田世兴	540096 沈诗亭
540097 白新桂	540098 程绪贤	540099 李文轶	540100 张德祜
540101 赖三彦	540102 盛永祜	540103 叶志权	540104 张儒郴
540105 沈建业	540106 何秀明	540107 罗玉梅	540108 丁允恭
540109 秦瑞平	540110 王粲粲	540111 庄人望	540112 王　逌

540113 刘维鹏	540114 冯锺潮	540115 鲁晓平	540116 王蕴玉
540117 高人宜	540118 关儒燕	540119 高 锳	540120 阎善仪
540121 高力生	540122 蒋桂贞	540123 陶严锺	540124 周传璋
540125 邵景镛	540126 吴景岳	540127 田国瑞	540128 徐俊英
540129 云 铎	540130 金天裕	540131 刘宝琛	540132 方婉莹
540133 孙家馨	540134 高慧玲	540135 焦金祥	540136 张源泽
540137 王风岗	540138 卜立民	540139 李心敬	540140 魏源瑞
540141 杨宝丰	540142 张质文	540143 王旭初	540144 于泉长
540145 刘国肇	540146 孙家骧	540147 张胜林	540148 许一之
540149 王贵明	540150 孙道渊	540151 朱章楠	540152 倪志懋
540153 姚 普	540154 凌如昭	540155 朱珊慈	540156 李 遵
540157 晁尚彝	540158 穆成君	540159 姚金崑	540160 曾铁骑
540161 麦英龄	540162 王文敏	540163 孙黄君	540164 余慕洁
540165 张斯文	540166 许桂芝	540167 李芝玲	540168 李正春
540169 吕振华	540170 高嘉年	540171 穆荣昌	540172 刘乂墀
540173 李映铠	540174 孟宪柃	540175 刘世荣	540176 李平林
540177 倪蕙蓉	540178 薛大知	540179 庚以津	540180 刘启辉
540181 李念祖	540182 马玉华	540183 张玉洁	540184 张振纯
540185 萧玉麟	540186 李 仪	540187 赵福宣	540188 张云台
540189 么廷先	540190 刘绍周	540191 武元祯	540192 程 森
540193 赵自谦	540194 陈文瑾	540195 李春立	540196 焦芝林
540197 张德集	540198 陈鸣震	540199 樊景卿	540200 方天祉
540201 张永兴	540202 丑津士	540203 王茂源	540204 余加莉
540205 王作钧	540206 靳福有	540207 郑丕武	540208 李之义
540209 李尔康	540210 苏新天	540211 臧明昌	540212 聂铁城
540213 左铁锸	540214 何光亲	540215 尚鸿祚	540216 洪凤标
540217 张秀明	540218 林福英	540219 凤孟玉	540220 刘文德
540221 虞桂保	540222 马克金	540223 胡永盛	540224 陶美芝
540225 萧志清	540226 沈天长	540227 初敬秋	540228 王保福
540229 锺国成	540230 于培洁	540231 于镇洋	540232 唐美刚
540233 王学泰	540234 王允恭	540235 林宏新	540236 王志培
540237 柯本林	540238 杨洪仕	540239 陶遵晌	540240 袁怀之

540241 孙元楹	540242 陈孟有	540243 李永江	540244 任国庭
540245 姜德昌	540246 王锡城①	540247 朱兆祥	540248 刘思胜
540249 张祥春	540250 杨念祖	540251 芮光鼐	540252 吴　林
540253 王达曙	540254 吴国良	540255 郑子廉	540256 王春元
540257 张培禧	540258 李银豪	540259 夏建芬	540260 胡润民
540261 胡文炳	540262 王永丰	540263 蔡　崧	540264 宗士英
540265 闻庆芳	540266 赵鸿慈	540267 金汇蟾	540268 何守发
540269 金文与	540270 鲍榕贤	540271 柳金荣	540272 赵志诚
540273 宣祥骏	540274 龚幼韬	540275 吴君熙	540276 蒋挺乾②
540277 乔大刚	540278 徐济民	540279 梁　礼	540280 陈教泽
540281 陈康年	540282 刘庆元	540283 韩佩卿	540284 郭善正
540285 刘世广	540286 张　闽	540287 崔堃赓	540288 沈林法
540289 沈德显	540290 纪英俊	540291 刘恒勍	540292 殷畅宙
540293 王开正	540294 徐长清	540295 赵永盛	540296 杨珍华
540297 高永祥	540298 顾耀良	540299 陈昌炤	540300 张厥标
540301 赵国琪	540302 何子良	540303 华山中	540304 顾明锌
540305 蒋永生	540306 潘祖成	540307 郑世新	540308 罗翰臣
540309 叶芝萍	540310 郑俊民	540311 徐钱训	540312 张耀祖
540313 黄庆云	540314 朱传镳	540315 赵　钧	540316 谭荻茜
540317 何祚芝	540318 徐为正	540319 陈惠权	540320 宁卡洛
540321 杨露茜	540322 王以铭	540323 周慧仙	540324 周　载
540325 陈健生	540326 杨天枢	540327 桑修杰	540328 刘惠民
540329 田如茹	540330 王世纶	540331 倪　绰	540332 李世铎
540333 洪忠许	540334 陶克衍	540335 唐志强	540336 陈和钊
540337 季关钰	540338 朱平生	540339 夏宗宁	540340 赵朔嫣
540341 朱世茂	540342 罗燚生	540343 周礼蔚	540344 郑祖亮
540345 朱　毅	540346 乐嘉琛	540347 张昭华	540348 黄孝康

---

① 编者注：原文如此，查学籍卡为1953年入学，学号为531442，1953年新生名单亦有此人。

② 编者注：原文如此，查学籍卡为1959年入学，学号为590543，1959年新生名单亦有此人。

540349 张葭华	540350 陈执中	540351 李允明	540352 赵锡龄
540353 潘咸光	540354 沈子威	540355 吴文权	540356 陈恕奇
540357 张公忠	540358 崔绍勤	540359 方天保	540360 诸君鲁
540361 李 苹	540362 黄怀白	540363 冯维康	540364 董振国
540365 陈是荣	540366 张仲辉	540367 孙同腓	540368 钱粤安
540369 黄宗益	540370 朱宝亮	540371 樊忠根	540372 钱宗华
540373 包 明	540374 曲敬信	540375 潘孝梅	540376 张继盛
540377 周新伦	540378 刘文煐	540379 何世基	540380 储文皓
540381 苏伯琪	540382 曹小平	540383 倪振伟	540384 郑思成
540385 顾连森	540386 薛沐睿	540387 项子澄	540388 余家馥
540389 刘遂临	540390 谢斐娟	540391 张澄波	540392 范 铮
540393 俞善乐	540394 江禄烨	540395 戴庆武	540396 徐开富
540397 叶 豫	540398 李延龄	540399 王 型	540400 王诚泰
540401 丁鸣中	540402 吴学超	540403 徐思汶	540404 钱匡武
540405 华 甦	540406 马恒文	540407 何春阳	540408 黄毓麟
540409 花玛琍	540410 宋麟玉	540411 耿行易	540412 唐摄镇
540413 朱宗鹏	540414 陈汉庭	540415 杨友堂	540416 赵英才
540417 张蕙馨	540418 张锡嘉	540419 周产龙	540420 陆鑫如
540421 王锡金	540422 董钦霆	540423 刘重正	540424 何忠信
540425 杨文林	540426 李孝卿	540427 柴绶或	540428 李逢濂
540429 胡怀纯	540430 李士超	540431 端木震	540432 熊第京
540433 董德全	540434 唐开福	540435 夏廷文	540436 朱金贵
540437 吴成禧	540438 陈耀宗	540439 田其玉	540440 赵正光
540441 锺逸岩	540442 夏光禹	540443 濮 群	540444 王一戎
540445 何永安	540446 钱松年	540447 孙之郁	540448 康炳昌
540449 张炘中	540450 陈宗舜	540451 谷其存	540452 承宪康
540453 徐国华	540454 陈志成	540455 张增民	540456 朱双建
540457 黄锺钰	540458 陆伯生	540459 刘思豫	540460 温 玮
540461 陈荣仁	540462 沈若芝	540463 李川奇	540464 周天骥
540465 张洪涛	540466 郑伟康	540467 谷兴平	540468 王见仁
540469 汪泓宏	540470 林兴亚	540471 丁品祥	540472 吴毓岑
540473 张杏生	540474 朱奕庆	540475 徐锡华	540476 杨家振

540477 郑会谊	540478 计连兴	540479 徐礼钜	540480 蔡开平
540481 朱学华	540482 施积成	540483 鲍善春	540484 孙维双
540485 朱连礼	540486 武　杰	540487 丁道杨	540488 王生保
540489 周洪玺	540490 胡崇亮	540491 乔惠英	540492 周元礼
540493 李家枢	540494 江长荫	540495 方博天	540496 姚如日
540497 杨勤道	540498 李朝聘	540499 郭信章	540500 吴心剑
540501 陈燮阳	540502 张曈德	540503 王　铮	540504 高乃飞
540505 罗　细	540506 钱安华	540507 董振芳	540508 王关锦
540509 谢让达	540510 王克扬	540511 余彧强	540512 唐锡君
540513 张　鹏	540514 吴亨伟	540515 林又树	540516 白洪烈
540517 汤皓然	540518 李兰英	540519 黄美来	540520 陈祥荣
540521 叶翔青	540522 龚国尚	540523 孔明忠	540524 韩今文
540525 倪国亮	540526 左保华	540527 孙翼庭	540528 王泽万
540529 谭　锋	540530 王鸿禄	540531 张玉林	540532 马莒生
540533 王燕轲	540534 李培武	540535 于延龄	540536 周濂铿
540537 田祥安	540538 傅承诵	540539 刘永镇	540540 房宗义
540541 张大安	540542 丁士堃	540543 焦惠先	540544 陈锡旦
540545 沈履保	540546 阮　侗	540547 刘彼得	540548 孙韫秀
540549 高重兰	540550 周培莉	540551 刘桂林	540552 王聚超
540553 张林而	540554 林公舒	540555 唐定国	540556 陈平祥
540557 林琴如	540558 叶裕生	540559 邹来钰	540560 李国基
540561 黄厚坤	540562 李竞白	540563 陈延杭	540564 李维中
540565 谢锡迎	540566 蓝连成	540567 张英钦	540568 邱瑞衡
540569 胡师金	540570 王柏生	540571 刘永亨	540572 戴民权
540573 蔡文敏	540574 柯光祖	540575 黄国胜	540576 李敏桂
540577 李华烈	540578 江中鲤	540579 陈慧基	540580 谢坚信
540581 张汉河	540582 杨泽林	540583 梁铁芳	540584 梁承宪
540585 周少伯	540586 李文铉	540587 李亮华	540588 江　布
540589 郑宝华	540590 徐启培	540591 朱永豪	540592 谭鑫焱
540593 萧子昌	540594 冼镜熊	540595 何栋材	540596 胡百儁
540597 叶启成	540598 袁国初	540599 李显邦	540600 苗永蔚
540601 张仁德	540602 叶栋勋	540603 余干华	540604 高广民

540605	麦伯康	540606	廖美欢	540607	许士英	540608	金　鐘
540609	赖廷羡	540610	杭汝衡	540611	陈世鍐	540612	莫汝柏
540613	李亚宁	540614	梁鸿富	540615	刘尊海	540616	郭益青
540617	许永安	540618	徐大纶	540619	谢树煜	540620	赵一恪
540621	郭诗德	540622	明芳立	540623	李惟梓	540624	胡塞育
540625	侯双亭	540626	荆　先	540627	陈丽姝	540628	杨树立
540629	张宪斌	540630	尹肇光	540631	李咸驯	540632	胡士骧
540633	徐维烈	540634	彭世生	540635	包忠炳	540636	包忠诩
540637	余　炳	540638	潘金生	540639	黄祥瑞	540640	徐家驻
540641	王作英	540642	罗宗佑	540643	涂光椿	540644	萧蔚彬
540645	王中光	540646	梁　勇	540647	刘日辉	540648	赵凤祥
540649	黄捷如	540650	龙利庚	540651	董定元	540652	李力钧
540653	张　象	540654	钱在中	540655	周宏朴	540656	张寿云
540657	黄大功	540658	萧笃先	540659	钱启予	540660	廉为民
540661	熊家骥	540662	胡忠弼	540663	高京生	540664	童汉京
540665	姜盛巍	540666	黄　定	540667	游克明	540668	徐增源
540669	刘英勋	540670	苏耿中	540671	黄干桢	540672	高正翔
540673	李振镰	540674	李兴喜	540675	寿福明	540676	何克由
540677	周学询	540678	刘乐贵	540679	穆天满	540680	毛玉姣
540681	李力军	540682	王光美	540683	徐力强	540684	胡云华
540685	范金城	540686	曹正铨	540687	周保骅	540688	刘　峥
540689	席葆树	540690	杨延楣	540691	陈鹏远	540692	郑海泉
540693	邹大光	540694	彭国勋	540695	曾繁植	540696	涂敦修
540697	刘永康	540698	苏笆权	540699	何成宏	540700	李开佛
540701	梁　森	540702	李成纲	540703	李明敏	540704	李万琼
540705	张绍铺	540706	王三义	540707	王　震	540708	毛三可
540709	何　书	540710	杨开国	540711	谭宛丘	540712	李寿城
540713	张松涛	540714	李小惠	540715	陈代运	540716	胡宏志
540717	成　城	540718	张延炬	540719	李振声	540720	白志耀
540721	齐孟明	540722	杜洪如	540723	邓耀群	540724	裴福佳
540725	董学勤	540726	赵玉福	540727	黄明煦	540728	李平曜
540729	张之立	540730	朱德炎	540731	夏　翊	540732	廉琪玮

540733 李达权	540734 唐　仑	540735 左厚田	540736 曹云霈
540737 张建生	540738 杨宝坤	540739 赵继尧	540740 俞静澄
540741 王秀玲	540742 陈　德	540743 沈振基	540744 张铁忠
540745 张朝恭	540746 范思本	540747 韩宝玲	540748 张匡华
540749 李永成	540750 陈　藩	540751 常学海	540752 范生财
540753 李芳芸	540754 李玉华	540755 杨家本	540756 梁秀华
540757 黄定先	540758 仲锡文	540759 方瑞芩	540760 陶育光
540761 姜　旭	540762 李庆霄	540763 王洪瑾	540764 张瑞五
540765 魏家骅	540766 董元亮	540767 王新竹	540768 白之淳
540769 罗圣仪	540770 孙伯娜	540771 高永明	540772 何国瑞
540773 陈敏中	540774 耿文学	540775 王兆枢	540776 谭曾光
540777 王琨山	540778 张育曼	540779 李　晔	540780 甘小杰
540781 梁继增	540782 梁瑞麟	540783 高家骉	540784 赵光煦
540785 杨长庚	540786 罗曼丽	540787 王益敏	540788 李幼龄
540789 刘松辉	540790 李希珍	540791 刘锦霜	540792 刘冈英
540793 胡明齐	540794 冯叔清	540795 王淑曾	540796 孟昭光
540797 谢志铭	540798 邱善庆	540799 梅大华	540800 贾殿石
540801 宋恒昇	540802 乔庆文	540803 岳同乐	540804 韩成诚
540805 续庆琳	540806 赵中流	540807 汪炳慧	540808 赵永安
540809 匡庆良	540810 熊长庆	540811 范荫乔	540812 葛绍宗
540813 林伯年	540814 姜承贤	540815 韩学琴	540816 高玉明
540817 王淑贞	540818 曹学礼	540819 李永悌	540820 宋士元
540821 任阜东	540822 李维义	540823 康世伯	540824 张玉铎
540825 苏贝蒂	540826 刘宗英	540827 孙　渊	540828 阎秀兰
540829 张五球	540830 栗锦容	540831 赵志方	540832 蔡君华
540833 冯博文	540834 蒋永春	540835 吕砚山	540836 王次昌
540837 宋鸿恩	540838 闫　石	540839 孙耀昌	540840 徐秉天
540841 薛春渚	540842 张震龙	540843 王建忠	540844 王锡爵
540845 张静懿	540846 陈崇端	540847 吴企渊	540848 罗志昌
540849 丁懿芳	540850 李尚书	540851 石延龄	540852 武玖玲
540853 谭立平	540854 朱家维	540855 严镇城	540856 郭丙然
540857 谈为雄	540858 俞鑫祺	540859 吴邦藩	540860 凌培棣

540861 吴济国	540862 吴琪益	540863 徐勉哉	540864 韩梵珠
540865 徐育敏	540866 朱亚清	540867 王鸿道	540868 汤之永
540869 王寒伟	540870 朱 矅	540871 葛渊渟	540872 朱德忠
540873 许惠胜	540874 方永年	540875 程惠黎	540876 张复生
540877 曾瑞良	540878 吕舜华	540879 顾毓沁	540880 毛积香
540881 殷 洪	540882 张广鑫	540883 沈祓娜	540884 金以慧
540885 朱保钧	540886 高南烈	540887 吴年裕	540888 张师华
540889 王荇生	540890 冯佩芳	540891 曾贯一	540892 李洪福
540893 沈寿金	540894 沈薇青	540895 王其藩	540896 周明德
540897 郑洽馀	540898 冯祖绳	540899 熊光楞	540900 林才龙
540901 虞光楣	540902 陈禹六	540903 王振业	540904 冯元恺
540905 徐博文	540906 孙全康	540907 邬学三	540908 楼艮基
540909 徐孝蔚	540910 杨 超	540911 林 明	540912 丁耀仁
540913 冯子文	540914 费 初	540915 陆汝忠	540916 吴秋峰
540917 刘克端	540918 徐益明	540919 季金龙	540920 刘公覆
540921 仇志坤	540922 洪昌明	540923 陈富定	540924 树成昌
540925 石俊德	540926 汪宏正	540927 陈泰汾	540928 郝沽生
540929 李宜曾	540930 程树生	540931 陈道明	540932 吴坤堂
540933 曹维恒	540934 言茂松	540935 朱惜安	540936 薛金才
540937 郭豫煊	540938 曹小先	540939 姜 珣	540940 钱瑞麟
540941 黄两一	540942 高锜英	540943 何威廉	540944 陈在勤
540945 朱伟生	540946 童惕生	540947 刘雁云	540948 王涛松
540949 张节宁	540950 马绍骥	540951 关燕琪	540952 赵与皆
540953 濮家骝	540954 邵德裕	540955 岳子平	540956 张难先
540957 江松笙	540958 吴吉人	540959 叶寿松	540960 蒋光明
540961 金应全	540962 余永祥	540963 杨大成	540964 蒋建极
540965 雷克昌	540966 方 环	540967 翟宝光	540968 王华全
540969 钱炳法	540970 毛少卿	540971 贾量权	540972 张崇实
540973 张士钧	540974 胡惠源	540975 卢楚英	540976 顾治中
540977 刘汉钧	540978 潘敏贞	540979 丁兆璋	540980 周凤起
540981 郁鑫泉	540982 尤乃谈	540983 陈寿铨	540984 吕景岳
540985 张元骥	540986 张瑞华	540987 马衍修	540988 傅维镶

540989 张　武	540990 周森林	540991 曹松润	540992 王之庭
540993 王继华	540994 刘鸿芝	540995 孙纪孚	540996 傅常正
540997 周凤瑞	540998 马耀华	540999 钟秉章	541000 郑大钟
541001 祝永铭	541002 徐麟祥	541003 鲁紫霞	541004 林邦瑾
541005 孙道宗	541006 洪小平	541007 王文德	541008 钱乔年
541009 石兆源	541010 王维亚	541011 姜荣娴	541012 穆日庆
541013 车锡钢	541014 傅森堂	541015 马维祺	541016 王秉钦
541017 孔宪祺	541018 张体英	541019 傅春常	541020 曹洪礼
541021 张凌汉	541022 成玉骏	541023 周剑鸣	541024 王绥正
541025 王蓁正	541026 王克超	541027 王培基	541028 徐惠生
541029 敖　越	541030 卢　强	541031 季福生	541032 王桂仙
541033 陈光垣	541034 赵镇广	541035 林兆庄	541036 任守榘
541037 黄　豹	541038 李　松	541039 谢秉枢	541040 张圣训
541041 林耀华	541042 李祖灶	541043 吕江清	541044 叶美礼
541045 谢克修	541046 许佩芬	541047 梁樱儿	541048 黎寿雄
541049 徐　威	541050 梁毓厚	541051 梁尧辉	541052 严　宁
541053 陈伟基	541054 邓淦源	541055 张名炽	541056 黄炳炎
541057 郭喜庆	541058 吴玉田	541059 杜新民	541060 娄和恭
541061 陆敬华	541062 张光炎	541063 郭嘉琳	541064 张云芗
541065 李珍炤	541066 曾子南	541067 廖庆圆	541068 王汉强
541069 熊淑燕	541070 文郑麟	541071 谢润寰	541072 周静娟
541073 周　可	541074 杨小昭	541075 罗先平	541076 彭煦宗
541077 李大镛	541078 潘开纯	541079 陈祖恩	541080 雷道海
541081 彭守拙	541082 何其诚	541083 陶文林	541084 陆嘉珍
541085 罗静仪	541086 林家骏	541087 汪亮城	541088 章秋实
541089 邓宗沄	541090 刘　取	541091 陈继森	541092 唐纯熙
541093 何大枢	541094 李玉樑	541095 李宗莲	541096 张伯崇
541097 郑长寿	541098 孙云裳	541099 尹启庸	541100 王序名
541101 杨光荣	541102 洪汝椿	541103 郭松涛	541104 刘明奎
541105 田璧元	541106 刘镇欧	541107 冯志一	541108 王其俊
541109 赵仲元	541110 阎长福	541111 郭日屏	541112 高　椿
541113 阎明光	541114 周藏秋	541115 齐书云	541116 胡世藻

541117	杨孙本	541118	高　愿	541119	郭全瑞	541120	周冠雄
541121	杨志豪	541122	张正星	541123	李宝霖	541124	杨宝淑
541125	李　绪	541126	王宪文	541127	赵士云	541128	马如山
541129	谷宗蕙	541130	杨真荣	541131	刘树驹	541132	朱旻章
541133	刘思礼	541134	张玉璞	541135	陈崇堃	541136	张怀良
541137	傅克诚	541138	杨瑞兴	541139	王铁藩	541140	刘茂田
541141	傅　杰	541142	姚复兴	541143	唱秀华	541144	邓元庆
541145	刘　平	541146	魏厚琬	541147	王玉棣	541148	孟庆馥
541149	马云仙	541150	刘　湘	541151	张　吉	541152	关仕信
541153	杨国轩	541154	邹　丽	541155	尹中衡	541156	马玉璐
541157	俞　珂	541158	王允人	541159	阎世泽	541160	聂松媛
541161	王孟吉	541162	王觌光	541163	郭黛姮	541164	洪天佑
541165	张德苏	541166	辛代松	541167	刘梦兰	541168	管　馨
541169	金丽华	541170	张季英	541171	李　京	541172	胡汉卿
541173	方洁灵	541174	萧佐庭	541175	李善徽	541176	尹兆铺
541177	卫泾晋	541178	潘贞垲	541179	乌兰娜日	541180	许树萱
541181	樊立言	541182	孟侣梅	541183	刘学孟	541184	赵淑敏
541185	耿连修	541186	张开明	541187	孟广义	541188	金宗芸
541189	李大京	541190	陈　琦	541191	杨仁明	541192	崔鸿超
541193	夏少康	541194	杜　浩	541195	房薇生	541196	刘越清
541197	郭怡淬	541198	穆瑞和	541199	祁　瑛	541200	杨玉麟
541201	邹永素	541202	章训华	541203	程贵德	541204	刘之珩
541205	李晓凤	541206	孙蕴琳	541207	王文丽	541208	杜声杨
541209	周伟玲	541210	李鸿霖	541211	赵顺经	541212	卢　璋
541213	师　丹	541214	胡颂嘉	541215	李明堃	541216	徐宝贤
541217	陈立德	541218	任嘉谷	541219	连诚厚	541220	邢祖琰
541221	张家治	541222	苏　众	541223	韩　骥	541224	蓝百里
541225	邬象牟	541226	乔　箴	541227	岑幻霞	541228	陈　芮
541229	卢逸民	541230	萧中兴	541231	侯志勤	541232	胡英敏
541233	苏宗武	541234	丁鄂怀	541235	陈增弼	541236	郑兆丰
541237	匡文近	541238	刘元懿	541239	邓延复	541240	陈肇基
541241	沈英鹏	541242	温业洪	541243	周长发	541244	王炳麟

541245 郝景义	541246 何高勖	541247 刘健华	541248 金碧玉
541249 恒桂阳	541250 熊光植	541251 李 桐	541252 刘 澜
541253 周宗华	541254 王万达	541255 王景生	541256 张惠芸
541257 张澍曾	541258 张树才	541259 杨俊杰	541260 萧桂兰
541261 潘丽华	541262 方珠珠	541263 段神尧	541264 陈锦旺
541265 凌光荣	541266 刘国珍	541267 杨树民	541268 徐永贤
541269 王 全	541270 虞庆馀	541271 苗建方	541272 陈德春
541273 李孝美	541274 冷德诚	541275 唐玛丽	541276 陈 敏
541277 凌保珍	541278 陈君燕	541279 彭匡理	541280 龚 历
541281 苏新茹	541282 孙克如	541283 刘锦铸	541284 吴衍智
541285 黄毓沛	541286 孙恺尧	541287 孙慧生	541288 应诗慧
541289 过孝国	541290 兰淑澄	541291 崔兆忠	541292 崔魏山
541293 张雨文	541294 李盈华	541295 甄光照	541296 齐永系
541297 刘嘉琦	541298 郭忠义	541299 王丽英	541300 刘泽清
541301 阎榕龄	541302 刘育才	541303 张泰麟	541304 邢镇宣
541305 田富文	541306 刘喜珩	541307 聂桂生	541308 王本善
541309 张秀华	541310 容梅生	541311 郑文会	541312 罗 森
541313 李淑香	541314 胡心正	541315 孙岳崇	541316 周庆贤
541317 王绍康	541318 葛鸿钧	541319 张鹤礼	541320 杨亚良
541321 胡麒祯	541322 邵 敏	541323 俞黎明	541324 方义佐
541325 全萃蓉	541326 徐松柏	541327 沈 琨	541328 张永顺
541329 张锦秋	541330 朱爱菁	541331 席与光	541332 刘瑷琎
541333 阮慎基	541334 翁华宾	541335 卓乃金	541336 曹振熙
541337 严文贤	541338 章曼霓	541339 徐梦飞	541340 陈德奉
541341 顾锦梅	541342 杨铁鸟	541343 王祖元	541344 冯受身
541345 顾可镜	541346 谢满若	541347 龙绍珠	541348 陈华丽
541349 莫咏芬	541350 陈尔良	541351 吴家敏	541352 丁宇明
541353 谢 娴	541354 黄介弘	541355 杨良为	541356 王锡媞
541357 章丽丽	541358 孙大江	541359 夏柔则	541360 唐小尧
541361 陈俊榑	541362 林 骏	541363 桑爱华	541364 陈 光
541365 栾蜀杰	541366 康源飞	541367 徐润康	541368 张岳忠
541369 吕筱瑷	541370 陆纯武	541371 王季蟾	541372 顾钟声

541373 陆甫美	541374 叶锦秋	541375 金崇智	541376 孙君青
541377 曲淑贞	541378 杨国铣	541379 张翠林	541380 邵景华
541381 王鸣锵	541382 廖天厚	541383 江爱川	541384 吴国昌
541385 谈正一	541386 郑兰秋	541387 何慧贞	541388 茅乃赓
541389 胡心潞	541390 孙炜民	541391 殷汉鑫	541392 黄霖恩
541393 法东俊	541394 王静娴	541395 方永秀	541396 杨德元
541397 金能贵	541398 于锡禧	541399 陈 琳	541400 仝新民
541401 刘国宝	541402 束延龄	541403 丁迅舫	541404 盛承天
541405 金本立	541406 沙际德	541407 周时智	541408 毛蓉丽
541409 廖云森	541410 王世夏	541411 吉子展	541412 陆文祺
541413 杨士萱	541414 周旭飞	541415 张铜生	541416 吴玄言
541417 李克波	541418 李明玮	541419 何冠钦	541420 宋莲珍
541421 冯钟平	541422 万希源	541423 陈良材	541424 朱 云
541425 李金逸	541426 钱素英	541427 贾祖华	541428 宋森泉
541429 叶祖鹤	541430 潘国雄	541431 王永锡	541432 诸祖钰
541433 沈誉澄	541434 邢士光	541435 吴正文	541436 范存举
541437 金洪生	541438 钱本德	541439 章崇清	541440 王娴明
541441 汪丽莺	541442 戴和亭	541443 邵秦安	541444 许锺麟
541445 宁美玉	541446 王锦平	541447 任华堃	541448 周静远
541449 陈 丰	541450 邱镕处	541451 唐思程	541452 许 儒
541453 汪德华	541454 张荣龄	541455 李金瑞	541456 时有人
541457 彭俊生	541458 吴心光	541459 朱瑞华	541460 徐棠仙
541461 钱荣孙	541462 郦湛若	541463 孙鉴明	541464 万锦垫
541465 王 耀	541466 徐文俊	541467 吴淦卿	541468 王天宝
541469 胡文辉	541470 赵永铭	541471 赵耐雪	541472 周守信
541473 许邦立	541474 陈锡智	541475 姜俊平	541476 史济熊
541477 叶向华	541478 杨德铨	541479 汤宜芹	541480 胡纪萃
541481 刘镇年	541482 曲淑凤	541483 马光正	541484 张学荣
541485 刘鸿绪	541486 尤书平	541487 邓曾义	541488 高玉凤
541489 呼先民	541490 翟振铎	541491 张家莹	541492 张兆文
541493 张春缉	541494 王炳恕	541495 焦泽元	541496 乔有年
541497 杨衍有	541498 洪怡三	541499 臧宣武	541500 王秉洛

541501 路致华	541502 孙宪赐	541503 张玉洁	541504 戚以亭
541505 丁慧英	541506 沈天兴	541507 宋美君	541508 单德启
541509 胡承林	541510 李景珩	541511 朱志立	541512 张崇岱
541513 卢 仁	541514 陈振锟	541515 程瑞棣	541516 许渊源
541517 孙以泰	541518 林辉二	541519 沙镇平	541520 谢炎生
541521 黄媚娜	541522 梁维民	541523 胡翰章	541524 陈仕忠
541525 关作健	541526 余泽允	541527 廖华中	541528 张小珠
541529 汤家凤	541530 雷锡珊	541531 罗徵桂	541532 袁锡斌
541533 郑檀康	541534 王美娜	541535 王大龄	541536 黄茂桓
541537 陆 莹	541538 吕沛荣	541539 阳 日	541540 朱方平
541541 王良才	541542 王天福	541543 孙振岐	541544 方曼莉
541545 赵庆珠	541546 王 宙	541547 李宝祺	541548 张锡彩
541549 张振中	541550 翟应祥	541551 袁正中	541552 王 川
541553 彭济博	541554 胡训润	541555 童茵茵	541556 黄维琳
541557 邹道福	541558 周金苹	541559 匡敏玲	541560 沈家穗
541561 夏德华	541562 邓宏德	541563 徐伯南	541564 沈淑芳
541565 陈博文	541566 张文玮	541567 张子兴	541568 段子君
541569 张雪芝	541570 易中砥	541571 龚绍熙	541572 温其英
541573 吴景峰	541574 曾志模	541575 孔玉瑛	541576 丁厚德
541577 王永雄	541578 姚振林	541579 赵燕棣	541580 雷中和
541581 查少君	541582 叶 朴	541583 李良材	541584 罗少林
541585 傅定国	541586 王志霞	541587 马景泉	541588 陈天焱
541589 张启明	541590 王蕴极	541591 叶靖光	541592 陈德娴
541593 朱仕筠	541594 蔡德珍	541595 叶清环	541596 孙浩泉
541597 杨宗烈	541598 戚大明	541599 汪懋骐	541600 高言琪
541601 曾遂皆	541602 苗思定	541603 杨垣忠	541604 包煜君
541605 傅其义	541606 徐启明	541607 曹止善	541608 陈新桂
541609 王正容	541610 杨芝伦	541611 甘伟林	541612 夏平国
541613 黄其愚	541614 萧 林	541615 党治国	541616 罗振兴
541617 郭景文	541618 何健丽	541619 胡嘉有	541620 顾恒修
541621 刘金波	541622 吕文洁	541623 蓝 橙	541624 余虹桥
541625 张以进	541626 刘德明	541627 左公宁	541628 田子栋

541629	吕植榛	541630	宋砥中	541631	马德林	541632	秦守信
541633	许启恭	541634	周凤华	541635	侯运中	541636	吴冠陆
541637	武纪燕	541638	徐国良	541639	毕庶芳	541640	查良镇
541641	汪原仁	541642	卢平和	541643	麻宝田	541644	王绍文
541645	王清瑞	541646	武士新	541647	田立生	541648	郭霄峰
541649	孙学敏	541650	王义举	541651	东浩明	541652	韩大生
541653	胡其正	541654	汪本延	541655	仇春凯	541656	蔡锺焕
541657	白燕航	541658	罗亚男	541659	张慧中	541660	金　声
541661	唐景肃	541662	曹毓惠	541663	董崇义	541664	傅克谨
541665	沈　鑫	541666	刘　光	541667	郭尚才	541668	徐世民
541669	周秀琴	541670	康静修	541671	王　慎	541672	龚　信
541673	张克勋	541674	张　彰	541675	董喜田	541676	杨景璋
541677	贺占生	541678	郭　凯	541679	李章华	541680	王存厚
541681	刘世偕	541682	王贻良	541683	刘福盈	541684	徐云程
541685	李隆年	541686	李嘉琦	541687	刘喆甡	541688	王恩钰
541689	朱玉珊	541690	金启玫	541691	周　骥	541692	孙家鼎
541693	王礼信	541694	华学文	541695	王荣津	541696	霍佩昭
541697	王恒丰	541698	周永良	541699	张金玉	541700	杨景阳
541701	王彦超	541702	姚宝玲	541703	李永祥	541704	李诵雪
541705	王志焜	541706	曹耀武	541707	刘世伟	541708	侯世昌
541709	王治安	541710	王铁吉	541711	陈树森	541712	童筱芳
541713	楼忠良	541714	谢贤亚	541715	杨之廉	541716	张彭煜
541717	黄寅宾	541718	陈渊沂	541719	傅世崇	541720	欧阳楷
541721	何云法	541722	张德骝	541723	马镜澄	541724	顾保龄
541725	夏建弘	541726	贺光涛	541727	张良黼	541728	钱建中
541729	史明远	541730	李　路	541731	童宣明	541732	李学婧
541733	李亚君	541734	童锺良	541735	许振夏	541736	叶松年
541737	郁科权	541738	胡天畏	541739	甄汉生	541740	钱亚生
541741	林念熹	541742	陈渭培	541743	杨盘铭	541744	王承训
541745	唐鹏千	541746	姚家丰	541747	高容万	541748	徐双骏

541749	徐约珥	541750	石秉学	541751	顾茂章	541752	邢　迪
541753	陈泽苍	541754	王埔昌	541755	钱国蕙	541756	陈光群
541757	张宗健	541758	吴　弘	541759	吴浩烈	541760	金慕仪
541761	谢钜铮	541762	宗晓时	541763	许宏庆	541764	何宝珠
541765	李旺奎	541766	陈长彦	541767	查振亚	541768	刘友光
541769	路益慧	541770	钱汉忠	541771	朱东起	541772	张肇俊
541773	宋开磻	541774	高越农	541775	章徵文	541776	钱唯德
541777	朱世鏦	541778	张毓玲	541779	荣寿孙	541780	黄宁一
541781	吴永昌	541782	芮　杰	541783	王鼎兴	541784	杨素行
541785	严　毅	541786	承　欢	541787	华乐荪	541788	申功运
541789	吴德炎	541790	陆汝常	541791	冯辅义	541792	邓松茂
541793	梁联倬	541794	张　崑	541795	赵德威	541796	陈碧藩
541797	吴中权	541798	周焕华	541799	詹辛农	541800	陈麟美
541801	周木炎	541802	郑作俊	541803	陈学琛	541804	孙承浚
541805	陈报生	541806	林元统	541807	叶　浩	541808	胡伯群
541809	孔令如	541810	蔡博明	541811	李衍达	541812	尹泽权
541813	卢乃洪	541814	李筱清	541815	王筱颖	541816	麻炎山
541817	游玛丽	541818	张汝均	541819	刘明华	541820	严楣辉
541821	刘□培	541822	李道隆	541823	刘光诒	541824	陈康健
541825	乐光启	541826	陈枢姚	541827	胡元德	541828	符启宇
541829	邹衡时	541830	王典训	541831	袁凤隐	541832	杜民佐
541833	王世娴	541834	蔡复之	541835	李迺春	541836	高金山
541837	陈是荷	541839	吴金玲	541840	林世雄	541841	蔺天鹏
541842	曹崇厚	541843	王中孚	541844	林立生	541845	李焕润
541846	赵树范	541847	熊振铎	541848	陈　纯	541852	王敬宾
541853	宋之之	541854	龙　潜	541855	郭历山	541856	何经群
541857	马恒山	541858	郭寿人				

清华大学档案，全宗号 2，目录号 校 3，案卷号 020

1955年清华大学录取新生名单※

（1955年）

550001	潘　琴	550002	刘燕南	550003	李魁英	550004	李昇凡
550005	阎泽群	550006	刘金惠	550007	宋旻秋	550008	萧文良
550009	郭炳钧	550010	刘家栋	550011	王亚涓	550012	李彦凯
550013	顾燏洲	550014	张达芳	550015	闵伯武	550016	韩金晨
550017	刘茂麟	550018	赵世超	550019	张敬璧	550020	马墨庄
550021	殷子烈	550022	高志栋	550023	杨乃曼	550024	于瑞堂
550025	白秦生	550026	张文敏	550027	黄秉贞	550028	梁光启
550029	齐占山	550030	白国昌	550031	王兴豫	550032	殷显安
550033	朱美菱	550034	胡方纲	550035	刘倬生	550036	锺大辛
550037	吴英禄	550038	马基茂	550039	刘铁和	550040	蔡丽英
550041	张宝芬	550042	乌振华	550043	王贻如	550044	张仲纶
550045	孟桂蓉	550046	赵继英	550047	倪蕙苓	550048	陈吟吟
550049	张绪姜	550050	王清福	550051	汪存萦	550052	郭　鹏
550053	李芬伦	550054	王有祥	550055	孙以□	550056	吴恒显
550057	许连义	550058	李凤翙	550059	提中平	550060	李宝瑞
550061	赵振强	550062	甯书强	550063	王嗣铁	550064	只佩儒
550065	郑君礼	550066	徐炳耀	550067	乔忠寿	550068	周松筠
550069	谢璟华	550070	沈乐年	550071	马大园	550072	韦　河
550073	卢纪兴	550074	于运兴	550075	索长安	550076	刘竞扬
550077	李　修	550078	林麦圈	550079	王敬蕊	550080	刘殿学
550081	张冉达	550082	赵　仪	550083	貊大卫	550084	王文彬
550085	贾弥伦	550086	周作民	550087	薛本澄	550088	武建昌
550089	黄卿善	550090	谭英凯	550091	李文耀	550092	王春旭
550093	刘如梅	550094	王之慧	550095	汪传稷	550096	张先瑞
550097	吴大生	550098	祖　田	550099	王寿文	550100	郑人杰
550101	黄明宝	550102	白　怡	550103	胡燕庚	550104	朱家琏
550105	李　宁	550106	朱嘉庆	550107	郁长英	550108	李登玉
550109	王哲人	550110	冯宏兴	550111	刘国宗	550112	王学礼

550113	谷九如	550114	朱传棣	550115	汪声斌	550116	黄成鑫
550117	王昌又	550118	水敬琪	550119	金树荣	550120	刘景侠
550121	林子为	550122	梁志敏	550123	李自华	550124	庄人隽
550125	樊介生	550126	罗芗	550127	高孚	550128	张永杰
550129	赵大骅	550130	史道宣	550131	柴邦衡	550132	程荫芊
550133	孔宪清	550134	吴宗江	550135	赵春强	550136	蔡运枢
550137	金元生	550138	栾中武	550139	关宗杰	550140	丁仲元
550141	王清芬	550142	张秉珣	550143	丛家滋	550144	宋毓培
550145	王维城	550146	耿保林	550147	郑文清	550148	刘英杰
550149	张立宁	550150	张季鹏	550151	刘得一	550152	胡仁安
550153	谭达人	550154	杨伯英	550155	聂光第	550156	田世昌
550157	徐诗祯	550158	姚尚全	550159	杨富	550160	李树文
550161	吴公策	550162	李堂春	550163	邢玉芝	550164	傅尚新
550165	程铁梁	550166	白希祥	550167	邓玉崑	550168	易又南
550169	蒋春凌	550170	张淑敏	550171	张忠文	550172	田嘉夫
550173	景勃兴	550174	田学飞	550175	王庆森	550176	张承德
550177	刁永言	550178	刘汝明	550179	张成恩	550180	韩乐勤
550181	周世柱	550182	沈正廷	550183	金莲根	550184	陈素枝
550185	王承基	550186	臧学旺	550187	殷纯永	550188	谷荫堂
550189	王相国	550190	张景琦	550191	薛淑琴	550192	徐玉铮
550193	汪奎田	550194	侯文进	550195	陈熙	550196	徐铼
550197	方神	550198	杨炳尉	550199	徐筱棣	550200	朱钰安
550201	殷光复	550202	邹志高	550203	余伯藩	550204	周法生
550205	华定一	550206	陈敬平	550207	庞怀信	550208	马增玮
550209	嵇钧生	550210	尹协锦	550211	钱冬林	550212	张百伟
550213	陈林福	550214	王寄蓉	550215	陈世鸢	550216	忻鼎财
550217	周迪	550218	钱洵	550219	陈聿恕	550220	于锡明
550221	胡恺	550222	庄允玉	550223	傅瑞峰	550224	高祖瑛
550225	卓庆平	550226	陈宏芳	550227	乐茂康	550228	吴伟文
550229	王兆华	550230	许汉铭	550231	朱文珍	550232	徐及明
550233	赵德明	550234	梁建宗	550235	陆章元	550236	孙祖训
550237	严柏龄	550238	陈文周	550239	姚曼宝	550240	忻佩纶

550241	杨振声	550242	臧威成	550243	俞贞敏	550244	朱　倩
550245	朱仲荣	550246	杨丽春	550247	汪联鑫	550248	胡铭丽
550249	陈锦堂	550250	曾纪申	550251	蔡文虎	550252	曹振高
550253	金佑民	550254	杜奕元	550255	曹德强	550256	祝念曾
550257	徐果俊	550258	王荣荣	550259	吴启明	550260	余声远
550261	施乾凯	550262	袁　伟	550263	陈汉生	550264	施孝永
550265	宋　銮	550266	曾大本	550267	余涤尘	550268	沈永年
550269	杨惠敏	550270	乐书华	550271	陈美怡	550272	申以重
550273	王耀祖	550274	周平安	550275	徐家寅	550276	范达夫
550277	程丰寄	550278	黄　晔	550279	叶维刚	550280	俞昌铭
550281	翟曼莉	550282	陈伟华	550283	王乃宽	550284	王福谆
550285	顾树华	550286	仇德钧	550287	俞胜弟	550288	王伟杰
550289	黄凌云	550290	黄汉祥	550291	周生烈	550292	陆道洽
550293	张口清	550294	王绍基	550295	史训良	550296	李向坡
550297	何金荣	550298	郁良芳	550299	余杏生	550300	许永文
550301	周关铺	550302	张小董	550303	李植华	550304	陆宁国
550305	郑嵩祥	550306	夏　畯	550307	周建吾	550308	华有年
550309	朱协卿	550310	张嘉树	550311	贺永和	550312	马永骋
550313	吴灵犀	550314	柳百新	550315	董道宇	550316	徐惠璐
550317	施国楳	550318	金宏声	550319	孙汝劼	550320	戴佩珩
550321	沈树藩	550322	张蔼丽	550323	董明传	550324	汪道刚
550325	丁幸统	550326	杨翔云	550327	翁经修	550328	裘昌泳
550329	邢青承	550330	赵国梅	550331	马宏文	550332	俞受训
550333	杨乐华	550334	徐健敏	550335	郭淑芳	550336	林在琅
550337	张蕊芳	550338	谭孟韡	550339	韩蔼龄	550340	江善标
550341	顾隆道	550342	朱　铃	550343	朱桂芬	550344	俞德平
550345	寿伟录	550346	周文瑛	550347	刘美珍	550348	张口培
550349	许兆安	550350	王曼霖	550351	戴修嘉	550352	刘大钧
550353	锺本蕙	550354	沈志愚	550355	周　亦	550356	翁柱楹
550357	田永权	550358	郑树浩	550359	傅维缪	550360	黄寿莹
550361	沈玉芹	550362	王恒聪	550363	刘　杰	550364	邹文玮
550365	李普成	550366	梁　思	550367	金芬年	550368	龚陈麟

550369 金惟均	550370 辛勤成	550371 陈仁济	550372 陆章权
550373 沈仲卿	550374 朱高德	550375 何培硕	550376 廖开琢
550377 郑启怀	550378 陈明雄	550379 徐钧天	550380 梁昌锐
550381 程梅华	550382 管品纯	550383 俞宽铣	550384 籍君平
550385 薛祖芬	550386 戴贤虎	550387 任德芳	550388 顾怡然
550389 林道盛	550390 张冰渊	550391 胡沛华	550392 韩国强
550393 周应虎	550394 汤嘉勤	550395 邓沪安	550396 顾汉文
550397 陈家鏼	550398 王民阜	550399 虞金林	550400 张振亚
550401 张国定	550402 吴正毅	550403 廖秉训	550404 陆甫耀
550405 刘 进	550406 朱康麒	550407 郭效鹏	550408 盛 达
550409 吴德昭	550410 朱幼君	550411 王定耀	550412 苏达增
550413 郭大浩	550414 王涤尘	550415 黄均国	550416 叶 春
550417 徐凤瑶	550418 宓德宝	550419 倪汉宁	550420 嵇震国
550421 徐仲伦	550422 王砚方	550423 席 克	550424 郭□昇
550425 童祖康	550426 吴正清	550427 陈剑虹	550428 章益宜
550429 周士琮	550430 李昭祥	550431 唐为民	550432 凌吴彬
550433 何永祚	550434 袁柏琴	550435 宋鸿仪	550436 徐惠荪
550437 陆维文	550438 荣铭济	550439 卜锦鑫	550440 沈瑞云
550441 朱学文	550442 方慧珍	550443 徐妙新	550444 江慧能
550445 张克鋐	550446 朱君贤	550447 吴兴华	550448 杭承钊
550449 徐慧琴	550450 黄祥发	550451 周华明	550452 罗志敏
550453 左汉华	550454 苏慧珍	550455 徐秀珍	550456 俞攸才
550457 马廷弼	550458 黄民族	550459 邓相庚	550460 杨盛杰
550461 丁雨亭	550462 陆景宏	550463 马敬仲	550464 潘昌富
550465 吴自强	550466 章道增	550467 王大兴	550468 管前列
550469 刘光华	550470 梅扬武	550471 李冬琪	550472 胡庆通
550473 袁智骏	550474 吴行义	550475 尹瑞明	550476 周 俊
550477 李洪波	550478 何春泉	550479 金德闻	550480 张其昌
550481 倪源兴	550482 柳祖翼	550483 王家瑾	550484 赵克松
550485 庄鑫瑞	550486 徐克玷	550487 李秀松	550488 咸 洪
550489 徐安达	550490 汪学勤	550491 童秉枢	550492 欧阳真
550493 朱静远	550494 李淳耀	550495 周庆贤	550496 吴 安

550497	王子庆	550498	顾再仁	550499	朱三元	550500	吴鑫桂
550501	张寿庆	550502	吴逢吉	550503	徐佩玢	550504	高柏和
550505	章兴律	550506	陈惠铭	550507	卢国声	550508	邵亦陈
550509	吴永康	550510	周品璋	550511	陈惠南	550512	张国骥
550513	盛文育	550514	顾战生	550515	黄靖远	550516	顾原汾
550517	许道灿	550518	邹茉莲	550519	钱景伦	550520	陈蓉贞
550521	施祖员	550522	谢汉庭	550523	朱能通	550524	过瑞英
550525	王铁军	550526	朱九如	550527	吴观岱	550528	王心天
550529	叶洪根	550530	吴鹤初	550531	赵雨苍	550532	朱良生
550533	杨增辉	550534	吉士鸿	550535	赵世善	550536	赵恒勋
550537	萧继德	550538	陈恒足	550539	刘元文	550540	任爱华
550541	刘华根	550542	包冠乾	550543	周振亚	550544	陈福生
550545	樊友三	550546	马国秀	550547	陈 琪	550548	王乐铭
550549	汤淳渊	550550	张 达	550551	周日初	550552	朱兴沛
550553	李训悌	550554	陈 魁	550555	陈迺昌	550556	耿孝正
550557	王本义	550558	张茂元	550559	于云琪	550560	仇素芹
550561	张玉珩	550562	辜长庆	550563	鹿安理	550564	梁秉贞
550565	张文暻	550566	孙纯义	550567	张志仲	550568	陈九鹤
550569	赵聿山	550570	张云祥	550571	谭长瑛	550572	黄佳全
550573	江泽同	550574	刘瑞阳	550575	丁津原	550576	张闻邃
550577	贾厚明	550578	辛仁轩	550579	黄纯颖	550580	姜 樾
550581	杨友修	550582	阮 杰	550583	蒋鸿昇	550584	薛莉娜
550585	武耀星	550586	崔玲惠	550587	薛鹏飞	550588	□□□
550589	沈忠藩	550590	锺儋兴	550591	王维君	550592	郭荣寿
550593	林清桂	550594	张卓其	550595	陈裕宗	550596	颜志桢
550597	尤芳务	550598	谢永通	550599	蔡辉煌	550600	黄禩康
550601	董 钊	550602	林 浩	550603	刘乃芬	550604	朱孟存
550605	张 尧	550606	沈 珂	550607	王秉刚	550608	张是勉
550609	林汝谋	550610	郑琴南	550611	高芝溁	550612	黄昭麟
550613	陈全明	550614	樊绍樑	550615	夏益华	550616	王绍铫
550617	郭丽华	550618	金咸安	550619	陈棠荣	550620	朱昌耀
550621	金炯石	550622	吴永权	550623	陈双海	550624	屠世润

550625	洪长海	550626	徐礼宇	550627	朱企业	550628	陈佐懿
550629	章七斤	550630	黄庆森	550631	朱光汉	550632	司元恺
550633	诸葛豪	550634	俞受宗	550635	余中人	550636	张锡庭
550637	祝维中	550638	徐小白	550639	钱孝琪	550640	朱浩生
550641	刘永桢	550642	陈仁悫	550643	张 垓	550644	屠天立
550645	谢迪克	550646	陈仙法	550647	徐学耘	550648	励子伟
550649	杜锺焕	550650	桂立明	550651	黄经绍	550652	张昌林
550653	林忠岳	550654	童可荣	550655	叶信虎	550656	王素素
550657	陈仁钦	550658	应爱春	550659	陈宝铭	550660	蒋庆富
550661	叶月华	550662	王良诚	550663	陶凤虎	550664	胡程远
550665	王珍琪	550666	王天锡	550667	王雪华	550668	徐金耀
550669	周本仝	550670	方次尹	550671	宗业华	550672	刘德仁
550673	刘培纯	550674	梁鸿铭	550675	吴健生	550676	王金华
550677	周荣邦	550678	陈公牧	550679	宋文娴	550680	王先伟
550681	王宗淮	550682	胡 麟	550683	戴卫国	550684	黄柏森
550685	徐大懋	550686	卢勤英	550687	孟庆美	550688	贾书亮
550689	欧阳树森	550690	李志勤	550691	盛企富	550692	黄建英
550693	冯锡曙	550694	廖湘荣	550695	黎逢春	550696	欧阳敏
550697	陈耀南	550698	赵天寿	550699	蒋友培	550700	徐承礽
550701	李炳生	550702	文宁祖	550703	杨圣亭	550704	熊兆凡
550705	廖远谋	550706	吴会泉	550707	潜学尧	550708	郭天赐
550709	周长新	550710	李肇铭	550711	龙文志	550712	谭光明
550713	李作煁	550714	周 扬	550715	陈兴叶	550716	林宏佐
550717	黄经国	550718	方立言	550719	陈庆凯	550720	高瓒章
550721	郑永熙	550722	陈君豪	550723	王植强	550724	王大智
550725	黄费智	550726	辛继敏	550727	戴润生	550728	徐树威
550729	严世杰	550730	别志敏	550731	傅则诚	550732	刘应祯
550733	张远鹏	550734	常俊孝	550735	龚均英	550736	钱祥麟
550737	王遐龄	550738	张忠元	550739	郑胜男	550740	邱邦骅
550741	杨华光	550742	杨志平	550743	马钦汉	550744	陈治琦
550745	朱伯比	550746	殷士康	550747	刘克鹏	550748	曾晴初
550749	陈 冰	550750	罗徵寿	550751	李德清	550752	谷西屏

550753	龚成琳	550754	刘国义	550755	刘泽九	550756	张承德
550757	石力开	550758	郭 义	550759	张灿儒	550760	李惠敏
550761	王守棣	550762	杨文格	550763	蔡庆宇	550764	朱而光
550765	刘冀生	550766	庞世瑄	550767	陈雪青	550768	刘 鹏
550769	王象简	550770	石泽全	550771	李占修	550772	吕鸿年
550773	李森能	550774	马润田	550775	王淑纯	550776	刘树华
550777	朱果敏	550778	韩校铮	550779	吕毓芳	550780	姚景华
550781	韩廷瑶	550782	高莉如	550783	张兆祺	550784	张则惠
550785	汪长璧	550786	刘鸿纲	550787	马文仲	550788	邓乃勤
550789	郝述唐	550790	张小兰	550791	张醒初	550792	雍丽珍
550793	傅月珠	550794	吴文虎	550795	罗玉静	550796	胡景珍
550797	田立言	550798	郭中枹	550799	刘金铭	550800	刘书城
550801	季顺德	550802	陈天明	550803	郭育慧	550804	李忠恕
550805	张剑琛	550806	王凤藻	550807	夏 莹	550808	傅思恭
550809	徐葆耕	550810	武丰煜	550811	王延龄	550812	林俊伟
550813	孟昭伦	550814	于维邦	550815	孙贤颐	550816	李欣仪
550817	茹蕙芳	550818	赵 琪	550819	阿都沁夫	550820	顾惠君
550821	常敬仪	550822	李恒章	550823	史毓风	550824	李连群
550825	王秉初	550826	曹文英	550827	张允恭	550828	罗玉明
550829	张嘉音	550830	郭尚来	550831	陈一恩	550832	傅克昌
550833	于文勤	550834	张世兴	550835	郜玉栋	550836	孙连城
550837	赵亚东	550838	边馥茗	550839	董克敦	550840	张贵媛
550841	钱金强	550842	邢英明	550843	陈通谟	550844	赵允敬
550845	许永安	550846	勾厚政	550847	王景瑛	550848	曾龙翔
550849	金锡晋	550850	甄开祥	550851	郝金良	550852	刘秉淮
550853	潘荫棠	550854	张守信	550855	李国璋	550856	薛宏熙
550857	侯心广	550858	王玉田	550859	刘富堂	550860	杜 挺
550861	侯玉萍	550862	朱青霞	550863	张云楼	550864	牛景汉
550865	王丙照	550866	王文贤	550867	王新超	550868	徐崇庶
550869	牟志宏	550870	姜福汶	550871	马玉玺	550872	李春生
550873	白英彩	550874	李树仲	550875	刘文选	550876	陈恩田
550877	刘宝珩	550878	李铁山	550879	金奎铮	550880	王基清

550881 孙宽民	550882 孟珞琈	550883 高双武	550884 于嘉魁
550885 程巧霞	550886 鞠洪魁	550887 董玉华	550888 郑 斧
550889 郑宝海	550890 姜之琦	550891 董德山	550892 乔殿石
550893 徐修仁	550894 范永芳	550895 关仁卿	550896 葛 明
550897 孟宪光	550898 王 锋	550899 戴庆来	550900 王希诚
550901 陈日凯	550902 朱英才	550903 魏庆琳	550904 王忠良
550905 徐通明	550906 俞宁辉	550907 刘巽琅	550908 王佩珠
550909 翁耿光	550910 孙亦骎	550911 崔启琮	550912 王兴华
550913 张洪良	550914 王大树	550915 陈锺英	550916 陶蕴璞
550917 邱熊飞	550918 徐春宝	550919 黄克义	550920 凌 肯
550921 庄震万	550922 田金法	550923 徐承毂	550924 王警予
550925 向隆本	550926 王慧君	550927 沈琪英	550928 朱国懿
550929 胡秀菡	550930 张国良	550931 杨才林	550932 罗伟国
550933 李昶训	550934 蔡进民	550935 邵懋良	550936 黎剑萍
550937 陆文枬	550938 李芬和	550939 张定喜	550940 李洪洲
550941 彭 瑜	550942 徐德盛	550943 沈明禄	550944 孔德涌
550945 张人范	550946 高 曙	550947 盛耀宗	550948 查明华
550949 赵秋琴	550950 李维询	550951 夏克西	550952 俞尔俊
550953 姚耀武	550954 吴爱娜	550955 金佩莹	550956 许立敏
550957 华兆渊	550958 袁自强	550959 顾启泰	550960 朱家骝
550961 沈静珠	550962 陈心昭	550963 蒋惟栋	550964 张 庄
550965 周光华	550966 顾国安	550967 张逢甲	550968 杨锦生
550969 许先知	550970 傅荫迁	550971 杨立明	550972 沙曾炘
550973 何智勇	550974 石永康	550975 许兆麟	550976 陈 涛
550977 程玉梅	550978 朱芝麟	550979 黄庆康	550980 陆绍杰
550981 杨光启	550982 金瑾华	550983 崔子行	550984 朱柏松
550985 顾植仁	550986 施怀瑾	550987 郑淑辉	550988 王义方
550989 曾道先	550990 印大同	550991 朱家騆	550992 仲斯选
550993 谢志锋	550994 刘震涛	550995 顾天骠	550996 严蔚敏
550997 华慧明	550998 沈珞婵	550999 刘维勤	551000 郑国光
551001 汪贤信	551002 林左泉	551003 朱亦梅	551004 章北屏
551005 邱之淼	551006 甘其泉	551007 汤学忠	551008 蒋渭生

551009	徐 蕑	551010	朱畅秀	551011	张幸路	551012	吴曾评
551013	蒋霞雯	551014	胡慧龄	551015	俞渭淼	551016	朱葛青
551017	姚善宸	551018	司徒明	551019	黄立成	551020	陈正华
551021	陈尧杰	551022	周兆英	551023	吴 珂	551024	刘润生
551025	赵庚远	551026	周雪漪	551027	端木珍	551028	姜 敏
551029	程景昭	551030	朱士全	551031	吴鸿恺	551032	陈宜在
551033	丁蜀萍	551034	丁执中	551035	俞杏元	551036	蒋维杜
551037	叶敬健	551038	魏宏森	551039	史素雪	551040	蒋树德
551041	刘镇球	551042	吴忠翔	551043	方仁治	551044	严山林
551045	吴应白	551046	俞眉芳	551047	徐 谦	551048	郭寅生
551049	周明霞	551050	沈乃汉	551051	张仪曾	551052	李芝兰
551053	徐 敏	551054	穆元良	551055	朱 芸	551056	马心明
551057	孙亦麟	551058	王世珣	551059	戴宗毅	551060	蔡振球
551061	张仲达	551062	徐明庚	551063	汪绍国	551064	金 恬
551065	萧美琪	551066	吴鸿维	551067	郭艾芳	551068	郭 安
551069	路德培	551070	钱文耀	551071	殷祥生	551072	杨 憨
551073	侯炳辉	551074	李迺昇	551075	祝寿煦	551076	仲崇恕
551077	邓社榆	551078	黄钧显	551079	鲍敏铎	551080	李缘法
551081	隋洪亮	551082	戴同霞	551083	刘长洪	551084	李源溥
551085	周材林	551086	于景曾	551087	鹿树理	551088	杨律德
551089	林宏大	551090	赵克诚	551091	朱少薇	551092	夏濂波
551093	廖光寿	551094	沈国鼎	551095	赵鸿宾	551096	张宗欣
551097	陈炳雄	551098	周培森	551099	林宝琴	551100	黄德赐
551101	郑文荣	551102	杨玛富	551103	吕世磐	551104	虞石民
551105	徐居福	551106	赵云瑞	551107	董亚林	551108	周 远
551109		551110		551111	张五向	551112	黎明起
551113	杨道邦	551114	何振中	551115	陈鸿彦	551116	张武最
551117	张纬铮	551118	黄益庄	551119	龚德辉	551120	李 璞
551121	朱启明	551122	汤竞秋	551123	彭天玫	551124	冯大勇
551125	詹焕青	551126	张九如	551127	吴润先	551128	陈家骥
551129	王缉祥	551130	谢光贤	551131	张汉辉	551132	王湘生
551133	李兰馨	551134	李邦复	551135	杨缦琳	551136	章正斌

551137	黄晓齐	551138	李明松	551139	秦惠承	551140	徐支能
551141	杨启和	551142	蒋成熹	551143	杨代智	551144	唐泽眉
551145	梁肃宁	551146	何丽容	551147	曹梅月	551148	徐全宇
551149	张邦星	551150	齐维芳	551151	顾涵芬	551152	张志伟
551153	章贤孙	551154	刘文恒	551155	白元玮	551156	马淑英
551157	高金宝	551158	赵天籁	551159	袁文麐	551160	韩功兰
551161	李瑞岩	551162	孟 雅	551163	崔曙华	551164	王敬泉
551165	鲁祖良	551166	罗淑玲	551167	鲁德馥	551168	王致祥
551169	乔秉新	551170	李金铭	551171	席振科	551172	段玉昆
551173	毛子寅	551174	徐宁寿	551175	贾大义	551176	罗思明
551177	归 琪	551178	王 鸣	551179	胡 英	551180	张国钦
551181	姚若骐	551182	尤锡庆	551183	夏武颖	551184	萧望京
551185	曾昭环	551186	郭卫原	551187	赵□青	551188	张朝纲
551189	刘意松	551190	葛玉安	551191	许静宜	551192	梁贵珍
551193	刁 正	551194	张文质	551195	夏 凯	551196	刘植荣
551197	牛梦菊	551198	赵履善	551199	陈 锟	551200	吕凤贞
551201	董人麟	551202	张君烈	551203	郑启华	551204	李世英
551205	师其佩	551206	张祥椿	551207	论茂豫	551208	李 蒙
551209	赵 纷	551210	袁克聪	551211	武思明	551212	苏一弓
551213	徐国平	551214	申 予	551215	秦国治	551216	陈学愚
551217	杨守权	551218	董在望	551219	陆凤生	551220	金祖芬
551221	李天复	551222	林树治	551223	耿秀英	551224	李□明
551225	朱荣珍	551226	黄涵洲	551227	宋子和	551228	路承荫
551229	刘承祓	551230	田绍琪	551231	王毓兰	551232	苏世浩
551233	赵秉乐	551234	郭人俊	551235	黄铁生	551236	朱玉璐
551237	李翰芳	551238	常沛田	551239	王燕梦	551240	崔蕴贞
551241	刘雅君	551242	刘松林	551243	王书田	551244	郭德昭
551245	赵负图	551246	胡连印	551247	耿兴洲	551248	史永华
551249	尹淑文	551250	李振京	551251	张学礼	551252	于壮华
551253	杨振清	551254	林则棠	551255	刘焕成	551256	陆国杰
551257	韩禹生	551258	牛广祥	551259	宗仲康	551260	周广元
551261	赵昌龄	551262	崔庆昌	551263	刘敏文	551264	杜学礼

551265 崔公利	551266 宋永仁	551267 徐日洲	551268 王建章
551269 隋锡安	551270 朱文斌	551271 李际生	551272 李际才
551273 高述和	551274 金慈云	551275 杨兆铭	551276 尹泰镇
551277 赵荣纯	551278 孙培懋	551279 石长生	551280 范垂祯
551281 何培刚	551282 关烈贤	551283 鲍清洋	551284 马承志
551285 沈志恒	551286 王秀春	551287 李大伕	551288 张 奇
551289 朱正涌	551290 许保赓	551291 孙 适	551292 王徽铭
551293 杜长根	551294 周伯辛	551295 卞葆蓉	551296 张日作
551297 杨钰萍	551298 马贻臣	551299 王绍新	551300 黄璧如
551301 陈 别	551302 严隽芬	551303 黄昌宁	551304 戴述祖
551305 王崇仪	551306 田淑清	551307 洪一民	551308 黄家禄
551309 吴继昌	551310 王世俊	551311 胡美云	551312 孔宪正
551313 黄裕年	551314 傅耀明	551315 董惠群	551316 张金士
551317 谢文娟	551318 张昭粤	551319 任炽刚	551320 金嗣隆
551321 范存智	551322 严忠琛	551323 陈效建	551324 朱家初
551325 陈天鑫	551326 陈俊立	551327 曹 宝	551328 张承铨
551329 陈必全	551330 黄祖泉	551331 张二力	551332 季国宝
551333 倪新荣	551334 潘梅峰	551335 王瑞生	551336 林德柔
551337 何德祥	551338 许维中	551339 郁汝金	551340 吕应运
551341 沈 汨	551342 曾大鑫	551343 潘全根	551344 徐品三
551345 周杭临	551346 濮 川	551347 朱新元	551348 吴康生
551349 汤全安	551350 冯锡兴	551351 陆卫元	551352 冯虞章
551353 邹家祥	551354 过胜泉	551355 何鸣谦	551356 金韶宁
551357 冯祖伟	551358 李镜莹	551359 陈冠群	551360 顾立尧
551361 郭昌明	551362 金观昌	551363 石树人	551364 陈学恭
551365 沈锡越	551366 居德华	551367 沈正富	551368 陈敏修
551369 何宇忠	551370 翁 愉	551371 庄栽真	551372 汪嘉永
551373 王树堂	551374 杨凌云	551375 洪文洁	551376 赵国湘
551377 钱佩信	551378 王金珍	551379 朱育和	551380 颜威廉
551381 汤德芳	551382 樊天蔚	551383 王高僅	551384 冯大钧
551385 毛尧臣	551386 郭懋沁	551387 王玲娟	551388 彭 侗
551389 丁其东	551390 卞正岗	551391 谈根林	551392 宋双元

551393 姜天愚	551394 胡耶生	551395 赵孔皆	551396 黄达元
551397 毕建明	551398 徐葭生	551399 管毓瑞	551400 方大庆
551401 彭自安	551402 顾鋆文	551403 丁开泉	551404 高锺毓
551405 王立鸿	551406 程 道	551407 金季芬	551408 梅家福
551409 郑行伟	551410 陈训达	551411 陈闽秋	551412 李萃先
551413 孙宏庆	551414 白同云	551415 樊德森	551416 苏华南
551417 孙凝生	551418 吴承焜	551419 萧如鸿	551420 黄寿龄
551421 杨守恭	551422 吴其昌	551423 陈少群	551424 桂裕宗
551425 赵寿南	551426 何华强	551427 陈友蕙	551428 黄镇涛
551429 涂连亭	551430 吴振海	551431 林学标	551432 杨小平
551433 潘宗后	551434 蒙海强	551435 刘兆榛	551436 彭家绍
551437 吴昌嗣	551438 胡学行	551439 欧阳辉	551440 姚权林
551441 谭彩云	551442 姜新发	551443 胡志刚	551444 刘坤臣
551445 魏 戎	551446 张碧英	551447 谢振德	551448 晏振乾
551449 刘伯俭	551450 刘鸿钧	551451 左克强	551452 李怡群
551453 陆瑞龄	551454 徐 玮	551455 王俊鸥	551456 欧阳际清
551457 王汉生	551458 蔡耀陆	551459 王志强	551460 陈履仁
551461 范鋕芳	551462 林书铨	551463 锺伯刚	551464 马 敏
551465 吴翘圣	551466 李今民	551467 王仁义	551468 江瑞生
551469 刘战生	551470 张伯强	551471 艾高烈	551472 杨楚保
551473 谢维华	551474 孙传统	551475 彭吉虎	551476 胡国志
551477 唐天同	551478 吴宁璋	551479 夏玲玲	551480 叶式萱
551481 昌道济	551482 蒋鼎瑛	551483 张大鸿	551484 陈戈林
551485 乐秀堂	551486 高敦复	551487 黄国华	551488 张成本
551489 吴大容	551490 董 萱	551491 丁 立	551492 童明健
551493 伍先贵	551494 向贤庄	551495 姜泽民	551496 徐端颐
551497 王谦钧	551498 张志军	551499 陈 姗	551500 伍龙田
551501 朱世国	551502 荣经国	551503 程国友	551504 贺昌钧
551505 李秀荣	551506 刘鼎昌	551507 罗承沐	551508 张道扬
551509 韩旻	551510 张济世	551511 汤朝贵	551512 刘崇华
551513 尚金城	551514 张蓉君	551515 吴小平	551516 粟文辉
551517 陈伟光	551518 魏大中	551519 萧曰嵘	551520 李旭昌

551521	李良娆	551522	鲁 竞	551523	张世英	551524	韩海蓉
551525	刘益蓉	551526	陈衍庆	551527	陆际明	551528	谷士斌
551529	寿从圣	551530	叶庆安	551531	邓曾禄	551532	锺文㻚
551533	张秀芳	551534	李廷玺	551535	吴 岱	551536	刘致平
551537	林伯荷	551538	鲍炘南	551539	白立润	551540	林仰驰
551541	黄建才	551542	梁俊才	551543	梁 顺	551544	郑 铁
551545	罗健敏	551546	井文涌	551547	杨成伯	551548	冯康曾
551549	陈培榕	551550	高慧颖	551551	闫春华	551552	秦 楷
551553	范德清	551554	赵凤莲	551555	白葆侠	551556	苗丽如
551557	王宗信	551558	胡 泊	551559	安 钰	551560	陈新荣
551561	李秀萍	551562	郑辉光	551563	江惠淑	551564	郑汝蓉
551565	李美琦	551566	陈式慧	551567	呼和敖德	551568	尹再民
551569	林 寿	551570	黄 汇	551571	朱嘉禄	551572	杨瑞芝
551573	刘允召	551574	高冀生	551575	南映景	551576	王玉芹
551577	方展和	551578	吴国梅	551579	索奎华	551580	陈一光
551581	赵景昭	551582	周 彬	551583	刘学敏	551584	吴朝绮
551585	李仲三	551586	李叔义	551587	张宏权	551588	李宛华
551589	韩学迢	551590	陈亚菲	551591	宁克敏	551592	潘宗慧
551593	张乃祺	551594	林兴常	551595	张平生	551596	刘 燕
551597	邬正馨	551598	范李训	551599	盛远猷	551600	张巨波
551601	杨志华	551602	王念慈	551603	张汉臣	551604	张述礼
551605	王其善	551606	张鸿鹏	551607	张迪恩	551608	温 丽
551609	张士萍	551610	姚传洪	551611	温竞敏	551612	李正邻
551613	萧睿书	551614	田华琳	551615	彭国杰	551616	李英林
551617	王燕平	551618	张 超	551619	郝玉藩	551620	武继玉
551621	王绍汾	551622	吉凤岗	551623	刘树铨	551624	张宗岐
551625	陈 理	551626	蒋丕杰	551627	李隆瑞	551628	吴建基
551629	姚纪民	551630	赵文鸾	551631	曹淑贞	551632	张秀珍
551633	朱 琨	551634	冯德曾	551635	吕映芝	551636	郑鹤龄
551637	刘毅秦	551638	王举泰	551639	吕慎宽	551640	张 庆
551641	戴振祥	551642	张炳周	551643	张桃生	551644	徐明哲
551645	范玉汾	551646	张一平	551647	宋恩来	551648	王泰来

551649 李国泮	551650 王怀彬	551651 卢学盛	551652 丛桂英
551653 冯贵轩	551654 刘 颖	551655 康维亮	551656 郝聚春
551657 陈弘立	551658 李辰虹	551659 曹 汛	551660 史九如
551661 王燕生	551662 崔东元	551663 庞士毅	551664 吴淑仙
551665 张蕴哲	551666 金文漪	551667 韩信隆	551668 杨 荫
551669 胡世义	551670 韩庆华	551671 黄天纵	551672 郎达时
551673 金茂芸	551674 邱志成	551675 洪慧慧	551676 何德湛
551677 陈珍娟	551678 萧作森	551679 陈作毅	551680 王秀岩
551681 宋 坚	551682 崔良湜	551683 孙 艾	551684 金毓丰
551685 曹森尧	551686 倪丙森	551687 彭燕妮	551688 钱蓓妮
551689 曹梅盛	551690 何 翔	551691 张天元	551692 卢兆庆
551693 卢景超	551694 桂祖琦	551695 梅云辉	551696 周笛娟
551697 苏以静	551698 傅乐清	551699 范元明	551700 王蕴若
551701 叶知满	551702 汪训昌	551703 徐培福	551704 周一如
551705 吴学馨	551706 邬志燕	551707 项文娟	551708 鲍为荣
551709 李松德	551710 邓瑾云	551711 马福龄	551712 王回春
551713 周忆琴	551714 万嗣铨	551715 钱致平	551716 邓锡桦
551717 涂光备	551718 夏宗慕	551719 袁炳奎	551720 林行良
551721 张佩芳	551722 严美玲	551723 李文宝	551724 严 达
551725 武德锺	551726 刘小琴	551727 朱际平	551728 丁莹莹
551729 李时谦	551730 张 敏	551731 朱祺莱	551732 吴庆麟
551733 蒋难先	551734 朱扬桃	551735 周 莲	551736 张易生
551737 胡敦华	551738 刘永樑	551739 李兴华	551740 陆 知
551741 缪文华	551742 林惠珠	551743 徐云扉	551744 刘益明
551745 冯 恕	551746 金惠祺	551747 唐曾烈	551748 杨碧玉
551749 陆 琦	551750 唐幸生	551751 李瑞樑	551752 蔡承甫
551753 孙天锡	551754 梁汉元	551755 韩惠鋆	551756 傅荫说
551757 周昌熙	551758 沈 勇	551759 顾登寿	551760 孙慧中
551761 杨万青	551762 张伯明	551763 李惠娟	551764 徐自敏
551765 缪天麒	551766 应莉莉	551767 柳西玲	551768 甘信仁
551769 陈良植	551770 刘建民	551771 方祖仁	551772 褚元魁
551773 郑学茜	551774 唐迦音	551775 羊 镕	551776 何鋆华

551777	张　治	551778	倪成林	551779	吉鸿藻	551780	程树荣
551781	萧功汉	551782	曹恩宾	551783	刘志湘	551784	刘金培
551785	罗光天	551786	鲍元义	551787	孙宝仓	551788	袁同恺
551789	周端伦	551790	郑　衡	551791	徐立昌	551792	许成彦
551793	沈祖炜	551794	张甲兴	551795	刘希曾	551796	韩云嘉
551797	彭继均	551798	周润坚	551799	包宗琪	551800	封国楷
551801	朱道龄	551802	周松良	551803	黄明明	551804	叶世玉
551805	陶丽芬	551806	何干新	551807	管鸣宇	551808	惠贤博
551809	卞　全	551810	谢文清	551811	李步贤	551812	王晋秋
551813	王　蓬	551814	黄嘉里	551815	高咸顺	551816	蔡守敬
551817	沈庆铎	551818	杨玉成	551819	杜秀根	551820	王瑞元
551821	蒋祖耀	551822	宋秦年	551823	沈汉玲	551824	吴凤珍
551825	俞伯先	551826	苏则民	551827	潘翼如	551828	黄才良
551829	董燮理	551830	李鸿楸	551831	杨祖良	551832	洪　波
551833	杨永楚	551834	蒋展鹏	551835	黄文恬	551836	陈达贤
551837	张春园	551838	严慧琍	551839	潘仁元	551840	周庆森
551841	陈嘉鑫	551842	章西福	551843	朱志达	551844	陈肖柏
551845	诸葛治林	551846	薛韵琴	551847	徐复新	551848	牛道昌
551849	张慧娟	551850	蔡玉琢	551851	谷祖珣	551852	金凤荜
551853	李著民	551854	吕　瀛	551855	刘信声	551856	吉文儒
551857	崔璟灏	551858	李多夫	551859	于振生	551860	夏崇山
551861	张宝英	551862	毕文淦	551863	李兆汉	551864	张　瑜
551865	王君宗	551866	霍嘉禄	551867	房金生	551868	梁冀鲁
551869	崔孝光	551870	陈祖坪	551871	郭其煌	551872	许锦秀
551873	林　龙	551874	张衍恭	551875	张振武	551876	宁淦泉
551877	王克启	551878	田学祥	551879	王开国	551880	陈钟秀
551881	曹昌呐	551882	刘雪鹏	551883	童承璞	551884	蔡德礼
551885	陈琢如	551886	郑孔秀	551887	黄德亮	551888	陈奋劢
551889	黄远照	551890	余德本	551891	王绍榕	551892	潘家清
551893	刘桂水	551894	陈新民	551895	王宣昭	551896	陈华侨
551897	陈　鹦	551898	陈　铮	551899	王桂琴	551900	徐坚如
551901	褚敬止	551902	李　秉	551903	胡国辉	551904	吴铸钦

551905 马　迁	551906 罗建群	551907 曾惠泉	551908 叶汝裕
551909 刘敦元	551910 叶代鑫	551911 彭叶中	551912 雷志栋
551913 伍洪泽	551914 李明是	551915 王毅平	551916 朱渥恩
551917 黄永年	551918 梅怀农	551919 陈乐均	551920 丁宏达
551921 王惟松	551922 曾昭堃	551923 胡兆国	551924 陈庆星
551925 梁昌宪	551926 罗鼎新	551927 黎展眉	551928 吴志钧
551929 张镇华	551930 刘隆清	551931 胡清华	551932 卢清贵
551933 杨松筠	551934 罗淑媛	551935 吴翘哲	551936 郑小筠
551937 萧昌杰	551938 王之芬	551939 朱世琦	551940 安明义
551941 朱瑞麟	551942 孙　珂	551943 陈其梁	551944 易正熹
551945 廖世洁	551946 杨美卿	551947 刁炯伦	551948 陈　俭
551949 龚吉君	551950 秦鸿志	551951 李椴儒	551952 李德基
551953 邹定忠	551954 陈馨昔	551955 向义和	551956 杨义鹏
551957 杨增鄂	551958 韩淑兰	551959 张百诚	551960 田卓民
551961 乔润德	551962 吴乃刚	551963 黄昌元	551964 辛　瑛
551965	551966	551967	551968
551969	551970	551971 孙亦平	551972 杨宇杰
551973 夏鸿文	551974 朱栋材	551975 彭高鉴	551976 于锡曜
551977 续健行	551978 张存济	551979 汪广仁	551980 张魁武
551981 李克兰	551982 徐纪元	551983 王连珍	551984 周政芬
551985 刘　准	551986 杨□军	551987 赵效班	551988 梅志立
551989 胡承麟	551990 常　喆	551991 施正持	551992 王子静
551993 张光宇	551994 陈兴光	551995 韩　青	551996 孔素兰
551997 李炳吉	551998	551999	552000
552001 严庆铃	552002 洪兴楠	552003 毛复兴	552004 鲍世铨
552005 王嘉祺	552006 马锡冠	552007 王家驹	552008 汪承藩
552009 戴为智	552010 吴喜春	552011 陆九芳	552012 翟文泉
552013 叶训樟	552014 范元发	552015 高　宽	552016 张德隆
552017 林家和	552018 郝仲良	552019 李玉祥	552020 何培炯

552021 严诗钧	552022 李振华	552023 陈庆望	552024 金长麟
552025 沈 晶	552026 张源芳	552027 何玉琪	552028 王德荫
552029 陶增智	552030 秦永宁	552031 史云庆	552032 高广达
552033 郑于鍊	552034 许丽珠	552035 李文信	552036 贾林贤
552037 王妙妙	552038 顾民宰	552039 陆懋荣	552040 王洪晏
552041 施景芳	552042 忻鼎勇	552043 周志凯	552044 沙聚多
552045 徐志斌	552046 解汝泰	552047 萧美玲	552048 孙宝昌
552049 时乙卿	552050 陈 英	552051 纪宗源	552052 史昌温
552053 汪美华	552054 刘金元	552055 祝寿焜	552056 沈忠耀
552057 吴棣华	552058 李 洲	552059 姚耕陶	552060 王 锦
552061 蒋振远	552062 吴德馨	552063 姚麟光	552064 李茂永
552065 胡湘杰	552066 范家华	552067 杨吉生	552068 洪铁铮
552069 刘文雅	552070 林治洪		

清华大学档案,全宗号 2,目录号 校 3,案卷号 020

1956 年清华大学录取新生名单※

(1956 年)

(一)机械制造和工具制造类

华北区

560001 李 啸	560002 田新民	560003 卢受益	560004 孙毅之
560005 朱起鸣	560006 严文诰	560007 朱宁武	560008 郝庆余
560009 吕文松	560010 华基美	560011 叶树仁	560012 刘学斌
560013 赵宗鼎	560014 孙文鑫	560015 宋 均	560016 冯士筰
560017 丁占鳌	560018 李洁兰	560019 杨世璇	560020 刘中本
560021 李德宽	560022 禄作勋	560023 李洪彦	560024 贾宝旺
560025 侯延衡	560026 廖 璋	560027 宋世铭	560028 邵宝昌
560029 霍华东	560030 刘汗池	560031 夏志如	560032 刘殿魁

560033 周会芳	560034 李学琨	560035 李祖白	560036 张维林
560037 孟宪科	560038 刘明启	560039 李成泰	560040 刘崇仁
560041 王　元	560042 王德裕	560043 王锡麟	560044 王天晨
560045 张　铁	560046 李照甫	560047 郭　芳	560048 曹浩林
560049 郑蔚云	560050 王剑民	560051 王　法	560052 俞颐秦
560053 周志谦	560054 王经国	560055 白绍梁	560056 张凤翔
560057 李寅年	560058 刘欣农	560059 史常忻	560060 宋瑶缄
560061 王祖乡	560062 郝兆星	560063 董权中	560064 吴元强
560065 项汉忠	560066 黄希程	560067 廖秉瑛	560068 何淑萍
560069 刘豫骧	560070 陆龙云	560071 查良锜	560072 张桂甲
560073 陈智航	560074 常玉丽	560075 黄江山	560076 胡承志
560077 余宝海	560078 赵宜国	560079 姚继虞	560080 郑　东
560081 徐谦益	560082 张云起	560083 陈步峥	560084 杨秋恒
560085 孙捷先	560086 何寿生	560087 古永泉	560088 姚敏言
560089 汪　徽	560090 姚惠娟	560091 成　玮	560092 俞善元
560093 刘德荃	560094 古一强	560095 金振伦	560096 朱生中
560097 翟富义	560098 黄曼青	560099 冷瑞平	560100 李宗旸
560101 徐长恒	560102 张浚源	560103 欧阳桂长	560104 封振涛
560105 王通北	560106 宋　铭	560107 高　立	560108 张晓堤
560109 云文安	560110 张仲侠	560111 王瑞泉	560112 刁婀娜
560113 马承华	560114 王　冀	560115 吴嘉真	560116 刘志林
560117 高桂仲	560118 海玉英	560119 马志仪	560120 金　铭
560121 李延苹	560122 李玉冰	560123 夏修蕭	560124 谢元祥
560125 张人杰	560126 张立军	560127 杨　江	560128 卢志正
560129 魏策军	560130 成　城	560131 刘天相	560132 杜兰存
560133 刘玉娥	560134 杜芳奇	560135 王静仪	560136 陈为华
560137 钱普秦	560138 卓金叶	560139 夏宝兴	560140 李广义
560141 刘朝中	560142 高国桐	560143 李铁鉴	560144 赵湘杰
560145 顾方舟	560146 郭　晶	560147 任秉伍	560148 陈正新
560149 王恒禄	560150 刘卫民	560151 孙少芬	560152 史田兰
560153 李莎娜	560154 张津帆	560155 张道范	560156 张亚夫
560157 刘学英	560158 夏兆瑛	560159 李世锐	560160 李怀萱

560161 陈景宝	560162 李金声	560163 蔡德彤	560164 周　正
560165 赵　虎	560166 高季麟	560167 高顺受	560168 何德康
560169 孙新铭	560170 李生澄	560171 陈振强	560172 蒋伯平
560173 鞠　蓉	560174 范国振	560175 王仍陶	560176 任琇莹
560177 程　安	560178 张　宏	560179 和　黛	560180 陈仲贤
560181 赵康皆	560182 王燕萍	560183 李奉谦	560184 张秀琴
560185 张玉琬	560186 胡　哲	560187 高鸿远	560188 蓬铁权
560189 周俊全	560190 刘敦咏	560191 徐世娴	560192 金淑荃
560193 郄玉琴	560194 成亚男	560195 王大均	560196 董甫南
560197 刘如琥	560198 李希汉	560199 白光义	560200 李永德
560201 孟广礼	560202 刘　琦	560203 毕天佐	560204 李天保
560205 张淑桂	560206 刘汉仑	560207 王家齐	560208 黎　毅
560209 吕小敏	560210 张黎伟	560211 刘远迈	560212 罗秉钧
560213 关　键	560214 周广业	560215 章　式	560216 杨博源
560217 吴文瑞	560218 黄逦章	560219 邓浚献	560220 金为钧
560221 黄因敏	560222 邢小琳	560223 刘光敏	560224 赵中仁
560225 周邦宁	560226 王燮元	560227 方兆强	560228 赵鸿志
560229 潘起新	560230 张天骥	560231 吕文序	560232 张邦杰
560233 崔砚生	560234 赵彭年	560235 吕振亚	560236 贺宣庆
560237 赵志超	560238 王启英	560239 关德诚	560240 罗艾生
560241 秦　权			

东北区

560242 刘耀第	560243 李庆祥	560244 赵长德	560245 朱　明
560246 周洪源	560247 张宝罗	560248 白拜尔	560249 何　敏
560250 闫崇林	560251 陈光福	560252 郭有恒	560253 李德顺
560254 宋　翰	560255 李甲璋	560256 李清华	560257 秦硕彦
560258 张　纯	560259 崔凯祥	560260 齐国光	560261 赵雅洁
560262 刘元襄	560263 马　驰	560264 张维学	560265 刘述礼
560266 翟兴林	560267 孙其善	560268 张秀珍	560269 郭利源
560270 才慕兰	560271 刘维学	560272 焦荣洲	560273 纪万鹏
560274 赵贵贤	560275 马刚林	560276 曾宪舜	560277 王美旭

560278	白景春	560279	郭金梁	560280	经文魁	560281	汪宝璋
560282	佟恒伟	560283	黄殿志	560284	毕桂云	560285	胡永文
560286	陈宏磐	560287	马春华	560288	查恩涛	560289	韩国昌
560290	徐占九	560291	王家丰	560292	董瑞麒	560293	孙寿民
560294	王南时	560295	王嘉新	560296	施美珉	560297	张延生
560298	王国成	560299	阎玉芬	560300	才德容	560301	梁子玉
560302	梁金玉	560303	徐英杰	560304	李椿龄	560305	岳树棠
560306	王晓天	560307	滕永禄	560308	刘继群	560309	韩建伟
560310	李秀錞	560311	朱福彧	560312	王桂容	560313	张维仁
560314	毕庶生	560315	林钧清	560316	岳中贵	560317	王效平
560318	霍裕昆	560319	丁秀冬	560320	塔裕正	560321	刘洪才
560322	张 琚	560323	刘永晖	560324	李树芬	560325	武钦韬
560326	白广臣	560327	刘重隆	560328	邵振隆	560329	张芸香
560330	张有才	560331	杨昭甲	560332	王振庭	560333	陶廷文
560334	阎肃秋	560335	丁庆平	560336	庄书田	560337	于文潜

华东区

560338	汪一鸿	560339	张家福	560340	谭兴沂	560341	卫修敬
560342	梯明璟	560343	郭其安	560344	张治务	560345	章靖武
560346	崔维强	560347	程文浩	560348	凤元鹏	560349	张居源
560350	陈为松	560351	刘景武	560352	高山田	560353	白广美
560354	赵淑琴	560355	浦其瑾	560356	江月波	560357	刘达人
560358	王柄权	560359	张初冬	560360	高家庆	560361	张文轩
560362	胡崇桂	560363	张怀瑾	560364	薛伯强	560365	薛克宗
560366	王为相	560367	刘殿求	560368	杨开庭	560369	吴兴龙
560370	王介宾	560371	陈根仁	560372	刘登庭	560373	王椿懋
560374	祝 疆	560375	鞠善义	560376	崔殿亨	560377	沈 璎
560378	靳履平	560379	杨金岱	560380	史迺立	560381	王树良
560382	翟绪茂	560383	金盛芳	560384	魏守林	560385	魏忠武
560386	王宏道	560387	陶润熙	560388	姚允树	560389	曹民荣
560390	曹菊安	560391	姜科经	560392	程 娴	560393	高席丰
560394	吴善英	560395	周嗣鹤	560396	许鼎荣	560397	张祖明

560398 祝治宜	560399 杨正兴	560400 姚维廉	560401 胡金德
560402 张　宜	560403 徐宗藩	560404 邢纪雍	560405 徐君浩
560406 吴刚良	560407 鲍洪法	560408 陈道卫	560409 舒士畏
560410 裘子秀	560411 杨锦寿	560412 陈特昭	560413 夏良站
560414 蔡乾煌	560415 王成智	560416 华逸江	560417 范奎城
560418 金伯仙	560419 朱大卫	560420 林祖鑫	560421 陈瑞禧
560422 金铭新	560423 朱永春	560424 曾宪成	560425 黄亚洸
560426 李祖坤	560427 王开秀	560428 何成修	560429 梁坝齐
560430 吴濯材	560431 曹维涤	560432 郑世雄	560433 陈学敏
560434 郑文正	560435 蒋南忠	560436 郭郁彬	560437 林长平
560438 陈复熙	560439 林启森	560440 曾文纲	560441 程书强
560442 陈义桓	560443 邱守迁	560444 蒋以金	560445 高洪情
560446 林增栋	560447 林榕耀	560448 赵景悠	560449 王友桐
560450 陈孟光	560451 余　琳	560452 黄鹏翔	560453 张光复
560454 郑永亮	560455 蔡作乾	560456 林　中	560457 俞达成
560458 张永健	560459 辛振兴	560460 蒋基仁	560461 庄泽庆
560462 吴开金	560463 陈大通	560464 杜丕锡	560465 郑智受
560466 林耀南	560467 林天锡	560468 杨和林	560469 何厚熹
560470 万永贵	560471 伍美贞	560472 蔡国治	560473 何剑慧
560474 王进水	560475 汤涤生	560476 朱在滇	560477 邰德荣
560478 杨茂桵	560479 伍其华	560480 马振亚	560481 杨宜生
560482 田德芳	560483 胡源福	560484 姜不居	560485 孙礼春
560486 唐锁云	560487 唐镇南	560488 崔淮柱	560489 谢渭根
560490 周志明	560491 沈元发	560492 戎旭滨	560493 顾履平
560494 董文华	560495 沈平嘉	560496 张才根	560497 陆　挺
560498 徐　云	560499 沈毓琪	560500 吴功达	560501 诸葛镇
560502 赵安庆	560503 韩晓琴	560504 许祖泽	560505 贡子才
560506 陈耀宗	560507 叶培根	560508 王继福	560509 薛德千
560510 陈兆桂	560511 董其煌	560512 马千里	560513 陈　倩
560514 颜永年	560515 朱铁君	560516 朱英九	560517 高　观
560518 瞿崇垲	560519 严增濯	560520 李国祯	560521 顾丽珍
560522 王宗英	560523 俞盘祥	560524 杨惠薇	560525 刘镇湖

560526	蒋茂林	560527	冯养浩	560528	华一志	560529	王士云
560530	赵善良	560531	丁启明	560532	冯丕孚	560533	沈纪桂
560534	杨大智	560535	徐玉清	560536	郁鉴源	560537	华容茂
560538	王庆复	560539	钱靖国	560540	朱锡初	560541	朱克和
560542	张仲行	560543	杨燮果	560544	王稼秋	560545	袁瑞麟
560546	戴积林	560547	邵慰骏	560548	蔡文仕	560549	胡秉亚
560550	徐伯埙	560551	刘作仕	560552	钱君烈	560553	吴鹏生
560554	孟见广	560555	王慧芬	560556	谷兆彭	560557	顾维铭
560558	孙嘉循	560559	傅陈江	560560	严鸢飞	560561	邹继生
560562	范子洁	560563	商定柱	560564	吴新泉	560565	王吉祥
560566	汪学瑶	560567	范钦珊	560568	朱炳诚	560569	黄祖徐
560570	王占梅	560571	石祚胤	560572	黄嘉琥	560573	杨祐苏
560574	汤之庆	560575	龙运佳	560576	严忠汉	560577	张志民
560578	陈永锡	560579	朱永乐	560580	汪宝华	560581	王相达
560582	孙祥云	560583	杨　永	560584	邹友英	560585	童　瑾
560586	朱天兰	560587	殷志华	560588	王一之	560589	李道埙
560590	蔡凌云	560591	蔡路易	560592	马奎章	560593	徐仁娣
560594	姚梅玲	560595	郁惟厚	560596	张玉琴	560597	苏德君
560598	刘西璩	560599	吴万春	560600	冯国雄	560601	陈庚砚
560602	王光润	560603	张志浩	560604	张瑰芬	560605	陈贤标
560606	黄林生	560607	姚兆瑞	560608	乐一平	560609	殷志康
560610	黄如年	560611	刘德民	560612	杨永吉	560613	邱曾理
560614	张　昆	560615	乐　瑶	560616	叶若金	560617	方一瑞
560618	姜梅华	560619	韩肇元	560620	潘瑞琳	560621	吴景秋
560622	唐逸民	560623	丁　川	560624	屠霓仙	560625	尤齐忍
560626	董烈铮	560627	高正楼	560628	潘达武	560629	钱石南
560630	陈二君	560631	马如椿	560632	徐元辉	560633	郭松霞
560634	彭小莹	560635	裘华生	560636	张士全	560637	张志远
560638	汤美娟	560639	柳芷雯	560640	凌瑞璋	560641	严淑贤
560642	许惠良	560643	洪金根	560644	吴旦中	560645	柏　瑞
560646	胡九锡	560647	张曙辉	560648	金文邦	560649	朱安仁
560650	陈继刚	560651	王瑞超	560652	王怀顺	560653	李庆翰

560654	周鹏飞	560655	陈有方	560656	金文桂	560657	沈聚伦
560658	顾伯平	560659	徐 焱	560660	程效复	560661	李敏贤
560662	季民贤	560663	陈惠慈	560664	关 侃	560665	李育勤
560666	侯璐璐	560667	吕毓雄	560668	朱宝麟	560669	黄从达
560670	施秉周	560671	季振万	560672	王树贤	560673	童勤义
560674	黄振康	560675	张永兴	560676	王半植	560677	周保生
560678	谈 洪	560679	朱祖贤	560680	刘衡若	560681	范 荫
560682	郑庆云	560683	严心影	560684	陈美英	560685	苏耀祖
560686	沈能一	560687	马钟仁	560688	陈全公	560689	朱达生
560690	吕兆成	560691	章博华	560692	曾培炎	560693	彭 玲
560694	汤志贤	560695	钱人一	560696	陈允文	560697	钟万里
560698	吴道怀	560699	徐璐璐	560700	施秀琼	560701	黄无量
560702	曹盘年	560703	邱 云	560704	汪佳明	560705	叶文富
560706	张芳年	560707	童德春	560708	陈光华	560709	黄宗良
560710	杨伟臣	560711	阴祖康	560712	宋文辉	560713	朱颂德
560714	林敏鹤	560715	诸旭辉	560716	邱学良	560717	王平孙
560718	钱仁才	560719	朱 达	560720	王松皋	560721	徐杏镒
560722	施国光	560723	黄嘉樑	560724	单联邦	560725	汪一馨
560726	任孟眉	560727	金黛雯	560728	桂祖琲	560729	罗荷英
560730	李冠兴	560731	曹志刚	560732	陈是民	560733	董楚勤
560734	江 浩	560735	匡伯铭	560736	张存镇	560737	张德忠
560738	朱瑞光	560739	顾永华	560740	方家光	560741	阙家昌
560742	赵雅珠	560743	庞民光	560744	华爱媛	560745	王人杰
560746	黄纪文	560747	萧宝麟	560748	周 啸	560749	萧庆旺
560750	吴维宇	560751	周之英	560752	胡之风	560753	邱居正
560754	邢文萍	560755	阮 亮	560756	李兴中	560757	张良平
560758	鲍吉人	560759	宋玉品	560760	金森桠	560761	赵南明
560762	李峻蹁	560763	陈新福	560764	姚 彦	560765	丁 曚
560766	应岩山	560767	王连昌	560768	方欣华	560769	陈凤止
560770	蒋学忠	560771	宋世战	560772	周盛雨	560773	芮士滢
560774	张志康	560775	应启珩	560776	林言端	560777	方资勋
560778	宋文森	560779	杨业智	560780	茅乃丰	560781	乐俊楚

560782	毛绳峰	560783	沈莲芳	560784	叶邦础	560785	沈兆麟
560786	楼洁年	560787	鲍浣萍	560788	胡光正	560789	范琦康
560790	吴纪良	560791	徐文烈	560792	史习炎	560793	谢晓元
560794	黄家矩	560795	文克玲	560796	金德全	560797	高忠钧
560798	隋毓芬	560799	丁玉美	560800	周嘉玉	560801	沙太沅
560802	郑鹏飞	560803	董美云	560804	王恩斗	560805	于绍樑
560806	赵诒枢	560807	姜厚德	560808	崔玉玺	560809	宋方考
560810	尹有田	560811	周子正	560812	杨世宝	560813	路沁明
560814	张遵庆	560815	王柏成	560816	于天常	560817	张生正
560818	黄国华	560819	纪玉昇	560820	赵瑞玉	560821	郑丽娟
560822	邹德康	560823	王继祖	560824	姜福厚	560825	赵会全
560826	苏怀吉	560827	邓新元	560828	罗　砚	560829	崔古法
560830	王耀骅	560831	杨宗润	560832	张希春	560833	尹佐周
560834	张明超	560835	陈明焌	560836	耿树盛	560837	杨继鑫
560838	于孝平	560839	孙之明	560840	陈可兴	560841	姜启源
560842	卢福海	560843	齐贵柱	560844	田福生	560845	滕　密
560846	于曰浩	560847	黄振岗	560848	胡问慈	560849	王龙云
560850	王汝赡	560851	吴钟立	560852	郭秀生	560853	樊子仪
560854	王思详	560855	柏乃炳	560856	徐长林	560857	顾俊仁
560858	张廷华	560859	于保良	560860	朱美芳	560861	温鸿钧
560862	陆耀庭	560863	宋克濂	560864	孙锡彭	560865	倪宗运
560866	王昌宝	560867	许根福	560868	滕宗周	560869	陈定栋
560870	周东昇	560871	吴济民	560872	沈恒权	560873	沈德仁
560874	章以理	560875	严叔衡	560876	范林生	560877	李迪毅
560878	钱　新	560879	郁浩然	560880	邬淑婉	560881	单秀安
560882	金千方	560883	惠薇芳	560884	周幼光	560885	张善馀
560886	刘文渊	560887	夏　忠	560888	顾祖毅	560889	谢成瑜
560890	申　明	560891	汪德群	560892	李天祥	560893	江明行
560894	刘锡三	560895	萨本庆	560896	许承庆	560897	吴家俊
560898	程平东	560899	花家宏	560900	尤国峻	560901	吴映虹
560902	赵道纯	560903	吴宗鑫	560904	奚树人	560905	胡思超
560906	姚振汉	560907	陆雪明	560908	严衍祚	560909	杨仁安

中南区

560910 张梦云	560911 马沃诚	560912 陈家文	560913 李家驹
560914 阮光梧	560915 李剑白	560916 李国良	560917 庄沃光
560918 曾汉葵	560919 张自艾	560920 张照深	560921 江丽妙
560922 章赞成	560923 王贤谅	560924 曾国锴	560925 文行逎
560926 陈卓华	560927 胡 逵	560928 鲁桂兰	560929 康兆泰
560930 周 铁	560931 陈石勋	560932 汪国华	560933 张俊德
560934 蒋甲三	560935 林少非	560936 龙 锐	560937 林郁正
560938 王正中	560939 萧光甫	560940 王致勇	560941 邓建炎
560942 詹先泽	560943 杨雄风	560944 李澍浓	560945 周伯鹏
560946 廖云鹏	560947 袁礼福	560948 姜明清	560949 陈亨宏
560950 郑祖华	560951 蔡祥吉	560952 庾沃良	560953 章裴成
560954 谢述华	560955 黄炳桃	560956 张国华	560957 邓化白
560958 蔡忠全	560959 施克仁	560960 周干绪	560961 李衍远
560962 周德泽	560963 周驷骥	560964 杨永新	560965 朱仲雄
560966 彭昭明	560967 杨仲池	560968 黄光甦	560969 沈祖吉
560970 蒋绍强	560971 姚卿洪	560972 苏锡鹤	560973 赵振群
560974 张光琳	560975 黄浩权	560976 张明秦	560977 郭建生
560978 廖 萍	560979 杨德尧	560980 浦仁俊	560981 杜家驹
560982 杨德润	560983 周家齐	560984 谢敏先	560985 俞 昌
560986 符鑫尧	560987 曾映波	560988 曾岳阳	560989 王普光
560990 胡冠章	560991 孙炳生	560992 邹效曾	560993 周远清
560994 彭一苇	560995 郭大成	560996 高若海	560997 方 荣
560998 李定於	560999 周建钧	561000 李国定	

西南区

561001 刘原中	561002 王克雄	561003 陈隆浦	561004 许际龙
561005 吴振常	561006 牛安美	561007 周晓时	561008 金道环
561009 沈 洪	561010 漆明远	561011 钱 进	561012 梁振民
561013 彭树俭	561014 张其威	561015 向芳明	561016 江秉琛
561017 黄方臣	561018 夏昭知	561019 丁廷桢	561020 杨德馨
561021 周育诚	561022 封鸿渊	561023 谢庄应	561024 刘家聪

561025 陈文浚	561026 刘承泽	561027 王　正	561028 艾孝义
561029 叶其根	561030 谢齐应	561031 徐楚雄	561032 刘光伟
561033 夏尚钰	561034 梅启智	561035 刘家书	561036 李素芳
561037 汤贻志	561038 李忠诚	561039 蒋鸿第	561040 宁永成

(二) 动力类

华北区

561047 袁星北	561048 陶　森	561049 李家炘	561050 王一晶
561051 张博文	561052 解　熙	561053 王树立	561054 武增尧
561055 贾毓庄	561056 刘宗文	561057 武思宁	561058 潘　钧
561059 贺美英	561060 王如璋	561061 王淑芳	561062 陈日康
561063 徐巽珠	561064 黄良辅	561065 李国瑞	561066 姜素然
561067 马秀荃	561068 祖国来	561069 杨秀珍	561070 高振山
561071 袁檀林	561072 林贤流	561073 许恩伟	561074 赵蕴波
561075 赵沣泽	561076 赵衡秀	561077 郝孝明	561078 孙伯嬿
561079 郭武昌	561080 李克钧	561081 王　谨	561082 王申俊
561083 刘振湖	561084 段昌国	561085 傅宪章	561086 陈　浩
561087 赵德苗	561088 崔信安	561089 于杰英	561090 龚学晋
561091 张能力	561092 王世兰	561093 张淑娴	561094 张万松
561095 余　桂	561096 胡玉雁	561097 何福君	561098 王荣瑞
561099 刘美珣	561100 于希曾	561101 枣厥宁	561102 陈明浦
561103 周连福	561104 宋力勤	561105 张宏笙	561106 刘欣荣
561107 何达卿	561108 李　键	561109 张　庆	561110 王友松
561111 郑秋萍	561112 刘元元	561113 刘惠英	561114 宋保珍
561115 杜　敏	561116 邰长顺	561117 孟汉图	561118 张孝祖
561119 谢宝栋	561120 蒋炘祖	561121 许永安	561122 金　娟
561123 孙丞龄	561124 商学绅	561125 秦中一	561126 程中凡
561127 杨桂林	561128 董云斗	561129 刘孟周	561130 许振铎
561131 卢靖华	561132 马秀英	561133 吴世贤	561134 熊希善
561135 王晓璇	561136 张灿英	561137 杨志发	561138 左继业

561139 李佩辰	561140 黄鸿僖	561141 马海明	561142 石岳玺
561143 李广雪	561144 赵吉祥	561145 郏玉亭	561146 张之瑞
561147 胡金城	561148 杨光峰	561149 周祥义	561150 张旭安
561151 郭玉峥	561152 孟有斌	561153 冯化民	561154 孔仲蕊
561155 吴荫芳	561156 黄绳武	561157 黄志刚	561158 陈怀义
561159 洪纯一	561160 李麟仁	561161 王耀山	561162 刘景义
561163 仝渊民			

东北区

561164 杨雅民	561165 崔　孝	561166 杨世君	561167 王燕霞
561168 张守信	561169 吕永印	561170 韩英铎	561171 许维光
561172 何文卿	561173 刘占一	561174 蔡葆苤	561175 张增禄
561176 路自远	561177 冯家和	561178 常俊英	561179 宋　敏
561180 刘恕义	561181 严开明	561182 刘文秀	561183 赵双禄
561184 于寿彭	561185 李春圃	561186 张崇岳	561187 朱兆明
561188 杨大成	561189 张克勤	561190 刘永俭	561191 刘　俐
561192 石镇民	561193 王绥桢	561194 谭鸿儒	

华东区

561195 沈震国	561196 俞正光	561197 华泽钊	561198 唐立青
561199 徐虎侯	561200 王济德	561201 吴成琦	561202 刘国生
561203 陈若鹏	561204 司徒敏宁	561205 顾纯瑶	561206 顾人一
561207 戴自忠	561208 吴文铮	561209 顾家林	561210 朱耀堃
561211 陈正恩	561212 朱　建	561213 吴豫牧	561214 丁明道
561215 张纪南	561216 周莲生	561217 张衍斌	561218 俞家骅
561219 赵企东	561220 杨振华	561221 陈天汉	561222 高匡中
561223 朱学锷	561224 朱建业	561225 杨家庆	561226 陈丽峰
561227 张开慧	561228 田兴达	561229 杨振铭	561230 陈瑞琮
561231 郑学铭	561232 周云祚	561233 邵乃辰	561234 张似蘋
561235 黄信慧	561236 梅胜初	561237 张国衡	561238 陈澍南
561239 张高原	561240 邢　瑜	561241 张　政	561242 冯懿中
561243 项协恭	561244 范莉云	561245 陈　陈	561246 郑慧龄

561247 陈鸿涛	561248 聂崇志	561249 诸祥康	561250 杨颂淇
561251 马国斌	561252 胡隆文	561253 李光遂	561254 冯涪生
561255 彭龙生	561256 范平釜	561257 余泉山	561258 傅岳庭
561259 陈克来	561260 傅恭兴	561261 刘梦虎	561262 蒋步桂
561263 倪新铮	561264 林瑞燊	561265 应美琳	561266 俞柏铭
561267 孙志承	561268 俞国强	561269 周如鹏	561270 盛鸿郎
561271 余天安	561272 任志根	561273 郭锡舫	561274 冯白云
561275 陶德圣	561276 咸炳荣	561277 阮馨远	561278 雷三省
561279 黄 菊	561280 孙先明	561281 杨广治	561282 李世梅
561283 陈生祥	561284 张世铮	561285 李宝庆	561286 齐 莹
561287 李殿阶	561288 刘家树	561289 高升岳	561290 徐福明
561291 曲荣廉	561292 荆凤美	561293 戚泽先	561294 朱明堂
561295 陈秉七	561296 范天民	561297 李珠亭	561298 李志清
561299 蔡家道	561300 刘学芦	561301 沈其佐	561302 孙忠远
561303 曲振仲	561304 宋烈侠	561305 陈金兰	561306 李殿信
561307 刘士星	561308 吕荣侠	561309 李长喜	561310 徐承业
561311 黎邦铨	561312 吴其张	561313 杨泽发	561314 孙殷旺
561315 汪国柄	561316 汤荣夫	561317 乔国良	561318 汪其甫
561319 黄绍鲁	561320 周宝鑫	561321 邵士英	561322 王涤清
561323 胡似徽	561324 方高寿	561325 叶在田	561326 翟耀西
561327 刘国璞	561328 袁家誉	561329 陶崇恩	561330 王德盛
561331 潘忠刚	561332 葛盛骏	561333 杨永清	561334 洪渊雷
561335 李隽培	561336 许炳松	561337 李源枝	561338 詹锦泉
561339 张葆镇	561340 周金明	561341 王清荣	561342 郑兆仁
561343 郑文波	561344 黄永沣	561345 胡鑫尧	561346 瞿其海
561347 林国仁	561348 林翠琴	561349 林成景	561350 俞盘潮
561351 游兆麟	561352 陈元忠	561353 丁灼仪	561354 郭季雄
561355 陈宝琨	561356 张 宇	561357 陈孟英	561358 丘必宏
561359 林功实	561360 潘邦威	561361 徐心坦	561362 舒嘉谟
561363 傅宾兰	561364 张齐元	561365 杨泽霖	561366 花业楠
561367 陈裕崐	561368 陈世奎	561369 刘士恒	561370 李威振
561371 王松秀	561372 朱承良	561373 李漕江	561374 武增华

561375	夏增沛	561376	陈之杰	561377	徐功骅	561378	陈德渊
561379	刘惠和	561380	汪振玉	561381	干福麟	561382	陈　玲
561383	朱绮红	561384	葛建功	561385	陈振武	561386	周希群
561387	苏邵荪	561388	潘道才	561389	王颂虞	561390	姜敏琰
561391	王梅华	561392	程杏芬	561393	包健中	561394	蒋英豪
561395	赵仲涛	561396	尤胜祖	561397	华涌欣	561398	刘　涤
561399	王家杰	561400	陆士龙	561401	蓝厚福	561402	王克明
561403	沈宗湘	561404	王丽芬	561405	高景行	561406	鲍守成
561407	李婉芳	561408	潘明义	561409	陈鼎平	561410	丁道齐
561411	孙成训	561412	卢之芳	561413	拾向之	561414	熊为群
561415	徐训杰	561416	朱明义	561417	张元德	561418	黄维枢
561419	苏正华	561420	李溯兰	561421	杨汉兴	561422	黄彦彬
561423	白　济	561424	周年生	561425	曹立礼	561426	胡乃定
561427	赵成城	561428	沈恒康	561429	汪锡煌	561430	卫克明

中南区

561431	吴光明	561432	廖权来	561433	林　械	561434	叶日泉
561435	李邦栋	561436	李外耕	561437	丁敬乾	561438	夏学友
561439	吴树滋	561440	陈贤川	561441	许世道	561442	吴道全
561443	龙国瑞	561444	曹力工	561445	王祖澄	561446	吴　熹
561447	张祖玲	561448	熊鷞举	561449	戴木权	561450	曹凯旋
561451	杜銮彬	561452	戴　重	561453	钟恩浩	561454	郭晓金
561455	尹芳平	561456	范治新	561457	程应钧	561458	刘红运
561459	麦桢源	561460	邓自立	561461	黄学源	561462	熊家声
561463	欧阳咸泰	561464	黄伯翚	561465	王文威	561466	邓裕光
561467	谭泽光						

西南区

561468	孟昭光	561469	叶灵德	561470	魏彙川	561471	戴继岚
561472	周祚权	561473	彭应宁	561474	田文华	561475	胡龙真
561476	李之华	561477	杨实敏	561478	王　荣	561479	潘国强
561480	詹才澄	561481	李律庸	561482	梁正国		

（三）电机制造和电气器材制造类

华北区

561486 王世媛	561487 吴文华	561488 翁瑞琪	561489 黎　达
561490 黄宗庆	561491 徐文恬	561492 马　莹	561493 郭栢龄
561494 祝以廉	561495 郭振崐	561496 李亭寒	561497 于兰珍
561498 何文轩	561499 李宗谦	561500 郑忠信	561501 刘立夫
561502 赵金刚	561503 王之翰	561504 王佩玫	561505 周则久
561506 刘宝琴	561507 李镇湘	561508 李兆平	561509 李良训
561510 王世荫	561511 郭五昌	561512 乔树香	561513 刘惠中
561514 王光瑛	561515 刘新玲	561516 李英春	561517 张正伟
561518 朱克正	561519 张　玮	561520 王俊刚	561521 黄惠生
561522 任根深	561523 吴聚华	561524 魏克明	561525 沈炳熙
561526 苏景坡	561527 张镇城	561528 陈启武	561529 刘生宵
561530 张志忠	561531 苗振甲	561532 米成秋	561533 方秀瑛
561534 林津大	561535 胡家苏	561536 李惠臣	561537 李安莱
561538 王志鹏	561539 曹大年	561540 缪丰沛	561541 刘连棣
561542 蒋蓉蓉	561543 霍　苑	561544 王俊珍	561545 李瑞芝
561546 黄重玲	561547 李通符	561548 何　琏	561549 江　辰
561550 陈学尧	561551 李哲生	561552 金　辉	561553 姜鸿樑
561554 殷概寰	561555 鹿　遥	561556 南君平	561557 王华峰
561558 佟奎然	561559 苗履丰	561560 苗锡光	561561 彭志瑜
561562 张　元	561563 梁　棋	561564 吴坤益	561565 周　毅
561566 高宗昌	561567 王维端	561568 谢贵昌	561569 赵经纶
561570 刘拯华	561571 龙银霞	561572 李勤媛	561573 温诚华
561574 房景蕤	561575 李全安	561576 张清圆	561577 孙宝寅
561578 余彊翼	561579 琪莫得·赛基拉夫		561580 侯明志
561581 赵健翔	561582 王定中	561583 周忠铉	561584 周德铭
561585 顾　亮	561586 钮大卫	561587 张荫坤	561588 武世鹏
561589 郑燕诒	561590 陈统华	561591 汪昆华	561592 张邵周
561593 梁文骏	561594 时雅声	561595 周宝成	561596 黄萍芳

561597 胡德霞	561598 林馥卿	561599 朱　桐	561600 黄　玲
561601 鲍今是	561602 彭玉禄	561603 乔学礼	561604 汪章瑞

东北区

561605 纪文硕	561606 李述青	561607 林钧天	561608 王　萍
561609 汤福润	561610 王恒彬	561611 苏东瑞	561612 陶义清
561613 马文福	561614 路荣盛	561615 彭庆华	561616 赵栢龄
561617 高广仁	561618 刘殿芳	561619 赵宋昌	561620 矫焕芝
561621 刘庆余	561622 赵维焕	561623 张善培	561624 张汉祥
561625 韩在廷	561626 李铭新	561627 薛洪林	561628 孙　玉
561629 钟立晨	561630 栾树苓	561631 朱福臣	561632 范圣宣
561633 陈树俊	561634 崔骏业	561635 隆德民	

华东区

561636 黄芳芝	561637 吴克成	561638 张学贤	561639 赵阿金
561640 丁民德	561641 姚祖烽	561642 孙文青	561643 陈伯荣
561644 汪开源	561645 于鑫坤	561646 刘恭櫟	561647 吴正玉
561648 朱菊芬	561649 周志道	561650 尹光甲	561651 柳蕴刚
561652 陆文贤	561653 郭嘉俭	561654 郁忠强	561655 王汝金
561656 郭枕宇	561657 徐林光	561658 陈伯显	561659 蒋如南
561660 沈永南	561661 缪　桂	561662 钱浩生	561663 石汉初
561664 钱永庚	561665 钮求益	561666 宋振华	561667 薛祖庆
561668 李桂滋	561669 屠曾端	561670 王肇南	561671 严钟敏
561672 夏雪湔	561673 宗福开	561674 邵仁昌	561675 方蓉初
561676 张钰珍	561677 曹寿武	561678 金家骓	561679 冷鑫元
561680 曹重茂	561681 姜明宏	561682 曹琴南	561683 陶崇铸
561684 彭惠民	561685 洪　讵	561686 俞禄民	561687 王魁元
561688 王立顺	561689 过九镕	561690 张　悫	561691 黄雅丽
561692 吴添祖	561693 郑国基	561694 刘松盛	561695 陈传庆
561696 史美林	561697 徐嘉淦	561698 楼宇宁	561699 林树梀
561700 黄信一	561701 毛学仁	561702 黄言清	561703 滕忻舜
561704 王凤翔	561705 周铁英	561706 孙大高	561707 王显惠

561708 沈玉麒	561709 唐丰民	561710 陈才敏	561711 丁祖安
561712 陈日祥	561713 李为琳	561714 陶覬琥	561715 朱瑞明
561716 任季华	561717 汪道显	561718 汪国强	561719 张庆海
561720 谢大吉	561721 杨成玉	561722 高纪湘	561723 钟厚才
561724 黄松旭	561725 樊邦鸿	561726 李伦蔚	561727 胡素英
561728 李培豪	561729 廖福九	561730 李晓朗	561731 赵良炳
561732 全永川	561733 谢志铭	561734 陈亚鹏	561735 王谶铭
561736 叶祖琛	561737 梁清强	561738 林元烈	561739 连绥仁
561740 马致仁	561741 李安余	561742 周　正	561743 余赣生
561744 辛显中	561745 杨远猷	561746 汪德真	561747 王敬群
561748 周惠领	561749 杨孝绾	561750 廖章扬	561751 丘秀薇
561752 张龙红	561753 张宏春	561754 张华甫	561755 韩祥松
561756 陈世华	561757 征治中	561758 马克文	561759 阮锦屏
561760 刁正纲	561761 陈欣欣	561762 王义方	561763 潘裕焕
561764 芮静康	561765 施大申	561766 邵顺之	561767 龚幼民
561768 汤嘉论	561769 许庆元	561770 张以遂	561771 王一平
561772 庄学曾	561773 张宗元	561774 钱露茜	561775 金志煜
561776 薛庆新	561777 过惠民	561778 赵蕖华	561779 施妙根
561780 胡汉南	561781 陈毓熙	561782 徐士威	561783 杨瑞钧
561784 陈　庚	561785 黄榴英	561786 张玉轩	561787 赵兴华
561788 陈德馀	561789 丁俊美	561790 顾玉麟	561791 方　铭
561792 丁慎训	561793 王义发	561794 范永震	561795 齐泮琪
561796 张　铭	561797 姚德禾	561798 徐　绥	561799 余　禄
561800 宝志雯	561801 陈嘉懿	561802 朱敬铨	561803 蔡荣芳
561804 秦维陶	561805 徐仁贵	561806 严义埙	561807 吴伯瑜
561808 张国贞	561809 张家企	561810 吴如松	561811 苏肇吉
561812 蔡碧濂	561813 周　娴	561814 李柄中	561815 金宗儒
561816 浦厚发	561817 叶孙敏	561818 戴述娴	561819 邵敏望
561820 周行之	561821 徐曾澍	561822 徐子宏	561823 郭　浩
561824 钱忠伟	561825 何克忠	561826 厉无咎	561827 林学阆
561828 孙鑫圭	561829 蒋宗强	561830 李启文	561831 李毓俊
561832 张惠雪	561833 范敦灏	561834 蔡学教	561835 李厚福

561836 叶秦生	561837 陈俊良	561838 范懋谦	561839 邹理和
561840 陆济时	561841 邱世良	561842 吴健雄	561843 秦乾华
561844 孙家福	561845 唐继良	561846 赵叔源	561847 顾乃清
561848 张春源	561849 王松泰		

中南区

561850 萧德鸿	561851 谢礼泉	561852 陈钦萍	561853 钱志尤
561854 罗紫华	561855 王水生	561856 金以铭	561857 李　润
561858 张俊谟	561859 何　浩	561860 邵义麟	561861 杨有启
561862 彭惠娴	561863 刘馥清	561864 温炳坤	561865 廖永康
561866 何启尧	561867 周润文	561868 罗思舜	561869 张曾常
561870 王松华	561871 罗宝瑜	561872 胡昌信	561873 钟尔宽
561874 黄成平	561875 王定中	561876 饶福先	561877 李力行
561878 魏文建	561879 姚楚仁	561880 胡耀志	561881 姜建国
561882 叶　梧	561883 杨惟高	561884 许镐娥	561885 易泓可
561886 黄　侃	561887 严正名		

西南区

561888 周九林	561889 高光义	561890 曾晏中	561891 夏瑞琼
561892 杨正一	561893 朱世定	561894 陈孝乡	561895 郭物鸣
561896 何大绥	561897 董国樑	561898 屈乾华	561899 梅忠恕
561900 陈益邻	561901 王子谦	561902 刘以昌	561903 崔浚明
561904 唐孝思	561905 陈惟蓉	561906 门秀江	561907 郭希平
561908 姚天任	561909 杜利科	561910 李锡训	561911 蔡光显
561912 陈中明	561913 高兴耀	561914 陈人蓉	561915 鄢先知
561916 徐成忠	561917 陈汝杰		

（四）建筑和市政工程类

华北区

561923 胡达文	561924 耿长孚	561925 魏金铎	561926 孟肇蓉

561927 王其福	561928 靳慧慈	561929 刘国志	561930 宋彩妤
561931 廖国荣	561932 董宝山	561933 李　菖	561934 张万亮
561935 丁国瑞	561936 许福连	561937 洪长瑽	561938 徐建得
561939 王重穆	561940 蔡建蜀	561941 安定宇	561942 赵国智
561943 贾勤明	561944 窦建华	561945 刘国兴	561946 王振田
561947 赵玺印	561948 刘致彬	561949 赵培森	561950 王立新
561951 高玉生	561952 刘骥麟	561953 富士良	561954 鲍铭声
561955 张其诚	561956 罗自强	561957 吕云堂	561958 路登高
561959 田　泽	561960 宋　亮	561961 刘绍周	561962 贺崇铃
561963 熊泉根	561964 程广林	561965 王留荣	561966 石佛慧
561967 杨景霞	561968 朱　鸿	561969 高世正	561970 蒋士鲁
561971 成　城	561972 席荣增	561973 王天培	561974 石兆玉
561975 闫克智	561976 陆费竞	561977 袁敏如	561978 徐安庭
561979 林平洲	561980 傅学初	561981 郑昭通	561982 马　疆
561983 金友昌	561984 杨世忠	561985 李　颖	561986 赵礼人
561987 陈守仁	561988 张福牲	561989 郭梵琳	561990 陈衍庆
561991 祝大荣	561992 杨金栋	561993 李汝智	561994 金以龙
561995 侯岩石	561996 周祖闻	561997 孙双存	561998 高瑛曾
561999 姜慧嬿	562000 郝　钧	562001 樊锺琴	562002 于明善
562003 李元和	562004 罗廷栋	562005 马丽生	562006 钟荣俊
562007 郁　畅	562008 高洪洸	562009 宋淑丽	562010 丁晓霞
562011 陈超六	562012 袁良书	562013 高庆芬	562014 张　森
562015 耿培棠	562016 谭淑英	562017 冯绪文	562018 李长珍
562019 孙今权	562020 王维沣	562021 周庆琳	562022 王家骅
562023 燕长春	562024 樊勖昌	562025 许同鑫	562026 屠舜耕
562027 吴珊如	562028 王　敏	562029 王应楷	562030 郝宝鑫
562031 廖维盛	562032 黄瑞生	562033 李光京	562034 刘思绪
562035 秦振东	562036 刘鸾英	562037 刘惠瑷	562038 马秀英
562039 李文英	562040 杨玉国	562041 徐　锐	562042 胡铭新
562043 雷同顺	562044 张孟威		

东北区

562045 邱瑞华	562046 赵服理	562047 姚继宣	562048 宿 茵
562049 刘执中	562050 赵 伟	562051 李维宜	562052 刁廷礼
562053 刘延澄	562054 刘亦兴	562055 魏泽斌	562056 冯国新
562057 王赓臣	562058 刘文澈	562059 连志勤	562060 叶茂生
562061 刘凤兰	562062 韩行良	562063 刘志华	562064 周丰峻
562065 回振毅			

华东区

562066 雷国栋	562067 雷国樑	562068 林秋华	562069 林如霞
562070 蔡德生	562071 黄云瑞	562072 陈砺坚	562073 陈隆海
562074 王显固	562075 黄长盾	562076 陈士年	562077 苏黄昌
562078 吴秀水	562079 欧阳錬	562080 张由芳	562081 林 矗
562082 谢远德	562083 周宝兴	562084 赖新生	562085 贺世祥
562086 黄秀不	562087 叶宝瑞	562088 欧阳彬	562089 林挺愍
562090 王挺正	562091 李平衡	562092 黄鉴尧	562093 张举根
562094 陈 涛	562095 汪易敏	562096 袁维殷	562097 曹挺强
562098 林俊权	562099 陈泰绥	562100 柴昌庆	562101 林元坤
562102 张海波	562103 陈继辉	562104 吴尚甫	562105 杨宜芳
562106 庄文中	562107 万声淦	562108 强克难	562109 王匡寰
562110 汪绍箕	562111 宋蕙芬	562112 江文生	562113 方履森
562114 蒋秉周	562115 沈振寰	562116 王福顺	562117 唐炳玉
562118 张文兴	562119 李传义	562120 吴连珠	562121 冯泽训
562122 李东祥	562123 张培根	562124 乔 锟	562125 张 瀚
562126 胡维书	562127 冯克勤	562128 陈铭忠	562129 张九如
562130 李岱森	562131 李传铎	562132 王拱奎	562133 李祚谟
562134 王祖华	562135 崔伯臣	562136 姜中光	562137 王其彬
562138 张祖德	562139 滕书堂	562140 黄中兴	562141 袁书玉
562142 江崇元	562143 钟嘉福	562144 叶志明	562145 朱清连
562146 陈谋莘	562147 冯学礼	562148 沈伦序	562149 张耀华
562150 庄念生	562151 夏瑞江	562152 吴炳金	562153 何玉如
562154 胡理琛	562155 陈光中	562156 周崇藩	562157 胡益存
562158 倪天增	562159 董元春	562160 戴 强	562161 胡健民

562162 肖 凉	562163 成元春	562164 龚耀祖	562165 吴宇文
562166 汪振宗	562167 潘光在	562168 金积善	562169 吴瑞林
562170 陈关庆	562171 薛荣国	562172 徐 宿	562173 施振东
562174 朱绍文	562175 范重山	562176 杨博华	562177 张思俊
562178 孙化洲	562179 江尧忠	562180 王忠基	562181 张树华
562182 葛友庭	562183 秦敏知	562184 吴迺柏	562185 单锦洪
562186 王 烨	562187 徐荣藩	562188 嵇景爽	562189 徐汉初
562190 谢永达	562191 周方忠	562192 顾尔昌	562193 彭楚身
562194 宋根培	562195 程幼言	562196 许正安	562197 周芸芸
562198 袁国胜	562199 林浩成	562200 凌本立	562201 汪人杰
562202 陈碧玉	562203 李 霆	562204 吴观张	562205 谭林海
562206 黄嘉强	562207 陈 谦	562208 陈伟鉎	562209 姚 嗣
562210 陈细兴	562211 石斯聪	562212 熊义辉	562213 王起义
562214 王申如	562215 徐邦煦	562216 孙元安	562217 王宽裕
562218 丁抗生	562219 吴迺申	562220 陆 雷	562221 陈鑫发
562222 华裕忻	562223 罗毓琳	562224 华允庥	562225 高秋实
562226 周永留	562227 叶瑞芳	562228 丁锦昌	562229 徐静娟
562230 周庆年	562231 钱培生	562232 刘至嘉	562233 周 逢
562234 袁义芳	562235 施燮琴	562236 沈文浩	562237 李梅君
562238 柴珊莉	562239 萧启益	562240 侯协兴	562241 莫宝璧
562242 胡文鏵	562243 陈培尧	562244 柯子德	562245 葛桂英
562246 唐海光	562247 黄帼豪	562248 郑文秀	562249 赵祥安
562250 刘祖懋	562251 曾 点	562252 王莲芬	562253 潘祖琨
562254 李英娥	562255 麦木兰	562256 王凤凤	562257 邱元青
562258 李绍庭	562259 汪佩章	562260 杨 敌	562261 陈维光
562262 孙慕曾	562263 李雯华	562264 束际万	562265 任安华
562266 叶璨生	562267 吴 熹	562268 王伟麟	562269 朱家宜
562270 胡 斌	562271 孙玉龙	562272 龚剑胜	562273 屈统广
562274 王 时			

中南区

562275 楚梦兰	562276 王冬青	562277 张寿杭	562278 杨仁同

562279 刘继筑	562280 易礼石	562281 王靖波	562282 王系均
562283 田道芬	562284 吴时光	562285 陈启定	562286 朱世宁
562287 刘创鸿	562288 周朴坚	562289 杨云举	562290 周 平
562291 陈赤康	562292 龙腾锐	562293 罗来基	562294 杨浪踪
562295 谭光远	562296 李泽勋	562297 邬守春	562298 廖振鹏
562299 刘克良	562300 沈尔桔	562301 何锦涛	562302 胡昌铁
562303 黄有略	562304 周 林		

西南区

562305 高文远	562306 童继明	562307 李鸿信	562308 何雨时
562309 万廷荚			

西北区

561041 赵立人	561042 高树棠	561043 李 恒	561044 李明山
561045 冯训诚	561046 应澎耀	561483 张国隆	561484 柳 韧
561485 魏瑞山	561918 丁晓青	561919 孙宗扬	561920 颜守义
561921 杨永年	561922 李斌全	562310 张瑞云	

清华大学档案,全宗号2,目录号 校3,案卷号020

1957年清华大学录取新生名单※

(1957年)

机械制造系
华北区

570001 白永富	570002 杨顺玉	570003 盛建敏	570004 王喜臣
570005 殷品福	570006 马福康	570007 王益衡	570008 康德元
570009 黄 准	570010 卢尚汉	570011 王金华	570012 李文钰
570013 李 川	570014 刘淑萍	570015 闫燕生	570016 邢肇杰
570017 郝纯孝	570018 黄菊如	570019 严慧文	570020 常俊荣
570021 张淑良	570022 武 榕	570023 赵庆禄	570024 孙明鉴

570025 于书正	570026 王广涛	570027 邢遇春	570028 郭有光
570029 陈清士	570030 屈　森	570031 陈增琪	570032 王建伦
570033 陈德华	570034 程幼华	570035 宋宝瑞	570036 水敬恒
570037 王伟栋	570038 王文瑞	570039 秦应泰	570040 李建来
570041 张景馀	570042 郑志明	570043 吴国庆	570044 沈祖耀
570045 陈　序	570046 马金元	570047 杨周征	570048 周　宜
570049 樊孝义	570050 吴威立	570051 张道良	570052 苏立昭
570053 白　静	570054 胡玉才	570055 宋健华	570056 曹锡纹
570057 徐爱凤	570058 姜树桥	570059 于泽民	570060 阎德珉
570061 张敬业	570062 武英捷	570063 胡维生	570064 高宗仁
570065 康　信	570066 刘金玉	570067 姚　建	570068 党润田
570069 薛文轩	570070 张文府	570071 吴诚勇	570072 吕一知
570073 赵得山	570074 杨廷力		

华东区

570075 黄天龙	570076 傅　中	570077 黄孝安	570078 沈文鑫
570079 庞宛仲	570080 范瑞鹤	570081 刘伟庭	570082 荣　华
570083 张克勤	570084 汪大明	570085 葛文铮	570086 陆延荣
570087 杨鸿明	570088 章纯思	570089 何琪莹	570090 金学俊
570091 王　勤	570092 朱乃燔	570093 王钰德	570094 倪永富
570095 芮开元	570096 刘惠元	570097 梁绵长	570098 华渭栋
570099 王恒美	570100 朱昇华	570101 王祖芳	570102 陈荣庆
570103 赵大中	570104 李明源	570105 王齐礼	570106 袁宗觉
570107 胡志仁	570108 童本行	570109 胡松山	570110 云大连
570111 俞正堃	570112 张静仪	570113 张乾元	570114 汤鹤龄
570115 曹雄芳	570116 张伯明	570117 龚利民	570118 张震亚
570119 陆盎金	570120 黄敖其	570121 黄金宝	570122 沈保清
570123 方仲彦	570124 陈其根	570125 张汉产	570126 贡忠兴
570127 罗新如	570128 张　群	570129 陆惠生	570130 徐　毅
570131 顾守仁	570132 潘强明	570133 陈炳耀	570134 邵文才
570135 张健身	570136 张积梧	570137 张闻迢	570138 程丰渊
570139 陈玉新	570140 史锡宁	570141 王国权	570142 汪世祯

570143 阮治源	570144 盛长远	570145 王平易	570146 鲍福华
570147 楼南寿	570148 徐荫荣	570149 朱勤学	570150 钱沪生
570151 杨金林	570152 郑秉和	570153 王良信	570154 胡显章
570155 陈乃扬	570156 龚美琪	570157 黄元伟	570158 吴维屏
570159 李谦民	570160 林喜钿	570161 唐兴钟	570162 程乾钧
570163 郑笔康	570164 朱仲丑	570165 杨世铸	570166 朱祥玉
570167 陈思铿	570168 王铭芳	570169 陈光桐	570170 刘友钦
570171 黄惠深	570172 陈祥榕	570173 陈长钰	570174 王锦燧
570175 陈 钦	570176 叶仙游	570177 吴振华	570178 王经纬
570179 王秀治	570180 陈兰通	570181 方宋銮	570182 李家宝
570183 林金荣	570184 林春荣	570185 詹树涛	570186 曹 中
570187 徐孟武	570188 林永川	570189 林孝春	

中南区

570190 姚德良	570191 周兆初	570192 胡伦骥	570193 周汉安
570194 施雨龙	570195 胡开平	570196 沈万慈	570197 姚少麒
570198 胡万封	570199 王子国	570200 任基重	570201 鲍力立
570202 刘祥文	570203 梁斯千	570204 孙雪龙	570205 居维盛
570206 涂世璋	570207 徐 健	570208 陈武柱	570209 赵君可
570210 李应生	570211 朱楚德	570212 罗机宣	570213 罗水新
570214 胡振仑	570215 龚禧祥	570216 徐慈艰	

东北区

570217 宿清裕	570218 傅广义	570219 张 玉	570220 蒋国纯
570221 刘忠有	570222 房维廉	570223 高凤德	570224 徐丰仁
570225 张振衡	570226 丁宪儒	570227 李炜光	570228 刘澂德
570229 刘高德	570230 崔万玉	570231 陈绍萍	570232 武占峰
570233 李绍伦	570234 姜守昆	570235 边振绵	570236 杨仲学
570237 朱家声	570238 李福善		

四川省

570239 李治宏	570240 江德全	570241 翁重庆	570242 叶式炽
570243 顾林生	570244 冯继蓉	570245 应佐庆	570246 尹志清

贵州省

570247 许定魁	570248 饶　潞	570249 罗振璧

西北区

570251 杨荫章

动力机械系

华北区

570253 唐庆祥	570254 王　智	570255 王玉荷	570256 董芳兰
570257 饶如麟	570258 冯玉孚	570259 林猛流	570260 龙云鹏
570261 郭九洲	570262 吴志勇	570263 聂皎如	570264 杨霄蟾
570265 张友良	570266 汪庆桓	570267 马绍君	570268 吴继宗
570269 苏步宇	570270 姜之励	570271 王兆芳	570272 李福和
570273 宋衍凯	570274 殷晋翔	570275 闵　佟	570276 甄稳年
570277 王保兴	570278 邢恒达	570279 屈守礼	

华东区

570280 张仍朴	570281 倪桂樵	570282 马海良	570283 赵家樑
570284 胡　复	570285 王璐璐	570286 许振纲	570287 刘裕昭
570288 高　抗	570289 朱志银	570290 陈宗华	570291 张中亭
570292 陆钦年	570293 华建敏	570294 朱其俊	570295 周　在
570296 曹振纲	570297 邹金昌	570298 李玉馨	570299 张远志
570300 韩洪樵	570301 李昌华	570302 毛长松	570303 程元中
570304 王　强	570305 宋成达	570306 锺加福	570307 许仔铭
570308 李培杰	570309 叶毓冀	570310 池叔航	570311 陈道龙
570312 陈诸近	570313 陈昆璋	570314 陈振荣	570315 程兆芬

中南区

570316 赵龙章	570317 郭孝祥	570318 胡方荪	570319 王云如
570320 唐毓鋆	570321 吴淇常	570322 尹业祥	570323 张维周
570324 贺志发	570325 张学林	570326 黄汉新	570327 张佐屏
570328 吴方之	570329 陈裕鸿	570330 郭元正	570331 锺之英
570332 萧湘浩	570333 温远惠	570334 何镇湖	570335 蔡月波

570336 吕理乾	570337 肖杰华	570338 郑盛汉	570339 潘君亮
570340 欧阳富	570341 何荣帜	570342 罗荣桂	

东北区

570343 苏文斗	570344 张志义	570345 张　伟	570346 宋福麟
570347 王玉琰			

四川省

570348 姚学敏	570349 罗述健	570350 罗路明	570351 蒋安众
570352 徐志忠			

西北区

570353 赵长安

电机工程系

华北区

570354 郭玉英	570355 龚莉莉	570356 韩秀芩	570357 郑梦龄
570358 王宝叔	570359 张瑞清	570360 张和之	570361 张秀琼
570362 傅思问	570363 路继广	570364 杨济三	570365 杨长春
570366 郭　灏	570367 丁明礼	570368 孙家栋	570369 吕坤文
570370 郑建藩	570371 金德琨	570372 冯肃方	570373 庞继藻
570374 高云峰	570375 吕天盛	570376 赵经纬	570377 李永仓
570378 刘治民	570379 穆震宇	570380 张俊成	570381 叶于珉
570382 张崇正	570383 徐中兴	570384 贾国华	570385 崔有志
570386 赵先恒	570387 黄定远	570388 张　雯	570389 刘汉卿
570390 马仲安	570391 张世明	570392 韩树鸿	570393 张白妮
570394 孙燕朴	570395 张文宪	570396 胡玉琛	570397 袁致川
570398 徐　莹	570399 冷德谦	570400 李荫煌	570401 王善士
570402 邬恩谥	570403 胡家瑞	570404 龙守谌	570405 刘耀勋
570406 于百炼	570407 李志玶	570408 孙嘉平	570409 李国泉
570410 方大寿	570411 龚绍文	570412 宗杰珮	570413 田桂蓉
570414 马蓦腾	570415 牛秀岩	570416 谢桂涛	570417 孙伯芳
570418 臧树楠	570419 耿学魁	570420 李英毅	570421 魏义锁

570422 李嗣春	570423 杨　炘	570424 张兰亭	570425 王国先
570426 董昭化	570427 张纬中	570428 张耀华	

华东区

570429 殷叔勋	570430 许先德	570431 蒋迪宝	570432 丁康源
570433 冯之鑫	570434 朱世照	570435 周思博	570436 谈正明
570437 陈明璋	570438 徐光祐	570439 王泰昌	570440 沈开基
570441 惠洪泉	570442 余丽娟	570443 忻贤铜	570444 钱积薪
570445 楼林柏	570446 沈茜茜	570447 邵文灿	570448 李永元
570449 朱绍熹	570450 姚若萍	570451 孙祖希	570452 邹维武
570453 沈镜莹	570454 胡振飞	570455 吴　锺	570456 马维新
570457 施雯仙	570458 蔡小富	570459 邱圣琳	570460 吴圣荀
570461 陈秉中	570462 庄思成	570463 邢班龙	570464 吕嗣杰
570465 王开邦	570466 王人和	570467 朱拱照	570468 陈行芬
570469 邓本璋	570470 周宝琴	570471 梅妙平	570472 邓爱竹
570473 史殿生	570474 王蓉华	570475 谈大龙	570476 严汉升
570477 刘锡成	570478 张宗九	570479 钱辉仰	570480 周栋生
570481 姚珍芝	570482 史畏三	570483 曹子寿	570484 马如山
570485 郑凯仪	570486 周中一	570487 徐中优	570488 许怡怡
570489 王家骧	570490 徐　奇	570491 何文渊	570492 闵锡贤
570493 王义门	570494 李宏勋	570495 和　统	570496 濮如明
570497 顾祖耀	570498 朱选时	570499 李德明	570500 刘舜心
570501 张启瑞	570502 张正芳	570503 张焕元	570504 程念安
570505 唐式金	570506 王耀棠	570507 陈鑫山	570508 朱永年
570509 徐殿儒	570510 石大林	570511 黎志海	570512 万育志
570513 单文奎	570514 陈　淼	570515 孙惠明	570516 乐　琦
570517 邵嘉栋	570518 周在熹	570519 谢保侠	570520 俞云翔
570521 瞿连兴	570522 陆安生	570523 林海雪	570524 裘震华
570525 胡寿佛	570526 朱幼兰	570527 姚福荣	570528 吴　澄
570529 韩明山	570530 徐树滋	570531 蔡文龙	570532 余锦福
570533 吴亚卿	570534 杜宪华	570535 罗时霖	570536 宋家骅
570537 金万煌	570538 段永怡	570539 苏智仁	570540 袁长喜

570541 董雅萍	570542 栾敏一	570543 刘金火	570544 张俊锋
570545 王永荣	570546 何钦文	570547 李棪元	570548 唐　龙
570549 王大振	570550 黄宝根	570551 林龙文	570552 陈泸生
570553 郑朝简	570554 江敬林	570555 林传钧	570556 黎照人
570557 刘丽娜	570558 陈光捷	570559 杨霖兴	570560 赖德铭
570561 李佳特	570562 林启鹏	570563 黄荔华	570564 陈景亮
570565 谢国祥	570566 陈玉燉		

中南区

570567 朱浑潜	570568 王铁流	570569 高国燊	570570 王德钊
570571 陈明沅	570572 李复美	570573 李竞莹	570574 唐庚梅
570575 刘星明	570576 吴定荣	570577 朱浚湘	570578 岑庆元
570579 杜尚华	570580 卢紫珊	570581 王汉君	570582 辛绍平
570583 杨果智	570584 罗敏儒	570585 谭斯璐	570586 陈　端
570587 凌绍先	570588 杨承寰	570589 夏宗咸	570590 唐允文
570591 刘礼常	570592 章　贤	570593 张郁毅	570594 许沅济
570595 陈　龙	570596 高一心	570597 周泰武	570598 卢楚銮
570599 戴慧珠	570600 周重芝	570601 曾宪璜	570602 池兴楠
570603 黄清文			

东北区

570604 尹鸿久	570605 张魁芳	570606 李学谦	570607 李章燮
570608 闫贵成	570609 锺玉琢	570610 张树会	570611 彭竹翠
570612 朱　春	570613 曲登爵	570614 郭玉珮	570615 苍永武
570616 张荣年	570617 贵玉珉	570618 赵国泰	570619 冯吉玉
570620 王恩惠	570621 牟永武	570622 张振国	570623 赵树阁
570624 段昭华	570625 刘馥岩	570626 于在洋	570627 张家富
570628 孙铁宸	570629 栾贵兴	570630 朱陶生	570631 赵树新
570632 王明功	570633 包德聪	570634 杨孟琢	

四川省

570635 彭应唐	570636 龚淑琼	570637 许万雍	570638 罗运明
570639 窦宁秀	570640 贾耀兰	570641 郑健超	570642 陈文福

571476 徐天宜

云南省

570643 罗永曙

西北区

570644 汪振中　　570645 张茂盛

无线电系
华北区

570646 苏田玉	570647 杜钟汉	570648 黄　城	570649 蔡　镜
570650 王滨崎	570651 曹黔宁	570652 吴朴君	570653 黄慎仪
570654 贺又增	570655 樊瑞征	570656 王伟璋	570657 高兴彤
570658 叶小琳	570659 陈美兰	570660 杜秉初	570661 许建邦
570662 张兴耆	570663 杨万军	570664 许启晋	570665 张静颐
570666 梁振兴	570667 陈冠□	570668 梁世荣	570669 吴金霞
570670 王兆乾	570671 周连贵	570672 刘文泰	570673 贾鸿荣
570674 李嘉陵	570675 冯昭逯	570676 杨成林	570677 张树魁
570678 叶佩瑶	570679 谭芷琼	570680 刘民复	570681 费铸林
570682 刘承曾	570683 高以鸿	570684 蔡大用	570685 赵　键
570686 关传肇	570687 安继芸	570688 常学明	570689 孟宪元
570690 李煜东	570691 王子慈	570692 张熠中	570693 庄如颜
570694 张荣桂	570695 李高庆	570696 王衍意	570697 张国雄
570698 张世余	570699 赵丕烈	570700 钱金武	570701 张殿钧
570702 陈锡兰	570703 李　融	570704 刘伯琳	570705 李一民
570706 张雪田	570707 刘荣寰	570708 李星禄	570709 李国裕
570710 赵汴生	570711 汤立中	570712 杨聚铨	570713 岑玉华
570714 张桂珍	570715 张遇吉	570716 薛宏良	570717 刘长恩
570718 许文鹏			

华东区

570719 徐庆之	570720 何宇功	570721 吴云铭	570722 范荣寿
570723 翁甲辉	570724 苗凤高	570725 赵龙根	570726 李桐惺

570727 陈秀峰	570728 锺秉刚	570729 王立荣	570730 戴　尊
570731 王忠恩	570732 蔡赛珍	570733 宋培德	570734 张应达
570735 朱　钧	570736 王永澄	570737 温以德	570738 陆延丰
570739 江嘉颐	570740 陈德铮	570741 郭耀明	570742 陆中行
570743 范广灏	570744 张素素	570745 丁立蓓	570746 顾君侠
570747 周　琪	570748 刘昌砚	570749 李宗炳	570750 徐秉鸿
570751 吴沈栋	570752 诸鸿文	570753 陈怀宁	570754 龚　宜
570755 徐元龙	570756 韩南先	570757 徐治邦	570758 蒋荣舟
570759 刘仁龙	570760 李国金	570761 江　澄	570762 范湘滔
570763 韩朔瞭	570764 陈铁宁	570765 徐增如	570766 徐秉椿
570767 毛友德	570768 李龙三	570769 金其杰	570770 胡礼鸿
570771 卞　抗	570772 孙耀君	570773 申功烈	570774 钱阳阳
570775 陶谋昌	570776 华　容	570777 闵建成	570778 张国锺
570779 赵舜英	570780 张渊淳	570781 陈仪伟	570782 何德书
570783 杨自诚	570784 刘赓馀	570785 陈茂林	570786 程　宁
570787 郅晓光	570788 李继源	570789 李志敏	570790 杨为理
570791 叶庆庸	570792 陈修养	570793 章登松	570794 周鼎恒
570795 罗恒生	570796 程　蝉	570797 朱茂镒	570798 张希昌
570799 王宏宇	570800 孙宝传	570801 邓时惕	570802 刘忆椿
570803 李玉琪	570804 苏德兴	570805 王汝馨	570806 梁祥丰
570807 项凤铎	570808 黄绍年	570809 阮晓帆	570810 方乃清
570811 倪振忠	570812 郑　讷	570813 陈安富	570814 李熹霖
570815 陈小清	570816 林发永	570817 柳瑞民	570818 林长编
570819 张昌云	570820 林知桐	570821 李成龙	570822 叶桂木
570823 郑永卯	570824 郑泽彭	570825 连潮东	

中南区

570826 吴慧芳	570827 经荥清	570828 程盛昌	570829 罗会钧
570830 张祖荫	570831 胡敏华	570832 刘启懋	570833 张天健
570834 陈顺益	570835 罗梅村	570836 唐登高	570837 王乾钧
570838 李庄仲	570839 郭绍墀	570840 陈玉英	570841 李金仕
570842 谭惠霖	570843 陈国骢	570844 孔庆昇	570845 梁培辉

570846 锺伯强

东北区

570847 李知新	570848 王志慧	570849 沈文正	570850 李毓库
570851 王在星	570852 孙鹏翼	570853 白兆麟	570854 赵锡林
570855 屈连佐	570856 戴平湖	570857 王贵诚	570858 陈襄颛
570859 曹尔强	570860 马业儒	570861 王立忠	570862 王佩臣
570863 张治平	570864 洪景丰	570865 鹿国春	570866 李凤琴
570867 柯春和	570868 金在衡	570869 王荣华	570870 张成勋
570871 康锡章	570872 富文学		

四川省

570873 刘和益	570874 钱寿宇	570875 马鑫荣	570876 傅嘉模
570877 李德瑜	570878 蔡开基	570879 蒲中道	570880 曾传相
570881 沈世丰			

西北区

570882 高金铸	570883 贾文彬

土木工程系
华北区

570884 陈占海	570885 巴图尔	570886 沈 慧	570887 胡尚文
570888 马 兰	570889 杨瑜孚	570890 宋蕴玉	570891 白崇智
570892 贾靳民	570893 景鸿仪	570894 董锡林	570895 凤存寰
570896 王存义	570897 马恩惠	570898 郑 平	570899 郭黛娥
570900 宋世平	570901 陈金榜	570902 张松森	570903 周昆荣
570904 冯惠尔	570905 郝静明	570906 郭恩沛	570907 吴 齐
570908 朱贺荫	570909 年福礼	570910 王焕钧	570911 王 璋
570912 张永仁	570913 吴德绳	570914 徐宝华	570915 赵连生
570916 范令惠	570917 张洪震	570918 过彪臣	570919 宋序彤
570920 康善方	570921 刘玉兰	570922 张桐森	570923 李万元
570924 赵若平	570925 高鹏飞	570926 张增垣	570927 赵炳文
570928 陈恒心	570929 黄运新	570930 赵帼英	570931 王书信

570932 张锡裕	570933 马世豪	570934 闫宝田	570935 郑敬亭
570936 冯士超	570937 段作亭	570938 王占山	570939 李清诚
570940 张殿昇	570941 章文英	570942 耿作良	570943 王明琪
570944 李俊芳	570945 郝克谐	570946 刘存仁	570947 张忠智
570948 岳学文	570949 王世福	570950 周思毅	570951 于筱琴
570952 张国绍	570953 滑俊生	570954 赵静敏	570955 乔修德
570956 何文超	570957 周和厚		

华东区

570958 李福娴	570959 陈忆云	570960 李蜀箴	570961 葛惠珍
570962 徐婉渝	570963 笪中夭	570964 张坤民	570965 胡式铭
570966 丁正大	570967 庞忠荣	570968 余英影	570969 叶寿楠
570970 汤德永	570971 刘西拉	570972 乔启鹏	570973 虞留海
570974 顾金钩	570975 赵国庆	570976 仇仁丁	570977 陶诒园
570978 丁崇功	570979 江见鲸	570980 潘永熙	570981 徐宗智
570982 尤云生	570983 杨长友	570984 周福瑞	570985 丁国保
570986 陈梅三	570987 隋富春	570988 李厚祥	570989 刘广旭
570990 王侠生	570991 侯丰文	570992 周培业	570993 唐涛林
570994 樊光金	570995 邵衍增	570996 史承茂	570997 杨时启
570998 张桂英	570999 叶书明	571000 郑智华	571001 宋寅子
571002 马炳链	571003 竺士文	571004 舒士韬	571005 倪永才
571006 王国新	571007 郑善煊	571008 何尔和	571009 陈 震
571010 林俊生	571011 高甫生	571012 卓尚木	571013 何源斌
571014 王 正	571015 林鼎华	571016 林 秀	571017 高 洁
571018 黄展东	571019 林梦熊	571020 陈天钟	571021 陈昌年
571022 蔡光汀	571023 魏赠应	571024 欧榕生	571025 李庆华
571026 林丙成	571027 李金锁	571028 黄盛蓉	571029 翁炳溪
571030 陈立诚	571031 胡俊源	571032 丘桂荣	571033 郭新梅

中南区

571034 晏国华	571035 鲍瑾华	571036 李绍希	571037 李承鳌
571038 明锦郎	571039 刘明桢	571040 吴祺昌	571041 唐伯梅

571042 刘复华	571043 李　铨	571044 吴景柏	571045 邓华明
571046 杨伯科	571047 邱传珠	571048 傅加荣	571049 杨钜恒
571050 陈义荣	571051 江欢成	571052 陈焕文	571053 罗信义
571054 莫沛锵	571055 张金文	571056 蔡文庆	571057 锺星尧
571058 林科仲	571059 梁惠庄	571060 侯梅梅	571061 锺国雄
571062 蓝世森	571063 杨兹楠	571064 杨侨桢	571065 邹仲康
571066 龙云枨	571067 刘文实	571068 戴心臧	571069 何长生
571070 耿普胜	571071 王素琼	571072 廖名信	571073 祁传斌
571074 田兴和	571075 周谟道		

东北区

571076 王景厚	571077 程　洁	571078 文永堂	571079 于万海
571080 戴文礼	571081 李景兴	571082 张树立	571083 李承孝
571084 聂梅生	571085 张锺侠	571086 裴绍良	571087 李英权
571088 贺占魁	571089 施云生	571090 杨祖敏	571091 李耀民
571092 王璟珊	571093 王宝聚	571094 林治青	571095 穆传奇

四川省

571096 陈秉彝	571097 王尔麒	571098 易乃惠	571099 华国玉
571100 王　正	571101 刘思富		

云南省

571102 徐乃祥

西北区

571103 韩德柱

水利工程系
华北区

571105 张克孝	571106 赵慧琴	571107 刘应尘	571108 石玉田
571109 季书第	571110 仇伟凡	571111 李根芳	571112 盛和睎
571113 周兰芳	571114 赵　缯	571115 王小润	571116 王光纶
571117 张文清	571118 关儒扬	571119 赵祐谋	571120 尹双增

571121 武广仁	571122 李志民	571123 叶雅华	571124 王汉忠
571125 曹文虎	571126 王建民	571127 曹洪恩	571128 王福庆
571129 高富钧	571130 刘景辉	571131 苏为丹	571132 翟志敏
571133 林秀山	571134 李富干	571135 种本铮	

华东区

571136 于美华	571137 王箴	571138 周申一	571139 王克强
571140 陈家伟	571141 瞿彩莉	571142 蔡惠钧	571143 张幼雯
571144 王士强	571145 吴宗禹	571146 桂业琨	571147 吕祖珩
571148 侯宏才	571149 陈际唐	571150 陈雪英	571151 荣树新
571152 郁琼华	571153 胡沛成	571154 费瑞兴	571155 陈鉴
571156 周保忠	571157 谢绍奎	571158 程鸿鼎	571159 朱立章
571160 笪远宁	571161 王正枝	571162 方佑祥	571163 王家柱
571164 吴曾谋	571165 王曰平	571166 傅家猷	571167 陈起舜
571168 郑成炎	571169 黄亚	571170 林宗兴	571171 王天怡
571172 翁玉光	571173 陈书申	571174 陈光灿	571175 王荣水
571176 吕贤弼	571177 张三戒	571178 黄奋新	571179 马树群

中南区

571180 萧岳	571181 李佛炎	571182 黎新盛	571183 麦加宁
571184 卢卫中	571185 谭颖	571186 胡赣生	571187 涂传林
571188 朱黛丽	571189 刘寿安	571190 李飞龙	571191 韩世浩
571192 汪长雯	571193 杨积珍	571194 黄景琳	571195 白德盛
571196 刘正启	571197 傅志友		

东北区

571198 于德昌	571199 张德文	571200 朱仕国	571201 李作英
571202 徐立芬	571203 吴孝仁	571204 刘随隆	571205 董蕴琦
571206 刘振兴	571207 孙岳崧		

四川省

571208 成锟煌	571209 袁程光	571210 林如慈	571211 马安中
571212 秦湘	571213 何为桢	571477 傅金筑	

贵州省

571214 罗学农

西北区

571215 郦能惠

建筑系

华北区

571216 乌云夫	571217 薛锺灵	571218 杨建庠	571219 王贻蓉
571220 王　章	571221 周耀良	571222 蔡鹤年	571223 孙克庄
571224 黄星元	571225 张学信	571226 张新生	571227 刘亨利
571228 李山林	571229 李云生	571230 王天锡	

华东区

571232 林赞基	571233 林锦辉	571234 陈政恩	571235 高成志
571236 孙维绚	571237 沈继仁	571238 郭正德	571239 刘长贵
571240 徐怡青	571241 沈　庄	571242 钱　谷	571243 黄锦源
571244 张孚珮	571245 胡仁禄	571246 金聘芳	571247 孔祥瑞

中南区

571248 李海峰	571249 熊承新	571250 向欣然	571251 熊承鹤
571252 张大仁	571253 王瑞珠	571254 林伯禄	571255 谢道贤
571256 杨国雄	571257 郭人定	571258 王凤林	

东北区

571259 董连泉	571260 单联成	571261 赵仁里	571262 宋迪康
571263 王恩惠	571264 邱子长		

四川省

571265 张光华　　571266 陈为邦

西北区

571267 刘德荣

工程物理系
华北区

571268 沈 刚	571269 任豫生	571270 刘智生	571271 连环球
571272 汪 婉	571273 潘真微	571274 康 滢	571275 何友宾
571276 杨承勋	571277 李洪柱	571278 过孝民	571279 张晓琴
571280 爱新筎嘉	571281 李保明	571282 萧绍坚	571283 刘 骥
571284 王燕诒	571285 庄人遴	571286 袁光钰	571287 韩光民
571288 曹宜铮	571289 顾树川	571290 张正华	571291 任际林
571292 邢纯洁	571293 刘文斑	571294 魏金玺	571295 严济民
571296 李志超	571297 朱瑞安	571298 徐安德	571299 严宗毅
571300 张绍溥	571301 沈德存	571302 曹祝安	571303 权忠舆
571304 冯忠潜	571305 孔凡岱	571306 余兆钧	571307 李 立
571308 黄因智	571309 伍绍祖	571310 曲治华	571311 郭汉英
571312 陈中平	571313 林世寅	571314 杨兴纲	571315 孙存普
571316 李树桢	571317 祝圣训	571318 张昌莲	571319 孙秉勋
571320 王景林	571321 赵尚礼	571322 王起河	571323 李晋鲁

华东区

571324 费维扬	571325 全惟俊	571326 陈一匡	571327 陈承垲
571328 吕云安	571329 郑 可	571330 任文敏	571331 曹致玉
571332 蓝克坚	571333 汪闻熹	571334 周俞斌	571335 薛禹昜
571336 张承源	571337 陆承贽	571338 程 萍	571339 盛维兰
571340 诸葛福	571341 蔡 纬	571342 薛明德	571343 万兆钧
571344 冯嘉瑞	571345 吴观乐	571346 王保安	571347 刘国荣
571348 蒋镇寰	571349 沈祖培	571350 盛兆琪	571351 吴邦本
571352 陈道槐	571353 姚安平	571354 徐继彰	571355 宋崇立
571356 许晋寿	571357 袁克敏	571358 徐稼迟	571359 陈 达
571360 李庆霭	571361 蒋 康	571362 周在平	571363 江伯南
571364 陈昆凰	571365 胡树植	571366 徐 进	571367 仲孝恭
571368 施仲齐	571369 孙亚今	571370 卫增泉	571371 强亦忠
571372 周晓青	571373 许谨诚	571374 吴福祥	571375 杨寿南
571376 张建夏	571377 张锺华	571378 陆明柏	571379 苏永法

571380 达应诚	571381 吴锦山	571382 周济人	571383 陈克新
571384 孙广才	571385 李广钧	571386 张金生	571387 孙永广
571388 李有润	571389 郭营川	571390 徐 沔	571391 孙树勋
571392 王秉湖	571393 孙连举	571394 吴镇南	571395 杭 瑚
571396 方寿仙	571397 叶宏开	571398 沈复礼	571399 徐关彬
571400 屠柱国	571401 林敢为	571402 柴家振	571403 金兆熊
571404 李范莲	571405 应诗浩	571406 徐惠国	571407 胡国辉
571408 傅嘉禄	571409 谢建源	571410 赵钦煊	571411 陈振兴
571412 陈金铨	571413 杨国华	571414 陈昌图	571415 张武光

中南区

571416 李宝森	571417 朱景光	571418 周善元	571419 李德重
571420 刘元亮	571421 朱国瑞	571422 涂光任	571423 郑启心
571424 曾庆湘	571425 傅定逯	571426 周文证	571427 曹泰岳
571428 邹孝顺	571429 熊本和	571430 朱文彬	571431 锺守忠
571432 严国清	571433 万德南	571434 侯忠松	571435 吴贤德
571436 曾新民	571437 余世道	571438 吴成生	571439 胡 俊
571440 胡明汉	571441 曾德承	571442 林卓然	571443 廖沐真
571444 邓舜勤			

东北区

571445 张 哲	571446 李泰健	571447 姜相周	571448 王立治
571449 尹万余	571450 富友仁	571451 郭树生	571452 刘家驹
571453 陈 翔	571454 李 天	571455 刘 锋	571456 吴隆海
571457 王凤庭	571458 孙继铭	571459 王崇义	571460 耿进喜
571461 黄宝宗	571462 王世清		

西北区

571475 刘荫栋	571478 张鸿欣		

四川省

571463 郁庆长	571464 王本生	571465 谭伦昌	571466 罗正明
571467 王春生	571468 唐 晋	571469 何宗慧	571470 蔡川泰

571471 李惕碚　　571472 徐四大

贵州省

571473 何子健

云南省

571474 吕百龄

俄院转来

571501 朱金友	571502 张桂芬	571503 王天太	571504 徐国藩
571505 吴关轩	571506 冯世尊	571507 王新民	571508 彭正光
571509 石惟一	571510 茅庆南	571511 王　玲	571512 孟寿萱
571513 孙则团	571514 张德宏	571515 任夫广	571516 史俊山
571517 蒋次麟	571518 程时洧	571519 凌天仁	571520 陶喜才
571521 王家枢	571522 刘玉成	571523 胡登仓	571524 黄鸿雁
571525 常乃环	571526 苏东昇	571527 王兴盛	571528 徐文俊
571529 傅恩宽	571530 朱达材	571531 杜克敦	571532 李鸿彬
571533 陈妙农	571534 王莲芳	571535 罗宗义	571536 傅国存
571537 姜景斋	571538 王文兰	571539 庄福顺	571540 邬烈恭
571541 鹿鹏飞	571542 熊哲清	571543 张瑞斌	571544 周　伟
571545 周德卿	571546 贾文质	571547 窨宗修	571548 于久厚
571549 刘毓诚	571550 吴敏英	571551 王桂芬	571552 董宝光
571553 李维勋	571554 赵立民	571555 谈谷楼	571556 李承斌
571557 刘润祺	571558 赵雅量	571559 刘德成	571560 杨　麟
571561 卓曙君	571562 倪书洪	571563 王东升	571564 郑其武
571565 吴永安	571566 石双凯	571567 刘翠琴	571568 田树全
571569 刘树增	571570 姜树君	571571 贺秉初	571572 陈清泰
571573 苏运昌	571574 智书恒	571575 王崇勤	571576 张志明
571577 沈志通	571578 尚纯一	571579 杨燠华	571580 季永根
571581 华祚久	571582 孟章荣	571583 刘英华	571584 孙秀权
571585 李恩德	571586 赵迎春	571587 陈和煜	571588 高瑞衍
571589 张宝恕	571590 梁琦华	571591 贺国森	571592 唐新春
571593 武振邦	571594 边信历	571595 李熙玉	571596 王家秀

571597	陈肇桓	571598	陆耀先	571599	包承忠	571600	束继夏
571601	王志同	571602	黄尚先	571603	王绍华	571604	吴君毅
571605	祁文钊	571606	王传义	571607	胡隆庆	571608	熊可均
571609	徐凤家	571610	杨廉珑	571611	陈　雄	571612	邬文良
571613	王志经	571614	李学国	571615	黄秉权	571616	史枫砚
571617	陈盛祥	571618	刘德明	571619	恽志彬	571620	张久荣
571621	张万军	571622	顾庆宗	571623	郑家履	571624	邵荣士
571625	耿文行	571626	刘秉乾	571627	易志华	571628	顾锦汶
571629	许大文	571630	俞　璟	571631	毛祖荣	571632	梁长青
571633	姜国善	571634	黄益民	571635	李贵泰	571636	赵鸿基
571637	杨铭震	571638	陆玉昌	571639	马如山	571640	孟庆余
571641	郑廷玉	571642	吴芝桂	571643	赵立平	571644	何永侊
571645	董宝亮	571646	刘巨民	571647	彭翰生	571648	饶璧辉
571649	张洁瑜	571650	张田林	571651	何全来	571652	李长禄
571653	陈秉义	571654	郭光磊	571655	张汉臣	571656	马荣昌
571657	阿力山	571658	薛大同	571659	黄正豫	571660	蒋　志
571661	陈家驹	571662	甄润已	571663	王福臣	571664	秦晓鹏
571665	胡曰中	571666	何耀旭	571667	梁　莹	571668	韩栋选
571669	贾松良	571670	张杰儒	571671	李天锡	571672	鲍厚俊
571673	宋尽贤	571674	王懋庆	571675	戴杜衡	571676	陈丽珍
571677	徐章轩	571678	王英才	571679	陈祖平	571680	陈世忠
571681	陈光南	571682	魏公毅	571683	朱贻玮	571684	李建唐
571685	丁慧良	571686	孙正荣	571687	吴蝶华	571688	费兰香
571689	王秀清	571690	虞锦明	571691	由中强	571692	张志奇
571693	孟绍禹	571694	陈定昌	571695	李鸿科	571696	张希源
571697	赵灼雯	571698	刘登春	571699	戎素英	571700	迟乃训
571701	叶德培	571702	朱尧森	571703	赵中慧	571704	潘得引
571705	李行实	571706	张文禄	571707	姜锺尘	571708	安　春
571709	李德麟	571710	李增铭	571711	杨志诚	571712	罗殿朴
571713	王宝昌	571714	张景山	571715	王松涛	571716	邓楚贤
571717	卢德标	571718	杨碧思	571719	李泽冰	571720	董瑞菊
571721	陈　虎	571722	解士博	571723	曹一鸣	571724	黄操衡

571725 杨予九	571726 龚绍明	571727 尹洪昌	571728 王人生
571729 黄月清	571730 杨元桂	571731 刘　峻	571732 胡理清
571733 王人寿	571734 曹锺毓	571735 王延榜	571736 陈赞菊
571737 阮世锐	571738 闫世全	571739 李方平	571740 董椿英
571741 曾传义	571742 刘培哲	571743 王咸儒	571744 陈宝玉
571745 王明坦	571746 杨五万	571747 曲文新	571748 常德胜
571749 张镜林	571750 孙玉良	571751 杜祥瑛	571752 王秀隆
571753 王兴权	571754 靳业琰	571755 程凤仪	571756 包惕平
571757 刘洵蕃	571758 张孚珂	571759 赵擎夏	571760 刘侃如
571761 郭甲群	571762 朱开贺	571763 曹美莪	571764 聂福祥
571765 王玉玺	571766 冷振昌	571767 刘　宜	571768 朱荣桂
571769 叶元培	571770 杨瑞荪	571771 张朝宗	571772 聂家瑞
571773 李　垺	571774 曹山珊	571775 孟祥发	571776 蒋正昌
571777 田杰谟	571778 李文治	571779 汪绍梅	571780 郑培英
571781 杨　桐	571782 包宗渝	571783 张良翰	571784 任镜暄
571785 华达浩	571786 裘丽芬	571787 董德有	571788 刘定钦
571789 席德立	571790 张振国	571791 赵文华	571792 梁维和
571793 王文湛	571794 刘宝珩	571795 李幼新	571796 顾连荣
571797 雷有余	571798 尤广巽	571799 林　顺	571800 彭皓青
571801 姚保纲	571802 周　俊	571803 张学中	571804 曹晓文
571805 刘德劢	571806 李兴汉	571807 阮振民	571808 曹崇信
571809 王守忠	571810 王茂义	571811 丁皋生	571812 孙振庭
571813 廖　玉	571814 李安城	571815 陶天成	571816 贾宝琳
571817 万志普	571818 何凤岐	571819 陈国樑	571820 柏善明
571821 王英华	571822 郝树深	571823 许伟茂	571824 王瑞馨
571825 黄士洲	571826 马志桦	571827 刘绍湘	571828 黄俊杰
571829 李国政	571830 赵连忠	571831 齐庆信	

西北工学院转来

571901 张少时（无）	571902 李树琴（无）	571903 舒万里（无）
571904 刘建元（汽）	571905 刘忠祥（热）	571906 李德林（热）
571907 周肇藩（电）	571908 杨自祥（电）	571909 徐雅芳（电）

571910 胡藏真（动）　571911 李子方（动）　571912 刘明华（房）
571913 廉　杰（房）　571914 吴生鑫（房）　571915 杜庆廷（水）
571916 杜文甫（自）　571917 费舜筠（自）　571918 李全吉（压）
571919 卢继义（企）　571920 岳攀秀（汽）　571921 曾民权（热）
571922 罗　铸（发）　571923 孙海林（发）　571924 刘兴汉（企）
571925 杨凤彬（房）　571926 胡义贵（热）

南京航院转来

571927 刘光仁（发）　571928 程建华（压）　571929 马政麟（铸）
571930 刘维仁（制）　571931 居绍一（电）　571932 袁隆芝（电）
571933 王国荣（企）　571934 奚淑琴（金）　571935 龙念端（电）
571936 羊正仪（电）　571937 巢树煊（企）　571938 徐俊朱（房）
571939 徐　群（房）　571940 孙勤悟（房）　571941 干家明（暖）
571942 周虎臣（给）

西安动力学院转来

571943 原守仁（燃）　571944 林睦仁（燃）　571945 刘经锐（燃）
571946 颜雷萍（水）　571947 范君煌（水）

北京工业学院转来

571948 马济泉（企）　571949 祝金兰（企）　571950 欧阳葆（制）
571951 刘彬培（企）　571952 何秉娴（企）

北京大学转来

571962 蔡关震　　　571963 戎绍华　　　571964 樊鑫根

其他

571953 洪树声（建）　571954 李绍刚（汽二）571955 包承煦
571956 胡大炘　　　571957 鞠克明（房）　571958 魏鸿钧（制）
571959 卜　毅（热）[①]

清华大学档案，全宗号 2，目录号 校 3，案卷号 020

---

① 编者注：查学籍卡还有：571960 李希宁、571961 黄志达、571965 常兆堂、571966 范蘩、571967 姜翱芳、571968 徐菊华、571832 俞纪美。

1958年清华大学录取新生名册※

(1958年)

机械制造系
北京

580001 胡濂芳	580002 魏峻泉	580003 段茂荣	580004 景毓政
580005 马守荣	580006 陆静芳	580007 刘震华	580008 陈金陵
580009 章宏栋	580010 孟繁吉	580011 彭才彰	580012 樊越飞
580013 谢炳煜	580014 李连贵	580015 刘淑敏	580016 袁士声
580017 于德合	580018 姜 志	580019 李 伟	580020 谈震飞
580021 赵瑞五	580022 黄裕贵	580023 杨德山	580024 刘宗敬
580025 郑有卿	580026 李书慎	580027 王宗桂	580028 李 轲
580029 刘玉堂	580030 姚文涛	580031 史博文	580032 高桐栓
580033 马常利	580034 袁洪明	580035 李宝瑞	580036 祖振海
580037 葛清选	580038 刘克全	580039 刁惠栋	580040 祝金宝
580041 于国明	580042 杨家天	580043 周大凌	580044 田依民
580045 曹 青	580046 那素琴	580047 余德明	580048 徐晓波
580049 牛哲人	580050 于绍儒	580051 李 厚	580801 季占魁
580802 李东林	580803 刘克佩	580804 郭瑞海	580805 陈 中
580806 王 芸	580807 段东水	580808 张五信	580809 于家瑷
580810 安运生	580811 高亚男	580812 高 瑞	580813 马文杰
580814 王敏廷	580815 刘秀爽	580816 么彦义	580817 谢淑琴
580818 朱世渝	580819 吴佩芝	580820 赵润华	580821 史鸿田
580822 常秉义	580823 邦万铭	580824 贾克仁	580825 刘学成
580826 陈 俊	580827 孔令范	580828 王德山	580829 项万鹏
580830 黄季东	580831 陆大传	580832 袁希敏	580833 来 茜
580834 何令娴	580835 马九如	580836 李秀芝	580837 金乃琴
580838 张香芝	580839 崔德萍	580840 刘德华	580841 熊 苾

580842	关秀君	580843	赵燕秦	580844	于晟云	580845	王　捷
580846	刘锡庆	580847	吴淑英	580848	段有旺	580849	黄启宗
580850	孙怀庆	580851	芮天真	580852	杨绪阎	580853	李忠民
580854	张占江	580855	钱昆庆	580856	温效康	580857	康春华
580858	张润常	580859	刘焕文	580860	王俊杰	580861	张长秦
580862	陈学铭	580863	林春祥	580864	黄雨华	580865	高大选
580866	王松月	580867	李佐治	580868	王席珍	580869	蔡　立
580870	李文成	580871	赵述卿	580872	闫德元	580873	罗庆荣
580874	孙学义	580875	汪士治	580876	沈震华	580877	王婧嬬
580878	高润露	580879	董重宁	580880	杨玉爽	580881	徐俊华
580882	于昆明	580883	刘　尉	580884	王香远	580885	闫玉芹
580886	王泽普	580887	陶永生	580888	卢　钰	580889	马万增
580890	张如琦	580891	姚关兴	580892	马燕文	580893	陈世梁
580894	王继云	580895	张德邻	580896	张佐群	580897	魏文宁
580898	康大立	580899	娄　诚	580900	潘家柱	580901	刘春田
580902	刘玉桐	580903	魏湖云	580904	刘惠琪	580737	孔耀文

河北

580176	魏连营	580177	唐　坷	580178	刘中斌	580179	秦天佑
580180	张有芳	580181	张德衡	580182	章恩泽	580183	韩庆恩
580184	刘佩玉	580185	杨继彬	580186	刘炳荣	580187	田忠仁
580905	宋家骥	580906	赵　祥	580907	王文乔	580908	刘正芝
580909	黄纪敦	580910	王树楷	580911	秦振家	580912	夏绍建
580913	薛延禄	580914	苏振忠	580915	黄增禄	580916	王欣增
580917	强　俊	580918	梁　肃	580919	刘清华	580920	李剑辉
580921	孙永申	580922	刘振宗	580923	盛鸿正	580924	李振环
580925	李学潜	580926	王公辅	580927	杨文元	580928	郭友兰
580929	萧景岚	580930	孙宝仕	580931	赵炳杰	580932	张廷凯
580933	马宗理	580934	张光中	580935	王述林	580936	赵光星
580937	唐保宁	580938	杨沛标	580939	程毓炜	580940	董庆珍

河南

580226	张书明	580227	孙亚民	580941	王宏印	580942	齐庆麟

山西

580238 杨润林　　580239 罗锡裕　　580943 张兰臣　　580738 葛玫英

山东

580249 王宝忠　　580250 杜启勋　　580251 魏炳鑫　　580252 刘经奎
580253 罗茂煌　　580944 张国英　　580945 原俊安　　580946 袁著礼
580947 关景奇　　580948 高秀生　　580949 马俊章　　580950 周天锡

内蒙古

580274 邢巨恒　　580275 段文忠　　580276 吴玉良

上海

580280 陈雪林　　580281 陈震雄　　580282 张耀勤　　580283 周志丰
580284 许鸿图　　580285 倪斌良　　580951 董祖珏　　580952 朱国璋
580953 朱亚芬　　580954 戴关其　　580955 彭家驹　　580956 吴国卿
580957 金　山　　580958 苏志刚　　580959 方振侨　　580960 尹爱媚
580961 史以亮　　580962 郝凌霄　　580963 袁庆翔　　580964 赵　勇

江苏

580320 毛仲华　　580321 王庭钧　　580322 黄鹤天　　580323 赵良顺
580324 刘守信　　580325 章志欣　　580326 沈福金　　580327 戈兆文
580328 邹建柏　　580965 王惠芬　　580966 钱振然　　580967 李景镇
580968 朱　勤　　580969 史常瑾　　580970 陈耀涛　　580971 秦　燕
580972 邵品华　　580973 李李炫　　580974 顾福林　　580975 蒋国宝
580976 许仲龙　　580977 乔文灏　　580978 曹振新

浙江

580390 王恩德　　580391 蒋建根　　580392 顾蟾媚　　580393 俞焕隽
580394 郭善兴　　580395 袁佐才　　580396 俞来源　　580397 倪　刚
580979 卢炳周　　580980 俞康壮　　580981 李子琴　　580982 张锡昌
580983 朱玉润　　580984 楼聚兴　　580985 吴亨亿

福建

580421 赵雷鸣　　580422 陈国忠　　580423 黄霖生　　580986 林常如

580987	张樋凡	580988	蔡　麟	580989	林　溰	580990	张友柽
580991	王兆泉	580992	陈伯鸿	580993	林其强	580994	陈维平
580995	林永仁	580996	陈美福	580997	曾纪华	580998	王建顺

安徽

580432	陆盛清	580433	宋　艺	580999	唐金龙	581000	方泽生
581001	段学文	581002	徐文石	581003	王曾荣		

湖北

581004	熊昌彦	581005	方明伦	581006	詹伯生	581007	沈康乐
581008	范贤荣	581190	左铁钊	580479	顾振宗	580469	王兴顺
580473	凌秋云	582690	曾繁雄				

湖南

580481	曹东林	580482	陈嘉枝	580483	王壮民	580484	彭志芬
581009	曹澍安	581010	孙友芳	581011	席志三	581012	刘民生
581013	王裕贤	581014	成光祐				

江西

580499	杨坤明	580500	胡天锡	581015	李先湖	581016	江光辉
581017	饶国训						

广东

581018	任绍彬	581019	吴仕鸿	581020	何崇□	581021	黄　强
581022	蔡洵伟	581023	苏洁芬	581024	黄颖娟	581025	李美翠
581026	潘昭汉	581027	丁能续	581028	李春源	581029	邓赐才
581030	李裕乾	581031	李汉光	581032	莫文昆	582720	陈林成

广西

581034	黄树□	581035	王瑾科	580728	何伟成	580704	容爱雯
580705	潘耿熙	580706	沈炜良				

辽宁

580514	迟继洪	580515	张久山	580516	阚志雄	580517	王文智

580518 杨荣春	580519 王常祜	580520 李广元	580521 尹天义
581036 王丽雯	581037 张永权	581038 陈铁铮	581039 李殿魁
581040 黄述哲	581041 白琨璞	581042 李永禄	581043 马连江
581044 东庆泉	581045 冯庆祥	581046 尹文海	581047 史美德

吉林

580570 刘　生	580571 萧贵福	580572 张瀔麓	580573 张锦凤
580574 费振德	580575 张永进	580576 王来山	581048 李树田
581049 于诚义	581050 马云程	581051 阮　仍	581052 王育铎
581053 张崇魁	581054 蒋　枫	581055 于　祥	581056 张蕴之
581057 叶春林	581058 许元礼	581059 李秉哲	581060 郭守钧
581061 何凤云	581062 王子雁	581063 马富学	

黑龙江

580607 金光会	580608 丁福昌	580609 姜天兴	580610 尹慧杰
580611 孙守福	580612 张庆孚	580613 耿锡尧	

四川

580647 李瑞菊	580648 黄寅逯	580649 锺国治	580650 张光宗
580651 龙呈文	580652 蒋运茂	580653 杨体和	580654 周道明
580655 刘志成	580656 李良格	581064 谢道衢	581065 王宗森
581066 刘贤炳	581067 王天德	581068 钱志高	581069 张昌权
581070 葛元秀	581071 李克美	581072 张延龄	

甘肃

580685 汤志金	580686 王荣绪	580687 高　岚

新疆

580695 阿那瓦依	580696 伍伯华

青海

580699 祁得胜

宁夏

580702 冯淑敏

贵州

580723 刘昌成	582832 蔡时贤		

工程物理转来

580473 凌秋云	580479 顾振宗	582429 刘振琴	582469 陈永禄
582437 谢元芝	582470 宁培春	582467 马承娴	582452 马庆璋
582468 李珮尔	582690 曾繁雄	582726 陈林成	582567 程坤仪

无线电转来

580469 王兴顺

动力转来

581190 左铁钏

动力系

北京

580052 吴文忠	580053 崔　克	580054 宋文才	580055 杨秀忠
580056 王德清	580057 赵春华	580058 娄贵荣	580059 姜锡驹
580060 曾康民	580061 沙守礼	580062 姚家璋	581073 岳　榴
581074 刘荫春	581075 洪纪昌	581076 谷培正	581077 刘　俭
581078 姚殿元	581079 刘若斌	581080 王英杰	581081 张　璐
581082 田　文	581083 姜义道	581084 郭仕杰	581085 傅肇昌
581086 黄文潜	581087 张文山	581088 张儒九	581089 李宗胤
581090 孙　毅	581091 尚邦懿	581092 甘佩炎	581093 李　玲
581094 夏静颜	581095 古碧玲	581096 张复燕	581097 刘中如
581098 王嘉襄	581099 侯金鼎	581100 张　玺	581101 陈　偲
581102 倪慎祥	581103 倪振春	581104 还博文	581105 赵宜兴
581106 李希亢	581107 秦　钧	581108 李宝文	581109 倪乃先
581110 王其涛	581111 王世康	581112 唐积行	581113 耿国仁
581114 薛□忠	581115 米爱群	581116 王裕民	581117 王致果
581118 牛文光	581119 陆延昌	581120 林　刚	581121 柏宏文
581122 马志勇	581123 佟适冰	581124 石云起	581125 方开先
581126 王继长	581127 姚孝谅	581128 魏仲兴	581129 辉宝琳

581130 李长和	581131 汤国樑	581132 刘宗祺	581133 张文锺
581134 田士英	581135 虞绍尧	581136 崔志国	581137 康文秀
581138 鲁　会	581139 王志宣	581140 梁　栢	581141 孙　珉
581142 郭连芳	580736 范静轩		

河北

580188 赵　忠	580189 郑志新	580190 韩德恩	580191 李恩洲
580192 孙继合	580193 李建文	580194 刘国从	581143 母宗志
581144 张玉璟	581145 杨秀珠	581146 高香林	581147 郝俊记
581148 王家宾	581149 胡允和	581150 翟鹏福	581151 程国强
581152 马　荣	581153 樊　峰	581154 李福昌	

河南

580228 刘如松	581155 崔耀亭

山西

580240 石东澄	581156 李步云

山东

580254 张忠兰	580255 王明先	580256 郭克沄

内蒙古

580277 高　成	581157 杜善毅

上海

580286 张安金	580287 赵信杰	580288 施宗权	580289 李阿刚
580290 陈一正	581158 卢福成	581159 叶子德	581160 罗永棠
581161 陆信生	581162 包德铭		

江苏

580329 费昌明	580330 朱杏秀	580331 宋树人	580332 丁瑞芝
580333 张汉信	581163 张　铨	581164 李　智	581165 汪帼华
581166 曹仲良	581167 陆知明		

浙江

580398 姚民富	580399 潘惠棠	580400 曲德禄	581168 杨铜金
581169 章关升	581170 何芹生	581171 锺保华	581172 陆善为
581173 吴梦僧	581174 盛樟洪		

福建

580424 苏法柴	580425 魏荣旺	580426 林宝成	581175 郑宝耀
581176 陈扬武	581177 郑莲清	581178 冯华华	581179 刘行方
581180 卢济武	581181 林冠杰	581182 陈文森	581183 沈兴武
581184 翁伟雄			

安徽

580434 张华明	580435 王德锦	581185 安方忠	581186 吕慎堂

湖北

580461 张九智	580462 蔡祥胜	580463 王辉纳	581187 殷贤炎
581188 胡大瑾	581189 王春先	580460 王治祥	

湖南

580485 陈子杰	580486 文雪时	581193 方魁元	581194 魏业春
581195 邓亚琥			

江西

580501 章盛奇	580502 郭春子	581196 胡志强	581197 刘东原

广东

581198 梁灼根	581199 刘瑞同	581200 蔡锡治	581201 陈玉基
581202 彭子通	581203 萧植雄	581204 黄源盛	581205 潘荣基
581206 苏启康			

广西

581208 朱瑞洪	581209 伍国雄		

辽宁

580522 马良惠	580523 贾继鸿	580524 王生才	580525 刘新民

581210 刘子亮　　580735 高银堂　　581211 王宝琮　　581212 张长贵
581213 房永业　　581214 高鹏举　　581215 王会山　　581216 黄其励
581217 孟繁荣　　581218 王铭忠　　581219 李树柏　　581220 王德英

吉林

580577 王春举　　580578 孙殿谟　　581221 王佟浜　　581222 乔　梗
581223 郭志刚　　581224 朱秀章　　581225 白学忱　　581226 栾德洪
581227 王从禹　　581228 杨道刚　　581229 刘天印　　581230 刘玉祥
581231 杨贵玉　　581232 赵凤阁　　581233 安敏善

黑龙江

580614 王景新　　580615 田雨春　　580616 顾　斌　　580617 康德禄

四川

580657 陈茂芬　　580658 孙人莹　　580659 贾中原　　581234 陈永寿
581235 郎文鹏　　581236 罗发贻　　581237 王世海　　581238 张古富
581239 肖忠华　　581240 白旭明　　581241 程泽林　　581242 伍秋才
581243 邹述文　　581244 胡才能

云南

580684 林宝华

甘肃

580688 王树森　　580689 牟　杰

广西

580707 罗时茂　　580708 饶栋贤　　580709 杨建新

贵州

582833 杨昌儒

电机系

北京

580063 史志远　　580064 张永泉　　580065 仕锡福　　580066 高元琦

580067	吴金元	580068	曹玉英	580069	晨　辉	580070	汪建业
580071	翟忠义	580072	郑金彩	580073	卜聚林	580074	周可礼
580075	董保才	580076	郭秀亭	580077	梁贤芳	580078	甘美意
580079	夏成柱	580080	王立本	580081	王道修	580082	韩　明
580083	李世忠	580084	曹云甄	580085	刘树湘	580086	栗俊冬
580087	李长生	580088	齐□纯	580089	宋士昭	580090	张　勇
580091	张恒武	580092	胡培民	580093	关世凤	580094	孙振山
580095	彭　戈	580096	卞　诚	581245	董其伟	581246	魏全才
581247	刘鸿理	581248	王志森	581249	于泰昌	581250	柯自力
581251	王羡进	581252	张天佑	581253	韩竞生	581254	刘恩源
581255	武士英	581256	刘毓谦	581257	宫世友	581258	姜化善
581259	李景亮	581260	张贵泰	581261	黄立德	581262	黄湘岳
581263	赵德禄	581264	骆秀珍	581265	黄庚玲	581266	齐五世
581267	孙慧娴	581268	许　蕙	581269	杨小曼	581270	史安莲
581271	陈鹏瑞	581272	曾大雄	581273	赵　彤	581274	李学敏
581275	刘汝燕	581276	傅崇本	581277	谷寿彭	581278	冉　莹
581279	王福荣	581280	李以敏	581281	周华俨	581282	余帼雄
581283	韩素云	581284	孟繁香	581285	李崇芬	581286	侯　坦
581287	李　攸	581288	刘振洪	581289	郭　俭	581290	章德书
581291	黄明成	581292	张书林	581293	邹方志	581294	余步高
581295	刘富波	581296	叶允菁	581297	葛慧星	581298	严　冬
581299	皇甫岷	581300	杨泽民	581301	李秉松	581302	于长一
581303	刘金栋	581304	潘昌照	581305	胡艳芬	581306	刘　真
581307	冯彦芬	581308	李　智	581309	李忠义	581310	张国权
581311	冯　斋	581312	孙祖培	581313	任丽清	581314	陶　庄
581315	鹿秀英	581316	严化南	581317	张明阳	581318	刘立真
581319	王渝生	581320	李尚杰	581321	蔡相庆	581322	孙华林
581323	李惠芬	581324	蒋源清	581325	周瞻洺	581326	程玉兰
581327	徐慧雯	581328	谈德璋	581329	赵双驹	581330	张连起
581331	李澍霖	581332	耿春光	581333	于永钧	581334	邢郁甫
581335	项斌亮	581336	王宗楷	581337	郭寿道	581338	马纪虎
581339	张淑玲	581340	卢绍婉	581341	朱秀琴	581342	王承初

581343	周胜宗	581344	何宗虞	581345	孙宝泰	581346	殷勤藻
581347	蒋建民	581348	魏振基	581349	杜　中	581350	刘龙潭
581351	蔡子才	581352	白燕义	581353	张志平	581354	张德全
581355	冯永禄	581356	刘振林	581357	吕炳仁	581358	潘伟杰
581359	高景琦	581360	武占忠	581361	王敬玉	581362	鲁光莹
581363	王怀仁	581364	马增勋	581365	吴可中	581366	李勤福
581367	赵连城	581368	张能一	581369	郭瑞东	581370	齐　振
581371	李芙蔓	581372	谢蕴泉	581373	王广德	581374	侯建国
581375	王　武	581376	缪铁夷	581377	李文锦	581378	郭唯建
581379	徐素燕	581380	高监国	581381	王　岩	581382	邓石麟
581383	周仲麒	581384	贺益康	581385	邢松科		

河北

580195	张礼春	580196	李玉欣	580197	刘克良	580198	卢希曾
580199	乔立泽	580200	陈敏怡	580201	曹长久	580202	靳　忠
580203	梁凤楼	580204	高惠英	581386	方树元	581387	张宗洵
581388	张增润	581389	胡昭广	581390	周世新	581391	张惠民
581392	杨树才	581393	傅贵江	581396	安照民	581398	李宪明
581399	刘桐年	581402	李　浡	581403	张彦霞	581406	宋秀昆
581409	吕越之	581411	解广达	581416	张彦声	581417	张丽生
581421	宋倩茹	581425	王秀亭	581429	周山保	581430	王齐亮
581431	田玉铭						

河南

580229	郭天明	580230	侯玉芬	581432	高宪增	581433	杜佩芝
581434	孟熙璠	581435	石　磊	581436	郭顺先	581437	王凤鸣

山西

580241	吴希斌	580242	贾洛生	580243	郭瑞璜	581438	张　震

山东

580257	陈长利	580258	孙淑俊	580259	张子瑞	581439	汪　奇
581440	李恒远	581441	徐家球	581442	蒋信行	581443	黄浩显

581444 陶成玉

内蒙古

580278 董爱莲　　580279 侯竹筠

上海

580291 龚春生	580292 赵浩春	580293 张庆丰	580294 陈冠耀
580295 张和林	581445 瞿世模	581446 叶庆华	581447 张慧秋
581448 王晋根	581449 史金高	581450 张克武	581451 史静芳
581452 曹后定	581453 施允琨	581454 沈沾乘	581455 陈开庸
581456 宋兆煌	581457 纪益泉	581458 锺克钧	581459 王禄荣
581460 施义寅	581461 刘维洲	581462 袁忠长	581463 戴达智
581464 张伟千	581465 王秉忠	581466 季鸣海	581467 雷　夏
581468 叶梦生	581469 虞利章	581470 张德峰	581471 沈新群
581472 罗建平	581473 毛永杰	581474 朱希曾	581475 陈维恒
581476 郭美娜	581477 王维中	581478 胡永丰	581479 俞才新
581480 夏元生	581481 王英瑜	581482 陆宝祥	581483 赵瑞华
581484 吕经邦			

江苏

580334 陈丽娟	580335 顾乃平	580336 周子寿	580337 杨玉英
580338 王祖永	580339 蔡玉智	580340 杨汉祥	580341 周南良
580342 朱明宝	580343 谢海荣	580344 韩同来	580345 钱南根
581485 冷佩兰	581486 孙学勇	581487 顾慧芳	581488 钱元成
581489 马星若	581490 张昆雄	581491 李鸿敏	581492 王有彤
581493 汪岳辰	581494 周伟英	581495 马传镗	581496 冯幼芳
581497 陈树泽	581498 何士龙	581499 章渭臣	581500 孙洪涛
581501 周贵选	581502 高俊发	581503 缪伯南	581504 杨明炯
581505 李隆生	581506 许庆贤	581507 李关俊	581508 沈洪泰
581509 刘浩祥	581510 陆树尧	581511 高文忠	581512 赵汝清
581513 杜翼龙	581514 赵乃香	581515 徐义忠	581516 孟德钦
581517 张忠顺			

浙江

580401 顾迪光	580402 陈定康	580403 朱惠铭	580404 陈梅林
581518 洪德财	581519 龚启荣	581520 曹玉明	581521 王宗德
581522 陈耀祖	581523 陈春法	581524 赵云祺	581525 徐思海
581526 孙世昌	581527 林福友	581528 林初君	581529 王善林
581530 潘林坤	581531 赵根深	581532 杨鑫荣	581533 王泉水
581534 肖伯琴			

福建

580427 李相洲	581535 黄碧瑜	581536 梁友淦	581537 杨修泰
581538 陈乐平	581539 柯是兴	581540 林集明	581541 叶鸿声
581542 孙贞诚	581543 郑则衍	581544 黄常纲	581545 陈子富
581546 王克衍	581547 王惠仁	581548 李秀记	581549 王文时
581550 陈文杰	581551 陈启书	581552 庄杰图	581553 邹嘉鏅
581554 陈文丙	581555 郑祖棋	581556 吴昭钿	581557 陈继南
581558 修木洪	581559 吴旭昇	581560 林玉宝	

安徽

580436 张安中	580437 刘明杰	580438 陈修环	580439 王熙明
580440 蒋士祥	580441 锺咏三	581561 王祥珩	581562 吴景信
581563 方国生	581564 陈独峰		

湖北

580464 罗钧渠	580465 肖运鸿	580466 吴德新	580467 张海门
580468 王世友	581565 陈华屏	581566 陈雪娟	581567 熊国钊
581568 胡家忠	581901 葛德玉	582686 胡崇岳	

湖南

580487 陈泽志	580488 廖耀梅	580489 曾庆禹	580490 张菊鹏
581571 周剑雄	581572 周光蕙	581573 李俊瀛	581574 彭永清
581575 张志高	581576 王大郞	581577 袁长高	581578 李孟威

江西

580503 曾毓圳	580504 张水娟	580505 蒋翼翔	581579 刘才宝

581580 熊实先	581581 李名辉	581582 王美亮	581583 张云山

广东

581584 廖万清	581585 梁润成	581586 陈文权	581587 魏兴华
581588 周燕仪	581589 廖辉增	581590 郭木河	581591 司徒英颐
581592 洪盛治	581593 杨朝万	581594 甘良娘	581595 毛凤畴
581596 朱立群	581597 戴法周	581598 谭建成	581599 杨观容
581600 陈伟明	581601 □　□	581602 刘伯贤	581603 林维钦
581604 董惠芳	581605 张嵩山	581606 张文矿	

广西

581607 袁世颐	581608 董　超	580710 曾福湖	580711 唐绳斌
580712 覃瑞㵪	580713 欧清礼		

辽宁

580526 王孝云	580527 初允枝	580528 郭秉春	580529 吴永才
580530 周　齐	580531 魏雪凡	580532 曹春生	580533 鲍树同
580534 张广泰	580535 丛　英	580536 周昌谦	580537 周淑芬
581609 单　贵	581610 孙茂玉	581611 孙枢林	581612 胡克季
581613 李忠俊	581614 邢瑞方	581615 唐伝辅	581616 唐伝肅
581617 张炳麟	581618 赵文华	581619 李凤山	581620 刘承义
581621 汪光春	581622 王志文	581623 高翠山	581624 王泰久
581625 刘纯礼	581626 薛万才	581627 赵英男	581628 田肇生
581629 张景兴	581630 汪庆安	581631 张福文	581632 薛景山
581633 徐振华	581634 戚凤兰	581635 于学义	581636 田恒安
581637 王永福	581638 闫常宝		

吉林

580579 姚玉琴	580580 锺太昇	580581 吕世春	580582 李桂芬
580583 李金昌	580584 赵　升	580585 邢文秀	581639 毛锺宽
581640 齐井轩	581641 宋明仁	581642 车凤祥	581643 阎治孝
581644 胡秀珠	581645 李世平	581646 徐铁杰	581647 王维政
581648 徐振学	581649 李元龙	581650 赵　诚	581651 程　宏

| 581652 赵永长 | 581653 夏天元 | 581654 王连生 | 581655 史国相 |
| 581656 秦筑君 | 581657 迟文成 | | |

黑龙江

580618 马俊杰	580619 温淑琴	580620 官学昌	580621 张永慧
580622 景玉民	580623 孔祥泰	580624 周双印	580625 丁文魁
580626 邹宝璠	581658 庞顺成	581659 韩毓先	581660 刘恩林
581661 赵希人			

四川

580660 杨泽源	580661 杨银才	580662 段克强	580663 何均正
580664 丁树彬	580665 张体仁	581662 陈慰亲	581663 刘治昌
581664 伍芬鉴	581665 陈大义	581666 李青如	581667 黄永林
581668 彭永华	581669 周善清	581670 王声棋	581671 彭德大
581672 曾祖瑞	581673 李崇实	581674 杨志洪	581675 罗新政

贵州

| 580724 邰正元 | 582831 袁德宁 |

甘肃

580690 宋秀山

云南

580683 姜德华

青海

580700 晁学贤

无线电系

北京

580097 于化龙	580098 卢振英	580099 龚伟冲	580100 赵尚庭
580101 王恒钧	580102 邱桂攀	580103 袁光华	580104 张志良
580105 哈文铸	580106 郭秀菊	580107 郭秀云	580108 习东云
580109 赵鸿轩	580110 张锡城	580111 张京卫	580112 高孚曾

580113	田树滋	580114	陈金海	580115	杨戈文	580116	陈毓宝
580117	佟成武	580118	郜树祥	580119	胡奎英	580120	童显海
580121	李长春	580122	高鹤云	580123	周雪珍	580124	高　惠
580125	孙长来	580126	张成全	580127	戴崇礼	580128	徐志信
580129	齐春霖	580130	刘景华	580131	张鸿德	581676	姚　鹏
581677	郭魁超	581678	田荣昌	581679	郭化纯	581680	沈宝链
581681	傅天有	581682	张连琪	581683	田家鼎	581684	白之琪
581685	李毓璞	581686	韩东旭	581687	赵春晖	581688	胡振栋
581689	黄玉海	581690	徐家骏	581691	李芷华	581692	李　荧
581693	霍学萍	581694	吴香砚	581695	王桂芳	581696	陶家佑
581697	褚宝珊	581698	杨华光	581699	刘俊涛	581700	孟庆苓
581701	朱庆余	581702	傅长全	581703	华山立	581704	李文良
581705	陈启先	581706	金玉惠	581707	赵玉珍	581708	胡文珺
581709	赵蕙荣	581710	程一中	581711	李大林	581712	吴元霸
581713	梁　力	581714	仇湘生	581715	李凤君	581716	张　剑
581717	张汉宜	581718	王光宇	581719	屈永生	581720	段中贤
581721	韩魁选	581722	李曾豫	581723	魏熙熙	581724	白宝泉
581725	欧阳勤	581726	师克信	581727	梁树国	581728	吕振起
581729	杨密如	581730	刘彦哲	581731	齐彤熙	581732	乔郁芳
581733	王凤翔	581734	李振华	581735	黄自立	581736	蔺国有
581737	段致光	581738	孙小平	581739	赵中义	581740	解庆峰
581741	田招弟	581742	张秀岚	581743	李琪才	581744	李绍贤
581745	张宏华	581746	章熙国	581747	刘新亚	581748	刘光宇
581749	孙玉秀	581750	吴守敬	581751	张英燕	581752	何爱娣
581753	杨连祥	581754	陈鹤皋	581755	马贵文	581756	王　英
581757	吕锡一	581758	张大鹏	581759	沈澍年	581760	张吉顺
581761	曹文厚	581762	张淑琴				

河北

580205	王怀珍	580206	郝梦林	580207	刘国存	580208	包永顺
580209	李克功	580210	马腾阁	580211	刘士林	580212	田雨海
580213	云献明	581763	关世纯	581764	于振泽	581765	苏耀青

581766 单敏基	581767 古　琳	581768 赵景祥	581769 张贵春
581770 高恩淳	581771 葛庭楷	581772 张泽云	581773 封云志
581774 焦　明	581775 闫双耀	581776 张志华	581777 孙书堂
581778 宋文杰	581779 郜墨堂	581780 马庆有	581781 郑宝存
581782 李永才	581783 郭泗溢	581784 邓守廉	581785 石庆元
581786 张孟才	581787 张洪文	581788 李艳茂	581789 李成宝
581790 禄大新	581791 安树君	581792 李三全	581793 马文华
581794 张雨田	581795 任梦复	581796 周金铛	

河南

580231 李金菊	580232 蔡熙章	580233 李富有	581797 孙克亮
581798 任庆陵	581799 彭家庭	581800 姬国钧	

山西

580244 常贵芝	581801 薄建国

山东

580260 孙永宽	580261 桑金城	580262 张相成	581802 陈秀林
581803 徐　恕	581804 吴　坦	581805 于敬信	581806 隋凤程

内蒙古

581807 傅克信

上海

580296 周玉英	580297 汤丽芳	580298 周新嵩	580299 姚福祥
580300 秦长安	581808 谈云珠	581809 陈良栋	581810 张薇芬
581811 吴维迪	581812 顾佩佩	581813 徐荣玲	581814 冯海珍
581815 夏泽民	581816 杨福荣	581817 王国财	581818 姚海伦
581819 高信龄	581820 沈伯林	581821 李福顺	581822 金顺昌
581823 黄锡生	581824 杨肇敏	581825 乐子英	581826 陈忠立
581827 王家璋	581828 应嘉年	581829 沈维敏	581830 朱绣钧
581831 屠恒祈	581832 张友渝	581833 彭江得	581834 羊性滋
581835 陈奕隆	581836 杨瑞麟	581837 孙震熙	581838 夏　添
581839 周雪雪	581840 邵仁芳	581841 徐汉强	581842 陈学田

江苏

580346 吴寿生	580347 李　立	580348 成秀奇	580349 许同玉
580350 黄冰玉	580351 蒋复喜	580352 吴金生	580353 史秀珍
580354 於金海	580355 高富祥	580356 刘洪生	580357 史掌权
581843 朱士荣	581844 吴天碧	581845 冯云仙	581846 王锦财
581847 龚亮贤	581848 朱　坤	581849 贡鼎盛	581850 李国华
581851 赵希德	581852 吴静贤	581853 刘培正	581854 蒋俊如
581855 肖开亮	581856 李迪怀	581857 王键生	581858 唐振环
581859 姜德熙	581860 刘玉琪	581861 王施培	581862 张淑清
581863 徐鼎伟	581864 刘　伟	581865 印国泰	581866 周锦宝
581867 邓勤康	581868 詹金泉	581869 张天福	581870 潘增财

浙江

580405 李根宝	580406 徐文林	581871 张至垄	581872 陈忠正
581873 吕英华	581874 蒋瑞忠	581875 鲍张海	581876 潘厚忠
581877 周渭江	581878 王文贵	581879 叶冠吾	581880 葛志成
581881 董达堃	581882 高回春	581883 罗怀庭	581884 张干堂
581885 洪福生	581886 李元启	581887 陈云娥	581888 马樟尊

福建

580428 刘文彬	581889 何雅龄	581890 林杏善	581891 陈增武
581892 王孝忠	581893 苏奋为	581894 萧文明	581895 林鸿民
581896 周允武	581897 卢清在		

安徽

580442 王世昌	580443 金理滋	580444 吴长福	580445 孔汉璋
580446 王宗兴	581898 房烈正	581899 丁锡勤	581900 吴正立

湖北

580470 方征轩	581902 任淑云	581903 周锦文	581904 陈美万
581905 陈仁娟	581906 周祖成	581907 刘忠立	580467 梁明生
581569 唐学楹			

湖南

580491 易树林	580492 饶永生	580493 王海清	581908 邓衍茂
581909 彭花林	581910 李国安	581911 卢梅林	581912 陈树民
581913 吴固基			

江西

580506 詹义昌	580507 平候文	580508 彭德钗①	580509 陈光海
581914 李国祥	581915 陈显萼	581916 李贤文	

广东

581917 何桂鸣	581918 陈韶浈	581919 李德泉	581920 区颖骥
581921 蔡道镇	581922 陈　飞	581923 黎焕琪	581924 游润三
581925 吴韶风	581926 刘汉辉	581927 张　雄	581928 刘镇源
581929 杨森河	581033 罗耀春	581207 吴锦发	

辽宁

580538 闫玉德	580539 刘忠铎	580540 臧金明	580541 史成福
580542 蔡金华	580543 蔡思民	580544 孙登功	580545 许玉春
580546 曲国祯	580547 张汝泉	581930 姚铁良	581931 孙国忠
581932 张秀岩	581933 单永年	581934 孙志贤	581935 高宏良

吉林

580586 杨伯凌	580587 于杰敏	580588 黄晒瞾	580589 张新福
580590 吕　柏	580591 王建华	580592 鞠连城	580593 张德春

黑龙江

580627 沈鸿麟	580628 王志富	580629 李秀娟	580630 陈丕和
580631 寇云起	580632 王际芝	580633 冯立民	580634 皇甫海林
581936 潘华助	580733 文鸿远		

甘肃

580691 刘鸣铎

---

① 编者注：原稿字迹模糊，照样录存。

四川

580666 王朝炎	580667 沈延钊	580668 刘芝伟	580669 魏志渊
580670 苟显万	581937 杜有文	581938 邵剑滨	581939 赵世琼
581940 梁膺举	581941 刘集文	581942 何清义	581943 王令誉
581944 项　城	581945 彭长祥	581946 田翠英	581947 吴行敏
581948 任君凤			

贵州

580725 蒋　琪

土木系

北京

580132 刘靖声	580133 高宝华	580134 吕殿阁	580135 于继宽
580136 陈守本	580137 王福全	581949 李镇强	581950 邢松年
581951 龚乐生	581952 李敬业	581953 黄如先	581954 李月光
581955 李占芳	581956 郭秀华	581957 马世锦	581958 孙美娟
581959 孙立芬	581960 王永美	581961 刘益萱	581962 姚舜华
581963 陈玉峰	581964 刘兴国	581965 黄松心	581966 贾作斌
581967 王常丽	581968 王桂娟	581969 忻元凯	581970 张　庸
581971 张生华	581972 李克家	581973 崔文荣	581974 陈宜明
581975 张竹荪	581976 冯　泳	581977 王玉琴	581978 寇秀卿
581979 陈玉珍	581980 王泽荷	581981 孟书琪	581982 赵宗力
581983 冯彝谦	581984 钱新庚	581985 邵震宇	581986 刘季康
581987 于克辉	581988 焦玉文	581989 徐仁美	581990 成德香
581991 关　庚	581992 焦凤岐	581993 汤志永	581994 宋士存
581995 樊　蓉	581996 孙启荣	581997 遇平静	581998 陈祖琇
581999 黄　静	582000 李裕娴	582001 乌力吉纳民夫	
582002 周起和	582003 聂振纲	582004 于流祥	582005 石景和
582006 赵国桥	582007 聂淑琴	582008 赵　晏	582009 武英敏
582010 盛珮华	582011 徐大铨	582012 吴小莎	582013 陶静娴
582014 曹淑华	582015 张华英	582016 闫秀琛	582017 赵永志
582018 王明辰	582019 孙仪琦	582020 范毓莲	582021 锺美秦

582022 李雅丽　　582023 段若安　　582024 朱胜年　　582025 于国媛

河北

580214 龚学英　　580215 王恩庆　　582026 秦兆年　　582027 杨福和
582028 姚书琴　　582029 何幸昌　　582030 王　起　　582031 崔汝勤
582032 赵玉龙　　582033 王　欣　　582034 孙锺金　　582035 杨庆端
582036 台平和　　582037 王金声　　582038 陈文彬　　582039 李俊杰
582040 卢道卿　　582041 王金祥　　582042 崔志澂　　582043 周麟春
582044 刘学孔　　582045 徐占发　　582046 周长西　　582047 凌　丁
582048 刘玉香　　582049 林美玉　　582050 符祥安

河南

580234 马孝轩　　582051 周自义　　582052 王希雨　　582053 卢　锋

山西

500245 赵传生　　582054 赵铭萱　　582055 胡　平

山东

580263 王宝华　　580264 季元美　　580265 孙本传　　582056 胡美琪
582057 刘福善　　582058 王召庆　　582059 杨象昭　　582060 高学善

内蒙古

582061 李芳洲

上海

580301 黄云江　　580302 陈龙生　　580303 李遇邦　　580304 丁炳南
580305 朱玉良　　582062 黄嘉麟　　582063 王柏仁　　582064 刘□□
582065 臧威明　　582066 卞葆芝　　582067 李益篪　　582068 杨梓明
582069 曹蓉珍　　582070 朱德华　　582071 蒋仁敏　　582072 胡飚玮
582073 吕敬业　　582074 王国芳　　582075 杨汝均　　582076 高立人
582077 林康立　　582078 王纲怀　　582079 程声通　　582080 张云理
582081 奚龙兴　　582082 袁　真

江苏

580358 严吴南　　580359 徐永成　　580360 孔玉泉　　580361 陈　杰

580362 唐宝福	580363 施家佩	582083 杨孔嘉	582084 张祖璨
582085 徐寿全	582086 朱寿春	582087 张义慎	582088 盛杏璿
582089 韦心征	582090 刘宏德	582091 殷龙章	582092 解云标
582093 魏　浩	582094 宋瑞令	582095 王诗萃	582096 薛勇林
582097 吴晨蓉	582098 陈子俊	582099 陈兴岐	582100 陶学康
582101 傅承泽	582102 江　洄	582103 杜肇民	

浙江

580407 冯梅舫	580408 王连雄	580409 孙定忠	582104 叶佳民
582105 张　琦	582106 王贤哲	582107 沈祝林	582108 陆炳钧
582109 胡润泉	582110 严佩雯		

福建

580429 林家恩	580430 张火炎	582111 沈慕泰	582112 黄寿山
582113 杨思勤	582114 王阊本	582115 许利耿	582116 王桂芳
582117 胡金鉴	582118 黄铁盛	582119 吴耀子	

安徽

580447 肖开桂	580448 孔祥应	582120 汪加蔚	582121 胡恩金

湖北

580471 王央生	582122 张正华	582123 孙品炎	582124 刘延龄
581191 贺以志	582830 曾晓庄		

江西

582125 万学文	582126 丁友陶	582127 胡春芝	582128 王友良

广东

582129 梁绍昇	582130 金勤成	582131 赵西安	582132 邓颂镗
582133 梁令娴	582134 郭始光	582135 骆大星	582136 侯浩林
582137 沈潮光	582138 余艳美	582139 梁耀泉	582140 张润民
582141 叶家原	582719 陈洁虹		

广西

582142 莫俱之	582143 黄敏求	580714 谭伯康	580715 雷娴文

辽宁

580548 孙忠君　　580549 王家林　　580550 宋立柱　　580551 李心福
580552 崔淑媛　　582144 苏福珵　　582145 郑大明　　582146 周慧麟
582147 刘□成　　582148 刘凤琴　　582149 刘兆年　　582150 初学江
582151 崔景龙　　582152 曾传钧

吉林

580597 申金福　　582153 于庆祥　　582154 罗维昆　　582155 张亚仁
582156 张钦元　　582157 郭廷彦　　582158 金容熙　　582159 刘国柱
582160 赵光默　　582161 常冬华　　582162 戴成玉

甘肃

580692 翟文光

新疆

580698 周纬华

青海

580701 高树林

黑龙江

582163 张俊波　　582164 赵英杰　　582165 于连清

四川

582166 杜泽华　　582167 周成教　　582168 林柏章　　582169 王元直
582170 张大川　　582171 陈明磊　　582172 刘崇文

湖南

580494 黄仲麟

贵州

580726 聂志邦　　582835 周学勤

水利系

北京

580138 杨玉彬	580139 隋汝明	580140 邵俊彦	580141 韩善如
580142 李恭俭	580143 于明才	580144 韩晓洲	582173 朱玉尊
582174 王文治	582175 刘绪伦	582176 万陵馨	582177 姚志新
582178 关志华	582179 张　祺	582180 曹维捷	582181 王　镭
582182 胡佳丽	582183 向　桐	582184 王蜀南	582185 苍宝溪
582186 王宝存	582187 岳立夫	582188 华　伟	582189 李翠琴
582190 张玉南	582191 张　蔚	582192 庞玉馥	582193 毛小萍
582194 李秀敏	582195 白庆云	582196 石恒芳	582197 刘瑞钾
582198 冯秉衡	582199 贺济生	582200 葛志孝	582201 胡采林
582202 杨仲雄	582203 李筱芳	582204 刘世芬	582205 王增顺
582206 翟富礼	582207 姬书惠	582208 贺兴夏	582209 萧雨芳
582210 窦国桢	582211 邢天普	582212 古瑞昌	582213 苏庆东
582214 袁赓尧	582215 牛昌民	582216 颜震威	

河北

580216 程占威	580217 王彦苏	580218 李永祥	580219 孙献套
582217 袁纬曾	582218 高雪涛	582219 杨荫泉	582220 于步聪
582221 马祯祥	582222 郝志从	582223 王泽斌	582224 周福聚
582225 张元祥	582226 王裕玮	582227 刘月秀	

山西

580246 辛　拯	582231 赵振起

山东

580266 马振宗	580267 刘继泰	582232 姜锡强

上海

580306 张惠琴	580307 金继光	582233 仇德彪	582234 王梅华
582235 高黛安	582236 钱民发	582237 黄孟星	582238 谢清江
582239 陈福余	582240 曾肇京	582241 戴成器	582242 舒燕平
582243 杨屿玉	582244 蔡宝元	582245 查震元	582246 吴之明
582247 孙进先	582248 章绍敬		

江苏

580364 陆洪元　　580365 虞云耀　　580366 王连华　　580367 薛昭熙
580368 裴琴轩　　582249 赵果明　　582250 赵文根　　582251 龚幼娟
582252 戴国平　　582253 李玉柱　　582254 邵希荣　　582255 蒋迺明
582256 郑埔生　　582257 陈进禄　　582258 孟广训　　582259 陈太平
582260 吴芝辉　　582261 王河生

浙江

580410 陈爱芳　　580411 郎耀根　　582262 朱大钧　　582263 姚振康
582264 朱增迪　　582265 戴平洲　　582266 韩世云　　582267 陈积灏

安徽

580449 张贵群　　580450 钱一鸣　　582283 翟大潜　　582284 王先达
582285 邵华乔

湖北

580472 方原松　　582286 童福东　　582287 李焰云

湖南

582288 吴立才　　582289 欧阳瑶章　　582290 朱椒六

江西

582291 翁文斌　　582292 张富德

广西

582303 谢渭雄

广东

582293 卢家仪　　582294 张影莲　　582295 潘倚年　　582296 江建国
582297 李用□　　582298 黎超满　　582299 吴欣荣　　582300 张振秋
582301 曾宪贤　　582302 王谦伟

辽宁

580553 才君眉　　580554 李百浩　　580555 王芷琴　　580556 夏作云

| 582304 田文旗 | 582305 杜士斌 | 582306 任柏林 | 582307 孟繁印 |
| 582308 宋昆仑 | 582309 米荣真 | | |

吉林

580594 贾柏森	580595 邓云方	580596 穆淑琴	582310 薛　忠
582311 王凤生	582312 金石万	582313 王孝先	582314 白世禄
582315 刘德忠	582316 赵瑞吉		

黑龙江

| 580635 高官堂 | 580636 秦　刚 | 580637 王继元 |

四川

| 580671 尹大芳 | 580672 高广淳 | 580673 瞿伦富 | 582317 周德常 |
| 582318 陈凤祥 | 582319 张斯馨 | | |

甘肃

580693 闫林德

宁夏

580703 姚以龙

河南

| 582228 赵国光 | 582229 赵天禄 | 582230 成　工 |

福建

582268 林宗燊	582269 林维安	582270 王亦锥	582271 李齐阔
582272 李士一	582273 潘梦钦	582274 陈祺模	582275 林　仁
582276 黄清猷	582277 施世雄	582278 徐镇阳	582279 张炳金
582280 曾享炎	582281 陈琦英	582282 陈庆鸿	

广西

| 580716 陈家骐 | 580717 粟序存 | 580718 李宗禄 | 580719 唐桂赐 |

贵州

580727 陈连青

建筑系

北京

580145 翁□毅	580146 王福琴	580147 陈书栋	582320 宋玲弟
582321 朱商瑞	582322 李立兴	582323 李彦龙	582324 马宗述
582325 倪德光	582326 李清沼	582327 于志波	582328 李颜容
582329 任 丽	582330 叶馥曾	582331 周秋平	582332 金婉珍
582333 成志国	582334 杨玉平	582335 李慧芬	582336 施正莉
582337 陈若新	582338 苗冠峰	582339 索树文	582340 刘荣原
582341 王侠宗	582342 王嘉树	582343 宋 长	582344 王佩珩
582345 任朝钧	582346 杨淑蓉	582347 陈洪敏	

河北

580220 王益才	582348 党瑞麟	582349 聂振升	582350 李金聚
582351 张立源	582352 董慰曾	582353 潘金华	582354 窦以德
582355 陈之才			

上海

580308 杨士心	580309 苏博厚	580310 朱咸伯	580311 金富生
582361 庄 荣	582362 王昌明		

江苏

580369 薛玉祥	580370 姚镜清	582363 陈学荃	582364 陆家玉
582365 冯利芳	582366 顾冬梅	582367 项祖荃	

浙江

580412 钟高华	582368 钱增标	582369 张阿祥	582370 麻天云

福建

580431 孙利应	582371 林漳生	582372 黄书安	582373 黄格微
582374 李 超	582375 郑文箴	582376 刘继美	

安徽

580451 颜华峰	582377 周公宁

辽宁

580557 李春山　580558 李世忠　582396 田守林　582397 张文镇
582398 赵荣福

吉林

582399 隋书绅　582400 马　麟　582401 叶　筠　582402 李树恒
580598 王赞秋

黑龙江

580638 李德田　580639 徐福义　580734 梁成基

四川

580674 李有元　580675 贾春模　582403 陶极楦　582404 石安海
582405 张钦哲

甘肃

580694 高淑芬

河南

582356 张俊凯　582357 张明见　580739 李月德

山西

582358 张连芳

山东

582359 谭克和

内蒙古

582360 徐沛霖

湖北

582379 汪新琛　582380 缪长苏

湖南

582381 鲁云辉　582382 贾金增

江西

582383　李更生

广东

582384　蓝柏球	582385　余兆宋	582386　方启武	582387　张绍桂
582388　李慧明	582389　莒　醒	582390　莫泰波	582391　谭安宗
582392　叶家璧	582393　杜启然		

广西

582395　马安国	580720　朱世知	580721　谢超常

贵州

582834　李黔威

工程物理系

北京

580148　刘鸿文	580149　杨德全	580150　王双进	580151　张玉祥
580152　宋有让	580153　常增印	580154　房士良	580155　郭庆亮
580156　谢树林	580157　谷应昌	580158　杨林元	580159　李荫荣
580160　成立良	580161　王富武	580162　李玉璞	580163　冯俊杰
580164　焦永民	580165　王长善	580166　李耀宗	580167　王培堃
580168　高尚毅	580169　张坚群	580170　高德华	582406　杨德懋
582407　孙文山	582408　李启珍	582409　胡守仁	582410　李荻生
582411　孙世铭	582412　韩　谦	582413　刘殿阁	582414　李正民
582415　赵文浚	582416　李沧海	582417　周　涛	582418　朱传志
582419　余本科	582420　郭　建	582421　朱承德	582422　施永长
582423　韩濯新	582424　罗亦雄	582425　许德成	582426　姚传江
582427　姜兆春	582428　王克长	582429　刘振琴	582430　李秀茗
582431　彭耀华	582432　刘　砚	582433　闫　骏	582434　张孟君
582435　贾春旺	582436　桂太康	582437　谢元兰	582438　张　治
582439　黄建农	582440　贾明英	582441　郭　琳	582442　谷志刚
582443　刘季稔	582444　张鸿文	582445　高俊诚	582446　马贵仁
582447　崔玉宽	582448　韩幼平	582449　吴永乐	582450　谈德颜

582451 朱树中	582452 马庆璋	582453 刘荣亮	582454 赵玉学
582455 刘新凯	582456 周宗娴	582457 刘文玙	582458 于素花
582459 潘玉华	582460 李锡川	582461 王力殊	582462 高雅云
582463 马青柯	582464 周　信	582465 李庆国	582466 张长户
582467 马承娴	582468 李珮尔	582469 陈永禄	582470 宁培春
582471 尚宗良			

河北

580221 赵庆林	580222 刘桂全	580223 王永增	580224 王梓林
580225 李朝武	582472 李守仁	582473 田登科	582474 朱爱琪
582475 张志永	582476 谷计皂	582477 黄忠享	582478 周存和
582479 蒲公旭	582480 刘志祥	582481 刘玉萍	582482 王泽民
582483 山宗昌	582484 詹高超	582485 王元禔	582486 吕曰恒
582487 马云青	582488 范席珍	582489 田治中	582490 王　勇
582491 丁柏年	582492 张如彦	582493 郑瑞堂	582494 马新泰
582495 刘福生	582496 丁英烈	582497 盖春书	582498 赵冬敏
582499 石秀坤	582500 张连合	582501 周永平	582502 裴天礼

河南

580235 陈雨田	580236 游清和	580237 牛树盈	582503 曹文彬
582504 曹瑞鼎	582505 吕光全	582506 卞洪兴	582507 郑文元
582508 路宝珍	582509 李金才	582510 马占波	

山西

580247 王化育	580248 王少潭	582511 王英博	582512 梁昌靖

山东

580268 宋熙太	580269 刘德舜	580270 施所朗	580271 徐世丰
580272 李昌佑	580273 张秉礼	582513 侯凤旺	582514 孙其昌
582515 陈文德	582516 杜铭海	582517 吕新德	582518 王健丕
582519 金克家	582520 鲍世宽	582521 吕廷海	582522 刘效杰

上海

580312 陈水根	580313 肖志勇	580314 王相孔	580315 洪德文

580316 谢志豪	580317 丁连发	580318 严谷良	580319 郑祖起
582523 郭浩志	582524 张祖华	582525 韩子健	582526 余正方
582527 金以达	582528 何立德	582529 陈念念	582530 蔡圣民
582531 詹静娴	582532 邹景轲	582533 杨　霖	582534 胡二邦
582535 宋宏秋	582536 陈士能	582537 张占莲	582538 翁爱娟
582539 陈凤岐	582540 竺瑞廷	582541 陆聚林	582542 刘瑞峻
582543 陈奎林	582544 程屏芬	582545 程惠尔	582546 沈德标
582547 何乾康	582548 陈焦海	582549 容铁华	582550 高尤才
582551 周履铭	582552 曾文胜	582553 周亭远	582554 孙扬名
582555 朱爱弟	582556 薛伟贤	582557 顾建德	582558 顾国城
582559 王惠农	582560 杨国权	582561 王世芬	582562 沈恒镛
582563 沈丽娟	582564 王立民	582565 史如心	582566 顾炎武
582567 程坤仪	582568 夏仁立	582569 朱　雄	582570 石洪福
582571 汪鉴民	582572 徐瑞清	582573 余其文	582574 刘志乾
582575 张桂林	582576 周祖尧	582577 颜志祥	582578 鲍　清
582579 诸惠民	582580 葛瑞瑾	582581 马　黉	582582 沈建平
582583 沈文德	582584 卢灿生	582585 方　栋	582586 郑著诚
582587 邹淦泉	582588 陈云芳	582589 章海昌	

江苏

580371 李兴芳	580372 梅镇武	580373 沈伯良	580374 吴士正
580375 张兆民	580376 陈克强	580377 兰仁先	580378 马春兰
580379 张瑞南	580380 许孝康	580381 陆信兮	580382 李双景
580383 倪火才	580384 陈复旦	580385 夏国钧	580386 方嘉礼
580387 薛兆群	580388 吴鹤华	580389 窦润福	582590 戴树富
582591 周宗祥	582592 秦锡祺	582593 周汝炎	582594 王德生
582595 陈盘金	582596 陈惠中	582597 李清和	582598 蒋云清
582599 周长善	582600 赵维真	582601 方庆贤	582602 姚健雄
582603 钱季玉	582604 裴坤寿	582605 朱　立	582606 戴传善
582607 邓可顺	582608 韩传斌	582609 李韶淦	582610 王太和
582611 王振璆	582612 屈志成	582613 丁立华	582614 徐　佩
582615 赵同泰	582616 钱健彪	582617 滕永华	582618 李铁城

582619 施锦华	582620 谈德清	582621 蔡耀祖	582622 陈林兴
582623 张纪生	582624 包有红	582625 陈世芳	582626 徐明达
582627 戴国其	582628 姜华钿	582629 季福云	582630 徐美媛
582631 王心正	582632 陈克之	582633 赵　胜	582634 李菊英
582635 闵惠毅	582636 陈良芳	582637 郑华铃	582638 龚世耀
582639 许文清	582640 郁建涵		

浙江

580413 锺之明	580414 赵啸风	580415 李荣吉	580416 白希曾
580417 伍茅村	582641 陈元龙	582642 王守仁	582643 洪先龙
582644 陈汝龙	582645 郑文忠	582646 蒋桃清	582647 朱献华
582648 董柳灿	582649 王天云	582650 魏金华	582651 沈寿福
582652 陈生亮	582653 徐明鑫	582654 郑锦亮	582655 胡辅胜
582656 章泽甫	582657 黄金山	582658 王德魁	582659 张章百
582660 林　祥	582661 王士柱	582662 张锦葵	582663 张昌龙
582664 范光强	582665 应春豹		

福建

582668 陈　琳	582669 陈照榕	582670 朱本玉	582671 陈文芳
582672 林存康	582673 郭鸿鱼	582674 王志竹	582675 李汉良
582676 施健民	582677 王振明	582678 方锦清	582679 陈森五
582680 叶长源	582681 锺文发	582682 陈竹舟	

安徽

580452 孙之涛	580453 周世德	580454 张作风	580455 梁华湘
580456 范庆培	580457 吴文政	580458 罗国桢	580459 徐祖银
582683 刘克权	582684 孙士敏		

湖北

580474 张景培	580475 任国周	580477 王万游	580478 王鸿军
580480 李有道	582685 李佐虎	582687 刘正元	582688 余其煌
582689 韩其瑜	581570 郝余祖	581192 邱渝生	582378 张亚丹

湖南

580495 刘岳球	580496 锺厚生	580497 潘奇才	580498 罗学忠
582691 李汉文	582692 陈曾涤	582693 罗启芳	582694 刘德俭
582695 孙在鲁	582696 陈玉生		

江西

580510 李和衷	580511 徐火荣	580512 涂辅卿	580513 吕明进
582697 杨祖辉	582698 汪有前	582699 严宣金	582700 孙连安
582701 揭寿先			

广东

582702 彭木彰	582703 曾宪忠	582704 鲍卫民	582705 罗才盛
582706 杨鼓行	582707 吴国是	582708 曾权兴	582709 赖裕祥
582710 黄瑞和	582711 曾锦辉	582712 何 强	582713 欧阳藩
582714 罗煌荣	582715 袁镇海	582716 朱元铎	582717 梁煦宏
582718 张继培	582394 黄冠雄		

辽宁

580559 林玉芬	580560 孙文久	580561 王晶宇	580562 王鸿珠
580563 朱凤辉	580564 王建民	580565 李学梅	580566 马怀秀
580567 徐强国	580568 刘开敏	580569 王德武	582721 姜希文
582722 张景廉	582723 姚恩德	582724 李志全	582725 韩文学
582726 李亚廷	582727 高集金	582728 王心志	582729 马德禄
582730 赵瑞华	582731 张瑞萱	582732 杨广志	582733 李玉仑
582734 王绍忱	582735 衡振林	582736 王宝藏	582737 邸绍良
582738 于恩江	582739 刘金鹏	582740 王德崇	582741 齐晓田
582742 杨 宇	582743 洪 旭	582744 许有芳	582745 高筱华
582746 单文志	582747 汤怀智	582748 胡海山	582749 栾长久
582750 龚清财	582751 李子彬	582752 田佩良	582753 曹万萱
582754 裴俊厚	582755 于万学	582756 马玉兰	582757 姜增高
582758 王德政	582759 崔 泓		

吉林

580599 包福毅	580600 韩玉玖	580601 刘 昌	580602 刘 吉

580603 孟宪桢	580604 于秀荣	580605 李玉山	580606 秦树枫
582760 梁双存	582761 田和春	582762 戚成云	582763 董海斌
582764 王耀荣	582765 聂玉珍	582766 李文生	582767 崔子江
582768 周振海	582769 王永仁	582770 孙成志	582771 王锡文
582772 刘旭东	582773 张宝海	582774 康玉祥	

黑龙江

580640 张振声	580641 王福德	580642 崔永泰	580643 吴香圃
580644 程玉昇	580645 徐有毅	580646 萧久卿	582775 赵飞名
582776 赵金声	582777 任立德		

四川

580676 罗鸿举	580677 周纪康	580678 叶全成	580679 于贵明
580680 李德谦	580681 易新亚	580682 喻富源	582778 李华明
582779 李子云	582780 柏朝茂	582781 张顺成	582782 毛润治
582783 张荣芳	582784 杜祥楚		

广西

580722 肖春新

工程化学系

北京

580171 冯海禄	580172 王保存	580173 马振亚	580174 刘培勤
580175 林文元	582785 于孝铭	582786 李 彦	582787 燕 翘
582788 张历人	582789 李美英	582790 陈如雪	582791 毛玲芝
582792 韩宝仁	582793 刘志华	582794 苏坚深	582795 曹凤中
582796 马骋元	582797 陈光时	582798 马万铃	582799 孙韶渝
582800 林启昭	582801 李雏英	582802 陈雪芹	582803 陈 中
582804 鹿笃实	582805 仇玉书	582806 李宝山	582807 陈文岚
582808 杨福疆	582809 张 明	582810 王 蔚	582811 陈 黛
582812 宋廷玺	582813 夏保林	582814 郭精华	

河北

582815 谭文秀	582816 王秀珞	582817 赵安赤	582818 刘德山

582819 王秀芳

江苏

582820 顾焕炳　　582821 赵永康　　582822 唐道安　　582823 季同文
582824 贾连达

浙江

580418 史晓梅　　580419 王芹珠　　580420 詹富邦　　582666 周长松
582667 邵荣根

福建

582825 林道强　　582826 陈爱群　　582827 林炳湘　　582828 陈寿卿
582829 吴荣煌

机械制造系

内蒙古

583001 贾绍文　　583002 黄维纯　　583003 张德理　　583004 于洪彬
583005 大石头①　583006 胡木吉勒图　583007 王宝德　　583008 李汉清
583009 高肇贤

湖南

583021 郭代政

动力系

内蒙古

583010 王林江

湖南

583022 彭常贤

---

① 编者注：学籍卡姓名同此，另注姓名：楚橹。

电机系
内蒙古

583011 陈献武　　　583012 太　平　　　583013 李在虎

湖南

583023 胡青捷　　　583024 张儒汉　　　583025 黄万镒　　　583026 王云常

无线电系
内蒙古

583014 王　方

湖南

583027 杨源海　　　583028 詹燮清　　　583029 李仕初

土木系
内蒙古

583015 刘玉林　　　583016 张　树

湖南

583030 刘述昆　　　583031 陈敦厚　　　583032 黄信芝

水利系
内蒙古

583017 张瑞久　　　583018 李春巨

建筑系
内蒙古

583019 色音吉力根　　　583020　陈志升

工程物理系
湖南

583033 贾鹤龄　　　583034 李士模　　　583035 揭湘田　　　583036 田芝瑞
583037 任述初　　　583038 谢　辉　　　583039 谢光善

机械制造系

陕西

582841 萧今升　　582844 谭宏伟　　　　　孔耀文[①]

广东

580729 陈　享

动力机械系

陕西

582840 宋育哲　　　　　　范静轩[②]

广东

580730 张会炎

电机系

陕西

582836 胡明明　　582843 成中昀

广东

580731 黄统仕

吉林

582845 崔光云

无线电系

陕西

580732 张荣生

土木系

陕西

582837 何维新　　582842 李钰清

---

① 编者注：原文如此，机械系北京地区有 580737 孔耀文。
② 编者注：原文如此，动力系北京地区有 580736 范静轩。

水利系

陕西

582838 陈长植

建筑系

陕西

582839 张学文

云南三人未分系

[582855] 董寿春　　王　旭　[582853]　邓少雄

1957年录取保留入学资格一年学生

动力系

582846 马绍君

无线电系

582847 郭耀明

土木系

582848 笪中天　　582849 贺卢魁　　582850 郭新梅

水利系

582851 朱立章

建筑系

582852 郭人定

清华大学档案，全宗号 2，目录号 校 3，案卷号 020

1959年清华大学录取新生名册※①

（1959年）

机械制造系
北京市

590001 付秀贞	590002 徐建伟	590003 石秀梅	590004 周文玲
590005 苏步宇	590006 杨有渭	590007 张起龙	590008 叶桂祥
590009 白富真	590010 高文岐	590011 张延生	590012 吴明浰
590013 何　城	590014 王绍伶	590015 袁荣钦	590016 俞梦文
590017 李月娥	590018 吕凤新	590019 杜永良	590020 卢　馥
590021 唐朝瑛	590022 祖荣祥	590023 宏育泰	590024 王侠生
590025 关东兴	590026 蒋乃江	590027 孙维礼	590028 王自修
590029 梁中文	590030 吕锡仁	590031 麻文明	590032 袁桨林
590033 禄福华	590034 康　宁	590035 刘日惠	590036 王棣颖
590037 李桂华	590038 褚洁英	590039 唐树志	590040 李仁骏
590041 徐秀彦	590042 刘　璇	590043 王柏森	590044 王礼中
590045 单熙明	590046 秦振亚	590047 王复东	590048 吴增杰
590049 徐毓娴	590050 遇立基	590051 金志成	590052 李玉英
590053 齐芸馨	590054 陈一龙	590055 陈　勋	590056 魏成元
590057 过孝瑚	590058 陶岚琴	590059 赵燕霞	590060 陈秀明
590061 何戈毅	590062 卢铁城	590063 刘璞华	590064 刘文生
590065 贾萍萍	590066 周明业	590067 桑吉梅	590068 崔玉祥
590069 闫鸿勋	590070 杨继宏	590071 宋文银	590072 汪连恩
590073 武乃志	590074 李成博		

上海市

590075 倪新玮	590076 郑筱昌	590077 胡汝舜	590078 王梧林
590079 张世扬	590080 陶志范	590081 赵训贵	590082 沈伟成

---

① 编者注：转系信息未予录入。

590083 费仁元	590084 陈相辉	590085 陈金宝	590086 倪嘉祥
590087 徐王全	590088 俞圣梅	590089 徐国俊	590090 李恩光
590091 章斌庆	590092 刘金英	590093 刘志伟	590094 王仁德
590095 赵燕冰	590096 顾体仁	590097 戴佩琨	590098 黄辰奎
590099 顾春凤	590100 马家骎	590101 余起豪	590102 何德民
590103 张心澄	590104 庄景云	590105 赵超林	590106 沈善初
590107 徐恺悌	590108 王 铎	590109 冯竞芳	590110 王颂汤
590111 赵祖德	590112 林宏华	590113 陈卫福	590114 吕燕南

江苏省

590115 陆伟君	590116 邹子超	590117 杨立仁	590118 陆宗仪
590119 王裕文	590120 徐 定	590121 许礼庭	590122 程世长
590123 王承太	590124 吴炳华	590125 张荣华	590126 刘昌星
590127 丁伟志	590128 潘恒龙	590129 陈祖舜	590130 俞学源
590131 蔡廷通	590132 边金声	590133 陈育斌	590134 汪 明
590135 田文政	590136 庄殿骊	590137 吴锦亮	590138 孙季初
590139 张建基	590140 张国安	590141 庄有德	590142 龚雅贞
590143 朱勉学	590144 王庭达	590145 陆福康	590146 赵 龙
590147 王荣贵	590148 金 鑫	590149 何承明	590150 储育中
590151 吴兴方	590152 朱益藩	590153 章和泰	590154 张启海

河北省

590155 李英志	590156 苏天健	590157 白玉屏	590158 李邦熙
590159 宋荣振	590160 高松海	590161 齐新占	590162 刘志英
590163 李殿阁	590164 朱乃励	590165 林衍生	590166 王文岐
590167 许玉昌	590168 李庆祥	590169 丁庆如	590170 魏克忠
590171 齐露易	590172 张汝岱	590173 隋锡文	590174 蔡君明
590175 王牢记	590176 李建书	590177 杨宝华	590178 张兆发

辽宁省

590179 薄俊杰	590180 关镇国	590181 邓星临	590182 李进宝
590183 王书琪	590184 孙庆学	590185 佟明铎	590186 毕庶田
590187 张树礼	590188 王爱莉	590189 王经洋	590190 张正文

福建省

590191 林文信	590192 洪及鄱	590193 郑祖榕	590194 徐再生
590195 郑银水	590196 黄 龙	590197 徐诗杜	590198 陈芳楼
590199 陈章沂	590200 王锦铜	590201 陈存惠	590202 林桂荣
590203 蔡行舜	590204 黄尧建	590205 陈用九	590206 陈扬霖
590207 王美生	590208 程玉珍		

浙江省

590209 谢云木	590210 林俊郎	590211 卢发通	590212 孙德生
590213 李成祥	590214 祝宜明	590215 方大中	590216 江献忠
590217 杨国樑	590218 薛碧筠	590219 蔡宗玉	590220 何照才
590221 吴松寿	590222 傅子文	590223 李苏噜	

四川省

590224 卢家兴	590225 常 珍	590226 罗仕清	590227 朱进富
590228 王昌群	590229 万隆银	590230 罗兴全	590231 徐季陆
590232 何熙伶	590233 张培亮		

广东省

590234 陈国光	590235 苏 群	590236 曾繁沅	590237 敖重民
590238 卢炎坤	590239 江丽丽	590240 陈广昌	590241 康伯畿
590242 陈孝兰	590243 罗宏新	590244 邓肇南	590245 龙裕宗
590246 林诗彬	590247 杨志榛	590248 连家声	590249 郑昌龄
590250 李宜富	590251 严庆祥		

湖南省

590252 邱浩然	590253 文先哲	590254 刘洪亮	590255 何太忠
590256 肖化明	590257 范仰藩	590258 杨平良	

湖北省

590259 许伯藩	590260 邓汉华	590261 周爱民

吉林省

590262 盖英清	590263 刘秀芳	590264 李超群	590265 闫占海

590266 杨立柱　　　590267 宋友贵　　　590268 王焕章

黑龙江省

590269 王怀林　　　590270 王玉林　　　590271 张世法　　　590272 吕德林
590273 张鸿谅　　　590274 宋本基　　　590275 马瑞馨

河南省

590276 葛钦明　　　590277 王开文　　　590278 匡家震　　　590279 陈富善
590280 李玉成　　　590281 李景秀　　　590282 陈志成

山东省

590283 刘俊健　　　590284 张书鼎　　　590285 宋庆仁　　　590286 姜华山
590287 王贤松　　　590288 李中和　　　590289 王元兴

山西省

590290 季文源　　　590291 杨江锁

江西省

590292 欧阳仁　　　590293 罗仁如　　　590294 周文秀

安徽省

590295 吴贞全

云南省

590296 刘光明　　　590297 李　祯

贵州省

590298 周国祥　　　590299 马飞良

陕西省

590300 康振河　　　590301 赵　飞

广西壮族自治区

590302 [关贤洁]　　590303 [宁垂锵]

内蒙古自治区

590304 张　福　　590305 李生富

甘肃省

590306 万国彤

新疆维吾尔自治区

590307 杨智新

青海省

590308 魏　岱　　590309 曹守义

宁夏回族自治区

590310 [张孝全]

复学生

[592080] 刘振宗

动力机械系
北京市

590311 戴铁宝	590312 吴越裘	590313 米盈野	590314 李桂鑫
590315 王立杰	590316 董毓明	590317 张志迈	590318 王文彦
590319 陈　铎	590320 许功铎	590321 牛天贶	590322 萧植华
590323 赵永吉	590324 田振宸	590325 张宜昌	590326 薛　沛
590327 王汉生	590328 李静城	590329 郭　苓	590330 刘祖照
590331 王积铠	590332 程亚顺	590333 严希君	590334 梁淑珍
590335 吴在勤	590336 高丽云	590337 赵　蓓	590338 李玉若
590339 孙鼎文	590340 段昌宝	590341 孙炳华	590342 常育传
590343 吴钟旺	590344 陈济榕	590345 孟慕峰	590346 李春庆
590347 李树棋	590348 盖铭豪	590349 张光华	590350 何世齐
590351 王汉隆	590352 徐达雯	590353 黄钰仙	590354 严颖华
590355 史光策	590356 王阿琨	590357 陈开光	590358 张福田
590359 刘存禄	590360 王　念	590361 杨瑞昌	590362 张凤辰
590363 李俊吉	590364 王　琳	590365 刘德麟	590366 康惠芝

上海市

590367 王伯铭	590368 顾宏阳	590369 宋志庆	590370 张金香
590371 丁俊杰	590372 胡绍梅	590373 盛荣昌	590374 徐通源
590375 江建民	590376 蔡相哲	590377 周明德	590378 黄世乐
590379 董卫国	590380 吴大诚	590381 周振洋	590382 赵孝华
590383 朱昌珍	590384 严国光	590385 钱善本	590386 顾世文
590387 唐德龙	590388 王政雄	590389 郭文光	590390 陈文钧
590391 谢天恩	590392 张振宇	590393 梁佩蕾	

江苏省

590394 徐竹生	590395 马有礼	590396 杨德润	590397 张义宾
590398 何慰祖	590399 钱癸融	590400 张 谷	590401 吴祖荫
590402 黄文海	590403 马士骥	590404 汪 筑	590405 刘瑞田
590406 韩淑芳	590407 李国英	590408 朱其荫	590409 张万通
590410 范伟民	590411 王桂增	590412 勇 鸣	590413 钱 龙
590414 陈宏春			

河北省

590415 郭海林	590416 刘智敏	590417 段世豪	590418 康铁安
590419 何占丰	590420 韩梦弼	590421 杨义庭	590422 杨式岩
590423 庞炳志	590424 韩寅达	590425 张景山	590426 李朔尧
590427 刘维麒			

辽宁省

590428 朱柏山	590429 陈世恒	590430 丁美和	590431 刘吉萱
590432 孙宝庆	590433 刘长昕		

福建省

590434 王侯惠	590435 姚天润	590436 余作生	590437 潘日松
590438 林正禄	590439 兰鸿森		

浙江省

590440 徐树青	590441 马唆脐	590442 李文立	590443 戴尚督

590444 盛智龙

四川省
590445 艾春林　　590446 蒲明书　　590447 王志文　　590448 熊天渝
590449 王开明　　590450 赖光楷

广东省
590451 盘广正　　590452 曾妙兰　　590453 梁绍灼　　590454 黄　光
590455 刘戌生

湖南省
590456 张存芳　　590457 蒋洪德　　590458 郭树清

湖北省
590459 蒋伯雄　　590460 张毓芳

吉林省
590461 王玉明　　590462 于占富　　590463 李公仆　　590464 李志新

黑龙江省
590465 刘宪秋　　590466 姜延英　　590467 杨玉祥　　590468 王颖实

河南省
590469 任共赏　　590470 李栓龙　　590471 刘铁椎　　590472 付国义

山东省
590473 杨吉泉　　590474 李景玉　　590475 颜景财

山西省
590476 李文藏

江西省
590477 吴官正

安徽省
590478 陈长本

云南省

590479　林　亘

广西壮族自治区

590480　[谢荣福]

内蒙古自治区

590481　杜国樑

贵州省

590482　罗启宇

电机工程系
北京市

590483　吕坤芳	590484　金　华	590485　李铭仙	590486　王文瑞
590487　孙小蕙	590488　黎鸿志	590489　刘　蓁	590490　朱　雯
590491　徐　平	590492　李世良	590493　贺仁亲	590494　李　燕
590495　刘习静	590496　石玉玲	590497　孙贵义	590498　张家林
590499　苏永富	590500　韩世温	590501　鲁　廉	590502　王　萍
590503　贾修梅	590504　曹　放	590505　宋玉芝	590506　张宝君
590507　侯金铭	590508　张燕生	590509　杨洪文	590510　焦宗恒
590511　王祐民	590512　张若愚	590513　刘铁铮	590514　郑建策
590515　赵经政	590516　张振翰	590517　佟　侃	590518　荆伯弘
590519　陈文煊	590520　孔　曜	590521　杨志申	590522　刘大正
590523　于幼文	590524　贾汉明	590525　张延昭	590526　夏兆兴
590527　苏其云	590528　王素英	590529　张书馨	590530　凌瑞芙
590531　关宝英	590532　施永铎	590533　陈业昭	590534　刘祖德
590535　安宗谦	590536　李增坦	590537　耿铁民	590538　陈　期
590539　赵云生	590540　栗嘉铭	590541　张玉璞	590542　杨朝杰
590543　蒋挺乾	590544　周家锟	590545　王自强	

上海市

590546　董世刚	590547　王乃庆	590548　冯士强	590549　叶东泉

590550 孙永康	590551 何津云	590552 黄伯平	590553 殷文明
590554 殷坤堂	590555 张祖英	590556 朱志强	590557 陆　娴
590558 梅良栋	590559 蔡义康	590560 龙德生	590561 马维存
590562 许贤定	590563 王佩龙	590564 王时毅	590565 赵锦蓉
590566 严邦明	590567 顾　琅	590568 冷德明	590569 应采苹
590570 蒋　可	590571 竺子芳	590572 陆纪康	590573 张本仁
590574 张忖根	590575 施建安		

江苏省

590576 康邦宁	590577 刘景山	590578 姚国樾	590579 陈心如
590580 景士平	590581 薛景浩	590582 卢伯萍	590583 武世身
590584 巢福坤	590585 陈　林	590586 胡浩明	590587 刘龙兴
590588 顾国祥	590589 张国成	590590 王心丰	590591 陈其海
590592 徐增龙	590593 郑志钧	590594 潘镜人	590595 马志强

河北省

590596 张润龙	590597 东明辰	590598 冯树田	590599 高俊仁
590600 李鸿庆	590601 安秋顺	590602 郝鸿达	590603 朱　治
590604 张之坤	590605 黄如意	590606 刘纯先	

辽宁省

590607 张中礼	590608 王志远	590609 周孝信	590610 王庚林
590611 孙云良	590612 纪晓荣	590613 吴润玉	590614 牛　康
590615 陈家一	590616 田守全	590617 李志宏	590618 焦永海
590619 阚沃田			

福建省

590620 林孔兴	590621 陈金华	590622 陈春玉	590623 潘允德
590624 张英源	590625 吴庆来	590626 吴　榕	590627 陈东超
590628 吴书强	590629 邱国霖	590630 胡　鑫	590631 林衍骊
590632 张忍清	590633 陈文福	590634 蔡运生	590635 刘　仁
590636 魏炳漳			

浙江省

590637 崔成恕	590638 崔小梅	590639 胡月强	590640 程一鸣
590641 金宝盛	590642 郭裕昌	590643 金正文	590644 毛永光
590645 钱国民	590646 施敬民	590647 朱玉麒	590648 潘立祥
590649 王有章	590650 朱恩标	590651 邓时省	

四川省

590652 余佩蓉	590653 陶福泰	590654 张文焕	590655 周德超
590656 童明儒	590657 管昌学	590658 陈久君	590659 曾明政
590660 王群华	590661 詹大明		

广东省

590662 孙维魁	590663 萧 龙	590664 谢新源	590665 沈正亚
590666 汤宝流	590667 张仲大	590668 范乃团	590669 翟沃平
590670 赖伟成	590671 董元卓		

湖南省

590672 莫国瑞	590673 刘治庆	590674 丁复华	590675 陈翘荣
590676 王维新	590677 赵保宁	590678 段 锟	

湖北省

590679 沈成武	590680 刘运皓	590681 孙祖元

吉林省

590682 王 文	590683 林文元	590684 吕克胜	590685 任允忠
590686 张景富			

黑龙江省

590687 李廷友	590688 何 祯	590689 徐培云	590690 顾启九

河南省

590691 邱明华	590692 谢小平	590693 杨振中	590694 张克宏
590695 李天申	590696 盛石头		

山东省

590697 汪克义　　590698 林得志　　590699 陈良志　　590700 毕玉璞
590701 王学山　　590702 赵黎生

山西省

590703 杨建华　　590704 赵能富

江西省

590705 姚筱云　　590706 李元秀

安徽省

590707 杨世泰

云南省

590708 邹云生

贵州省

590709 李代洁　　590710 廖中华

陕西省

590711 王筱常

广西壮族自治区

590712 [吕绍强]　　590713 [赵川乔]

内蒙古自治区

590714 石振强　　590715 佟广义

甘肃省

590716 顾　澂

新疆维吾尔自治区

590717 刘惠芳

宁夏回族自治区

590718 [余翠英]

土木工程系
北京市

590719 施正玲	590720 刘凤琴	590721 孙家铭	590722 李国瑞
590723 廖友坤	590724 雷昌聚	590725 赵传芳	590726 王海珊
590727 张广源	590728 王振芹	590729 周妙基	590730 朱学普
590731 许渭	590732 欧阳慈	590733 孙舟如	590734 赵春浓
590735 刘平川	590736 常忻	590737 朱玉珍	590738 吴立生
590739 刘慧敏	590740 吴香楣	590741 玄以涛	590742 王世洪
590743 黄辉宗	590744 许国熹	590745 祝汛广	590746 柳强
590747 韩铁城	590748 张润莹	590749 刘文镁	590750 陈静
590751 林晶	590752 刘族光	590753 王公懋	590754 罗传泰
590755 杨友全	590756 张满华	590757 郭雯霞	590758 靖承豪
590759 杨武道	590760 周之柱	590761 吕仁海	

上海市

590762 陈琪芳	590763 杨绍龄	590764 孙芸芳	590765 邹庆华
590766 石慧玲	590767 陈德权	590768 马华陵	590769 竺培植
590770 于冠群	590771 张乃瑞	590772 凌波	590773 杨培德
590774 王汝畅	590775 张正明	590776 谢树廉	590777 叶海玲
590778 刘曼君	590779 何祖城	590780 翁义军	590781 陆季平
590782 姚玉珍	590783 范志豪	590784 宋妙法	590785 汪闻天

江苏省

590786 陈学新	590787 陈还勉	590788 卜城	590789 蒋作舟
590790 章蓼苏	590791 张玉信	590792 华川成	590793 吴佩刚
590794 郭必武	590795 周俊章	590796 乔忠宣	590797 蒋敏
590798 张正明	590799 江昌钧	590800 刘铭钰	590801 王林和
590802 许为全	590803 屠峥嵘	590804 俞敖元	590805 陈宗明

河北省

590806 刘艳芬	590807 张宗兴	590808 陈秀生	590809 王焕良
590810 宋炳暄	590811 郭文继	590812 孙继荣	590813 马文俊

590814 高振镛	590815 范湘峰	590816 王其祥	590817 郭振华
590818 袁 斌	590819 李大圈	590820 冯士俊	590821 林承方
590822 李 东	590823 李玉山	590824 宋允森	590825 蔡志宏
590826 高家禄	590827 崔润泉	590828 赵运生	590829 高鲁冀
590830 张利群	590831 曹奇雄	590832 张益昌	590833 王蕴谦
590834 王银亮	590835 王运考		

辽宁省

590836 由立纲	590837 韩鸿有	590838 闫鸿邦	590839 王桂民
590840 谷存礼	590841 左亚洲	590842 何英华	590843 刘 昶
590844 薛 发	590845 宋永涛		

福建省

590846 叶秋如	590847 金华英	590848 林振光	590849 戴颖川
590850 毛厚鉴	590851 陈世政	590852 黄西泰	590853 董国强
590854 郑其贵	590855 郑广文		

浙江省

590856 唐生海	590857 叶学林	590858 朱惟龙	590859 俞崇尚
590860 董龙泉	590861 吴庚钦	590862 李友达	590863 马岩土
590864 徐瑞章	590865 严丽芳		

四川省

590866 叶荣芬	590867 张家华	590868 黄小苓	590869 李仁义
590870 王树良	590871 漆明清	590872 陈东昇	590873 邓定金

广东省

590874 钟延冠	590875 廖传导	590876 冯 威	590877 李品豪
590878 杨进舜	590879 林启谦	590880 黄 昌	590881 罗茂昌
590882 周介予	590883 詹奇金	590884 张载浪	590885 梁广耀
590886 陈佛庭	590887 刘群贤	590888 黄耀江	590889 王国梅

湖南省

590890 李益球	590891 向玉福	590892 胡坚刚	590893 颜家禄

590894 王克明　　　590895 刘竹青

湖北省

590896 吴建中　　　590897 郭松云

吉林省

590898 闫绍鹏　　　590899 姜蔼如　　　590900 施福山　　　590901 李怀珠

黑龙江省

590902 王广洲　　　590903 李燕城　　　590904 王育民　　　590905 刘永立

河南省

590906 翟世碌　　　590907 李立宪　　　590908 褚金平

山东省

590909 孙玉德　　　590910 殷延民

山西省

590911 原宗武　　　590912 智毓馨

江西省

590913 蔡敬琅　　　590914 李筱用　　　590915 谭正兴

安徽省

590916 张中太

云南省

590917 孙嗣中

陕西省

590918 马　绅

广西壮族自治区

590919 [陈荫荣]

内蒙古自治区

590920 白　凤　　　590921 王俊杰

甘肃省

590922 杨学礼

宁夏回族自治区

复学生

590923 王家林

水利工程系

北京市

590924 丁　儒	590925 谷慧蓉	590926 王信茂	590927 陈祖耀
590928 王秉钧	590929 高景茹	590930 杨伽蒂	590931 许宝玉
590932 孔昭年	590933 张燕萍	590934 汪玉珠	590935 贾万和
590936 叶永康	590937 苏菊生	590938 年维源	590939 李　皑
590940 范锡盛	590941 潘中玲	590942 崔志刚	590943 周陈辉
590944 王树德	590945 李东来	590946 李玉芷	590947 张秉焕
590948 高锺璞	590949 毕甫文	590950 张小林	590951 傅敬娥
590952 王继增	590953 王万祯		

上海市

590954 倪诗荣	590955 蔡锦华	590956 刘德顺	590957 宋德楠
590958 徐孝倩	590959 汪恕诚	590960 孙申初	590961 余　键
590962 陈伟煜	590963 程　林	590964 厉易生	590965 俞誉琳
590966 严鸣远	590967 张　淼	590968 贺亚斐	

江苏省

590969 顾烈烽	590970 谢达一	590971 谢冠华	590972 王庆铭
590973 孙耀增	590974 赵南松	590975 钱涵欣	590976 程念生
590977 沈承俭	590978 陈洪天	590979 胡锦涛	590980 朱伯良
590981 李道允	590982 吴伟民	590983 陈玉桂	

河北省

590984 马幼学	590985 宋德武	590986 舒志毅	590987 丁连盛
590988 温国珍	590989 孟繁雨	590990 秦文霞	590991 李振宏

590992 周孙南　　590993 孟昭靖　　590994 王玄龄

辽宁省

590995 由景新　　590996 冯裕民　　590997 黄光仁　　590998 蒋德明
590999 黄树茂　　591000 何兴华　　591001 孙宝荣　　591002 姜贵德

福建省

591003 吴振中　　591004 程心恕　　591005 张国声　　591006 施邦潮
591007 陈世钦　　591008 黄明华　　591009 金能煊　　591010 张宗旺
591011 徐温安　　591012 陈起爵

浙江省

591013 张国祥　　591014 俞岩高　　591015 王芝生　　591016 文航玲
591017 陈士贵　　591018 杨月浩　　591019 胡敦渝　　591020 黄以声
591021 张超然　　591022 陆谟芳

四川省

591023 童泽先　　591024 易乃厚　　591025 刘永清　　591026 罗兴国
591027 王终南　　591028 秦锡翔　　591029 张道富　　591030 赵瀚章

广东省

591031 谢森传　　591032 林镇涛　　591033 杨尊琳　　591034 许绍珽
591035 李锡战　　591036 余苏根　　591037 曾德安　　591038 张孟业
591039 张林祥　　591040 苏广乾

湖南省

591041 杨文汉　　591042 邓德云　　591043 刘保华　　591044 徐景绵

湖北省

591045 王恺澜　　591046 李先镇

吉林省

591047 陈希文　　591048 辛碧君

黑龙江省

591049 李有林　　591050 于鸿鲁　　591051 石　泰

河南省

591052 曹金堂　　591053 朱建中

山东省

591054 刘效成　　591055 刘作稳

山西省

591056 冯国斌

江西省

591057 程应昌

安徽省

591058 王叙宏

云南省

591059 王曾璇

贵州省

591060 戴　褆

陕西省

591061 艾先佑

广西壮族自治区

591062 [梁超隆]

内蒙古自治区

591063 刘恭祯

甘肃省

591064 闫宗泽

复学生

王松月① [592083] 穆淑琴

建筑系

北京市

591065 王育民	591066 孙凤岐	591067 沈三陵	591068 刘宝侠
591069 吕宏毅	591070 刘海权	591071 尹婉秀	591072 吴书庆
591073 马　丽	591074 关滨蓉	591075 王景慧	591076 罗玉阁
591077 赵泽垔	591078 于厚维	591079 崔志霖	591080 杜文光
591081 黄邦杰	591082 朱霭敏	591083 赵欣然	591084 王　鸿
591085 索奎琰	591086 徐天佐	591087 韩光煦	591088 周文瑶
591089 马国馨	591090 邹之麒	591091 林丙棠	591092 殷亘龄
591093 张允冲	591094 田国英		

上海市

591095 胡正凡	591096 李　平	591097 邱秀文	591098 何惟增
591099 俞靖芝	591100 沈大锤	591101 朱纯华	591102 盛允伟
591103 张永珠	591104 王惠章	591105 谢兴达	591106 祝狄英
591107 施清生	591108 伍文玮	591109 朱治安	591110 应　朝
591111 姚娟娟	591112 曹涵荼	591113 孟金玲	591114 蒋锤埨

江苏省

591115 张思浩	591116 胡运治	591117 袁　镔	591118 诸耀明
591119 郝允昇	591120 毛林芳	591121 翁苓苓	591122 张寿海
591123 孔力行	591124 汪统成		

河北省

591125 林　峰	591126 侯增俭	591127 赵春生	591128 白福恩
591129 张增贵			

辽宁省

---

① 编者注：原文缺学号。无学生学籍卡，无法补充。后同。

591130 宋春华　　591131 王崇礼　　591132 吴亭莉

福建省

591133 林桔洲　　591134 艾泉成

浙江省

591135 叶如棠　　591136 许安之

四川省

591137 邹瑚莹　　591138 彭应运　　591139 陆　强　　591140 韩江陵

广东省

591141 陈尚义　　591142 朱曼茜

湖南省

591143 高寿荃　　591144 黎旺秋

湖北省

591145 爱　居　　591146 吴塾瑶

吉林省

591147 崔国樑

黑龙江省

591148 张桂茹

河南省

591149 范玉庆

山东省

591150 周美培　　591151 韩述文

山西省

591152 李　峰

安徽省

591153 侯士荣

复学生

　　倪继先

河北省

5908□□　□□□

工程物理系

北京市

591154 王敬荣	591155 刘玉璞	591156 沈　恂	591157 何树延
591158 郑玉辉	591159 白新德	591160 韩桂芬	591161 李峻历
591162 王宝意	591163 齐植棵	591164 王复生	591165 郑华智
591166 李　铨	591167 慕成雄	591168 王　本	591169 邢振华
591170 徐宪洲	591171 张合壁	591172 穆泊成	591173 王玉英
591174 周克崧	591175 范博声	591176 郝嘉琨	591177 张达华
591178 郭寓岷	591179 周玉默	591180 张汝娴	591181 张师古
591182 周亚乾	591183 李煜华	591184 李凤翔	591185 麦祖荫
591186 鲁剑英			

上海市

591187 李瑞清	591188 徐宏盛	591189 彭柱栋	591190 王良琛
591191 张　祥	591192 赵翊民	591193 金光宇	591194 沙建成
591195 范国英	591196 冯之铖	591197 叶忠保	591198 蒋泉清
591199 林金荣	591200 黄贺生	591201 朱希恺	591202 陈治中
591203 徐小琳	591204 郭自敏	591205 徐君权	591206 沈长凤
591207 章世全	591208 蔡德陵	591209 郦永康	591210 张利兴
591211 杨耀臣	591212 何厥埔	591213 陈家仪	591214 归　鼎
591215 汪正明	591216 李小源	591217 吴友能	591218 张铸仁
591219 谢樊心			

江苏省

591220 丁保庚	591221 洪宝熊	591222 张永鉴	591223 苏铭德
591224 朱培烨	591225 沈继尵	591226 童德元	591227 戴德森
591228 姜同文	591229 罗明仁	591230 梅红芳	591231 马振泽

591232 孙定初	591233 施建忠	591234 王荣文	591235 张增武
591236 孟庆华	591237 赵明龙	591238 杨德统	591239 朱应文
591240 周嘉贞	591241 严国绪	591242 朱嘉麟	591243 朱钧国
591244 戴遐明	591245 陈学良	591246 张国勤	591247 李永津
591248 黄兆欣	591249 高存厚	591250 郑斯奎	591251 王春兴
591252 高培德	591253 刘嘉谟	591254 周惠忠	

河北省

591255 崔　瑨	591256 姜光彝	591257 杨国庆	591258 季　梁
591259 梁伯勋	591260 张鸿浦	591261 高铁民	591262 赵继平
591263 胡熙恩	591264 安世祺	591265 刘从贵	591266 王友才
591267 严济贤	591268 宋金田	591269 李庚寅	591270 张志峰
591271 李振文	591272 杨树斌	591273 田书星	591274 李晓阳
591275 周庆仁	591276 金兰振	591277 孙绍华	591278 寇连山
591279 朱志贤	591280 梁启东	591281 刘金尧	591282 卢　璋
591283 公锡泰			

辽宁省

591284 刘以思	591285 王子才	591286 吴仲尧	591287 张　健
591288 张本正	591289 陈宝林	591290 陈宝泉	591291 谢新余
591292 马洪文	591293 肖志信	591294 唐崇明	591295 梁石林
591296 王自强	591297 王秀清	591298 李瑞春	591299 裴必昌
591300 李立杰	591301 冯九河	591302 宋肇远	591303 方永来

福建省

591304 陈伯清	591305 王金缘	591306 黄坚持	591307 郑桂真
591308 罗椿英	591309 史子康	591310 高鸿锦	591311 杨伯清
591312 郑诗惠	591313 林金目	591314 赵依坚	

浙江省

591315 王相早	591316 陈乐浍	591317 王学法	591318 章祖庚
591319 金传孚	591320 王赓义	591321 俞维恩	591322 陈恩育
591323 唐锡庭	591324 王昌隆		

四川省

591325 夏兴源	591326 王心受	591327 苏礼泉	591328 江信光
591329 任继玺	591330 刘承俊	591331 曹程远	591332 张森如
591333 吴华武	591334 肖德贤	591335 李林忠	591336 王文周
591337 郭忠森	591338 尚仁成		

广东省

591339 何礼钊	591340 张月林	591341 丘景祥	591342 罗维倬
591343 陈炯祥	591344 张泽永	591345 温棣祥	591346 翁甲隆
591347 吴振辉			

湖南省

591348 李湘勋	591349 郑玉堂	591350 蒋德明	591351 张常鹏
591352 谢桂华	591353 黄太吉	591354 李良果	591355 罗金汉

湖北省

591356 吴绪模	591357 叶仁华	591358 张最初	591359 周　密
591360 叶向荣	591361 吴礼财	591362 张延发	591363 韩世菊
591364 万仁煜	591365 雷如清		

吉林省

591366 李广志	591367 刘善贵	591368 于国华	591369 傅海全
591370 刘绍林			

黑龙江省

591371 刘绍华	591372 周　礼	591373 王智孝	591374 韩玉堂
591375 胡永明			

河南省

591376 李光珉	591377 虎轩东	591378 刘克伦	591379 李义国
591380 倪然夫			

山东省

591381 王惠三	591382 江崇廓	591383 王培信	591384 邴尚吉

591385 亓平言

山西省
591386 王玉堂　　591387 姚温明　　591388 郑树楠

江西省
591389 张幼敏　　591390 陶世雄　　591391 肖其贵

安徽省
591392 范正平　　591393 黄德宝

云南省
591394 张　坚

贵州省
591395 杨家骏　　591396 陈绪美

陕西省
591397 姚自昇

内蒙古自治区
591398 钦达木呢

甘肃省
591399 张智勇

新疆维吾尔自治区
591400 王晞雯　　591401 王世亨

工程力学数学系
北京市
591402 赵克云　　591403 王仲连　　591404 刘文豹　　591405 蔺书田
591406 王承曙　　591407 彭秀英　　591408 王燕生　　591409 董常铨
591410 刘时雍　　591411 华大平　　591412 孙作民　　591413 赵溪渤
591414 刁琴英　　591415 杨家梅　　591416 蒋先川　　591417 谢　静

591418 黄怡筠　　591419 王燕来

上海市

591420 陶贵沅　　591421 马邦安　　591422 周其成　　591423 丁冬聚
591424 武增明　　591425 张洛华　　591426 程兆雄　　591427 陈允惠
591428 王重开　　591429 梅益超　　591430 傅鸿沧　　591431 朱耀祖
591432 张翊钲　　591433 王安耕　　591434 庄永方

江苏省

591435 盛文怀　　591436 李可濬　　591437 曹森森　　591438 马士铭
591439 吴炳林　　591440 常谦顺　　5914341吴彦文　　591442 陆志云
591443 张正昆　　591444 曹鸿魁

河北省

591445 马志安　　591446 李山林　　591447 王作民　　591448 王亭慧
591449 赵振声　　591450 高树春　　591451 汪炳麟　　591452 陈英民
591453 李占国　　591454 赵致格　　591455 徐景尧　　591456 刘士章
591457 张淑荣　　591458 李敏生　　591459 陈子芳

辽宁省

591460 李勇锐　　591461 孙　卿　　591462 薛希超　　591463 吴家麟
591464 李英敏　　591465 田德义　　591466 张开功　　591467 尤希文

福建省

591468 苏辉煌　　591469 陈金琰　　591470 张大洋　　591471 欧阳秋

浙江省

591472 金文斌　　591473 王吉善　　591474 陈宗泽　　591475 章正坤

四川省

591476 官元蕙　　591477 魏启鲲　　591478 何泰祥　　591479 蒋争族
591480 卢延诗　　591481 徐建曼　　591482 蹇贤福　　591483 江华中
591484 刘晓遇　　591485 陈文才

广东省

591486 劳诚信　　591487 肖均祥

湖南省

591488 向延刚　　591489 吴功广　　591490 臧盘安

湖北省

591491 徐远超　　591492 金人斌　　591493 戴诗亮　　591494 任二云

吉林省

591495 宋瀚涛　　591496 袁风柏　　591497 成乐中

黑龙江省

591498 徐惠林　　591499 贾振学

河南省

591500 孙宏昌　　591501 高怀保

山东省

591502 黄中祥　　591503 郎需英　　591504 张信志　　591505 王笃美

山西省

591506 彭如海

江西省

591507 李忠源

安徽省

591508 鹿振友

云南省

591509 刘丕德

贵州省

591510 戴泽墩

陕西省

591511 孙学伟

工程化学系
北京市

591512 潘鑫林	591513 果泽洪	591514 王维国	591515 佟　明
591516 赵世琦	591517 张毓霖	591518 刘硕珊	591519 朱小慧
591520 李淑梅	591521 孙燕德	591522 李克健	591523 栾永勤
591524 郑绥宾	591525 曹　瑛	591526 陆恩锡	591527 王淑嬿
591528 高敷绅	591529 刘永强	591530 王承俊	591531 吴鸿琴
591532 刘启东	591533 栾贵时		

上海市

591534 仇裕丰	591535 李永明	591536 钱行□	591537 张汝琴
591538 王　薇	591539 吴良宸	591540 刘震先	591541 戴世杰
591542 毛龙江	591543 游艺成	591544 袁葆玲	591545 茅及徇
591546 施增煌	591547 黄彬初	591548 张仲申	591549 葛远文
591550 花　蕾	591551 江经善	591552 千家骥	591553 陈仰胜
591554 王伟良	591555 潘巧珍	591556 周伊云	591557 陈祖欣
591558 庞梅贤	591559 韩怀芬	591560 汪永宗	

江苏省

591561 张银生	591562 杨新源	591563 吴伟忠	591564 钱鸿元
591565 钱平吉	591566 金显明	591567 许日清	591568 陈网根
591569 陈根年	591570 宋炳炎	591571 曹冠正	591572 吴家康
591573 郁务远	591574 冯锡澄	591575 刘小银	

河北省

591576 高金成	591577 梁其昌	591578 刘密新	591579 刘云清
591580 匡　桓			

辽宁省

591581 孙福顺	591582 左宝昌	591583 李义杰	591584 牛福堂

福建省

591585 汤东櫴　　591586 陈金地　　591587 黄书溪

浙江省

591588 汪曾祁　　591589 陈克兢

四川省

591590 李达丁　　591591 郭光伟

广东省

591592 顾洁露　　591593 梁汉华

湖南省

591594 谢新佑　　591595 荣宋华

湖北省

591596 徐为芳

吉林省

591597 李靖轩　　591598 刘大鹏

黑龙江省

591599 王润民

河南省

591600 胡仙花

山东省

591601 马光芝

山西省

591602 张斌胜　　591603 蔡允武

江西省

591604 谭细根

陕西省

591605 王厚恒

无线电电子学系

北京市

591607 李正信	591608 赵庚辰	591609 王　琼	591610 王直华
591611 楼希澄	591612 何钦琳	591613 崔时樑	591614 孟庆宗
591615 赵书华	591616 高　真	591617 李渝冰	591618 刘长吉
591619 邹德恕	591620 李　坚	591621 胡世和	591622 李裕宽
591623 于传玉	591624 姚玉洁	591625 段家赓	591626 李晓娴
591627 林　伟	591628 张汉一	591629 夏兆骏	591630 王家圭
591631 田大准	591632 王玉门	591633 李幼华	591634 任慧敏
591635 潘路西	591636 熊晓泉	591637 白景儒	591638 丛树人
591639 薛铁成	591640 赵春成	591641 李　璜	591642 马瑞义
591643 王时中	591644 李京顺	591645 蒋天来	591646 费定宇
591647 卢宗正	591648 田　敏	591649 黄爱英	591650 杜晋生
591651 赵光尧	591652 邓培德	591653 姚长生	591654 范兆陵
591655 刘绍先	591656 朱锦国	591657 张开炽	591658 贾一英
591659 孙荣坦	591660 陈树清	591661 高光渤	591662 林云起
591663 王立钟	591664 陈弘毅	591665 张长洲	

上海市

591666 黄匡一	591667 李毓麟	591668 李永祥	591669 邵美辰
591670 沃斌元	591671 鲍荣生	591672 高建华	591673 袁　晓
591674 许伯康	591675 吴安康	591676 李仲马	591677 汪正孝
591678 洪中雄	591679 吴曼莉	591680 过柏龄	591681 陆行韵
591682 陆龙鸣	591683 杜秋谷	591684 何伯华	591685 吴年铮
591686 郑厚植	591687 陈国范	591688 薛政川	591689 顾树棣
591690 金德霖	591691 沈亚菲	591692 张仁初	591693 史吉美
591694 顾志恩	591695 董磊恒	591696 柴敬财	591697 包起雷
591698 徐锦明	591699 徐德美	591700 杨　申	591701 殷妙廷
591702 葛永基	591703 张燕云	591704 黄宗华	591705 毕珮珍

591706 陆志根　591707 谢燮友　591708 徐铁民　591709 孙允希
591710 林海宝　591711 史济群　591712 钱朱名　591713 周传鸿
591714 曹富全　591715 纪乃良　591716 陈培龙　591717 张严锡
591718 张叙生　591719 黄邦禄　591720 洪克己　591721 钱龙兴
591722 吴泽言　591723 王家声

江苏省

591724 潘果人　591725 胡振亚　591726 周子良　591727 秦山乐
591728 蒋绍源　591729 陆善民　591730 徐守时　591731 杨兆贤
591732 胡荣仁　591733 卜乃铖　591734 查开德　591735 彭华芳
591736 沈听士　591737 戴沛然　591738 朱国光　591739 夏曙峰
591740 赵若愚　591741 崔国骏　591742 朱贤俊　591743 袁志康
591744 张正德　591745 颜行素　591746 朱金大　591747 孟心远
591748 徐士贤　591749 周金大　591750 施家华　591751 史自新
591752 李伯春　591753 侯允超　591754 马如良　591755 阙家栋
591756 黄　权　591757 王成智　591758 裔式藻　591759 曹余黎
591760 陈西虹　591761 朱盘兴　591762 邵　依　591763 邓秀英
591764 侯秀成　591765 王所法　591766 赵永柏　591767 刘学铭
591768 陆汝申

河北省

591769 林　晨　591770 刘晨辰　591771 刘启文　591772 胥大方
591773 杜金铭　591774 原　然　591775 王鸿儒　591776 靳东明
591777 田桂林　591778 王文渊　591779 蔡志民　591780 范忠厚
591781 李国安　591782 冯书春　591783 刘洪昆　591784 刘文华
591785 袁炳申　591786 王锡祜　591787 张俊杰　591788 赵月林
591789 董发理　591790 任朝才　591791 王书文　591792 李本华
591793 李　穆　591794 邱桂山　591795 范宝珺　591796 郑东祥
591797 袁树欣　591798 杨志杰　591799 赵丕鑫

辽宁省

591800 夏云程　591801 姜　俐　591802 张惜春　591803 刘振隆
591804 姜永有　591805 周广元　591806 贺洪义　591807 吴占成

591808 田明全　591809 刘庆环　591810 王中文　591811 王庆荣
591812 赵业福　591813 周风振　591814 郭文惠

福建省

591815 詹礧石　591816 谢贤振　591817 陈经师　591818 许文荣
591819 郑慰迟　591820 阮象霖　591821 高国英　591822 庄晏桂
591823 徐梅芳　591824 陈星华　591825 林孝义　591826 黄万玉

浙江省

591827 汪永生　591828 章文官　591829 陈金富　591830 吴土发
591831 蒋步生　591832 管永标　591833 林嗣松　591834 王秀宗
591835 戴成松　591836 王治钢

四川省

591837 张曼莉　591838 黄家玲　591839 杨崇义　591840 王贤勤
591841 陈光华　591842 石孝举　591843 谭荣玻　591844 胡书新
591845 向之海　591846 阚世惠

广东省

591847 梁　胜　591848 郑阳坤　591849 陈照江　591850 廖智珊
591851 郭彩林　591852 刁月娥　591853 周承材　591854 何美玲

湖南省

591855 傅光国　591856 汤长松　591857 杨自奇　591858 姜荣湘
591859 唐定中

湖北省

591860 李子君　591861 熊松安　591862 胡润卿　591863 罗翠梅
591864 李炎念

吉林省

591865 高洪琢　591866 李永林　591867 李永和　591868 朱兆阳
591869 李铁明

黑龙江省

591870 张学忠　　591871 陈鸿魁　　591872 曲春华　　591873 张明宝
591874 黄尊禄

河南省

591875 李幼哲　　591876 李文臣　　591877 陈心义　　591878 赵庭政
591879 张金平

山东省

591880 刘永年　　591881 赵日顺　　591882 杨可忠　　591883 孙宗连
591884 官汝忠　　591885 郭世岭

山西省

591886 杜安定　　591887 庞银锁　　591888 王永胜

江西省

591889 余建珠　　591890 宋蕴珊　　591891 王觉生

安徽省

591892 金治国

云南省

591893 赵月英

贵州省

591894 曾庆贵

陕西省

591895 张宝常

广西壮族自治区

591896 [许信权]

复学生

[592086] 沈柏林　　[592085] 徐鼎伟

清华大学档案，全宗号 2，目录号 校 3，案卷号 020

1960年清华大学录取新生名册

(1960年)

工程物理系（268人）

北京市

徐 湛	张彦秋	孙小安	刘松林	王聚文	林梅梅	张石山
李 骖	高敏树	李洪顺	国智元	郭一民	王振桐	李舒然
张 明	林玉凤	姜采芹	刘荣焕	吴筑清	宁奎喜	李 峰
傅 强	魏雪华	石文报	李秀荣	钟戈扬	吴卫江	宋成栋
郭 可	于维德	韩荣级	杨文轩	靳晋峰	李春梅	傅 锐
姜 颖	李景胜	桑尔侠	赵景武	史有程	程文斌	朱京臣
刘秀印	朱凤蓉	谭永基	董同源	徐长奎	倪同云	张志敏
方荣利	汪致远	张国有	张唯真	陈永诗	王俊瑞	韩玉芳
陈昌华	王铮然	沈友民	杜国生	张炳岳	李有福	蒋鼎华

上海市

郑中兴	郑 琦	施记昌	宋林山	郑培基	盛沛茹	顾 极
金品高	王遵鼎	金维中	张家骝	张蕴型	陈壮勇	李宏全
冯仁发	陆裕祥	孙宝元	朱耀祖	俞存芳	薛木林	沈岳琪
戴培林	萧迺鸿	史 方	张训生	支仲骥	周孝成	刘文华
潘正瑛	徐国维	刘善长	范邦祥	蒋镇瀛	姚家驹	许璧莉
杨裕国	朱静民	唐舜年	楼家恕	李春前		

江苏省

李叔阳	雍光发	丁 杰	蒋悌如	范如玉	蒋树庆	管洽民
姚梅生	沈锡荣	吴浩生	薛柏林	范友才	王达清	张宝宝
杜志达	徐德明	徐浩兴	杨锦甫	黄福勤	周镇兴	唐文源
邱定庆	钱元保	张礼华	杨相逊	袁仁峰	梁克鼎	高仰义

---

① 编者注：因原件无学号，部分人名根据当年四角号码名册核对。

| 胡　峰 | 何　平 | 高相杰 | 吴德成 | 董继忠 | 王钟蕴 | 蔡鹤琴 |

河北省

高棣华	马志清	赵驰远	常永清	黄建周	安福林	李增文
郭慈明	杨德清	曹世明	邢欣查	庚毓秀	杨焕峰	常玉兰
谢佩珩	靳鸿洲	杨清茂	夏玉亭	郑守义	杨成龙	

辽宁省

王家英	王广荣	黄凤岐	汤秀琴	潘广深	刘凤梅	蔡公和
郭福臣	郭凤升	周书若	石兴德	姜永胜	辛宗政	高启锦
冀维新	冯玉梅	姜成锦	郝俊山	高玉亭		

福建省

刘良栋	高美樱	吴大锟	郑茂义	刘有义	洪茂福	林贡瑞
魏培仁	汪乔生	王世泰	黄文州	张　琼	李智容	陈振捷
陈慧贞	邱曼华	吴泰山	曾宪章	陈有中	邱仁森	杜国仁
江庆忠	黄衍禧	张子续	王春桂	陈海影	陈炳声	郑文祥

浙江省

| 屠孝谋 | 沈荣官 | 沈锡灿 | 章景松 | 洪永汉 | 朱光华 | 李忠良 |
| 陈福江 | 陶子斌 | 张文光 | | | | |

四川省

| 赵永明 | 何德鑶 | 李映发 | 邹从沛 | 罗光华 | 岑远鹏 | 陈光富 |
| 陈择扶 | 肖功平 | 李世琼 | | | | |

广东省

| 王仕光 | 戚绍祺 | 沙次文 | 高演祥 | 沈时明 | | |

湖南省

| 李谟胤 | 刘隆祉 | 彭理通 | 李必焜 | 王焕明 | 陈焕星 | |

湖北省

| 陈振豪 | 张泽波 | 王少阶 | 毛庆珠 | 李绍极 | 龚宗炎 | 舒朝濂 |
| 肖诗刚 | | | | | | |

吉林省

付作瑞　孙海峰　尤吉堃　刘万章　韩德明

黑龙江省（2人）

河南省

陈学文　何　祥　张敬夫　杜兆钧　杜明钦

山东省

刘令捷　丁有瑚　郭聚豪　高庆第

山西省

吉忠昌　杨春龙

江西省

欧阳忠谋　黄炘寿　陈世梅

云南省（1人）

陕西省

孙凤莲　师怀发

工程化学系（223人）

北京市

沈洪征	曹明杰	符毓如	沙福浩	苏绍正	钱汉英	盛文克
杨天正	赵　琪	管兴成	尹崇勤	宋幼春	周　清	王明志
李　颖	王惠连	乔砚芳	张慧娟	李之媛	赵炳海	孟　起
段征云	王静瑜	周小龙	武小宇	侯爱娜	张立华	李增良
赵鸿林	马光甲	林秀英	孙淑材	刘大中	胡玉亭	冯　翘
黑绪光	李辛卯	高逸飞	武振淮	陈志良	谭连发	张　禾
张渐明	郭玉华	冯忠澧	侯爱珍	夏明农	孙淑栋	

上海市

戎自齐	李兴华	王中芬	沈振清	张庆睦	庄晓瑾	虞忠范
周月芬	包树欣	康国祥	李国华	胡　玲	程懋棠	杨秀琼
龚富华	古国冠	周希圣	王忠荣	陈惠珠	钱时荣	张世兴

许金龙	王鸿奎	张启芳	周德康	李昌珍	曹照鹉	韩珂玲
吴振骆	陈蓓莉	王兆明	毛庭旺	罗君贤	鞠懋椿	张健新
罗　成	葛怡君	刘献若	张振飞	唐定芳		

江苏省

郑嘉宝	范嘉苏	成文忠	鲍　浪	孙培培	廖　琏	金义陞
陈百松	刘正福	符素兰	朱法茂	童本进	张午卿	凌益福
俞秉彦	丁建权	贺兴海	王富林	沈小挺	张庆华	程楠如
华学毅	王起凤	汪大敏	钱伯容	王少昆	张自成	周梅英
方福生	卜如玉	王　俊	朱秀娥	王立吉	詹泽民	闻芹堂

河北省

曹怀岗	宋金璞	王连三	杨国文	王　印	李柏先	高祥琪
李瑞兰	孙金睦	王国栋	赵福祥	孙梦兰	王振清	安效云
李素先	胡广岭					

辽宁省

| 邵春芝 | 杨春丽 | 梁　琳 | 赵怀久 | 关淑玉 | 刘海川 | |

福建省

| 叶　芬 | 黄祥明 | 陈崇光 | 张广恕 | 黄龙泉 | 黄新春 | |

浙江省

| 金家齐 | 郑善文 | 王晋法 | 崔大沅 | 张泉荣 | 朱何生 | 王锡荣 |
| 裘瑞圣 | 黄全荣 | 蔡顺富 | | | | |

四川省

| 宋林清 | 汤先耕 | 蒲孝先 | 黄乾桂 | 何金凤 | 李荣贵 | 刘舜化 |
| 毛在砂 | 贾健民 | 谭德金 | | | | |

广东省

| 李玉光 | 梁学清 | 余浉民 | 刘桂珍 | 麦志华 | 曾秋容 | |

湖南省

| 黄德位 | □□驷 | 舒采协 | 聂志鹏 | 江兴发 | 杨定明 | 李贱成 |

伍伯淳　　蒋宜瑛　　彭新兰　　邓才清

湖北省

王贤灏　　王安鸿　　吕元成　　李德清　　夏俭英　　张维峻

吉林省

吴连科　　王传政　　荀希增　　赵　琦　　胡秀珍

黑龙江省

河南省

丁宝安　　李海武　　闫心智　　马道轩

山东省

李延林　　刘宝善　　孔祥金　　王启元　　王体信　　段伦利　　刘昌君
孔维萱

山西省

李文圣　　贾　明　　李庆芳

江西省

李木根　　徐仁仪

云南省

贵州省

刘志忠

陕西省

段云富　　杜志燮

自动控制系（共200人）

北京市

郑成桢　　李惠芳　　袁善增　　任世荣　　苏德崑　　赵棣华　　王亚明
韩大雄　　王国忠　　吴小岭　　张淑芬　　毛汉书　　申作樵　　何澄源

刘春一	张桐龄	王宝玲	刘惠明	苏 秦	张振英	郑 元
吴北雁	吴慰庭	王泽静	姜翠英	赵鸣鸾	廖 侯	甄建军
杨柏青	魏福源	庞玉荣	常谦海	孙守黑	余杏芬	张家腾
崔振增	常□有	杨承华	郭英华			

上海市

成国磐	徐仁德	嵇美宝	徐又新	李叔强	李贤珊	余鹿延
徐惠珍	张之鹤	周志圻	宋铁英	黄次芳	朱永藩	向国樑
金惠康	沈慧芬	韩来友	蒋春宝	刘以林	童亿豹	李令修
黄福清	沈兆春	火 田	罗毓林	李祖胤	谭焕才	任丽翰
章关福	袁济国	薛 薇	曾 峻	冒维一	王镇虎	程斌斌

江苏省

李毓华	郑焕海	戴樑钧	刘昌信	朱恒久	郭廉高	吴树熙
陆筱玉	赵德祥	张国林	钱兆璋	钱浩南	周祖鉴	徐永根
范学成	李凌娣	潘和娣	周有根	谢明发	孙增圻	黄汉兴
袁则荣	杨云珍	王瑞栋	季步鹏	朱富官	陈靛青	赵□侨
陈崇兴	李长锦					

河北省

高云生	程学义	张林月	王文秀	宋 珉	曹淑文	郝春民
杜纯五	李凤山	王际禄	宋福树	顾忠杰	许金琪	栗永茂
李佐忠	杜继宏	唐玉忠	王金城	李秉实	刘永宏	

辽宁省

| 王玉华 | 梁国光 | 赵年忠 | 温国学 | 崔宝业 | 刘玉田 | 李秀珍 |
| 段永祥 | 滕维江 | | | | | |

福建省

| 陈孔銮 | 黄寿勋 | 杨文光 | 林 扁 | 叶 强 | 林金焰 | 涂思柏 |
| 明 德 | 汪友言 | 吴绅见 | 陈捷申 | | | |

云南省

黑龙江省

浙江省

| 孙银基 | 方缨良 | 郑天生 | 鲁百企 | 葛瑞仙 | 郦凤根 | 单宝龙 |
| 李遵基 | 寿韦英 | 李小瑾 | | | | |

四川省

| 徐荣凯 | 胡泽祥 | 郭德悦 | 杨光华 | 彭家富 | 吴德风 | 龙祖毅 |
| 宋秉炜 | | | | | | |

广东省

李达彬　　梁　福　　麦甜棣　　李燕福

湖南省

吴满初　　申瑞光　　雷渊珠　　朱绍文　　黄甲棋　　潘珍吾　　周子元

湖北省

袁建桥　　张茂松　　唐光明　　何民金　　张精忠

吉林省

李志正　　姜春九　　赵桂英　　于　海

河南省

王福松　　张长江　　王振岳　　曲小照

山东省

石毓桐　　侯玉琨　　王吉玺　　栾尊禄

山西省

畅　伟　　杨晓明

江西省

胡宜课

陕西省

苏福义　　杨增明

广西壮族自治区

李秀林

无线电系（298 名）
北京市

毛远新	朱家麟	段树杰	张维国	朱锡玲	肖世英	岑励镛
吴邦国	邢增华	李乃秋	扈之棋	汪恩荣	张云山	张宗槐
康青星	华晓亮	赵　山	陈国樑	宋鸿骥	杨　秀	杨　嫱
邢双禄	张　辉	叶婉芳	王小伟	胡世浦	冀复生	王重庆
滕征杰	刘之琳	李如旺	周毓岩	叶定标	李成阳	张业莲
白光宇	郭静如	赵树宗	王传德	蒋定蜀	刘铁埔	邱　英
李　仕	赵立平	祖希勇	佟文生	何孟嘉	吴承三	徐懋生
宋士明	文东旭	刘占伏	王海燕	许四林	潘柏枝	苗福泉
曹　冲	李毓民	周健雄				

上海市

王　敏	华芝芬	施志义	程祖理	宋永才	孙云龙	汪昌馥
奚淑敏	何伟蒸	曹忠樑	王智龄	杨忠国	王丽珍	陆治荣
周森荣	李全鑫	杨毅清	朱德明	曾文德	唐占春	胡君毅
乐子华	柴良宝	倪凤芳	宗征宇	边福海	王文辉	奚祥福
黄惠忠	倪高峰	郑心畲	王吉仁	蒋如松	杨定国	徐国樑
杨肇康	王银娥	陈筱英	刘桂君	李庆国	浦金凤	王同生
陈卓君	周培章	苏里曼	徐品刚	袁功龙	曹惠民	罗耀南

江苏省

邓兴宝	陈承仁	屠纪明	吴允朴	蒋美诚	朱德恩	陆锦红
周陈洪	侯民生	吴　云	沈凤珍	杨新华	张杏英	吕梅芬
曹金洪	嵇正昌	袁刚运	朱企人	徐来兴	郑瑛华	沈产欣
张洪大	刘祥林	高松年	华福代	顾念椿	顾金岳	邰尧清
章定康	夏鳌年	朱才林	李本生	顾华俭	吴志忠	余盘珍
张天寿	张子道	白敬明	厉国友	戚曙东	曹元根	姜海崑
郭效寅	张桂荣	秦裕瑞				

河北省

王连君	王玉瑛	于振江	张海福	吕树勋	鲁秀芳	甄淑芬

王建华	史美玲	刘书泽	温芳茹	桑秀山	杨景海	李俊凯
杨江海	刘永顺	张萌兆	张青山	杨立谦	李永琮	王永年
谢杨洲	赵国柱	董纪华	李　洪	刘文禄	孟范庚	冯郁宸
孟昭荣	张皂降	詹祖羚	祖勃珩			

辽宁省

赵玉琴	杨金兰	欧阳新华	王永林	冯连和	金常臻	张永礼
徐明贤	刘连陞	靳　铁	于培江			

福建省

陈　慧	柳秉祚	林建德	郑汀慈	刘振寰	卓国樑	柳瑞国
郑丽辉	罗德娥	吴礼萍	张镇国	张应新	涂师聪	林树南
吴彰明	陈家狮	郑金纯	黄衍直	黄文豪	陈琼珠	周龙章
陈严彬	陈道桂	程光辉				

浙江省

庞伯铭	王云生	厉银喜	赵锡其	高汉三	申屠志林	齐惠华
陈德美	金菊英	张忠良				

四川省

吴耀华	朱容庆	章钰如	宋　伟	刘永全	彭建国	刘洪范
胡成烈	谢仁发	崔金权				

广东省

杨金满	陈　斌	张　广	李志文	黄新民	田培清

湖南省

何　勤	宋元珍	何诚信	鲍力安	唐育宝

湖北省

李常生	黄德耀	董宏全	刘恩龙	张礼和

吉林省

吴景生	赵柏林	迟延崑	刘桂英	李淑琴	邹　华

黑龙江省

河南省

侯长福　宋留根　李群章　魏洽瑞　张钦典　陈用国　姚崇法

山东省

孙桂荣　董润礼　张光仪　张凤禧　谭家昇　张仁熙　袁海修

山西省

牛憨笨　李子俊　李三保　乔日增

江西省

蒋南峰　邱光鸿　郑明翰　万桐瑞

安徽省

黄昌理

云南省

贵州省

罗凯贤

陕西省

张栓秦　冯学勤　王俊仁

内蒙古自治区

赵延明

甘肃省

陈光仁

新疆维吾尔自治区（1）

宁夏回族自治区（1）
工程力学数学系（212名）

北京市

魏文娟	何　诚	高万镛	王铁岭	吴景春	田永文	崔　伟
王文同	陈鲁生	张翼鹏	屈德荫	王志忠	袁全森	金一平
米建民	刘维倩	童益令	陆卫阳	史孝林	王学媛	张邦楹
何淑琴	吴维霞	刘良彬	焦梅英	周胜奎	李俊慧	盛奕建
于喜才	王淑芝	张　达	董玉奎	王桂兰	田国兴	陈楚三
乜宝庆	程冀民					

上海市

李侯飞	陈祖煜	李恕中	沈企中	洪嘉振	朱允诚	陈康民
朱钦榜	朱海林	王兆元	薛友义	陈丽黄	柳伟敏	周振德
寿学俭	朱珊霞	李福清	顾学维	王启鸣	王珍珠	黄孝宁
傅乐勇	丁怀琳	赵应祚	黄春宝	方国雄	臧　昆	庄湘春
屠美容	陆显洁	程惠生	邵元培	邢竞侯	倪水林	蔡起胜

江苏省

朱钱山	祁仰仙	段聿建	龚幼伶	仲　文	印晓富	徐庆麟
严德顺	姚兴德	罗金林	梅绍祖	赵正南	俞鹤兴	成传贤
顾慰渝	姚一龙	陈　嘉	陆林生	李章勋	周清江	薛惠钰
俞　诚	崔乃明	龚雨石	宋云露	邢梯良	成松铭	沈俊泉
严俊仁	范忠林	王淑华	邹德才	罗运才	孙敦祥	王钟毓

河北省

张建白	许秉臣	杜振杰	王立站	郭继国	张俊昌	张永祥
刘宗庆	田秀云	杜洪增	史明泉	葛学宽	赵文秀	刘志武
孙志强	赵玉莲	吕洪顺	庞长占	田二刀	安国乱	何英豪
孙儒坤	杨振生					

辽宁省

| 邱希春 | 富友义 | 杨宝善 | 郑守清 | 黄作杰 | 管洪轩 | 王同生 |
| 张秀娟 | 韩　坚 | | | | | |

福建省

| 王一平 | 林天明 | 魏仁琛 | 郑则强 | 蔡榕钦 | 陈细俤 | 林洪飞 |
| 林文赐 | 陈道木 | 庄鸿棉 | 林金肥 | 吴永春 | | |

浙江省

周亿裕	陈孝安	王振安	胡伯骏	宋华英	石福庆	陈方伟
张方洪	朱绍琴	俞仲祥	戴久鼎	陈在贵	傅鸿慧	罗时伟
廖心全	岳中第	白埃民	段泽光	吴殷树	马耀辉	

广东省

| 莫国兴 | 姚耀光 | 邱基文 | 廖集杭 |

湖南省

| 廖振民 | 曹常恕 | 黄开席 | 卢习林 | 刘又祥 |

湖北省

| 廖伦鹏 | 谭伦贤 | 程德元 | 于志立 | 陈平安 | 熊筱珍 | 蔡德禔 |
| 李镇东 | | | | | | |

吉林省

| 程怀远 | 赵长儒 | 邹文信 | 孙振声 | 张春霞 |

黑龙江省

河南省

| 徐华岭 | 黄绩丞 | 姚公亭 | 陈健民 | 汪保安 | 张克俊 |

山东省

| 王灿臣 | 庄保安 | 徐勤连 | 隋国芳 |

山西省

龙秀贤

江西省

舒汉得

云南省

陕西省

葛树禄　郄启娃

广西壮族自治区

关德树

机械制造系（268人）①

北京市

张应轩	赵景辉	阎振荣	田福生	郭云曾	孙德纯	赖陆彦
陆之华	李守公	李雁荣	刘佩琴	郭正通	丁介仁	许鹤亭
苏成修	杨　富	陈信祥	王玉清	张三留	洪季英	倪乃君
佟宝刚	张大同	韩裕昌	沙志强	赵玉芳	鲁晓华	吕荣娥
曹永才	李风婷	钟大明	吕宝镶	阎嘉骏	孙金有	赵庆珍
马　琳	赵景辉	段鸿英	李玉如	李福臣	王建英	杜云林
郭元枢	张相宏	马景阳	张文良	王连如	赵哲义	李丹狄
马建武						

上海市

彭学强	田宗煜	林秀兰	张新根	许长生	罗国伟	孙宏耀
汪金荣	顾鼎三	季嘉福	杨昭苏	吴定一	陈龙法	凌国洲
何德律	杨海春	沈志铨	孙盛葳	沈茂芳	沈世德	侯纯孝
朱一明	李祖荫	唐世立	丁妙叩	施以礼	黄宗耕	姚燮庭
宋玉琼	吴述昆	陈迎和	张宝德	经圭良	柴惠钧	谢美琪
陆海忠	朱文渊	黄湘泰	梁衍鉴	沈瑞昌		

江苏省

李良寿	神家锐	丁世贵	徐锡华	王时骥	朱世道	周庆康
李素琴	唐秀云	杜国杰	蒋春麟	徐锁贵	白建华	殷礼祯
施荣华	吴效林	杨　芬	朱林南	施浣芳	盛琴玉	盛梨芬

---

①　编者注：人数对不上，原文如此。

徐国伟	赵鸿运	马芝芬	王毓黔	虞祖良	龚燹萍	蔡国生
王梅芳	张斌全	王培坤	祝林森	孙益龙	蔡瑞根	陆肇绥
钱文忠	刘桂珍	王卓平	殷宝言	季凤明	马长林	何家宝
王保忠	刘尚友	魏德全				

河北省

李鸿珠	刘渡沄	扈国君	田淑珍	李高友	李建中	崔长信
刘淑珍	张兰茂	蔡庆元	梁树珍	李贵芝	王淑英	张玉峰
吴永日	李增立	谷铁销	杨书田	任青山	刘治华	田仲良
邢玉芳	申振清	吴志相				

辽宁省

| 刘常琛 | 黄丽明 | 姜乃斌 | 秦旭东 | 李桂芬 | 刘春生 | |

福建省

潘国栋	魏 町	张傅杞	曹俊卿	陈 真	邵自昌	蔡传荣
高孔声	刘俊聪	陈全金	张竞明	胡清熊	黄 森	颜金科
陈淑英	徐秋霖					

浙江省

张金池	章基文	王岳文	邵启彪	林志坚	寿锡根	季金如
郑耀忠	朱秀锐	柴大勇	张福安	王纯孝	陈尔炯	黄 峨
樊柏森						

四川省

| 虞厚柏 | 张继政 | 岳泗维 | 周福麟 | 雷代春 | 王昌诚 | 刘富国 |
| 李遐龄 | 周礼乐 | 陈家国 | | | | |

广东省

| 李炯丰 | 张祖惠 | 潘炳国 | 侯经玑 | 林东山 | 彭杰楼 | 梁显鉴 |
| 丁永锋 | 黄恩荣 | 徐锦强 | 梁宜强 | 冯志泰 | | |

湖南省

| 向绍为 | 谢干和 | 张 莉 | 詹亦凤 | 付声漪 | 任亮斌 | |

湖北省

| 张琴心 | 吴佩谕 | 梅洪生 | 李湘龙 | 谢祖鏷 | | |

吉林省

王子祥　李德福　王曙辉　杨金生　梁成富　齐乃芬　王秋香

黑龙江省（5名）

河南省

马克珍　李仁义　赛希贤　李永昌　程秀庭　孙铎基　汪振达

山东省

褚倬庭　赵金福　邵良琴　谷新珊　孙文斋　林京太　高守恩
陈铭影

山西省

赵正宽

江西省

张菊水　曹季曾

云南省

贵州省

罗威豹

陕西省

卢隆昌

内蒙古自治区

郭世昌

甘肃省

魏烈海

新疆维吾尔自治区（1人）

青海省

张家驹

宁夏回族自治区（1人）

动力机械系（143名）

北京市

张双臣	孟石如	高京生	王福林	韩凤玉	王缉惠	段希成
吴孟娴	张毓良	高世华	周双平	姚尔昶	黄振强	杨　铭
方纯正	贝学盛	伊宝仓	李道荣	干力男	王斌凤	于　坚
康宝会	董建国	赵燕明	程荫桐	孟繁德	杨宗贤	李荫荣
高振亮	姜　琲	曾宪媛	徐有为	童毓烺	刘德修	朱嘉辰
艾树琴	杨志俊	曹中美	宋学成	潘芃西	王悦然	盛智生
傅树衡	高景鸣	郑锡山	张金水			

上海市

朱　钦	蒋以壬	高　骥	沈邦俊	孙昌基	薛以泰	许金道
夏凤仙	杨　瑜	张孝泉	宋致中	王蜀平	高纪乔	张大平
高奇明	程与仁	周亚壁	张善钰	黄建中	秦维德	余志远
倪国英	郭企贤	徐迪安	韩启立			

江苏省

左克庆	陈德全	姜云宝	杨奇娟	张红贞	曹锦成	吴英华
邱慧玲	甘洌泉	邹锡南	顾淑佩	张锦法	于文虎	任润昌
张洛珍	钮求庸	王洪达	刘东润	苏尚广	许为庄	

河北省

| 傅俊峰 | 张全贞 | 陈　隆 | 赵焕成 | 李学智 | 张克强 | 吴恩德 |
| 杨芝珍 | | | | | | |

辽宁省

| 徐守让 | 曲俊生 | 郭宝地 | | | | |

福建省

| 许江淮 | 陈新华 | 郑家新 | 林公琳 | 黄祖鑫 | 许礼却 | |

浙江省

王根生　钱寿民　郭元清　沈卫民　章学高　周泉缨　张振华

四川省

汤菡年　黄训武　阎国玺　周法椿　夏祥礼

广东省

曾纪良　杨国平　袁锦全

湖南省

聂尔瞻　段荣满

湖北省

徐顺茂　程梅根

吉林省

刘纪纯　李英武　刘亚明　侯裕光

黑龙江省（3名）

河南省

刘清芳　袁化全　孔伯汉　王乐然

山东省

邵树新　姜樊琦

山西省

余凤山

云南省

陕西省

宛震东

电机工程系（196名）

北京市

陈其浩	葛守玉	崔树燕	谭又亭	张建生	罗庆扬	陆小素
姚希江	陈儒祯	李联宝	宋福裕	侯　山	刘光汉	王名福
赵正错	夏志禹	刘吉辉	张锡葵	韩止义	王念江	王莉英
林元祥	聂皓如	王显周	李巨宾	李玉仁	张惟明	杨振宜
王淑华	赵大林	刘瑞洪	张葆华	陈世祺	李国柱	孟永安
高贵云	栾茂赏	楼叙真	张秉元	刁颐民	潘世雄	邢淑芬
李　彤	马鸿恩	施振球	徐俊康			

上海市

孙彤云	戚佩中	高永生	叶胜强	王文龙	陈渊季	江耀楣
陈关宝	王南华	沈昂迅	徐建东	田文根	尹嘉珍	陆锦铭
洪慧玲	吴志荣	朱庆珊	汪天翔	唐身合	沈一鸣	饶梓梅
武斐	丛涵滋	顾延华	杨爱蝶	朱平平	张宏池	李锡祥
黄西林	陈其昌					

江苏省

崔敏达	史志光	吴荣华	周双喜	姜梅芳	王荣生	徐元兴
陈文贵	钮萍莉	范钦德	杨祖裕	吴锦秋	姚静芬	施锦高
陈学柳	陆根虎	徐国常	沈德全	刘明生	仇迺成	王永鸿
刘训忠	吴引秀	魏善宇	王国藩			

河北省

沈忠如	李家洴	赵嗣良	樊立芬	闫香亭	林惠芬	王文祥
贾天禄	张治华	赵世祥	冯松林	房金兰	王静斐	张双庆
王　健	陈宝林					

辽宁省

刘雅娴	于延风	贾仲春	牟广文	傅殿林	叶德富

福建省

马书光	蔡石山	郭忠尧	江守祥	王增耀	涂启庶	徐礼贤

丁明往　　王蒙一　　石光春　　郑徵鹤　　金则桂　　陈纪溪　　孙日东
林依基

浙江省

金建华　　鄞惠芬　　徐润中　　钱建中　　李纪昌　　金永福　　徐三连
许非吾　　沈根法　　许浩根

四川省

赖德清　　尹廷金　　余正清　　张常福　　蔡贵銮

广东省

黄世英　　李　元　　张雨泉　　郭伟彰　　陈绍璘

湖南省

左国民　　高荣发　　许明惠　　刘显湘　　张继清　　郑启江

湖北省

周兰英　　汪幼钧　　萧大雏

吉林省

李桂兰　　刘黎城　　陆国庆　　于占升

黑龙江省（2名）

河南省

赵广祥　　蒋爱连　　秦财水　　鄂明芳

山东省

于洪基　　苏桂莲　　徐守珍　　王永县　　杜书方

山西省

张炳文　　武润则

江西省

陈瑞林　　刘政民

安徽省

沈维凡

云南省（1人）

贵州省

李扬文

陕西省

张景玺　王浩然

内蒙古自治区

周　富

甘肃省

张尚武

新疆维吾尔自治区（1人）

青海省

祝锦年

宁夏回族自治区（1人）

土木工程系　建筑系①（共250人）

北京市

杨文君	叶树渝	沙吉英	祝家丰	胡友年	苗长贺	孔令模
张沛明	雷宜泰	刘　明	范玉福	肖瑞华	董瑞新	康　祺
金桂芝	耿秀英	曹燕生	章俊芬	李兆慧	左　川	韩少华
翟品善	郭有麟	武婉霞	应锦薇	刘茂华	于永川	袁德蕴

---

① 编者注：1960年土木系与建筑系合并，成立土木建筑工程系。

宛素春	徐有邻	李晓晖	赵静茹	张树君	任厚生	申景钟
李国栋	赵淑兰	陈正理	黄瑞先	覃维祖	梁桂芳	刘锦华
陈体伟	刘 莲	吴子华	张盛梅	高益莹	吴竹涟	冯孝康
刘德荫	姜树森	曹群英	李联庆	曹蔼秋	林运强	

上海市

张良君	杨国清	陈惠民	郭永年	张振帼	何国芳	张肇民
杨德才	仉 清	应礼华	刘沪生	刘亚芬	张纬城	顾美琪
胡思水	沈 玄	董玉熙	周尚贤	柳秉惠	陈云波	叶舜涛
黄源钢	吕 鄂	张毓华	侯培森	刘慈元	冯纪寅	王根明
蔡体仁	谢企华	金至香	朱黎明	陈荣才	宋有根	陈天助
周季芳	韩世荣	张鸿珍	蒋乐山	马炜言		

江苏省

虞永宾	龚英森	钱选青	黎志涛	吕纯芳	赵训桥	熊关定
梅莉安	承伯兴	许怀燕	吕听扣	周瑞祥	孔焕章	李志俊
陆明华	华勤增	黄国华	金 舜	张献铭	蔡汉高	王大荣
李永林	王厚民	杨步卿	王庆生	韩立群	刘锡才	张合云
王洲和	刘良汉					

河北省

王志宏	王钜仁	安仲元	李桂兰	苍淑格	李体新	杨保相
杨惟蓁	臧玉祥	孙良碧	孙述惠	赵乱成	赵 勋	赵 雄
杨俊友	王作垣	王瑞章	王宗玉	马国昌	任尽林	李凤志
赵克斌	郝文明	熊友祐	孙桂林			

辽宁省

王 琛	孙洪臣	马秀敬	李恒勤	董义臣	杜安平	杨书林
周成贵						

福建省

黄炳荣	庄传泰	黄开平	钟觉先	万燕飞	陈衍南	陈振霖
黄汉民	林建顺	林长岁				

浙江省

周　裕	郑醉英	钱鑫林	陈良智	王茂坚	诸葛曜曾	徐国英
周善福	黄先坤	徐湘生	蔡慈莹	郑梅影	徐家驹	

四川省

王家树	黄代荣	李维信	周良才	凌其正	张爱平	黄明武
罗大银	李继民	杨玉明	李肇珩			

广东省

陈汉新	叶润来	丘国强	梁文玉	陈祖文	吕柏宁	姚壮河
吴定亚	连建国	潘汝淦	萧　权	邓雪娴	陈少瀚	关钊贤
黄贤德						

湖南省

黄其沅	邓隆森	杨同球	刘水生	周治强	黄文章

湖北省

张罡柱	张启云	谢定一	章乐娴

吉林省

刘恩华	王庆彬	闫明德	张棠棣	胡振乾	文业清

黑龙江省

河南省

姜镇岱	张　崇	薛世岭	张治宇	吴永新

山东省

张钦志	陈为义	赵宝江	王家立

山西省

丛明禄	申学英

江西省

艾为学	邓惠生	漆君志

云南省

陕西省

张爱云　　支国侦

广西壮族自治区

陈业激　　温继英

内蒙古自治区

李东元

水利工程系（共151人）

北京市

张玉荣	赵毓芝	班淑芳	胡淑媛	张淑娴	李维吉	吕俅俅
徐彬彬	张再新	林木昌	陈锦	赵春明	侯仲明	马良筠
王浩然	王煦	姚霭彬	杨春堂	杜永明	牛文灵	陈世宗
白绍武	段文新	崔述文	董哲仁			

上海市

朱樧	徐祖芳	谈佩文	邱志川	张正明	朱咪囡	娄慧英
蔡锡范	陈亚芸	沈如章	胡云飞	徐德仁	刘秀英	丁炳泉
温文森	梁绥康	杨志伟	乔鼎成	刘维康		

江苏省

徐稼弼	潘怀璐	黄杰	常玲玲	王顺林	马恒兰	陈在华
钱振球	张玉珍	秦云全	郭元迈	顾祖风	吴迪怀	王兆佳
徐佩珣	李元华	张洪洲	卓洪才	姚美瑞	袁吉满	

河北省

范金潞	高金庚	魏振宗	宋海燕	蔡丙辰	宗文郁	刘坤义
赵贵苏	高云芳	刘书雁	杨景智			

辽宁省

王宗春	宿长忠	朱兴华	蔡文洁	孔令起	李福华	慈常治

王福满　韩景波　黄承逵

福建省

王大伦	高由智	潘发枝	宋祥文	廖文化	洪三里	李秀卿
何希春	叶则禹	蔡滁泉	施金鼎	许良友	郭祥水	王　琳
游冠洲						

浙江省

许炳奎	洪志明	徐春寿	顾潘祥	刘荣章	高安泽	吴秉庆
顾友丽	胡金标	洪兴国	应章顺	林信德	王植槐	刘国亮
翁尧谨						

四川省

胡大云	陈泰春	赵大奎	涂泽伟	李恩菊	李忠全	潘治华

广东省

杨慧中	袁国强	廖佛南	罗应龙	李鼎向	陈兆钲	□锦泉

湖南省

黄宏亮	宋声禄	陈祥都	伍保阶

湖北省

刘厚琳	吴诒名

吉林省

苏　策	于凤英

黑龙江省

河南省

赵子君	杨锡纯

山东省

董其春	何文垣

山西省

崔彦君

江西省

肖贡元

云南省

陕西省

焦居仁

内蒙古自治区

李　顺

甘肃省

岳顺昌

农机学院（共 216 名）

北京市

杨学义	班美丽	魏学颜	王伟民	尹九思	夏　玲	郑筱石
安宜德	王宗玉	史新民	郭　长	史艳俊	孙长贵	王维民
吴国蔚	黄　宛	赵　均	王　杰	刘守昭	郭浦琮	胡本健
蔺兴润						

上海市

王益林	沈其伟	马凤岐	缪怜悯	方佥华	黄敬达	程鸿余
彭惠芳	何炳炎	陆金奎	秦　珊	朱天申	贺季怀	朱光辉
邹苗娣	任秀英	潘小和	吴宗兴	林培蕾	周静虞	

江苏省

黄德年	张自立	王安受	赵龙生	钱道先	蔡玉秀	沈宁吾
杨纪林	丁耀华	张永林	陈慧娟	徐仲良	李斗南	宋鹤翔
李　仁	缪顺川	赵国平	刘渭明	朱家瑞	王蟾贞	王永康
陈盘根	高锦荣	张世荣	俞新炎	张华林	袁　聪	纪德坤

黄锦俊　　李如龙

河北省

于国坝	董建尧	韩俊景	李一英	李心柱	段松屏	韩蕴力
张金杰	陈学曾	杜泽峰	秦建国	陆世言	马群生	刘连举
刘国忠	孙明珠	刘学博	曹家甡	牟振川	王培云	郭琛琦
杜海保	寇继俊	宋书珍	贾恒达	贾平卯	罗振水	李造娟
胡家柱	汪寿颐	滕清泉	侯宝田	韩殿营	张秉文	王淑华

辽宁省

李汉忠	战全礼	武　威	董秀兰	李志生	王承业	蒋桐森
刘志惠	兴建明	刘　侃	高凤莲	张德隆	孟宪嘉	李雨英
季德运	任庆才	干德同	马永山	王树文	吕忠徽	李兆泮
关家祥	姜成业	惠怀忠	王丽华	林　竹	贾恩俊	邵　昊
关兴文	王　汪					

福建省

刘德莲　黄文标　陈卫华　许鸿禧　刘尚希　陈水通　林金木

浙江省

黄元盛	戚亲安	钟肖羊	刘建新	谈长安	徐正祁	周昌元
徐国强	项根溪	莫鹏飞				

四川省

胡雪晴　雍朝毅　陈兆弗　俞启荣

广东省

卢　尧　彭雪明　曾宪焕

湖南省

曾凡根　汪本象

湖北省

杨继绳　李国伟

☐☐☐☐☐☐①
张士久　席清发　朱☐☐②　郭☐☐③
☐☐☐☐☐④

河南省

张绍琴　段　哲

山东省

王元殿　苏　林

山西省

项振雄　杨文斌　杨秀穆　杨俊林　张志敏　谷　堪　何耀清
李保余　王裕堂　张　毅　王　敬

江西省

杜华榆

安徽省

戴勤发

云南省

贵州省

钟瑞强

陕西省

王培铣　王克勤　张幼陵　王李浡　成培英　张维引　苏兴汉

广西壮族自治区

高志福

内蒙古自治区

许正安　高　典　朱建民　张士民　曹瑞雯

---

①②③④ 编者注：原件残缺。

甘肃省

孙明轩

清华大学档案,全宗号 2,目录号 校 3,案卷号 020

1961年清华大学录取新生名单※

(1961年9月4日)

教务处存 1961年9月4日

精密仪器及机械制造系（112人）

北京市

610001 张秉融	610002 董 茂	610003 羡燕扬	610004 李慧荣
610005 汤声闻	610006 吴正宏	610007 陈 怡	610008 沈 立
610009 沈存富	610010 徐克敏	610011 陈雨沛	610012 王玲玲
610013 李国瑞	610014 姜宗岷	610015 李兆斌	610016 杨荣琴
610017 余晓明	610018 高凤鸣	610019 唐歆熙	610020 陈志坚
610021 陈 云	610022 王庆章	610023 邢祖侗	610024 刘凤海
610364 郑广仁	610365 陈永厚		

上海市

610025 张禹康	610026 陆异康	610027 金锡志	610028 李忆馥
610030 唐 波	610031 黄孝胜	610032 羡一民	610033 殷惠绮
610034 陆济国	610035 王国勇	610036 徐佩芬	610037 顾书偃
610038 吴祖铎	610041 陈权祥	610042 魏联芳	610043 成荣民
610044 应金玲			

江苏省

610046 许陇云	610047 哈柏林	610048 丁薇薇	610049 陆元吉

610050 潘剑宏　　610051 周　薇　　610052 李志铭　　610053 孙定源
610054 王广发　　610055 沈国栋

河北省

610056 王洁瑛　　610057 刘庭玲　　610058 陶凤栎　　610059 孙光华
610060 李俊业　　610061 王同顺　　610062 霍振宗　　610063 侯今才
610064 丁安如　　610065 朱乃达　　610066 马德洲　　610067 方崇悦
611475 李英兰

辽宁省

610068 潘　梅　　610069 姜丽荣

福建省

610070 赖淑娥　　610072 叶心华　　610073 邹　仪　　610074 郑德楚
610075 齐龙官

浙江省

610076 陈　平　　610077 朱尚达

四川省

610078 翁世雄　　610079 刘元瑜　　610080 吴兴兰　　610081 蒋　乐
610082 周存昌　　610083 王仪伦　　610084 王昌华

广东省

610085 赵德劲　　610086 曹国仁　　610087 邝守洁　　610088 苗永葳
610089 区巨扬　　610447 蔡广兴

湖南省

610090 陈凤仪

吉林省

610091 史宝林　　610092 佟培仁

黑龙江省

610093 王泽和　　610094 孔宪梅

河南省

610095 李伯川　　610096 孙世信

山东省

610097 孙忠庆

山西省

610098 梁绍祖

江西省

610099 翁金生

安徽省

610100 童兴德

云南省

610101 董友仙

贵州省

610102 申志林

陕西省

610103 李晓玲

广西壮族自治区

610104 欧　薇

内蒙古自治区

610105 王建国

甘肃省

610106 王光新

新疆维吾尔自治区

610107 姜　宏

青海省

610108 张树有

宁夏回族自治区

610109 于洪范

1960年保留入学资格学生（3人）

601378 李贵芝 601237 刘桂珍 601412 黄宗耕

留苏预备生

611501 张槐生 611502 郎见林 611503 许秋荣 611504 张　典

冶金系（99人）

北京市

610110 毕淑娴	610111 顾家琳	610112 董维民	610113 张蔼玲
610114 梁光耀	610115 商铭渔	610116 王庆霖	610117 孙鸿儒
610118 邓名震	610119 刘桂槐	610120 陈世渝	610121 张永治
610122 杨正午	610123 郭　璐	610124 杨世盐	610125 杨文仲
610126 郑孟贞	610127 乔宝仁	610128 温庆林	610129 山秋萍
610130 李克中	610131 高大槐	610132 邵承庠	610133 谢行正
610134 刘春芳	610135 武希哲	610136 梅镇宇	610137 陶令蔼
610138 黄二陶	610139 钟田力	610140 汪宗武	

上海市

610029 丁琢如	610039 唐家冕	610040 田永贲	611082 黄瑞标
610141 戴强国	610142 庄骏华	610143 过锦英	610144 胡芷华
610145 顾燕娟	610146 顾德茂	610147 秦宗彦	610148 谢福康
610149 陈万和	610150 叶世雄	610151 曲文斌	610152 张昌照
610153 徐继祖	610154 高丽敏	610155 谢引麟	

江苏省

610156 袭静仁	610157 范锡珋	610158 朱　宾	610159 柳福英
610160 李宗耀	610161 康宏生	610162 杨惠达	610163 张伯言
610164 汪娟娟	610165 张绍沂	610166 曹　璇	610045 钱宝石

河北省

610167 周郁柱　　610168 吴孝祖

辽宁省

610169 王恩德　　610170 李安付　　610171 陆克礼

福建省

610172 傅鸿平　　610173 肖拯民　　610174 邹迎年　　610175 张森霖
610176 卓振民　　610177 高乃宗　　610178 黄仁炳　　610071 许亚蓝

浙江省

610179 曹启享　　611168 杨禹治

四川省

610180 郝桂荣　　610181 陈祖福　　610182 任正国

广东省

610183 钟炳源　　610184 郑楚鸿　　610185 黄安妮　　610186 吴家华
610187 罗建猷

湖南省

610188 陈义超

吉林省

610189 曲世俊

黑龙江省

610190 周克超　　610191 聂绍珉

河南省

610192 温留森　　610193 张忠信

山东省

610194 徐茂信　　610195 刘守身

山西省

610196 雷经义　　610197 冯崇泰

云南省

610198 张　炯

陕西省

610199 杨克荣

广西壮族自治区

610200 胡福昌

内蒙古自治区

610201 高　旭

动力机械系（86人）

北京市

610202 马建华	610203 马祖铨	610204 马荣振	610205 李书博
610206 李大达	610207 吴幼奋	610208 尚家垚	610209 孙同范
610210 殷汉生	610211 王　仁	610212 茅庆潭	610213 陶国芳
610214 李主魁	610215 王　欣	610216 张绍文	610217 徐大平
610218 王全伏	610219 宋墨珊	610220 唐　静	610221 李自如
610222 荣燕生			

上海市

610223 彭　容	610224 杨正中	610225 冯康甫	610226 李光旭
610227 诸永根	610228 张以民	610229 郑　延	610230 崔剑仇
610231 王鑫泽	610232 吴惠贤	610233 张连康	610234 周乃明
610235 陆廷信	610236 张世康	610380 忻成瀔	

江苏省

610237 曹鸣夏	610238 毛荫秋	610239 范启峰	610240 姜锦生
610241 王诗宓	610242 姚汉章	610243 孙永媛	610244 蒋珍珍
610245 屠峥崚	610246 梁俊才	610408 盛汉荣	

河北省

610247 于敏珠　　610248 王小申　　610249 刘　智　　610250 耿瑞才
610251 田耀武　　610252 赵艺林

辽宁省

610253 金介荣　　610254 季喜民

福建省

610255 高文仪　　610256 蔡诗国　　610257 郑丁麟　　610258 晋焯荣
610259 杨孙蚶　　610260 郑雪山

浙江省

610261 胡本健　　610262 郑善才

四川省

610263 朱敬钟　　610264 刘黎明

广东省

610265 詹昭庆　　610266 罗锦盛　　610267 莫桂生　　610268 冯经图
610269 麦靖楠

湖南省

610270 吴光前

湖北省

610271 涂长发　　610272 陈荣秋

吉林省

610273 王春江

黑龙江省

610274 石滨生

河南省

610275 张纯山

山东省

610276 时广礼

山西省

610277 房靖华

江西省

610278 蒋道生

安徽省

610279 黄逸初

云南省

610280 陈翠仙

陕西省

610281 薛应选

广西壮族自治区

610282 卢如灿

内蒙古自治区

610283 张　福

甘肃省

610284 何佩钧

新疆维吾尔自治区

610285 贾振达

农业机械系（67＋1人）

北京市

610286 申文隽	610287 王新昌	610288 季福星	610289 高　澍
610290 许醒舜	610291 栾亚伦	610292 李秀班	610293 翟汝静
610294 张　焘	610295 熊衍周	610296 黄　麟	610297 赵福鑫

610298 胡友义　　610299 徐亦芳　　610300 施双容　　610301 汪治中
610302 康新魁

上海市

610303 金国栋　　610304 邹得和　　610305 张少英　　610306 范钦莹
610307 王　琬　　610308 吴善良　　610309 马晓陵　　610310 郑华清
610311 刘小苹　　610312 汪　澄

江苏省

610313 任敦渭　　610314 薛韬声　　610315 杨学宗　　610316 丁建尧
610317 沈　勤　　610318 葛亚美

河北省

610319 刘大雄　　610320 李幼力　　610321 钱雨民　　610322 赵文玉
610323 范文堂　　610324 杜玉金

辽宁省

610325 程乃士　　610326 张奉禄

福建省

610327 严伟政　　610328 张雄年　　610329 董必文　　610330 王秋声
610331 陈修宝

四川省

610332 程万里　　610333 吕崇勋

广东省

610334 黄绍良　　610335 孙汉明　　610336 钟天放　　610337 吴诰珪
610338 孔钧良

湖南省

610339 谭敦元

湖北省

610340 姚绳武

吉林省

610341 刘成忠

黑龙江省

610342 李文昌

河南省

610343 乔胜甫

山东省

610344 胡新基

山西省

610345 冀学孟

江西省

610346 柯德钧　　610347 熊宪龄

安徽省

610348 姚永宁

云南省

610349 黄智侬　　610350 汤子兴　　610468 刘骏臣

陕西省

610351 刘立荣

1960 年保留入学资格（1 人）

602231 仲伟镇

电机工程系（118＋5 人）

北京市

610352 张以祥	610353 王全仁	610354 郭宝海	610355 朱根良
610356 贾宝才	610357 刘玉璋	610358 孙广生	610359 武素义
610360 王哲林	610361 李顺元	610362 武治华	610363 张裕珍

610366 孙桂芬　　610367 贺仁睦　　610368 洪　霁　　610369 李淑英
610370 王宝珍　　610371 杨来顺　　610372 华正权　　610373 雷季和
610374 邸金固　　610375 祈金海　　610376 刘振鹏

上海市

610377 刘美仪　　610378 林企棠　　610379 陶之未　　610381 屠若斐
610382 钱若华　　610383 张惠敏　　610384 陈振寰　　610385 姚成竹
610386 林正秋　　610387 唐　敏　　610388 章富田　　610389 李立人
610390 宋　蘅　　610391 费仁言　　610392 胡令均　　610393 丁小弟
610394 蔡元明　　610395 朱若霓　　610396 顾敏芷

江苏省

610397 杨宛辉　　610398 张　平　　610399 杨春鸣　　610400 李立涅
610401 刘菊文　　610402 周文焘　　610403 王凌云　　610404 周南生
610405 储闻韶　　610406 蒋锦和　　610407 邱中伟　　610409 胡庆成
610410 赵玉琴　　610411 秦　枫

河北省

610412 张黎芬　　610413 赵洪训　　610414 吴慧敏　　610415 马大鹏
610416 黄天诚　　610417 李淑香　　610418 张玉珉　　610419 牟锡霖
610420 郭振山　　610421 周汉生

辽宁省

610422 裴俊铎　　610423 徐瑞林　　610424 田德治　　610425 江柏林
610426 何晓冬

福建省

610427 陈振钊　　610428 黄秉衡　　610429 罗孟凯　　610430 陈寿恩
610431 黄学汀　　610432 洪元瑞　　610433 林淦秋　　610434 龚华嵩
610435 陈正植　　610436 魏孝铭

浙江省

610437 林周武　　610438 沈载扬　　610439 秦媛媛

四川省

610440 何本仁　　610441 王明伟　　610442 奉崇富　　610443 全国恩
610444 杨治富　　610445 罗绍基

广东省

610446 黄英焯　　610448 王小菁　　610449 廖慕贤　　610450 刘玉堂
610451 邝礼安

湖南省

610452 骆铭新　　610453 袁裕群

湖北省

610454 龚征麟　　610455 史贤淑

吉林省

610456 康连福　　610457 刘庆敏

黑龙江省

610458 张如松　　610459 侯明枢

河南省

610460 姜自立　　610461 王书林

山东省

610462 李嘉陵　　610463 王大同

山西省

610464 楼鸿祥

江西省

610465 艾显钰

安徽省

610466 耿怀金

云南省

610467 张恒伟

贵州省

610469 杜任远

陕西省

610470 常之凤

甘肃省

610471 赵玉兰

新疆维吾尔自治区

610472 李永耀

1960年保留入学资格学生（5人）

601647 侯　山　　601679 薛　薇　　601775 吴引秀　　601710 王荣生
601617 周　富

留苏预备生

611505 桂隆金　　611506 王玉堂　　611507 陈德敏

降班2人

601645 苏桂莲　　601630 赵嗣良

原休学复学1人

601694 尹廷金

土木建筑工程系（156＋5人）

北京市

610473 何嗣珆　　610474 奚康生　　610475 杨景田　　610476 王一湖
610477 郑思民　　610478 杨崇骏　　610479 崔绍基　　610480 马　良
610481 韩珍如　　610482 毛军强　　610483 王童鳌　　610484 许修芳
610485 刘贞平　　610486 王敦衍　　610487 郭慧迅　　610488 郭　欣
610489 陈　融　　610490 余明薇　　610491 曹莹莹　　610492 徐　萍

610493 林淑云	610494 蔡桂民	610495 沈克力	610496 袁　莹
610497 徐　畅	610498 祝秉寅	610499 王汉屏	610500 杨昌毅
610501 赵大壮	610502 张克群	610503 潘儒孝	610504 夏明淑
610505 潘凯云	611473 张晓岚	611474 华崇民	

上海市

610506 赵燕山	610507 童庆泉	610508 何惠仪	610509 章和邦
610510 刘德根	610511 王永福	610512 何其渝	610513 钱根兴
610514 许福贵	610515 许关强	610516 张建德	610517 吴士林
610518 胡吉士	610519 顾昌祺	610520 姜守骏	610521 朱爱理
611389 黄新定	610522 陈立慕	610523 周国权	610524 王泽仁
610525 翁琪美	610526 郭文仪	610527 唐玉恩	610528 沈晓鲤
610529 李相崧	610530 沃申祥	610531 鲍朝明	610532 耿　林
610533 李志明	610534 章定国	610535 刘宗翔	610536 吴　瑞
610537 季元振	610538 臧继忠	610539 神成龙	610540 张蓉五
610541 王明宇	610542 秦佑国	610543 张永桃	610544 包正义
610545 沙春元	610546 朱昌桢	610547 徐仲泉	610548 戴舜松
610549 赵元庆			

河北省

610550 李洪恩	610551 刘文琪	610552 王迺莹	610553 苏保禄
610554 张未迟	610555 李桂秋	610556 柴裴义	610557 王君华
610558 侯寄兴	610559 王雨林	610560 孙　茂	610561 焦新庆
610562 蒋祯祥	610563 张　锤	610564 王　品	

辽宁省

610565 白玉堂	610566 郭振坤	610567 陈景玉	610568 杨溪村
610569 孙熙然	610570 石善海	610571 宋兰香	

福建省

610572 林仁生	610573 方　磊	610574 程　勇	610575 吴福仁
610576 吴绪玉	610577 蔡金狝	610578 叶春华	610579 叶亚清

浙江省

610580 龚晓南　　610581 林启文　　610582 虞松年　　610583 杨仁永
610584 池锦明

四川省

610585 淳永逸　　610586 杜洪开　　610587 闫祝群　　610588 胡国强
610589 樊逎麟　　610590 孙璐玲

广东省

610591 林加泉　　610592 卢丽生　　610593 古国维　　610594 何淦泉
610595 郑应炯　　610596 邹增达　　610597 杨明华　　610598 李国威

湖南省

610599 梅迪培　　610600 张显中　　610601 苏是峒

湖北省

610602 周安庆　　610603 贺世群　　610604 武笃福

吉林省

610605 王自有　　610606 毓明薇　　610607 王维明

黑龙江省

610608 谭福昌　　610609 毛金菊　　610610 张思伟

河南省

610611 秦明吉　　610612 王连申　　610613 王汉成

山东省

610614 刘建华　　610615 何朝新

山西省

610616 许琪楼

江西省

610617 陈厚长　　610618 裴耀忠

安徽省

610619 朱邦铎

云南省

610620 蒋应恒　　610621 崔汝聪

贵州省

610622 赵岷光　　610623 张一恒

陕西省

610624 李德元

广西壮族自治区

610625 黄庆旈

甘肃省

610626 徐宗伟

宁夏回族自治区

610627 卫世杰

1960 年保留入学资格学生（4 人）

602004 陈汉新　　601986 赵训桥　　601913 谢企华　　601832 张献铭

本校工物系转土建系学生

591215 汪正明

水利工程系（85 人）

北京市

610628 马啸非	610629 吕　明	610630 江　申	610631 夏修青
610632 吴玉林	610633 孙永娟	610634 薛砺生	610635 赵民伟
610636 许以敏	610637 曲乙家	610638 冯婉玲	610639 耿克勤
610640 于淑媛	610641 王森荣	610642 仇君杭	610643 李慧萍
610644 郝震寰	610645 徐达鑫	610646 李少芬	610647 史振寰
610648 刘南明	610649 李木松	610650 邓云生	610651 赵洪林

610652 钱福敏　　610653 高树民　　610654 李达贤

上海市

610655 温文雅　　610656 陆志璋　　610657 方立雄　　610658 王云骏
610659 杨德□　　610660 何少苓　　610661 张明龙　　610662 印文良
610663 陈业盛　　610664 朱骏发　　610665 马洪其　　610666 张诚仁
610667 徐俐珍　　610668 沙仲方　　610669 管伟康　　610670 顾明福
610671 蔡渝青　　610672 杨文忠

江苏省

610673 王飞燕　　610674 邓俊坚　　610675 程康寿　　610676 端润生
610677 董德岐　　610678 沈重光　　610679 郁铭娜

河北省

610680 牟广舂　　610681 王世祥　　610682 王东坡　　610683 徐秀屏
610684 周汉军

辽宁省

610685 谭树魁　　610686 郭淑英

福建省

610687 黄长祝　　610688 江可贞　　610689 陈　仁　　610690 林国祥
610691 林连长

浙江省

610692 张森泉

四川省

610693 赖立志　　610694 陈开德　　610695 刘光丽　　610696 张仁忠

广东省

610697 邓克烈　　610698 罗勤飞　　610699 潘宝暖

湖南省

610700 江志成

湖北省

610701 戴先俊

吉林省

610702 高万麟　　611322 李　丰

黑龙江省

610703 张新樑

河南省

610704 宋卓勋

山东省

610705 李季冬

山西省

610706 张学贤

安徽省

610707 沙　明

陕西省

610708 任孝信

广西壮族自治区

610709 徐炳松

甘肃省

610710 白绍林

青海省

610711 弓正华

1960年保留入学资格学生（3人）

602180 范金潞　　602146 陈亚芸　　602148 梁绥康

降班

590938 年维源

无线电电子学系（167人）

北京市

610712 李大成	610713 许曼丽	610714 田惠民	610715 黎　敏
610716 郑　琥	610717 王　杼	610718 庄俊伟	610719 邬圣镔
610720 张英遴	610721 吴锦雷	610722 赵子璋	610723 李复华
610724 贾彦凯	610725 张颖竹	610726 王绍祺	610727 梁家璐
610728 安天保	610729 刘绍基	610730 张　玲	610731 王志杰
610732 李　楷	610733 杨逢仁	610734 李国良	610735 孙志香
610736 荣立生	610737 李春芳	610738 刘　漫	610739 汪鸿瑷
610740 张敏文	610741 韩文滨	610742 陈礼容	610743 钱家骏
610744 肖化时	610745 黄自成	610746 佟　鑫	610747 王　杰
610748 陆国柱	610749 张健梅	610750 张瑞琴	610751 李树桐
610752 张爱琴	610885 田启仁	610888 李羲之	

上海市

610753 孙逎华	610754 刘仲英	610755 张洑波	610756 王毓涓
610757 陆凤若	610758 郑君芝	610759 彭　琴	610760 蒋薇华
610761 郑字忠	610762 吴肇基	610763 龚永纪	610764 陈寄云
610765 葛成茂	610766 王世宇	610767 余　荧	610768 薛　铮
610769 余元龙	610770 邹礼清	610771 刘琴惠	610772 李广忠
610773 盛子斐	610774 陈景观	610775 周铣华	610776 王赤军
610777 毛振翔	610778 陆静琦	610779 吕兆熊	610780 夏明珠
610781 嵇才建	610782 王治家	610783 宋正涛	610928 陈友麟

江苏省

610784 张贞杰	610785 张家华	610786 王仁德	610787 邵桂兰
610788 徐封彩	610789 殷作斌	610790 任全方	610791 张铜庆
610792 卢辉民	610793 田正林	610794 张永祥	610795 蔡美坤
610796 李　定	610797 曹　俊	610798 刘茂银	610799 蒋国英
610800 孙才英	610801 严慧珠	610802 张国兴	610803 姚瑞昌

610804 张珊凤　　　610805 王丕兴　　　610806 陈　平　　　610807 李鹤荣
610808 汪仁里　　　610809 王庭昌

河北省

610810 李荣义　　　610811 杨斌雄　　　610812 刘宝璐　　　610813 王维成
610814 冯世庆　　　610815 寇振山　　　610816 周树茗　　　610817 范潮芝
610818 李学恕　　　610819 刘德亮　　　610820 冯慧贤　　　610821 颜　钜
610822 张燕斌　　　610823 王彦才　　　610824 张清江　　　610825 祖士珍
610826 孙广祥　　　610827 严福宁　　　610828 崔敬敏　　　610829 王连珠

辽宁省

610830 黄名显　　　610831 王书善　　　610832 裴　荣　　　610833 刘秉政
610834 于兰绅

福建省

610835 林成桐　　　610836 王祖海　　　610837 郑其华　　　610838 周能德
610839 林世标　　　610840 林聿钰　　　610841 赵水芸　　　610842 林培芬
610843 曹俊辉　　　610844 黄钦铭

浙江省

610845 张维卫　　　610846 钱彩珍　　　610847 潘安克

四川省

610848 陈昌鑑　　　610849 张小里　　　610850 邓永杰　　　610851 徐开友
610852 陈兰芳　　　610853 李绪成　　　611014 蒲贵洋

广东省

610854 黄绪熙　　　610855 余庆长　　　610856 邓汉康　　　610857 唐凤标
610858 王达宝

湖南省

610859 刘超喜　　　610860 鲁年生

湖北省

610861 蔡开骏　　　610862 张坤元

吉林省

610863 李保田　　610864 王景春

黑龙江省

610865 张星临　　610866 金星吉

河南省

610867 李克勤　　610868 张承文

山东省

610869 陈志伟　　610870 欧秉仁　　610871 张永吉

山西省

610872 田　琦

江西省

610873 周克诚

安徽省

610874 程景林

贵州省

610875 邹正英

陕西省

610876 李双全

内蒙古自治区

610877 何廷成　　610878 王桂芝

1960 年保留入学资格学生（3 人）

601042 崔金权　　601119 宗征宇　　601006 张子道①

---

① 原文注：继续保留入学资格一年。

留苏预备生

611508 邹代珍　　611509 柳美娟①　　611510 曾令珍　　611511 王连忠
611512 郭明忠　　611513 淳于怀太　611514 黎　明　　611515 杨根元
611516 章玉良

降级生 2 人

60借108 王洁华　　601159 杨彦益

自动控制系（158＋3 人）

北京市

610879 刘少华　　610880 席相霖　　610881 生兆宏　　610882 佟宝元
610883 孙慧芬　　610884 任得银　　610886 李明明　　610887 刘少兵
610889 杨祖樱　　610890 林鄂华　　610891 刘宝忠　　610892 赵建刚
610893 张岱霞　　610894 刘温顺　　610895 何小鸣　　610896 杨　青
610897 刘景海　　610898 张硕华　　610899 廉能洁　　610900 王天利
610901 战克功　　610902 杨承培　　610903 米维邦　　610904 鲁延武
610905 宋楚强　　610906 乔佩新　　610907 李向明　　610908 邓绍美
610909 卢纹黛　　610910 于　谦　　610911 张　浩　　610912 陶　瑜
610913 岑秀娟　　610914 罗振鲲　　610915 张轴材　　610916 吕延松
610917 边信仁　　610918 沈培华　　610919 李耀通

上海市

610920 徐有光　　610921 黄桐蕙　　610922 刘守培　　610923 徐步云
610924 陆纪兴　　610925 仇国平　　610926 宋士芹　　610927 蒋振国
610929 袁家博　　610930 杨秀霞　　610931 王聿德　　610932 徐雅君
610933 钱国飞　　610934 邵启龙　　610935 袁家俊　　610936 顾丽丽
610937 余椿年　　610938 李孝丰　　610939 虞景土　　610940 李兆康
610941 张兴林　　610942 陈相周　　610943 陈伟杰　　610944 陈爱仁
610945 陆忠枘　　610946 许高烈　　610947 朱振邻　　610948 李振元
610949 尹文琪

---

① 原文注：保留入学资格一年。

江苏省

610950 林庆亚	610951 陈义菁	610952 倪祥生	610953 管伯兴
610954 张志涌	610955 邱兆东	610956 张达昌	610957 许振露
610958 顾一平	610959 丁长盛	610960 张人群	610961 刘国先
610962 花　奎	610963 陈　煦	610964 印甫盛	610965 陈伟人
610966 朱　锷	610967 林保庚	610968 李兴华	610969 蒋鸿钧
610970 陈近年	610971 林　熙	610972 赵联森	610973 宗伯生
610974 郑斯征	610975 时菊英		

河北省

610976 刘锦季	610977 尹耀祥	610978 苑双德	610979 张春林
610980 康尽忠	610981 李伟民	610982 黄俊华	610983 默金花
610984 杨英哲	610985 姜学斌	610986 王俊严	610987 乔振胖
610988 王艺梅	610989 王少勇	610990 郑　洪	610991 褚振生
610992 刘素馨			

辽宁省

610993 孟庆学	610994 卢常福	610995 栾传君

福建省

610996 汪　霖	610997 张宏诚	610998 黄锡援	610999 林日钿
611000 吴辉琅	611001 柯成章	611002 黄碧英	611003 黄加福
611004 黄元山	611005 林素春		

浙江省

611006 顾良圭	611007 黄承祉	611008 虞大江

四川省

611009 彭君孝	611010 肖光碧	611011 蒋崇诚	611012 牟伯云
611013 叶延红	611015 钟成国		

广东省

611016 余瑞和	611017 李　敏	611018 张明畏	611019 陈朝发
611020 伍水益			

湖南省

611021 蒋楚明　　611022 易白云　　611023 肖协春

湖北省

611024 傅庸健　　611025 邓家明　　611026 顾宗林

吉林省

611027 欧阳北辰

黑龙江省

611028 赵　奉　　611029 马春郊

河南省

611030 张家钰　　611031 胡心存

山东省

611032 田玉华　　611033 蔡毅华

安徽省

611034 王华川

陕西省

611035 任爱兰

1960年保留入学资格学生（2人）

600770 李叔强　　600759 毛汉书

留苏预备生

611517 贾建民　　611518 孙天美　　611519 刘棣华　　611520 尹义林
611521 尹季昆

工程物理系（162＋8人）

北京市

611036 王瑞乘　　611037 胡月东　　611038 于敬文　　611039 李裕熊
611040 高兴华　　611041 孙佑洵　　611042 梁笛鸣　　611043 刘正民

611044 尚汝良	611045 邵济群	611046 石定寰	611047 叶树达
611048 丛连理	611049 尚邦贤	611050 刘玉玺	611051 田惠兴
611052 王书铨	611053 韦志洪	611054 陆真冀	611055 卢尚治
611056 孙维藩	611057 雷克容	611058 张书华	611059 王惠章
611060 徐燕生	611061 艾家麟	611062 冯宁远	611063 刘永生
611064 贾建平	611065 梁任又	611066 秦林林	611067 刘慧银
611068 钟戈平	611069 张阿玲	611070 马联成	611071 赵　夔
611072 吴建时	611073 缪晓夷	611074 胡军保	611075 李云龙
611076 孙忠琪	611077 王振江	611078 崔宝明	

上海市

611079 俞　健	611080 顾祖超	611081 倪彼得	611083 张燕生
611084 张俊祥	611085 周　方	611086 曹力建	611087 张晓熊
611088 王志元	611089 陆承蒙	611090 王关良	611091 周梦君
611092 陈永敏	611093 陆永发	611094 黄宁康	611095 李振民
611096 张文修	611097 徐受律	611098 朱介炎	611099 徐维昌
611100 蒋新楼	611101 朱匡勋	611102 姚伟国	611103 俞忠德
611104 彭如山	611105 邹定国		

江苏省

611106 陈凤翎	611107 冯　纪	611108 朱达智	611109 霍耀光
611110 奚树声	611111 王子渝	611112 章其初	611113 冯　钧
611114 李福培	611115 吴正兴	611116 刘庆余	611117 沈积仁
611118 杨厚坤	611119 黄文集	611120 陈金懋	611121 陈文开
611122 华孝康	611123 王建国	611125 阮桂兴	611126 冷灿龙
611127 卜永熙	611128 殷　定	611129 谈锦昌	611130 陈国珍

河北省

611131 张世昌	611132 李明阳	611133 李　云	611134 王若松
611135 边金城	611136 胡茂生	611137 王福利	611138 王树位
611139 鹿大汗	611140 王盼来	611141 甄树权	611142 姚新起
611143 苏著亭	611144 冯振通	611145 潘双福	611146 韩之垩
611147 王继东	611148 郝庆文		

辽宁省

| 611149 陈　革 | 611150 张元魁 | 611151 罗庆学 | 611152 刘德义 |

福建省

611153 叶小枒　　611154 张文体　　611155 林春培　　611156 欧玉春
611157 吴士聪　　611158 蔡竹梯　　611159 杨宏德　　611160 许家伟
611161 张荣成　　611162 詹荣安

浙江省

611163 陆志鸿　　611167 陈恭璋　　611169 陈焕明　　611170 唐建民
611171 陈煌浩

四川省

611172 周维新　　611173 李淑义　　611174 唐炯然　　611175 陈善科
611176 谭家兴

广东省

611177 张文澜　　611178 王钦明

湖南省

611179 袁鹏雁　　611180 毛合简

湖北省

611181 胡传文　　611182 林大航

吉林省

611183 姜景和　　611184 李　平　　611185 孙瑞勤

黑龙江省

611186 滕盘成

河南省

611187 梁优彩　　611188 靳根明

山东省

611189 赵振鲁　　611190 刘汶汉

山西省

611191 陈岐真　　611192 张培坤

1960年保留入学资格学生（7人）

600203 李谟胤　　600185 刘文华　　600003 郭　可　　600180 郑守义
600179 高美樱　　600039 高敏树　　600146 黄衍禧

留苏预备生

611522 周长熙　　611523 张秉谦　　611524 朱文喜　　611525 李振国
611526 怀超仁　　611527 钟文颙　　611528 顾瑞庚　　611529 刘启文
611530 刘天恩　　611531 魏仁杰　　611532 李　江

1959年保留入学资格学生1人

591232 孙定初

工程化学系（150+5人）

北京市

611193 郑　莹　　611194 周启柔　　611195 徐松春　　611196 周荣琪
611197 戴庆骏　　611198 潘宏瀚　　611199 孙聿岫　　611200 冯玉明
611201 王汝霖　　611202 杨炯栋　　611203 冯绍仁　　611204 富保兴
611205 郭黛嫒　　611206 张加强　　611207 韦　晋　　611208 曲德林
611209 史毓骅　　611210 段振渤　　611211 杨赫宗　　611212 李炳华
611213 刘英俊　　611214 王耀先　　611215 冯海阳　　611216 秦　茗
611217 杨文洁　　611218 张风文　　611219 夏国宝　　611220 高鼎顺
611221 童育英　　611222 王宝华　　611223 王桂兴　　611224 赵晓扬
611225 白铁生　　611226 王建安　　611227 吴立凤　　611228 张振声
611229 张九茹　　611230 孙绍山　　611231 刘书凤　　611232 杨祖芸
611233 曹桂茹　　611234 孟庆林

上海市

611235 吴永炯　　611236 仇益清　　611237 夏晓雯　　611238 何绍熊
611239 王吟才　　611240 陈百秋　　611241 邓建珍　　611242 陈松泉
611243 陶学智　　611244 董景铨　　611245 苏家璜　　611246 钱福源

611247 张重行	611248 郁婷婷	611249 李幼瀛	611250 冯荣魏
611251 陈 洁	611252 洪珊敏	611253 钱荣德	611254 袁云龙
611255 顾伟南	611256 席德灿	611257 朱小莺	611258 沈洪兵
611259 秦梓桢			

江苏省

611260 黄仕华	611261 朱祝三	611262 孙九香	611263 张大庆
611264 费登科	611265 邱贤芬	611266 瞿国富	611267 季洪钧
611268 张启义	611269 罗金生	611270 王静娟	611271 刘春英
611272 张建南	611273 唐涌连	611274 程震华	611275 祝其祯
611276 沈承来	611277 朱南康	611278 黄玉珍	611279 姜祖民
611280 蔡秉贤	611281 陈周盛	611282 胡明南	

浙江省

| 611164 尹钦林 | 611165 姚正荣 | 611166 林金云 |

河北省

611283 孙世杰	611284 孙芝莲	611285 叶树义	611286 王家禄
611287 吴佩珠	611288 张恺瑞	611289 那文津	611290 翟佑民
611291 苗文芳	611292 钱聚瑗	611293 张之进	611294 任学文
611295 王九芬	611296 张爱茹	611297 郭肖考	611298 王木林
611299 卢 慧			

辽宁省

| 611300 袁 新 | 611301 陈宝山 | 611302 赵盛瑞 |

福建省

611303 郑伯汾	611304 杜曼青	611305 朱锦堂	611306 郑家麟
611307 刘海晴	611308 杨长卿	611309 张树德	611310 罗雄英
611311 陈君球			

四川省

| 611312 项锡金 | 611313 许廷富 | 611314 李本成 |

广东省

611315 冯广学　　611316 李水泉　　611317 黎宗坚

湖南省

611318 方　园　　611319 彭念祖

湖北省

611320 李寿华　　611321 夏德福

吉林省

611323 王忠玉

黑龙江省

611324 韩世军　　611325 李　文

河南省

611326 程玉才　　611327 闫保来

山东省

611328 季之风　　611329 孙树云

安徽省

611330 田兆才

云南省

611331 马兆宁

1960年保留入学资格学生（5人）

600291 李柏先　　600306 周德康　　600416 童本进　　600410 周月芬
600233 段伦利

留苏预备生

611533 林财兴　　611534 郑柏树　　611535 黄大友　　611536 李少卿
611537 居崇华　　611538 赵志忠　　611539 谭大骏　　611540 周志宏
611541 张明友

工程力学数学系（150人）

北京市

611332 郭汉伦	611333 范雨臣	611334 肖兰珍	611335 徐有光
611336 马 珂	611337 于清文	611338 王方安	611339 张鹤龄
611340 黄仲珏	611341 张静娴	611342 崔桐豹	611343 付钟年
611344 范贻昭	611345 李志杰	611346 方美琪	611347 王世凯
611348 丁昭祥	611349 苑广增	611350 吕淑敏	611351 张山来
611352 王思强	611353 陈天引	611354 孙文超	611355 陈 坚
611356 马保良	611357 刘英洲	611358 罗明德	611359 盖庆恭
611360 忽延泰	611361 郑人隽	611362 李 芬	611363 高志聪
611364 邢松燕	611365 张晞林	611366 李为正	611367 胡美力
611368 魏仲生	611369 黄方和	611370 陈广发	611371 李致安

上海市

611372 朱 敏	611373 黄诚始	611374 王昌祥	611375 詹鹏来
611376 张存元	611377 张上珠	611378 王克俊	611379 魏敦崧
611380 马 林	611381 周善良	611382 钱俊生	611383 殷杏娣
611384 张文远	611385 唐敬年	611386 吴 森	611387 郑纪平
611388 王锦泉	611390 朱蕴珍	611391 黄鹤鸣	611392 周秀英
611393 李桂林	611394 陆继良	611395 张世华	611396 袁亚雄

江苏省

611397 吴惠彦	611398 田勒东	611399 吴漪梅	611400 沈 莹
611401 王敏其	611402 吴世民	611403 周彦煌	611404 卢祥一
611405 关裕桐	611406 陆传基	611407 韩世明	611408 王罗顺
611409 吴自美	611410 陶庆华	611411 纪梅丽	611412 周磊豪
611413 田洪生	611414 高金生	611415 徐瑞琨	611416 蒋家羚
611417 冯念真	611418 卞凤生	611419 徐礼格	611420 华鹤鸣
611124 卢尔丰			

河北省

611421 张乃庆	611422 黄铭亮	611423 赵 薰	611424 刘玉宏

611425 尤耀庭　　611426 刘霓生　　611427 刘雪倩　　611428 赵志岗
611429 赵麟生　　611430 王再新　　611431 齐春冬　　611432 牛志之
611433 张克明　　611434 周辰福　　611435 王书春　　611436 卜国臣
611437 毕思逊　　611438 娄平宜

辽宁省

611439 施学贵　　611440 刘仁溥　　611441 孔繁文

福建省

611442 蒋龄芳　　611443 林增媚　　611444 谢仁慈　　611445 林凤英
611446 菖玉纯　　611447 游金照　　611448 黄金舞　　611449 张村森

浙江省

611450 赵一中　　611451 徐修立

四川省

611452 傅师韫　　611453 谭祥驹　　611454 周宗博

广东省

611455 黄维纲　　611456 黄德波　　611457 杜德进

湖南省

611458 阳炳初　　611459 刘秋生

湖北省

611460 龚传信　　611461 陈平凡　　611462 彭荣蕤

吉林省

611463 刘士达　　611464 高雅丽

黑龙江省

611465 孙长君

河南省

611466 刘旺明　　611467 赵富春

山东省

611468 李培钦　　611469 李培田

山西省

611470 张　瑾

江西省

611471 刘英卫　　611472 刘高倬

1960 年保留入学资格学生（2 人）

600520 薛惠钰　　600627 于喜才

留苏预备生

611542 汤重添　　611543 杜先珍　　611544 周建悦　　611545 曾静华
611546 程金环　　611547 沈明珠　　611548 安树兰　　611549 李文白
611550 吴金富

1962 年转学生

611479 董九三　　611478 金砚铭

转学生

611476 蒲家庆　　611477 彭绍华

清华大学档案，全宗号 2，目录号 校 3，案卷号 021

1962 年清华大学录取新生名单※

（1962 年 9 月）

精密仪器及机械制造系（112 人）

北京市

620001 张建国　　620002 王忠厚　　620003 师立福　　620004 吴滁新
620005 王健平　　620006 刘长风　　620007 李兰英　　620008 袁世威

620009 孟淑兰	620010 林　彬	620011 张丕林	620012 高冠学
620013 张德林	620014 王秉钧	620015 张绪成	620016 邵　评
620017 李　动	620018 袁保瑞	620019 张荣仁	620020 李培增
620021 吕遒光	620022 丁秀璠	620023 刘　镁	620024 陈纪华
620025 刘晓苗	620026 张惠敏	620027 张绍衡	620028 王福海
620029 王稚生	620030 王秀山		

上海市

620031 陈锡良	620032 朱贤达	620033 祝士达	620034 杨楣清
620035 汪有恒	620036 祝士正	620037 赵文兴	620038 杨肇华
620039 潘则陆	620040 毛蓉蓉	620041 陈志惇	620042 黄锡南
620043 周邦明	620044 徐介禄	620045 杨章裕	620046 吴福元
620047 吴帼芳	620048 尹文龙	620049 朱靖安	620050 徐克玲

江苏省

620051 徐仲强	620052 朱兆熙	620053 邵玉琴	620054 胡鹏池
620055 马元颉	620056 徐　鹏	620057 郭友苏	620058 王师昭
620059 董选义	620060 沈文兴	620061 陈家璧	620062 黄文浩
620063 吴炳铨	620064 万会秦	620065 陈志昌	620066 张世刚
620067 舒昌治	620068 赵静娴		

河北省

620069 胡占岭	620070 崔正昀	620071 安政国	620072 郝玉桐
620073 金品玮	620074 吕占达	620075 赵　英	620076 祝梦兰

辽宁省

620077 赵善柏	620078 孟庆文		

福建省

620079 鄢秉木	620080 王国贤	620081 李善棋	620082 沈惠芳
620083 郭南国	620084 陈克非	620085 王　衡	620086 丁志胜

浙江省

620087 杨大祖	620088 吴扬法

四川省

620089 苏显渝　　620090 赵雪立　　620091 张永明　　620092 任世源

广东省

620093 陈昭永　　620094 胡浩江　　620095 余宝麒　　620096 胡广蟒

湖南省

620097 隋隆楚

湖北省

620098 张代重

吉林省

620099 闫秀芬

黑龙江省

620100 高建华

河南省

620101 杨生福

山东省

620102 谭　锐

山西省

620103 杨仁桢

江西省

620104 涂光正

安徽省

620105 沈光泉

云南省

620106 杨保民

贵州省
620107 高学江

陕西省
620108 董鹏博

广西壮族自治区
620109 杨百寿

内蒙古自治区
620110 蒋士良

甘肃省
620111 赵秉维

新疆维吾尔自治区
620112 彭 蔚

1961年保留入学资格学生
610058 陶风栋

冶金系（101人）
北京市
620113 韩秀兰	620114 牟肇华	620115 董春立	620116 雷玲玲
620117 吕兴武	620118 徐德山	620119 王宪增	620120 吴家骧
620121 杜声武	620122 丁熙元	620123 周文汇	620124 王 茵
620125 王述武	620126 苏士俊	620127 刘成茂	620128 袁家琪
620129 苏承祜	620130 叶慰秋	620131 吕 慧	620132 高元植
620133 唐金鹤	620134 许胜利	620135 杜凤梧	

上海市
620136 曹景仲	620137 冯韵芬	620138 刘德利	620139 罗斯禄
620140 王孝庭	620141 徐 可	620142 戴玲宝	620143 周政国
620144 荣占元	620145 宋瑞昌	620146 宋瑞明	

江苏省

620147 唐迺泳　　620148 吴玉树　　620149 方沛伦　　620150 杨汉祥
620151 张　构　　620152 周祖焕　　620153 袁春林　　620154 邵成方
620155 何娟蓉　　620156 沈济民　　620157 程光强　　620158 徐文毅
620159 何诚林　　620160 纪保祥　　620161 黄金辉　　620162 陈仿东
620163 张　毅　　620164 史月艳　　620165 王鸣皋

河北省

620166 刘俊强　　620167 侯景方　　620168 杨雨甡　　620169 蔡治斌
620170 李存良　　620171 展毓深

辽宁省

620172 王树本　　620173 陈廷选

福建省

620174 张平治　　620175 吴宣荣　　620176 林凤蓉　　620177 李烘煊
620178 宋理莉　　620179 戴国隽　　620180 高建枢　　620181 陈瑞茂
620182 李平全　　620183 欧香铃　　620184 李　挺　　620185 陈右涵
620186 王　樱

浙江省

620187 卢清萍　　620188 顾弟和

四川省

620189 阳　钟　　620190 周大恂

广东省

620191 陆少朋　　620192 张大荣　　620193 李阳光　　620194 黄莲芳

湖南省

620195 刘新民

吉林省

620196 任广升　　620197 段运亨

黑龙江省

620198 辛育明　　620199 王文斌

河南省

620200 王宗杰

山东省

620201 朱振奎

山西省

620202 宋超骅

江西省

620203 许恭生　　620204 康宽滋

安徽省

620205 陈帮国　　620206 程观仁

云南省

620207 杨毓来

贵州省

620208 曾鸿祥

陕西省

620209 王崇仁

广西壮族自治区

620210 周成大

内蒙古自治区

620211 王存智

甘肃省

620212 罗忠诚

新疆维吾尔自治区

620213 王宗旨

1961年保留入学资格学生1人

610161 康宏生

动力机械系（90人）

北京市

620214 霍乃礼	620215 关雅新	620216 古德中	620217 郎泉江
620218 郑道弘	620219 柳冠林	620220 姚志先	620221 李志刚
620222 许　立	620223 郭子良	620224 刘世铨	620225 罗思齐
620226 傅首勋	620227 冉天麟	620228 卢学诚	620229 刘曾寿
620230 李渝珍	620231 李熙仲	620232 宋慧京	620233 魏金福
620234 尚祖麟	620235 李兰宁		

上海市

620236 廖建平	620237 许正威	620238 郭蔚如	620239 赵恩琳
620240 李福荣	620241 周福潮	620242 竺新原	620243 陈秉勇
620244 李镇远	620245 奚永明	620246 李永吉	620247 鲁鹏年
620248 周秀芬	620249 张淑文	620250 施智康	

江苏省

620251 王正明	620252 王康祚	620253 徐锡海	620254 李立平
620255 高维信	620256 王锡武	620257 屈廷浩	620258 王绍中
620259 李永彬	620260 朱家骏	620261 鞠心凤	620262 刘正华

河北省

620263 耿兰翠	620264 徐振淼	620265 林承桢	620266 赵立合
620267 单达彭	620268 孙淑英	620269 张佑忠	

辽宁省

620270 石德惠	620271 兆聪灵	620272 王殿政

福建省

620273 黄至炮　　620274 孙立中　　620275 李惠中　　620276 陈　丹
620277 吴焕霖　　620278 李隆维　　620279 赖俊元

浙江省

620280 沈文治　　620281 陈秉经　　620282 胡起绶

四川省

620283 郭在津　　620284 黄恭亮　　620285 刘慕严

广东省

620286 陈维蔼　　620287 张映韶　　620288 梁满杰

湖南省

620289 梁世雄

湖北省

620290 何志惠

吉林省

620291 王世隆

黑龙江省

620292 张兴华

河南省

620293 魏　三

山东省

620294 殷国昌

山西省

620295 谢克明

江西省

620296 邓重宁

安徽省

620297 王尔新

云南省

620298 潘守叙

贵州省

620299 黄光禹

陕西省

620300 牛又奇

广西壮族自治区

620301 黄植樟

内蒙古自治区

620302 陶家平

甘肃省

620303 叶以丰

1961年保留入学资格学生1人

610273 王春江

农业机械系（50人）

北京市

620304 刘庆成	620305 李新生	620306 陈惠卿	620307 王崇基
620308 高南珪	620309 杨明远	620310 杨竹茂	620311 王月敏
620312 杜芳慈	620313 权忠豫	620314 鄂卓茂	620315 王振元
620316 陈嘉丽	620317 陈连芝	620318 李健瑞	

上海市

620319 王淑萍	620320 曹邕震	620321 陆正煜	620322 赵华芳
620323 陈曼薇	620324 曹逢恺	620325 梁颂辉	620326 张禾丰
620327 孙紫湘	620328 丁　镇		

江苏省

620329 凌　成　　620330 曹正清　　620331 萧鸣皋　　620332 宋明俊

河北省

620333 何文忠　　620334 周蓝午　　620335 郭俊义

辽宁省

620336 安庆衡

福建省

620337 张梓淇　　620338 杨仲文　　620339 林长志

浙江省

620340 俞柏钧

四川省

620341 张小虞

广东省

620342 施祖荫

湖南省

620343 曹正非

湖北省

620344 朱行之

吉林省

620345 陈学明

黑龙江省

620346 王守德

河南省

620347 裴裕森

山东省

620348 隗振鲁

山西省

620349 杨定英

江西省

620350 万重谋

安徽省

620351 马仕俊

云南省

620352 张国兴

陕西省

620353 魏发义

1961年保留入学资格学生1人

610290 许醒舜

电机工程系（142人）

北京市

620354 王嘉镇	620355 张继远	620356 王宝珍	620357 叶鸿斌
620358 杜国芳	620359 杨俊蒁	620360 谢遐龄	620361 梁兰英
620362 谢蓉丽	620363 秦学文	620364 方　惠	620365 姚树琴
620366 张凤珊	620367 胡姗真	620368 王　燕	620369 董鸿飞
620370 赵级林	620371 林梅花	620372 陈仲玮	620373 蔡维藩
620374 程松茂	620375 管月钗	620376 刘燕生	620377 周保华
620378 安郁培	620379 沈钟吴	620380 沈　一	620381 冯玉玲
620382 姜庆寓	620383 陈　欣		

上海市

620384 周润德	620385 潘大中	620386 沈武荣	620387 邵富生
620388 鞠　枫	620389 陈义初	620390 方之大	620391 戴自祝

620392 恽源世	620393 陈文华	620394 钱国正	620395 周炳发
620396 郑志勇	620397 梁 兴	620398 赵宇樵	620399 王灵沼
620400 秦建业	620401 周礼震	620402 叶肇基	620403 赵 建

江苏省

620404 周怀南	620405 吕四维	620406 许可达	620407 阙国昌
620408 周元桃	620409 张玉艳	620410 袁建权	620411 王国祥
620412 庄来佑	620413 尤一鸣	620414 张安乐	620415 王关安
620416 钱筱林	620417 何华康	620418 吴和平	620419 许可钦
620420 包同一	620421 花正元	620422 冯争人	620423 朱正茂
620424 蒋介明	620425 吴炳锁	620426 朱凤鸣	620427 张振民
620428 方莉莉			

河北省

620429 孙丽唐	620430 张 鼎	620431 李雯彩	620432 赵彦坤
620433 师造民	620434 段乃娴	620435 张大鹏	620436 孙树武
620437 李印寿	620438 狄景云	620439 李保增	620440 贾同焕

辽宁省

620441 金朝崇	620442 牛爱群	620443 陈树林	

福建省

620444 吴长基	620445 潘瑞建	620446 宾兴邦	620447 吴国恩
620448 黄梓容	620449 王 浩	620450 陈金城	620451 李瑞波
620452 徐正祥	620453 郑丕谔		

浙江省

620454 叶大康	620455 陈得相	620456 缪铁莺	

四川省

620457 唐晔兴	620458 吴汉镕	620459 喻长久	620460 周叔桥

广东省

620461 厉志明	620462 彭南滚	620463 卢其本	620464 黄群芳

620465 黄念慈

湖南省

620466 刘宝廷　　620467 何方城　　620468 伍治华

湖北省

620469 张先学　　620470 方宪章　　620471 杨振常

吉林省

620472 攸　光　　620473 孙震寰　　620474 刘长泹

黑龙江省

620475 李振言　　620476 周瑞来　　620477 叶　路

河南省

620478 刘　华　　620479 张汝肃　　620480 巩爱莲

山东省

620481 黄纯懿　　620482 潘锦城　　620483 常易康

山西省

620484 李镇梅

江西省

620485 孙炳炜

安徽省

620486 叶中雄

云南省

620487 黄元梅

贵州省

620488 苏竹荆

陕西省

620489 景保安

广西壮族自治区

620490 邱振治

内蒙古自治区

620491 王兴礼

甘肃省

620492 罗德骥

新疆维吾尔自治区

620493 杨福缘

青海省

620494 王汉民

宁夏回族自治区

620495 曹汉祺

土木建筑工程系（112名）

北京市

620496 孟竞智	620497 邓培墉	620498 王　明	620499 徐　伸
620500 王荣选	620501 许启元	620502 马淑秀	620503 田乃良
620504 艾桂洁	620505 孟　健	620506 朱　毅	620507 严丽文
620508 温福臻	620509 赵士骐	620510 林玉莲	620511 孙家久
620512 樊泽栋	620513 董子庆	620514 牛连盛	620515 傅丽英
620516 卢德宽	620517 姜敬凯	620518 郝　阳	620519 陈继曾
620520 刘德圣			

上海市

620521 宝志方	620522 周　兴	620523 顾湛彦	620524 周昌年
620525 马驹骥	620526 陈忠实	620527 陈小根	620528 沈伯琤
620529 沈永祺	620530 赵仁荣	620531 诸惠昌	620532 莫天伟
620533 孙子炜	620534 水浩然	620535 曾宪纯	620536 汪履纬
620537 葛缘怡	620538 朱静远	620539 傅学怡	620540 金洪福

江苏省

620541 朱春石	620542 虞柏龄	620543 孙善春	620544 黄小平
620545 朱振华	620546 孙为钊	620547 朱仲平	620548 王长友
620549 陆念安	620550 谭紫屏	620551 邓德初	620552 刘　鲲
620553 余　方	620554 黄忠喜	620555 朱永法	

河北省

620556 王志泰	620557 程宝义	620558 胡承汉	620559 屈光润
620560 王清芬	620561 田成平	620562 晁云增	620563 周耀华
620564 祝尔乐			

辽宁省

620565 周化虞　　620566 谷玉贵　　620567 李德祥

福建省

620568 杨国纬	620569 戴维纶	620570 陈嘉福	620571 林木印
620572 高维庭	620573 林为桂	620574 陈永欣	

浙江省

620575 陆大文　　620576 傅培程　　620577 何佩瑶

四川省

620578 肖世荣　　620579 涂圣丽　　620580 李贵田

广东省

620581 吴建邦　　620582 杨战荪　　620583 萧文启　　620584 潘展秀

湖南省

620585 李文健　　620586 任大孝

湖北省

620587 陈金炳　　620588 邬昆华

吉林省

620589 于世杰　　620590 姜长泰

黑龙江省

620591 徐锡安　　620592 田幼麟

河南省

620593 王合令　　620594 杨松茂

山东省

620595 王嵘生　　620596 肖玉林

山西省

620597 郝守义

江西省

620598 周全根

安徽省

620599 佘世华

云南省

620600 李　杭

贵州省

620601 胡云樵

陕西省

620602 王德良　　620603 陈丽生

内蒙古自治区

620604 王存贵

甘肃省

620605 赵祖光

青海省

620606 刘玉德

宁夏回族自治区

620607 郭雅坤

1961 年保留入学资格学生 2 人

610496 袁　莹　　610601 苏是嵋

水利工程系（82 名）

北京市

620608 黄秉衡	620609 陆建昌	620610 董宝礼	620611 李显健
620612 刘金英	620613 王新声	620614 焦德秀	620615 吴荣棣
620616 范燕生	620617 王音辉	620618 李军虎	620619 石天明
620620 原人和	620621 吴毓鸣	620622 张世奇	620623 钱维璋
620624 马曙光	620625 李金荣	620626 刘毓馥	620627 李渤伟
620628 许适群			

上海市

620629 唐绍玲	620630 郑建中	620631 陈诞康	620632 刘克立
620633 王士元	620634 戴克铭	620635 何　采	620636 鍾庆辉
620637 胡敏良	620638 董贻平		

江苏省

620639 陆泽民	620640 吴德振	620641 王　钊	620642 孙景玛
620643 张木金	620644 曹征齐	620645 陈飞霞	620646 潘尔聪
620647 刘汉桂	620648 孙立清	620649 叶承农	620650 方　璟

河北省

620651 柯洁芬	620652 冯士芬	620653 王正信	620654 杨鼎盛
620655 罗同喜	620656 齐建平	620657 王天明	620658 董玉舟

辽宁省

620659 郭树芬　　620660 何止方　　620661 李钟泽

福建省

620662 孙亚平　　620663 吴仲谋　　620664 陈先峰　　620665 刘进秀

620666 姜信和　　620667 阮瑞琪　　620668 杨祖格　　620669 陈承明
620670 蒋亨光

浙江省

620671 程德飞　　620672 王正达

四川省

620673 苏祖孟　　620674 杨小庆　　620675 陈稚聪

广东省

620676 谭逵贺　　620677 吴祖明　　620678 麦家煊

湖南省

620679 吴启煌

湖北省

620680 胡宗俊

吉林省

620681 赵　磊

黑龙江省

620682 孙滨昌

河南省

620683 王成理

山东省

620684 李秀兰

山西省

620685 周炳章

江西省

620686 余永强

安徽省

620687 朱庆长

云南省

620688 梁鑫泰

陕西省

620689 杨　棣

1961年保留入学资格学生1人

610698 罗勤飞

无线电电子学系（166人）

北京市

620690 许晓邦	620691 黄国建	620692 赵淑琴	620693 高益人
620694 郑兆佳	620695 王玉芬	620696 谭国安	620697 沈定力
620698 李云鹤	620699 蔡志毓	620700 石定桓	620701 郎燕玲
620702 楼一琳	620703 蒋　霄	620704 朱小梅	620705 王大岚
620706 严银官	620707 孙承意	620708 张大为	620709 虞和勉
620710 徐学媛	620711 张健鹏	620712 苏文漪	620713 劳禹洲
620714 杨自惇	620715 刘绍儒	620716 石恩潮	620717 朱　力
620718 方之川	620719 黄立平	620720 张　莹	620721 贾玉吉
620722 梁英民	620723 徐敦礼	620724 关义成	620725 叶桂良
620726 王致贤	620727 于传松	620728 孙世钧	620729 许增悌
620730 赖伟彦	620731 刘兴国	620732 焦培泽	620733 马大安
620734 薛凤珠			

上海市

620735 凌复云	620736 施裕康	620737 孙继立	620738 钱省三
620739 朱人元	620740 骆旭明	620741 马秀山	620742 谭俊杰
620743 赵玉贞	620744 平涌泉	620745 刘南昌	620746 许联芳
620747 袁太炎	620748 虞　淙	620749 汤正伟	620750 张靖华
620751 章贤鐘	620752 汪应关	620753 陈广浩	620754 陆观珍

620755 吴　敏	620756 茅国光	620757 陈安邦	620758 徐长生
620759 龙国柱	620760 濮勤昌	620761 嵇昌年	620762 马国强
620763 马文龙	620764 张祖利	620765 金大胜	620766 谢莉华
620767 鲁小春	620768 郑孝顺		

江苏省

620769 顾学珍	620770 周树功	620771 卢孝本	620772 盛孝勇
620773 陈顺一	620774 唐建国	620775 吴翼尧	620776 唐海山
620777 张乃云	620778 卜积善	620779 程克宁	620780 王德应
620781 段昌荣	620782 黄　胜	620783 陆俏萍	620784 席吟珠
620785 涂家成	620786 邱雷南	620787 孙汉忠	620788 谭　健
620789 李柏生	620790 周元柔	620791 仓定暖	620792 曹天雄
620793 张　铭	620794 朱道裕	620795 倪建康	

河北省

620796 孙毓星	620797 沈聪敏	620798 庞公辅	620799 孟广远
620800 谷秀明	620801 朱嘉琪	620802 曹贤文	620803 李树榕
620804 赵海滨	620805 郭崇辉	620806 高文栋	620807 于　彬
620808 茅庆荃	620809 郭印池		

辽宁省

620810 关久辉	620811 张芳兰	620812 李德仁

福建省

620813 陈民强	620814 陈仲华	620815 林礼慈	620816 张添海
620817 李品官	620818 曹俊华	620819 陈家宝	620820 张小琴
620821 林　嘉	620822 王永乐		

浙江省

620823 余志平	620824 姚胜初	620825 吴滢滢	620826 王于同

四川省

620827 杜宗泽	620828 周世勋	620829 马　莉	620830 郭方志
620831 李德珏			

广东省

620832 郭紫祥　　620833 贺珏修　　620834 林望重　　620835 岑永权

湖南省

620836 曾少杰　　620837 余临昌　　620838 陈步忠

湖北省

620839 程业乾　　620840 储维修

吉林省

620841 白延臣　　620842 刘然凯

黑龙江省

620843 顾纯学　　620844 孙健康

河南省

620845 李玉振　　620846 李鸿祥　　620847 马西秦

山东省

620848 张鸿存　　620849 刘岠昌　　620850 王渭田

山西省

620851 薛敏文

江西省

620852 周潮宗

安徽省

620853 陈淑媛

陕西省

620855 关复兴

云南省

620854 刘雅云

1961年保留入学资格学生2人

610793 田正林　　601006 张子道

自动控制系（145人）

北京市

620856 于　宁	620857 仇伟立	620858 姚　相	620859 秦守敬
620860 刘大隆	620861 牛世长	620862 梁维实	620863 刘　涛
620864 胡伊朗	620865 狄彦声	620866 王笑延	620867 王振基
620868 沈庆钢	620869 徐延安	620870 邓宏顺	620871 姬中敏
620872 戴宗荫	620873 吴金平	620874 郑　捷	620875 王世龙
620876 李　铁	620877 袁成琛	620878 赵维仁	620879 蒋忠恒
620880 赵孟琳	620881 孔维章	620882 张金海	620883 陈北柳
620884 褚宝华	620885 李天麟	620886 徐一飞	620887 常西畅
620888 韩文奇	620889 焦　敏	620890 姬巧玲	620891 胡贵云
620892 高雨业	620893 刘筱桢	620894 刘家楷	620895 王思庆
620896 李铁林	620897 林立衡		

上海市

620898 施佐让	620899 钱建民	620900 郭　沐	620901 陈玲芳
620902 费向荣	620903 杜郁柳	620904 陆宏钧	620905 庄文君
620906 黄圣乐	620907 张宗平	620908 林昌递	620909 喻乐山
620910 吴中健	620911 刘旭昌	620912 乐子扬	620913 金　萍
620914 费永平	620915 周曼灏	620916 李　导	620917 夏望维
620918 夏佳荣	620919 徐德宝	620920 王申康	620921 林国强
620922 陈景康	620923 郭伟生	620924 龚兆和	620925 杜良材
620926 刘芬著	620927 李乃洁		

江苏省

620928 陈玉林	620929 曹友治	620930 虞志明	620931 樊恩德
620932 朱自振	620933 陈　星	620934 钱平华	620935 李志刚
620936 傅朝琨	620937 吴典连	620938 姚正伦	620939 赵成功
620940 黄岳忠	620941 刘育麟	620942 吴纪达	620943 朱品质

620944 羌悟成　　620945 吴兆远　　620946 周镜心　　620947 侯先荣
620948 程凤珍　　620949 束海泉　　620950 周新贵　　620951 叶蕴瑶
620952 刘晓蕾　　620953 华世铭　　620954 杨春辉　　620955 张霞兰

河北省

620956 刘贵增　　620957 张瑞雪　　620958 阮振虎　　620959 张家兰
620960 苏云群　　620961 吴振庆　　620962 闫祝崇　　620963 傅良友
620964 孙汝秀　　620965 胡　拴　　620966 邢润生　　620967 刘同文
620968 王惠民　　620969 陈金文　　620970 傅易泰

辽宁省

620971 王庆云　　620972 张全福　　620973 韩义财

福建省

620974 余守志　　620975 潘天雄　　620976 陈玉灿　　620977 方金雄
620978 蔡一寰　　620979 陈金传　　620980 林景荣

浙江省

620981 方之昂　　620982 张锡麟　　620983 陈仲官

四川省

620984 王太君　　620985 任顺良　　620986 陈　静

广东省

620987 张焕民　　620988 刘运基

湖南省

620989 彭佑恩

湖北省

620990 廖国玉　　610991 程抱来

吉林省

620992 郑福魁

黑龙江省

620993 刘宝金

河南省

620994 张登举

山东省

620995 陈茂泉

山西省

620996 高作民

江西省

620997 舒梦陶

安徽省

620998 周继贤

云南省

620999 郭应源

陕西省

621000 王云生

1961年保留入学资格

610884 任得银　　610925 仇国平　　610945 陆忠枒　　611033 蔡毅华

工程物理系（153人）

北京市

621001 郑效卿　　621002 闫德成　　621003 刘永昌　　621004 李凤禾
621005 刘祺吉　　621006 赵升元　　621007 孙万华　　621008 金世泽
621009 郑元绪　　621010 赵俊华　　621011 卢　达　　621012 孔宪如
621013 柯典京　　621014 张满堂　　621015 赵兴鲁　　621016 鲁纪行
621017 蔡　达　　621018 赵锡侯　　621019 南和礼　　621020 赵天吉
621021 郭淳熙　　621022 高志宏　　621023 高瑞祥　　621024 卢西文

621025 安树元	621026 李文年	621027 周守琨	621028 侯　炜
621029 王　冰	621030 曾　正	621031 杨　冰	621032 王　竹
621033 姜胜立	621034 管继羽	621035 安　黎	621036 张博夫
621037 邱济真	621038 徐祖佑	621039 苑　斌	621040 宋文惠
621041 杜义国	621042 曾米兰		

上海市

621043 刘国光	621044 王孔嘉	621045 钱建国	621046 秦树基
621047 王　洪	621048 薛英华	621049 高士佐	621050 叶小红
621051 程青蟾	621052 金水高	621053 朱基甸	621054 马梅林
621055 张绍堤	621056 潘正达	621057 陈忠民	621058 姚志脩
621059 余　焜	621060 沈文庆	621061 丁正明	621062 曹宗建
621063 王利德	621064 陈玉林	621065 顾　苹	621066 吴国安
621067 徐桂福	621068 陈俊璞	621069 陈奋光	621070 陈宁汉
621071 赵晓星	621072 朱伟民		

江苏省

621073 沈承明	621074 薛才才	621075 翟建才	621076 沈　励
621077 汪兆富	621078 张桂山	621079 郑邦权	621080 张禄庆
621081 崇承鼎	621082 陈云昌	621083 梅崇盛	621084 刘炳智
621085 王述新	621086 刘岳修	621087 魏　俊	621088 邵成华
621089 张伯勤	621090 周渭泉	621091 王俊亚	621092 杨云南
621093 鲍永耀	621094 单润华	621095 叶　钧	621096 李德华
621097 查传钰	621098 武德明	621099 殷广鸿	621100 易振亚

河北省

621101 张居仁	621102 孙淑嫱	621103 徐德民	621104 靳德顺
621105 孙凤鸣	621106 康荣元	621107 张克志	621108 赵汝广
621109 姚学孔	621110 姬　臣	621111 薛大中	621112 孙素兰
621113 卢春瑞			

辽宁省

621114 马福勤	621115 栾化民	621116 李根恒	

福建省

621117 阮丽真　　621118 陈瑞祺　　621119 董陈华　　621120 黄辉能
621121 翁惠民　　621122 康荣爵　　621123 朱国英　　621124 方克强
621125 吴维强

浙江省

621126 王父年　　621127 陈子根　　621128 顾宝椿

四川省

621129 蒋光丛　　621130 杨明江　　621131 赵纯培　　621132 范东元
621133 刘中天　　621134 陈晓谷

广东省

621135 蔡映葵　　621136 叶启青

湖南省

621137 左玉辉　　621138 汪兴谦

湖北省

621139 程家顺　　621140 张学成

吉林省

621141 冯延春　　621142 迟培信

黑龙江省

621143 张锦藻　　621144 王玉涛

河南省

621145 刘　奇　　621146 张应超

山东省

621147 张成忠　　621148 杨傅子

山西省

621149 王玫珉

江西省

621150 杨日胜

安徽省

621151 蔡庭枫

云南省

621152 陶长岭

陕西省

621153 刘明轩

工程化学系（137名）

北京市

621154 郁　强	621155 刘　陇	621156 齐　彬	621157 王　擢
621158 董建中	621159 潘沙青	621160 宋　滇	621161 姚肃炘
621162 吴秉讷	621163 吴锦容	621164 郑裕堃	621165 宋世平
621166 李允禄	621167 杨莉莉	621168 郭光远	621169 谭　平
621170 姜　辉	621171 彭惠娟	621172 张铜仁	621173 任友直
621174 田秀全	621175 郑大为	621176 戴猶元	621177 于燕生
621178 梁立山	621179 刘　玮	621180 耿世铭	621181 崔文康
621182 张宏炎	621183 王和兴	621184 杨成业	621185 韩占和
621186 陶　江	621187 黄文梅	621188 冯志豪	621189 杨津生
621190 潘素诚	621191 孟广福	621192 徐立言	621193 冀中忻

上海市

621194 王　强	621195 俞洁纯	621196 曹耶南	621197 王涪生
621198 施国平	621199 包季欣	621200 阮丽华	621201 汪志良
621202 邵贻爵	621203 沈维亚	621204 杜连荣	621205 金信方
621206 徐志书	621207 蔡六弟	621208 穆德正	621209 范广平
621210 胡希安	621211 范惠琴	621212 丁中兴	621213 朱　伟
621214 张培尧	621215 吴惠明	621216 周侣凤	621217 王尔菲
621218 须乾元			

江苏省

621219 孙崧城　　621220 梁百申　　621221 陆惠秀　　621222 吴复初
621223 张扬祖　　621224 胡仁恕　　621225 丁宗顺　　621226 吴全兴
621227 徐茂宏　　621228 伍登熙　　621229 虞建方　　621230 戈和清
621231 戴来子　　621232 程和生　　621233 庄文伊　　621234 王震亚
621235 陈锁保　　621236 胡　坤　　621237 王济善　　621238 范映星
621239 叶　素　　621240 花纯荣　　621241 魏蓁中　　621242 戴昌年
621243 金敏燕　　621244 华汝楼　　621245 朱国友　　621246 吴有枢
621247 戴美权　　621248 吴纬华　　621249 于百贞

河北省

621250 秘自永　　621251 赵郁民　　621252 王延宗　　621253 杨良才
621254 张天胜　　621255 陆　岚　　621256 王彦君　　621257 徐惠群
621258 王玉菓　　621259 方春熙

辽宁省

621260 徐铁南　　621261 韩占先

福建省

621262 黄炳南　　621263 张德仙　　621264 陈金锁　　621265 王爱惠
621266 石应津　　621267 邱曼丽　　621268 陈惠英

浙江省

621269 孙如君　　621270 王鑫泉

四川省

621271 王晓黎　　621272 牟应洪　　621273 何恩俭　　621274 况利华

广东省

621275 陈蕴香　　621276 刘国捷　　621277 杨振强　　621278 李衍平

湖南省

621279 蒋洪理　　621280 钟存仁

湖北省

621281 舒新华　　621282 季国勤

吉林省

621283 高天恩　　621284 姚志信

黑龙江省

621285 孙竹范　　621286 侯全喜

河南省

621287 姜　凯　　621288 张克勤

山东省

621289 智荣英　　621290 王广见

1961年保留入学资格学生3人

611201 王汝霖　　611262 孙九香　　600416 童本进

工程力学数学系（137人）

北京市

621291 李燕玉	621292 林文漪	621293 刁颖敏	621294 何立民
621295 刘语明	621296 贾振陆	621297 高奇华	621298 孙　铮
621299 梁春沛	621300 孙　滨	621301 俞赓耕	621302 张守济
621303 宋国书	621304 徐　瑞	621305 陈守绵	621306 陈重华
621307 李培均	621308 王守一	621309 徐克林	621310 张景曾
621311 吴季松	621312 郑世培	621313 赵菊生	621314 宋宗明
621315 李东来	621316 费志中	621317 陆　恕	621318 赵　育
621319 胡　明	621320 裴鸿勋	621321 陈沅俊	621322 崔永芬
621323 龚光义	621324 薛　恐	621325 田铁汉	621326 韩贝传
621327 郭云琳	621328 张元正		

上海市

621329 郁振益	621330 俞全宏	621331 陈世昌	621332 赵建华
621333 端木晋	621334 冯国胜	621335 贺五洲	621336 王海清

621337 李振民　　621338 夏子辉　　621339 杨英昌　　621340 姚士钟
621341 张振节　　621342 范熙天　　621343 倪惜珍　　621344 李明莲
621345 许宗煌　　621346 顾克家　　621347 孔繁胜　　621348 叶正麟
621349 严越然　　621350 凌鸿孙　　621351 吴文华　　621352 莫欣农
621353 龚为平　　621354 董纲华　　621355 鲁炎杰　　621356 徐文龙
621357 沈建华　　621358 孟继祖

江苏省

621359 吴松林　　621360 刘超群　　621361 宋自林　　621362 胡功竺
621363 张世雄　　621364 李　镔　　621365 祁力群　　621366 雍巧玲
621367 顾庚林　　621368 支孝宽　　621369 董世兰　　621370 吴　菊
621371 王树立　　621372 周　娟　　621373 贺耀涧　　621374 吕昌其
621375 徐瑞和　　621376 叶黔元　　621377 陈天晴　　621378 宋振清
621379 于文书　　621380 杭靖球　　621381 吴亚东　　621382 单怀光
621383 吴荣庆

河北省

621384 王洪礼　　621385 杨忠民　　621386 赵勤学　　621387 李全一
621388 刘治民　　621389 武建华　　621390 费书平　　621391 杨鸿章
621392 李鸿印　　621393 李奇勋

辽宁省

621394 于吉志　　621395 杨国文

福建省

621396 庄　真　　621397 王作石　　621398 陈　铫　　621399 林金洪
621400 张家渠　　621401 许文信　　621402 陈仲清　　621403 林　江
621404 刘明璋　　621405 陈　镛

浙江省

621406 罗国勋　　621407 董钦尧

四川省

621408 王书彻　　621409 丁陵仙　　621410 张应举

广东省

621411 黎银华　　621412 林意群　　621413 李　焯　　621414 刘白令

湖南省

621415 师文谦　　621416 李海沅

湖北省

621417 康大陵　　621418 程焱南　　621419 梁枢平

吉林省

621420 马宗权　　621421 李百龄

黑龙江省

621422 杨鹤鸣　　621423 王贵和

河南省

621424 王静立　　621425 冯际让

山东省

621426 宋明德　　621427 娄玉亭

1961 年保留入学资格学生 4 人

611350 吕淑敏　　611392 周秀英　　611417 冯念真　　611466 刘旺明

清华大学档案，全宗号 2，目录号 校 3，案卷号 021

1963 年清华大学录取新生名单※

（1963 年）

土木建筑系（共 155 人）

北京市

630001 张义民　　630002 张晋田　　630003 金笠铭　　630004 杨瑞芬

630005 张永珍	630006 郭曼荣	630007 张翼熊	630008 那向谦
630009 吴持敏	630010 张忠民	630011 张煜明	630012 白佐池
630013 李亚玲	630014 张树威	630015 白酉生	630016 杜芷君
630017 黄运昇	630018 高昆生	630019 金柏苓	630020 王季雄
630021 汪　忠	630022 朱嘉广	630023 杨允孚	630024 马日杰
630025 韩温波	630026 吴国力	630027 王丽莉	630028 茹　森
630029 朱苏根	630030 胡经纬	630031 赵淑蓉	630032 丁世钧
630033 蒋　薇	630034 李秀梅	631631 林丽美	

上海市

630035 张荣根	630036 谢明德	630037 雷国平	630038 张俊杰
630039 王　诂	630040 吴之昕	630041 花　立	630042 周耀文
630043 李婉萍	630044 张福和	630045 杨庆雄	630046 劳善根
630047 朱秉嘉	630048 谢祖德	630049 陈玉麒	630050 葛绿愉
630051 黄任之	630052 王亦民	630053 吕　正	630054 沈建虹
630055 周苏生	630056 陈希昌	630057 程丽莲	630058 顾玉英

江苏省

630059 佘晓白	630060 周国彦	630061 陈镇邦	630062 赵忠民
630063 陈大文	630064 闫兴华	630065 陈光第	630066 姜朝福
630067 唐毅余	630068 姚盛亚	630069 王世恩	630070 丁韫如
630071 丁玉林	630072 陆效民	630073 丁培良	630074 张鸿勋
630075 王久征	630076 陈乃新	630077 冯凯生	630078 汤郁苏
630079 房步胜	630080 蒋镇平	630081 蒋建中	630082 韩至明
630083 汤玉麟			

河北省

630084 李藏柱	630085 谷玉玲	630086 张家泽	630087 蔺增谦
630088 刘志民	630089 姜建忠	630090 赵景奇	630091 霍锦泉
630092 孟庆友	630093 徐耀寰	630094 王燕津	630095 余朗田

辽宁省

630096 戴福春	630097 张强立	630098 李秀川	

福建省

630099 赵士怀	630100 郭浩洋	630101 王杰克	630102 董卫华
630103 陈　仰	630104 彭玉赞	630105 张文伟	630106 林秉墙
630107 杨作英	630108 张用藩	630109 林民庆	

浙江省

630110 钱少康　　630111 金承豪　　630112 陈才堡　　630113 郑祥龙

四川省

630114 萧善乐　　630115 严　正　　630116 刘也彦　　630117 邓时贵
630118 刘生余　　630119 汤明冣　　630120 吴忠鹤

广东省

630121 郭恢扬　　630122 吴庆洲　　630123 叶兴华　　630124 陈思平
630125 张汝旋　　630126 黄乃坤　　630127 肖春涛

湖南省

630128 方雁生　　630129 黄　焜

湖北省

630130 杨道明　　630131 叶文洪　　630132 张春荫

吉林省

630133 韩英才　　630134 徐明章

黑龙江省

630135 王士风　　630136 朱志物

河南省

630137 毕乃文　　630138 马復道　　630139 刘福远

山东省

630140 李庆宁　　630141 李洪达

山西省

630142 狄洪发

江西省

630143 李文通　　630144 刘孝标

安徽省

630145 陈济民　　630146 陈圣奎

云南省

630147 苏庆鹤

贵州省

630148 叶知春

陕西省

630149 郭西良

广西壮族自治区

630150 刘德文

内蒙古自治区

630151 陶　宁

新疆维吾尔自治区

630152 王北离

青海省

630153 李秋安

宁夏回族自治区

630154 黄启昌

水利工程系（共97人）

北京市

630155 林文兰　　630156 赵锡锦　　630157 邹定琪　　630158 周　元
630159 毛亚杰　　630160 何士凌　　630161 吴滁非　　630162 吴忆萍
630163 冯之光　　630164 郑大琼　　630165 彭震中　　630166 魏　和

630167 滕　启　　630168 陶世儒　　630169 赵焱生　　630170 刘美崙
630171 李家琍　　630172 马　楠

上海市

630173 田　心　　630174 周锦友　　630175 阮得贵　　630176 印培乐
630177 张伯纳　　630178 俞书伟　　630179 沈一华　　630180 汪　岗
630181 顾义方　　630182 丁方中　　630183 杨沛田　　630184 田忠和
630185 钱中一　　630186 曹德城　　630187 王良洲　　630188 王建中

江苏省

630189 毛　野　　630190 冯坤宝　　630191 戴德扬　　630192 顾德标
630193 张瑞凯　　630194 李小佩　　630195 张宝寿　　630196 周振定
630197 陈方枢　　630198 赵国平　　630199 王念慎　　630200 陆敬如
630201 钱佛保　　630202 顾观成

河北省

630203 何　川　　630204 孙嗣瑜　　630205 常焕生　　630206 唐新生
630207 赵英民　　630208 冯冠奇　　630209 闫秀华　　630210 张智英
630211 李新顺　　630212 陆炳义

辽宁省

630213 傅维国　　630214 闫善政　　630215 于永贵

福建省

630216 黄承志　　630217 刘金涛　　630218 张世久　　630219 陈丽煌
630220 陈公宙　　630221 俞继圣　　630222 施仲光　　630223 洪可柱

浙江省

630224 邵永樾　　630225 李士英

四川省

630226 祝昭焱　　630227 冯励生　　630228 尹邦信　　630229 鍾定国
630230 陈汝恻

广东省

630231 莫珪斌　　630232 曾宝永　　630233 李绍英　　630234 蔡昌盛

湖南省

630235 佘小林

湖北省

630236 袁海庆　　630237 彭奇玉　　630238 孔令求

吉林省

630239 周永平

黑龙江省

630240 张鸿庆　　630241 刘法俭

山东省

630242 王广进　　630243 刘冠美

山西省

630244 高季章

江西省

630245 徐剑中　　630246 陈茅舍

安徽省

630247 梁存运　　630248 王良生

云南省

630249 杜　芸

陕西省

630250 李五诚

广西壮族自治区

630251 张龙华

动力机械系（共120人，内有62年保留入学资格学生5人）

北京市

630252 刘学仁　　630253 卫　汉　　630254 刘维增　　630255 程介成

630256 李学忠	630257 刘天芝	630258 张文锦	630259 李一明
630260 杨国华	630261 张　昆	630262 张安域	630263 申宜顺
630264 张承炜	630265 牛友之	630266 魏铁铮	630267 白新盛
630268 凌　秋	630269 邹常悌	630270 卢美胜	630271 陈乐平
630872 吕允谦	630876 施□群		

上海市

630272 郑志胜	630273 孟良庆	630274 丁振球	630275 朱雅芬
630276 晏谊君	630277 余钦赉	630278 孟金荣	630279 魏辛成
630280 陶振麟	630281 薛明根	630282 夏德星	630283 潘惠民
630284 陈家聪	630285 朱若虹	630286 骆中心	630287 温敬平
631215 裴立德	631557 周国屏		

江苏省

630288 汤德庆	630289 俞新光	630290 方肇洪	630291 周新亚
630292 卢祥兴	630293 钱维珩	630294 施震球	630295 章霖官
630296 何语平	630297 赵长遂	630298 朱宝康	630299 王建中
630300 吴锁志	630301 谢元庆	630302 唐　琮	

河北省

630303 侯栋岐	630304 柳国壮	630305 许重饶	630306 白福全
630307 马星寒	630308 魏益增	630309 耿　甦	630310 殷家琪
630311 白秀英	630312 李文健		

辽宁省

630313 陈金玉	630314 马永真	630315 华泽济	

福建省

630316 张建宇	630317 陈成安	630318 陈五树	630319 方　柯
630320 林德昌	630321 叶道生	630322 张国荣	630323 李　玲
630324 沈　健	630325 戴国珍	630326 庄本修	

浙江省

630327 吴文博	630328 何祖欢	630329 邵琨平	

四川省

630330 赵永福　　630331 李绍鹏　　630332 李树全　　630333 王文节
630334 杨实如

广东省

630335 黄世强　　630336 游益鹏　　630337 蔡德源　　630338 余子升
630339 刘建华

湖南省

630340 谢芳谷　　630341 王奋飞

湖北省

630342 李顺季　　630343 宋治宽　　630344 王家源　　630345 谭宗强

吉林省

630346 庞义杰

黑龙江省

630347 徐肇廷

河南省

630348 常立福

山东省

630349 徐宣刚　　630350 崔鹤群　　630351 祝允林

山西省

630352 张铁堂

江西省

630353 章荣生

安徽省

630354 汪立志　　630355 曹竞华　　630356 杨舍炳

云南省

630357 刘文今

贵州省

630358　焦忆安

陕西省

630359　赵来潮

广西壮族自治区

630360　龚宏鑫

内蒙古自治区

630361　钱遵培

新疆维吾尔自治区

630362　李善忠

1962年保留入学资格学生5人

620300　牛文奇　　620262　刘正华　　620282　胡起绶　　620263　耿兰翠
620270　石德惠

农业机械系（共65人）

北京市

630363　杨纯宝　　630364　张振东　　630365　杨尊正　　630366　刘庆西
630367　邹振玫　　630368　纪淑梅　　630369　缪岳川　　630370　乔吉祥
630371　梁秀力　　630372　孙　晶　　630373　俞启璋　　630374　姜永明
630375　李金培　　630376　柴克普

上海市

630377　来可伟　　630378　余永昌　　630379　蔡铁铲　　630380　陈夏昌
630381　张国华　　630382　方庆平　　630383　金国华　　630384　夏松酉
630385　傅力诚

江苏省

630386　冷同雯　　630387　谢　平　　630388　戴燕春　　630389　吴广政
630390　褚璐萍　　630391　羌于正　　630392　张振刚

河北省

630393 史庆起　　630394 王军贤　　630395 王延金　　630396 范伯元
630397 郭世奎

辽宁省

630398 李自茂　　630399 崔丕源

福建省

630400 方　宁　　630401 林恭善　　630402 程炳廉　　630403 李德谦
630404 王永华

浙江省

630405 严肇良

四川省

630406 游白然　　630407 肖竟平　　630408 孟凡力

广东省

630409 张　庚　　630410 郑碧莹　　630411 李用福　　630412 黄胜兴

湖南省

630413 卜启圣　　630414 王余刚

湖北省

630415 黄雅岚　　630416 汪期茂

吉林省

630417 唐同田

黑龙江省

630418 魏连义

河南省

630419 祝兆刚

山东省

630420 王志法　　630421 宋延善

山西省

630422 李元宗

江西省

630423 龚建国

安徽省

630424 相正斌

云南省

630425 孙继奎

陕西省

630426 冯笃信

广西壮族自治区

630427 任树森

精密仪器及机械制造系（136人）

北京市

630428 杨　荧	630429 冼健生	630430 姚　云	630431 周芷清
630432 袁　德	630433 江　云	630434 余茂华	630435 韩保平
630436 耿振鸿	630437 刘朝儒	630438 王　萃	630439 缪德勋
630440 董瑞安	630441 胡新渝	630442 王国勇	630443 周大惠
630444 丁广烈	630445 黄因慧	630446 陆建华	630447 高居忠
630448 姚希荣	630449 李　祯	630450 王玉洪	630451 郭大明
630452 胡平晟	630453 周美丽	630454 江庆翘	630455 宋顺东
630456 王又新	631503 王少府		

上海市

630457 陈观光	630458 胡元中	630459 戴黎珠	630460 葛鼎年

630461 赵宝生	630462 祖志翔	630463 周佳奕	630464 赵 玫
630465 赵祖立	630466 赵 纲	630467 章炜尘	630468 陶惠泉
630469 王关桐	630470 顾润枏	630471 蒋荣生	630472 赵宝发
630473 缪继悯	630474 戚应坤	630475 朱晓红	630476 俞巧荣
630477 戴钦祯	630478 耿昌心		

江苏省

630479 翁永刚	630480 毛 顺	630481 黄 昕	630482 平光明
630483 荣亦建	630484 周惠康	630485 华奇南	630486 王凤侠
630487 王宝桐	630488 方开翔	630489 夏荣礼	630490 虞正萍
630491 吴荷芬	630492 李凤声	630493 吴雪芳	630494 连克仁
630495 倪逸琴	630948 陈光胜		

河北省

630496 高子正	630497 王庆琛	630498 王光绮	630499 蒋鸿洛
630500 杨希友	630501 杨成瑞	630502 王春庭	630503 董文全
630504 孙耀祥	630505 温守祥		

辽宁省

630506 刘继仁	630507 张福新	630508 王心伟	630509 张凤泉

福建省

630510 郑梅容	630511 柯 曦	630512 陈居平	630513 宫润法
630514 林 端	630515 潘必卿	630516 李宗学	630517 陈茂林
630518 叶向渝	630519 黄秋亚	630520 魏玉英	

浙江省

630521 郭子充	630522 沈育虎	630523 徐和胜

四川省

630524 吕仙明	630525 龙锦城	630526 郑颖聪	630527 李南筑
630528 宾士中	630529 卢 坚		

广东省

630530 郭德辉	630531 叶志仁	630532 黄思曾	630533 张焕秋

630534 简喜仲　　630535 黄守铨

湖南省

630536 敖国利　　630537 顾笃一

湖北省

630538 李　庆　　630539 许　明　　630540 郭焕仪　　630541 王明陶

吉林省

630542 傅世平

黑龙江省

630543 王　山

河南省

630544 徐铁军

山东省

630545 李明正　　630546 范德荣

山西省

630547 王乃洵

江西省

630548 姚宁元　　630549 吴学民

安徽省

630550 张晓云　　630551 刘乃禹

云南省

630552 陈广群

贵州省

630553 顾庆筑

陕西省

630554 张秦域

广西壮族自治区

630555 费留德　　630556 周鲁生

内蒙古自治区

630557 蔡德容

甘肃

630558 周志远

新疆维吾尔自治区

630559 余兆祖

青海省

630560 王宝珍

宁夏回族自治区

630561 毛荣田

冶金系（共130人，内有1962年保留入学资格学生1人）

北京市

630562 彭金申	630563 赵睿芳	630564 孙君恺	630565 吕述祖
630566 邓光宗	630567 时庆涛	630568 王霭第	630569 沈钟伟
630570 王　秦	630571 吴圣恒	630572 赵娟英	630573 高二明
630574 董玲萱	630575 徐　正	630576 郭治新	630577 张立申
630578 李金泉	630579 张苏平	630580 汪长清	630581 孔宪华
630582 魏亚杰	630583 孙　庆	630584 韦福强	

上海市

630585 汪至强	630586 张维春	630587 胡则彬	630588 陈　熙
630589 韩海根	630590 黄基公	630591 盛家熊	630592 黄志俭
630593 陶　璘	630594 吕新华	630595 彭大为	630596 何源华
630597 张炎年	630598 唐志恩	630599 黄邦周	630600 颜林发
630601 葛潏华	630602 庄孝君	630603 韩占元	

江苏省

630604 陈谦红	630605 陶未远	630606 邹念椿	630607 史志民
630608 刘树明	630609 张永信	630610 徐福生	630611 封　冰
630612 袁积煌	630613 秦伯和	630614 高鹏宏	630615 徐玉书
630616 李绍成	630617 范本良	630618 汤国祥	630619 王晓云
630620 王明贵	630621 王炳大		

河北省

630622 张　诚	630623 傅树利	630624 韩盈淳	630625 苏永安
630626 党建儒	630627 张家梅	630628 刘淑英	630629 李吉增
630630 文化曾	630631 兰镜如	630632 童惠君	

辽宁省

| 630633 聂福贵 | 630634 崔周平 | 630635 王新君 | 630636 李素兰 |
| 630637 张振夷 | 630638 杨德新 | | |

福建省

630639 陈左光	630640 陈荣明	630641 陈佛诗	630642 林文火
630643 郑了惠	630644 张德凤	630645 罗澄清	630646 李孝波
630647 林亚斌	630648 黄靖国	630649 陈华振	

浙江省

| 630650 邵钦作 | 630651 卢巧焕 | 630652 姜永熙 | |

四川省

| 630653 王启智 | 630654 卢胜伟 | 630655 卓光容 | 630656 王显英 |
| 630657 汪衍霞 | | | |

广东省

| 630658 何式乐 | 630659 谭光荣 | 630660 梁益海 | 630661 祝志远 |
| 630662 朱津裘 | 630663 陈炳忠 | | |

湖南省

| 630664 唐建椿 | 630665 刘显惠 | | |

湖北省

630666 赵邦定　　630667 左志宏　　630668 李德群　　630669 周　毅
630670 倪　宾

吉林省

630672 王玉璞　　630673 林福瑜　　630674 曹玉宝

黑龙江省

630675 朱荣寀　　630676 田　蕃

河南省

630677 陈志远　　630678 周孝诚

山东省

630679 牛俊民　　630680 魏德顺　　630681 贾炳法

山西省

630682 郝晋生　　630683 鲁志强

江西省

630684 张福辉　　630685 刘增运

安徽省

630686 洪世沛　　630687 方国胜

云南省

630688 朱培德

陕西省

630689 刘扶轮

广西壮族自治区

630690 金利华

甘肃省

630691 贺承绪

1962年保留入学资格学生1人

620210 周成大

电机工程系（共176人，内有1962年保留入学资格学生2人）

北京市

630692 刘本懿	630693 马克强	630694 何振普	630695 李磊落
630696 赵淑萱	630697 张志江	630698 邹传胜	630699 孙卓惠
630700 杨立人	630701 高　琳	630702 马肃领	630703 王中祺
630704 赵家凤	630705 生　洁	630706 时作隆	630707 闻学勤
630708 刘榜胜	630709 周自强	630710 齐希良	630711 宋九兴
630712 郭日晓	630713 李　英	630714 徐　兰	630715 江　芸
630716 金羽孙	630717 王荣生	630718 朱希铎	630719 李学厚
630720 李　胜	630721 张耀文	630722 崔宝玉	630723 张沛生
630724 茹秀兰	630725 徐泽林	630726 万桂林	631208 王　津
631217 徐蕙芳	631228 赵德胜	631243 冯保来	

上海市

630727 倪以信	630728 翟人立	630729 王光明	630730 徐　安
630731 姜建文	630732 倪甘霖	630733 俞苗苗	630734 施国樑
630735 邓若二	630736 孙葆君	630737 冼晓德	630738 胡学浩
630739 吴亦民	630740 汤雪莹	630741 杨国良	630742 邵芸芸
630743 柳月生	630744 萧　强	630745 秦彼得	630746 秦国鸣
630747 彭忠定	630748 许慕樑	630749 茅孝成	630750 汤嘉明
631258 俞志和			

江苏省

630751 薛彦宏	630752 高晓清	630753 须文波	630754 李传厚
630755 胡素华	630756 王俊青	630757 张仿贤	630758 屠志鸿
630759 蔡惟慈	630760 赵福娣	630761 岳超源	630762 沈祖恒
630763 董云甫	630764 陈照章	630765 刘建宏	630766 汝泰来
630767 刘树德	630768 蒋寿炎	630769 刘汉兴	630770 仲进才

河北省

630771 王修福	630772 刘进仕	630773 王守珍	630774 谭文生

630775 张克祥	630776 褚荣福	630777 姚武均	630778 吕宝永
630779 郗金星	630780 崔兆喜	630781 李慧君	630782 杨丞棠
631593 赵荣大			

辽宁省

630783 李汉民	630784 王秀芝	630785 刘占贤	630786 李惠昇
630787 董庆祥	630788 顾　正		

福建省

630789 章美芬	630790 陈融生	630791 林潮清	630792 邱宇平
630793 林　统	630794 陈炳斯	630795 许惠邦	630796 林　慧
630797 谢　津	630798 王希恭	630799 张小仪	

浙江省

630800 吴文渊	630801 顾维錩	630802 黄加溪	630803 李明阳
630804 叶寿棠	630805 俞秀智		

四川省

630806 罗应立	630807 李文沅	630808 邓先寅	630809 程溥纯
630810 蒋忠则	630811 刘凯旋	630812 丁纪楠	631011 李忠智

广东省

630813 钟肇燊	630814 周震国	630815 陈泽锦	630816 周汝璟
630817 孔自良	630818 刘国柱	630819 杨文纬	

湖南省

630820 罗飞路	630821 蒋祥铣	630822 陈　远	630823 彭大忠
630824 杨　扬	631190 尹彦芝		

湖北省

630825 林士凯	630826 夏安邦	630827 李　虎	630828 贺曙东

吉林省

630829 周笑非	630830 张永才	630831 李兆玉	630832 董世堂

黑龙江省

630833 高树权	630834 曲官庆	630835 何思奇	

河南省

630836 张家钻　　630837 尹敏春　　630838 魏光耀

山东省

630839 高太那　　630840 由海春　　630841 宫焕芬

山西省

630842 张如颢

江西省

630843 刘鼎然　　630844 吴勋如　　630845 窦学海

安徽省

630846 张崇巍　　630847 程万军　　630848 孙长宽　　630849 章兆园

云南省

630850 李嘉廷

贵州省

630851 孙昭英

陕西省

630852 曹长安

广西壮族自治区

630853 赵之杰　　630854 李佩雄

内蒙古自治区

630855 乔庆元

甘肃省

630856 姚宝琪

新疆维吾尔自治区

630857 邢卓卓

1962年保留入学资格学生2人

620388 鞠　枫　　620406 许可达

无线电电子学系（共192人，内有1962年保留入学资格学生1人）

北京市

630858 李路生	630859 李　青	630860 周　伟	630861 孙　炬
630862 韩渝生	630863 蔡　法	630864 叶婉丽	630865 王晓光
630866 王宪夫	630867 高明伦	630868 林　海	630869 林维芬
630870 高其錘	630871 吕汝明	630873 闫鲁滨	630874 周启博
630875 王皖贞	630877 吴大为	630878 祝　勉	630879 顾玉华
630880 符正威	630881 陈文浚	630882 刘　珍	630883 翁振国
630884 程小华	630885 王保秀	630886 刘良华	630887 陈美莉
630888 王　歙	630889 汪　瑞	630890 唐曾圻	630891 马增良
630892 张国启	630893 徐今强	630894 王开斌	630895 周烽清
630896 马　爽	630897 吴京易	630898 宗玉华	630899 秦文林
630900 姜远柚	630901 李荣华	630902 刘慧奇	630903 张宁方
630904 陈家骅	630905 赵桂芬	630906 李恒勋	630907 朱长年
630908 丁绍民	630909 桂立新		

上海市

630910 汤定鼎	630911 陈涛秋	630912 范履苞	630913 屈耀双
630914 王志明	630915 郑志鸿	630916 黄金生	630917 沈绍芬
630918 毛乙长	630919 王一心	630920 蒋瑞清	630921 宗耀堂
630922 许明贤	630923 霍丽骊	630924 陈国雄	630925 赵盛柏
630926 叶寒碧	630927 周定真	630928 唐品良	630929 顾兰芳
630930 张国华	630931 程惟康	630932 陈铃娣	630933 夏尧邦
630934 金时筠	630935 陈华渝	630936 余问是	630937 梁光夏
630938 郑光宇	630939 唐春芳	630940 陈鹤龄	630941 吴中方
630942 林家义	630943 陈廷康		

江苏省

630944 李嘉陵	630945 庄寿涵	630946 邵泉丽	630947 毛重光

630949 余治洪	630950 王光明	630951 邹曙昭	630952 张屏生
630953 郑祖焜	630954 钱天白	630955 刘洪庄	630956 蒋　君
630957 杨立锦	630958 刘俊卿	630959 陈庆兰	630960 沈　俊
630961 倪振声	630962 张远震	630963 刘月芳	630964 崔炎清
630965 冯章明	630966 朱龙龙	630967 邵听洪	630968 盛祖谦
630969 潘建初	630970 王鍾瑞	630971 李崇阶	630972 张丽英
630973 吴　岳	630974 金功九	630975 肖　宁	630976 孙洪元
630977 钱炜坤			

河北省

630978 潘四明	630979 王鹤伦	630980 陈波波	630981 汪宝如
630982 方培本	630983 张晓乡	630984 姜俊英	630985 白子硕
630986 卢沂州	630987 吴凤朝	630988 高连江	630989 董玉德

辽宁省

| 630990 殷桂芝 | 630991 刘仁堂 | 630992 孙德全 | 630993 程立公 |
| 630994 马朋捷 | | | |

福建省

630995 林振煜	630996 林　忠	630997 杨德兴	630998 陈光海
630999 任汉金	631000 刘曼珍	631001 蓝有然	631002 黄才涌
631003 郑敏政	631004 黄衍池		

浙江省

| 631005 冯　纶 | 631006 卢江浩 | 631007 蔡守炎 | 631008 张光治 |
| 631009 徐日旺 | 631010 杨　斌 | | |

四川省

| 631012 彭启琮 | 631013 陈珍莉 | 631014 闫永廉 | 631015 应月燕 |
| 631016 王星群 | | | |

广东省

| 631017 陈仁术 | 631018 李伟奇 | 631019 黄斐萍 | 631020 骆西兴 |
| 631021 陈志平 | 631022 邝达明 | | |

湖南省

631023 周正德　　631024 金泽渊　　631025 李宛平　　631026 杜　新
631027 陈工平

湖北省

630671 王晓平　　631028 高光荣　　631029 周韫琳

吉林省

631030 南仁东　　631031 司玉仲　　631032 荆南飞　　631033 李应铺

黑龙江省

631034 肖自贵　　631035 关家伦

河南省

631036 梁建湘　　631037 田中起

山东省

631038 戴华臣　　631039 赵恩杰　　631040 耿修成

山西省

631041 谷晋骐

江西省

631042 杨立群　　631043 姚贞香

安徽省

631044 王世明　　631045 杜福生　　631046 刘尧光　　631047 韩家明

贵州省

631048 毛厚德

陕西省

631049 杜承启　　631050 王建光

广西壮族自治区

631051 梁金安

1962年保留入学资格学生

611509 柳美娟

自动控制系（共154人，内有1962年保留入学资格学生3人）

北京市

631052 计小云	631053 江罗兰	631054 罗挺前	631055 邓少华
631056 陈 倚	631057 侯阿林	631058 周玉梅	631059 余 宁
631060 许传金	631061 赵卫敏	631062 付杏春	631063 李明文
631064 周文业	631065 余雪丽	631066 周松娣	631067 白黎明
631068 徐志明	631069 张铁生	631070 孙世雄	631071 郑易生
631072 陈光熙	631073 刘兴三	631074 富晓光	631075 杨 光
631076 马连成	631077 孙志民	631078 王大光	631079 李易之
631080 孙光琦	631081 唐纪荣	631082 张德成	631083 谭达平
631084 孙东梁	631085 郑玉歆	631086 郏建贤	631087 王美华
631088 李 鸣	631089 卢延宁	631090 罗 宇	631091 常燕群

上海市

631092 薛明明	631093 曹嘉庚	631094 沈衡广	631095 徐起德
631096 夏宇闻	631097 马颂德	631098 郁昆云	631099 钱再雄
631100 夏雨人	631101 朱永沛	631102 吴永翔	631103 刘正权
631104 陈俊文	631105 冯伟华	631106 董景昌	631107 徐 忠
631108 赵哲身	631109 周洒恒	631110 冯 猛	631111 祝敬国
631112 宗有方	631113 范幸枝	631114 金善东	631115 汤希才
631116 张世和	631117 刘寿和	631118 纪效媛	631119 竺士章
631120 顾力生	631121 王勇强	631122 卢 前	631123 吴一鹏

江苏省

631124 鲍明明	631125 金志禹	631126 娄华宁	631127 朱瑞来
631128 倪寿萱	631129 刘忠良	631130 李世敏	631131 赵厚福
631132 朱书生	631133 张华祝	631134 周志学	631135 郑启成
631136 江国泰	631137 周济生	631138 鲍新福	631139 耿志洪
631140 陈须洪	631141 王荣俊	631142 费克勤	631143 徐广懋

631144 周福臻　　631145 唐南大　　631146 马家振　　631147 李薇君
631148 李一乐　　631149 曹学良　　631150 须毓孝　　631151 谢晋澄
631152 陈化新　　631153 龚兴荣

河北省

631154 牛祝年　　631155 姚烈武　　631156 高世平　　631157 赵国志
631158 张五全　　631159 张鸿宾　　631160 姚永顺　　631161 秦华卿
631162 刘德命　　631163 周洪源

辽宁省

631164 刘文军　　631165 张国山　　631166 史德明　　631167 王宏业
631168 樊　程

福建省

631169 陈祖舟　　631170 欧阳钟灿　631171 姚文涛　　631172 陈文魁
631173 吴　涛　　631174 陈乌富

浙江省

631175 邡可儿　　631176 郑祖明　　631177 许廷福　　631178 李生喜
631179 唐伟元

四川省

631180 归柽华　　631181 彭昌国　　631182 石厚生　　631183 王疾舟

广东省

631184 王培榕　　631185 张建元　　631186 谢思明　　631187 吴　栋

湖南省

631188 高启孝　　631189 张子刚

湖北省

631191 但　燊　　631192 薛建中

吉林省

631193 徐素坤　　631194 周德禹　　631195 孙兆民

黑龙江省

631196 万绍鸿

河南省

631197 王志立

山东省

631198 张命祥

山西省

631199 张根旺

江西省

631200 王建秋　　631201 刘传勋

安徽省

631202 葛传力　　631203 迟成文

1962年保留入学资格学生3人

620878 赵维仁　　620896 李铁林　　620897 林立衡

工程物理系（共147人，内有62年保留入学资格学生3人）

北京市

631204 陈金章	631205 蓝瑞生	631206 郭光炽	631207 胡希祖
631209 李嘉宜	631210 王长龄	631211 赵仁河	631212 曹同乐
631213 易浩君	631214 姚晓光	631216 孙乃渝	631218 华正阳
631219 苏玉林	631220 郝铁城	631221 王金杰	631222 唐 樑
631223 徐贞元	631224 李包罗	631225 刘东华	631226 李春波
631227 孙安利	631229 刘淑媛	631230 毛剑瑛	631231 武寄萍
631232 谈锦封	631233 王怡箴	631234 李 威	631235 左正平
631236 庄人遗	631237 张 比	631238 王立国	631239 寿大云
631240 韩锡贵	631241 竺 西	631242 张亿伯	631244 范希明

上海市

631245 濮继龙　　631246 苏进武　　631247 王立峰　　631248 戎月莉

631249 赵培贞	631250 徐兴哉	631251 戴柏年	631252 傅丽清
631253 马建华	631254 陈　龙	631255 奚仲达	631256 蒋克桂
631257 秦　椿	631259 谢文豹	631260 夏贤云	631261 沈新尹
631262 朱德义	631263 朱关明	631264 杨立言	631265 颜斌良
631266 马肇修	631267 罗万象	631268 徐德辉	631269 钱伟立
631270 钱人伟	631271 傅乐毅	631272 黄国强	631273 郑大膺
631274 石志鑫	631275 浦俭振	631276 王洪澄	631277 陆国祥
631278 吴　志			

江苏省

631279 杨杰东	631280 张申如	631281 江少林	631282 何云宇
631283 徐承材	631284 王为香	631285 陈殿云	631286 查长其
631287 朱国栋	631288 高科元	631289 俞卓平	631290 戴尔云
631291 张祖寿	631292 陈连发	631293 周剑秋	631294 卢桂生
631295 徐品芳	631296 王衍福	631297 王聚福	631298 宋永昌
631299 薛国甦	631300 沙念孙	631301 冯之益	631302 王金松
631303 钱元春	631304 奚建平	631305 顾耀文	631306 王维亲
631307 徐世泽	631308 郭嘉诚	631309 蒋汉平	631310 朱敖金

河北省

631311 郝明昆	631312 徐保美	631313 王子良	631314 李晓寅
631315 王文惠	631316 张英振	631317 许晓平	631318 李振宗
631319 马鸿逵	631320 孟昭芳		

辽宁省

631321 陈玉秀	631322 郭长武	631323 赵铁令

福建省

631324 吴孙焰	631325 刘尚培	631326 林　常	631327 刘有信
631328 叶在明	631329 章桂芳		

浙江省

631330 许志德	631331 钱守仁	631332 姚守型

四川省

631333 陈建国　　631334 刘誓红　　631335 李光炬　　631336 罗修纯

广东省

631337 唐孟希　　631338 郑庆潮　　631339 邹伟雄　　631340 余剑明

湖南省

631341 李飞权　　631342 金詠怡

湖北省

631343 何兆湘　　631344 周和圣

吉林省

631345 郝兴文　　631346 金东锡

黑龙江省

631347 苏景辉　　631348 姚治安

河南省

631349 邱伟仁　　631350 单恩波

山东省

631351 谢法俊

安徽省

631352 陈治国　　631353 刘贤忠

1962 年保留入学资格学生 3 人

621146 张应超　　621057 陈忠民　　621112 孙素兰

工程化学系（共 144 人，内有 1962 年保留入学资格学生 1 人）

北京市

631354 兰崇远　　631355 田维熙　　631356 徐元源　　631357 鲁梦铭
631358 田慕川　　631359 沈有光　　631360 王振祥　　631361 申同贺
631362 马　元　　631363 王炳智　　631364 吴　桥　　631365 董立芝

631366 王庆生	631367 贾雪芳	631368 刘志成	631369 夏　华
631370 孟家驹	631371 田秀敏	631372 汤冀明	631373 刘秋凝
631374 梁葆华	631375 姚景群	631376 王光复	631377 彭耀珊
631378 马今也	631379 王　展	631380 邢文德	631381 谢丁川
631382 应自荣	631383 王　明	631384 舒　仲	631385 王英民
631386 张存和	631387 张立民	631388 山秋珍	631389 姜凤琴
631390 徐则林	631391 肖庆耕	631392 张承凯	631393 李世雄
631394 邓小岚	631395 王　焱		

上海市

631396 张颖之	631397 葛继曾	631398 黎良珍	631399 高　澄
631400 胡　兴	631401 孙美玲	631402 莫雯静	631403 姚永寿
631404 汪　维	631405 封耀明	631406 朱金根	631407 汤沛民
631408 杨达伦	631409 徐英农	631410 龚丹九	631411 王国强
631412 何　玮	631413 李文才	631414 匡桂云	631415 王华良
631416 严成钊	631417 吴　绯	631418 鲍长康	631419 朱培顺
631420 汪秀珍	631421 孔宪章	631422 田玉尧	631423 杨春荣
631424 宋学敏	631425 周安琪	631426 邵凯胜	

江苏省

631427 曹惠君	631428 吴渝陵	631429 祁嘉义	631430 史復有
631431 王丽保	631432 张基德	631433 顾松青	631434 汤茂志
631435 蒯大富	631436 倪旭生	631437 何必正	631438 戴文男
631439 陈新生	631440 葛汝明	631441 卜秉康	631442 孙炳生
631443 卞有为	631444 张宝环	631445 殷小铭	631446 刘　慧
631447 刘永庆	631448 吴浩汀	631449 孙克明	631450 曹志庭
631451 杨锦熙	631452 徐蓉蓉	631453 王松铭	631454 吴正康
631455 赵仁兴			

河北省

631456 王存明	631457 范景珍	631458 刘思行	631459 赵文祥
631460 李凤琴	631461 李其大	631462 谢位珍	631463 张忠坤
631464 张万进	631465 李永武	631466 胡拾东	

辽宁省

631467 贾景华　　631468 吕九琢　　631469 张会本

福建省

631470 许金煜　　631471 叶英植　　631472 陈祯祥　　631473 叶成基
631474 陈庆熙

浙江省

631475 胡培贤　　631476 金晓英

四川省

631477 石毓芬　　631478 彭仲辉　　631479 赖多丽　　631480 段德智

广东省

631481 曾文龙　　631482 林惠鹏　　631483 成奎春　　631484 朱庆和
631485 邹启光

湖南省

631486 李玉贵　　631487 欧阳平凯

湖北省

631488 王大定　　631489 樊启新

吉林省

631490 刘德辉　　631491 唐　渝

黑龙江省

631492 刘才堂　　631493 张文华

河南省

631494 李瑞琴　　631495 许正宇

山东省

631496 孙绪孟

安徽省

631497 王连生

1962年保留入学资格学生1人
621261 韩占先

工程力学数学系（共131人，内有1962年保留入学资格学生1人）

北京市

631498 姚布丹	631499 刘文珂	631500 贺林地	631501 丁伟之
631502 李光正	631504 王新义	631505 孔 延	631506 常金钢
631507 王荃莉	631508 刘学贞	631509 廖章钜	631510 文小凡
631511 吴希曾	631512 刘英敏	631513 陈 安	631514 张小涵
631515 易若虹	631516 叶志江	631517 程允怡	631518 何惠平
631519 赵秉文	631520 潘振云	631521 于洪莲	631522 李宝荣
631523 施壮飞	631524 金志胜	631525 高季洪	631526 方 蘋
631527 殷秀清	631528 胡建芝	631529 乔宗淮	631530 贾鸿藻
631531 赵宗儒			

上海市

631532 李 理	631533 杨其恩	631534 袁承忠	631535 丁宝康
631536 金福龙	631537 俞泽民	631538 吴雄华	631539 陈利颐
631540 孙和成	631541 胡大邦	631542 鲍子初	631543 孙国钧
631544 陈国光	631545 徐刚富	631546 沈曙炎	631547 李怀湘
631548 施兴培	631549 赵良臣	631550 徐伟俊	631551 章曾煜
631552 沈惠川	631553 潘安平	631554 盛世昌	631555 张龙祥
631556 陈桂元	631558 岑章志		

江苏省

631559 戴 浩	631560 严德崑	631561 沈孝钧	631562 庄亚仁
631563 张建华	631564 曹川生	631565 拾景年	631566 王钧和
631567 蔡沅之	631568 许天江	631569 郁吉仁	631570 周纪瑜
631571 黄庆凤	631572 李维益	631573 顾洪福	631574 张宝祥
631575 沈台平	631576 施泽康	631577 朱根伍	631578 刘泉深
631579 赵国兴	631580 何华欣	631581 王志鹏	631582 胡林涓
631583 薛伟民	631584 沈仁明		

河北省

631585 席　儒　　631586 姚增权　　631587 冷纪桐　　631588 王载工
631589 王福荣　　631590 王铁成　　631591 周　莉　　631592 余志和
631594 李　光

辽宁省

631595 李贵林　　631596 于子莹　　631597 姜惠成

福建省

631598 黄东涛　　631599 林发棋　　631600 王观光　　631601 黄合宝
631602 陈玉宙

浙江省

631603 陈邦芙　　631604 王胜令　　631605 徐梓炘

四川省

631606 刘绍中　　631607 刘成群　　631608 刘汝林　　631609 伍　超

广东省

631610 谢就蛮　　631611 张怀怡　　631612 黎贵犹　　631613 张传让
631614 刘　炫

湖南省

631615 谭小苹　　631616 李希平

湖北省

631617 王醒民　　631618 钟永生　　631619 李受百

吉林省

631620 徐振海　　631621 瞿万全

黑龙江省

631622 胡占芳　　631623 曲从钰

河南省

631624 陈国胜　　631625 杨松升

山东省

631626 孙常秋　　631627 李中鲁

江西省

631628 雷昌瑜

安徽省

631629 秦立森

陕西省

631630 朱　巽

1962年保留入学资格1人

621313 赵菊生

清华大学档案，全宗号2，目录号 校3，案卷号021

1964年清华大学录取新生名单※
（1964年）

土木建筑系（166人＋1人）
北京市

640001 张吉平	640002 汪琪美	640003 胡小胡	640004 张克瑾
640005 王玲玲	640006 姚中路	640007 金昭美	640008 葛　仲
640009 刘在辉	640010 蒋世俊	640011 高凯渝	640012 石志澄
640013 王雅仙	640014 魏晶乾	640015 徐积美	640016 邢秋顺
640017 张道真	640018 曹　达	640019 刘德鑫	640020 甄衡祥
640021 崔佑民	640022 窦春朋	640023 刘吉祥	640024 常　伟
640025 刘光曼	640026 黄　薇	640027 高学筠	640028 徐国凯
640029 陈德英	640030 董保民		

上海市

640031 刘惠炅	640032 万润南	640033 张绮荔	640034 赵秋华
640035 龚文忠	640036 沈锡昶	640037 王秉华	640038 戴季浩
640039 洪富根	640040 钱稼茹	640041 李政文	640042 黄　豪
640043 韦绚文	640044 陈仲林	640045 马雨农	640046 钱静江
640047 徐林发	640048 姚重光	640049 方国昌	640050 胡永其
640051 张肖蝶	640052 徐中和	640053 李坚明	

江苏省

640054 单　建	640055 凌桂生	640056 戚荣林	640057 焦金生
640058 孙　浩	640059 杨科如	640060 周志生	640061 沈小蓉
640062 钟孝武	640063 朱玉生	640064 朱礼密	640065 邱玉和
640066 张祥林	640067 刘鹏飞	640068 蒋仲达	640069 张玉良
640070 陈相近	640071 张学余	640072 赵阶松	640073 路德胜
640074 张南清	640075 李茂明	640076 王余生	640077 殷步九
640078 陆根兴	640079 王菲菲	640080 唐建国	

河北省

640081 平幼妹	640082 邵作珠	640083 焦毅强	640084 杨宝星
640085 孙振昇	640086 姜文波	640087 倪寿增	640088 王志浩
640089 刘振海	640090 王　林	640091 刘增全	640092 任丽娟
640093 周希元	640094 郭玉顺	640095 乔麟祥	640096 张勤冠

辽宁省

640097 初世安	640098 李世杰	640099 秦大立	640100 于永湛
640101 方振海			

福建省

640102 高叔平	640103 黄祥村	640104 连果义	640105 谭华辉
640106 林祥行	640107 朱长富	640108 姚荣达	640109 张国民
640110 何立平	640111 徐士乔	640112 吴荣辉	

浙江省

640113 李大瑜	640114 郭福鑫	640115 王坤海	640116 李忠琳

640117 翁宪忠　　640118 王凯戍　　640119 张万钟　　640120 潘玉哲

四川省

640121 余本农　　640122 王典吉　　640123 周世荃　　640124 苏发兴
640125 程玉彬　　640126 谯继康

广东省

640127 黄俊基　　640128 刘国基　　640129 郭剑锋　　640130 何炳麟
640131 刘中才　　640132 徐治惠

湖南省

640133 苏渝常　　640134 朱宏亮　　640135 谢集源

湖北省

640136 李大纬　　640137 武孟灵　　640138 邹邦斌　　640139 陈道祥
640140 杨明仁

吉林省

640141 刘宝树　　640142 卢有杰

黑龙江

640143 王志石　　640144 李绍纲　　640145 刘玉梅

河南省

640146 刘继武　　640147 杨振华　　640148 朱西庚

山东省

640149 纪怀禄　　640150 沈荣憨　　640151 王秉浩

山西省

640152 霍新民

江西省

640153 周衍绪　　640154 李焕孙　　640155 肖承优

安徽省

640156 程正义　　640157 万寿岳　　640158 杜文涛　　640159 马有志

640160 饶海渊　　640161 应宏善

云南省

640162 王则毅

贵州省

640163 谢慧才

陕西省

640164 马凯梅

广西壮族自治区

640165 卢萃辉

青海省

640166 许宝生

1963年保留入学资格学生1人

630008 那向谦

水利工程系（93人）

北京市

640167 郝　笃	640168 刘　珂	640169 高国清	640170 黄祖英
640171 杨小庆	640172 郑徐葆	640173 卢达溶	640174 杨之媛
640175 张进平	640176 梁　健		

上海市

640177 吴大钿	640178 周士渊	640179 邵建华	640180 何宇平
640181 张雪梅	640182 陈春芳	640183 陈根发	640184 朱乐怡
640185 俞铭华	640186 郑保良	640187 谢鹤松	640188 朱以文
640189 周孟龙			

江苏省

| 640190 苗振达 | 640191 史亚雄 | 640192 邱心伟 | 640193 龚伯元 |
| 640194 孙忠仁 | 640195 胡汉穑 | 640196 高华义 | 640197 钱宏申 |

640198 黄建忠　　640199 顾全坤　　640200 许洪元　　640201 傅耀良
640202 薛明善

河北省

640203 闫玉海　　640204 李秀芬　　640205 李庆贞　　640206 邵本玮
640207 王贺敏　　640208 张福墀　　640209 陈希吾　　640210 李仲奎
640211 刘德义　　640212 高晋占　　640213 戴广平　　640214 王世国

辽宁省

640215 边国政　　640216 李书臣　　640217 柯镇平　　640218 刘宗胤
640219 王家振

福建省

640220 汪永贺　　640221 朱小同　　640222 纪酒武　　640223 黄坤官
640224 宓湧民　　640225 林家盾　　640226 苏秋琴

浙江省

640227 江碧瑶　　640228 叶星顺　　640229 吕福泉　　640230 陈乃祥

四川省

640231 黄秀铭　　640232 李常莲　　640233 王国康　　640234 梁青福

广东省

640235 杨裕庭　　640236 吴植蕃　　640237 林大炎　　640238 陈稚仰

湖南省

640239 毛秉厚　　640240 刘春生

湖北省

640241 汪大培　　640242 傅先武　　640243 饶西满

吉林省

640244 张学学　　640245 梁大中

黑龙江省

640246 任继缤

河南省

640247 于光恩

山东省

640248 马克强

山西省

640250 和德富

江西省

640251 张全福　　640252 邹静华

安徽省

640253 张　泊　　640254 郑继祖

云南省

640255 曾光宇

贵州省

640256 肖替华

陕西省

640257 杨湘黛

广西壮族自治区

640258 龙信福

宁夏回族自治区

640259 聂孟喜

动力机械系（106人）

北京市

640260 周振渝	640261 何锦英	640262 滕筑华	640263 姚　立
640264 刘文元	640265 靳志民	640266 韩敦履	640267 蔡德立
640268 刘振荣	640269 岳光溪	640270 邢益谦	640271 张玲桂

| 640272 牛铁石 | 640273 李克绵 | 640274 秦华曾 | 640275 蔡素惜 |

上海市

640277 顾利忠	640278 沐志成	640279 黄世伟	640280 杨宏亚
640281 冯章器	640282 陈俊方	640283 龚一之	640284 杨忠元
640285 周文华	640286 张泰荣	640287 董德海	640288 林锦福
640289 陆智敏	640290 葛继茂	640291 周鸿康	

江苏省

640292 赵继先	640293 顾传宝	640294 李顺宗	640295 孙士龙
640296 张鸿高	640297 陈育和	640298 姜宏铎	640299 刘映栋
640300 汪 正	640301 王锦标	640302 袁小和	640303 梅九成
640304 刘洪志	640305 徐荣娟	640306 邵振麒	

河北省

640307 吕泽华	640308 冯绍正	640309 李学忠	640310 李丽颖
640311 傅连池	640312 刘维恒	640313 陈改弟	640314 杨献勇
640315 杜占洲	640316 雷树业	640317 邓炳经	

辽宁省

| 640318 鹿道智 | 640319 王云山 | 640320 王瑾玉 | 640321 孙荣族 |
| 640322 孙广达 | | | |

福建省

640323 许启涌	640324 苏德培	640325 谢晶潮	640326 林信华
640327 唐建昌	640328 郑福源	640329 蔡力熊	640330 杨上培
640331 朱成德	640332 叶永坤		

浙江省

| 640333 朱唐金 | 640334 李金榜 | 640335 谢茂清 | |

四川省

| 640336 叶光芸 | 640337 万忠信 | 640338 陈世康 | 640339 邓时新 |
| 640340 吴志章 | | | |

广东省

640341 陈泽荣　　640342 许昭球　　640343 余杏文　　640344 杨文灿
640345 柯汉泉

湖南省

640346 阳培根　　640347 尹家雨　　640348 张电生

湖北省

640349 田清锦　　640350 黄祖培　　640351 张　行

吉林省

640352 江云彤

黑龙江省

640353 田在成

河南省

640354 张玉新

山东省

640355 孙述璞　　640356 姜学智

山西省

640357 李振汉

江西省

640358 徐大美

安徽省

640359 李定凯　　640360 毛传让

云南省

640361 朱洪滨

贵州省

640362 彭声达

陕西省

640363 何　正

广西壮族自治区

640364 迟　威

宁夏回族自治区

640365 韩光明

农业机械系（64人）

北京市

640366 彭东明　　640367 张恩祥　　640368 靳士伟　　640369 付涵蕴
640370 徐蕙苴　　640371 王治民　　640372 石春燕　　640373 杨光慈
640374 臧令瑜　　640375 沈家褆

上海市

640376 孟嗣宗　　640377 唐中立　　640378 尹尊声　　640379 薛德荣
640380 刘　匀　　640381 许梦琪

江苏省

640382 李世俊　　640383 顾华钧　　640384 徐锅子　　640385 徐国栋
640386 庄无咎　　640387 施　寅　　640388 殷佩霖

河北省

640389 杨　立　　640390 赵家佑　　640391 王建民　　640392 刘清奎
640393 刘俊杰　　640394 任彦申　　640395 温长利

辽宁省

640396 荐　健　　640397 王　强　　640398 史名垂

福建省

640399 苏文彬　　640400 张以平　　640401 陈长坤　　640402 李隆荣

浙江省

640403 金文进　　640404 应金良

四川省

640405 廖常初　　640406 龚　蔺

广东省

640407 刘煜照　　640408 丁明珠　　640409 王桔庭

湖南省

640410 夏群生　　640411 杨仲冬

湖北省

640412 罗正川　　640413 金学鲁　　640414 李国其

吉林省

640415 周永贵　　640416 赫国安　　640417 张世杰

黑龙江省

640418 刘贵发

河南省

640419 李立慧

山东省

640420 王立庆

山西省

640421 曾宪文

江西省

640422 陈润生　　640423 孔祥飞

安徽省

640424 江镜如　　640425 吕自新

陕西省

640426 陈全世

广西壮族自治区

640427 潘有成

内蒙古自治区

640428 梁志民

新疆维吾尔自治区

640429 冯英进

精密仪器及机械制造系（138人＋2人）

北京市

640430 刘　慧	640431 李丽琴	640432 李廷瑞	640433 赵荣来
640434 陈文博	640435 李仲刚	640436 郭庆丰	640437 车宏霞
640438 张　宁	640439 高慧芬	640440 李慧龄	640441 冯　予
640442 刘守圭	640443 宋小逸	640444 李希江	640445 朱维高
640446 宋彩功	640447 刘雪冬	640448 容树民	640449 丁景星
640450 陆云祥	640451 张凤鸣	640452 黄仲汉	640453 隋森芳
640454 沙立天	640455 易式仪	640456 袁塞风	640457 贺鹏飞
640458 达瓦次仁	640276 胡晓劲		

上海市

640459 王天伟	640460 沈鹏飞	640461 庄企华	640462 章贤达
640463 徐昌平	640464 乌明皓	640465 严小平	640466 席珉稼
640467 孙　敏	640468 王效林	640469 胡社文	640470 李维康
640471 潘龙法	640472 陈嘉陵	640473 孙龙成	640474 后晓山
640475 陈信汉	640476 朱念慈		

江苏省

640477 戴兴宗	640478 王庆酉	640479 唐国宝	640480 韦庆如
640481 潘安培	640482 赵亮宏	640483 田　芊	640484 朱菊青
640485 张德华	640486 陈汉文	640487 毛乐山	640488 景荣春
640489 冯冠平	640490 盛士华	640491 张耀明	640492 陈家骅
640493 丁天怀	640494 沙淑华	640495 蒋华良	

河北省

640496 冯曼曼	640497 陈志堃	640498 周翠珍	640499 武祥村
640500 崔次乾	640501 贾惠波	640502 杨惠英	640503 魏喜新
640504 张书练	640505 张永贵		

辽宁省

640506 李　平　　640507 郭利民　　640508 何庆声　　640509 赵玉芝

福建省

640510 吴绶衍	640511 林应笑	640512 顾爱莲	640513 蓝宗进
640514 郭汉康	640515 郑祖斌	640516 林　清	640517 许熙府
640518 刘德钦	640519 张乌灶		

浙江省

640520 余官正	640521 邱木根	640522 孙祖祥	640523 徐康富
640524 郦国瑾	640525 吴宝江	640526 王朝松	640527 郑可山

四川省

640528 徐金国	640529 朱钦泽	640530 郑莫一	640531 范珍良
640532 刘水仙			

广东省

640533 罗秀英	640534 黎启柏	640535 林喜荣	640536 潘志文
640537 陈田养	640538 姚彦秋	640539 李素眉	640540 邓九仔

湖南省

640541 黄健求　　640542 刘杰光　　640543 严天霞　　640544 龙述尧

湖北省

640545 刘喜正　　640546 罗传新　　640547 李滋兰　　640548 李志刚

吉林省

640549 陆希谋　　640550 陈嘉惠

黑龙江省

640551 张孝棣　　640552 张超回

河南省

640553 尚德昌　　640554 裴玉群

山东省

640555 栾绍金　　640556 张克毅

山西省

640557 樊天恩

江西省

640558 翁金山　　640559 陈春明

安徽省

640560 罗榕青　　640561 包成玉　　640562 黄学萍

云南省

640563 周鑑于

陕西省

640564 杨思杰

广西壮族自治区

640565 何树荣

新疆维吾尔自治区

640566 刘爱基

青海省

640567 吕永令

1963年保留入学资格学生2人

630437 刘朝儒　　630551 刘乃禹

冶金系（125人＋3人）

北京市

640568 张晓萍	640569 杨永和	640570 王振家	640571 黄锦麟
640572 张继荣	640573 胡　乐	640574 孙绍銮	640575 郝铁城
640576 周大卫	640577 曹建中	640578 李绍华	640579 史俊元
640580 邵会华			

上海市

640582 吕方强	640583 关晏中	640584 王庭佛	640585 陈皓明
640586 陆兰舫	640587 俞国贞	640588 沈　琪	640589 谢保权
640590 芮争家	640591 符锡波	640592 崔士章	

江苏省

640593 汪授泓	640594 程益和	640595 成国平	640596 金仁弟
640597 胡宝林	640598 应建德	640599 卢穗明	640600 于惠中
640601 王树椿	640602 陈音千	640603 王鹤泉	640604 李永德
640605 吴伯杰	640606 吴光荣	640607 陈元祖	640608 薛启东

河北省

640609 郑建华	640610 严治和	640611 刘文焕	640612 刘长凯
640613 孙秀琴	640614 张承耀	640615 王文昌	640616 于惠忠
640617 李德华	640618 马小庄	640619 葛伍群	640620 李书廷

辽宁省

640621 黄永聚	640622 付桂金	640623 陈继芳	640624 韩玉平
640625 孟令海	640626 段佩毓		

福建省

640627 刘兹钿	640628 张菱瑞	640629 吴树林	640630 黄文昌
640631 李树江	640632 王水菊	640633 吴祖瑢	640634 许文和
640635 吴子明	640636 张文戟	640637 郑燕康	640638 朱光永
640639 苏德昆	640640 周和平	640641 林　亨	640642 程代展

浙江省

640643 严绍华　　640644 潜发兴　　640645 江武辉　　640646 郑荣生
640647 朱康民　　640648 金保森　　640649 程长洪

四川省

640650 沈保罗　　640651 黄容生　　640652 陈历学

广东省

640653 罗雁列　　640654 刘裕品　　640655 叶增国　　640656 房锡鑫
640657 卢锦堂　　640658 黄及俊

湖南省

640659 蒋太定　　640660 龙铮山　　640661 何宜生　　640662 陈子惠
640663 李先耀

湖北省

640664 刘振东　　640665 刘建华　　640666 黄培根　　640667 殷吉和

吉林省

640668 李红光　　640669 何富东　　640670 何　滨　　640671 梁　吉

黑龙江省

640672 李　琛　　640673 庄云伍　　640674 丁明廉

河南省

640675 陈清顺　　640676 汤曲民

山东省

640677 薛　海　　640678 林国息　　640679 孙业英

山西省

640680 李庆生

江西省

640681 杨文仪　　640682 邓海金　　640683 曾传国

安徽省

640684 陈秀云　　640685 丁立人　　640686 程言斌　　640687 廖光黔

贵州省

640688 熊　琍

陕西省

640689 刘金城

广西壮族自治区

640690 王克争

内蒙古自治区

640691 马喜腾

甘肃省

640692 唐智勇

1963 年保留入学资格 3 人

630628 刘淑英　　630578 李金泉　　630690 金利华

电机工程系（173 人＋1 人）

北京市

640693 宫一棣	640694 周绪亮	640695 聂南南	640696 韩世泽
640697 梁德全	640698 王干忠	640699 王安娟	640700 杨启文
640701 耿复生	640702 付培元	640703 周宝瑄	640704 叶大田
640705 邢燕玲	640706 张曙明	640707 张志忠	640708 谭桂心
640709 郝　雷	640710 李健民	640711 谢　方	640712 陈　瀛
640713 张巨洪	640714 高　林	640715 王映雪	640716 赵去非
640717 黎明阳	640718 裴惠林	640719 金信远	640720 卢伟林
640721 唐元时	640722 吴　元	640723 赫　炽	640724 季艾凤
640725 莫旸若	640726 傅胜初	640727 刘道纯	640728 阮培春
640729 段泽人			

上海市

640730 陈镛如	640731 夏正昌	640732 周伟熊	640733 季元冰
640734 邱思渝	640735 薛　锋	640736 施惠昌	640737 施洵美
640738 沈嘉钧	640739 杨士元	640740 钱久业	640741 叶良卫
640742 郁士瀛	640743 胡建华	640744 周行颂	640745 林佳乐
640746 盛阿根	640747 王　雄	640748 朱善君	640749 寿守平
640750 李福祺	640751 唐竞新	640752 杨德发	640753 蒋纪康

江苏省

640754 陈贯良	640755 杨冀平	640756 车兆华	640757 张植保
640758 孙崇正	640759 陶志强	640760 朱鹤年	640761 王之恂
640762 周为德	640763 蒋国华	640764 樊志义	640765 杨克勤
640766 程文年	640767 卞迺章	640768 黄纪华	640769 王如泉
640770 沈利生	640771 黄宗昌	640772 戴德慈	640773 侯殿成
640774 顾茂林	640775 杨学昌	640776 黄立培	640777 张秀芳
640778 王发斌	640779 杨纪成	640780 俞一中	

河北省

640781 崔文进	640782 张金城	640783 张迺垚	640784 李作臣
640785 曹家喆	640786 郭忠贤	640787 曹玉金	640788 范全义
640789 杨志军	640790 于新才	640791 张俊娟	640792 高育杰
640793 常恩成	640794 贾玉平	640795 申过秋	640796 荣富贵
640797 王文有			

辽宁省

640798 姜彦福	640799 田聿新	640800 韩绍钧	640801 于公濂
640802 王　钢			

福建省

640803 许亚因	640804 陈世荣	640805 林征坚	640806 林振平
640807 林荣通	640808 邱阿瑞	640809 林马达	640810 林惠平
640811 王舜远	640812 刘文煌		

浙江省

640813 陈书君	640814 王文中	640815 朱摩西	640816 袁国明

640817 斯忠仁

四川省

640818 胡德远	640819 鲁华龙	640820 叶建中	640821 孟昭鑫
640822 黄学光	640823 崔德光	640824 吴光林	

广东省

640825 谢淡粦	640826 陆国基	640827 龙　理	640828 陈英彬
640829 林　初	640830 吕其炘	640831 李介谦	

湖南省

640832 杨正来	640833 曾和兴	640834 肖田元	640835 黄瑛玛

湖北省

640836 詹必川	640837 刘蜀仁	640838 公衍道	640839 唐光荣
640840 余昌民			

吉林省

640841 慕绥新　　640842 翟林培　　640843 张恩国

黑龙江

640844 关志成　　640845 王守贵

河南省

640846 王成全　　640847 许安平　　640848 赵启发　　641041 陈默子

山东省

640849 杨绍珩　　640850 姜　毅　　640851 王治本

山西省

640852 王　普

江西省

640853 陈慧蓉　　640854 邓九根　　640855 程从从

安徽省

640856 张景良　　640857 韩德威　　640858 高　杨　　640859 邢明德

云南省

640860 凌庆霖

贵州省

640861 向正举

陕西省

640862 李琴珠

广西壮族自治区

640863 张　慧

甘肃省

640864 侯国屏

1963 年保留入学资格学生 1 人

630707 闻学勤

无线电系（190 人＋1 人）

北京市

640865 樊路生	640866 马丽庄	640867 斯可克	640868 杨小芳
640869 邬鸿彦	640870 张林娜	640871 陈培毅	640872 舒美泰
640873 周小燕	640874 刘序明	640875 张兴政	640876 杨景林
640877 王健华	640878 王海生	640879 陈健鹏	640880 侯志锐
640881 申本奇	640882 温学礼	640883 王洪烈	640884 唐日晶
640885 吴殿玉	640886 温珊林	640887 苏开娜	640888 白应奎
640889 杨先复	640890 王振华	640891 王　璋	640892 姚祚仁
640893 林雅筠	640894 王西生	640895 张焕勋	640896 阚凯力
640897 韩学林	640898 王文彬	640899 宋英明	640900 孙祥琳
640901 孙华栋	640902 魏绍云	640903 王菊庭	640904 李凯芃
640905 王嵩梅	640906 周淑华	640907 王丽华	640908 石谋斌

640909 王　佳	640910 刘孟松	640911 王泽娴	640912 王德生
640913 杨秋生	640914 张　琪		

上海市

640915 吴时光	640916 林行刚	640917 汪健如	640918 张令国
640919 许亦先	640920 张定康	640921 王家鼎	640922 黄培清
640923 冯正和	640924 沈石楠	640925 谢利滨	640926 刘景文
640927 王健英	640928 田　历	640929 陈修治	640930 李铭祥
640931 王福源	640932 乔治贵	640933 雷光浦	640934 顾元德
640935 顾引仙	640936 胡莘莲	640937 陈竹霞	640938 李建平
640939 颜慧中	640940 费水生	640941 叶小珠	640942 周关兴
640943 袁春夫	640944 缪　昕	640945 李培龙	640946 苗锡昌
640947 何仁章			

江苏省

640948 季克昌	640949 杨健雄	640950 陈兆武	640951 华敏生
640952 蒋汉生	640953 杨金玉	640954 孙炳华	640955 蒋宜宽
640956 赵正平	640957 张尊侨	640958 周柏云	640959 高建华
640960 步锦章	640961 朱国屏	640962 王以平	640963 程留珊
640964 佟力军	640965 唐宝民	640966 金开祥	640967 尹传平
640968 石昭平	640969 祁顺宝	640970 杨静芬	640971 薛保兴
640972 徐永庭	640973 沈明其	640974 谭德高	640975 曾　鍊
640976 胡炳良	640977 咸淦生	640978 钱仁兴	640979 张锦云
640980 石昭祥			

河北省

640981 项伯华	640982 姚金润	640983 高振岭	640984 董兆仁
640985 李永明	640986 尚光复	640987 王同丽	640988 王章练
640989 路虎豹	640990 白志敏	640991 王永吉	640992 朱维仲
640993 李俊喜	640994 王纪民	640995 刘正光	640996 陈明升

辽宁省

640997 赵晓华	640998 栾德富	640999 富力文	641000 林代茂
641001 崔慧娟			

福建省

641002 林晓星　　641003 李德坚　　641004 林春应　　641005 邱盛藩
641006 张晋宁　　641007 胡思正　　641008 林惠旺

浙江省

641009 严樟根　　641010 张蜀章　　641011 陈金凤　　641012 唐正兴

四川省

641013 张志敏　　641014 李成忠　　641015 胡显云　　641016 陶永章
641017 黄维华

广东省

641018 林本坚　　641019 李道广　　641020 洪尚清　　641021 黄云森
641022 王元钊　　641023 陆平威　　641024 张德杏　　641025 易树源

湖南省

641026 刘党荣　　641027 黄开开　　641028 龚正虎　　641029 陈开元

湖北省

641030 蔡淑勤　　641031 陈尚明　　641032 赵岳松　　641033 王新久

吉林省

641034 刘庆华　　641035 唐　昆　　641036 王光伟　　641037 冯　斌

黑龙江省

641038 吕洪国　　641039 呼贵纯　　641040 山秀明

河南省

641042 朱希夏

山东省

641043 王泽雨　　641044 郑于江　　641045 杨正华

山西省

641046 宁安荣

江西省

641047 胡子建　　641048 马为民

安徽省

641049 邢晓光　　641050 俞长伦　　641051 唐伟民　　641052 吴桂松

陕西省

641053 丁其湄　　641054 李凤亭

广西壮族自治区

641055 董永英

自动控制系（148人＋1人）

北京市

641056 樊月华　　641057 苏　云　　641058 王　恬　　641059 蔡莲红
641060 苏德儒　　641061 陈　颐　　641062 郭绍波　　641063 刘纪权
641064 陈　元　　641065 张贵陞　　641066 朱云九　　641067 李秀梅
641068 孙学敏　　641069 高振江　　641070 王品嵘　　641071 赵南元
641072 周全喜　　641073 刘吾臣　　641074 要茂丽　　641075 刘惠颖
641076 赵复中　　641077 何绍德　　641078 赵小杰　　641079 刘洪发
641080 王庆平　　641081 徐绍敏　　641082 郝　迳　　641083 李志仁
641084 徐德延　　641085 黄　煦　　641086 杨　玲　　641087 周树仁
641088 谭昌龄　　641089 许文达　　641090 罗建北　　641091 戴一奇
641092 曾焕炎

上海市

641093 严隽薇　　641094 王光海　　641095 王坚仁　　641096 陆文娟
641097 仇天石　　641098 梅顺良　　641099 程渝荣　　641100 刘纪涛
641101 陈柏年　　641102 范海薇　　641103 戴福根　　641104 汪重九
641105 陈大融　　641106 成林生　　641107 沈培光　　641108 邵洁人
641109 赵东海　　641110 董海生　　641111 李德煌　　641112 付惠敏
641113 翁海珊　　641114 戴梅萼

江苏省

641115 吴酒珍　　641116 苏云清　　641117 杭光汉　　641118 吕珍云

641119 张中权	641120 李延华	641121 郑明三	641122 杨文龙
641123 叶　榛	641124 贾田良	641125 王二宝	641126 翟祖芳
641127 张　朋	641128 王庆瑞	641129 吴锁云	641130 万光林
641131 马鳌寿	641132 徐　玲	641133 刘守岳	641134 瞿振元
641135 曹余勋	641136 袁君樑	641137 胡立功	641138 苗　澍
641139 姜瑞宝	641140 王荣清	641141 陈太恒	641142 陈玉健
641143 刘　钟	641144 孙　鎏	641145 丁水朝	641146 张再兴

河北省

641147 孙云黎	641148 李桂兰	641149 范贻昌	641150 孙政顺
641151 杨继贵	641152 相士俊	641153 汪吉有	641154 刘新永
641155 冯进考	641156 李金锁	641157 班平国	641158 王嘉贞
641159 郭同霖	641160 李肇堂	641161 魏春生	641162 吴成林
641163 苗玉峰	641164 李建桐		

辽宁省

641165 刘作云	641166 范积成	641167 王仁宇	641168 李中孚

福建省

641169 张金水	641170 林火明	641171 江道波	641172 黄贤汀
641173 林福宗	641174 陈祥清	641175 王洪涛	

浙江省

641176 萧蒙凯	641177 张国煊	641178 陈克萱	641179 丁樟德
641180 黄顺珍			

四川省

641181 邓开秀	641182 丁大康	641183 陈学礼	641184 徐光寿

广东省

641185 郭创贤	641186 李洁波	641187 吴新盛	641188 林万里

湖南省

641189 吴茂发	641190 陈志良

湖北省

641191 周厚康　　　641192 丁平坤　　　641193 萧蕴诗

吉林省

641194 殷长实　　　641195 侯敏仁

黑龙江省

641196 马肇亮

河南省

641197 王　新

山东省

641198 杨春武

江西省

641199 姚锡生

山西省

641200 李超靖

安徽省

641201 翟光慧　　　641202 黄胜华

陕西省

641203 赵爱众

1963 年保留入学资格学生 1 人

631105 冯伟华

工程物理系（147 人）

北京市

641204 胡耀民　　　641205 王毓钟　　　641206 张化一　　　641207 王国力
641208 王志忠　　　641209 金永杰　　　641210 岳仁书　　　641211 孙永明
641212 李仲明　　　641213 任正一　　　641214 贺祥庆　　　641215 陈于果

641216 霍炳哲	641217 闫承志	641218 李　复	641219 齐　聪
641220 王鹏亮	641221 吴凤领	641222 丁　新	641223 赵　琳
641224 黄玲玲	641225 石小梅	641226 徐　沙	641227 王　凯
641228 孙　哲	641229 邵慧民	641230 孙传耀	641231 顾逸东
641232 杜建昌	641233 邵贝恩	641234 赵　秋	641235 王学文
641236 韩素霞	641237 伊大成	641238 许永新	641239 孟殿强
641240 王克斌	641241 陈嘉祥	641242 马振国	641243 邵辣子
641244 张　峰	641245 卢振民	641632 江小平	641633 胡建华
641634 闫　淮			

上海市

641246 张洁昌	641247 徐兴海	641248 廖　欣	641249 郑元芳
641250 周新良	641251 李　宜	641252 沈文龙	641253 徐宏炳
641254 黄可发	641255 沈黎洪	641256 戴行伟	641257 费国方
641258 李树中	641259 徐顺章	641260 陈继华	641261 李武皋
641262 华如兴	641263 魏国钧	641264 卢嘉正	641265 李　澧
641266 锺溢春	641267 杨杜良	641268 陈国良	641269 冯嘉猷
641270 张济忠	641271 戴懿华	641272 郁伯铭	641273 徐振英

江苏省

641274 丁建华	641275 李子奈	641276 倪　平	641277 包元庆
641278 饶建锡	641279 徐　勇	641280 梅兴权	641281 须和兴
641282 崔福斋	641283 徐凯英	641284 蔡相涌	641285 封君先
641286 毛波存	641287 王锡清	641288 徐天喜	641289 沈永林
641290 闵早兰	641291 王锡安	641292 周冬成	641293 高心海
641294 王文然	641295 严　斌	641296 李明烽	641297 叶剑凯
641298 袁仁勇	641299 李承华	641300 蒋仲华	641301 张殿銮

河北省

641302 胡胜生	641303 韦锦华	641304 庞胜敏	641305 苏庆善
641306 李志华	641307 白庆中	641308 贾宝山	641309 田民波
641310 赵水桥	641311 魏义祥	641312 王海林	641313 何建坤
641314 杨秀金			

辽宁省

641315 白树森　　641316 常桂然　　641317 佟允宪　　641318 崔文春

福建省

641319 唐　祥　　641320 徐国仁　　641321 曹汉标　　641322 梁敬信

浙江省

641323 唐存弟　　641324 李训杰　　641325 严尔忠

四川省

641326 陈咏章　　641327 裴纯礼　　641328 曲成彦　　641329 何明华

广东省

641330 张浩先　　641331 黄亚祥　　641332 周有训　　641333 李善祥
641334 戴仕云　　641335 谢永松

湖南省

641336 苏建忠　　641337 彭长卿

湖北省

641338 王阳立　　641339 何国华　　641340 汪定雄

吉林省

641341 佟仁城　　641342 孙忠志

黑龙江省

641343 杨长生

河南省

641344 孙同合

山东省

641345 李瑞来

山西省

641346 李宝玉

江西省

641347 虞世尧

安徽省

641348 柯永荣　　641349 孟祥提

陕西省

641350 姜　韬

工程化学系（147人＋2人）
北京市

641351 季　述	641352 杨厚谦	641353 刘瑞芝	641354 邓　颐
641355 高　岁	641356 吕世光	641357 刘荫贞	641358 肖　平
641359 刘延荣	641360 杨家孚	641361 周　蕊	641362 刘　蔚
641363 刘延东	641364 徐学宽	641365 胡　平	641366 冯连茂
641367 董晋曦	641368 田　英	641369 杨　健	641370 王慧琴
641371 杨大忠	641372 孙少华	641373 李昇平	641374 崔秀生
641375 平志存	641376 温燕明	641377 戚安国	641378 张承恩
641379 张燕山	641380 郭绍华	641381 任志强	641382 宗祥荣
641383 贺安平	641384 李炜业	641385 王军民	641386 刘　湖
640581 王太行			

上海市

641387 徐静利	641388 张建华	641389 李凌云	641390 冯树堂
641391 邵奇临	641392 濮英华	641393 季惠良	641394 杨忌非
641395 王文娟	641396 吴榴琴	641397 李战平	641398 张亦文
641399 胡振庭	641400 姚大元	641401 朱荷生	641402 陈瑛儿
641403 屠萍官	641404 陆祖尧	641405 陆爱娣	641406 蒋保罗
641407 张斑比	641408 龚立人	641409 胡其懋	641410 张建中
641411 徐又一			

江苏省

641412 吴永和	641413 史士东	641414 刘　琳	641415 汤福生

641416 陆家兴	641417 陶德辉	641418 邱汉生	641419 俞有华
641420 朱慎林	641421 严忠庆	641422 赵绩琎	641423 赵宏章
641424 周玉祥	641425 钱毓敏	641426 沈子生	641427 范本安
641428 万春荣	641429 叶裕才	641430 刘必路	641431 孟庆鹏
641432 缪培松	641433 李石卿	641434 唐春和	641435 荣泳霖
641436 李如生	641437 周振良	641438 张良成	641439 施传兴
641440 张志庚	641441 张莲芳		

河北省

641442 关慧洁	641443 孙友良	641444 窦建伟	641445 胡宗华
641446 郑辑欧	641447 刘玉峰	641448 杨增家	641449 张凤莲
641450 张冰海	641451 赵素娥	641452 韩世崑	641453 臧希年

辽宁省

641454 裴觉民	641455 周景春	641456 丁富新	641457 吕建业

福建省

641458 方文恭	641459 朱荣沧	641460 连祥珍	641461 严玉顺
641462 吴振越	641463 孙锦文	641464 林忠官	

浙江省

641465 邬烈萍	641466 陈镇生	641467 查美生	641468 虞光星
641469 戴玉宝	641470 王裕进	641471 许照棠	641472 程子峰

四川省

641473 许惠林	641474 刘立伟	641475 邹清华	641476 高培远

广东省

641477 张超泉	641478 钟雨宽	641479 赵小瑞	641480 林登彩
641481 陈德祥			

湖南省

641482 谢明高	641483 陈一鸣

湖北省
641484 周希铭　　641485 孙昌益

吉林省
641486 徐景明　　641487 王玉春　　641488 符明光

黑龙江省
641489 徐启志

河南省
641490 孙登文　　641491 徐永福

山东省
641492 李凤华　　641493 于国凤

江西省
641494 罗保林

安徽省
641495 刘素真　　641496 王腊华

陕西省
641497 梁俊福

1963年保留入学资格学生
631364 吴　桥　　631431 王丽保

工程力学数学系（134人＋1人）
北京市
641498 孙　捷	641499 李燕翔	641500 周天麒	641501 李天初
641502 纪学礼	641503 赵景文	641504 刘树芳	641505 廉　贵
641506 邓正春	641507 单连臣	641508 周耀耀	641509 冯克庄
641510 宋国华	641511 张大才	641512 仇健祥	641513 马玉和
641514 张　骧	641515 王行言	641516 张大成	641517 郑鸿儒
641518 宋执忠	641519 李庆华	641520 张云辉	641521 崔淑英

641522 盛珣华	641523 郝建明	641524 郭秋敏	641525 穆凌云
641526 刘春煌	641527 刘永秋	641528 段春生	641529 何秀凤
641530 朱锦林	641531 胡金芳	641532 姚其言	641533 沈金发
641534 陈培良	641535 柏奎盛	641536 吴炳麟	641537 范　奕
641538 李树炜	641539 沈文龙	641540 王胜利	641541 赵苇一
641542 朱光春	641543 赵康源	641544 孙　穆	641545 陈秀燕
641546 徐钧德	641547 韩纪果	641548 毛汉宁	641549 梁明珠
641550 姚阿六	641551 樊正民	641552 杨秋生	641553 胡逢淦
641554 徐士良			

江苏省

641555 曹大林	641556 程保荣	641557 汤荣铭	641558 周忠荣
641559 徐嵩林	641560 夏业骏	641561 曹恒忠	641562 耿邦英
641563 马耀开	641564 沈湘玲	641565 刘承铭	641566 武心忠
641567 孟志诚	641568 沈如槐	641569 沈先寇	641570 徐　鼎
641571 曹如斌	641572 徐品采	641573 单振忠	641574 王立荣
641575 张学深	641576 王鹤凤	641577 王　武	641578 刘树勋
641579 李敬安	641580 施荣连		

河北省

641581 王瑞珉	641582 陆吉康	641583 张厚奎	641584 边德英
641585 王清镍	641586 武怀义	641587 何元斌	641588 刘坤林
641589 张素琴	641590 甄造堂	641591 孙明珠	641592 张新建
641593 郭继展			

辽宁省

641594 郭仁宽	641595 林克民	641596 马　光

福建省

641597 叶寿忠	641598 李松华	641599 郑嫩惠	641600 陈　钦
641601 蔡金铭			

浙江省

641602 刘　泉	641603 徐川育	641604 魏大名

四川省

641605 张友松　　641606 罗加云　　641607 谭大碧　　641608 左开才

广东省

641609 邹觉先　　641610 朱　洪　　641611 罗豫冠　　641612 吴汝聪
641613 蔡绍文

湖南省

641614 凌均效　　641615 曾德广

湖北省

641616 蒋沧如　　641617 廖凯贤

吉林省

641618 郭益和　　641619 张震中

黑龙江省

641620 郝中军　　641621 姜俊成

河南省

641622 李志信　　641623 裴兆宏

山东省

641624 张明山　　641625 张瑞灏

江西省

641626 赵长风　　641627 段银珊

安徽省

641628 徐传德　　641629 程安法

陕西省

641630 殷人昆　　641631 王福来

1963年保留入学资格学生1人

631569 郁吉仁

1965年清华大学录取新生名单※

(1965年)

土木建筑系（159人 另有保留入学资格2人）
北京市

650001 史其信	650002 王　珊	650003 范素珍	650004 张惠英
650005 张国栋	650006 郭树声	650007 周礼东	650008 樊　康
650009 严家骏	650010 林天胤	650011 王鸿烈	650012 于志敏
650013 秦永安	650014 李进明	650015 谢敬懿	650016 李生德
650017 王敬一	650018 顾季梅	650019 刘宏毅	650020 郝丙年
650021 吴保人	650022 张振宇	650023 曹小平	650024 金志雄
650025 王国泉	650026 冯　征	650027 孟宪忠	650028 张志韬
650029 王　鉴	650030 韩秀琦	650031 鲍　斐	650032 金　维

上海市

650033 陈兆祥	650034 顾伟国	650035 沈家康	650036 方稚影
650037 杨扣锁	650038 周茂新	650039 郁景成	650040 周振华
650041 陈明珠	650042 谭圣星	650043 崔国文	650044 李水金
650045 王云纳	650046 龙惟定	650047 雷国华	650048 李君平
650049 夏　清	650050 胡庆庆	650051 周国璋	650052 赵岳友
650053 金伯良	650054 李　安		

江苏省

650055 丁友钊	650056 吴承元	650057 刘　温	650058 田美庆
650059 江凤尧	650060 吴昌峙	650061 徐忠华	650062 陈国祥
650063 陈洪高	650064 陆正禹	650065 褚友华	650066 黄锦连
650067 邵从林	650068 周龙云	650069 周兆灿	650070 万　锜
650071 江　沂	650072 章烽贞	650073 李祖华	650074 管艺园
650075 田铁民	650076 胡建松	650077 华铁平	650078 顾根娣
650079 冯小麟			

河北省

650080 高文皂	650081 贺振杰	650082 杨智友	650083 陈志忠
650084 郭万元	650085 宋恩宽	650086 李金华	650087 叶淞丽
650088 郭　菁	650089 张鸿德	650090 梁纯倍	650091 王　彬
650092 光积昌

福建省

650093 陈国霖	650094 林良杰	650095 吴华强	650096 赵克明
650097 林之融	650098 王凤官	650099 叶存云	650100 王文秀
650101 王树林	650102 吴硕贤	650103 陈经木

浙江省

| 650104 郑一鸣 | 650105 李兆德 | 650106 任爱珠 | 650107 王金祺 |
| 650108 阮苏苏 | 650109 祝万鹏 | 650110 计欣华 |

四川省

| 650111 王玳瑜 | 650112 李仕琳 | 650113 吴　让 | 650114 陈上伟 |
| 650115 李俊之 | 650116 包　薇 |

广东省

| 650117 刘志勋 | 650118 郑　洁 | 650119 刘克明 | 650120 钟恩生 |
| 650121 余汉泉 | 650122 袁国盼 |

湖南省

| 650123 万世民 | 650124 杨万林 | 650125 屈高林 | 650126 韩鸿娟 |

湖北省

| 650127 严祥光 | 650128 尹福慈 | 650129 周　明 | 650130 吴文经 |

辽宁省

| 650131 马延利 | 650132 满永盛 | 650133 丁毓光 | 650134 马鸿疆 |
| 650135 李德森 |

吉林省

| 650136 徐春锡 | 650137 郭忠信 | 650138 刘广弟 |

黑龙江省

650139 张复合　　650140 吴天宝

河南省

650141 陈小占　　650142 马宝民

山东省

650143 童悦仲　　650144 郝吉明　　650145 刘凤阁

安徽省

650146 倪进昌　　650147 胡广书　　650148 姜德进　　650149 程铭义
650150 谢树鼎

江西省

650151 邹金兴　　650152 李炎华　　650153 张文林

山西省

650154 周　坚

陕西省

650155 张平生

广西壮族自治区

650156 唐安平

云南省

650157 聂永丰

贵州省

650158 马文峰

青海省

650159 郝兰英

1964 年保留入学资格学生 2 人

640166 许保生　　640140 杨明仁

水利工程系（88人 去年1人）

北京市

650160 张殿文	650161 陈洪祥	650162 王凤兰	650163 杨国才
650164 孙仁先	650165 涂肇麟	650166 李晓峰	650167 高忆陵
650168 苏　虹	650169 梁云增	650170 诸葛夏	650171 张其清
650172 忻韦方	650173 沈海珠	650174 张圣直	650175 吴振宇

江苏省

650176 杨瑞昌	650177 龚秀珍	650178 陈兴耀	650179 李立琴
650180 李德和	650181 唐德玲	650182 谈凯平	650183 单悟生
650184 陈乃君	650185 谢水火	650186 孙学成	650187 黄鹤奎
650188 张　复	650189 施祖麟	650190 范本隽	

河北省

650191 张尽忠	650192 梁记栓	650193 侯洪恩	650194 靳国勤
650195 邓惟贤	650196 赵　林	650197 舒嘉勇	650198 徐　鑫
650199 徐尚阁	650200 赵克群	650201 郭俊英	650202 邓依存

福建省

650203 林祥雹	650204 姜海水	650205 张思聪	650206 方国亮
650207 吴亦乐	650208 卢鸿图	650209 谢树南	

浙江省

650210 胡纬宙	650211 李一深	650212 江泽沐	650213 龚庆贤

四川省

650214 周克宁	650215 严德武	650216 刘学元	650217 傅育安

广东省

650218 许清水	650219 王光南	650220 陈光锦	650221 陈国梅

湖南省

650222 胡顺群	650223 余宁生	650224 彭　正

湖北省

650225 蔡洪志　　650226 孙　慧　　650227 胡耀惠

辽宁省

650228 王风奎　　650229 石振华　　650230 李树勤　　650231 崔利军

吉林省

650232 王喜坤　　650233 姜　毅

黑龙江省

650234 杨庆海

河南省

650235 宋德安

山东省

650236 王安稳　　650237 杨丕钦

安徽省

650238 陈蕴莲　　650239 韩文亮

江西省

650240 陈五星　　650241 罗意展

山西省

650242 杨铁笙

陕西省

650243 高信全

广西壮族自治区

650244 李保赐

云南省

650245 邓家荣

贵州省

650246 刘克新

宁夏回族自治区

650247 柳宪斌

1964年保留入学资格学生1人

640256 肖替华

动力机械系（109人 去年5人）

北京市

650248 王维平	650249 万　明	650250 王维众	650251 鲁方英
650252 梁秀英	650253 童陆园	650254 段秋生	650255 赵纯善
650256 杨光通	650257 王其林	650258 王俊杰	650259 范　力
650260 邓元凯	650261 严若澜	650262 费　珊	650263 陈德彰
650264 郭中桢			

上海市

650265 陈基铭	650266 仇昌兴	650267 吴永南	650268 岳瑞彬
650269 梁建宁	650270 陈慧敏	650271 王安民	650272 陈申楷
650273 赵兆康	650274 傅培恩	650275 袁云香	650276 潘　重
650277 陈东棋	650278 陈绪华	650279 徐嘉伦	

江苏省

650280 高小祥	650281 郭继华	650282 石志扬	650283 于广庆
650284 赵燕玲	650285 丁文书	650286 孙之荣	650287 杨学岗
650288 虞有宝	650289 许汉春	650290 殳伟群	650291 潘春华
650292 张湧海	650293 王胜荣	650294 郭兆生	650295 刘国定

河北省

650296 齐秋根	650297 封士祖	650298 尹孟银	650299 刘新生
650300 张佑全	650301 李淑萍	650302 刘兆平	650303 任敦泾
650304 赵根元			

福建省

650305 林　越　　650306 陈成柱　　650307 黄德光　　650308 郑　芳
650309 林葆维　　650310 苏中美　　650311 肖德云　　650312 吴可和

浙江省

650313 唐多元　　650314 陈汉杰　　650315 赵崇侃　　650316 祝培培

四川省

650317 林家让　　650318 曾关清　　650319 周宏民　　650320 方清泽
650321 李自新　　650322 孙镇华　　650323 罗方国

广东省

650324 梁颖庄　　650325 颜纶亮　　650326 曾宪牧　　650327 李情步
650328 方文杰

湖南省

650329 欧阳柏鲜　650330 阳宪惠　　650331 罗开国

湖北省

650332 刘铁军　　650333 张廷建　　650334 万华一

辽宁省

650335 牟恕宽　　650336 刘　颖　　650337 王希圣　　650338 刘文鑫

吉林省

650339 王德声　　650340 吕凤华

黑龙江省

650341 何世忠

河南省

650342 安自卫

山东省

650343 索沂生　　650344 李景海　　650345 吴占松

安徽省
650346 陈昌和　　650347 周坚卫　　650348 孙致太

江西省
650349 聂学辉　　650350 曹人梯

山西省
650351 李迎春

陕西省
650352 张　强

广西壮族自治区
650353 罗　松

云南省
650354 张继昆

贵州省
650355 刘枢奇

宁夏回族自治区
650356 马恩德

1964年保留入学资格学生5人
640348 张电生　　640319 王云山　　640346 阳培根　　640326 林信华
640325 谢晶潮

农业机械系（56人 去年3人）
北京市
650357 谢起成　　650358 张　信　　650359 何惠阳　　650360 路霁鸰
650361 沈　昆　　650362 杨向宇　　650363 赵庆轩　　650364 王　慧
650365 王宗英

上海市
650366 赵奎元　　650367 蒋　铮　　650368 廖增毅　　650369 胡彭年

650370 王宪元　　　650371 石耀初

江苏省

650372 张大奎　　　650373 刘宣玮　　　650374 金桂林　　　650375 李金海
650376 林梅芳

河北省

650377 张文法　　　650378 李庆华　　　650379 周志惠　　　650380 周生瑞

福建省

650381 萧元星　　　650382 严章祺　　　650383 林永深

浙江省

650384 何小荣　　　650385 吴秉芬

四川省

650386 洪迪安　　　650387 魏光亚

广东省

650388 许广基　　　650389 周　菡　　　650390 左文辑　　　650391 朱华凯

湖南省

650392 陈志刚　　　650393 雷源忠

湖北省

650394 叶　林　　　650395 朱梅五

辽宁省

650396 王希成　　　650397 刘文恕　　　650398 曹传福

吉林省

650399 王兴华　　　650400 钱海威

黑龙江省

650401 李守让

河南省

650402 蒋大洲

山东省

650403 时念武

安徽省

650404 傅大伟　　650405 吴贵生

江西省

650406 刘月明　　650407 傅水根

山西省

650408 范守善

陕西省

650409 秦永钧

广西壮族自治区

650410 邓小雪

内蒙古自治区

650411 黄德胜

新疆维吾尔自治区

650412 侯成龙

1964年保留入学资格学生3人

640378 尹尊声　　640427 潘有成　　640394 任彦申

精密仪器及机械制造系（157人 去年2人）

北京市

650413 洪　钧	650414 林为俊	650415 张凤河	650416 胡　远
650417 刘传凯	650418 王乐煦	650419 邓　颖	650420 张强华
650421 王小芹	650422 安天泉	650423 杨晓延	650424 毕静宜

650425 廖元秋	650426 秦燕华	650427 段广洪	650428 陈建中
650429 张启明	650430 沈　英	650431 毛坪生	650432 王鲁光
650433 徐敦祜	650434 白田峰	650435 陆健健	650436 肖　云
650437 崔瑞祯	650438 徐峰峰	650439 汪国玲	650440 高雪放
650441 潘小麟	650442 张泰山	650443 张　恒	650444 宋万福
650445 阿旺次仁			

上海市

650446 汪德兰	650447 潘家恭	650448 周建平	650449 夏晓光
650450 夏宪富	650451 张巧云	650452 徐国泉	650453 肖贻江
650454 韦安之	650455 时美芳	650456 叶　林	650457 韩国洪
650458 何冠东	650459 王振先	650460 姚敏玉	650461 叶蓓华
650462 卢庆祖	650463 白永毅	650464 王继立	650465 黄德玉

江苏省

650466 顾爱民	650467 吴猷连	650468 吴庚生	650469 宋耀祖
650470 祁银汝	650471 孙镇井	650472 许宏攸	650473 杨周京
650474 王伯雄	650475 张志广	650476 徐振明	650477 丁伯炬
650478 马贵龙	650479 曹玲玲	650480 陶文田	650481 罗高来
650482 孙道祥	650483 朱剑勇	650484 胡小明	650485 王竹君
650486 余慎平			

河北省

650487 王东生	650488 黄俊花	650489 张春发	650490 黄永强
650491 周绍平	650492 霍玉金	650493 贾维溥	650494 王聪慧
650495 赵以宏	650496 陈文琇	650497 娄采芸	650498 李荫洲
650499 张庆瑞	650500 刘文亚		

福建省

650501 房其宽	650502 党建平	650503 柯　复	650504 陈东杯
650505 杨维生	650506 陈昭潮	650507 王剑星	650508 蒋图南
650509 林文发	650510 蔡茂容	650511 郭秋花	650512 黄耀寰

浙江省

650513 杨元兆　　650514 章恩耀　　650515 施迎男　　650516 卢启高
650517 陈大年　　650518 陈华利　　650519 高森泉　　650520 余兴龙

四川省

650521 聂清源　　650522 易辉恒　　650523 唐可稚　　650524 秦世伦
650525 张一飞　　650526 甘晓明

广东省

650527 陈镇钟　　650528 陈见苏　　650529 潘志伟　　650530 刘岳标
650531 陈贺强　　650532 宋玉福

湖南省

650533 吴瑞麟　　650534 罗章辉　　650535 陈乾锦　　650536 肖举森

湖北省

650537 周　济　　650538 范文斌　　650539 刘济林　　650540 罗太平

辽宁省

650541 李学志　　650542 高文焕　　650543 王潞槐

吉林省

650544 李钟岩　　650545 张英嫒　　650546 沈　玲　　650547 孙承禧
650548 齐国生　　650549 高逎明

黑龙江省

650550 刘兆民　　650551 徐友春

河南省

650552 靳资宽　　650553 申永胜

山东省

650554 董廷泉　　650555 辛　暖

安徽省

650556 吴筑平　　650557 耿广志　　650558 李　洪

江西省

650559 廖晖明　　650560 刘小明　　650561 艾云熙　　650562 涂行中
650563 邹利生

山西省

650564 郑兆瑞

陕西省

650565 马建生

广西壮族自治区

650566 徐穗灵

云南省

650567 田晓林

新疆维吾尔自治区

650568 马凤刚

青海省

650569 毛文炜

1964年保留入学资格学生2人

640446 宋彩功　　640536 潘志文

冶金系（120人 去年4人）

北京市

650570 李志强　　650571 马二恩　　650572 韩正其　　650573 汲　鹏
650574 王怡生　　650575 成克强　　650576 梁晓葆　　650577 谢寿煌
650578 王洪吉　　650579 葆鸿熙　　650580 王学优　　650581 汤惠平
650582 邢溥恩　　650583 赵柏云　　650584 杜　庆　　650585 宋玥玲

上海市

650586 何宇中　　650587 林永锐　　650588 余振中　　650589 庄丽君
650590 胡阿林　　650591 张根宝　　650592 张崇枞　　650593 顾元奎

650594 阮于珍　　650595 杨厚宗

江苏省
650596 王鲁平　　650597 陆润民　　650598 魏训景　　650599 许润贤
650600 梁开明　　650601 周佩德　　650602 王月华　　650603 朱冬生
650604 曹启荣　　650605 陈永明　　650606 徐孝明　　650607 胡庄君
650608 马兴坤

河北省
650609 武丰田　　650610 孟明辰　　650611 何鸿志　　650612 王　洋
650613 邢昌盛　　650614 钱民刚　　650615 刘家桢　　650616 冯　海

福建省
650617 郑聪来　　650618 陈焕汀　　650619 郑训晋　　650620 曾芳涛
650621 黄天佑　　650622 吴敏生　　650623 柳宝仁　　650624 林华均
650625 陈志奋　　650626 丁天德　　650627 潘培莺　　650628 连天霖
650629 陈玳珩　　650630 林玉权

浙江省
650631 屠世荣　　650632 夏云菊　　650633 王和德　　650634 朱张校
650635 陆小宝

四川省
650636 李长富　　650637 苏全林　　650638 李福安　　650639 赵绍唐
650640 张长荫　　650641 李渊才

广东省
650642 杨纪光　　650643 区智明　　650644 周天佑　　650645 伍俊仟
650646 蒋割荆　　650647 李锡涛　　650648 李　毅

湖南省
650649 刘传余　　650650 李友国　　650651 谢培芳　　650652 肖时国

湖北省
650653 张代泉　　650654 汤耀华　　650655 张忠贞　　650656 程新安

650657 张学政

辽宁省

650658 邢克礼　　650659 刘继国　　650660 丛德福　　650661 韩维嘉
650662 陈树岐

吉林省

650663 孔令杰　　650664 公丕贵　　650665 赫崇生　　650666 许纪旻

黑龙江省

650667 刘长有　　650668 张汇川　　650669 张复实

河南省

650670 刘臣德　　650671 武庆兰　　650672 刘宏亚

山东省

650673 孙礼照　　650674 石鸿昌　　650675 姜忠良

安徽省

650676 陈正涛　　650677 汪展文　　650678 周家琮　　650679 李令全

江西省

650680 黄俊耀　　650681 聂金水　　650682 陈本孝　　650683 肖学民

山西省

650684 安拴柱

陕西省

650685 陶祖纪

广西壮族自治区

650686 潘时杰

贵州省

650687 张世轩

内蒙古自治区

650688 李　敬

甘肃省

650689 王天禧

1964年保留入学资格学生4人

630578 李金泉	640617 李德华	640608 薛启东	640647 朱康民

电机工程系（158人 去年3人）

北京市

650690 杨心泉	650691 严　彪	650692 李元卓	650693 白济民
650694 张忠义	650695 焦宝文	650696 黄冠英	650697 刘建国
650698 张　莹	650699 麦继平	650700 刘　鲁	650701 薛　舒
650702 庚　陵	650703 汤桂森	650704 丁立财	650705 曹慈惠
650706 许学华	650707 赵天川	650708 原蜀育	650709 张学智
650710 尤素英	650711 陈清河	650712 牛宗尧	650713 游煌珏
650714 邹　庄	650715 王力言	650716 刘廷文	650717 沈锡臣
650718 王瑞中	650719 梁伟生	650720 潘　伟	650721 刘　森
650722 丘慧玲	650723 李鸿儒	650724 张　玲	

上海市

650725 蔡养企	650726 邢协豪	650727 许其昌	650728 薛　锦
650729 许　畅	650730 陆彭年	650731 徐佛忠	650732 朱希彬
650733 孙伟利	650734 郁伟中	650735 钱利民	650736 瞿文龙
650737 陈　俊	650738 李志康	650739 姜光之	650740 徐百康
650741 朱勇庆	650742 徐福媛	650743 高　言	650744 许小莹
650745 唐尧镛	650746 吴念乐	650747 程树楷	650748 沈志文
650749 严继昌			

江苏省

650750 朱志仁	650751 徐文立	650752 刘诚保	650753 居维东

650754 董名垂　650755 朱庆云　650756 钱大耀　650757 刘铭如
650758 刘敬学　650759 王德平　650760 唐　英　650761 陈家宽
650762 孙淮南　650763 戴则天　650764 许品元　650765 潘　源
650766 秦乃孝　650767 王宏宝　650768 胡东成　650769 夏双度
650770 蒋亦农　650771 郭绍祥　650772 陈荣荣　650773 殷树勋

河北省

650774 杨存荣　650775 刘敬申　650776 王心亮　650777 李羡民
650778 张曾科　650779 曹立白　650780 曹大安　650781 冯家驷
650782 徐国政　650783 华成英　650784 张大力　650785 韩家驹
650786 王树民

福建省

650787 高上凯　650788 王建生　650789 郑兆泰　650790 洪岷生
650791 曾界洲　650792 王心枢　650793 卢绍模　650794 王赞基
650795 李美莺

浙江省

650796 赵光宙　650797 虞思进　650798 倪　恩　650799 曹惠林
650800 陆仲元

四川省

650801 胥洪敏　650802 刁永贵　650803 唐应孝　650804 余永恕
650805 张万模　650806 苏鹏声

广东省

650807 马冰然　650808 钟约先　650809 周　敏　650810 叶新合
650811 蔡理和　650812 黄斐梨

湖南省

650813 汪伯谦　650814 孙枚生　650815 王士敏

湖北省

650816 吴贵强　650817 周任劳　650818 黄学勇　650819 钱金玉

辽宁省
650820 刘雨春　　650821 陈自林　　650822 王家森　　650823 刘元康
吉林省
650824 宫兴霖　　650825 丁小平　　650826 王树勋　　650827 孙明新
黑龙江省
650828 彭中宣　　650829 刘春阳
河南省
650830 王学恭　　650831 袁　恒
山东省
650832 窦日轩　　650833 王金凤　　650834 王其峰
安徽省
650835 夏国平　　650836 汤锡光　　650837 李旺生　　650838 李彧来
江西省
650839 汪辉荣　　650840 张鹤鸣　　650841 欧阳北辰
山西省
650842 来文占
陕西省
650843 王金霞
广西壮族自治区
650844 何健纲
云南省
650845 王成孝
贵州省
650846 颜家庆

甘肃省

650847 何延生

1964年保留入学资格学生3人

640748 朱善君　　640810 林惠平　　640757 张植保

无线电电子学系（187名 去年2名）

北京市

650848 谭运远	650849 冯振明	650850 崔元浩	650851 南利平
650852 程铁铮	650853 舒　胜	650854 夏生智	650855 刘玉兰
650856 陈柏年	650857 周玉明	650858 张欣然	650859 刘榜慧
650860 何世冠	650861 韦乐平	650862 胡尔珊	650863 胡　棠
650864 耿天鹏	650865 谢世钟	650866 王从寿	650867 徐立坪
650868 汪　蕙	650869 黄民德	650870 汪晓光	650871 李小英
650872 刘海涵	650873 冯月辉	650874 姜　莹	650875 曲小青
650876 吴　津	650877 何复兴	650878 熊小平	650879 张冀光
650880 管祚尧	650881 王延华	650882 桂淑珍	650883 庞大军
650884 钱乐军	650885 江上舟	650886 何吉林	650887 何笑明
650888 史晓星	650889 李新桅	650890 孙晓白	650891 郝素君
650892 周　平	650893 黄恩泽		

上海市

650894 黄心元	650895 王锡麟	650896 冯　雄	650897 章　鲁
650898 吴启迪	650899 全惟伦	650900 沈桂雄	650901 殷立峰
650902 史美春	650903 王锁萍	650904 江恒松	650905 胡希肯
650906 史庭宁	650907 任京男	650908 谢君可	650909 袁雪芬
650910 秦建国	650911 曹小伟	650912 孔国强	650913 曹　坚
650914 徐平原	650915 朱耀明	650916 汪艺英	650917 朱　杭
650918 孙　平	650919 程与旦	650920 吴荣治	650921 蒋林涛
650922 鞠正明	650923 谷忠民	650924 章肇新	650925 朱积祚

江苏省

650926 方扬眉	650927 孙龙祥	650928 邹静娴	650929 邓小燕

650930 李士江	650931 刘子敬	650932 高立昌	650933 仇志钊
650934 庄其才	650935 仇兆清	650936 姚清信	650937 杨明杰
650938 张茂之	650939 袁光辉	650940 陈忠槐	650941 范正荣
650942 张耦耕	650943 贾　铸	650944 封照龙	650945 程全先
650946 丁昌华	650947 罗淑云	650948 韦志诚	650949 束明定
650950 薛　梅	650951 卢留芳	650952 许瑞洪	650953 李林法
650954 张振怡	650955 葛良峰	650956 杨家明	650957 潘澍德

河北省

650958 张俊岭	650959 刘采勤	650960 冯利芬	650961 王有存
650962 陈金柱	650963 吴胜利	650964 齐家月	650965 李　崙
650966 赵德鉴	650967 田立林	650968 尚　彤	650969 武秀玲
650970 王秀坛	650971 薛芳渝	650972 陈德才	

福建省

650973 杜金煌	650974 饶水炎	650975 吴永清	650976 吴孟禄
650977 方莉莎	650978 黄　敏	650979 陈顺秋	650980 林孝康
650981 吴银清	650982 王　蔷		

浙江省

650983 吴继德	650984 王惠明	650985 张小玉	650986 胡志坤
650987 章鸿猷	650988 王正德		

四川省

650989 濮方炜	650990 李应宗	650991 张兴华	650992 曾烈光
650993 熊富钦	650994 刘小漪		

广东省

650995 李卓青	650996 刘理天	650997 王乐仁	650998 卢贵阳
650999 罗　波	651000 魏名智	651001 张启图	

湖南省

651002 杨知行	651003 周坤明	651004 佘京兆	651005 肖高嘉
651006 郭淑芳			

湖北省

651007 王仁康　　651008 吕水生　　651009 李尧街　　651010 乐正友

辽宁省

651011 马俊华　　651012 谢鸭江　　651013 霍志超　　651014 孙宇华
651015 李德杰

吉林省

651016 徐万胥　　651017 白凤鸣　　651018 苗　臣

黑龙江省

651019 韩行洲　　651020 曹振宇

河南省

651021 樊培生　　651022 侯东彦

山东省

651023 赵华凤　　651024 王洪杰　　651025 闫和成

安徽省

651026 卢天芝　　651027 汤静波　　651028 危启正

江西省

651029 陈国新　　651030 徐根耀　　651031 陈宝梅

山西省

651032 史殿武

陕西省

651033 张文义

广西壮族自治区

651034 高振林

1964年保留入学资格学生2人

641038 吕洪国　　641008 林惠旺

自动控制系（141人 另加去年4人）

北京市

651035 王进卿	651036 宋克荒	651037 王正定	651038 陈大钧
651039 卢义明	651040 张炳山	651041 赵雁南	651042 魏福通
651043 金　锐	651044 朱浚华	651045 赵庆琳	651046 周凤山
651047 连海燕	651048 刘和平	651049 刘文波	651050 陈其明
651051 刘泽彭	651052 曹立平	651053 刘宪英	651054 葛惟鏰
651055 李福昌	651056 杨顺成	651057 胡　刚	651058 刘景艾
651059 张冀霞	651060 秦　安	651061 贾维平	651062 狄小平
651063 王志高	651064 王峻辉	651065 吴　钧	651066 于　火
651067 张建南	651068 许善达	651069 唐建民	651070 罗桂玲
651071 张　平	651072 丁冬花	651073 唐海泉	

上海市

651074 周明生	651075 汤友福	651076 沈海祥	651077 李伟国
651078 张征尔	651079 韩桂明	651080 赵斐霞	651081 王水弟
651082 顾明时	651083 芮培青	651084 周培达	651085 陈永琪
651086 裘美琪	651087 毛定祥	651088 吴普康	651089 富蕊枊
651090 周湛芬	651091 刘　沂	651092 戎自宜	651093 田金兰

江苏省

651094 余文章	651095 陈雅琴	651096 黄兆树	651097 尹祚明
651098 李如法	651099 周立柱	651100 王柱清	651101 贾才女
651102 郑以湖	651103 童怀庆	651104 周庆林	651105 张振祥
651106 唐建邦	651107 郭松恒	651108 徐道章	651109 孙国富
651110 李世阅	651111 汤志忠	651112 朱广喜	651113 孙家广
651114 朱旭铭	651115 史杏荣	651116 薛瑞祺	651117 陈馥鑫
651118 应仁保	651119 华佳萍	651120 陈康年	651121 陈森根

河北省

651122 孟子建	651123 房小翠	651124 孙万俊	651125 苑春法
651126 崔蕴华	651127 吕忠坤	651128 王保印	651129 蔡月茹

651130 贾培发　　651131 慕春棣　　651132 文如珊　　651133 张福坤
651134 陈书生　　651135 李　芬

福建省

651136 张阿卜　　651137 林国良　　651138 陈清海　　651139 林功燕
651140 唐麟彬

浙江省

651141 王莉莉　　651142 郑纬民　　651143 朱福初　　651144 卢宝甫
651145 石明华

四川省

651146 陈显荣　　651147 邹绪春　　651148 雷维礼　　651149 温冬婵

广东省

651150 崔祖强　　651151 关国强　　651152 张叙伦　　651153 吴汝焯
651154 李仲麟

湖南省

651155 向采兰　　651156 曹谷芽　　651157 胡三平

湖北省

651158 柳德欣　　651159 姜大源　　651160 郑有生

辽宁省

651161 唐祯敏　　651162 朱义胜　　651163 杨雪郁　　651164 任传仲

吉林省

651165 范洪成　　651166 李全盛　　651167 丁铁夫

黑龙江省

651168 周连富

河南省

651169 陈来春

山东省

651170 薛茂华

安徽省

651171 孙义和　　651172 慕春长

江西省

651173 陈群秀

山西省

651174 边计年

陕西省

651175 李进录

1964年保留入学资格学生4人

641132 徐　玲　　641148 李桂兰　　641166 范积成　　641191 周厚康

工程物理系（140人 去年4人）

北京市

651176 周大地	651177 张康宁	651178 李启民	651179 李康群
651180 沈明山	651181 冯嘉年	651182 关天池	651183 杨绍增
651184 师国启	651185 刘安东	651186 谢悦平	651187 聂洪生
651188 孙　年	651189 楚泽洋	651190 钟攸明	651191 王成生
651192 马铁良	651193 邵贝贝	651194 栗乃志	651195 覃维桓
651196 莫　莉	651197 杜和平	651198 靳玉琴	651199 汪忻崑
651200 耿智远	651201 严昭南	651202 吕焕民	651203 王　诚
651204 袁刚健	651205 邱承光	651206 张林海	651207 王宝琛
651208 王悦敏	651209 王裕民	651210 高小康	651211 王苑祥
651212 王连赫	651213 关天渝	651214 毕　漂	651215 王彦彬

上海市

| 651216 陈长富 | 651217 朱顺波 | 651218 王宏彪 | 651219 任伟丰 |
| 651220 顾永康 | 651221 冯秉义 | 651222 俞　椎 | 651223 郑伟海 |

651224 丁以中	651225 杨海兴	651226 张宗橙	651227 王培清
651228 李月明	651229 王秉晖	651230 廖有均	651231 施洪福
651232 朱邦芬	651233 刘业妹	651234 陈灿仁	651235 张伟平
651236 赵再饴	651237 金　元	651238 吴伟新	651239 张富林
651240 唐秀林	651241 顾国章		

江苏省

651242 张宝庭	651243 丁祥芝	651244 肖宏伶	651245 伏　亮
651246 张良驹	651247 陈振朋	651248 张永田	651249 黄永年
651250 曹必松	651251 朱胜江	651252 张桂富	651253 范立华
651254 刘桂来	651255 周宏余	651256 朱文才	651257 钱泳华
651258 陈海森	651259 张阿南	651260 陈章武	651261 陈志冲
651262 蔡鸿程	651263 恽筱鸿	651264 金德华	651265 徐炳昌
651266 缪立钧	651267 胡海林	651268 邹彦文	

河北省

651269 王兆军	651270 杨志军	651271 房贺祥	651272 周全胜
651273 吕惠民	651274 唐福恒	651275 曹长江	651276 王三平
651277 杨宝华	651278 李振义	651279 杜彦从	651280 张淑平

福建省

651281 王嘉荐	651282 曾庚新	651283 宋建清	651284 杨德斌
651285 郭根和			

浙江省

651286 施国材	651287 王加龙	651288 蔡建新	651289 徐光华

四川省

651290 马小簏	651291 胡祉林	651292 潘光国	651293 张永辉

广东省

651294 孔国欢	651295 蔡高标	651296 陈国柱	651297 许祥源

湖南省

651298 曾　明	651299 刘贵普		

湖北省

651300 过　振　　651301 章明龙　　651302 何元金

辽宁省

651303 姜春华　　651304 周明林　　651305 蒋兴家　　651306 韩锡久

吉林省

651307 鲍庆成　　651308 王东光　　651309 王德怀

黑龙江省

651310 马文超

河南省

651311 郑永泰

山东省

651312 孙毓仁

安徽省

651313 黄云祥　　651314 顾秉林

江西省

651315 吴国发

1964年保留入学资格学生 4 人

641324 李训杰　　641276 倪　平　　641223 赵　琳　　641344 孙同合

工程化学系（139人 去年2人）

北京市

651316 姚学强	651317 高光华	651318 桑学朋	651319 沈金玉
651320 牛登山	651321 丁莉云	651322 罗自坚	651323 彭钟一
651324 段永基	651325 叶辛舟	651326 刘凤英	651327 柴晓钟
651328 朱衍铭	651329 杨乃权	651330 刘志虹	651331 朱吉庆
651332 洪　炜	651333 张丽云	651334 李旭莹	651335 张晓鸣
651336 孙远任	651337 赵同复	651338 张英侠	651339 杨东胜

651340 李建国　　651341 何丽君　　651342 万小平　　651343 鲍鲁鲁
651344 陆秋屏　　651345 朱景琳

上海市

651346 汪大犟　　651347 施云浦　　651348 朱元成　　651349 周文英
651350 李津葆　　651351 雍克岚　　651352 金逸芬　　651353 朱渝生
651354 潘子昂　　651355 潘龙刚　　651356 陆荣华　　651357 徐　冲
651358 徐　真　　651359 沈贤姬　　651360 陈敏华　　651361 王允方
651362 杨富华　　651363 仲朔平　　651364 吴　恒　　651365 张纪泉

江苏省

651366 赵雄章　　651367 毛宗强　　651368 刘青山　　651369 程一波
651370 戚太足　　651371 陈德朴　　651372 徐寿颐　　651373 陈志达
651374 沈光球　　651375 陈本志　　651376 高稳扣　　651377 王家林
651378 杨基础　　651379 卞雨林　　651380 王凤林　　651381 蒋长山
651382 邓锦兰　　651383 陶学尧　　651384 周树铃　　651385 王小顺
651386 司马锡生　651387 张荣锦　　651388 徐洪生　　651389 王青荣
651390 徐谷方　　651391 程黎放

河北省

651392 闫双景　　651393 朱文涛　　651394 李进表　　651395 王根栓
651396 李同振　　651397 李淑贞　　651398 闫胜义　　651399 王瑞偏
651400 陈世杰　　651401 林　雄　　651402 刘造起　　651403 钟仲丰
651404 王德辅

福建省

651405 王鲁沂　　651406 林　芬　　651407 周海梦　　651408 杨尊凤
651409 陈利建　　651410 翁永华

浙江省

651411 岳钦智　　651412 寿祖康　　651413 沈支俊　　651414 沈全霖
651415 张云东　　651416 林爱光

四川省

651417 毛源江　　651418 谢乾林　　651419 唐　伟　　651420 张永清

广东省

651421 潘伟雄　　651422 列曾彪　　651423 郭兰典　　651424 刘百乐
651425 吕敬慈

湖南省

651426 赵志仁　　651427 刘国光　　651428 王寿龙　　651429 李先斌

湖北省

651430 南木森　　651431 包解军　　651432 钱忠志

辽宁省

651433 李玉岭　　651434 张郁娟　　651435 白守仁　　651436 李布焰
651437 王美娜

吉林省

651438 高世吉　　651439 索秀茹　　651440 顾大地　　651441 彭伟民

黑龙江省

651442 包铁竹　　651443 姜长印

河南省

651444 段明星　　651445 李永德

山东省

651446 顾吉信　　651447 戚文发　　651448 唐庆玉　　651449 高成松
651450 梁珍贵　　651451 陈为席

江西省

651452 王嘉瑞　　651453 陈艺林

陕西省

651454 韦蒲光

1964年保留入学资格学生2人

641414 刘　琳　　641387 徐静利

工程力学数学系（128人 另加去年2人）

北京市

651455 韩瑞年	651456 王德春	651457 高小旺	651458 刘启栋
651459 白素巧	651460 张冠忠	651461 范希安	651462 周小燕
651463 王新杰	651464 赵焕东	651465 杨金英	651466 胡仁隆
651467 郑叔雄	651468 梅东放	651469 张平之	651470 高晓虹
651471 陈育延	651472 郭大成	651473 朱德光	651474 童　鲁
651475 李建国	651476 朱继生	651477 吴知丰	651478 商龙生
651479 刘　建	651480 高尚礼		

上海市

651481 鲍国杰	651482 陈允璿	651483 翁维云	651484 沈惠申
651485 俞文伯	651486 沈可兴	651487 宣国昌	651488 殷荣高
651489 陈桂永	651490 唐明才	651491 洪永祥	651492 丁　涛
651493 乐银成	651494 张兆芬	651495 钱俊龙	651496 朱慈勉
651497 朱荷生	651498 黄连生	651499 陈　方	651500 曹其璋
651501 黄惟崎	651502 陆佩忠		

江苏省

651503 何继潮	651504 薛秦春	651505 卜庆顺	651506 高仁琪
651507 王森南	651508 夏承南	651509 李玉田	651510 陈宝树
651511 周庆福	651512 刘家毅	651513 孙　秀	651514 李荣先
651515 周从尧	651516 林道选	651517 刘龙成	651518 邱志明
651519 施国荃	651520 吴恩华	651521 苏　军	651522 于和生
651523 唐六丁	651524 徐　恭	651525 袁一林	651526 蔡利栋
651527 陈元鸣	651528 李玉奇		

河北省

651529 陈克金	651530 周宗彦	651531 王希麟	651532 闫慧敏
651533 李春景	651534 张少华	651535 王志岩	651536 李　旭
651537 张聚成	651538 卫景彬	651539 焦群英	651540 张润圃

福建省

651541 洪友廉　　651542 林礼忠　　651543 傅国铸　　651544 李作欣
651545 张招扬

浙江省

651546 钱　博　　651547 赵玉林　　651548 郑良知　　651549 沈春初
651550 汤康恩　　651551 王永樑

四川省

651552 郝　方　　651553 罗章寿　　651554 罗学富　　651555 谢昌明
651556 傅鸿源

广东省

651557 杨泽亮　　651558 邓著达　　651559 马远乐　　651560 张国锐
651561 刘自强　　651562 王启天

湖南省

651563 罗有礼　　651564 蒋子刚　　651565 谢星明

湖北省

651566 翟松柏　　651567 吴炜煜

辽宁省

651568 于文献　　651569 李柏青　　651570 孙仁佳

吉林省

651571 王　阜　　651572 赵宗普

黑龙江省

651573 单景德　　651574 宗树彬

河南省

651575 张义同　　651576 张凤成

山东省

651577 王法高　　651578 姚光龙

安徽省

651579 程从明　　651580 李大法

江西省

651581 赵曼扬

山西省

651582 常亮明

1964年保留入学资格学生2人

641563 马跃开　　641615 曾德广

英语师资班（26人）

上海市

651583 王慧珍　　651584 郭海铭　　651585 顾莉珠　　651586 唐　明
651587 徐　琴　　651588 林昌民　　651589 章玉祖　　651590 徐学芳
651591 乐振民　　651592 周剑英　　651593 周光明　　651594 余文娟
651595 杨文澜　　651596 施桃兴

江苏省

651597 刘新华　　651598 黄佑超　　651599 刘海屋　　651600 王其国
651601 魏戍源　　651602 薛洪良　　651603 李安国

河北省

651604 吴惠明　　651605 王惠茹　　651606 李运兴　　651607 陈世奇
651608 孙玲方

清华大学档案，全宗号2，目录号 校3，案卷号021

3. 优秀毕业班和优秀毕业生[①]

1954年先进集体和优秀毕业生※

（1954年8月20日）

本月二十日，校务委员会根据本校优秀学生奖励办法（见《新清华》第四十二期）[②]的规定，讨论并通过了给予本届优秀毕业生等各项奖励的名单，并在二十二日毕业典礼上举行授奖。本届毕业生中，给予学习优良奖状者八十三人；给予优秀毕业生奖章者十九人；授予先进集体光荣称号者八个班。他们都是在学习、体育锻炼、工作等各个方面表现优秀的个人和集体。校务委员会号召全校同学向他们学习，并争取自己班也成为先进的集体。

给予各项奖励的学生和班级全部名单如下：

先进集体光荣称号获得者（八个班）

测量专修科四二班　　　水利专修科四一班
水利专修科四四班　　　金工专修科四一、四二班
输配电专修科四一、四二班　　暖气通风专修科四一班
测量专修科四一班　　　建筑专修科四二班

优秀毕业生奖章获得者

土木工程系：
　　杨德骥　王广运
机械制造系：
　　高维和　王廷瑞　周克绳

---

① 编者注：1954年起历届进行表扬，1956、1957年因整风反右暂停。
② 编者注：见本书第267页文。

电机工程系：

黄白云　杨　钺　张令懿　郭永基　洪崇达　孙德泉
张德明　周永承

水利工程系：

刘亶仁　杨正骏　周家苞　赵焕鑫

建筑工程系：

赵光谦　周逸湖

学习优良奖状获得者

土木工程系（十五人）：

杨德骥　王广运　史建民　王　黎　骆鸣津　李家晨
伊秉中　杨永安　黄兴邦　郑国忠　杨宝林　刘先龙
赵荣义　郝明超　王亦昭

机械制造系（十九人）：

高维和　王廷瑞　周克绳　胡粹华　赵欲李　于德潜
夏明辉　王葆诚　张　澄　卢颂峰　刘荣暄　徐占娣
黄亭亭　陈国桢　畅天爵　王兴群　彭福荫　赵仁凯
钟伟珍

动力机械系（一人）：

刘成文

电机工程系（二十四人）：

黄白云　杨　钺　张令懿　郭永基　洪崇达　孙德泉
张德明　周永承　陈　政　程训正　邱安娜　郑德至
吕卓华　朱起予　赵　正　徐君辉　孙同珠　周伯飞
刘养原　卞铠生　汪师德　王大勇　冯章文　间丘嘉康

水利工程系（十五人）：

刘亶仁　杨正骏　周家苞　赵焕鑫　刘震坤　傅正泰
李章泌　陈炳康　曹泽生　詹生金　杨烈玲　朱祖成

文　康　周光甫　陈异植
建筑工程系（九人）：
　　赵光谦　周逸湖　孙家骥　石成球　程述成　萧若奎
　　侯幼彬　叶茂煦　孙以照

《新清华》第55期，1954年8月25日

校务行政（扩大）会议关于优秀毕业生奖励的议决事项※①

（1955年3月1日）

时间：三月一日下午二时半
地点：第二教室楼会议厅
出席：蒋南翔　刘仙洲　陈舜瑶　何东昌　史国衡
　　　俞时模　张　儆　周寿昌　张子高　马约翰
　　　金　涛　李酉山　庄前鼎　张　任（张思敬代）
　　　章名涛　孟昭英　吴良镛　储钟瑞（王雄风代）
　　　赵访熊　李相崇（朱乾元代）　　徐亦庄
　　　杜庆华　万嘉鐄
列席：周　昕　陈德问　庞家驹　廖明治　杨报昌
　　　贾书惠　俞海清　蒲富全　张远东
主席：蒋南翔　　记录：周撷清
讨论事项：
一、教务处提出《一九五四——一九五五年度第二学期教学工

---

① 编者注：本文节选自《一九五四——一九五五年度第十五次校务行政（扩大）会议记录》。

作计划补充说明》请予通过案。（编者略）

二、为了克服超学时现象，逐渐做到均衡作业，以保证教学质量，教务处订出适用于各班级四十三种类型的课程作业计划表，请予审查执行案。（编者略）

三、教务处提出一九五四——一九五五年度寒假毕业生名单请予追认通过案。（编者略）

四、根据本校优秀学生奖励办法本届毕业生方爱珍等四人应分别予以奖励案：

议决：

水专四·六　方爱珍　给予学习优良奖状及优秀毕业生奖章。

水专四·六　张清可　给予学习优良奖状。
水专四·六　曾民先　给予学习优良奖状。
房专四·五　郝明儒　给予学习优良奖状。

散会。

《清华公报》第9期，1955年3月23日

校务委员会会议关于房专建校班毕业生奖励的议决事项※①

（1955年6月11日）

时间：六月十一日下午二时半
地点：工字厅会议室

---

① 编者注：本文节选自《一九五四——一九五五年度校务委员会第八次会议记录》。

出席：蒋南翔　陈士骅　何东昌　史国衡　张　microseconds

　　　解沛基　周寿昌　金　涛　李西山（金希武代）

　　　庄前鼎　张　任　章名涛（钟士模代）

　　　孟昭英（李传信代）　　吴良镛（李德耀代）

　　　施嘉炀　张子高　艾知生　李　欧　储钟瑞

　　　李恩元　滕　藤

列席：萨多维奇　潘霄鹏　吕应中　郭道晖

主席：蒋南翔　　记录：周撷清

报告事项：（编者略）

讨论事项：

一、为了合理使用人力物力，充分发挥潜在力量，避免积压浪费，总务处制订了《节约工作计划提纲（草案）》，请予审查通过案。（编者略）

二、为了严肃校纪，加强对学生的共产主义品德教育，校务行政会特将第廿一次会议原则上通过的《清华大学学生纪律处分暂行规定（草案）》提请通过案。（编者略）

三、处分问题案。（编者略）

四、根据各系、组要求，人事室提出新聘教研组主任名单，请予审查通过案。（编者略）

五、成立一九五五年度招生工作委员会案。（编者略）

六、为了加强对机械制造系热加工试验室的筹建工作，拟成立机械制造系热加工试验室筹建委员会案。（编者略）

七、教务处提出一九五四年度土木工程系房专建校班毕业生名单，请予审查通过案。（编者略）

八、根据优秀学生奖励办法，政治辅导处提出房专建校班毕业生奖励名单，请予审查通过案：

议决：通过，名单如下：

一、获得优秀毕业生奖章者：
汤满贞　凌　欣　支秉琛
二、获得学习优良奖状者：
郑金床　汤满贞　支秉琛　陈逎赵　凌　欣
三、全班获得一九五四——一九五五年度第二学期"先进集体"称号。
散会。

《清华公报》第12期，1955年6月23日

1954—1955年度毕业班先进集体和优秀毕业生※①

（1955年8月17日）

原为先进集体，本学期可为先进集体者：
机械制造专业四年级　　　　铸造工程及机械专业四年级
热力发电设备专业四年级　　无线电工程专业四年级
河川及水利发电站技术建筑物专业四年级二班
河川及水利发电站技术建筑物专业四年级四班
原非先进集体，本学期可为先进集体者：
发电厂及电力网专业四年级　　工业及民用建筑专业四年级
河川及水力发电站技术建筑物专业四年级一班

获得优秀毕业生奖章者名单

机械制造系：制五　　温诗铸　铸五　　戴正五　柳百成
动力机械系：热五一　　焦树建　余文龙　沈幼庭

---

① 编者注：1955年8月17日的一九五四——一九五五年度第九次校务会议通过。

	汽五一	王枢平	汽五二	瞿象贤	高 原
土木工程系：	房五一	吴建铣	房五三	钮友杰	孙宝顺
水利工程系：	水五一	姜 铠	吴媚玲		
	水五二	符之孝	董曾南		
	能五一	时启燧	张训时		
	能五二	孙恭尧			
电机工程系：	电五一	鲍百容			
	发五一	陈允康	陈允济	马福邦	薛家麒
		刘维烈	陈寿孙	徐鸣琴	
无线电工程系：	刘耀骐	赵家和	茅于海	马祖耀	

《新清华》第103期，1955年9月10日

1958年暑假毕业生奖励名单
——1957—1958年度第二十七次校务扩大会议通过
（1958年8月26日）

（一）优秀毕业生奖章获得者（20人）：

机 械 制 造 系：刁会光　董廷宗　邬敏贤　权甲善
　　　　　　　　查幼良
电 机 工 程 系：谢行健　王伯瀚　姚慧华
水 利 工 程 系：吴国钦　张慰黎　廖灿戊　姚汝祥
　　　　　　　　府仁寿
土 木 工 程 系：来晋炎　施岚青　冯乃谦
动 力 机 械 系：孙　都　吴光兴
无线电电子学系：于万源　刘润生

（二）毕业生优良奖状获得者（148人）：

工程物理系5人：史斌星　应纯同　肖承德　王大中

　　　　　　　罗经宇
土木工程系27人：桂治轮　夏之熙　吴立信　段传极
　　　　　　　沈玉芝　周之骥　胥怀尧　孙惠镐
　　　　　　　陈昌晴　陆思明　冯乃谦　施岚青
　　　　　　　钱锡康　方鄂华　孙同义　吴利泉
　　　　　　　沈关福　来晋炎　姚德霖　刘哲君
　　　　　　　赵若鹏　杜伦章　李宗兴　李京璋
　　　　　　　苗赫濯　吴乃襄　董俊恺
动力机械系18人：孙　都　朱聘冠　吴光兴　张慰钧
　　　　　　　刘国镛　唐为亢　陈远宗　韩西葳
　　　　　　　胡文彬　何键平　寇世琪　赵御堤
　　　　　　　夏纪辰　黄锡志　古展昌　高冠山
　　　　　　　朱吉桥　徐用懋
无线电电子学系11人：于万源　刘润生　王承江
　　　　　　　王凤鸣　沈玉珍　刘汉祯
　　　　　　　王庆礽　张雪霞　高以智
　　　　　　　周宝全　董鸿勋
建筑系3人：张素竹　王德民　吕绍辉
机械制造系42人：陈振华　陈炳坤　陈森灿　于缦云
　　　　　　　何德誉　艾雍宜　童良铨　吴志强
　　　　　　　邹积铎　陶祖潜　刁会光　权甲善
　　　　　　　章开琏　黄运春　薛淡之　黄　智
　　　　　　　朱学澜　翟善乐　董廷宗　邹敏贤
　　　　　　　葛祖恬　戚应轩　易维坤　蔡树煌
　　　　　　　刘昭信　查幼良　武良轩　杨淑镇
　　　　　　　倪崇燮　杨菊根　刘焕曦　韩效孔

	王述纯	林 丞	史可来	梁文峰
	张银生	姜忠茂	王国瑞	叶勉琛
	李万福	徐红宝		
电机工程系22人:	姚慧华	金其莹	王春和	邬国亨
	姜恩娟	王伯瀚	俞鑫昌	张关富
	王兆梓	谢行健	劳 安	曹德彰
	姚家祎	阙宗远	戚庆成	杨绪丰
	王儒评	葛长华	董岩环	徐家栋
	莫佛根	黄炜纲		
水利工程系20人:	杨诗秀	吴国钦	张慰黎	府仁寿
	赖敏儿	刘琬珍	杨若琼	廖灿戊
	梁文藻	侯佩瑾	诸葛茜	叶兴福
	李世兴	宋友海	邝锐宏	林鸿斌
	王德蜀	鲁剑霞	姚汝祥	邱建邦

(三) 先进集体:

水 利 工 程 系: 水八

动 力 机 械 系: 自由活塞燃气轮机车设计组,锅驼车床制造组,热八太原实习队

无线电电子学系: 电视发射机小组

机 械 制 造 系: 北京汽车厂设计队,洛阳拖拉机厂制八设计队

电 机 工 程 系: 燃料综合利用电厂电机工程系五年级工程队

《清华公报》第54期,1958年10月10日

1959年暑假毕业生奖励名单
——1958—1959年度第二十五次校务会议通过
（1959年8月22日）

优秀毕业生奖章获得者名单（共39人）

机 械 制 造 系：左保华　金汇蟾　徐国华　王之伦
　　　　　　　　潘祖成　陈康年　黄钟钰
动 力 机 械 系：王建忠　蔡澹一　刘　峥　何光新
　　　　　　　　刘宗英　毛健雄
土 木 工 程 系：黄介弘　陈君燕（女）　匡文起　何高勋（女）
　　　　　　　　胡纪萃　陈肇基
水 利 工 程 系：范生财　濮家骝　周凤瑞　丁厚德
　　　　　　　　王洪瑾（女）
建　　筑　　系：张家璋　周玉华（女）　谢照唐　田学哲
无线电电子学系：查良镇　承　欢　钱亚生　罗思明
　　　　　　　　王承训
电 机 工 程 系：殷　洪（女）朱东起　田璧元　林家骏
　　　　　　　　刘美芹（女）
自 动 控 制 系：苗永蔚

毕业生优良奖状获得者名单（共304人①）

机械制造系（计70人②）
机械制造工艺金属切削机床及工具专业：
　　曲仁俊　　　胡润民　　　郑守承（女）　杨宝坤
　　穆瑞和　　　罗承志　　　王作钧　　　　郑子廉

---

① 编者注：名单仅303人。
② 编者注：名单仅69人。

胡永盛　　　杨俊功
金属压力加工工艺及其设备专业：
　　陈康年　　　胡文炳　　　田世兴　　　高重兰（女）
　　徐光琪（女）鲁晓平（女）张锡嘉　　　白洪烈
　　黄钟钰　　　赵治安　　　李亚宁　　　李孝卿
　　李心教　　　余或强　　　沈若芝（女）邵景镛
　　刘彼得　　　徐启培　　　包忠诩　　　杨文坛
　　袁国初　　　潘咸光　　　陈是荷　　　陈延杭
　　谢坚信　　　王振常
铸造工艺及其设备专业：
　　左保华　　　金汇蟾　　　徐国华　　　杨宝丰
　　任继舜　　　王凤楼　　　李君莉　　　刘庆元
　　刘又墀　　　高京生　　　李兰英（女）王鸿禄
　　赵志诚　　　尹岐纲　　　江惠梧　　　廉为民
　　李平林　　　吴惕华
焊接工艺及其设备专业：
　　王之伦　　　潘祖成　　　潘昌年　　　李家枢
　　龚国尚　　　洪忠许　　　梁　勇　　　张汉河
　　白志耀
金属学热处理及其设备专业：
　　曹正明　　　王中光　　　曲敬信　　　马莒生
　　王秉武　　　李力军
动力机械系（计41人）
热力发电厂专业：
　　丁耀仁　　　季金龙　　　朱自庄（女）胡惠源
　　徐博文（女）高永明（女）吴济国　　　雷道海
　　刘锦霜（女）费　初　　　吕江清　　　林兆庄
　　王建忠　　　毛健雄　　　刘宗英　　　廖庆圆

汽车拖拉机专业：

李文铉	李敏桂	叶裕生	龙　潜（女）
陈昌焰（女）	赵六奇	黄宗益	王克扬
朱学华	倪振伟	王玉宝（女）	张增民
王见仁	孙之郁	陶严钟（女）	金龙乾
蔡澹一	刘　峥	凌如昭（女）	

燃气轮机及蒸汽轮机专业：

杨天枢	孙元楹	舒士甄	周礼蔚（女）
侯双亭（女）	何光新		

土木工程系（计54人）

工业与民用建筑专业：

乐蜀杰（女）	崔鸿超	钱素英（女）	廖天厚
王季蟾（女）	吴淦卿	何高嵒	匡文起
黄介弘	张铜生	黄振国	沈　琨
江爱川	杨俊杰	杨宝淑（女）	谢瑞若（女）
陈季筠（女）	邵　敏（女）	叶清环（女）	何健丽
刘梦兰	张树曾	龚昭熙	陈　芮（女）
李克波	雷中和	杨德元	邹永素
张广权	应诗慧（女）	王　耀	程瑞棣（女）
焦泽元	姜俊平		

给水与排水专业：

蓝淑橙（女）	路致华（女）	陆雍森	杨仁明
沈英鹏	胡纪萃	金丽华（女）	卢　璋

供热供暖气通风专业：

张永顺	徐伯南	岑幻霞（女）	蔡祖康
丁慧英（女）	莫咏芬（女）	刘泽清	齐永系（女）
陈德娴（女）	陈肇基	陈君燕（女）	沈素芳（女）

水利工程系（计35人）
水工建筑专业：

濮家骝	黄霖恩	刘元懿	赵士云(女)
卫经晋	吉　仲	张木欣	肖佐庭(女)
张垚山	丁宇明	郭全瑞	过孝国
李良材	丁厚德	管　馨(女)	

水电站专业：

彭守拙	陈敏中(女)	王綦正	丁道扬
孙道宗	雷克昌	范生财	徐麟祥
周凤瑞	张伯崇	邓宗澴	王益敏(女)
何其城	曹维恒	李玉樑	罗圣仪(女)
刘汉钧	谈为雄	王汉强	王洪瑾(女)

建筑系（计18人）
建筑学专业：

李晋奎	林维楠	潘国强	高玉谨
许宏庄	詹庆旋	沈芝珍(女)	费　麟
程立生	吴光祖	刘郁芳(女)	凤存荣(女)
徐莹光	郭日睿	张家璋	周玉华(女)
谢照唐	田学哲		

电机工程系（计43人）
发电厂电力网及电力系统专业：

郑长寿	罗静仪(女)	李尚书(女)	董友钧
郭嘉琳	祝永铭	徐永嘉	吕舜华
田璧元	章秋实	马绍骥	刘美芹
卢　强	刘　取		

高电压技术专业：

| 郭喜庆 | 赵镇广 | 李　松 | 王克超 |
| 罗志昌 | | | |

工业企业电气化及自动化专业：

孙伯娜（女）　　乐秀夫　　　张瑞华　　　殷　洪（女）
程毓英（女）　　谢秉枢　　　谢志铭　　　林家骏
陶育光（女）　　吴吉人　　　黎寿雄　　　陈春平

电机与电器制造专业：

李隆年　　　　　朱世鏦　　　张良黼　　　陈　纯
孙家鼎　　　　　朱东起　　　金启玫（女）　林元统
李涌雪（女）　　叶松年　　　武士新　　　董崇义（女）

无线电电子学系（计33人）

无线电技术专业：

路益惠（女）　　钱建中　　　钱亚生　　　姚宝玲
李永祥　　　　　罗思明　　　廖美欢（女）　吴德炎
王贻良　　　　　王承训　　　裴明标（越南留学生）
邱生财　　　　　王荣津　　　杨行峻　　　王筱颖（女）
张叔鹏　　　　　吕振华　　　陈光群

电真空技术专业：

石秉学　　　　　张彭煜　　　芮　杰　　　刘光诒（女）
张克勖（女）　　汪原仁　　　吴仲权　　　金　声（女）
张德骥　　　　　查良镇　　　夏建弘　　　严楣辉（女）
乐光启　　　　　刘喆姓　　　承　欢

自动控制系（计10人）

王鼎兴　　　　　张延炬　　　吴企渊　　　苏伯琪
苗永蔚　　　　　王礼信　　　王春元　　　纪伟紫（女）
周明德　　　　　姜荣娴（女）

先进集体

（一）班级：

　　无线电电子学系　管9
　　土木工程系　　　房9

　　　　机械制造系　　　　铸9
　　　　水利工程系　　　　水9
　　　　动力机械系　　　　热9
　　　　建筑系　　　　　　建9
　　　　电机工程系　　　　企9
　　　　自动控制系　　　　自904
（二）小组：
　　　　机 械 制 造 系　　　压9班水压机设计小组
　　　　机 械 制 造 系　　　焊9班鞍山轧辊堆焊组
　　　　动 力 机 械 系　　　汽9班微型汽车设计组
　　　　电 机 工 程 系　　　发9班华北电力系统设计组
　　　　无线电电子学系　　　无9班第十设计试制组

《清华公报》第63期，1959年9月8日

校务委员会表扬物九、化九优秀毕业生名单
——1959—1960年度第十九次校务会议通过
（1960年6月3日）

一、优秀毕业生奖章获得者（共七名）：
物九一　林琴如　薛大知
物九三　何文良
物九四　戴进池
物九五　周传桢
化九二　于永正　李慎文
二、毕业生优良奖状获得者（共二十六人）：
物九一　林琴如　薛大知　李维中　张静懿　张继盛
物九三　何文良　君兆升　焦伯良　宋执中

物九四	戴进池	孟 浚	钱绍圣	杨启述	
物九五	周传桢	王明室	吴学义	孔祥顺	潘金生
	杨 樾				
化九二	于永正	李慎文	许万全	李宝瑞	陈邦和
	胡俊鹏	张惠龙			

《清华公报》第 72 期，1960 年 7 月 2 日

校务委员会表扬铸 9 班优秀毕业生名单
——1959—1960 年度第二十次校务会议补行通过
（1960 年 7 月 8 日）

优秀毕业生奖章获得者：
　　王贵明　李振镰
学习优良奖状获得者：
　　王贵明　李振镰　胡塞育　熊家骥　陶克衍
　　陈平祥　高嘉年

《清华公报》第 73 期，1960 年 8 月 23 日

校务委员会表扬焊 9、制 9 优秀毕业生名单
——1960—1961 年度第一次校务会议补行通过
（1960 年 9 月 24 日）

学习优良奖状获得者：
　　焊 9　王一戍　胡百僖　熊第京
　　制 9　胡士骧　朱传鏴

《清华公报》第 74 期，1960 年 10 月 27 日

1960—1961年度寒假毕业生奖励名单※①

（1961年1月24日）

先进集体（共5个）

水 利 工 程 系	水 0
电 机 工 程 系	电 0
土 木 建 筑 系	建 0，房 0
精密仪器及机械系	制 0
动 力 机 械 系	汽 0

优秀毕业生（共39名）

土木建筑系（11名）：

  肖　林　冯锺平　陈　琦　孟侣梅　曲淑凤　李孝美
  肖曰嵘　温　丽　蒋展鹏　阎世泽　臧宣武

电机工程系（7名）：

  王缉祥　黄益庄　汪炳慧　张济世　高敦复　杨缦琳
  任守榘

精密仪器及机械冶金系（7名）：

  金芬年　胡铭丽　孟庆美　承宪康　高志栋　汪奎田
  李志勤

动力机械系（7名）：

  高瓒章　柯光祖　李洪波　孙宽民　詹焕青　王义方
  裘昌咏

水利工程系（7名）：

---

① 编者注：1961年1月24日1960—1961年度第9次校务会议通过。

吕孝琪　　孔玉瑛　　王君宗　　姚耀武　　李隆瑞　　张兆琪
向义和

优良奖状获得者（共223名）

电机工程系（48名）：
　　高敦复　　董人麟　　肖如鸿　　冯大钧　　蔡跃陆　　张文质
　　谢振德　　张济世　　吴　弘　　沈锡越　　杨振清　　宋子和
　　常沛田　　杨缦琳　　查明华　　尹启庸　　郭宾生　　刘维勤
　　孔德涌　　甘小杰　　陈宜在　　张五球　　李维询　　顾天骠
　　任守榘　　沈振基　　吴年裕　　李芳云　　陈伟基　　王寒伟
　　张瑞武　　刘金铭　　王淑纯　　王大树　　沈乃汉　　朱育和
　　魏宏森　　黄益庄　　王缉祥　　汪炳慧　　伍龙田　　陈雪青
　　向隆本　　葛玉安　　高　曙　　邹学三　　杨道邦　　顾涵芬

土木建筑系（60名）：
　　肖　林　　曲淑凤　　冯锺平　　陈　琦　　单德启　　孟侣梅
　　周忆云　　郭黛姮　　张锦秋　　杨士萱　　王志霞　　邓元庆
　　洪怡三　　徐棠仙　　李　京　　甘伟林　　李孝美　　邹时萌
　　冷德诚　　罗　森　　冯受身　　唱秀华　　徐润康　　杨良为
　　芦逸民　　朱　云　　王炳麟　　阎世泽　　李国泮　　韩淑兰
　　臧宣武　　黄才良　　顾登寿　　孙慧中　　徐培福　　王蕴若
　　汪心冽　　王　鏮　　罗淑媛　　朱　琨　　林　龙　　缪天麒
　　郑小筠　　肖曰嵘　　陈其梁　　温　丽　　严慧莉　　徐自敏
　　白葆侠　　褚敬止　　钱蓓妮　　胡　泊　　黄文恬　　蒋展鹏
　　倪成林　　阎春华　　江惠淑　　刘希曾　　朱瑞麟　　田卓民

精密仪器及机械制造冶金系（36名）：
　　承宪康　　高志栋　　孟庆美　　程荫芊　　陈　冰　　郑　铉
　　朱君贤　　周平安　　李淳耀　　吴德昭　　易又南　　尤芳务

陈美怡	金芬年	只佩儒	杨惠敏	陈心昭	王之慧
乔箴	萧志清	沈天长	王福谆	李志勤	李炳生
胡铭丽	胡麟	沈乐年	耿孝正	汪奎田	邹茉莲
谭长瑛	鹿安理	周文瑛	杨富	孙汝劼	陈仁钦

动力机械系（41名）：

高瓒章	柯光祖	高芝臻	李洪波	洪风标	赵春强
李芬伦	李肇铭	黄美来	周应虎	潜学尧	冯锡曙
朱倩	黄佳全	徐慧琴	孙宽民	詹焕青	刘震涛
王义方	马文仲	胡景珍	黄克义	朱国懿	马润田
赵琪	周培森	蒋成喜	郑淑辉	吴曾评	潘阴棠
林宏大	沈静珠	沙曾炘	周运	陆文栩	张仪曾
李宁	王维城	裘昌咏	倪汉宁	林宏佐	

水利工程系（38名）：

张兆琪	向义和	吕孝琪	孔玉瑛	王君宗	吴建基
姚耀武	曾道先	秦惠承	李隆瑞	杨美卿	唐仑
方洁灵	罗先平	张超	曾惠泉	雷志栋	胡汉卿
邱熊飞	虞石民	李廷玺	李善微	张春园	严美玲
彭天玫	谢志锋	王守棣	姜之琦	曾志模	戴同霞
唐泽眉	王惟松	项文娟	薛金才	杨真荣	翟振铎
张云薌	沈家穗				

《清华公报》第 77 期，1961 年 1 月 27 日

1960—1961年度暑假毕业生奖励名单[①]

(1961年7月21日)

优良奖状获得者

土木建筑工程系：

魏大中	高冀生	方展和	赵景昭(女)
林　寿	苏则民	董燮理	刘益蓉(女)
钱致平	张士萍(女)	王之芬(女)	陈奋励
陈　丰(女)	凌保珍(女)	陈伟光	黄建才
应莉莉(女)	管鸣宇	罗健敏	周忆琴(女)
冯贵轩	徐云扉(女)	杨玉成	朱志达
盛远猷	万嗣铨	崔景灏	金文漪(女)
杨祖良	李仲三	汪训昌	孙天锡

精密仪器及机械制造冶金系：

郭炳钧	王素素(女)	顾启泰	周保骅
刁永言	黄明宝	王良诚	朱九如(女)
殷纯永	李　修	殷光复	欧阳敏
聂光第	金元生	石力开	金滁尘
张先瑞(女)	黄祥发	吴行义(女)	薛祖芬(女)
杨乃曼	尹瑞明(女)	谷九如(女)	宋文娴
水敬琪(女)	王乐铭	徐建敏	陈裕宗
叶月华(女)	屠世润	徐家寅	华定一
翟志辛(女)	张嘉树	薛　虹(女)	谢汉庭
方立言	熊兆凡	黄怀白	卢国声
诸葛豪	高　孚	黄成鑫	韩蔼龄(女)

---

① 编者注：1961年7月21日1960—1961年度第21次校务委员会通过。

柳祖翼	黄　晔	戴宗毅	朱企业
苏达增	徐佩玢（女）	陆道洽	陈剑虹
刘得一	陈伟华	李向坡（女）	寿伟禄（女）
吴正清	郭发昇	戴佩珩（女）	章道增
张卓其	金炯石	周兆英	黄靖远
李昇凡	董明传	赵效班（女）	钱　洄（女）
陈汉生	丁仲元		

电机工程系：

杨　懋	仲斯选	牛景汉	朱果敏（女）
李洪洲	李森能	徐宁寿	孟昭伦（女）
崔子行	王秉初	罗承沐	

无线电电子学系：

周广元	王汉生	朱嘉庆	陈少群（女）
胡志刚	陈　锟	姚麟光	孔宪正
付耀明	郑君礼	王　鸣（女）	李普成
洪兴楠	冯祖伟	石长生	彭吉虎
刘敏文（女）	张二力	张　奇	陈戈林
朱协卿	陈敏修	居德华	丁　立
洪文洁	吴启明（女）	彭自安	徐葭生
陈天鑫	夏武颖	王树堂	吴德馨（女）
王建章	桂裕宗	马永骋	范垂祯

自动控制系：

王毓兰（女）	毛履芬（女）	颜用斌	欧阳辉（女）
吴文虎	郝新文	滕云鹤	王庸松
黄汉文	李树青（女）	汤全安	关烈贤
王秀成	叶嘉雄	黄昌宁	周永平
冯国楠	戴述祖	张泰保	王玲娟（女）

郑芝黉	高黛陵（女）	夏 莹（女）	张寿庆
郑德高	文继博	郭人俊	叶玉云
何日润	吴润先	王微铭	朱玉璐（女）
吕文超	李伯虎	席 克	范存智
姚居汭	高恩华	梁培基	曹 宝（女）
卢声彦	栾毓敏（女）	林定基	刘永中
魏仲英	胡美云（女）	薛成瑞	孙肇荣
周永立	胡信南	吴鑫桂	程景昭
赵秉乐	何同杰		

工程物理系：

李今民	谭彩云	韩振振	刘雅君（女）
陈 英（女）	张源芳	许仁铭	貊大卫
张全月	张承铨	马基茂	桂立明
夏益华	常俊孝	王民阜	姚曼宝（女）
付瑞峰	张玉珩	张昭粤	汪道刚
石永康	张达芳	顾树华	吕应运
高祖瑛（女）	胡 恺（女）	邹志高	李植华
王寄蓉（女）	忻鼎财	蒋渭生	陈仁济
张日清	赵鸿宾	吴英禄	

工程化学系：

张大年	陆九芳	吴棣华	杨吉生
张德隆	李振华	高广达	袁 伟
陈 智	王家驹	翁锡珺	何培炯
秦永宁			

工程力学数学系：

林行良	张大鸿	郑启华	陈敬平

俞昌铭　　　杨炳尉　　　胡慧龄　　　陈　熙
俞宁辉

优秀毕业生

土木建筑工程系：
　　魏大中　　　方展和　　　高冀生　　　刘益蓉（女）
　　周忆琴（女）
精密仪器及机械制造冶金系：
　　张卓其　　　金烔石　　　周兆英　　　黄靖远
　　李昇凡　　　董明传
电机工程系：
　　孟昭伦（女）崔子行　　　罗承沐
无线电电子学系：
　　刘敏文（女）周广元　　　姚麟光　　　孔宪正
　　吴启明（女）彭吉虎　　　徐葭生　　　李普成
自动控制系：
　　郝新文　　　叶嘉雄　　　颜用斌　　　黄昌宁
　　吕文超　　　李伯虎　　　林定基　　　栾毓敏（女）
　　夏　莹
工程物理系：
　　李今民　　　王民阜　　　桂立明　　　张玉珩
　　李植华
工程化学系：
　　张大年　　　陆九芳　　　吴棣华
工程力学数学系：
　　林行良

先进集体

土木建筑工程系：建 1 班

冶金系：金 103　金 104 班　铸 106 班

自动控制系：自 110 班　自 105 班

工程物理系：物 101 班

工程化学系：化 1 班

工程力学数学系：力 103 班

电机工程系：电 102（2）班

无线电电子学系：无 101 班

《清华公报》第 82 期，1961 年 10 月 6 日

1961—1962 年度寒假毕业生奖励名单※①

（1962 年 1 月 17 日）

先进集体

土木建筑工程系：给 2 班

水利工程系：某水利工程毕业设计小组
　　　　　　平谷县水利化毕业设计小组

动力机械系：热 2 班 430 工程毕业设计压力煤气化小组
农业　　　　汽 2 班微型汽车毕业设计小组

精密仪器及机械制造系：制 2 班

冶金系：焊 2 班电子束焊机毕业设计小组

---

① 编者注：1962 年 1 月 17 日 1961—1962 年度第 7 次校务委员会通过。

电 机 工 程 系：企 2 班　电 2 班大电机毕业设计小组
基 础 课 委 员 会：基础课培训班

优秀毕业生奖章获得者（共 26 名）

土木建筑工程系（2 名）：
　　吴秀水　刘凤兰（女）
水利工程系（5 名）：
　　陆　琦（女）　邓锡华　马　迁（女）　王耀山　彭龙生
动力机械系，农业机械系（4 名）：
　　刁正纲　杨家庆　朱绮红（女）　诸葛镇
精密仪器及机械制造系（2 名）：
　　张明泰　张　昆
冶金系（2 名）：
　　袁礼福（女）　李敏贤
电机工程系（7 名）：
　　陈欣欣（女）陈　陈（女）胡方纲　袁星北　汪道显
　　刘松盛　李哲生
基础课委员会培训班（4 名）：
　　胡冠章　张学贤　陈德余　赵兴华

优良奖状获得者（共 175 名）

土木建筑工程系（24 名）：

吴秀水	吴迺柏	潘祖琨（女）	陈伟鉎
吴瑞林	陈　谦	张　庆	叶知满
林俊权	许安庭（女）	刘凤兰（女）	黄长盾
龙腾锐	彭楚身	黄瑞生	柴珊莉（女）
陈士年	席荣增	束际万（女）	李　霍

王係均　　　叶瑞芳　　　　叶燧生　　　　童继明

水利工程系（24名）：

陆　琦（女）　邓锡华　　　　马　迁（女）　关仁卿
刘致彬　　　崔伯臣　　　　王克明　　　　王莲芬（女）
冯家和　　　刘振湖　　　　王湘生　　　　张　庄（女）
何达卿（女）靳慧慈（女）　张思俊　　　　潘光在
吉鸿藻　　　王耀山　　　　彭龙生　　　　刘冀生
仲崇恕　　　傅宪章　　　　周雪漪（女）　常兆堂

动力
农业 机械系（33名）：

刁正纲　　　范治新　　　　赵湘杰　　　　白　济
张宏春　　　刘殿魁　　　　黄希程　　　　韩肇元
艾孝义　　　王南时　　　　杨家庆　　　　朱绮红（女）
张国隆　　　潘邦威　　　　龚学晋　　　　李世梅（女）
许炳松　　　黄信慧（女）　李溯兰（女）　顾人一
叶灵德（女）范天民　　　　刘恕义　　　　汪振玉
朱承良　　　诸葛镇　　　　陈　倩（女）　崔怀柱
孔宪清　　　冯训诚　　　　殷志华　　　　卫克明
钱　进

精密仪器及机械制造系（9名）：

张明泰　　　张　昆　　　　屠霓仙（女）　龙运佳
严文浩　　　黄林生　　　　朱铁君　　　　王静仪（女）
蓬铁权

冶金系（19名）：

袁礼福（女）辛振兴　　　　龙　锐　　　　鲍洪法
孟宪科　　　徐玉清　　　　姜不居（女）　李敏贤
邢小琳（女）徐仁娣（女）　黄从达　　　　施克仁

俞德平（女）　　蒋以金　　　庾沃良　　　　曹民荣
　　孟见广　　　　颜永年　　　孙捷先

电机工程系（32名）：

　　陈欣欣（女）　　胡方纲　　　王文威　　　　张国衡
　　周德泽　　　　周行之（女）　金　娟（女）　林功实
　　郭玉峥　　　　陈亚鹏　　　王燕霞（女）　　王德盛
　　戴木权　　　　陈　陈（女）　袁星北　　　　周金明
　　刘元元（女）　　韩英铎　　　汪道显　　　　刘松盛
　　李哲生　　　　王凤翔　　　严正名　　　　王　萍（女）
　　陈传庆　　　　陈俊良　　　赵良炳　　　　徐子宏
　　缪丰沛　　　　丁俊美（女）　姜建国　　　　潘　钧（女）

自动控制系（1名）：

　　涂连华（女）

工程力学数学系（1名）：

　　蒋国南

工程化学系培训班（6名）：

　　周　啸　　　　王慧芬（女）　杨景霞（女）　马　莹（女）
　　刘述礼　　　　刘殿求

基础课委员会培训班（26名）：

　　胡冠章　　　　施妙根　　　姜启源　　　　柏　瑞
　　瞿崇垲　　　　林翠琴（女）　谭泽光　　　　张学贤
　　田德芳（女）　　邓新元　　　丁慎训　　　　陈惟蓉（女）
　　金积善　　　　林启森　　　陈德余　　　　袁书玉（女）
　　武增华（女）　　钟立晨　　　王致勇　　　　吴添祖
　　白广美　　　　魏金铎　　　刘馥清　　　　赵兴华
　　范钦珊　　　　谢大吉

《清华公报》第87期，1962年2月23日

1961—1962年度暑假毕业生奖励名单[①]

(1962年10月7日)

先进集体（共5个）

土木建筑工程系：　　　　　建2班
工程力学数学系：　　　　　力204班
工程物理系：　　　　　　　物205班
精密仪器及机械制造系：　　光2班
无线电电子学系：　　　　　无201班

优秀毕业生奖章获得者名单（共14名）

土 木 建 筑 工 程 系：何玉如
精密仪器及机械制造系：周荣邦
冶　　　　　　　金　系：杨锦寿
无 线 电 电 子 学 系：黄　侃　　俞　昌　　郭嘉俭　　曹志刚
自　动　控　制　系：黎　达
工　程　物　理　系：赵南明　　张善余　　邱学良
工　程　化　学　系：郁浩然
工 程 力 学 数 学 系：王　正　　周之英

学习优良奖状获得者名单（共85名）

土木建筑工程系（6名）：

[①] 编者注：1962—1963年度第二次校务委员会通过，会议时间不详。10月7日本校举行暑假毕业典礼，共931名毕业生。校委会表扬了先进集体和优秀毕业生。

何玉如　冯学礼　周　逢　陈　俭　凌本立　韩行良
精密仪器及机械制造系（4名）：
周荣邦　吴元强　李剑白　钱石南
冶金系（6名）：
杨锦寿　邱守迁　杨大智　徐玉铮　顾伯平　张志浩
无线电电子学系（22名）：
黄　侃　俞　昌　郭嘉俭　曹志刚　胡思超　叶　梧
吴伯瑜　顾　亮　卢福海　严义壎　刘卫民　李毓俊
胡汉南　应启珩　刘宝琴　黄萍芳　李国定　申　明
史常忻　黄绳武　武世鹏　王佩玫
自动控制系（11名）：
黎　达　刘连棣　薛宏熙　史美林　赵长德　何大绥
林学闾　郭伯林　周远清　李树芬　方蓉初
工程物理系（20名）：
赵南明　张善余　邱学良　顾俊仁　邢纪雍　宋世战
张存镇　程平东　林郁正　李兴中　徐元辉　李金声
霍裕昆　李冠兴　张　纯　李广义　童德春　茅乃丰
奚树人　吴宗鑫
工程化学系（5名）：
郁浩然　张良平　李定于　经文魁　叶树仁
工程力学数学系（11名）：
王　正　周之英　俞盘祥　王世瑷　乐　瑶　张能力
米成秋　陈允文　张国华　吴克成　张钰珍

《清华公报》增刊第4期，1962年10月8日

1962—1963年度寒假毕业生奖励名单[①]

(1963年1月17日)

先进集体（共6个）

土木建筑系：给水排水专业（03专门化）　0331班
水利工程系：水三级
动力机械系：发电厂热力设备专业
　　　　　　热31班汽车拖拉机专业　汽31班
冶　金　系：金属热加工工艺及设备专业（铸造工艺及设备专门
　　　　　　化）　铸3班
电机工程系：发电厂电力网及电力系统专业　发3班

优秀毕业生奖章获得者名单（共18人）

土木建筑系（4人）：
　　工业与民用建筑专业：江见鲸　刘西拉
　　供热通风专业：高甫生
　　建筑材料与制品专业：赵国庆
水利工程系（3人）：
　　水工结构及水电站建筑专业：王光纶　陈　虎
　　水电站动力设备专业：陈家伟
动力机械系（3人）：
　　发电厂热力设备专业：李有润
　　热工量测及自动控制专业：何镇湖
　　汽车拖拉机专业：刘裕昭（女）

---

① 编者注：1963年1月17日1962—1963年度第五次校务委员会通过。

精密仪器及机械制造系（1人）：

　　机械制造工艺及其设备专业：康德元

冶金系（3人）：

　　金属热加工工艺及设备专业（压力加工工艺及设备专门化）：

朱楚德

　　金属热加工工艺及设备专业（铸造工艺及设备专门化）：

张伯明

　　金属热加工工艺及设备专业（焊接工艺及设备专门化）：

陈武柱

电机工程系（2人）：

　　发电厂电力网及电力系统专业：韩惠鋆（女）

　　高电压技术专业：孙嘉平

无线电电子学系（2人）：

　　半导体与固体电子学专业：童勤义

　　无线电技术专业：丁晓青（女）

学习优良奖状获得者名单（共96人）

土木建筑系（20人）：

　　工业与民用建筑专业：江见鲸　刘西拉　侯丰文

　　　　　　　　　　　马恩惠（女）　丁正大　李承孝

　　　　　　　　　　　江欢成

　　给水排水专业：葛惠珍（女）　于筱琴（女）　周思毅（女）

　　　　　　　　　刘思富　叶书明

　　给水排水专业（03专门化）：张坤民　王景厚

　　供热通风专业：高甫生　邓华明　丘桂荣　祁传斌

　　建筑材料与制品专业：赵国庆　何文超

水利工程系（17人）：

　　水工结构及水电站建筑专业：

　　　　王光纶　陈　虎　盛和晞　王士强　郁琼华（女）　周申一

　　　　吕贤弼　程鸿鼎　郦能惠　陈书申　朱仕国　翟志敏（女）

　　　　林如慈　罗学农

　　水电站动力设备专业：陈家伟　杜祥瑛（女）　李志民

动力机械系（13人）：

　　燃气轮机专业：汪庆桓　池叔航

　　发电厂热力设备专业：

　　　　李有润　程兆芬　锺之英　徐志忠　吴邦本

　　热工量测及自动控制专业：何镇湖　温远惠　张仍朴

　　汽车拖拉机专业：刘裕昭（女）　林敢为　李国良

精密仪器及机械制造系（4人）：

　　机械制造工艺及其设备专业：

　　　　康德元　罗振璧　徐丰仁　魏鸿钧

冶金系（11人）：

　　金属热加工工艺及设备专业（压力加工工艺及设备专门化）：

　　　　朱楚德　胡开平　吴维屏

　　金属热加工工艺及设备专业（铸造工艺及设备专门化）：

　　　　张伯明　顾林生　童本行（女）　陆延荣　芮开元

　　金属热加工工艺及设备专业（焊接工艺及设备专门化）：

　　　　陈武柱　龚禧祥　胡伦骥

电机工程系（27人）：

　　发电厂电力网及电力系统专业：韩惠鋆（女）　章　贤

　　　　邓爱竹　朱　春　顾锦汶　周中一　夏宗咸　谈大龙

　　工业企业电气化及自动化专业：吴　澄　周栋生

宝志雯（女）　　徐树滋　唐允文　贺美英（女）
余丽娟（女）
高电压技术专业：孙嘉平　方大寿　张锺华　郑健超
吴　锺　姚福荣
电机与电器专业电机专门化：姚若萍（女）　　卢楚銮
凌绍先
电机与电器专业电器专门化：刘星明　易志华　吕嗣杰
自动控制系（1人）：唐庾梅
无线电电子学系（3人）：
半导体与固体电子学专业：童勤义　顾祖毅
无线电技术专业：丁晓青（女）

《清华公报》增刊第9期，1963年3月16日

1961—1962年度暑假毕业生（补）奖励名单

（1963年3月16日）

优秀毕业生奖章、奖状获得者名单

水利工程系（1人）：
水工结构及水电站建筑专业：宋根培

《清华公报》增刊第9期，1963年3月16日

1962—1963年度暑假毕业生奖励名单[①]

(1963年7月27日)

先进集体名单（共五个）

冶　　金　　系：金3班
自　动　控　制　系：自403班（五年制）
无 线 电 电 子 学 系：无308班
工　程　化　学　系：化301、302班
工程力学数学系：力304班

优秀毕业生奖章获得者名单（共四名）

精密仪器及机械制造系（二名）：汤鹤龄　刘祥文
无线电电子学系（一名）：戴平湖
工程力学数学系（一名）：赵文华

学习优良奖状获得者名单（共一百一十九名）

土木建筑系（五名）：
　　陈谋莘　王天锡　孙维绚　沈　庄　钱　谷
水利工程系（一名）：
　　曲文新
动力机械系（二名）：
　　赵长安　施宗权

[①] 编者注：1962—1963年度第13次校务委员会通过，会议时间不详。7月27日学校举行暑假毕业典礼，校委会表扬了先进毕业班，授予"优秀毕业生奖章""学习优良奖状"。

精密仪器及机械制造系：(七名)：
　　汤鹤龄　刘祥文　何琪莹　刘惠元　方仲彦　范瑞鹤
　　周汉安
冶金系（八名）：
　　陈妙农　沈万慈　黄元伟　李家宝　顾守仁　陆盘金
　　章纯思　翁重庆
无线电电子学系（三十一名）：
　　戴平湖　朱正涌　陈家驹　吴云铭　蒋　志　张治平
　　张应达　朱　钧　王汝馨　钱阳阳　李　融　金黛雯
　　郭泗溢　蒋荣舟　钱寿宇　陆延丰　沈世丰　陆中行
　　孟宪元　张雪田　黄正豫　杨自诚　杨为理　陈国骢
　　陈玉英　陈冠虎　胡敏华　蔡开基　陈铁宁　江　澄
　　张昌云
自动控制系（二十三名）：
　　许万雍　龙守谌　李嗣春　徐光祐　沈镜莹　赵树阁
　　李学谦　刘舜心　杨孟琢　江敬林　陆玉昌　张庆丰
　　沈开基　唐　龙　马蓦腾　孙祖希　崔有志　王德剑
　　钟玉琢　刘锡成　初允枝　耿文行　胡玉琛
工程物理系（十三名）：
　　沈祖培　兰克坚　薛禹易　郁庆长　穆震宇　张鸿欣
　　蔡　纬　陈国樑　王英华　周善元　孙永广　王瑞馨
　　冯忠潜
工程化学系（十四名）：
　　盛兆琪　曹竹安　李安城　李晋鲁　权忠舆　吴福祥
　　唐　晋　陈中平　余兆钧　沈德存　费维扬　彭正光
　　赵大中　于德昌

工程力学数学系（十五名）：
赵文华　严宗毅　许晋寿　薛明德　仲孝恭　黄宝宗
张幼雯　朱荣桂　周晓青　史畏三　曾庆湘　康　莹
李荫荣　蔡大用　何宇功

《清华公报》增刊第 11 期，1963 年 9 月 11 日

1962—1963 年度寒假毕业生（补）奖励名单
（1963 年 9 月 11 日）

优秀毕业生奖章、奖状获得者名单

水利工程系（1 名）：
　　谭　颖

《清华公报》增刊第 11 期，1963 年 9 月 11 日

1963—1964 年度寒假毕业生奖励名单[①]
（1964 年 1 月 25 日）

优秀毕业生奖章获得者名单（共 2 名）

动 力 机 械 系（1 名）：陈清泰
无线电电子学系（1 名）：陈秉义

---

　① 编者注：1963—1964 年度第七次校务会议通过，会议时间不详。1 月 25 日学校举行寒假毕业典礼，有 4 人获"学习优良奖状"，其中 2 人同时获得"优秀毕业生奖章"。

学习优良奖状获得者名单(共 4 名)

动 力 机 械 系（1 名）：陈清泰
无线电电子学系（2 名）：陈秉义　孙宝传
工程力学数学系（1 名）：徐有毅

《清华公报》增刊第 12 期，1964 年 2 月 25 日

1962—1963 年度寒假（补）毕业生学习优良奖状获得者名单

(1964 年 2 月 25 日)

(共 1 名)

水利工程系（1 名）：陈宝玉

《清华公报》增刊第 12 期，1964 年 2 月 25 日

1962—1963 年度暑假（补）毕业生学习优良奖状获得者名单

(1964 年 2 月 25 日)

(共 5 名)

精密仪器及机械制造系（4 人）：刘克全　陈美福　杨廷力
　　　　　　　　　　　　　　　迟继洪
冶　　金　　系（1 名）：党润田

《清华公报》增刊第 12 期，1964 年 2 月 25 日

1963—1964年度暑假毕业生奖励名单[①]

（1964年8月15日）

四好毕业班

工程物理系　　物 403 班

精密仪器及机械制造系　　制 41 班

无线电电子学系　　无 403 班

自动控制系　　自 406 班

土木建筑系　　房 41 班

优秀毕业设计小组

工程化学系　　化 406、407 班上海合成橡胶研究所毕业论文小组

电机工程系　　电 41、42 班哈尔滨电机厂水轮发电机设计小组

水利工程系　　青石岭任务坝工及厂房设计组

自动控制系　　自 404 班光电交流随动系统小组

精密仪器及机械制造系　　精四班太原太行仪表厂毕业设计小组

优秀毕业生奖章获得者名单（共 24 名）

土　木　建　筑　系（2名）：俞纪美　贾春模

水　利　工　程　系（3名）：曾肇京　才君眉　陈长植

动　力　机　械　系（2名）：陆知明　邹述文

---

① 编者注：8月15日学校举行暑假毕业典礼，校委会予以表扬。

精密仪器及机械制造系（4名）：朱　勤　　梁　肃　　康春华
　　　　　　　　　　　　　于诚义
冶　　　金　　　系（2名）：朱国璋　　董祖珏
电　机　工　程　系（3名）：谢保侠　　肖运鸿　　谭建成
无 线 电 电 子 学 系（3名）：任梦复　　应嘉年　　张雨田
自　动　控　制　系（3名）：张宗洵　　孙洪涛　　陈修环
工　程　物　理　系（1名）：王德武
工 程 力 学 数 学 系（1名）：孙继铭

毕业生优良奖状获得者名单（共 222 名）

土木建筑系（30名）：
　　　俞纪美　贾春模　王金祥　赵西安　曾晓庄　陈洁虹
　　　黄云江　金勤成　曾传钧　奚龙兴　卢　锋　戴成玉
　　　罗维昆　程声通　冯彝谦　姚舜华　陶学康　崔汝勤
　　　雷娴文　钟美秦　党瑞麟　项祖荃　赵仁里　张钦哲
　　　玉佩珩　郑文箴　麻云天　王侠宗　庄　荣　张连芳

水利工程系（16名）：
　　　曾肇京　才君眉　陈长植　李玉柱　张富德　胡沛成
　　　宋昆仑　翟大潜　王继元　张振秋　韩晓洲　吴之明
　　　林　仁　马振宗　卢家仪　古端昌

动力机械系（15名）：
　　　陆知明　邹述文　汪帼华　张　铨　胡志强　陆延昌
　　　黄其励　章关升　郭九洲　王林江　王志宣　倪慎祥
　　　孟昭昕　伍国雄　刘行方

精密仪器及机械制造系（16名）：

朱　勤　　梁　肃　　康春华　　于诚义　　姜天兴　　秦振家
王育铎　　姚关兴　　俞康壮　　刘守信　　沈福金　　王曾荣
刘震华　　王建顺　　陈　享　　卢炳周

冶金系（18名）：

朱国璋　　董祖钰　　王　芸　　丁能续　　顾振宗　　张趱凡
温效康　　张德邻　　史常瑾　　史博文　　尹文海　　强　俊
罗锡裕　　萧今陞　　潘家柱　　黄寅逵
饶国训　　程毓炜

电机工程系（25名）：

谢保侠　　肖运鸿　　谭建成　　袁德宁　　李文锦　　周胜宗
周剑雄　　陈继南　　萧伯琴　　曾庆禹　　熊实先　　周子寿
夏元生　　王祥珩　　徐振华　　蔡相庆　　邢瑞方　　袁忠长
杜佩芝　　朱希曾　　谷寿彭　　徐家球　　孙宝泰　　黄庚玲
冉　莹

无线电电子学系（20名）：

任梦复　　应嘉年　　张雨田　　华由立　　冯云仙　　王际芝
魏熙照　　赵中义　　周祖成　　李三全　　区颖骥　　乐子英
吴锦发　　吕　柏　　吴静贤　　苏奋为　　彭江得　　张　剑
成秀奇　　蔡思民　　宋尽贤　　欧阳勤　　魏志渊　　沈延钊
羊延滋　　程　宁　　姚海伦　　杨肇敏　　张淑清

自动控制系（23名）：

张宗洵　　孙洪涛　　陈修环　　高文忠　　顾迪光　　薛万才
齐　振　　袁世颐　　毛锤宽　　郭木河　　冯幼芳　　郭秀亭
龚春生　　丛　英　　丁文魁　　张子瑞　　王志文　　钱元成
石　磊　　廖万清　　张炳麟　　章渭臣　　张永慧

工程物理系（18 名）：

王德武　容铁华　赵希德　周纪康　梁煦宏　胡二邦
伍绍祖　夏仁立　张作风　刘开敏　丁英烈　施所朗
彭永彰　沈文德　李金才　张亚丹
王志富　严良谷

工程化学系（19 名）：

雷　夏　孙宝仕　杨鑫荣　徐　佩　黄瑞和　吴国是
马栩泉　郑华铃　蒋运茂　曾权兴　刘新凯　包福毅
鲍　靖　康道安　陈寿卿　林炳湘　贾连达　李雏英
赵安赤

工程力学数学系（13 名）：

孙继铭　李有道　杨汉祥　孙在鲁　王克长　崔子江
丁连发　季福云　孙士铭　王宗森　洪先龙　钟文发
曾锦辉

《清华公报》增刊第 13 期，1964 年 9 月 7 日

1964—1965 年度毕业生奖励名单[①]

（1965 年 8 月 12 日）

四好毕业班名单（共 16 个）

土木建筑系：	建 5 班	"03" 51 班
动力机械系：	热 5 班	量 5 班

---

① 编者注：校务委员会 1964—1965 学年度第十四次会议通过，会议时间不详。8 月 12 日学校举行毕业设计颁奖大会，予以表彰。

精密仪器及机械制造系：	制51班	制52班
冶金系：	金53班	焊5班
电机工程系：	电52班	高5班
无线电电子学系：	无508、509班	
自动控制系：	自503班	自505班
工程物理系：	物506班	物507班
工程化学系：	化502班	

优秀毕业设计小组名单（共6个）

动力机械系：热五东郊热电站小组

水利工程系：901水电站地基处理小组

电机工程系：高五220千伏气吹隔离开关设计小组

自动控制系：112机小组

工程物理系：试验化工厂理论计算小组

工程化学系：上海合成橡胶研究所设计小组

优良毕业设计小组名单（共33个）

土木建筑系：

    建五主楼设计小组

    材五成组立模小组

    左家庄装配住宅组、防水组、基础组

    651工程设计组

水利工程系：

    901工程泄水实验研究小组

    901工程施工交通小组

    901工程电站通风小组

动力机械系：
　　量五上海合成橡胶研究所小组
农业机械系：
　　汽五机动三轮设计试制小组
精密仪器及机械制造系：
　　制五程序控制机床研究小组
　　精五动平衡机毕业设计小组
　　光五小角度发生器小组
冶金系：
　　焊五102小组
　　金五铝合金导线小组
　　压五汽轮机转子护环工艺小组
电机工程系：
　　高五高强度绝缘子设计小组
　　企五北京特殊钢厂薄板轧机自动化设计小组
　　北京电车硅整流站自动化设计小组
无线电电子学系：
　　特种电子管小组
　　电视中心设备小组
　　101小组
　　602小组
　　507小组
自动控制系：
　　流量计小组
　　试验器小组
工程物理系：

902第一小组

技术安全室仪器小组

148毕业设计小组

工程化学系：

713矿毕业设计小组

分馏小组

工程力学数学系：

试验化工厂设计计算小组

变压器油箱强度实验小组

纹影仪小组

优秀毕业生奖章获得者名单（共33名）

土木建筑系（5名）：袁　镁　吴亭莉　朱纯华　吴佩刚
　　　　　　　　　李怀珠

水利工程系（3名）：汪恕诚　阎林德　张国祥

动力机械系（4名）：蒋洪德　艾春林　吴官正　王桂增

农业机械系（1名）：胡绍梅

精密仪器及机械制造系（2名）：赵燕秦　王丽雯

冶金系（3名）：陈育斌　杨继宏　张兰臣

电机工程系（3名）：赵纯均　王庚林　胡昭广

无线电电子学系（2名）：楼希澄　陈弘毅

自动控制系（4名）：孙承鉴　陈良志　顾　颐　陈缅仁

工程物理系（1名）：王晶宇

工程化学系（3名）：胡熙恩　盛石头　刘云清

工程力学数学系（2名）：邹淦泉　苏铭德

学习优良奖状获得者名单（共257名）

土木建筑系（34名）：
林丙棠　林桔洲　许安之　艾泉成　谢超常　崔国樑
马国馨　袁　锳　朱曼茜　叶如棠　赵春生　施清生
孔力行　吴亭莉　朱纯华　马　绅　何英华　赵春浓
郭振华　刘竹青　吴佩刚　李大圈　翁义军　玄以涛
李裕娴　李怀珠　宋炳暄　许为全　吴香楣　王其祥
屠峥嵘　孙玉德　黄小苓　韩铁城

水利工程系（19名）：
汪恕诚　阎林德　张国祥　郑树楠　钱涵欣　谢森传
陈洪天　余　键　孙宝荣　吴振中　胡敦渝　张道富
曾德安　王信茂　王曾璇　穆淑琴　徐温安　历易生
宋德武

动力机械系（13名）：
马士骥　赵孝华　蒋洪德　周振洋　艾春林　陈济榕
陈文钧　赖光楷　赵　蓓　吴官正　兰鸿森　王桂增
于占富

农业机械系（6名）：
朱柏山　江建民　胡绍梅　母宗志　刘维麒　任共赏

精密仪器及机械制造系（17名）：
赵燕秦　王丽雯　吴明俐　边金声　陈卫福　刘俊健
王贤松　李成博　费仁元　刘海川　王经洋　李玉成
蔡行舜　曹守义　徐王全　林桂荣　阿不都热一木

冶金系（19名）：
陈育斌　张崇魁　张培亮　洪及鄙　褚洁英　卢发通
章和泰　胡汝舜　庄景云　陆宗仪　杨继宏　王怀林

蔡廷通　　白富真　　方大中　　王承太　　王元兴　　黄辰奎
张兰臣

电机工程系（25名）：

车念坚　　张中礼　　肖　龙　　冯士强　　徐　平　　童本正
刘　蓁　　韩世温　　曹云甄　　侯竹筠　　赵纯均　　赵川乔
陈金华　　殷文明　　竺子芳　　丁复华　　马志强　　周孝信
聂光启　　李鸿庆　　王心丰　　王庚林　　胡昭广　　郑清明
张　德

无线电电子学系（34名）：

田桂林　　刘庆环　　阚世惠　　张长洲　　费定宇　　孙荣坦
楼希澄　　李永和　　沃斌元　　陆行韵　　陈西虹　　周承材
赵庭政　　刘绍先　　王文渊　　高　真　　顾树棣　　周子良
唐定中　　颜行素　　李幼哲　　兰运甫　　胡昭复　　管永标
雷有华　　宋盘兴　　查开德　　刘振隆　　邓培德　　陈弘毅
张汉一　　张学忠　　靳东明　　杜晋生

自动控制系（27名）：

陆慰椿　　孙承鉴　　郝忠恕　　王洪桂　　王廷章　　阮于东
钟湘浙　　王英瑜　　杨达民　　阎庆仁　　章鼎生　　巴林凤
陈良志　　金善锟　　陈春玉　　应平安　　顾　颐　　陈缅仁
李庆恩　　王友彭　　王京武　　华平澜　　王　诚　　叶勉干
顾　澂　　奚和泉　　赵毓升

工程物理系（22名）：

王宝意　　张本正　　王晶宇　　林金荣　　姜同文　　李永津
谢桂华　　沈　恂　　刘德顺　　李振文　　丁保庚　　牛树盈
刘绍林　　李秀茗　　黄贺生　　黄坚持　　徐小琳　　赵翊民
施建忠　　王秀清　　王金缘　　曹鸿魁

工程化学系（23名）：

周嘉贞　公锡泰　沈长凤　吴仲尧　胡熙恩　谢新佑
刘金尧　盛石头　郭自敏　郑诗惠　李晓阳　陈家仪
蔡德陵　钦达木呢　栾贵时　赵世琦　刘云清　陈克兢
朱小慧　冯锡澄　钱平吉　胡仙花　花　蕾

工程力学数学系（18名）：
　　王祜民　赵锦蓉　宋瀚涛　肖均祥　赵振声　刘瑞田
　　钱癸融　孙炳华　张荣芳　鹿振友　张洛华　邹淦泉
　　刘季稔　任二云　苏铭德　陈金琰　徐远超　高怀保

《清华公报》增刊第18期，1965年9月6日

1963—1964学年度暑假毕业生（补）奖励名单[①]

（1965年9月6日）

学习优良奖状获得者名单（共5名）

土木建筑系（3名）：
　　供热供燃气与通风专业（2名）：卢道卿　邢松年
　　给水排水专业（1名）：傅承泽
自动控制系（1名）：李隆生
工程物理系（1名）：施永长

《清华公报》增刊第18期，1965年9月6日

---

① 编者注：校务委员会1964—1965学年度第十四次会议通过，会议时间不详。